PUHUA BOOKS

我们一起解决问题

21 世纪的英语阅读和写作教学

（第 8 版）

Literacy for the 21st Century

Balancing Reading and Writing Instruction

（Eighth Edition）

盖尔·E. 汤普金斯（Gail E.Tompkins）

［美］　艾米丽·罗杰斯（Emily Rodgers）　　　著

艾德里安·罗杰斯（Adrian Rodgers）

陈则航　任念慈　孙　引　译

人民邮电出版社

北　京

图书在版编目（CIP）数据

21世纪的英语阅读和写作教学：第8版 /（美）盖尔·
E.汤普金斯（Gail E.Tompkins），（美）艾米丽·罗杰斯
（Emily Rodgers），（美）艾德里安·罗杰斯
（Adrian Rodgers）著；陈则航，任念慈，孙引译. --
北京：人民邮电出版社，2024.3
ISBN 978-7-115-63233-3

Ⅰ. ①2… Ⅱ. ①盖… ②艾… ③艾… ④陈… ⑤任…
⑥孙… Ⅲ. ①英语－阅读教学－自学参考资料②英语－
写作－自学参考资料 Ⅳ. ①H31

中国国家版本馆CIP数据核字（2023）第234468号

内 容 提 要

教好英语阅读和写作是教师的重要责任，因为读写能力对学生的一生都有重大影响——阅读和写作
能力优秀的学生在校期间及毕业后都会得到更多的发展机会。

本次出版的是该书第 8 版，为英语阅读和写作教学提供了更多思路，它不仅介绍了读写能力的基本
构成内容，详述了如何教授技能和策略、如何为数字化教学和学习提供支持，而且明确了如何开展差异
化教学，以及教师如何根据学生的不同需求搭建支架，从而帮助所有学生走向成功。我们比以往任何时
候都更需要有能力的教师，以提升学生的英语阅读和写作能力，使他们在落后于同龄人时能迅速赶上。

本书旨在培养更多能够胜任英语读写教学的教师，帮助他们学习如何营造有益于学生英语读写素养
发展的课堂，并通过差异化教学帮助所有学生走向成功。

◆ 著 〔美〕盖尔·E. 汤普金斯（Gail E.Tompkins）

　　　　〔美〕艾米丽·罗杰斯（Emily Rodgers）

　　　　〔美〕艾德里安·罗杰斯（Adrian Rodgers）

　　译　　陈则航　任念慈　孙 引

　　责任编辑　黄海娜

　　责任印制　彭志环

◆ 人民邮电出版社出版发行　　北京市丰台区成寿寺路 11 号

　　邮编 100164　电子邮件 315@ptpress.com.cn

　　网址 https://www.ptpress.com.cn

　　三河市中晟雅豪印务有限公司印刷

◆ 开本：787×1092　1/16

　　印张：29.25　　　　　　　　　　　2024 年 3 月第 1 版

　　字数：600 千字　　　　　　　2024 年 3 月河北第 1 次印刷

　　著作权合同登记号　图字：01-2021-4188 号

定　价：128.00 元

读者服务热线：（010）81055656　印装质量热线：（010）81055316
反盗版热线：（010）81055315

广告经营许可证：京东市监广登字20170147号

关于本书

教好阅读和写作是教师的重要责任，因为读写能力对学生的一生都有重大影响——阅读和写作能力优秀的学生在校期间及毕业后都会得到更多的发展机会。学好阅读和写作可以缩小学生间的成绩差距，这对他们的学业乃至未来发展都有影响。

《21世纪的英语阅读和写作教学（第8版）》为英语阅读和写作教学提供了更多思路，它不仅介绍了读写能力的基本构成内容，详述了如何教授技能和策略、如何为数字化教学和学习提供支持，而且明确了如何开展差异化教学，以及教师如何根据学生的不同需求搭建支架，从而帮助所有学生走向成功。我们比以往任何时候都更需要有能力的教师，以确保学生能够尽早识字，提升学生的阅读和写作能力，使他们在落后于同龄人时能迅速赶上。本书旨在培养更多能够胜任英语读写教学的教师，帮助他们学习如何营造有益于学生英语读写素养发展的课堂，并通过差异化教学帮助所有学生走向成功。

第8版的变化

新版的修订工作主要包括两方面，一是提升内容的易读性，二是针对审稿人和读者所给的建议对文本进行了调整，具体如下。

新的合著者

教育者艾米丽·罗杰斯、艾德里安·罗杰斯和盖尔·E.汤普金斯一起合著了《21世纪的英语阅读和写作教学（第8版）》。他们在中小学教师培养和中小学任教的经历，以及使用多种科学技术开展教学的知识和经验，为本书注入了新的活力，让新版里的开创性的理论和基于证据的教学实践更加完善。

篇章重构

第 8 版中最明显也是最重要的变化是重新调整了章节的编排顺序，以帮助教师更好地理解各个主题。

- 阅读和写作相关章节。在上一版中，阅读和写作是在第 2 章作为一个整体介绍的，在新版中，阅读过程相关内容调整为第 10 章"为学生的阅读发展提供支架"，写作过程相关内容调整为第 11 章"为学生的写作发展提供支架"。因为二者都很关键，所以这一变化可以使教师能在每个主题上投入更多时间。

- 读写素养发展的组成部分。这部分内容在上一版中放在第 4 章，主要介绍读写发展问题。在新版中，我们将该内容融入第 2 章，主要目的是想把关于读写发展的相关内容往前提，因为这部分内容是介绍儿童的英语阅读和写作如何发展的，是整本书的基础。

- 音素意识。音素意识和拼读的内容在上一版中放在第 5 章，在新版中调整为第 4 章，标题仍叫"解码单词"。修订后的内容主要是介绍如何培养学生的音素意识，以及在指导学生拆解、混合发音的策略之前，增加了口语概念、语音意识、字母的意义等内容。如果教师能够充分了解和掌握低年级学生语言技能和语音意识发展的状况，就能更好地培养学生的音素意识、做好拼读教学。

- 差异化。有关差异化的内容已整合到阅读和写作的相关章节中，以帮助读者理解在每节课中满足每名学生需求的重要性。

区分概念：评价和评估

第 3 章"学生读写素养发展评价"介绍了评价学生读写素养发展的内容，新版更好地说明了阅读记录表的用途和价值，从而明确了评价与评估的区别。新增的讨论和示例明确了如何发现并分析低年级学生在阅读中可能出现的错误，并据此判断学生的阅读水平。本章及整本书都提供了包括完成阅读记录表在内的各种实操练习，让教师可以有监督和评价学生表现的方法。你会发现以评促教的理念贯穿全书。

新的章节

拼写教学单独成一章！我们把关于拼写教学的内容从上一版的第 5 章中剥离出来，拓展为新的一章，即第 6 章"学会拼写"。本章只讲拼写教学相关内容，聚焦拼写能力的发展阶段、拼写教学和拼写评价。

最新研究

每版我们都会更新所有章节中的相关研究内容。用过之前版本的读者会注意到各章的引用及每章的参考文献都有新的内容。

教学专栏

为方便读者理解本书内容、获取资源并将其运用到自己的教学实践中，本书从四个方面入手，为教师提供可借鉴的课堂教学方法：教学支持、多样的学生、评价资源和教师责任，这四个主题详细阐述了教师有效教授阅读和写作时需扮演的角色和承担的责任。

教学支持

均衡是高效阅读和写作教学的关键：在阅读和写作教学中找平衡、在显性化教学与实践中找平衡、在教学与评价中找平衡并根据评价结果调整教学。了解如何平衡阅读和写作策略的教学——何时、为何、如何——至关重要。本书通过以下特色版块说明如何均衡英语读写教学，其中有许多内容都来自真实的课堂教学。

教学故事

各章开篇的教学故事是本书的特色版块，主要描述高效的教师如何整合阅读和写作教学，将学习效果最大化。

培养更有策略的学生

培养更有策略的学生对你的课堂教学非常有用，它具体列出了学生需要学习的认知策略和元认知策略，你可以借助该版块的内容确认学生知道且掌握了哪些策略。此外，书中还介绍了如何确定学生掌握知识的情况，你可以据此判断学生是否在阅读和写作时运用了这些策略。

微课

微课版块很受读者欢迎，它一步一步、简洁明了地示范了教授读写策略和技能的步骤，你可以直接在教学中使用。

学生作品

没有什么比学生的作品更能说明教学效果的了。为此，本书用学生写作项目及其他活动的作品作为示例，帮助你了解与年级匹配的学生读写素养发展水平。

教学手册

教学手册是非常实用的教学资源库，其中包括详细的教学步骤和基于证据的教学方法，颇受读者欢迎。本书中提到的一些教学活动都可以在这部分找到具体的教学步骤，教师由此可以知道什么时候该采用这些教学方法，教学手册则告诉你如何实施这些步骤。

多样的学生

世界上没有两个完全相同的学生。孩子们的背景知识、语言经验和读写机会不同，他们学习的方式、使用的语言也不同。本书全文，尤其是在下述版块中，都在强调学生的多样性，以及根据每个学生的个性化读写需求开展差异化教学的必要性。

外语学习者的教学

本书大多数章都有一部分介绍如何针对把英语作为外语的学习者开展读写教学，这些学生学习阅读和写作的同时还要学习口语，这部分内容为教师提供了深入的教学设计指导，使他们的教学可以满足不同语言和文化背景学生的需求。

课堂干预

课堂干预版块主要介绍如何针对学生读写不流利、拼读出现音形无法匹配的情况、学科内容文本中的词汇处理、作文修订和阅读理解策略缺乏等情况进行课堂教学干预的问题。课堂干预建议详细说明了帮助阅读和写作有困难学生的具体方法。

读写素养画像

教师需能识别学生个体的学习进展情况，能为他们提供个性化的学习指导。因此，本书的这一版块关注不同文化背景和处于不同读写发展水平的学生。"读写素养画像"版块在第 2 章、第 8 章出现，通过案例展示阅读和写作处于初级阶段的学生的不同发展状况，以及学生在阅读理解策略掌握和读写能力发展方面的可能差异。

评价资源

评价要求教师能够计划、监控、评估学生的读写发展情况。虽然终结性评价通常是学校教育正式考核所采用的评价措施，但教师往往会采取形成性评价来监控、评估学生的学业表现。本书介绍了许多真实、多样的评价案例供读者学习，从而可以设计出实现评价目的的方案、收集学习证据评估学生的发展并根据学生的需求调整教学。完整的评价过程包括计划、监控、评估及反思四个步骤，教师顺利实施该过程是确保所有学生取得成功的关键因素。

第 3 章 "学生读写素养发展评价"

我们把评价放到本书比较靠前的位置，目的是让教师对评价先有大概的了解，能遵循逆向设计的理念，以终为始，确保他们知道在设置读写素养目标的时候，考虑如何衡量学生的读写素养发展情况。本章还介绍了如何根据学生的表现调整教学，以及如何帮助学生为标准化学业考试备考。

评价工具

评价工具版块遍布全书各章，主要向读者介绍得到广泛认可和使用的读写素养发展评价工具。教师应该清楚有哪些评价工具可用、什么时候使用，以及这些评价工具可以为评估提供何种类型的筛选或诊断信息。

评价示例

本书大多数章节都提供了多种真实的评价示例，展示了不同学生的读写表现。大多数评价示例都附有教师备注，告诉教师如何从评价中收集信息、如何用评价结果指导后续教学。

教师的责任

作为教师，你需要为学生的读写素养表现负责，这就意味着你在读写课程中要达成阅读和写作标准，你所使用的教学方法要有效。本书可以帮助你了解应该教什么及怎么教。

我的教学待办清单

教师教阅读和写作时需要了解与读写素养相关的一些重要内容，包括阅读和写作的过程、读写素养评价，以及教授音素意识和拼读法、阅读流利度、词汇、阅读理解和写作的方法。这些清单指向具体的问题解决，你可以对照清单核查是否在教学计划中处理了读写素养关键要素。

目 录
CONTENTS

第一部分　理解和推动读写素养发展

第 3 章　学生读写素养发展评价

第二部分　读写素养发展

第 4 章　解码单词

第5章　培养学生阅读和写作流利度

第6章　学习拼写

第7章　拓展学术词汇知识

第 8 章　教授阅读理解：读者因素

第 9 章　教授阅读理解：文本因素

第三部分　读写素养教学

第 10 章　为学生的阅读发展提供支架

第 11 章　为学生的写作发展提供支架

第 12 章　跨学科的阅读和写作教学

第一部分

理解和推动读写素养发展

第 1 章

成为高效的读写教师

学习本章后，你将能够：

1.1 了解四种不同学习理论的关键特征；

1.2 说明"均衡教学理念"的涵义；

1.3 阐释教师如何及为何进行差异化教学；

1.4 描述教师如何应用"教 - 学 - 评"一体化理念。

高效的教师是确保学生阅读和写作能力顺利发展的关键。大多数学者都认同教师质量是决定学生学习效果的最重要因素（Vandevoort，Amrein-Beardsley，& Berliner，2004）。老师需要了解学生的阅读和写作能力是如何发展的、如何培养读写素养，以及如何满足学习困难的学生和英语初学者的需求。

美国专业教学标准委员会（2012 年）制定的标准体系是美国评价教师效率的重要参考。这 13 项标准描述了教师为支持学生学习需要了解并做到的事情，具体如下。

- **关于学习者的知识**。资深教师利用自身与学生的关系、关于读写素养和儿童发展的知识了解学生作为一个处于社会中的、聪慧的、有情绪变化的语言和文化学习者的特点。
- **公平、公正和多样性**。资深教师践行公平与公正的理念，重视文化与观点的多样性。他们教导所有学生了解并尊重自己与他人，并利用阅读与写作促进社会正义。
- **学习环境**。资深教师打造一个关怀、支持、包容、有挑战性、民主且安全的学习共同体，让学生敢于面对在独立学习与小组合作中遇到的智力、交际、情绪等方面的挑战。
- **教学**。资深教师借助丰富的教学资源，根据学生的独特需求提供量身定制的教学指导，以推动探究、促进学习，培养理解语言力量的策略型独立思考者。
- **评价**。资深教师持续使用一系列正式、非正式的评价方法和策略持续收集数据，以制定教学决策、监控学生个体发展、指导学生自我评价、收集信息并与不同对象讨论，以及持续进行反思。
- **阅读**。资深教师根据自己对阅读过程、学生及语言的了解设计有效的教学，使所有学生能够建构意义、养成阅读习惯和享受阅读。
- **写作**。资深教师根据自己在写作过程、语言习得、写作发展和持续性评价等方面的知识，设计真实且与学生生活相关的教学活动，使他们能针对不同目的及读者对象进行写作。
- **听与说**。资深教师了解、重视并推动口语、听力发展，提升口头和书面交流技巧，将之视为读写素养的基本组成部分；他们还组织多样化的听说活动，让学生与不同对象出于不同目的进行交流。

- **看与视觉素养**。资深教师了解、重视并培养学生看的能力和视觉素养，并将之视为读写教学的基本构成部分，以帮助学生更好地理解和使用日益增多的视觉资源。
- **跨学科的读写素养**。资深教师理解读、写、听、说、看等不同读写过程间交互和关联的特性，使学生在所有学科的学习中体验和运用语言。
- **教师作为学习者和反思性实践者**。资深教师力图通过循环往复的学习与反思提升自己的知识和实践能力。
- **与家庭和社区合作**。资深教师通过与家庭和社区成员建立积极、互相支持的关系来实现"读写教育覆盖全体学生"这一共同目标。
- **专业责任**。资深教师积极为读写教学的发展、语言教学领域读写知识和专业实践的进步贡献力量。

读写教学的目标是使所有学生都充分发挥读写潜能。鉴于此，本章介绍 8 项开展均衡读写教学的原则。这些原则从资深教师"做什么"这一角度进行阐述，并为后续章节奠定了基础。这 8 项原则分为四个主题：学习与学习阅读、有效的阅读教学、根据学生的需求调整教学和"教 - 学 - 评"一体化。

主题 1：学习与学习阅读

1.1 了解四种不同学习理论的关键特征

老师需要了解学生如何学习，而有关学习的理论为此奠定了基础；老师只有了解学习，才能打造学习共同体，即打造有利于读写教学的环境。老师只有了解语言的基础，即四个提示系统，才能更好地开展读写教学。高效的教师能够认识到关于学习、学习共同体和语言提示系统的知识在阅读和写作教学中各自起到的作用。

原则 1：高效的教师了解学习

20 世纪 60 年代以前，"以教师为中心"的行为主义一直是主流观点。后来，提倡学生积极参与真实读写活动的学生中心理论的影响力逐渐增强。"以学生为中心"的学习理论可分为三个不同流派：建构主义、社会语言学和信息加工。特蕾西和莫罗（Tracey and Morrow，2006）认为在读写教学中，基于多种理论视角进行教学设计可以提升教学质量。我们则认为，教师应该在教学中真正实现"以教师为中心"和"以学生为中心"的平衡。表 1-1 总结了这些理论的主要信息。

行为主义。行为主义关注学生行为可观察、可测量的方面，认为行为可以通过刺激和反应来训练（O'Donohue & Kitchener，1998）。行为主义属于"以教师为中心"的理论，把教师定义为知识传播者，把阅读视为条件反射。斯金纳（Skinner，1974）认为，学生通过掌握一系列阅读技能学会阅读。

老师使用显性化教学，按照事先计划的顺序教授阅读技能。他们逐渐呈现信息，然后通过练习进行强化，直至学生掌握，每一步都建立在前一步的基础上。学生通常以个人而非小组或班级的形式完成填空练习来练习技能。行为修正是另一个关键特征：老师通过奖惩结合的方式控制和激励学生。

表 1-1 学习理论

导向	理论	特征	应用
以教师为中心	行为主义	• 关注行为上的可观测变化 • 视教师为信息提供者和练习监督者 • 视学习为刺激和反应行为的结果 • 用激励和奖励来调动学生的积极性	• 基础分级读物 • 微课 • 重复阅读 • 学习工具单
以学生为中心	建构主义	• 视学习为主动建构知识的过程 • 重视背景知识 • 认为学习者天生好奇 • 提倡合作，而非竞争 • 提供方法，让学生更好地参与学习活动，获得成功的体验	• 文学阅读单元 • KWL 表 • 学习日志 • 主题单元 • 单词分类
	社会语言学	• 强调语言与社会互动对学习的重要性 • 视阅读和写作为社会和文化活动 • 认为学生通过真实活动学习的效果最佳 • 视教师为学生学习的支架搭建者 • 提倡基于文化差异进行教学设计 • 让学生思考社会不平等、不公正等相关问题	• 文学圈 • 共享型阅读 • 读写工作坊 • 作者讲坛
	信息加工	• 将大脑比作计算机 • 建议整合阅读与写作 • 将阅读与写作视为建构意义的过程 • 认为读者的解读是个性化的 • 认为学生运用策略来阅读和写作	• 指导型阅读 • 信息组织图 • 故事讨论会 • 交互型写作 • 阅读日志

建构主义。建构主义理论家认为学生是积极、主动建构知识的学习者；当学生将新信息与已有知识整合时，学习便发生了。这一理论以学生为中心，老师创造机会，学生在体验中建构知识。

- **图式理论**。图式（schema）是组织知识的认知结构，图式理论描述了学生是如何进行学习的。让·皮亚杰（Jean Piaget，1969）解释说，学习即学生积极与环境互动时对图式做出的修正。我们可以把大脑想象成文件储存柜，里面储存着一些已有知识，新知识也不断储存进来。学生在学习熟悉的话题时，关于该话题的新知识就会和已有知识或图式储存在一起，这一修订过程称为**同化**（assimilation）。在学习新话题时，学生则会创建新的文档来存储信息，这个建构过程更为困难，被称为**顺应**（accommodation）。人们的认知结构各不相同，反映了各自的知识与过往经验。

- **探究式学习**。约翰·杜威（John Dewey，1997）提倡用探究式学习培养能充分参与社会生活的公民（Tracey & Morrow，2006）。他的理论认为学习者天生好奇并积极创造自己的知识。他还得出结论，认为合作比竞争更有利于学习。学生在合作探究中提出问题、寻找信息并创造新知识来解决问题。

- **学习投入理论**。学者们研究了学生对阅读和写作的兴趣，发现投入型学习者具有内在动机。随着阅读和写作的增多，他们会享受这些活动并取得更高的成就（Guthrie & Wigfield，2000）。投入型学习者具有**自我效能感**（self-efficacy），或者相信自己能够实现目标（Bandura，1997）。即便在取得成功的路上遇到阻碍，自我效能感高的学生也具有韧性和毅力。学者们相信，在适于学习的课堂环境中开展真实的读写活动能提高学生的投入度。

社会语言学。列夫·维果茨基（Lev Vygotsky，1978；1986）认为语言组织思想，是一种学习工具。他建议老师增加学生之间的互动机会，将之视为学习的一部分。维果茨基注意到，比起仅靠自己，学生与成人合作时能够完成更具挑战性的任务；当学生再次进行自己已能够独立完成的简单任务时，他们从中能学到的很少。维果茨基建议老师将教学聚焦于学生的**最近发展区**（zone of proximal development），即学生实际发展和潜在发展水平间的区域。随着学习的推进，老师逐渐减少给学生提供帮助，直至他们能够独立完成任务，然后再开始新一轮的学习。

- **社会文化理论**。社会文化理论把阅读与写作视为反映学生所在文化和社区的社会活动（Moll & Gonzales，2004），认为来自不同文化的学生对读写素养有不同的期待和学习方法上的偏好。老师应用这一理论，并结合不同文化设计教学，可以帮助每个学生——包括来自边缘文化的学生——发展阅读和写作能力（Keehne，Sarsona，Kawakami，& Au，2018）。他们尊重所有学生，对他们的学习能力充满信心。

　　老师使用丰富的多元文化文学作品来培养学生的跨文化意识（Boyd，Causey，& Galda，2015），如《伊斯贝蓝莎的成长》（*Esperanza Rising*，Ryan，2002），就是一个关于给自己创造新未来的墨西哥裔美国女孩的故事。

　　多元文化式教学认同所有学生的文化与社会习俗的合法性，引导学生欣赏同学们的多样文化。社会文化理论强调老师必须关注学生的学习需求。当学生学不会时，老师需检查自身的教学方法并做出改变，努力让所有学生都能在读写方面取得进步。

- **情境学习理论**。学习是学习发生于其中的活动、情境和文化的一部分（Lave & Wenger，1991）。情境学习理论认为学习与实践不可分割。它强调学徒制的重要性，随着专业能力的发展，初学者逐步从学习社区的边缘向中心移动（Brown，Collins，& Duguid，1989）。正如厨师的厨艺是在烹饪中不断精进一样，学生也是在真实而有意义的活动中学习效果才最好。他们加入学习者社区，通过与同学互动发展为更专业的阅读者和写作者。老师需要像主厨一样，给学生做好专业示范。

- **批判性读写素养**。弗莱雷（Freire，2000）呼吁彻底开展教育改革，使学生能够探究有关正义和公平的基本问题。批判性读写素养理论把语言视为一种社会行为手段，倡导学生成为社会变革的推动者（Johnson & Freedman，2005）。这一理论带有政治色彩，美国社会日益增长的社会和文化多样性增加了解决不平等和不公正问题的紧迫性。学生探究社会问题的一种方式是阅读与之相关的图书，诸如《烟雾弥漫的夜晚》（*Smoky Night*，Bunting，1999）之类的书，它讲述了在洛杉矶暴乱期间战胜种族主义的故事，该书曾获得凯迪克奖。

信息加工。信息加工理论将大脑比作计算机，描述了一系列处理器（感觉登记、短时记忆和长时记忆）加工、存储信息的过程（Tracey & Morrow，2006），认为学习受调控机制监控调节。学者们建构了诸多关于阅读和写作过程的模型来呈现人脑内复杂、交互的活动（Hayes，2004；Kintsch，2013；Rumelhart，2013）。他们相信阅读与写作是相互关联的，他们的模型展示了读者、作者已知的信息与所读、所写文字间的双向信息流动。

- **互动模型**。阅读和写作是创造意义的互动过程。互动模型强调读者要聚焦理解，结合已有知识经验和文本信息来建构新的意义。该模型还纳入了执行监控器，负责监控学生的注意力，判断他们阅读的内容是否有意义，并在出现问题时采取行动（Ruddell & Unrau，2013）。

  海斯（Hayes，2004）的写作模型描述了作者写作时的行为，强调写作也是创建意义的互动过程。学生通过计划、起草、修改和编辑等一系列步骤确保读者能够理解他们所写的内容。他们在写作时用来制订计划、选择策略、解决问题的调控机制与阅读时的相同。

- **交互理论**。罗森布拉特（Rosenblatt，2013）的交互理论解释了读者如何创建意义。她认为理解是读者和文本双向互动的结果。读者不是试图弄清作者的意思，而是基于文本和对文学与世界的了解来进行自己的解读。解读是个性化的，因为每个学生都有不同的知识经验。解读可以各不相同，但必须有文本内容作为支撑。

- **策略性行为**。学生用策略性或目标导向性行为引导思维。他们使用认知策略，如图像化、组织、修改，来实现目标，然后使用元认知策略，如监控策略和修正策略，来判断是否实现目标（Dean，2006；Pressley，2002）。**元认知**（metacognition）这个词常被定义为"对你的思考过程进行反思"，更准确地说，它是指人们用来调控自己思维的一种复杂思维（Baker，2008）。元认知是一种调控机制，涉及学生的意识及对思维的主动调控。

原则 2：高效的教师创建学习共同体

课堂是社交场所。学生和老师一同创建学习共同体，学习环境对学习有强烈影响（Angelillo，2008；Bullard，2010）。学习共同体应该具有吸引力、支持性和安全性，让学习者积极参与到阅读和写作中。其最突出的特点应该是师生间的伙伴关系：他们成为一个"家庭"，所有成员都互相尊重，支持彼此的学习。学生尊重来自不同语言文化背景的同学，认识到每个人都是班上不可代替的一员。

我们可以设想住出租屋与住自己家的区别。在学习共同体中，学生和老师是教室的共同"拥有者"，他们要对自己的行为和学习负责、与同学合作、完成任务、关心班级。相比之下，传统课堂属于老师，学生仅是租住一年的"租客"。但共同所有并不意味着老师抛弃自己的责任，相反，他们是向导、指挥、教练和评价者。

学习共同体的特征。成功的学习共同体具有有益于学习的、具体的、可观察的特征，具体如下。

- **安全。**学习共同体是一个安全的地方，可以促进深度学习，有利于学生的身心健康。
- **尊重。**老师和学生互相尊重，绝不容忍骚扰、欺凌和辱骂等行为，尊重文化、语言和学习差异，让学生感到舒适和受到重视。
- **高期望。**老师设定高期望，并强调所有学生都能够成功。这些高期望有利于创建积极的课堂环境，使学生表现得体并获得自信。
- **冒险。**老师鼓励学生探索新的话题，尝试陌生的活动，培养学生更高层次的思维技能。
- **合作。**学生之间合作开展读写活动及其他项目。同伴合作能够为学习提供支架、提升学习成绩。
- **选择。**学生在老师设定的范围内选择自己阅读的书、写作的主题及开展的项目。学生在自主选择时，更重视活动，更有动力追求成功。
- **家庭参与。**老师邀请家长参与到教学活动中，通过特殊课程和定期沟通建立家校联系。家长的参与有助于提升学生的学习成绩（Edwards，2004）。

这些特征强调了老师在营造温馨、支持和安全的学习共同体氛围方面的作用。

如何创建共同体文化。倘若老师在学年开始的几周里制定好课堂纪律、创建好学习氛围，后续的教学就会更加顺利。想要学生自动变得合作、负责和尊重他人是不现实的。老师需要明确说明课堂常规活动的要求，如如何取出和存放上课所需物品及如何进行小组合作并表明希望每个人都遵守这些常规要求。老师需要示范读写活动的步骤，包括如何选书，如何给同伴的写作进行反馈，以及如何参与故事讨论会（教学步骤见附录）。老师还需示范如何与同伴互动，如何协助他们完成阅读和写作项目。

老师是课堂管理者，他们设定要求并向学生说明他们在课堂中重视什么、期待什么。课堂规则需要具体且一以贯之。老师还会设置课堂纪律。例如，小组合作时，学生们可以小声交谈，但老师讲话时学生们要认真听，不能在教室里大喊大叫或打断正在做课堂展示的同学。老师在与学生互动时也要遵守课堂规则，起到示范作用。在学年初创建共同体文化对顺利开展读写课程至关重要。

然而，并非所有事情都可以在最初的几周内完成，老师需要不断强化课堂常规要求和读写活动。一种方法是让学生干部示范老师想要的常规活动和行为，这样其他学生可能会跟着做。老师也会开展其他读写活动，让学生参与到新的活动中。课堂教学会不断发展变化，但基础在学年初就奠定好了。

学生熟悉课堂的常规要求和读写活动，知道教学会如何开展。在这样的环境中，他们会感到舒适、安全，更愿意冒险。对不同文化背景的学生、外语学习者及读写能力较弱的学生来说，更是如此（Fay & Whaley，2004）。

原则 3：高效的教师指导学生使用提示系统

语言是通过约定俗成的规则创造意义的复杂系统（Halliday，1978）。和其他语言一样，英语也有四个**提示系统**（cueing systems），具体如下。

- 语音系统
- 句法系统
- 语义系统
- 语用系统

这些系统共同作用，使交流成为可能，学生和成人在听、说、读、写中同时使用这四个系统。虽然人们对各个提示系统的重视程度存在差异，但语音系统对初级阶段的阅读和写作尤为重要，是通过学习拼读法来解码、拼写单词的基础。表 1-2 简要介绍了这四个提示系统。

表 1-2　四个提示系统

提示系统	术语	应用
语音系统 英语的语音系统约有 44 种发音，500 多种拼写方式	• 音素：最小的发音单位 • 字素：音素用一个或多个字母呈现出来的书面表征 • 语音意识：单词在音素、首音 - 尾韵、音节层面的声音结构的知识 • 音素意识：口头熟练运用词汇中的音素的能力 • 拼读教学：关于音素 - 字母对应关系及拼写规则的教学	• 读单词 • 辨别区域方言与其他方言 • 阅读时解码单词 • 创造性地拼写单词 • 赏析、创作头韵、拟声表达 • 注意押韵词 • 将单词划分为音节

（续表）

提示系统	术语	应用
句法系统 英语的结构系统决定单词如何组成句子	• 句法：句子的结构或语法 • 语素：语言最小的意义单位 • 自由语素：可以单独构成词的语素 • 附着语素：必须附加于自由语素上的语素	• 给单词添加曲折后缀 • 用若干词组成复合词 • 在词根上添加前缀和后缀 • 使用大写和标点表示句子的开始与结束 • 写简单句、合成句和复杂句 • 合并句子
语义系统 英语中聚焦于词汇的意义系统	• 语义：意义 • 同义词：有相同或近似意义的词 • 反义词：意义相反的词 • 同音异形词：发音相同但拼写不同的词	• 学习词汇的意思 • 发现很多单词都有多个意思 • 借助上下文线索推断生词的意义 • 学习同义词、反义词、同音异义词 • 使用字典和近义词典
语用系统 英语中依据社会和文化用法提供语言选择的系统	• 功能：人使用语言的目的 • 标准英语：课本和电视、广播中使用的英语 • 非标准英语：其他形式的英语	• 根据具体目的变化语言 • 用方言阅读和撰写对话 • 对比标准英语和非标准英语

语音系统。语音系统是声音系统。英语约有 44 种发音，学生在学习英语的过程中学习如何发这些音，并在学习阅读和写作时把发音与字母关联起来。发音又称为**音素**（phoneme），书写时用斜线将之与**字素**（graphemes，即字母或字母组合）区分开。例如，*mother*（母亲）的第一个字素是 *m*，音素是 /m/；*soap*（肥皂）中字素 *oa* 表示的音素称为"长 *o*"，写作 /ō/。

语音系统对口头语言和书面语言都很重要。音素的发音方式存在地区差异，如纽约人和得克萨斯人的发音不同。外语学习者学习发音时，常会发现与母语不同的发音更难掌握。例如，由于西班牙语中没有 /th/，西班牙母语者很难发出这个音，常用发音方式相似的 /d/ 代替 /th/。比起高年级学生和成人，低年级学生通常更容易掌握陌生发音。

这一系统在早期读写教学中至关重要。在音形完全一致的语言中，字母与发音一一对应，教学生解码单词便很简单。但英语的音形并不完全对应，它有 26 个字母，44 种发音，并且许多发音（尤其是元音）有多种字母组合。例如，元音字用 *e* 发长音的时候的字母组合有：*sea*（海）、*green*（绿色）、*Pete*（皮特）、*me*（我，宾格）和 *people*（人们）。此外，这些规则并不适用于所有情况，如 *head*（头）和 *great*（伟大的）就是例外。**拼读法**（phonics）指音素 - 字母的对应关系及相关拼写规则。教学生用拼读法解码单词是阅读教学的重要组成部分，但并不是全部。许多常用单词并不能轻易解码，并且阅读也不仅仅是解码单词。

句法系统。句法系统与英语的结构有关。语法规定单词如何组成句子，它是句法系统的一个部分。**语法**（grammar）指单词组成句子的规则，而不是单词在句子中的变化规则。学生把单词组成句子时需要用到句法系统。在英语中词序很重要，说话人必须按有意义的方式排列单词。

例如，西班牙人学英语时需要说"这是我的红毛衣"（This is my red sweater），而不是像西班牙语直译过来的那样"这是我的毛衣红色"（This is my sweater red）。

学生阅读时会用上句法知识，并默认读到的单词已经串成了句子。在遇到陌生单词时，即便不知道它所在句子部分对应的句法术语，学生也能辨别出它在句子中的作用。例如，在"马儿们冲过大门，飞奔到田野里"（The horses galloped through the gate and out into the field）这句话中，学生可能不认识"通过、穿过"（through）这个词，但很轻易便能找到一个合适的词或短语来替代它，如"出"（out of）或"通过"（past）。

句法的另一个组成部分是词形。dog（狗）和 play（玩）等词是**语素**（morphemes），是语言中最小的意义单位。此外，单词中能够改变词义的部分也是语素。例如，在 dog 后添加复数标记 -s 变为 dogs，或者在 play 后添加过去时标记 -ed 变为 played 后，这些词便包含两个语素，因为屈折后缀改变了单词的含义。dog 和 play 这两个词是自由语素，能够独立构成意义；词尾的 -s 和 -ed 是附着语素，必须附着在自由语素上才能表达意义。**复合词**（compound words）是将两个或多个语素组合起来构成的新词，如 birthday（生日）是两个自由词素组成的复合词。

语义系统。语义系统关注意义，其关键组成部分是词汇。研究人员估计，学生入学时平均掌握 5000 个单词，随后每年增加 3000 ~ 4000 个单词，高中毕业时，学生的词汇量可达到 50 000 个单词（Stahl & Nagy, 2006）！学生可以通过词汇教学掌握一些单词，但更多是通过阅读、社会与科学研究等方式附带习得词汇。与此同时，学生的词汇深度知识也在不断增加——从知道单词的一个含义到能够多种方式地使用单词。例如，fire（火）这个词就有十多种含义，许多都与燃烧相关，也可以表达强烈的情绪、开枪射击或解雇某人。含有 fire 的复合词包括 firearm（武器）、fire extinguisher（灭火器）、firefly（萤火虫）、fireproof（防火的）、fireworks（烟火，firework 的复数形式）等。

语用系统。语用系统与语言使用的社会维度相关。人们出于各种目的使用语言，目的和对象不同，说话与写作的方式也不同。不同社会阶层、民族和地区的语言使用存在差异，这些变体称为方言。

老师应当明白，学生在阅读和写作时，四个提示系统都会用到。例如，学生正确读出"Jimmy is playing ball with his father"（吉米正在和他的父亲打球）这句话时，来自四个提示系统的信息可能都用到了。当学生用 dad（爸爸）代替 father（父亲），把这句话读成"Jimmy is playing ball with his dad"（吉米正在和他爸爸玩球）时，也许是因为他的注意力在语义或语用系统上，而不是在语音系统上。当一个学生用 basketball（篮球）代替 ball（球），把这句话读成"Jimmy is playing basketball with his father"（吉米正在和他的父亲打篮球）时，可能是因为插图或自己的经验而读错了，或者因为 basketball（篮球）和 ball（球）都以 b 开头，他用词首的发音辅助解码，却没有注意到两个词的长度差异。一个学生改变句法，把这句话读成"Jimmy, he play ball with his father"（吉米，他常和他的父亲打球），这可能是在说非标准的方言。有时候，学生会读出毫无意义的句子，如"Jump is play boat with his father"（跳在和他的父亲玩船）。在这种情形下，学生读对了单词词首的发音，却没有理解单词和句子的意义。这是一个严重的问题，因为学生没有意识到阅读时必须理解所读的内容。

主题 2：有效的阅读教学

1.2　说明"均衡教学理念"的涵义

关于什么是有效阅读教学的问题已争论多年，学者们在用拼读法来教授阅读还是用儿童文学来教授阅读之间不断权衡。最终，许多学者都认为均衡的教学方法有助于大多数学生的阅读和写作发展。他们还断定，为读写教学搭建支架及用不同的教学方法都对满足学习者的发展需求至关重要。

原则 4：高效的教师践行均衡教学理念

均衡教学理念（balanced approach）发展于融合了显性化教学、指导型练习、合作型学习和独立型阅读与写作的综合读写素养观（Madda，Griffo，Pearson，& Raphael，2011）。它起源于 20 世纪后期关于阅读应以语码为中心还是以意义为中心的"阅读之争"。坎宁安和阿林顿（Cunningham and Allington，2011）把均衡教学比作复合维生素片，认为这一理念整合了语码中心法和意义中心法的精华。虽然均衡教学课程各不相同，但一般都具有以下特征。

- **读写素养**。读写素养包括阅读和写作，事实上，读写和教学结合有利于学生的学习。读写素养指学生在校内外通过阅读和写作完成各项任务的能力。阅读是理解书面文本的复杂过程：读者根据文本类型和阅读目的，采取恰当的方式解读意义。同样，写作是生成文本的复杂过程：作者根据文本类型及写作目的，用恰当的方式创建意义。
- **基本构成**。教学的基本构成部分包括语音意识、拼读、流利度、词汇和理解。
- **显性化教学**。老师开展显性化教学，并逐步放手让学生去做，帮助他们按照年级标准要求积累阅读和写作的相关知识。
- **真实应用**。学生在阅读图书、撰写文章时有机会规律地应用所学知识，进而增强学习动机和提升课堂参与的积极性。
- **阅读与写作策略**。学生在学习时使用认知和元认知策略，成为策略型阅读者和写作者。
- **口头语言**。学生在阅读和写作活动中获得听和说的机会。
- **学习工具**。学生把阅读、对话、写作、科技等用于学习学科知识的工具。

马达、格里福、皮尔逊和拉斐尔（Madda，Griffo，Pearson，& Raphael，2011）认为，"实

现平衡是一个复杂的过程，需要灵活、巧妙地把读写素养的各种情境及概念层面和谐地编织在一起"。表 1-3 展示了均衡读写教学课程应有的组成部分。

表 1-3　均衡读写教学课程的组成部分

组成部分	描述
理解	学生运用读者因素（如理解策略）和文本因素（如文本结构）来理解所读内容
学科知识学习	学生借助阅读与写作学习主题单元中的社会研究与科学话题
读写策略与技能	学生在阅读和写作中运用"策略"（即解决问题、监控学习的行为）和"技能"（即自动化行为）
文学	学生阅读小说、诗歌并进行回应，学习体裁知识、文本结构和文学表现手法
口头语言	学生与同学交流，参加故事讨论会，做口头汇报，听老师大声朗读
音素意识和拼读法	学生熟练掌握单词中的发音，并运用字母的工作原理和拼读规则解码单词
阅读	学生使用绘本、小说、诗歌、非故事类读物、基础分级读物、学科教科书和网络材料等参与示范型、共享型、交互型、指导型和独立型阅读活动
拼写	学生运用学到的英语构词知识拼写单词并逐渐内化
词汇	学生通过广泛阅读、学习学科知识、听有声读物等方式学习专业词汇的含义，通过词汇学习策略推断生词的含义
写作	学生借助写作过程及写作六要素的相关知识来起草和完善故事、诗歌、报告、短文及其他文章

由以上内容构成的均衡读写教学课程适用于所有学生，包括来自贫困地区学校的学生，阅读困难的学生，以及正在学习外语的学生（Braunger & Lewis，2006）。读写教学课程达到均衡至关重要，因为过分强调或忽视某一部分都会影响其他部分的发展。

走均衡读写教学路线需要运用各种适合发展的策略来教授阅读和写作的核心内容。

均衡读写教学理念强调把最新科技融入每个年级的教学，因为对一些学生来说，学校可能是唯一可以接触到科技的地方。为了帮助一些学生弥合"数字鸿沟"（Ciampa，2006），也为了激发学生的学习动力与参与度，老师会在均衡阅读教学中使用数字软件、网络和计算机技术以达到不同的目的。

老师常在班级报告和微课中用互动白板呈现信息，教学生使用各种电子产品，包括平板电脑、智能电话及其他手持设备。他们还使用电子书、数码相机、免费平台，以及免费软件。基础阅读项目介绍了一些可以获取补充活动、电子版基础分级读物的网站。但老师应当牢记，把科技融入均衡读写教学不是让机器教学生，而是要借助科技使学习效果最大化。

美国共同核心州立标准。美国共同核心州立标准（Common Core State Standards，CCSS）规定了学生从幼儿园开始，在每个年级应该学习的知识。它由全美州长协会和各州教育长官委员会牵头，旨在确保所有高中毕业生都能在大学或工作中取得成功。

共同核心州立英语标准（Common Core State Standards for English Language Arts，2010）包

含明确且连续的学业基准，旨在提高教学质量（Allyn，2013；Kendall，2011）。此标准的课程内容有一定的难度，学生应用知识时需要使用高阶思维技能。这个标准的要求在复杂程度上从幼儿园到高三逐步增加，学生在每个年级都需要阅读和创作更复杂的文本。阅读和写作贯穿整个课程，学生需要开展研究来回答问题、解决难题。读写素养标准分为五个层面，具体如下。

- **阅读层面**。阅读层面包含三个部分：基础技能、文学和科普类文本。低年级学生在学习阅读的过程中逐渐掌握书写概念、语音意识、拼读、识别单词和流利阅读等基本技能。文学和科普类文本部分强调学生对复杂文本的理解：学生所读分级读物的复杂程度逐渐提升，推断、关联不同观点与文本的能力不断增强。这三个部分的标准归为以下几个主题。

  - 关键观点与细节信息

  - 技能与结构

  - 整合知识与观点

  - 阅读范围与文本复杂程度

- **写作层面**。写作层面包含四个部分：写作类型和目的、作文创作与发表、用研究支撑知识建构与展示，以及写作范围。学生学着利用写作过程撰写各种体裁的文本，尤其是议论文、说明文和记叙文。他们还撰文回应文学作品，开展与学科学习相关的研究项目。

- **口语与听力层面**。学生掌握口语技能，在讨论中使用非正式表达，在报告中使用正式语言。本层面的标准归为以下两个主题。

  - 理解与合作

  - 报告知识与观点

- **语言层面**。语言层面包含三个部分：标准英语写作范式、语言知识，以及词汇习得与使用。学生在逐渐复杂的口头和书面报告中学习使用词汇、语法和标准英语写作范式。

- **媒介与科技层面**。美国共同核心州立标准把批判分析媒介和创建多媒介项目整合到其他层面中。

这些标准明确了每个主题下学生在不同年级应该达到的标准。

原则 5：高效的教师为学生阅读与写作搭建支架

老师通过示范、指导和授课等方式为学生读写素养的发展搭建支架，根据教学目的和学生的需求提供不同程度的帮助。有时候，老师会向学生示范有经验的读者如何阅读，或者在学生说内容较难自己不会写时，帮他们记下口述的内容。此外，老师还会指导学生阅读分级读物，并帮他们校对作文。老师为学生提供五个等级的帮助，从多到少，逐步放手让学生去做（Fountas & Pinnell，2016）。表 1-4 简述了读写活动中不同级别的帮助（即支架级别），分别是示范型、共享型、交互型、指导型和独立型。

表 1-4　支架级别

级别	阅读	写作
示范型	老师大声朗读学生不能独立阅读的图书，示范优秀的读者是如何流利阅读的	老师通过构思文本内容、把文本写下来、用有声思维展示策略和技巧运用等方式向学生示范如何写作
共享型	师生一同朗读。学生先跟着老师读，然后重复熟悉的部分	师生共同构思文本内容，随后老师完成书写。学生可以协助拼写熟悉的或高频的单词
交互型	师生轮流朗读指导级文本，老师帮助学生流利地、有感情地朗读	师生共同构思文本并完成书写，他们一同拼写单词，按照大小写、标点及其他写作规范完成文本书写
指导型	老师用指导级图书给几个阅读水平相近的学生开展阅读课，目的是观察学生的策略使用情况，帮助他们更好地运用策略	老师设计课程来教授写作策略、技能、步骤等。学生在老师的监督下参与写作活动
独立型	学生独立阅读自选的书，老师通过与学生讨论来监控其进展	学生利用写作过程撰写报告、短文、诗歌及其他体裁的文本，老师监控学生的进展

示范型阅读与写作。老师向学生示范专家型读者与作者如何阅读与写作时，给他们提供的帮助最多。老师通过大声朗读进行示范：有感情地、流利地朗读，谈论自己的想法，讲授用到的策略。在示范写作时，老师通常会在英语书写训练专用纸或互动白板上书写，以便学生看清书写的过程。老师多用这一级别的帮助来示范活动步骤，如怎样选一本书来读或怎样进行单词分类活动，来介绍新的写作体裁，如诗歌"我是……"。老师通常用有声思维展示自己阅读和写作时的所思所想，包括做出的决定和用到的策略。老师通过示范来达到以下目的。

- 展示流利的阅读和写作
- 说明如何运用阅读和写作策略
- 教授读写活动的步骤
- 展示阅读与写作范式及其他知识的应用

共享型阅读与写作。老师与此级别的学生"共享"阅读和写作任务。共享型阅读应该是最广为人知的活动，老师用它来和低年级学生一起读大开本绘本。老师完成其中的大部分阅读，学生则读一些熟悉的、可预测的单词和短语。老师采用语言体验法，将学生口述的内容写在画好的画上，把头脑风暴的单词表写在白板上，制作 KWL 表，以及编写合作图书。

不同于示范型活动，学生在共享型活动中真正参与了阅读和写作，而不再只是观摩。在共享型阅读中，学生随着老师一同阅读；在共享型写作中，学生可以向老师推荐自己想到的单词和句子。共享型阅读与写作可以达到以下目的。

- 让学生参与他们尚不能独立完成的读写活动
- 让学生有机会体验到成功的阅读和写作
- 在学生能独立读写前，给他们提供练习阅读和写作的机会

交互型阅读与写作。学生在交互型阅读与写作中可以做更多。他们不再局限于观摩老师朗读与写作、重复熟悉的单词或在老师写作时推荐单词，而是积极参与到阅读和写作中，通过分担阅读和写作任务来帮助同学，老师则在他们需要时提供帮助。例如，集体诵读和读者剧场就是交互型阅读的具体应用。在交互型写作中，学生和老师共同建构文本内容并完成书写（Williams，2018；Tompkins & Collom，2004）。交互型阅读和写作可以达到以下目的。

- 给学生提供读和写高频词的机会
- 鼓励学生运用拼读和拼写技能
- 帮助学生完成他们尚不能独立阅读和写作的文本
- 让学生有机会和同学分享读写知识和技能

图 1-1 是一群 5 岁儿童读完埃里克·卡尔（Eric Carle）的重复式图书《袋鼠也有妈妈吗》（*Does a Kangaroo Have a Mother, Too*，2000）后以交互型写作完成的作品。老师写下书名和作者后，学生们造了句子"Animals have mothers just like me and you"（就像你我一样，动物们也有妈妈）。他们用红笔（图中显示为浅灰色）轮流写下自己认识的字母，老师把学生不熟悉的发音对应的字母用黑笔写下来。其中，四个小方框代表修正带，老师把学生写错的字母用修正带贴上，学生再试着改正。

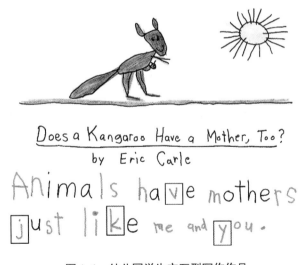

图 1-1　幼儿园学生交互型写作作品

指导型阅读与写作。在这一阶段，虽然老师仍在提供帮助，但学生已经开始进行真正的阅读和写作了。最广为人知的例子是指导型阅读。老师与几个阅读水平相近的学生一起读符合他们指导阅读水平的图书。老师先介绍图书，并指导学生阅读开头部分的内容。然后，学生在老师的监督下独自阅读。微课也是一个例子：老师在微课上开展练习活动，在学生运用所读内容时进行监督。老师会在学生编写合作图书时提供支架，还会在与学生讨论作文时提供指导。

老师用这一级别的支架帮助学生实现真正的阅读和写作。他们用指导型阅读与写作来达到以下目的。

- 帮助学生阅读适合其指导阅读水平的材料
- 教授读写策略和技能
- 让学生参与合作写作项目
- 教授写作过程，尤其是如何修改与编辑

独立型阅读与写作。 学生在独立阅读和写作时，会用到他们在真实的读写活动中学到的策略和技能。在独立型阅读中，学生通常自主选择图书，并根据自己的节奏进行阅读和回应。同样，在独立型写作中，学生常常自主选择话题，并按照自己的节奏构思、完善作文。但这并不是说老师什么都不用做：他们需要持续监控学生的进展，只是提供的帮助少了很多。

通过独立型阅读，老师希望学生能体会到阅读是多么的令人愉悦，并做到终身持续阅读。在写作时，学生开始把自己视为作者。老师用独立型阅读与写作达到以下目的。

- 给学生运用学到的阅读和写作策略、技能的机会
- 让学生体验能够自主选择话题、目的和材料的真实阅读与写作
- 培养终身阅读和写作的人

课堂支架的五个级别——示范型、共享型、交互型、指导型和独立型——诠释了皮尔逊和加拉格尔（Pearson & Gallagher，1983）的"逐步放手让学生做"模型。随着学生从示范型阅读和写作向交互型、独立型发展，他们逐渐参与到更多的真实阅读和写作中，老师也逐步放手让他们去做。

原则 6：高效的教师自主设计读写教学

没有任何教学课程能完美体现均衡读写教学理念。实际上，老师需要自主建构课程，设计满足学生需求和学校设定的年级标准的教学活动。这些课程应体现以下原则。

- 老师在班上建立学习共同体
- 老师将均衡教学的各个组成部分融入教学
- 老师为学生的阅读和写作体验提供支架

比较流行的教学方法有五种：指导型阅读、基础阅读项目、文学阅读单元、文学圈和读写工作坊。

指导型阅读。 老师借助指导型阅读开展个性化教学以满足学生的个人需求。老师给若干组

阅读水平相近的学生开设指导型课程（Fountas & Pinnell，2016）。每堂课 20 分钟，老师教授单词识别策略、阅读理解策略，并让学生应用课上学到的知识读指导阅读水平的书。老师强调阅读的目标是理解，即明白所读的内容，而不只是正确读出所有单词。当老师指导某个小组阅读时，其他同学要么参加读写中心的活动，要么开展一些可以独立完成的读写活动。这种教学方法通常在幼儿园到三年级期间使用，也适用于年龄略大但阅读存在困难的学生。

基础阅读项目。 在商业开发的阅读项目中，最广为人知的是基础分级读物。这些项目的特色是教材，包含精选阅读材料及配套练习册、补充读物及其他相关教学材料，还包括数字组件。教材里的拼读、词汇、理解和拼写教学内容与精选阅读材料相匹配，符合各年级标准的要求。教师用书提供了教授精选阅读材料的详细步骤及相关的策略和技能。教学一般是面对班级整体的，也会给少部分学习困难的学生进行重复教学。测试材料也包括在内，帮助老师监测学生的学习进展。虽然出版方宣称基础分级读物是完整的读写教学项目，但高效的教师认为有必要再融入其他教学方法。

文学阅读单元。 老师以高质量绘本故事和小说为专题，开设文学阅读单元。图书一般从美国各区或州批准的获奖图书中选择，每个学生在合适的年级都应该读这些书，包括《饥饿的毛毛虫》（*The Very Hungry Caterpillar*，Carle，2002）和《夏洛的网》（*Charlotte's Web*，White，2006）等经典著作，以及《警官巴克尔和警犬葛黄雅》（*Officer Buckle and Gloria*, Rathmann，1995）和《别让鸽子开巴士》（*Don't Let the Pigeon Drive the Bus!*，Willems，2003）等获奖作品。班上所有学生都读同一本书并进行回应，老师通过显性化教学、开展阅读和写作活动等为学生的学习搭建支架。老师通过这些单元教学来介绍作者、体裁，培养学生对文学的兴趣。

文学圈。 一小群学生聚在一起，参与文学圈或读书俱乐部活动，共读一个故事或一本科普类图书。首先，老师选择 5 ~ 6 本不同阅读层级的图书。这些书通常有一定的关联，如相同的主题或共同的作者。每本书老师都准备多份，并在图书推荐环节进行介绍。随后，学生选一本书，组成小组进行阅读与回应。他们安排好阅读与讨论的时间表后独立进行活动，但有时老师也会参与讨论。通过一起阅读、一起讨论同一本书，学生对如何回应图书内容更加了解，逐渐形成完成任务的责任感。

读写工作坊。 学生在工作坊中进行真实的阅读和写作。他们自主选书、独立阅读，并与老师讨论所读的书。他们自主选择话题进行写作，并与老师讨论自己的作文。老师会专门给读写工作坊留出时间。老师与某个小组讨论时，其他学生自主阅读、写作。老师还在微课上教授阅读和写作的策略与技巧，给全班同学大声朗读图书。学生在工作坊里参与的阅读和写作与成人的更像——做出选择、独立活动、培养责任感。

这五种教学方法可以分为真实课程和教材型课程。指导型阅读、文学阅读单元、文学圈和读写工作坊是真实课程，因为它们使用普通图书，让学生参与有意义的活动。基础分级阅读则是教材型课程，体现了行为主义理论。老师通常会把这些课程结合起来，因为学生在多样的阅读和写作活动中学得最好。有时候，老师会把指导型阅读、文学阅读单元和写作工作坊结合起来，他们也可能会交替使用文学阅读单元或文学圈与读写工作坊和教材课程，还有的老师可能整个学年下来都只用了五种方法的某些环节。

主题 3：根据学生的需求调整教学

1.3 阐释教师如何及为何进行差异化教学

由于学生发展水平、学业成绩与能力各不相同，因此高效的教师会不断调整教学内容，开展个性化教学。老师通过调整教学安排、选择适合学生阅读水平的教学材料、更改任务等方式落实差异化教学的核心原则。

原则 7：高效的教师进行差异化教学

汤姆林森（Tomlinson，2004）认为，"一刀切"的教学模式已经过时了，老师应尊重学生的相同点和不同点。差异化源于维果茨基最近发展区的思想。太难或太简单的教学都不是有效的教学；相反，老师必须提供符合学生学习需求的教学。

如何进行差异化教学。差异化涉及将教学内容、过程和成果个性化。

- **内容差异化**。老师根据年级标准确定学生需要学习的内容，确保每个学生都能达到要求。他们通过以下方法实现内容差异化。
  - 选择符合学生阅读水平的教学材料。
  - 在决定所授课的内容时，把学生的发展水平和当前所处的年级纳入考虑范围。
  - 借助评价工具判断学生的教学需求。
- **过程差异化**。老师根据学生的需求调整教学与活动。他们通过以下方法实现过程差异化。
  - 在个人、小组和班级层面开展教学。
  - 用更显性化的教学给阅读与写作存在困难的学生搭建支架。
  - 让阅读水平较高的学生挑战需要高阶思维的活动。
  - 监测学生的学习情况并及时调整教学。
- **成果差异化**。老师让学生用不同的方法呈现所学内容。呈现方式包括学生创作的作品及检测学业成绩的测试。老师通过以下方式实现成果差异化。
  - 让学生独自、与同伴或以小组的形式创作作品。
  - 设计能让学生参与有意义的读写活动的项目。
  - 结合视觉、口头和书面等形式评价学生。

　　老师进行差异化教学时会考虑阅读内容的背景知识和素养要求，创建相关的丛书集，结合不同的分组方法设计活动，考虑学生的语言模式和思维方式偏好，判断学生可能需要多少帮助。表 1-5 列举了一些老师开展差异化教学的方法。

表 1-5　差异化教学的方法

技能	描述
图书	老师围绕话题收集较为有趣的小说、非故事类图书及杂志，创建丛书集。为满足不同学生的需求，有的图书符合年级水平，有的在年级水平之上或之下
分组方式	老师设计教学时需考虑分组方式——全班、小组、同伴或个人。分组方式非常重要，学生之间合作时往往更有动力，并且学习困难的学生在他人的帮助下更有可能取得成功
教学	老师用显性化教学帮助学生建构背景知识、介绍词汇、展示信息。随后，他们监督学生完成练习活动。最终，提供独立应用所学内容的机会
语言模式	老师鼓励学生结合口头、书面及视觉语言模式来学习和呈现新知识。一些学生通过听报告或阅读的方式学得最好，其他人则通过看视频学得更好。同样，一些学生通过图表或戏剧表演能更有效地展示所学内容，其他学生则更喜欢海报或书面报告的形式
形式	老师意识到不同学生通过不同形式进行学习，因而允许学生自主选择含有听觉、视觉、触觉等不同形式的活动
支架	老师提供不同层级的支架帮助学生学习。他们结合使用示范型、共享型、交互型、指导型和独立型阅读和写作活动
科技	老师提供使用电子工具（包括文字处理、在线游戏、数码相机和网络探究等）的机会，以帮助学生学习，提高他们的参与度
思维方式	老师设计活动，让学生可以在应用新学知识时，根据自身思维方式进行分析、关联和创造等
分级活动	老师结合学生阅读和写作水平、语言模式偏好和思维方式，设计一系列相互关联的项目。此外，老师还会考虑学生的动机、对科技的兴趣，以及是喜欢独立活动、同伴活动还是小组活动等因素

外语学习者的教学

　　为读写素养发展搭建支架。 把英语作为外语的学习者（以下简称"外语学习者"）来自非英语文化且英语尚不熟练。他们中的许多人可以用英语进行日常交流，但在学校使用学术语言时可能会有困难。虽然他们也能从英语母语者的学习课程中受益，但老师应该做出调整，创建尊重学生语言和文化多样性、满足不同学生需求的学习环境（Shanahan & Beck，2006）。学习阅读和写作对这类学生来说更有挑战性，因为他们同时还要学习如何说英语。老师可以用以下方法为他们的口语和读写素养发展搭建支架。

- **显性化教学**。老师会花更多时间显性地教授读写策略和技能，因为外语学习者有学习困难的概率更高（Graves，Schneider，& Ringstaff，2018）。此外，他们还会花更多时间教授学生不熟悉的学术词汇。

- **口语**。老师每天会创造大量机会，让学生用英语进行双人或小组日常对话练习。学生围绕所学主题进行对话，以此学习日常语言和学术语言，这些反过来又推动了他们的读写素养发展（Rothenberg & Fisher，2007）。

- **小组活动**。老师会组织学生参加各种小组活动，因为与人互动有利于学习（Mose，Ogden，& Beth Kelly，2015）。外语学习者与同学交流时，也在学习读写文化。

- **向学生大声朗读**。老师会大声朗读各种故事、诗歌和科普类图书，包括一些代表学生所在祖国文化的图书（Rothenberg & Fisher，2007）。在这个过程中，老师会示范如何流利阅读，而学生在熟悉英语词汇和书面语言结构的同时，也在不断建构背景知识。

- **背景知识**。老师把教学组织成单元，帮助学生学习适合该年级的概念、建构相关的世界知识；并通过微课和各种读写活动向他们教授文学知识（Braunger & Lewis，2006）。

- **真实的读写活动**。老师每天都会创造机会，让学生在目的真实的阅读和写作中应用学到的策略与技能（Akhavan，2006）。学生通过文学圈和读写工作坊进行有意义的读写活动。

这些教学方法能促进外语学习者的学业发展。

老师对不同语言文化背景的学生的态度，以及对第二语言学习的理解对教学效率有重大影响（Martínez，2018）。老师意识到外语学习者有不同的语言和文化背景并据此设计教学这一点很重要。美国的大多数课堂反映的是欧美中产阶级文化，与许多学生的背景和语言使用大不相同。例如，有些学生不愿意主动回答老师的问题，有些学生则不回答那些与父母问的问题不同的问题（Peregoy & Boyle，2013）。如果老师学习学生们的母语和文化并将之融入教学，那么教学可能会更加的高效。

与父母合作。父母对孩子的阅读和写作发展起着至关重要的作用，家庭读写活动对学生的学业成绩有着深远影响。父母参与到教育中的孩子在学业考试的得分更高、出勤率更高、表现出的思维能力也更强（Merga & Roni，2018）。大多数老师都认识到了家庭读写活动的重要性，希望与学生的父母合作。

老师对家长的期望一般基于中产阶级父母，这些人视自己为老师的伙伴——给孩子读书、陪他们玩教育类游戏、一起去公共图书馆，以及辅导家庭作业。其他父母则有不同的看法（Edwards，2004）。有的家长愿意出席家长会，支持点心义卖、嘉年华等学校活动，但希望老师承担全部的教学工作。有的家长出于曾经不成功的学习经历或英语读写能力有限等原因，认为自己不足以辅导孩子学习。父母的观点往往反映了他们的文化与社会经济地位（Lareau，2000）：中产阶级父母通常与老师合作，助力孩子的读写素养发展；工薪阶层父母普遍认为老师更有资格教育孩子；贫困家庭和移民父母则常觉得无力帮助孩子学习。父母的参与度也与他们的受教育水平有关：高中没有毕业的父母参与孩子教育的可能性更低（Paratore，2001）。

一些家长不了解自己在孩子的学业发展中起到的关键作用，因此老师需要主动与家长建立合作关系。爱德华兹（Edwards，2004）认为，家校合作需要做出以下改变，从而创建更具赋能性的课堂文化。

尊重家庭读写活动。几乎所有家庭的日常生活都包含阅读和写作，但可能和学校的读写活动不太一样。一些学生不熟悉老师的语言模式及组织的读写活动，可能面临着学业失败的风险。尼托（Nieto，2002）敦促老师重视家庭读写活动，即便它们不满足老师的期望，也应将之纳入教学，开展符合学生文化背景的读写课程。

以新的方式接触家庭。爱德华兹建议老师开展面向全校的课程，根据各年级的特定目标制订为期一年的教学计划。其中，有效的沟通是关键：当老师表现出想要倾听家长的意见，给他们机会分享对学生的见解、询问如何培养学生阅读与写作能力的相关问题时，家长会更愿意与老师合作，助力学生学习。

帮助家长建构读写活动的相关知识。老师们常常以为家长都知道如何帮助孩子发展读写能力，但事实上，许多家长并不清楚如何大声朗读、给孩子的作文进行反馈，或者进行其他读写活动。老师给家长提供具体的建议和明确的指导可以帮助他们更好地辅导孩子（Edwards，2004）。

接受家长对自身角色有不同看法这一事实，了解文化多样性及其对家校关系的影响能帮助老师提高教学效率。

干预

学校会根据评价结果筛查出成绩不佳的学生，制定干预课程，帮助他们解决阅读和写作上的困难，从而促进其学习发展（Cooper，Chard，& Kiger，2006）。需注意，这些课程只是用来补充而非替代常规的课堂教学的。常规教师或受过专门训练的阅读教师每天都给学困生授课。许多学校会聘请助教，但我们并不推荐，因为他们不如专业教师高效（Allington，2012）。老师为个人或三人以内的小组进行集中、专业的指导和干预，形式多样，如在上课日加一节课、在课后进行额外指导，或者在夏季举办小学期课程。表 1-6 总结了一些提高干预课程效率的建议。

表 1-6　高质量干预课程效率的建议

组成部分	描述
时间安排	干预每日持续 30 ~ 45 分钟，取决于学生的年龄和教学需要。一般由常规教师进行干预，有时由受过专门培训的阅读教师进行干预
分组	一般采取个人或小组形式。在大组中，即便所有学生在阅读和写作上的问题都一样，效率也不如个人或小组
阅读材料	老师选择符合学生指导阅读水平的图书在课上使用，选择符合学生独立阅读水平的图书供他们自主阅读
教学	课程一般包括重读熟悉的书、读新的书、教拼读和阅读策略、写作等，具体课程内容根据学生的困难之处而定

（续表）

组成部分	描述
阅读与写作练习	老师提供机会让学生练习阅读和写作
形成性评价	老师通过观察学生、收集作品样例等方式持续监测学生的学习进展，也根据年级标准，用诊断型测试来记录学生的学习情况
家校合作	老师不断给家长更新学生的学习进展，鼓励他们帮助学生在家独立阅读和写作

到近年为止，美国中小学的绝大部分干预措施都是针对学习滞后的学生设计的。如今，干预重心转移到早期，旨在消除从学习早期便开始并持续终生的失败学习模式（Strickland，2002）。

以下是美国针对低年级学生开发的三种干预措施。

- 预防性课程旨在开发更有效的早期儿童课程。
- 以家庭为中心的课程旨在培养低年级学生的读写意识、家长的读写素养及为人父母的技巧。
- 早期干预旨在解决学业不佳的幼儿园三年级学生的阅读与写作问题，加速读写素养发展。

老师们对此持乐观态度，认为更早、更集中的干预措施能解决许多高年级学生表现出来的困难。

联邦早期干预。为防止民众继续出现读写问题、打破贫困恶性循环，美国联邦政府为经济处于弱势地位的学生及其家长制定了两个早期干预项目。开端计划为低收入家庭的儿童及其家人提供教育、健康、营养和社会方面的支持，以帮助学生做好教育准备，促进其健康发展。美国卫生与公众服务部负责运营这项长期项目，通过产前与婴儿项目、学前项目，以及其他面向在农场工作的移民、美洲原住民和无家可归者的子女的服务，每年惠及 100 万学生及其家庭。开端计划始于 1965 年，是林登·约翰逊（Lyndon Johnson）总统反贫困战的一部分。50 多年后的今天，该项目仍然存在争议，因为对其长期有效性的研究尚无定论。

流动者家庭共进计划是一个较新的、面向从出生到 7 岁的低收入家庭学生的项目，刚开始时是《不让任何孩子掉队法案》（No Child Left Behind Act，NCLB）的一部分。它旨在通过以下活动提高低收入家庭的受教育机会。

- 儿童早期教育课程：帮助学生为学业发展奠定基础。
- 成人读写课程：提升家长的阅读和写作能力。
- 父母教育课程：培训家长，帮助他们更充分地参与学生教育。
- 提供学生和家长一起参与读写活动的机会。

在这个标准统一的家庭读写项目中，上述四个部分缺一不可。

干预 – 反应模型。干预 - 反应模型是涉及全校学生的项目，很有前景。其目的是快速筛查学困生，促进课堂教学效率，进行干预，提高学生学业获得成功的可能性（Mellard & Johnson，2008）。它涉及三个层次，具体如下。

- 　**第 1 层：筛查与预防**。老师基于科学研究结果开展高质量教学，筛查出有学业失败风险的学生并监测其学习进展。如果学生的学业水平没能达到年级标准，就进入第 2 层。
- 　**第 2 层：早期干预**。受过训练的阅读教师针对学生存在困难的地方进行高强度的、个性化的指导。如果学生的读写问题得以解决，则返回第 1 层；如果取得了一些进展但仍需额外指导，则留在第 2 层；如果学生的表现没有改善，则进入第 3 层，接受更高强度的干预。
- 　**第 3 层：强化干预**。特殊教育教师为个别学生或小组提供更高强度的干预。他们专注于解决学生的问题和教授补偿性策略，高频率地评测学生的学习进展。

这个项目的教学决策都是基于评价数据制定的。特殊教育教师对此项目持乐观态度，认为这种方法能更有效地筛查出有学习障碍的学生。

老师有效应对有读写困难的学生的三个重要途径是改进课堂教学，诊断学生具体的阅读与写作困难，以及开展高强度干预课程来解决学生的读写问题。

主题 4：“教 – 学 – 评”一体化

1.4　描述教师如何应用“教 – 学 – 评”一体化理念

高效的教师监测学生的学习情况，在必要时调整教学；他们不局限于纸笔测试，而是采用多种方法来评价学习发展。原则 8 将介绍“教 - 学 - 评”一体化理念的运用方法，旨在实现教学与评价的双向促进。

原则 8：高效的教师践行“教 – 学 – 评”一体化理念

评价是学习和教学中持续进行、不可或缺的部分（Mariotti & Homan，2005）。有时候，老师会把高利害的标准化学业考试与评价画等号。事实上，课堂评价远不止一年一次的测试，而是课堂的一部分。老师通过观察、讨论和课堂测试等方式收集、分析数据，然后根据结果判断学生的学业成绩（Cunningham & Allington，2011）。老师评价学生学习的目的如下。

- 　**判断阅读水平**。老师判断学生的阅读水平以设计合适的教学。
- 　**监控学习进展**。老师定期对学生进行评价，确保他们在阅读和写作方面取得预期的进展。如果没有达到预期，那么老师将采取措施，帮助他们达成预期目标。

- **诊断优势与需求**。老师从具体的读写素养构成分析学生的学习进展，包括拼读、流利度、理解、写作和拼写，从而确定他们的优势和需求。当学生存在困难或没有取得预期进步时，诊断尤为重要。

- **记录学习**。老师收集学生作品集和测试结果作为评价学生学业成绩的支撑材料，并记录他们达到年级标准这一评价结果。

要达成上述目标，关键在于持续开展种类多样的评价活动。在设计教学、记录学习时，老师可以使用"我的教学待办清单：教学效率"，具体如下。

我的教学待办清单

教学效率

- ☾ 我在教学时参考了学生学习的相关理论。
- ☾ 我指导学生运用语言提示系统来辅助阅读和写作。
- ☾ 我把班集建设成了学习共同体。
- ☾ 我践行均衡教学理念。
- ☾ 学生在阅读和写作时，我为他们搭建了学习支架。
- ☾ 我设计的读写课程包含了教师授课、学生练习，以及独立型阅读、写作项目。
- ☾ 我采用差异化教学满足不同学生的需求。
- ☾ 我运用"教 - 学 - 评"一体化理念。
- ☾ 我把国家标准融入教学。

教学 – 评价循环。评价与教学是相连的（Snow，Griffin，& Burns，2005）。老师在教学前、教学中和教学后都会进行评价。他们通过四步循环来落实"教-学-评"一体化理念，具体如下。

- **第 1 步：设计**。老师结合自己对学生的阅读水平、背景知识、策略和技能掌握的了解来设计难度适中的教学。

- **第 2 步：监控**。老师在观察学生、与之讨论、检查其作品的过程中监控教学情况，确保教学是有效的。他们会进行调整，包括在必要时重新教学以提高教学质量、满足学生的需求。

- **第 3 步：评估**。老师通过多种方式评估学生的学习情况，包括用评分标准、检查清单来评价学生的阅读、写作项目，用自制试题来测试等。他们还会收集作品样本来记录学生的学习成果。

- **第 4 步：反思**。老师通过分析学生的阅读和写作项目与测试结果来判断教学效果，思考如何调整以提高教学效果。

当学习没有发生时，我们很容易去责怪学生。但老师应该思考如何通过设计、监控、评估和反思来改进教学，因为老师有义务确保学生达成预期的学习目标。

课堂评价工具。 老师使用各种自创的工具和标准化测试进行非正式评价（McKenna & Stahl，2009）。非正式评价工具包括以下几种。

- 观察学生的教学活动参与情况。
- 收集学生的阅读记录表，分析他们解决阅读问题的能力。
- 分析学生的表现，寻找进步的迹象。
- 和学生单独讨论他们在阅读和写作上的进步。
- 用检查清单监控学生的学习进展。
- 根据评分标准评价学生的写作及其他表现。

这些评价工具都有助于提升教学效果，老师可根据需要的信息类型进行选择。他们用标准化试卷对个人或全班学生进行测试，判断学生的整体阅读能力或某方面（如音素意识或理解）的水平。

标准化考试。 从二年级开始，每年一次的标准化考试结果是判断学生读写能力的可靠数据。评价通常在秋季或春季进行，结果要到学年结束后才会公布。下一学年开始时，老师分析测试数据并据此规划新学年课程。标准化考试的结果还可用来衡量老师教学的有效性：分析学生自去年测试以来的进步，以及判断学生是否达到了年级标准。

第 **2** 章

探究学生的
读写素养发展

学习本章后，你将能够：

2.1 说明教师如何促进儿童的口语发展；

2.2 描述学生阅读和写作发展的三个阶段；

2.3 了解在阅读和写作课上促进学生早期读写素养发展的方法。

> 本章将介绍低年级学生是如何学习阅读和写作的。他们会经历启蒙、初级和流利三个发展阶段。在读这个教学故事时，请注意观察麦克洛斯基是如何通过差异化教学给同一个班、不同年级和处于不同发展阶段的学生上课的。她会根据学生的需要对大开本绘本、指导阅读小组和读写中心的活动进行调整。

麦克洛斯基（McCloskey）**老师的阅读和写作课**。在共享型阅读课上，从幼儿园到三年级的学生们都坐在地毯上，看着大开本绘本《给小鸭子让路》（*Make Way for Ducklings*，McCloskey，2004），专心听麦克洛斯基老师讲故事，这个故事的主人公是生活在波士顿市中心的鸭子一家。麦克洛斯基读出书名和作者后，一些学生注意到作者的姓和老师的一样，但麦克洛斯基说他们之间没有关系。读完第一页后，她让学生们预测故事。在读第一遍时，麦克洛斯基用教鞭逐字指着课文，富有表现力地朗读。读完后，师生一起讨论这个故事。一些外语学习者开始时有些不太愿意参与，其他学生则比较积极，结合自己的经历，热切地分享自己的看法。

第二天，麦克洛斯基又读了《给小鸭子让路》。她先请学生复述这个故事。学生们根据插图提示，每人讲一页。麦克洛斯基之所以组织这个口语活动，是因为英语对她班里的许多学生来说都是外语。

随后，麦克洛斯基重读了这个故事，中途曾多次停下来让学生分析人物行为、推测故事内容、反思主题。她的问题包括警察为什么会帮助鸭子一家？如果警察不帮忙，鸭子们会怎么样？你认为动物应该住在城市里吗？作者罗伯特·麦克洛斯基（Robert McCloskey）想表达什么？第三天，麦克洛斯基再次重读了这个故事，同学们轮流用教鞭指着课文，一起读熟悉的单词。读完后，他们给自己鼓了掌，再次阅读这个如今已经很熟悉了的故事使他们觉得很有成就感。

麦克洛斯基知道，学生的阅读和写作学习需经历三个发展阶段——启蒙、初级和流利。因此，她会监控每个学生的发展情况，根据每个人的需求设计教学。在朗读绘本时，麦克洛斯基用教鞭来指示书写方向，从左到右，从上到下；她还会用教鞭指着绘本一行一行地读，展示页面上的词与她读出来的词之间的关系，因为学生在阅读处于启蒙阶段时，需要学习这些概念。

第二类学生的阅读水平处于初级阶段，学生需学习如何识别高频词、解码符合发音规则的单词。重读故事一天后，麦克洛斯基随意翻到一页，让处于此发展阶段的学生找出熟悉的高频词（如 *don't,* 助动词 do 的否定形式；*make*，制造）并解码辅音 - 元音 - 辅音（Consonant-Vowel-Consonant，CVC）词（如 *run,* 跑；*big,* 大的）。她还要求学生把这一页的句子一一分开，让他们注意句子开头的大写字母及标志句子结尾的标点符号。

第三类学生的阅读水平达到了流利阶段。为满足他们的需求，麦克洛斯基重读了其中一页，让大家注意动词的屈折词尾并找出其中的形容词。她还重读了该页的最后一句话，并让学生解释这个句子中为什么用逗号。

在共享型阅读中，老师可以自然地把学生的注意力引到书写上。麦克洛斯基在课上会解释什么是字母、单词和标点符号，会示范如何使用策略，还会问大家阅读时该从左到右还是从右到左等。学生们一边看着老师的示范，一边听着其他同学的回答，逐渐对字母、单词、句子及阅读时的方向规则有了更多了解。

麦克洛斯基和教学搭档帕帕里奥（Papaleo）老师一同教授 40 名学生。虽然人数有点多，但教室比较大，给人的感觉还是比较宽敞的。教室中间的场地是用来开展全班活动的，学生的桌子就一组一组的摆在那里。老师的椅子旁放着一个展示大开本绘本的架子。附近还有几个图表架，一个放着麦克洛斯基（写）的晨间信息，一个放着学生们集体诵读用的诗歌，还有一个放着装有单词卡和句型条的插卡袋。

教室的一侧是图书角，各类图书按主题排放在箱子里。其中一个里面放着"青蛙"主题的书，还有的箱子装着有关海洋、植物和五种感官等主题的书。此外，有一些箱子是按作者归类的，放着供学生研究作家时用的书，包括埃里克·卡尔（Eric Carle）、凯文·亨克斯（Kevin Henkes）和保拉·但泽（Paula Danziger）的书。绘本和章节书（针对 7~10 岁儿童的中级阅读故事书）也存放在箱子里，分级图书集则放在学生够不到的书架上，供老师在指导型阅读课上使用。图书角里还放有适合儿童的沙发、桌椅、抱枕和地毯，使这片区域看起来很温馨舒适。旁边的桌子上放着录音机和耳机，那里是"听说中心"，每次可容纳 6 名学生。

老师用写着高频词的单词墙作为隔断隔出一个空间作为教学区域。老师把单词墙分成了 26 块，每个字母占 1 块，上面贴着剪成单词形状的小卡片，上面写着 100 个单词。老师每周都会教新单词并把它们贴到单词墙上。练习读和写这些单词是学生常开展的一个中心活动，拼写单词时他们也会参考单词墙。

教室的另一侧放着一排计算机、几台平板电脑和一台打印机。每个学生都可以用这些设备，即便年龄最小的学生也行，能力较强的学生会给同学们提供帮助。学生在写作工作坊中会用文字处理软件来发表自己写的作文。此外，他们还会在互联网上搜索一些与近期学习的科学、社会研究有关的信息。

读写中心的物品存放在角落里。透明塑料盒里装有字母磁贴、手偶等道具、白板和笔、拼图和游戏、教学卡片及其他教具。老师在这里放着微课上要用的道具，还为学生准备了若干盒工具供开展中心活动使用。

每天上午，麦克洛斯基用一些学生喜欢的指导活动来教阅读和写作。分享型阅读和微课之后是阅读和写作工作坊。她的日常教学安排如表 2-1 所示。

表 2-1 麦克洛斯基的日常教学安排

时间	活动	描述
8：10~8：20	班会	学生进行热身活动，读老师写的晨间信息，讨论当天的计划
8：20~8：45	共享型阅读	老师读大开本绘本和抄在图表上的诗歌，常作为微课的导入活动
8：45~9：00	微课	老师开展微课，教授读写步骤、策略和技能
9：00~9：45	写作工作坊	老师与个别学生或小组进行面谈，其他学生则写作，他们还进行交互型写作或在作者讲坛分享他们发表的作文
9：45~10：00	课间休息	—
10：00~11：00	阅读工作坊	学生独立阅读自主选择的图书，老师给小组教授指导型阅读课
11：00~11：30	读写中心	学生在读写中心开展阅读、写作、听力及其他活动
11：30~12：10	午餐	—
12：10~12：30	大声朗读	老师大声朗读绘本和章节书，学生在故事讨论会上讨论

学生在写作工作坊中编写图书。绝大部分学生在进行独立写作时，一小部分人在麦克洛斯基的组织下进行其他活动：她带着启蒙阶段的学生进行交互型写作，教读写更流利的学生写作过程和修改策略。今天，她给 6 名处于初级阶段的学生辅导写作。由于他们近期在写相对较长的作文，因此麦克洛斯基决定教他们一些修改策略。她先让学生朗读自己的作文，然后请其他同学进行提问并给予表扬。最后，她鼓励学生修改自己的作文，使读者可以更好地理解。安东尼（Anthony）大声朗读了他写的足球比赛的故事，在听了一名同学提出的问题后，他意识到需要补充一些自己如何进球的信息，便回到座位开始修改。接着，活动继续，同学们依次分享了自己的作文并进行修改。在写作工作坊的最后，学生们聚在一起进行作者讲坛活动，每天由 3 名学生在该讲坛上分享自己"已发表"的作文。

在阅读工作坊中，当麦克洛斯基和她的教学搭档组织指导型阅读时，其他学生或独立阅读，或与伙伴一起阅读。他们从教室的图书角取书，其中可预测图书适合启蒙读者、分级读物适合初级读者，易于阅读的章节书适合流利读者。学生们知道如何选出适合自己读的书，从而把时间花在真正的阅读上。

现在，麦克洛斯基正在给 4 名处于启蒙阶段的学生授课，他们打算读《玩耍》（*Playing*，Prince，1999）这本书。这本书为可预测图书，共 7 页，每页都有 1 行文字，用的是"I like to_____"（我喜欢_____）句型。她首先询问学生在玩耍时喜欢做什么。德尔（Der）说，"我喜欢和哥哥一起玩"（I like to play with my brother）。麦克洛斯基把学生们的回答写在句型条上。如果学生只说了一两个词，她会扩展成一个句子并让学生复述，然后再写下来，和学生一起读。接下来，麦克洛斯基介绍了这本书："现在让我们看看这个故事中的学生喜欢做什么！"她读了书名和作者后，一边往后翻页，一边描述图片，说出学生正在做的活动——跑步、跳高、滑滑梯等。她还一边指着第 1 页上的单词一边读，带大家复习了"I like to_____"句型。之后，学生们开始独立阅读这本书，他们急切地读了几遍，每读完一遍自信心就提高一些。在这一过程中，麦克洛斯基进行监督并根据需要为学生提供帮助。

麦克洛斯基带大家复习了重复出现的单词 I（我）、like（喜欢）和 to（去），然后学生们在单词墙上把它们找了出来，用字母磁贴拼写在白板上，并在后面续写一些以"I like to"开头的句子。麦克洛斯基把之前写的句型条剪成几段后让大家重新排序，活动后，学生把自己的句型条收到信封里以备以后练习时用。课程结束时，老师建议大家在第二天的写作工作坊中写一本有关"I like to"的书。

午餐前的最后 30 分钟是读写中心活动时间，学生可以从麦克洛斯基和帕帕里奥设立的 12 个读写中心里自由选择（见表 2-2）。他们都熟悉活动规则，知道在各个中心应该做什么。两位老师在教室里走动，监督学生活动，并适时纠正学生错误的理解、巩固之前的课程、拓展学习。

表 2-2 读写中心

中心	描述
"包"个故事	学生用包里的物品创作一个故事，并为这个故事配上插图或写上句子
夹纸板	学生在教室里寻找以某个字母开头或符合某条拼写规则的单词，把它们记录在夹纸板上夹着的纸上
游戏	学生们一起玩字母表、拼读等读写类的卡片游戏和棋盘游戏
图书角	学生阅读与某一主题单元相关的书，在阅读日志中写上或画一些相关的内容
听力	学生一边听录音，一边读故事或科普类图书
组词	学生练习那些老师指导全班开展过的组词活动
短信	学生在"留言板"上给老师和同学留言
诗歌板	学生在诗歌板上粘贴单词卡、创作诗歌并练习朗诵
教室漫读	学生用教鞭指着字，重读那些陈列在教室里的大开本绘本、图表、标识及其他文本
研究	学生借助互联网、科普类图书、照片及教具了解更多与文学阅读单元、主题单元的主题相关的内容
故事再现	学生用小道具、手指娃娃等表演熟悉的故事
单词分类	学生将高频词或与主题相关的单词分类放入插卡袋中

午餐后，麦克洛斯基给大家朗读绘本和易于阅读的章节书。她有时会专门读某个作者写的书，有时候则读和某个主题相关的书。在读书的过程中，她会教一些理解策略，如预测、可视化等。本周读的都是获奖图书，她今天读的是《流浪狗》（The Stray Dog，Simont，2001），这本书讲的是一个充满爱心的家庭收养一只流浪狗的故事。她用交互型朗读法和学生一起读这本书，并在故事讨论会中讨论。麦克洛斯基让学生谈一谈自己的体会，并把大家分享的内容分为三类记录在图表上。大部分体会都是文本与自我的联系，也有一些学生谈了文本与其他方面的联系。罗萨里奥（Rosario）说："我想到了一部电影，《101 忠狗》（101 Dalmatians），也是关于狗的。"这是故事与故事的联系。安吉洛（Angelo）则建立了故事与世界的联系："你必须远离流浪狗。它可能会咬你，让你染上一种叫狂犬病的严重疾病——这会要了你的命。"

读写素养发展是过程性的，从婴儿时期开始并持续终生。在过去，孩子们从上幼儿园开始就为一年级的正式阅读和写作学习做"准备"。人们认为，应等学生发展到一定程度时再开始教阅读和写作；对那些没准备好的学生，需用各种"准备"活动来帮助他们。自 20 世纪 70 年代以来，人们摒弃了这种观点。研究表明，早在上学前，幼儿就可以识别环境中的标志及其他文字、复述故事、涂鸦字母、创造与字母相似的文字，以及听别人朗读故事了（Morrow，Tracey，& Del Nero，2011）。甚至有的小学生入学时就已经会阅读了！

这种读写素养发展观点叫作**早期读写理论**（emergent literacy），是新西兰的玛丽·克莱（Marie Clay）教授在其读博士时提出来的。今天人们对读写素养的认识主要建立在 1966 年以来的研究发现基础之上（McGee & Richgels，2003）。如今的读写素养发展研究从学生的角度探究读写学习，纳入了语言学习的社会和文化层面，学生对语言的体验和理解，包括口语、阅读和写作，也被纳入了早期读写素养。

促进学生的口语发展

2.1　说明教师如何促进儿童的口语发展

儿童在日常体验及与父母、他人的互动中发展口语能力。例如，他们能在商店、操场、游泳课和动物园学到单词；也能在与家人一起钓鱼、打理花园，或者在收集喜爱的恐龙、乐高玩具等东西的过程中学习新单词。他们在听成人朗读绘本、看专为幼儿设计的电视节目及使用平板电脑的时候都能学到更多单词。

通过这些体验，学生可以发展四种语言知识技能。

- 语音。儿童上学前就在学习英语的发音方法，并会玩各种文字游戏。

- 句法。学生学着把单词组成不同类型的句子，学习使用不规则动词、代词、复数标记及其他屈折词尾。
- 语义。儿童在 4~5 岁时意识到单词具有意义，他们每年的词汇量约增加 2000 个单词。
- 语用。学生学着用语言进行交际——与人对话、讲故事，学着使用交流惯用语，包括 *hello*（你好）、*goodbye*（再见）、*please*（请）和 *thank you*（谢谢）。

儿童到 4~5 岁时已经掌握了母语的口语。他们学会与个人或团体对话、讲故事、倾听并遵循指示，习得与所学概念相关的词汇。

口语活动

学生的口语能力在学校里会继续得到提升，尤其是在读写活动中。交互型朗读应该是最有帮助的教学活动了。老师大声朗读故事和其他图书，学生在听的过程中学习新单词，掌握更复杂的句子结构。听完一本书后，学生们可以开展故事讨论会、复述故事，根据情节发展将故事卡进行排序。

表 2-3 列出了培养学生口语能力的读写活动，具体活动内容见附录。此外，每次学生进行小组活动时，都可能在讨论所学内容时用上新单词。

表 2-3　培养口语能力的读写活动

组成部分	学前阶段	一~二年级	三~四年级
拓展口语表达能力	• 故事讨论会 • 交互型朗读 • 交互型写作 • 语言体验法 • 故事卡 • 复述故事	• 图书推荐 • 故事讨论会 • 交互型朗读 • 交互型写作 • 故事卡 • 复述故事	• 图书推荐 • 故事讨论会 • "烫椅子" • 交互型朗读
文字游戏	• 交互型朗读 • 共享型阅读	• 集体诵读 • 交互型朗读 • 共享型阅读	• 集体诵读 • 交互型朗读
增长文字知识	• 交互型朗读 • 交互型写作	• 交互型朗读 • KWL 表 • 语义特征分析 • 单词分类 • 单词墙	• 交互型朗读 • KWL 表 • 语义特征分析 • 单词分类 • 单词墙

外语学习者

从某种意义上来说，生活在美国的儿童都是英语学习者，只不过对一些学生来说，他们在家里学的是第一语言，而在学校里学的英语是第二语言。无论将英语作为第一语言还是第二语言学习，其发展都需要时间与机会。如果把英语作为第二语言学习，学生所在的学习环境最好是鼓励交流的，而且老师和同学是英语语言示范的好榜样，这样他们才能学得最好，因为他们听到的英语是在有意义的情境中使用的，与身体动作、物品、图片相关联。学生可以快速（2年内）习得会话英语，即基础人际沟通技能；而习得学术英语，即认知学术语言能力可能需要7~8年（Cummins，1979）。虽然读三~四年级的外语学习者能够用英语流利地交流了，但是他们还没有学习太多正式、学术的英语，在学术方面可能仍然存在困难。

老师们常会注意到，一些4~5岁的儿童存在语言发展迟缓的问题，这会对他们的读写素养发展造成影响。那么，为什么语言发展迟缓问题会干扰学生早期读写概念的学习呢？

社会和文化因素会影响语言的习得，如学生的个性、所属文化群体的态度及老师的期望（Otto，2014；Samway & McKeon，2007）。学生的母语水平也会影响第二语言的发展：一个人如果不断提高自己的母语水平，那么他的英语也会说得比停止学习母语的人要好（Tabors，2008）。

口语能力与读写素养的联系

学生的口语能力发展至关重要，它是读写学习的基础（Roskos，Tabors，& Lenhart，2009）。一年级时仍未具备较强口语能力的学生很难跟上同学们的步伐（Hart & Risley，2003；Snow，Burns，& Griffin，1998）。研究发现，词汇知识是学生初级阶段阅读能力顺利发展的重要预测因素（Roth，Speece，& Cooper，2002）。

有趣的是，小学生口头定义单词的能力是解码单词和理解文本能力的重要预测指标。其他重要因素，如音素意识和字母知识，与学生解码单词的能力有关，但与理解能力无关。

评价学生的口语能力

教幼儿的老师会监控学生的口语能力发展，他们很清楚这对学生学业发展的重要性。老师可以用非正式评价工具来检查学生是否掌握了下列语言技能：

- 说话清晰且句子完整；
- 回应问题；
- 开启对话；
- 轮流说话；
- 提出问题；
- 参与讨论；
- 边唱歌边做手指游戏；
- 讲述经历。

老师评价时可以通过观察、轶事笔记、检查表、录视频等方式收集数据（Otto，2014）。他们需要在讲故事、与学生交流、讨论时监测学生的听力水平。他们还需要确保学生能够听懂且按指示行动，关注学生能否玩文字游戏（如尾韵和头韵），能否将新词与所学概念联系起来并在交流中正确使用。

老师还可以在学生 4～5 岁时，用课堂测试评估学生的口语发展情况，尤其是在他们怀疑学生存在语言接收或表达困难时。"评价工具"版块介绍了一些提供常模数据的测试，以便老师将学生成绩与国家基准进行比较。

评价工具

口语

老师可以通过课堂测试评价学前儿童的口语发展，筛选出可能存在语言问题的学生。这些测试生成的是常模数据，老师可以将学生的成绩与国家基准进行比较，了解他们整个学年的成长情况。

- **读写素养和语言能力评价**（Assessment of Literacy and Language，ALL）

幼儿园和一年级老师可以用 ALL 给那些有潜在语言障碍、可能导致阅读困难的学生进行评价。这项测试评价学生的听力理解能力、语义和句法知识、语音意识、对字母的意义的理解及对书写概念的掌握情况。由于比较耗时，老师可以有选择地开展评价，时间一般控制在 60 分钟以内。

- **幼儿园语言筛查测试**（第 2 版）（Kindergarten Language Screening Test, 2nd Edition，KLST-2）

KLST-2 是可独立使用的评价工具，用于快速筛查可能存在语言问题且影响阅读与写作发展的学生。它主要用于评价 4～7 岁儿童的语言接收和表达能力——理解问题、听从指示、重复句子和即时发言的能力。

- **口语能力和读写素养教师评级**（Teacher Rating of Oral Language and Literacy，TROLL）

学前老师可以用 TROLL 来评价 3～5 岁儿童的口语、阅读和写作能力。TROLL 可以独立使用，可在 5～10 分钟内完成。老师可以用 TROLL 判断学生的语言能力，它由 25 个小项组成，其中 8 项侧重于考察口语能力，包括提问、分享个人经历和识别押韵词。

学生阅读和写作的发展过程

2.2 描述学生阅读和写作发展的三个阶段

学生在学习阅读和写作时会经历三个阶段：启蒙、初级和流利（Juel，1991）。幼儿在启蒙阶段时会注意文字的交际目的，开始从假装阅读转向读可预测图书，从用涂鸦模仿写作转向写有规律的句子，如 I see a bird（我看到一只鸟），I see a tree（我看到一棵树），I see a car（我看到一辆车）。第二阶段，初级阅读和写作，重点是培养学生用拼读法"破解字母代码"来拼写单词的能力。学生将学会许多高频词的读法和写法，写出由多个句子组成的故事或其他文章。流利阶段的学生则能自动识别单词、流利地阅读。他们掌握了良好的书写技能，能正确拼写许多高频词汇，能写出多个段落组成的作文。表 2-4 概述了学生在各个阶段的读写素养表现。

表 2-4　学生在各个阶段的读写素养表现

阶段	阅读	写作
启蒙	• 注意到环境中的文字 • 对图书感兴趣 • 假装阅读 • 借助图画提示和可预测结构复述故事 • 重读熟悉的、结构可预测的图书 • 识别一些字母的读音 • 辨别 5~20 个熟悉的或高频的词汇	• 区分写作与画画 • 写出字母和类似字母的形状，或在纸上随意涂画 • 了解书写的方向性 • 对写作感兴趣 • 写下自己的姓名 • 写下 5~20 个熟悉的或高频的词汇 • 借助句子结构写句子
初级	• 识别字母读音和发音 • 匹配口头词和书面词 • 识别 20~100 个高频词 • 借助开端、发展、结尾的发音解码单词 • 运用提示系统相关知识监控阅读 • 阅读时自我修正 • 缓慢地、一字一字地阅读 • 出声阅读 • 阅读时手指着单词 • 做出合理的预测	• 从左向右书写 • 写下大写、小写字母 • 写出一个或多个句子 • 拟标题 • 根据语音拼写多个单词 • 正确拼写 20~50 个高频词 • 单稿写作 • 句子的开头首字母用大写 • 在句尾使用句号、问号、感叹号 • 重读自己的作文
流利	• 自动识别大多数单词 • 有感情地阅读 • 每分钟至少读 100 个单词 • 偏好默读 • 根据上下文提示识别生词 • 识别 100~300 个高频词 • 有效运用各种策略 • 常独立阅读 • 用文本结构知识和体裁知识帮助理解 • 做出推断	• 利用写作过程撰写草稿和终稿 • 写出含有多个段落的作文 • 段落开头缩进 • 拼写出 100 个高频词中的大部分 • 使用复杂的术语 • 给单词添加屈折词缀 • 运用大写规则 • 使用逗号、引号及其他标点符号

阶段 1：启蒙阶段的阅读与写作

许多学生在进入学校接受正式教育前，其阅读与写作就达到了启蒙阶段。他们注意到了文字的交际目的，对阅读和写作产生了兴趣。他们关注到了周围环境中出现的大量文字，在与家人或老师一起阅读和写作的过程中逐渐形成有关书写的概念。例如，老师把学生们口述的故事写下来时，启蒙阶段的学生意识到话语可以写下来，还观察到成年人是如何从左到右、从上到下地书写的。

学生在启蒙阶段有如下成长：

- 对阅读和写作产生兴趣；
- 掌握有关书写的概念；
- 知道如何读书；
- 能识别字母表中的字母；
- 学会手写技能；
- 学会读和写一些高频词。

学生刚进入幼儿园时，阅读和写作能力一般都处于启蒙阶段，但一些父母在孩子入园前就会每天给他们读书，提供各种读写体验，所以这些孩子在入园时就已经学会阅读了。

卡洛琳（Caroline），5 岁，阅读和写作能力处于启蒙阶段，来自麦克洛斯基老师所教的班级，是下面的"读写素养画像"的主人公。

读写素养画像

卡洛琳：一个阅读和写作能力处于启蒙阶段的学生。

5 岁的卡洛琳一边学习阅读和写作，一边学习说英语。她的祖父母从泰国移民到美国。她在家说母语，在学校只说英语。每当听到说有同学用母语交谈时，她便劝他们说英语，因为"我们就读的是英语学校"（we learn English school）。

卡洛琳是麦克洛斯基的学生，该班学生的母语、年级各异（幼儿园至三年级）。作为幼儿园学生，卡洛琳不认识任何英语字母，也从未握过铅笔；没人给她读过故事，她也从没有摸过书；她基本不会说英语单词；课堂文化和语言与她家里的差异很大，但她渴望学习。最初几天，她站在后面观察同学们，后来，她说"我想"（I do）并加入了他们。

阅读

5 个月来，卡洛琳取得了显著的进步。她一直在读每页都有重复句子的书，现在已经达到 3 级，能用拼读法拼陌生单词了。她知道大多数字母的读音及其代表的发音，会读 20 个左右的高频词。她知道如何读书了，会逐行阅读文本。她一般会用手指着书，逐字阅读。卡洛琳现在正在学习辅音和元音，但由于词汇量太小、英语发音不准，她在解码单词时会遇到困难。

可以看出，卡洛琳能理解她读过的内容，能把文本与自我联系起来。她最近读的一本书是关于儿童庆祝生日的。她指着图片中给孩子包生日礼物的妈妈，抬头看着麦克洛斯基说："她不妈妈，她姐姐。这不对。"（She no mom，she sister. This wrong.）图片中的女性很年轻，有一头金发，看起来一点儿也不像孩子的母亲。

写作

开学第一天卡洛琳就开始参加写作工作坊了，她希望自己能写得和其他人一样好。前几周她都在涂鸦；不到 1 个月，她就学会写一些字母了；之后，她很快就学会写自己的名字、抄同学的名字、写那些张贴在教室里的单词了。

1 个月前，麦克洛斯基给了卡洛琳一个小铁环。每隔几天，卡洛琳就选 1 个新单词，由麦克洛斯基帮她把单词写在卡片上，她再把卡片穿到小铁环上。现在她的小铁环上已经有 31 个词了，包括 *you*（你）和 *birthday*（生日）。她会拿着小铁环，一边翻卡片一边朗读上面的单词，并在写句子时用上这些单词。

在学了 4 个月后，卡洛琳开始写句子。她根据麦克洛斯基老师给的模板"I see a…"（我看到一个……），用熟悉的单词，包括小铁环里的一些词，来写句子。为了使作文看起来比较长，她会一遍又一遍地写同一个句子，就像"Apple"（苹果）作文样例里那样。

后来，卡洛琳开始读和写有关颜色的单词，并将作文扩展到两个句子，如作文样例"Zebra"（斑马）所示。作文里大部分单词的拼写都是正确的，因为她写的是关键词及在图片词典中找到的词。请注意，卡洛琳写的每个句子的末尾都有句号，并且每行文字的结尾还有一个句号。这是因为她近期看到一些同学在每行文字的末尾放句号，所以她在写"斑马"里面的句子时，给每行的末尾也画了句号。一般情况下，当卡洛琳给自己写的句子配上插画时，她能在刚写完后读出句子，但第二天她就不记得自己写了什么了。

卡洛琳的写作文件夹是班里最厚的，为此，她感到很是自豪。文件夹里放了近 100 页作文，记录了她从学年初以来在写作能力方面的发展。

教学启示

　　麦克洛斯基说："卡洛琳正处于阅读和写作的启蒙阶段。她取得了巨大的进步，已经能够阅读句式重复的图书，能写单词和造句了，她目前正在学拼读法和高频词。"

　　现在，麦克洛斯基开始让卡洛琳参加指导型阅读，在老师的帮助下读句式不重复的图书。在阅读时，卡洛琳需要能够识别高频词并借助拼读法识别生词，而不再依靠重复的句式去理解。同样，在写作工作坊中，麦克洛斯基也鼓励卡洛琳用不重复的句式记录生活的点滴，编写成书。由于英语知识有限，在没有重复句式的支撑下进行读写对卡洛琳来说很难。麦克洛斯基总结道："尽管卡洛琳是在学说英语的同时学习读写，但我相信她能应对这些困难。"

卡洛琳表现出来的启蒙阅读者和写作者的特征	
阅读	**写作**
<ul><li>对阅读表现出极大的兴趣</li><li>知道如何读书</li><li>识别大部分字母</li><li>知道一些字母的发音</li><li>读出一些 CVC 单词</li><li>会读 20 个高频词</li><li>重读熟悉的、结构可预测的图书</li><li>建立文本与自我的联系</li></ul>	<ul><li>对写作表现出极大的兴趣</li><li>从左到右、从上到下书写</li><li>会写大部分字母</li><li>写出 20 个高频词</li><li>单词间留出空格</li><li>会写句子</li><li>句子开头的首字母大写</li><li>在句子结尾画上句号</li><li>写完后立即重读</li></ul>

　　阅读。学生在启蒙阶段逐渐对图书产生兴趣、形成有关**书面语言的概念**（concepts about written Language）。幼儿听成人给他们朗读书中的内容时会对书有一个基本的概念；他们会观察成人读纸质书或电子书，模仿他们的朗读行为。幼儿会假装自己在阅读，他们会模仿大人的样子，知道从哪里开始读，如何翻页——无论是纸质书还是电子书或平板电脑。他们学会从左到右读完一行，然后扫回左边读下一行，进而从上到下读完整页。此外，学生在启蒙阶段学习字

母的读音，并用 ABC 歌来识别陌生的字母。他们能认出自己的名字和一些同学的名字；在大量阅读后，学会读 Mom（妈妈）、Dad（爸爸）、love（爱）、cat（猫）、dog（狗）及其他一些高频词，包括 the（这、那）、you（你、你们）、I（我）和 is（是）。

写作。早在上学前，幼儿就会通过涂鸦来写作。他们最初可能只是随意地在纸上或平板电脑上画一些记号。随着经验累积，他们逐渐把记号从左到右排成行，从上到下地写在纸上或电子屏幕上。他们也渐渐能"读出"或讲述自己所写的内容（Schickedanz & Casbergue，2009）。刚开始时，他们只能在写后立即重读。后来，随着经验的积累，他们渐渐能够记住自己写的内容；当他们的写作变得越来越规范后，就能较轻松地读出自己所写的内容了。

教学步骤。启蒙阅读者和写作者需要参加各种活动，从示范型、共享型阅读和写作到独立型阅读和写作。在此期间，他们从观察成年人阅读和写作发展到自己独立阅读和写作。例如，麦克洛斯基的学生参加了共享型阅读活动，边听她朗读大开本绘本边跟读；他们还参加了阅读和写作工作坊。当学生的读写处于启蒙阶段时，老师常开展示范型和共享型阅读和写作活动，给学生示范阅读者和写作者的行为、教授书写的相关概念。

阶段 2：初级阶段的阅读与写作

在这个阶段，学生对字母意义即字母代表发音的认识不断增强。学生开始学习音素 - 字母对应关系；学习单词的拼读规则，如 run（跑步）、hand（手）、this（这个）、make（制造）、day（白天）和 road（路）；学习词族，包括 -ill（fill，填充；hill，山丘；will，意志）和 -ake（bake，烘焙；make，制作；take，使用）等。他们还会运用（和误用）尚在学习的拼读知识来拼写单词。例如，他们会把 night（夜晚）拼写为 NIT，train（训练）拼写为 TRANE。同时，他们还在学习读和写高频词，其中很多词都是不能根据发音拼写的，如 what（什么）、are（是）和 there（那儿）。

学生在阅读与写作初级阶段有以下成长：

- 学习拼读技能；
- 能识别 100 个高频词；
- 会用阅读策略，包括交叉比对、预测、修正；
- 能写 5 个及以上句子，有时能组织为一段话；
- 根据发音进行拼写；
- 能拼写 50 个高频词；
- 句子的首字母大写；
- 句尾使用标点符号；
- 能重读所写内容。

大多数一年级学生的阅读和写作能力都处于初级阶段。之后，通过显性化教学与每日的读写练习，学生逐渐发展到流利阶段。

安东尼（Anthony），6 岁，阅读和写作能力处于初级阶段，来自麦克洛斯基所教的班级，是下面的"读写素养画像"的主人公。

读写素养画像

安东尼：一个阅读和写作能力处于初级阶段的学生。

安东尼，读一年级，爱笑，阅读和写作能力处于初级阶段。他是麦克洛斯基老师的学生，该班学生母语、年级各异（幼儿园至三年级）。安东尼今年 6 岁，喜欢阅读和写作，喜欢和比他大的朋友一起上课。

安东尼现在可以读 12 级的图书。前几天，他跟麦克洛斯基说想读 15 级的图书。麦克洛斯基说，如果他想读 15 级的书，需要在家和妈妈一起练习阅读，所以他每晚都会带几本书回家练习。麦克洛斯基预测安东尼年底前就可以读 18 级的书了，这是学校给一年级学生设定的基准。

阅读

麦克洛斯基在第二季度末对安东尼进行了阅读评估，一年级学的 100 个高频词他能认出 80 个，并能解码大部分含有长、短元音的单音节，包括含有辅音连缀和辅音合音①的单词，如 *shock*（震惊）、*chest*（胸）和 *spike*（钉子）。他开始能拼读一些较复杂的双元音和元音合音，以及 r 控元音。上一月，麦克洛斯基注意到安东尼解码单词的能力有所提升。根据句子的上下文信息，三次中他有两次能辨认出含有复杂元音的单词。他还能解码一些读到的双音节、三音节词，如 *dinner*（晚餐）、*parents*（父母，parent 的复数形式）和 *hosptial*（医院）。

安东尼只有在读较难的文本时，才会用手指着字并读出声来。他开始能把单词串成短语了，也能在自己读出来一些词之后感觉不对，并能用交叉比对策略来纠正错误、重返正轨。

根据安东尼的阅读工作坊日志记录，他本月读了 17 本书。他越来越多地选择易于阅读的章节书，包括泰德·阿诺德（Tedd Arnold）的《苍蝇小子》（*Hi, Fly Guy*，2006）和《苍蝇小子的宠物》（*A Pet for Fly Guy*，2014）。读完后，他常会跟朋友安琪（Angel）分享，一起重读故事，讨论最喜欢的部分。他常会使用建立联系策略，向安琪和麦克洛斯基老师分享自己与文本、文本与世界的联系。读完同一作者的两本书后，他还会分享两

---

① 合音（digraph）指只发一个音的字母组合，如 *soon* 中的字母组合 *oo* 只发一个音。

本书的异同，并向老师说明这些对比活动对他的阅读能力发展有何帮助，他说："现在我能边读边思考了。"

写作

安东尼喜欢在写作工作坊活动中写作。他认为自己写得最好的故事是"我病了"（I Got Sick），麦克洛斯基也赞同。安东尼讲了一个有趣且完整的故事，包含开端、发展及结尾；你能"听"到他的声音，感受到他在给你讲故事。安东尼写的故事呈现在方框里，其后是它的实际内容。

I Got Sick

I went out sid with no! Jaket on and my throt started to hrt. It rele hrt and I was geting Sick. I went to finde my Mom and I tolde her I was sick. My Mom gav me some Medisin and she mad Cambell chicken newdl soup for me to eat. Then I got all Betr.

I Got Sick

I went outside with no! jacket on and my throat started to hurt. It really hurt and I was getting sick. I went to find my Mom and I told her I was sick. My Mom gave me some medicine and she made Campbell's chicken noodle soup for me to eat. Then I got all better.

我病了

我出门没有穿夹克，然后我的嗓子开始有点疼。真的很疼，我病了。我去找妈妈，告诉她我病了。妈妈给了我一些药，还给我做了金宝鸡肉面条汤。之后我就全好了。

安东尼的拼写错误是根据发音拼写单词的典型特征。许多单词他都是根据发音拼写的，如 hrt（*hurt*，伤害）、medisin（*medicine*，药物）和 betr（*better*，更好）。他试着在 tolde 和 finde 的末尾使用词尾 *e* 标记，却在其他词上忽略了它，如 outsid（*outside*，外面）和 gav（*gave*，给）。他也借助教室里的单词墙正确拼写了许多高频词（如 *with,* 和；*went,* 去，go 的过去式；*have,* 有）。

安东尼会写文段了，但还不是多稿写作，他还为故事起了标题。他写的句子完整，包括简单句、复合句和复杂句。他会用大写字母表示句子开始，在句尾用句号表示结束，但就像"我病了"里呈现的一样，他依然会随意地把某个单词大写。

教学启示

"安东尼的学习动机很强：他渴望学习，因为他心里有目标。"麦克洛斯基说，"我相信他在年底前将达到 18 级。我一直鼓励安东尼不断增加所读章节书的难度、在独立阅读时练习学到的策略。"

麦克洛斯基计划教安东尼复杂的元音字母组合、辅音连缀及辅音合音，帮助他在阅读时解码生词。她认为是时候让安东尼超越单稿写作，学着利用写作过程来修改和编辑作文了。

安东尼表现出来的初级阶段阅读者和写作者的特征	
阅读	**写作**
• 喜欢阅读	• 喜欢写作
• 出声阅读	• 只写一稿
• 读较难文本时用手指着单词	• 添加标题
• 能识别 80 个高频词	• 就某一话题撰写条理清晰的文章
• 能用拼读知识解码生词	• 写 5 句话以上的文章
• 能合理预测	• 所写故事包含开端、发展及结尾
• 能运用交叉比对策略	• 参考单词墙来拼写高频词
• 能复述所读内容	• 借助拼读知识拼写单词
• 将文本与自我、世界建立联系	• 用大写字母表示句子开始
	• 用句号表示句子结束
	• 给同学读自己的作文

阅读。初级阶段的学生一般都是慢慢地逐字朗读，边读边指着书上或电子屏幕上的单词，且常停下来拼读生词。但到初级阶段末期时，他们已能读得较为顺畅、流利了，仅在阅读挑战性较高的文本时才会用手指着单词读。

虽然本阶段的学习重点是**单词识别**（word identification），但学生也逐步意识到阅读涉及理解。他们会通过预测来引导自己思考所读故事中的事件，尝试把所读内容与生活及周围世界联系起来，将阅读个性化。他们会监控自己的阅读，识别不能理解的内容；然后交叉比对文本中的语音、语义、句法和语用信息，找出问题；最后进行修复或自我纠正（Fountas & Pinnell，2016）。他们还会学习有关故事结构的知识，尤其是故事包含开端、发展和结尾，用这些知识指导阅读与复述。

写作。初级阶段的学生从写一两个句子发展到能写多个句子并组织成条理清晰的段落。他们的作文也写得更好了，他们有了读者意识，希望同学们喜欢自己写的内容。他们仍是单稿写作，但随着对写作过程的学习，也会开始做一些修改和编辑。

这一阶段的学生运用学到的拼读知识来拼写，能正确拼出许多会读的高频词，并在单词墙上找出其他单词。他们用大写字母表示句子开始，用标点符号标记结尾。无论刚写完，还是几天后重读自己的作品，他们都读得更流利了，因为作文里的许多单词他们都会读了。

教学步骤。 老师可以为初级阶段的学生设计各种读写活动，从示范型到独立型活动都可以，但重点应放在交互型和指导型活动上。老师通过交互型写作、集体诵读、指导型阅读为学生阅读和写作搭建支架，并用微课来教授策略和技能。例如，麦克洛斯基将学生分成同质的小组开展指导型阅读；学生们聚在一起读适合自己阅读水平的图书；麦克洛斯基还会教授新单词、阅读策略和技能，评估学生的理解能力。

当初级阶段的学生形成读者意识、想要完善作文时，老师就可以教他们写作过程了。但是，学生不会马上就开始写草稿、终稿，或者进行修改、编辑。刚开始时，他们的写作过程一般是重读自己的作文并加一两个单词、修改拼写或大小写错误等。这些修改都是修饰性的，但他们已经意识到，写作过程并不是写完一稿就结束了。此外，他们还会把终稿弄得美观一些，要么重新手抄一份，要么用计算机把它打出来。当学生知道写作可以有草稿和终稿时，他们就准备好学习修改和编辑了，这一般是在学生的写作达到流利阶段前后。

培养更有策略的学生

初级阶段阅读策略

老师可以在幼儿园和二年级教授以下策略：

- ☾ 交叉比对；
- ☾ 预测；
- ☾ 建立联系；
- ☾ 监控；
- ☾ 修正。

学生在共享型和指导型阅读，以及交互型朗读中练习这些策略。请老师关注在指导型练习和独立型阅读活动中使用这些策略的学生。如果他们存在困难，请重新教授这些策略，确保说清策略名称、示范用法、用有声思维展示策略应用的过程。

阶段 3：流利阶段阅读与写作

第三阶段标志着学生能够流利地阅读和写作。阅读达到流利阶段的学生已能自动识别数百个单词，还掌握了识别生词的方法。写作达到流利阶段的学生常常会参加修订小组，利用写作过程起草、修改、发表作品。他们熟悉各种体裁范式，知道如何组织作文，写作时能够遵循拼写、大写字母和标点符号等书写规范。

当学生做到以下几项时，其阅读和写作能力便达到了流利阶段。

- 流利且有感情地朗读。
- 自动识别大多数单音节词、高效解码其他单词。
- 有效运用解码和理解策略。
- 写出条理清晰、包含多个段落的文章。
- 利用写作过程起草和完善作文。
- 会写故事、报告、信件及其他体裁的文章。
- 正确拼写大多数高频词及其他单音节词。
- 基本能正确使用大写字母和标点符号。

部分学生在二年级时就能达到此阶段；到三年级结束时，所有学生都应该能够流利地读写。达到此阶段是一个重要的里程碑，它表明学生已经做好准备，迎接四年级日益增长的读写需求了。届时，他们需要读更长的故事、通过写作回应文学作品、读各学科教科书、撰写文章和报告等。

贾兹门（Jazmen），8岁，阅读和写作能力处于流利阶段，来自麦克洛斯基老师所教的班级，是下面"读写素养画像"的主人公。

读写素养画像

贾兹门：一个阅读和写作能力处于流利阶段的学生。

贾兹门也是麦克洛斯基的学生，该班学生母语、年级各异（幼儿园至六年级）。她目前读三年级，自信、爱笑且善于表达。她8岁了，去年秋天和家人在南加州的六旗魔术山主题公园庆祝了生日。她是个计算机高手，经常帮助同学们。当被问及最喜欢的学校活动时，贾兹门说她最喜欢使用计算机。她想更多地了解涉及计算机的职业，因为她很清楚自己一直都想从事与计算机相关的工作。

麦克洛斯基选贾兹门作为主人公是因为她今年取得了显著的进步。这是贾兹门进入麦克洛斯基所教班级的第二年。去年，她好像陷在了初级阶段，没有取得太大进展，麦克洛斯基说，"但今年，就像灯泡通电了一样，她开窍了！"贾兹门现在能流利地阅读和写作了。

阅读

　　贾兹门喜欢阅读，她说自己家里有很多书。根据读者加速（Accelerated Reader，AR）项目的标准，她的阅读水平为 3.8 级（三年级第 8 个月），这表明她读的内容达到或略高于年级水平。贾兹门喜欢读"麻烦精马文"（Marvin Redpost）系列，如路易斯·萨查尔（Louis Sachar）的《麻烦精马文：魔法球》（*Marvin Redpost: A Magic Crystal?*）；"扎克档案"（Zack Files）系列，如丹·格林伯格（Dan Greenburg）的《你现在可以去见火山女神了》（*The Volcano Goddess Will See You Now*）。这些都是比较容易读的平装章节书。贾兹门很喜欢这些书，因为它们很有趣。

　　贾兹门目前正在读保拉·但泽（Paula Danziger）的章节故事书，这些书讲的是三年级学生安珀·布朗（Amber Brown）如何处理现实生活中的事情，包括适应父母离婚。该系列的第一本书是《安柏·布朗不是蜡笔》（*Amber Brown Is Not a Crayon*，2006），讲安柏和她最好的、后来却搬走了的朋友贾斯汀（Justin）的故事。该系列的其他章节书有《安柏·布朗上四年级》（*Amber Brown Goes Fourth*，2007）、《安柏·布朗很沮丧》（*Amber Brown Is Feeling Blue*，1999）、《满心嫉妒的安柏·布朗》（*Amber Brown Is Green with Envy*，2003）和《胡闹的安柏·布朗》（*Amber Brown Horses Around*，2014）。

　　贾兹门的阅读很流利。她能自动识别单词，读书时声情并茂，因为她认为给别人读书时得读得有趣才行。麦克洛斯基说，贾兹门最突出的能力是对故事进行推理。她可以兼顾情节、人物、场景和主题，深入思考后进行关联和解读。她了解各种体裁和文学元素，能用这些知识来帮助思考。

写作

　　贾兹门喜欢写作。她能从电视节目中获取创作故事的灵感。她说："我看电视时会产生一些想法，然后我就把它们画下来，这就是我构思故事的方法。"贾兹门正在创作一个名为"乐琦与紫色"（Lucky and the Color Purple）的故事，讲的是一位名叫乐琦的公主，她会魔法。贾兹门的故事为什么会很有趣呢？她说："最重要的原因是它们充满想象。"她把故事分享给同学们，大家都认为她是一位优秀的作者。贾兹门尤其喜欢展示在下方的"超级英雄狗狗"（The Super Hero Dog）这个故事。它很幽默——想象一下，一只约 1.5 千克重的小狗去帮助一头大象！麦克洛斯基也喜欢这个故事，因为它有开端、发展和结尾，并且贾兹门还在故事里有效地使用了对话（和引号）。终稿里存在的错误指明了今后教学的方向。贾兹门的作文里 95% 的单词都拼对了，她似乎准备好学习同音异形异义词、所属格及对话中的标点符号了。

The Super Hero Dog

Once upon a time a girl named Jazmen owned a dog named Chewbarka. Chewbarka was a Chorkie. Thats a Chiwuawua and Yorkie mix. Even tho Chorkies only way about three pounds, Chewbarka was a super hero! Chewbarka new how to fly and she had super strength. Then one day Jazmen got a call from Dashawna the vet. Dashawna said "There is an elephant named Rosie that needs help quick!" Rosie had a broken leg and could not walk to the vet with her owner. Jazmen told Chewbarka to fly over to where Rosie was pick her up and fly to the vet. Chewbarka did what she was told. The people who saw Chewbarka and Rosie could not beleve their eyes. There was a tiny dog with super strength flying the elephant over to the vets. After Chewbarka got Rosie to the vet, Dashawna started working on Rosie right away. Now her leg is in a big purple cast. Why did she get a purple cast? Its Rosie's favrite color! Rosie thanked the super hero for her help and they became BFFs. Without Chewbarkas help, Rosie would have never been helped.

超级英雄狗狗

从前，一个叫贾兹门的女孩有一只叫丘巴卡的狗。丘巴卡是只吉约克，吉娃娃和约克的混种。虽然吉约克大约只有 1.5 千克重，但它是一个超级英雄！丘巴卡有超能力，会飞。有一天，贾兹门接到了兽医达沙娜的电话。达沙娜说："有一头名叫罗西的大象急需帮助！"罗西的腿断了，主人没法带它去兽医院。贾兹门让丘巴卡飞到罗西那儿，接上它去兽医那里。丘巴卡照做了。人们看到丘巴卡和罗西时不敢相信自己的眼睛，一只小狗用超能力带着大象飞到兽医院。丘巴卡把罗西送达后，达沙娜立即开始治疗罗西。现在它的腿上打着紫色的石膏。为什么是紫色的石膏呢？因为这是罗西最喜欢的颜色！罗西向超级英雄表达谢意，他们成了永远的好朋友（best friends forever，BFFs）。如果没有丘巴卡，罗西可能就无法得救了。

教学启示

"贾兹门的阅读能力处于流利阶段，"麦克洛斯基说，"她已经准备好在指导型阅读课及独立阅读时挑战难度更高的故事类和非故事类图书了。"贾兹门阅读时的重心已从解码单词转移到理解作者传递的信息上。麦克洛斯基老师计划在微课上教授提问、推理及其他阅读策略，鼓励贾兹门更深入地思考所读的内容。

贾兹门已经开始利用写作过程来完善作品了，但大部分都是故事。麦克洛斯基鼓励她创作非故事类图书、诗歌、书信及其他体裁的文本。读完诗歌形式的小说《恨那只猫》（*Hate That Cat*，Creech，2010）后，贾兹门决定模仿这一小说，基于与松鼠的一次偶遇，以诗歌的形式创作小说。麦克洛斯基也打算密切关注贾兹门的进展，通过微课教授一些她可能用到的概念和技能，包括同音异形异义词、所属格及对话。

贾兹门表现出来的流利阶段阅读者和写作者的特征	
阅读	写作
• 自动识别大部分单词	• 利用写作过程完善作文
• 有感情地朗读	• 有读者意识和写作目的
• 每分钟读 100 个单词以上	• 写出包含开端、发展、结尾的完整的故事
• 独立阅读	• 成段地写作
• 使用多种策略	• 段落缩进
• 在阅读过程中进行关联	• 使用复杂的语言
• 推断性思考	• 正确拼写大部分单词
• 用故事结构、体裁的相关知识帮助阅读	• 用大写字母和标点符号划分句子界限

阅读。流利阶段阅读者的显著特征是能够准确、快速、有感情地阅读。流利的阅读者能够自动识别许多单词、高效解码生词。他们的阅读速度达到每分钟 100 个单词或更多，还能根据文本难度调整速度。

大多数流利阶段的阅读者都偏好默读，因为这样比读出声来速度更快。他们阅读时不再用手指着单词，并且能够独立阅读很多电子书和纸质书。他们还掌握了许多促进阅读理解的策略，会主动进行预测、将信息可视化，会监控自己对文本的理解，并在必要时进行修正。

与启蒙阶段的和初级阶段的阅读者相比，流利阶段的阅读者理解力更强，对阅读的思考更深入。此阶段的儿童理解力增强可能是因为他们有更多的精力可用于理解文本；相比之下，初级阶段的阅读者需要用更多的精力来解码单词。因此，随着儿童逐渐进入流利阶段，他们在识别单词上花费的精力减少，有更多的精力用来理解所读的内容。

此阶段的孩子们能阅读更长、更复杂的绘本和章节书了（印刷版和电子版）。一般情况下，学生们更喜欢读章节书，因为他们喜欢深入了解故事、细读非故事类图书。他们了解了更多的文学体裁及其结构范式、文学手法，如头韵、拟人和象征等。他们会以某个作家、某种体裁或某本图书为主题进行文学阅读单元学习；参加文学圈，和同学一起阅读、讨论某本书；参加作家探究活动，一起阅读和比较同一作者的几本书、分析作者的写作风格。他们能给同学推荐图书并说清为什么喜欢这本书。

写作。流利阶段的写作者明白写作是过程性的，能利用写作的各个阶段完善作文：预写、起草、修改、编辑和发表。他们会制订写作计划，撰写草稿和终稿。他们还会重读草稿，基于自己对写作形式、写作目的的理解进行修改和编辑。他们渐渐开始与同学分享自己的草稿，请他人给一些改进作文的建议。

学生可能会从读过的书和看过的电视节目或电影里获得写作灵感。他们会把作文分段，段首空两格，每段聚焦一个观点。他们的观点陈述得更加完整，用词也更为复杂。

　　流利阶段的写作者有体裁意识，能写故事、报告、书信、诗歌等形式的作文。他们写的故事包含开端、发展和结尾，写的书信符合格式要求。写报告时，他们会采用顺序结构、比较结构或因果结构，写诗时会用头韵、象征、押韵等手法来创造生动的形象。

　　学生们现在的作品看起来更符合写作范式。前 100 个高频词他们大部分都能拼对，还能用拼读法拼写其他单音节词。他们会用屈折尾缀（如 -s，复数标记；-ed，过去时态标记；-ing，进行时态标记），能尝试拼写双音节及更长的单词，会将句子和名字的首字母大写，能在句尾正确使用标点符号，但句子中的标点符号可能还会出错。

　　教学步骤。这个阶段的学生能进行过程性阅读和写作，准备好独立参加阅读和写作工作坊了。 他们正在学习体裁、文章结构和文学手法等知识，并能将这些知识应用于文学圈的阅读及对文学作品的回应中。老师的教学重点从解码单词转移到了理解故事和科普类图书。

　　表 2-5 给出了对各个读写发展阶段的教学建议。

表 2-5　对各个读写发展阶段的教学建议

阶段	阅读	写作
启蒙	<ul><li>使用周围环境中的文字</li><li>在游戏中心放置读写材料</li><li>给学生朗读</li><li>在分享型阅读中，读大开本绘本和印在大张纸上的诗</li><li>在阅读前介绍书名和作者</li><li>用大开本绘本教授方向、字母、单词等概念</li><li>鼓励学生进行预测、把文本与自我联系起来</li><li>让学生复述或表演故事</li><li>让学生以讨论或画画的形式回应文学作品</li><li>让学生用音素意识活动练习发音</li><li>开展字母学习常规活动</li><li>用语言体验法记录学生说的内容</li><li>教授 20 ~ 24 个高频词</li><li>把单词粘贴在单词墙上</li></ul>	<ul><li>让学生用蜡笔画画、用铅笔写作</li><li>当学生无法进行规范写作时，鼓励他们涂鸦或随机写一些字母</li><li>教授手写技能</li><li>在全班或小组写作项目中开展交互型写作</li><li>让学生每天都在签到表上写下自己的名字</li><li>让学生写自己和同学们的名字</li><li>让学生列出会写的单词</li><li>开展"写下教室"活动，让学生列出教室内找到的熟悉单词</li><li>让学生使用"I like___"（我喜欢___）和"I see a___"（我看到一个___）句型造句</li><li>鼓励学生记住所写内容，以便之后阅读</li></ul>
初级	<ul><li>集体诵读印在大张纸上的诗歌和歌词</li><li>在指导型阅读中读分级读物</li><li>每天都组织给学生读和重读图书</li><li>教授拼读概念和规则</li><li>教学生用提示系统进行交叉比对</li><li>教授 100 个高频词</li><li>判断文本是故事、科普类图书，还是诗歌</li><li>教授预测、建立联系、交叉比对及其他策略</li><li>教授故事结构的组成，尤其是开端、发展和结尾</li><li>让学生写阅读日志、参与故事讨论会</li><li>让学生把书带回家和父母一起读</li></ul>	<ul><li>用交互型写作教授书面语言的有关概念</li><li>每天都组织学生撰写不同目的、不同体裁的文章</li><li>介绍写作过程</li><li>教学生如何在文章中陈述观点</li><li>教学生如何校对作文</li><li>教学生拼写 100 个高频词</li><li>教授缩略词</li><li>教授大写和标点符号的使用规则</li><li>让学生用计算机发表作品</li><li>让学生在作者论坛分享作品</li></ul>

（续表）

阶段	阅读	写作
流利	• 让学生参加文学圈活动 • 让学生参加阅读工作坊 • 教授体裁及其他文本特征 • 让学生参与作家探究和体裁探究活动 • 教学生如何将文本与自我、文本与世界、文本与文本建立联系 • 拓展学生使用理解策略的能力 • 让学生以讨论和写作的形式回应所读内容	• 让学生参加写作工作坊 • 教学生如何利用写作过程 • 教学生修改和编辑作文 • 教授分段技能 • 教授拼写规则 • 教授同义词 • 教授同音、同形异义词 • 教授词根和词缀 • 教学生使用字典和近义词典

促进学生早期读写素养发展的教学

2.3　了解在阅读和写作课上促进学生早期读写素养发展的方法

幼儿早在上学前就接触书面语言了。父母及其他照顾他们的大人经常会把看到的文字念给他们听，这时孩子们开始学着认读周围环境中贴着的标志及其他文字了。他们自己会尝试写作，也会让大人帮忙写短信；他们还会观察大人写作。进入学校后，他们开始学习书写的相关概念，参与有意义的阅读和写作活动，他们关于书面语言的知识迅速增长。共同核心州立英语标准（2010）调要培养学生的阅读和写作兴趣，以及对书面语言相关概念的理解。

教授有关书写的概念

经过在家里、社区里的体验，儿童意识到文字具有意义、字母和单词能表示所说的话、阅读与写作有多种用途（Clay，2017）。他们开始注意到餐馆的菜单；写电子邮件、短信和卡片来和亲朋好友交流；把听故事当作一项娱乐。出于以上原因，他们还会观察父母和老师如何使用书面语言。

学生对阅读和写作目的的理解反映了所在社区使用书面语言的方式。虽然阅读和写作是绝大部分家庭日常生活的一部分，但大家使用书面语言的方式各不相同（Heath，1983）。中产阶级和工人阶级家庭的孩子拥有丰富的读写经验，虽然这些经验可能各有不同（Taylor & Dorsey-Gaines，1987）。在一些社区中，书面语主要服务于生活实际所需，如用作支付账单的工具；在有些社区中则把阅读和写作作为休闲活动的方式；而在有些社区中，书面语的用途更加广泛，如用来辩论社会和政治问题。

幼儿园老师通过以下方式让学生体验阅读和写作，展示书面语的用途：

• 在教室张贴标志；

- 在读写游戏中心放置阅读和写作材料；

- 与同学进行文字交流；

- 阅读和写作故事；

- 给教室里的物品贴上标签；

- 在日记中画画、写作；

- 给家长写便条。

共享型阅读。老师在共享型阅读中朗读适合儿童兴趣水平但其难以独自阅读的图书（Parkes，2000）。就像麦克洛斯基在本章开头的教学故事中做的那样，共享型阅读包含五个阶段，表 2-6 展示了各个阶段的具体活动和步骤。在共享型阅读中，老师通过有趣的活动来示范流利的读者是如何阅读的（Founta & Pinnell，2016）。把书读了几遍后，老师可以用它来教拼读和高频词汇，还可以让学生独自或与同伴一起阅读这本书，模仿文中的句型和结构来写作。

在共享型阅读中用的绘本可以做成大开本，它们和儿童的独立阅读水平相近，但仍高出一些。与交互型朗读不同，在共享型阅读中，儿童能看到老师朗读的文本。此外，他们经常和老师一起读可预测的叠句和押韵的单词。听老师读过几遍后，学生往往能记住足够多的课文，并跟着老师一起读。老师还可以在共享型阅读中示范如何书写、让学生进行预测、提升他们对阅读的信心。

大开本绘本是老师在共享型阅读中用的放大了的绘本，最常用于低年级阶段。大开本绘本起源于新西兰，老师把它放在所有学生都能看到的画架或支架上，一边指着书上的字，一边大声地读。学生们不一会儿就可以跟着老师一起读了，尤其是重复的叠句。在读第二遍时，老师可以邀请学生帮着读。下次再读这本书时，老师可以在可预测的部分前停下来，如叠句的开头，让学生接着读剩下的部分。这种让学生补充剩余单词的活动也很重要，可以帮助发展他们的独立阅读能力。在学生熟悉这本绘本后，老师就可以让他们独立阅读了（Parkes，2000）。

表 2-6　共享型阅读的步骤

1. 预读
- 激活或建构书中某个话题的相关背景知识
- 展示封面和书名
- 谈论书的作者和插画师
- 让学生进行预测
2. 阅读
- 使用大开本绘本或印在大张纸上的文本
- 阅读时用教鞭指着文字
- 有感情地朗读，在读第一遍时基本不停顿
- 突出词汇和重复句式
- 重读 1～2 遍，鼓励学生一起读

（续表）

3. 回应 • 在故事讨论会上讨论这本书 • 提出推断性及更高水平的问题，如"假如……将会发生什么？""这本书让你想到了什么？" • 大家一起交互性地写一个关于这本书的句子 • 让学生在阅读日志中画画、写作 **4. 探究** • 让学生用普通尺寸的图书重读这本书 • 把重要的单词添加到单词墙上 • 运用微课教授策略和技能 • 介绍更多有关作者和插画师的信息 • 提供更多这位作者的作品或相同话题的文本 **5. 应用** • 让学生完成一本合作图书来复述这个故事 • 让学生模仿书中的句式创作自己的故事

可预测图书。在共享型阅读中，老师和儿童一起读的故事及其他类型的图书中常常会有重复的句子、押韵等可预测的结构；包含这些结构的书叫作可预测图书。常见的四种结构如下。

- **重复**。在许多绘本中，作者通过重复句子建构可预测的结构。例如，在《谷场交响乐》（*Barnyard Banter*，Fleming，1997）中，一只白鹅追着蝴蝶在农场里乱跑，奶牛、公鸡和其他动物跟它们打招呼的内容是用可预测的结构表述的。

- **逐句累积**。书中每一小节的句子都是一边重复一遍扩展。例如，在《姜饼男孩》（*The Gingerbread Boy*，Galdone，2008）中，饼干在逃离小老头和小老太太的过程中，向遇到的每个角色重复并扩展了它自吹自擂的话。

- **押韵与韵律**。押韵和韵律是作者给文章增添音乐感的两种手法。苏斯（Seuss）博士所写的许多书，如《穿袜子的狐狸》（*Fox in Socks*，1965），都使用了押韵和韵律。书中的句子有很强的节奏感，行尾的词也是押韵的。其他用了押韵和韵律的文本包括学生们熟悉的歌曲，如《咻，苍蝇》（*Shoo Fly!* Trapani，2000），以及长篇诗歌，如《各式各样的鱼》（*Pattern Fish*，Harris，2000）。

- **顺序结构**。一些作者用儿童熟悉的顺序，如月份、星期、数字 1~10 或字母，来组织图书的结构。例如，在《饥饿的毛毛虫》（*The Very Hungry Caterpillar*，Carle，2002）中，作者在描述毛毛虫吃下一系列惊人食物的过程中使用了数字和星期。

教授有关单词的概念

儿童最初对老师谈论阅读和写作时用到的读写术语，如"单词""字母""发音"和"句子"等，仅有一个模糊的概念，之后才逐渐加深理解。他们意识到单词有不同的形态：可以说出来、可以听到、可以读，还可以写。

帕潘德罗普洛和辛克莱（Papandropoulou and Sinclair，1974）划分了词汇意识的四个阶段。在第一阶段，儿童不能区分单词和事物。在第二阶段，他们认为单词是事物的标签，把代表物体的词视为词，但不把冠词和介词（如 *the*，这个、那个；*with*，和）归为词，因为它们不能用物体表示。进入第三阶段，儿童意识到单词是有含义的，故事是由单词构成的。最后，他们将单词视为具有明确语义和句法关系的有意义的自主元素。他们可能会说："单词由字母组成。"他们还意识到单词有不同的形态：人们可以说单词，可以听到单词，可以读单词，也可以写单词。因维尔尼齐（Invernizzi，2003）阐述了达到第四阶段的重要性："明白单词的概念后，儿童便能在脑海中呈现书上的单词，从左到右扫描它并注意到开端、发展和结尾的所有发音"。

学生在积极参与读写活动的过程中形成单词的相关概念。在共享型阅读中，他们看到老师指着大开本绘本上的单词，因而在重读熟悉的文本时也会模仿老师用手指着单词。参与多次共享型阅读后，学生意识到单词需用空格隔开，还能从中挑出熟悉的单词。渐渐地，他们的指读愈发准确，能更精确地从文本中选出特定单词，注意到句子开头的单词首字母需大写、结尾的单词后要加上标点符号。

环境中的文字。儿童最早的阅读是识别熟悉环境中的快餐店、百货公司、商店及常见家居用品上的商标或标签（Harste，Woodward，& Burke，1984）。他们能认出麦当劳的金色拱门，说出"麦当劳"这个词，但是只给他们看纸上写着的"麦当劳"（McDonald's）这个词，缺少熟悉的商标和餐厅环境时，他们便不会读了。学生最初是依靠环境来读熟悉的词和记忆文本的，后来随着阅读和写作经验的增加，他们逐渐把形式和意义关联了起来。

读写游戏中心。在游戏中使用书面语言有助于儿童了解阅读和写作的目的。学生用积木搭建大楼后，会写个标签粘贴在建筑上；在扮演医生时，会在纸条上写处方；在扮演老师时，会大声地给毛绒动物"学生"读故事（McGee，2007）。儿童在这些读写游戏中扮演其他人，重演熟悉的日常事件，进行不同目的的阅读和写作。

幼儿园老师可以在游戏中心放置读写的相关材料，以更好地发挥游戏中心在学生读写发展中的价值（Sluss，2005）。家政中心应该是幼儿园里最常见的游戏中心了。老师变更一下道具就能轻易地把它变成商店、邮局或医院。老师再往里面放入阅读和写作材料，这些就成了读写游戏中心。食品包装、价格标签和游戏币是商店的道具；信件、邮票和邮箱是邮局的道具；预约簿、处方本和病历文件夹是医院的道具。老师可以在教室里设置这样的读写游戏中心，开展文学阅读单元和主题单元教学。

表 2-7 介绍了 8 个读写游戏中心。每个中心都放了一些儿童可以尝试使用的真实的读写材料，能够帮助他们了解更多书面语言的用途。

表 2-7　读写游戏中心

中心	材料			
银行	出纳窗口 支票	游戏币 硬币卷纸	存款单 钱袋	标志 收据
商店	食品包装 食物玩具	购物车 收银机	钱 购物袋	优惠券 广告
美发店	卷发棒 梳子 镜子	空的洗发水瓶 毛巾 发型海报	假发和假发架 吹风机（去掉电源线） 烫发钳（去掉电源线）	发带、发夹 预约簿 开门或关门标志
医院	预约簿 白衬衫或夹克 医疗袋	皮下注射器（游戏用） 体温计 听诊器	处方本 文件夹（夹病例用）	创可贴 药瓶和标签
办公室	计算机 计算器 纸	订书机 文件夹 文件接收或发放盒	钢笔和铅笔 信封和邮票 电话	布告板 橡皮图章 印泥
邮局	邮箱 信封 邮票（贴纸）	钢笔 包装纸 胶带	包裹 称 包装封条	地址标签 收银机 钱
饭店	桌布 盘子 杯子	餐具（刀、叉、勺） 餐巾纸 菜单	托盘 点菜单和铅笔 服务员的围裙	服务员的马甲 厨师的帽子和围裙
宠物医院	毛绒动物 笼子（硬纸板盒子） 宠物信息卡	白衬衫或夹克 医疗袋 听诊器	药瓶 药品标签 创可贴	冰棍棒 夹板 皮下注射器（游戏用） 开门或关门标志

教授有关字母的概念

　　幼儿需要学习字母的相关概念及字母是如何表示音素的。方塔斯和平内尔（Fountas and Pinnell，2018）认为字母知识包括以下内容：

- 字母的读音；

- 手写稿中字母的大小写形式；

- 字母间彼此区分的特征；

- 一个字母区别于其他字母的方向（如 b 和 d）；

- 字母在已知单词中的使用（如姓名和常用词）；

- 字母单独代表的发音；

- 字母与其他字母组合时的发音（如 *ch*，*th*）；

- 字母在单词中的发音（如 c 在 *cat*，猫；*city*，城市；*chair*，椅子中的发音），学生在阅读和写作时，会用这些知识来解码生词。

　　关于字母，学生需要掌握的最基础的知识是如何认和写。入学前，他们注意到了环境中的字母，还学唱 ABC 歌。进入幼儿园时，学生大都认识了很多字母并能读出来，尤其是自己、家人和宠物的名字及常用词中的字母。他们还能写一些熟悉的字母。

　　研究表明，学生并不会按照特定的顺序学习字母读音，也不会脱离有意义的书面语言，通过技能操练活动来学习。麦吉和里奇尔（McGee and Richgels，2012）认为，学习字母需要大量有意义的书面语言体验，建议老师用以下方法推动学生的字母学习。

　　充分利用学生的兴趣。老师可以开展学生喜欢的字母活动，抓住他们对学习字母感兴趣的时机教授字母。老师清楚要讲解哪些内容，因为他们会观察学生的阅读和写作，知道学生正在探索哪些字母或字母特征。

　　讲解字母在阅读和写作中的作用。老师需要讲解字母如何表示发音及如何用字母拼写单词，指出字母的大写和小写形式。他们经常在与学生一起写作时讲解字母的作用。

　　创造各种学习字母的机会。老师可以在读写活动中使用学生的名字和环境中的文字，组织交互型写作，允许学生创造性地拼写单词、分享字母绘本、玩字母游戏。

　　老师刚开始教字母时，有两类单词可以用：学生的名字和环境中的文字。老师还可以教学生 ABC 歌，用来识别名字中不认识的字母：学生边用手指着字母表上的字母边唱歌，直至遇到那个不熟悉的字母。这是一个有用的策略，可以让学生感觉到自己是在独立识别字母。老师还可以通过活动、游戏等让学生谈论、使用字母。在这些熟悉的、可预测的活动中，老师和学生一起读字母、用字母磁贴拼词或在白板上写字母。学生刚开始时还需要老师组织、指导活动，随着经验的累积，他们逐渐把这些常规活动内化，并且能够独立完成了。这些活动一般都在读写中心进行。

　　表 2-8 展示了 11 个教授字母的常规活动，其中一个需要用到字母绘本。

　　虽然会不会读字母并不会直接影响学生的阅读能力，但读字母的能力可以较好地预测学生在初级阶段的阅读表现（Adams，1990；Snow，Burns，& Griffin，1998）。比较可靠的解释是，学生进入一年级前就会读字母是因为他们入学前就积极参与了读写活动，因而他们开始快速阅读的可能性也更高。脱离阅读和写作，单纯教学生读字母并没有这种作用。

表 2-8　教授字母的常规活动

常规活动	描述
环境中的文字	学生从食品标签、玩具交通标识、广告上剪下来的店铺名称及其他环境中的文字里找到正在学习的字母
字母绘本	老师给学生读字母绘本来帮助他们扩大词汇量；之后，学生围绕某个字母编书时，可以重读这些书来找单词

（续表）

常规活动	描述
字母磁贴	学生从一套字母磁贴中把某个字母全部挑出来，或者把字母磁贴的大写和小写形式搭配起来。学生把字母按顺序排列，拼写熟悉的单词
字母图章	学生用字母图章和印泥在纸上或册子上印字母，或者用字母形状的海绵沾上颜料来印出字母，还可以用字母形状的饼干模具把橡皮泥做成字母的形状
字母表	学生边指着字母表上的字母和图画边背诵字母、说出图画的名称，如 "A-airplane"（飞机），"B-baby"（婴儿），"C-cat"（猫）等
字母收纳盒	老师收集咖啡罐或鞋盒，每个字母对应一个收纳盒，并在每个收纳盒内放几件学生熟悉的、代表该字母的物品。老师用这些收纳盒介绍字母，学生用它们来开展分类和匹配活动
字母框	老师可以把标签剪成圆形，也可以收集比较大的塑料手镯或把可弯曲成任意形状的毛绒条卷成圆形，让学生用这些圆形的物品来圈出海报或大开本绘本上的一些需要学习的字母
字母书	学生自己编制字母书，每页上有一张物品的图片，这个物品的单词以某个字母开头。他们还会印上字母图章、贴上贴纸及从杂志上剪下来的图片
海报	老师在一张大纸上写一个大大的字母，学生在上面装饰一些图画、贴纸和字母印章
字母分类	学生把代表两个或更多字母的物品、图画分类，放在特定字母的收纳盒内
白板	学生在白板上练习写字母的大小写形式及熟悉的单词

教授写作概念

老师向学生示范阅读和写作，组织他们参与共享型和交互型阅读和写作活动，这能培养学生书面语言的概念。老师在微课上教授书面语言概念时，常会用一些读过的、学生已经比较熟悉的文本。

晨间信息。 老师每天都会以一封短信的方式给学生传达晨间信息（Payne & Schulman，1999）。老师会在学生到校前把当天要做些什么写在大纸上；开始上课时，老师一边指着单词，一边读给学生听。然后，老师会让学生重读信息，数数有多少字母、单词和句子。根据学生的具体水平，老师还会让学生挑出大写字母、标点符号、熟悉的字母和单词，或者表示某个拼读概念的单词。

老师在写晨间信息时，一般会用可预测的模式，让学生更容易理解，如下面两则晨间信息所示。

Dear Kindergarteners, Today is Monday. We will plant seeds. We will make books about plants. Love, Ms. Thao	Dear Kindergartners, Today is Thursday. We will measure the plants. We will write about how plants grow. Love, Ms. Thao

> 亲爱的小朋友们，
> 今天是星期一。
> 我们将种下一粒种子。
> 我们将编写一本关于植物的书。
> 爱你们，
> 陶老师

> 亲爱的小朋友们，
> 今天是星期四。
> 我们将量一量植物长多高了。
> 我们将描写植物的生长过程。
> 爱你们，
> 陶老师

老师给一~二年级学生写的晨间信息逐渐变得复杂起来，如下面的一则二年级老师写的信息所示。

> *Good Morning!*
> *Today is Wednesday, February 5, 2020.*
> *New literature circles begin on Friday.*
> *I'll tell you about the new book choices this*
> *morning, and then you can sign up for your*
> *favorite book. Who remembers what a* <u>synonym</u> *is?*
> *Can you give an example?*
> 　*Your teacher,*
> 　*Mrs. Salazar*

> 早上好！
> 今天是 2020 年 2 月 5 日，星期三。
> 新一轮文学圈活动将在星期五开始。
> 今早我会告诉大家可以选哪些书，然后大家可以去登记自己最喜欢的书。
> 谁还记得什么是"同义词"吗？你可以举一个例子吗？
> 　你们的老师，
> 　萨拉查

晨间信息是常规活动，老师会根据读写课程的需求不断做出调整。

晨间信息填空。老师写晨间信息时可以省略部分单词，让学生填写。学生先听老师把信息通读一遍，当老师读第二遍时，他们需要辨别出缺失的单词并填写在横线上。有时候，老师可以简化活动，把缺失的单词写在卡片上并放到插卡袋里。下面是一则一年级的晨间信息。

> Mr. Diaz's Morning Message
> Today is ____, October 17, 2019.
> It is the ____ day of school. We love
> to ____ The Cat in the Hat by
> Dr. ____. We can read words that
> rhyme with cat: ____, ____, and ____.

> 迪亚兹老师的晨间信息
> 今天是 2019 年 10 月 17 日，____。
> 今天是开学的____天。
> 我们喜欢____博士的《戴帽子的猫》(*The Cat in the Hat*)。和猫(cat)押韵的单词里我们会读：____、____和____。

缺失的单词是"星期四"(*Thursday*)、第 37 (*37th*)、读(*read*)、苏斯(*Seuss*)、球拍(*bat*)、帽子(*hat*)和老鼠(*rat*)。填完后，孩子们需要重读这则信息，数一数句子的数量，圈出认识的高频词，以及想出更多押韵的单词。

学生口述信息与其他同学分享。学生轮流口头分享自己的故事，然后老师把它写在大纸上，分享的学生再把它读出来，边读边用手指着单词，就像老师那样。下面是伊凡(Ivan)分享的一条重大消息的例子。

> **Ivan's News**
>
> I have a new baby sister. Her name is Ava. She sleeps all the time, and I have to be very quiet so I won't wake her up.

> 伊凡的消息
>
> 我有一个小妹妹了。她的名字叫艾娃（Ava）。她整天都在睡觉，所以我得保持安静，以免吵醒她。

伊凡读完信息后，同学们重读并分析了一些单词和标点。随后，大家决定在大纸的底部写一行字，欢迎伊凡的妹妹。他们口述，老师记录下来并签上大家的名字。最后，伊凡把这张大纸带回家里与家人分享。

孩子们合作编写一则信息。 一些老师选择在放学后写班级新闻，而不是在早上写晨间信息。他们会和孩子们讨论当天的活动，共同决定写什么内容。他们通常会用交互型写作，让孩子们完成大部分的内容。下面是一条一年级的班级新闻。

> **Room 3 News**
>
> We are studying insects. Today we read Diary of a Fly by Doreen Cronin. It's a totally hilarious book! We learned that flies walk on walls, and they eat regurgitated food. That's so yucky!

> 3 班新闻
>
> 我们在学习昆虫。今天我们读了多琳·克罗宁（Doreen Cronin）的《苍蝇的日记》（*Diary of a Fly*）。这本书非常有趣。我们了解到苍蝇在墙上走路，吃消化过的食物。这太恶心了！

老师一般会在每天或每星期结束时让学生把这些信息带回家与家人分享。通过这些活动，孩子们可以学习一些写作体裁，包括亲友之间写信的格式，以及阅读和写作的关系。这种写作是真实的，学生可以从中学会如何通过写作与他人分享信息。

语言体验法。 老师可以用语言体验法给学生演示如何写书面语及书面语的作用（Ashton-Warner，1986）。具体来说，先由学生造一些句子来讲述一段经历，然后老师把他们口述的内容写在大纸上。老师边写边演示如何在纸上从左到右地写，如何写字母，如何在单词间空格，以及如何使用大写字母和标点符号。最后，写完的文本变成了阅读材料，学生可以重读这些文本并根据需要从中挑出字母和单词。由于这些文本的语言都是学生说出来的，内容也都是基于他们共享的经验，因此学生比较容易读懂这些文本。

老师经常用语言体验法来让学生编写合作图书，每个学生写一页，最后组成班级图书。例如，在主题为熊的单元，幼儿园某班的孩子协同制作了一本关于熊的图书。班上每个学生选一条关于熊的信息，画一幅插画，再口述文本让老师写在纸上。图 2-1 是这本班级图书的某一页。由于书的内容是由学生口述、老师书写的，因此符合写作范式，学生和父母都能读懂。

图 2-1　班级图书中的某一页

交互型写作。学生和老师可以通过交互型写作协同创作文本（McCarrier、Pinnell & Fountas，2000；Tompkins & Collom，2004）。学生们先一同建构内容，然后在老师的指导下逐字写在大纸上。学生轮流写下自己知道的字母和熟悉的单词，写上标点符号，并在单词间留出空格。这样，每个人都参与了文本的建构和书写。他们还可以把大纸上的内容抄写在小白板或纸上，然后和同学一起或独自进行阅读、重读。

孩子们可以通过交互型写作撰写班级新闻、读前预测、故事复述、感谢信、报告、数学故事题等类型的文本（Tompkins & Collom，2004）。图 2-2 为一年级某班通过交互型写作编写的一道数学题；孩子们轮流书写完整的单词。图中带有方框的字母和单词表示原字母写得不好或单词拼错了，孩子们用修正带把它们涂了并进行了修改。出完这道题后，孩子们独立把其他减法题也编写了出来。

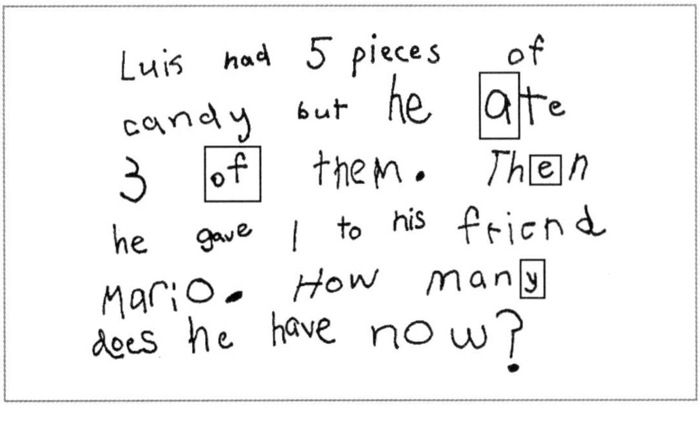

Luis had 5 pieces of
candy but he ate
3 of them. Then
he gave 1 to his friend
Mario. How many
does he have now?

注：图中英文意思为"路易斯有 5 颗糖。他吃了 3 颗，又给了朋友马里奥 1 颗。他现在还有几颗？"

图 2-2　数学题

在交互型写作中，孩子们能学到有关书写的概念、字母 - 发音的对应关系和拼写规则、手写概念及使用大写字母和标点符号的方法。老师也可以示范正确的拼写和书写规范，让学生练习单词发音的划分和熟悉单词的拼写。老师需要帮助学生规范地拼写单词。他们需要教授 the（那个）和 of（……的）等高频词、辅助学生划分非高频词的发音和音节，指出 pieces（片，piece 的复数形式）和 germs（病菌，germ 的复数形式）等不规则拼写，讲授其他书写规范。当学生写错字母或拼错单词时，老师可以用修正带盖住错误并帮他们修正。例如，图 2-2 中学生原本写下了数字 8 来拼 ate（吃，eat 的过去式，因为数字 8 的英语发音和 ate 一样）。所以，老师先讲解了同音异形异义词 eight-ate，然后用修正带盖住数字 8，并帮学生拼写出这个单词，包括不发音的 e。老师强调，这里把错误改为规范的拼写并不是因为学生犯了错，而是出于对读者的尊重。不同于交互型写作中强调规范拼写，独立型写作鼓励儿童使用自创拼写及其他拼写策略。他们学着从单词墙上或读过的书里寻找熟悉的单词，思索拼写规则，或者向同学寻求帮助。老师解释道，孩子们确实会在个人写作和草稿中使用自创拼写。但他们越来越倾向于使用规范拼写，甚至请求老师用修正带修改他们的错误。

写作中心。幼儿园和一年级教室里设有写作中心，这样孩子们就有一个专门的地方进行写作。写作中心里应放置桌椅和收纳盒，盒里装着铅笔、蜡笔、日期戳、各种纸张、日记本、订书机、空白书本、便笺纸及信封等物品。桌上需放置印有大写和小写字母的字母表，方便孩子们写作时参考。此外，写作中心里还需放个箱子，供孩子们归档作品。在写作中心里，学生们可以在日记上写写画画、编写图书、给同学写信息（Tunks & Giles，2007）。老师会提供帮助，根据需要补充字母、单词、句子的相关信息；助教、家长志愿者或高年级学生也可以提供帮助。图 2-3 为一则阅读日志，是幼儿园学生读完《如果你给老鼠一块饼干》（If You Give a Mouse a Cookie，Numeroff，2000）后做出的回应。他写的是"我喜欢巧克力曲奇。"（I love chocolate chip cookies.）

图 2-3　一则阅读日志

低年级学生还可以在写作中心根据读过的书编制新书。例如，他们可以用《熊宝宝，熊宝宝，你看到了什么》（Baby Bear, Baby Bear, What Do You See? Martin，2007）、《如果你给老鼠一块饼干》和《午餐》（Lunch，Fleming，1996）中相同的句式来改编熟悉的故事或编写新故事。

图 2-4 是一年级学生读完《如果你给老鼠一块饼干》后写的四页书，主角是只叫作大黄蜂的蜜蜂。在这些写作项目中，孩子们常会用到自创拼写，但老师会鼓励他们正确拼出熟悉的单词和故事中的单词。

图 2-4　一年级学生创编的作品

学生还可以在写作中心给同学写信和便条。他们学习私人信件的格式及开头、结尾的表达，然后在给同学写信时应用所学，他们可以通过信向同学问好、赞美同学、与同学分享信息、交换电话号码、送上生日祝福等。在写作的过程中，学生能练习写自己和同学的名字，以及正在学习的单词，收到信息的学生则获得了练习阅读的机会。老师也参与其中，定期给学生们写简短的信息，用这些活动示范如何写信息、如何读及回复收到的信息。为了更好地分享信息，老师常会设立信息布告栏或用牛奶盒、鞋盒制成个人信箱。这个活动非常重要，能帮助学生在与他人往来信件、便条的过程中发现阅读和写作的社交意义。

书写稿件。学生进入幼儿园前写字的经历不一样。一些孩子 5 岁了仍未拿过铅笔，但大部分学生都曾涂涂画画过，那些画出来的歪歪扭扭的线条、圆圈等看上去像字母的样子。有些学生已经会写自己的名字甚至其他字母了。幼儿园书写教学的重点是字母的书写，教学目的主要是培养学生的握笔能力，提高控制精细动作的能力。也许有人觉得幼儿园孩子太小，无法学习写字。事实上，我们应鼓励学生从入学第一天起就开始写作，让他们在标签上写字母和单词、记日记、画或写故事及其他类型的文本。学生写得越多，老师就越需要重视对书写的教学，以免学生养成坏习惯，否则以后还需要纠正。

幼儿园和一年级老师多会编一些简短的口诀来教学生写字母，并用熟悉的旋律把口诀唱出来。例如，教小写字母 *a* 时，老师会把口诀"画个圈，再加条尾巴"（All around and make a tail）

拓展成韵文，并用"玛丽有只小羊羔"（Mary Had a Little Lamb）的旋律唱出来。老师唱口诀时，还会用手在空中或白板上示范字母的写法。学生边跟着唱，边在空气中、小沙盘里（亮蓝色水族箱沙最佳），或者装满凝胶或泡沫的密封塑料袋上练习写字母。

在教学生写字母时，动态示范比静态示范更有效；因此，字母练习册不是非常有用，学生的写法可能不对。他们需要先看老师写，再自己练习，这一点很重要。此外，老师需要观察学生写字母，纠正错误的写法。学生需学着从一点钟方向开始逆时针画圈，学着从上到下、从左到右一笔一画地写，这些书写规则可以有效降低学生把纸划破的可能性，也更容易过渡到连体字的书写。

通过此类活动，低年级学生将学会有关如何读书的概念，具体如下。

书的概念。学生学会如何拿书或平板电脑、朝哪个方向翻页、页面上从哪里开始读。他们还意识到，书中能传达信息的是文字，而不是插图。

方向概念。学生明白页面上的文字是从左到右、从上到下书写和阅读的。学生学会转行读，即读到行末时，需返回左侧再读下一行；还学会了一对一匹配，即把朗读的声音与文字相匹配，在朗读时用手逐字指着文本。学生还掌握了"首"和"尾"的概念。

字母与单词概念。学生掌握什么是字母、单词、句子等概念。理解了这些，他们便能识别书上的字母、单词和句子，还能注意到大写字母、标点符号及使用它们的原因了。

低年级学生学习这些概念后，会把它们运用到阅读和写作中。例如，他们会翻开书，告诉老师或父母他们应该从哪里开始读，挑出文本中熟悉的字母和单词。他们能开始写一些形似字母的符号，给自己画的图写上标题。许多学生甚至在接受正规教育前就开始了这样的阅读和写作。

评价学生关于文本的知识

老师可以观察学生看书、重读熟悉的书及写自己的名字和其他熟悉的单词，从中了解学生已经理解了哪些概念，哪些概念需要继续在共享型阅读中讨论和示范。

老师可以在学生大声朗读时评价他们对书的概念、方向概念，以及字母和单词概念的掌握情况。老师可以用"评价示例：文本意识"中的评分表或自主开发的评分表来监测学生相关概念的知识增长。老师要提醒自己，年龄稍大、母语书写方式不同于英语的外语学习者可能也需要学习文本概念。例如，阿拉伯语是从右向左读的，而不是从左向右读的。

评价工具

关于文本的概念

老师观察学生在共享型阅读等读写活动中的表现，监测他们文本意识的发展情况。

使用最广泛的评价工具是玛丽·克莱（Marie Clay）的"关于文本的概念"（Concepts About Print，CAP）。

• 关于文本的概念（CAP）

CAP（Clay，2017）评价低年级学生对书面语言三个概念的理解：书的概念、方向的概念及字母和单词的概念。该测试有 24 项小任务，单独开展，用时约 10 分钟。首先由老师朗读图书，学生在一旁边听边看书。读完后，学生需要按要求打开书、翻页、指出特定的文本特征。CAP 可用的测试手册有四本：《沙》（*Sand*）（Clay，2015）、《石》（*Stones*）（Clay，2014）、《跟着我，月亮》（Follow Me，Moon）（Clay，2000）、《光着脚》（No Shoes）（Clay，2016），以及它们的西班牙语版本。老师需仔细观察学生的表现，并在评分表上打分。CAP 有两个版本，其中一个版本与五项其他的读写评价任务组成"早期读写素养成就观察表"（*An Observation Survey of Early Literary Achievement*）（Clay，2019），另一版本独立运行，叫"关于文本的概念"（Clay，2017），它们均可从海尼曼图书（Heinemann Books）买到。

除了使用测试手册，老师还可以用教室里的图书和"评价示例：文本意识"中的评分表来评价学生对文本的理解。

评价示例

文本意识

评分表

姓名：<u>阿黛尔（Adele）</u>　　日期：<u>1 月 10 日</u>

书名：<u>先有蛋</u>

在学生展现出的条目前打勾。

1. 书的概念

☑ 展示书的正面

☑ 翻到故事的第一页

☑ 指出页面上开始阅读的地方

2. 方向概念

☑ 指出某行文字的书写方向

> 　　指出包含多行文字的页面的书写方向
>
> 　　随着老师的朗读，逐字指着单词
>
> 　3. 字母和单词概念
>
> 　　☑ 指出页面上的任意一个字母
>
> 　　　指出页面上特定的字母
>
> 　　☑ 用手指圈出页面上任意一个单词
>
> 　　　用手指圈出页面上指定的单词
>
> 　　　用手指圈出页面上任意的句子
>
> 　　　指出某个单词的首字母和尾字母
>
> 　　　指出句号或其他标点符号
>
> 　　☑ 指出大写字母

教师备注

　　阿黛尔已经具备书的基本方向性概念了。现在已经是 1 月了，而她的很多同学去年 9 月就已经达到这个水平了。阅读时，她还不能把声音和文字一对一匹配，跨行的方向概念也不稳定。可以看出，她知道字母与单词的区别，但还不能从单词中分离出给定的字母，故而根据单词中的字母识别单词时会遇到困难。教学重点：为了提高阅读，阿黛尔需要扩大视觉词汇量，巩固从左至右的方向概念。

　　学完本章后，你了解了读写素养发展过程的重要基础知识。这些知识有助于你指导正在学习读写的低年级学生、外语学习者及存在读写困难的年长学生。请查阅"我的教学待办清单：促进学生读写素养发展"，回顾如何设计和开展促进早期读写素养发展的教学。

我的教学待办清单

促进学生读写素养发展

- 我使用交互型朗读、图书推荐、共享型阅读等教学方法培养学生的口语能力。
- 我在专门的口语课上也加入了文学作品。
- 我以多种方式评价学生的口语发展，包括观察、轶事笔记、检查表和正式评价。
- 我培养外语学习者的会话英语和学术英语能力。

- 我认为阅读和写作发展大致分为三个阶段：启蒙、初级和流利。这促使我开展差异化教学。
- 我用可预测图书和共享型阅读来教学生关于书写的早期概念。
- 我不仅教学生读字母，还教他们写字母及字母在单词中的作用。
- 我每天都给学生提供许多不同的写作机会，帮助他们明白书面语言的功能。
- 我会定期对处于启蒙阶段的学生进行系统评价，确保他们不会混淆文本的相关概念。
- 我把阅读、写作和口语发展的国家标准融入教学。

第 3 章

学生读写素养发展评价

学习本章后，你将能够：

3.1 说明如何践行"教 - 学 - 评"一体化理念；

3.2 讨论老师如何借助诊断性测试判断学生的阅读水平，判定其优势与不足；

3.3 定义高利害测试，讨论其在读写教学与评价中的作用；

3.4 介绍老师如何用档案袋评价学生学习及其逐步达到年级标准的过程。

　　　　今天，麦克尼尔给 6 岁半的伊桑（Ethan）做评价。她想评价伊桑的阅读水平，但手里只有伊桑的作文集。刚开学时，麦克尼尔老师认为伊桑只达到了平均水平，但在过去的 1 个月里，他的阅读速度一直在提升。应该出现在此"专栏"中的段落如下所示。

　　　　在本章中，你将学到如何判断学生的阅读水平、如何评价其读写学习情况。老师通过"教 - 学 - 评"一体化的四步循环，即计划（planning）、监控（monitoring）、评估（evaluating）和反思（reflecting），把评价与教学融为一体。在读这则教学故事时，请注意麦克尼尔在第二季度末如何评估一年级学生的学习情况。她用了多种评价工具来测量学生的学习成果、判定学生的成绩，以及为他们设定下一季度的目标。

　　麦克尼尔（McNeal）老师第二季度的评价。第二季度即将结束，麦克尼尔开始对一年级的学生进行评价。她将收集有关学生阅读、写作和拼写发展的数据，用来记录学生的学习成果、判断他们是否达到国家标准、判定成绩并记在成绩单上、制订第三季度教学计划。

　　评价伊桑的指导阅读水平。麦克尼尔老师定期让学生给她读书，监测他们识别高频词、解码生词、使用阅读策略的能力，并填写**阅读记录表**。此外，她还用《发展阅读评价手册》（Developmental Reading Assessment，DRA）—— 一种评价工具包，内含 44 本幼儿园至五年级阅读水平的分级图书——来评价每名学生的指导阅读水平。

　　在学年初时，麦克尼尔所教的大部分一年级的学生都在读 3 级读物；到了学年中，他们应该能读 12 级读物；到学年结束时，他们应该能达到 20 级。和许多同学一样，伊桑 8 月时能读 3 级读物；到第一季度末时，他达到了 8 级。现在第二季度即将结束，麦克尼尔决定用 16 级读物对他进行测试，因为在近期的指导型阅读活动中，他正在读这一级别的书。

　　伊桑读了 DRA 工具包中的 16 级图书《一罐金子》（*The Pot of Gold*，2001），书的内容是一个爱尔兰民间故事。一个名叫嘟囔（Grumble）的人强迫精灵说出金子埋藏的位置后，在附近的树枝上系了一条围巾作标记，并警告精灵不要动这条围巾，然后就去找铲子来挖金子。小精灵确实没有动这条围巾，但在周围的树上都系上了围巾，这样嘟囔就找不到金子了。麦克尼尔在听伊桑阅读时填写了阅读记录表，用来评价他独立阅读的能力。

在继续阅读前，请你查看伊桑的阅读记录表（见表 3-1）。从表中可以看到，伊桑犯了 12 个错误，进行了 2 次自我纠正，准确率高达 95%。麦克尼尔用三个问题引导自己分析伊桑的阅读记录表。

1. 伊桑阅读高频词时是否遇到了困难？

2. 伊桑通常会使用和忽略哪些来源的信息？

3. 伊桑遇到困难时会用哪些策略和不用哪些策略？

麦克尼尔以为伊桑能一眼认出 “*my*”（我的）和 “*that*”（那个），所以当他读错这 2 个本应自动识别的单词时，老师感到很意外。

她很高兴伊桑用到的 9 个替代词对三个信息源都符合：*Grumply* 代替 *Grumble*，*did not* 代替 *didn't*，*I* 代替 *I'll*，*make* 代替 *mark*，*or* 代替 *of*，*me* 代替 *my*，*self* 代替 *scarf*，*they* 替 *that*，*maybe* 代替 *may*。这些替换词都是有意义的，听起来可接受且看起来像原文中的单词。然而，伊桑有三处只用了视觉信息——用 *safr* 和 *scafer* 代替 *scarf*，用 *sit* 代替 *still*——忽略了意义和结构信息。

麦克尼尔分析了伊桑的策略运用记录表。她有些担心，因为伊桑几乎没有自主监控错误的行为。他似乎仅在三个地方意识到自己遇到了困难：一次是在 *always*（经常）这个词上寻求了帮助，有两次是自主纠正错误——*me* 改为 *my*、*they* 改为 *that*。麦克尼尔认为，只有伊桑注意到自己犯了错误，他才有机会去解决问题。

之后，麦克尼尔分析了伊桑的理解能力。在复述故事时，伊桑复述了开头和结尾，中间遗漏了许多重要细节，说明他虽理解了故事的主要内容，但复述能力不强。

麦克尼尔汇总收集到的所有信息以评估伊桑的学习进展。她认为伊桑达到了本阶段的年级预期水平，且从学年开始以来一直有着良好的发展。

为帮助伊桑继续进步，首先，麦克尼尔老师记录了第三季度需要给他重点指导的内容。其中之一是帮他注意到自己犯的错误，进而尝试用交叉比对法来纠正。在指导型阅读课上，她将集中指导伊桑监控（或注意）自己的错误。如果他犯了错误却没有注意到，她会说："你刚读的内容有些不对，去找出来并改正它。"

其次，为了让伊桑在发现错误后能尝试修正，她将教授一些在阅读中解决单词问题的方法。在教授信息交叉比对策略时，她会提示伊桑关注被忽略的信息。例如，如果他只用了视觉信息，那么她会说："你尝试用字母拼这个词，这很好，但拼出来的词没有意义。你可以试试其他有意义且看起来正确的词。"麦克尼尔知道伊桑一般会用到所有的信息源，但她需要在这类情况下教他使用视觉以外的信息。诸如 *may* 读成 *maybe*、*scarf* 读为 *self* 之类的错误，她会说："仔细看看那个词，好像不太对"或者"看看单词里的所有字母，再读一次"。

表 3-1　阅读记录表

姓名：伊桑　　　　　　　　　　　　　　　　　　　　　　　日期：1 月 14 日

			容易	指导级		困难
	等级：16　　　　　　书名：《一罐金子》					
	阅读诊断表		错误	自主纠正	错误	自主纠正
2	✓✓✓✓✓✓✓✓ ✓ grumply／Grumble T ✓✓✓✓✓✓✓ ✓ ✓✓✓✓✓ always／A T ✓✓✓✓ ✓✓✓✓✓✓✓✓✓✓		1 1		ⓜⓢⓥ	
3	✓✓✓✓✓✓✓✓✓✓ ✓✓✓✓✓ did not／didn't ✓✓ ✓✓✓✓✓✓✓✓✓✓ ✓✓✓✓✓✓✓✓✓✓ ✓✓✓✓		1		ⓜⓢⓥ	
4	✓✓✓✓✓✓✓ ✓✓✓✓✓✓✓✓ ✓✓✓✓✓					
5	✓✓✓✓✓✓✓✓✓✓ ✓✓✓✓✓✓✓ l／l'll make／mark ✓✓ ✓✓✓✓✓✓✓✓✓✓ safr／scarf ✓✓✓✓✓✓ or／of ✓✓		2 2		ⓜⓢⓥ ⓜⓢⓥ m s ⓥ ⓜⓢⓥ	
6	✓✓✓✓✓✓ me／my sc self／scarf ✓✓✓ ✓✓✓✓✓ ✓✓✓✓✓		1	1	ⓜⓢⓥ ⓜⓢⓥ	m s ⓥ
7	✓✓✓✓✓✓✓✓ ✓✓✓✓✓✓✓✓ ✓✓✓✓✓✓✓					
8	✓✓✓✓✓✓✓✓✓ ✓✓✓✓✓✓✓✓✓ ✓✓					
9	✓✓✓ take／taken ✓ scarfer／scarf ✓✓✓ ✓ ✓✓✓✓✓✓✓✓		2		ⓜ s ⓥ m s ⓥ	
10	✓✓✓✓✓✓✓✓ ✓✓✓ they／that sc ✓✓✓✓✓✓✓ ✓✓✓✓ maybe／may sit／still ✓✓		 2	1	ⓜⓢⓥ ⓜⓢⓥ m s ⓥ	m s ⓥ

得分： 266 个词中有 12 处错误：12/266 准确率达 95%	图片理解 掌握故事主要内容
错误类型 通常三类都涉及：　（意义）（结构）（视觉） 　需要监控、察觉错误 　需要使用更多视觉提示	出声阅读 流利
自主纠错率 　　　　　　　　　1∶7	复述／提问 　复述开头、中间、结尾，但中间简略

　　最后，由于伊桑尚未掌握一些本该一眼辨认的高频词（如 of，……的；my，我的；that，那个；may，或许；I'll，我将），麦克尼尔老师将增加一些视觉词汇活动。学生只有做到自动识别高频词汇，才能将更多的注意力用于阅读理解。

　　评价伊桑的高频词汇知识。麦克尼尔的目标是让一年级的学生在学年结束时至少能够识别前 100 个高频词中的 75 个。到 8 月时，大部分学生已经至少能读 12 个词了，而伊桑能正确读出 16 个词。今天，麦克尼尔又一次让伊桑读前 100 个高频词汇表，她的预期是他能读 50~60 个词；当他连续读错 5 个词时，就会让他停下来；但令麦克尼尔惊喜的是伊桑能读 65 个词！

　　评价伊桑写单词的能力。几天前，麦克尼尔老师在班上开展了"我知道的单词"测试：她要求学生在 10 分钟内写出尽可能多的单词，且不能从教室内的图表上抄。到 8 月时，大部分学生能正确拼写 15~20 个单词；麦克尼尔的目标是让他们在学年结束时能拼写 50 个单词。伊桑在 8 月时拼写了 22 个单词，在最近的测试中，他正确拼写了 50 个单词，包括 *the*（那个）、*hat*（帽子）、*bat*（球拍）、*come*（来）、*go*（去）、*going*（去，go 的现在分词）、*dog*（狗）、*dogs*（狗，dog 的复数形式）、*God*（上帝）、*cat*（猫）、*cowboys*（牛仔，cowboy 的复数形式）、*from*（来自）、*fight*（战斗）、*night*（夜晚）、*sun*（太阳）、*run*（跑）、*fish*（鱼）、*starfish*（海星）、*fin*（鳍）、*trees*（树，tree 的复数形式）、*what*（什么）和 *you*（你）。麦克尼尔查看了伊桑拼写的单词，发现虽然大部分都是短元音单音节词（如 *cat* 和 *fin*），但他也开始拼写更复杂的单词（如 *what*、*come* 和 *night*）和带有屈折词尾的词（如 *going*）及双音节词（如 *cowboys*）了。她的结论是，伊桑在能写的单词数量和单词结构的复杂度方面都取得了可喜的进步。

　　评价伊桑写的日记。麦克尼尔翻阅了伊桑的日记，选了在过去三周内他写的比较有代表性的几篇进行评分。下面展示其中一篇。以下是一段符合拼写、标点规范的文本。

I ate pizza for dinner. My dad took me to Round Table. It was half Hawaiian and half pepperoni. We brought the leftover home.

　　（我晚餐吃了比萨。爸爸带我去了"圆桌餐厅"。一半是夏威夷菜，一半是意大利辣香肠。我们把剩菜带回了家。）

根据学区的 6 级评分标准，麦克尼尔给这篇日记打了 4 分。5 分是学年结束时的年级水平，麦克尼尔相信伊桑会在此之前达到。她发现伊桑已经能写出多个句子了，虽然有时会遗漏一两个词，时常还会漏写句尾的标点。麦克尼尔打算让他开始重读自己的作文，补上遗漏的单词、标点，纠正错误的拼写。

评价伊桑的词汇知识。 一年级的学生每周进行一次听写测试。周一时，他们一起造两个句子，写在教室里用来展示的图表上，然后每天都在小白板上练习写这些句子，在微课上也是。麦克尼尔会引导他们关注高频词、词的语音特征及句子中用到的大小写和标点规则。上周的句子都与麦克尼尔老师曾给大家读过的书《神奇校车之迷失在太阳系》（*The Magic School Bus Lost in the Solar System*，Cole，1993）有关：

Their bus turned into a rocket ship. They wanted to visit all of the planets.

（校车变成了火箭飞船。他们想参观所有的行星。）

练习了一周后，麦克尼尔在周五让学生听写这两个句子，要求他们尽量把单词拼对；对不知道如何拼写的单词，尽量把听到的发音都写下来。伊桑写道：

The bus turd into a rocket ship they wande to vist all of the planis.

15 个单词伊桑拼写对了 10 个，51 个发音写下了 46 个。然而，他省略了第一句末尾的句号，并且没有把第二句的首字母大写。

麦克尼尔用这项测试来检查学生的语音知识和拼写高频词的能力。除了把 their 写为 the，大部分高频词伊桑都拼写对了。其他错误主要在单词的第二个音节和屈折词尾上。麦克尼尔总结道，伊桑在高频词的拼写学习方面取得了不错的进步，已经准备好学习更多有关双音节词和屈折词尾的知识了。

评估伊桑的读写素养水平。 在收集、分析相关数据后，麦克尼尔给伊桑的学习进展评分。她在学生的成绩单上分别给阅读、写作和拼写打分：从 1 分（未达到年级标准）到 4 分（超过年级标准）。伊桑的阅读、写作和拼写都得了 3 分，表明他各方面都达到了年级标准。虽然他的阅读水平高于平均线，但不能注意到并纠正错误使他在阅读上仍处于第 3 级。

在 21 世纪，学校将评价置于首位。美国各学区、州、联邦教育部门逐渐增强问责力度。如今，大多数学生每年都会参加高利害测试来判定学业成绩。老师可以把教学与评价结合起来，提升老师教学和学生学习的效果。

常有人将术语评价（*assessment*）与评估（*evaluation*）等同使用，其实这并不可行。评价指收集和解读数据来指导决策，评估指对学生学习进展的判定，强调判定本身。

评价可以是形成性的，也可以是终结性的，这取决于收集信息的目的。根据 "2017 年国际读写协会声明"（The 2017 Position Statement of the International Literacy Association,

ILA，2017），终结性评价用于测量学生经历某段教学后的成绩。在一段教学结束后开展的，从更为正式的国家考试到不那么正式的课堂小测验均属于终结性评价。倘若阅读记录表是在一段教学结束后用来判定学生最终的指导级水平，则属于终结性评价。

"2017 年国际读写协会声明"将形成性评价定义为教学期间持续进行的评价，可用于筛查、监测学生的学习进展，进而指导教学。如果老师在教学期间用阅读记录表进行评价，结果用于指导教学、监测学生进展，那么属于形成性评价。

由于麦克尼尔开展评价（阅读记录表、拼写评价、高频词汇知识评价、写作评价）的目的是在第二季度末测量学生的进步，我们可将之视为终结性评价。同样的评价，如果是在学期中开展、用于辅助判断下一步教什么，那么属于形成性评价。

高利害评价（high-stakes assessment）是指任何用于做出高利害决策，如让学生留级或提高国家成绩标准的评价。从定义来看，任何评价都可以是高利害的，只要它的结果是用来做高利害决策的。但实际上，高利害评价一般都是正式的、终结性的评价，如学业考试（本章后续部分将介绍更多关于高利害评价的信息）。

应注意的是，我们需在学校里开展多种类型的评价，因为学生学习涉及多方参与，包括父母、其他教育者、社区、学区、政策制定者、学生等，各方的关注点与利益各不相同。但是，所有评价的目的都应该是生成能帮助学生更好地学习阅读的信息（Afflerbach，2016）。

与评价不同，评估指分析评价数据后做出的决定或判断。换句话说，评价是为了更好地评估。

课堂评价

3.1　说明如何践行"教 - 学 - 评"一体化理念

课堂评价能驱动教学、确保学生获得充分发展、判断教学有效性、评价学生的学习成果。老师每天都会用各种评价工具收集学生知道什么、能做什么的有效信息（Afflerbach，2012；Kuhs，Johnson，Agruso，& Monrad，2001）。评价包括四个步骤：计划、评价、评估和反思。各个步骤的目的不同，老师需将所有步骤都整合到自己的读写课程中。

步骤 1：制订评价计划

老师需同步设计教学和评价计划，但他们如何确定必须讲授和评价的内容呢？阿夫勒巴赫（Afflerbach，2016）将学生需要的知识称为"必备知识"；换句话说，老师必须了解学生在各年级需掌握什么才能熟练地阅读和写作。老师明确"必备知识"后，便能更好地根据实际情况设计教学和评价。我们将在整本书中，尤其是接下来的章节中介绍有关早期读写素养的"必备知识"，本章则重点介绍评价"必备知识"的方法。

老师需思考以下问题，并选择恰当的评价工具来解答问题。

- 学生在本教学单元中必须学什么？
- 在教学中使用哪些类型的形成性评价能判断学生是否在学习"必备知识"时遇到困难或没跟上？
- 上一步选的评价多久进行一次？
- 如何收集、组织、呈现形成性评价的数据？
- 如果发现学生"掉队"，应如何调整教学来帮助他们跟上？

课前设计评价方案使老师能在课上选择恰当的评价工具；否则，课堂评价就会变得随意且没有计划。测试是评价学生学习情况的传统方法。如今，越来越多的老师倾向于用学生实际的阅读和写作活动来评价他们的学习效果。

步骤 2：每天都评价学生的进展

老师每天都在读写课上评价学生的学习情况。基于课堂的评价可能不如传统意义上的测试那么正式，但也很重要。老师定期在课堂上收集学生学习的相关信息，这使他们能够及时调整每天的教学内容。换句话说，优秀的老师不仅在教学，同时也在评价。

老师每天都评价学生发展情况的关键在于做好规划。本节将介绍七类评价学生课堂表现的方法，以及整理相应数据用来指导教学的策略。如果你之后去到教室里，问老师用了什么持续课堂评价方法，你可能会听到属于这六个类别的答案：观察、轶事笔记、面谈、检查表、学生的作品样本及评分标准。

观察。 高效的教师是"儿童观察者"——耶塔·古德曼（Yetta Goodman）教授创造的一个术语，指非正式地观察学生在阅读、写作活动中的表现（Owocki & Goodman，2002）。要成为高效的儿童观察者，老师须关注学生在阅读和写作时做的事情，而不是他们是否表现得当或安静学习。当然，学习很难在混乱的环境中发生，但老师在观察时，重心应放在学生的读写能力上，而不是行为上。观察应是有计划的，老师一般一天只专门观察一个小组，这样便能在一周内观察完班上所有的人。

轶事笔记。 老师观察学生时会记录简短的笔记。要有效记录笔记，老师应描述具体的事件，进行报告而不是评估，还需将事件与学生的其他相关信息联系起来。例如，老师可以记录学生提出的问题和做出的回答，进行项目时与同学的互动，能熟练使用的策略与技能及不能理解的策略与技能。老师通常会把笔记写在笔记本上，每名学生分开，各占几页；或者记在便利贴上，放到专门记录该生情况的文件夹里；或者用平板电脑里的软件进行记录。老师用这些文档来监控、记录学生的成长及在未来的微课中需解决的问题。

"评价示例：关于文学圈活动的轶事笔记"是老师观察六年级的学生参加《邦尼库拉：兔子的神秘故事》（*Bunnicula:A Rabbit-Tale of Mystery*，Howe & Howe，2006）文学圈时记的笔记。

评价示例

关于文学圈活动的轶事笔记

3月6日

看到《邦尼库拉：兔子的神秘故事》文学圈活动时，学生刚开始读这本书。他们定好了阅读、写作和讨论的时间表。莎莉质疑狗如何能写这本书。我们重读了编者按。她问哈罗德是否真的写了这本书①。她是小组里唯一疑惑这一点的人。她总是只看字面意思吗？马里奥指出，说哈罗德写这本书是为了理解书里的第一人称。我和莎莉谈了谈奇幻故事②。莎莉说她读这本书时会大声笑出来，而她对是哈罗德写了这本书表示怀疑。

再次进行《邦尼库拉》文学圈活动。观察第一次故事讨论会，尤其关注莎莉。安妮、马里奥、泰德、罗德、劳里和比琳达谈论了自己的宠物，想象它们接管自己家的情形。莎莉没有读懂这本书。她没有宠物，无法想象宠物会做这些事情。我问她是否想换组，也许纪实的书会好懂一些。她拒绝了。

3月10日

今天这个组读第4章和第5章。劳里问了有关白色蔬菜和吸血鬼的问题。罗德找了本百科全书来查找有关吸血鬼知识。马里奥问了 DDT。每个人，包括莎莉，都参与了阅读。

3月13日

在故事讨论会上，学生们对比了哈罗德和切斯特这两个角色。该小组打算用维恩图③做角色对比，在周五进行分享。学生们认为角色是故事中最重要的元素，但泰德认为幽默才是。其他学生则认为幽默不是元素。我问幽默是对什么的反应？人物还是情节？我查阅了最新的期刊来找寻答案。

3月17日

该小组读完了这本书，我从班级图书角拿了续集给他们。莎莉拿了一本来读。她很高兴当时坚持读这本书。泰德想在写作工作坊中自己写续集。马里奥打算给詹姆斯·豪（James Howe）写一封信。

---

① 《邦尼库拉：兔子的神秘故事》是以小狗哈罗德的视角讲述的。

② "评价示例"以老师的视角进行叙述，此处指进行评价的老师和莎莉谈了奇幻故事。

③ 维恩图用于展示不同集合间的逻辑关系，如用圆表示集合，两圆的相交部分表示两个集合的公共元素。

> **3 月 20 日**
>
> 　　泰德和莎莉介绍了《邦尼库拉》并分享了相关图书。罗德和马里奥分享了对比角色的维恩图。安妮读了最喜欢的部分，劳里展示了她收集的兔子。比琳达缩在后面，我在想她参与了没有。我需要和她谈谈。

教师备注

　　这是一次成功的文学圈活动！学生们合作得很好，分析了故事结构。可能是因为体裁的缘故，莎莉花了点时间才参与进来。之后，我得和比琳达谈一谈她的参与问题。

　　面谈。老师通过与学生谈话来监控学习进展、设定目标、帮助学生解决问题。他们时常和学生进行以下类型的面谈。

- **现场交流**。老师走到学生的课桌旁，查看他们某方面的学习情况或进度。这种交流比较简短，每次基本不到 1 分钟。
- **讨论计划**。老师和学生一同制订阅读或写作计划。在读前讨论时，他们谈论该书的背景知识或生词、难词，或者为撰写阅读日志制定指南。在写前讨论时，他们探讨可选的写作主题或将宽泛的主题缩得更容易写一些。
- **面批**。一小组学生与老师当面讨论自己的草稿，得到具体的修改建议。
- **读书分享会**。学生与老师当面讨论读过的书。他们可以分享阅读日志，讨论情节或人物，或者与读过的书进行对比。
- **反馈**。老师审查学生校对后的文章，帮助他们纠正拼写、标点符号、大小写及其他机械错误。
- **评估与反思**。学生完成一个项目后，老师和学生当面讨论他们在阅读和写作上的进步。学生还会反思自己的成绩并设定目标。

　　这些面谈通常是简短、即兴的，老师在教室里走动时来到学生的课桌旁，面谈就开始了。当然，也有一些是计划好的，由学生去指定的地点与老师面谈。

　　检查表。检查表能简化评价，促进学生学习（Kuhs, Johnson, Agruso, & Monrad, 2001）。老师提前确定好评估标准，让学生在活动开始前便知道需要做些什么。这还能使评分变得更加简单，也更为公平，因为这使得老师能够参照同一标准来评估每名学生。"评价示例：图书推荐检查表"是一份评价四年级的学生做图书推荐的检查表，学生的成绩是 B。学年初，老师介绍、示范了图书推荐活动，并制定了检查表。学生对照着检查表来准备图书推荐，老师则根据检查表评估学生的课堂汇报效果。

评价示例

图书推荐检查表

姓名：海梅（Jaime）　　日期：12 月 12 日

书名：《蟑螂和虱子》（*Cockroach Cooties*）

作者：劳伦斯·叶（Laurence Yep）

- 举起书给同学们看
- 介绍书名和作者名
- 通过提问、读选段或分享信息来吸引同学们的兴趣

总结全书，但不透露结局

- 声音洪亮，全班学生都可以听到
- 注视着观众
- 在 3 分钟内完成推荐

学生的作品样本。老师收集学生的作品样本，包括阅读日志，学生朗读的音频文件，木偶秀和口头汇报的录像，项目的相关电子资料及成果的照片，放进档案袋的图书的副本等。老师用这些数据来庆贺学生的成长，记录他们达到年级标准的过程及评分。学生也可以自己选一些最佳作品来记录学习过程和成果。

评分标准。老师使用评分标准或评分指南，参照具体的标准和成绩水平来评价学生的表现（Afflerbach，2012；Stevens，Levi，& Walvoord，2012）。评分标准与检查表类似，都注明了学生应该能做什么，但评分标准超越了检查表，还描述了成绩水平。评分标准最常用于写作，但老师也会用它来评价学生的阅读能力、进行的项目及课程其他方面的成绩。

学生也会用评分标准来评价自己或其他同学的表现。要想做到准确评价，学生需分析匿名作品样本，找出是什么让作品取得好、中、差的成绩。老师示范如何确定每个级别的标准对学生制定评分标准也很有帮助。斯基林斯和费雷尔（Skillings and Ferrell，2000）教二年级和三年级的学生制定评分标准来评估自己的作文，最后学生从用老师准备的评分标准成长到创建自己的三级评分标准：非常好、合格和不太好。在他们看来，教学生制定评分标准最大的好处应该就是学生从中学会元认知策略，开始把自己视为作者。

"评价示例：独立型阅读评价标准"是一份评价六年级的学生在阅读工作坊中的表现的四级评分标准。西蒙（Simone）和同学每个季度结束时都会用这份评分标准来评价自己的成绩。质量等级在最左列，从杰出（最高）到初级（最低）。成绩类别在第一行，分为本季度阅读的图书数量、图书的阅读难度级别、图书体裁及学生的解读能力。解读可以用来评价学生的理解能力。西蒙还在随附的学生笔记上记录了自己的成绩。

评价示例

独立型阅读评价标准

姓名：西蒙 　　　　　　　　　　　　　　　　　　　　　　　　季度：三

质量等级	已读图书数量	难度级别	图书体裁	解读能力
杰出	5 本及以上	常读符合自己水平的图书，不时挑战一下高难度的书	3 种及以上	做出有见地的解读，并能从图书、作者风格和体裁中找到论据支持
熟练	3～4 本 √	读的书绝大部分符合自己水平 √	2 种 √	使用概要、推理及故事结构做出准确的解读
发展中	2 本	读的书绝大部分都低于自己的水平	隔段时间换一种体裁	通过总结事件、与自我建立联系等做出字面上的解读 √
初级	1 本	总是读低于自己水平的书	1 种	做出不完整或不准确的解读

学生笔记

我做到了！本季度我读了 3 本书——《詹姆斯与大仙桃》（*James and the Giant Peach*）、《喜乐与我》（*Shiloh*）和《火山与地震》（*Volcanoes and Earthquake*）。其中 1 本是非故事类的！另外，我还及时更新了读书日志。

多元评价。里斯克和沃克 - 达尔豪斯（Risko and Walker-Dalhouse，2010）呼吁老师扩大评估范围，分析学生在校内外以不同模式进行的阅读和写作。事实上，仅评估学生生成的作品是不够的，老师在进行评价时，应考虑以下几点：

- 学生用到的读写策略；

- 学生阅读的纸质文本和电子文本的多样性；
- 学生用到的数字资源；
- 学生与同学合作的能力；
- 学生展示学习成果的多种方式——口头、书面和视觉。

佩弗里尼（Peverini，2009）呼吁老师在开展评价前思考上述问题，并把年级标准和教学目标纳入考量，设计真实的评价方法。

老师可以用这些数据来记录学生达到年级标准的过程和评估自己的教学效果。学生也可以把自己的最佳作品放到档案袋里，记录自己的学习和成果。

步骤 3：评估学生的学习情况

评估学习进展是指对老师通过各种评价方式收集到的信息进行处理。老师制订评价计划并以各种方式收集学生学习进展相关的评价信息后，就可以评估或判断学生的学习情况了。例如，本章的教学故事介绍了麦克尼尔如何使用收集到的评价数据评估伊桑及班上其他学生的学习进展。她在成绩单上以数字等级分别评估了学生的阅读、写作和拼写成绩，从是否达到年级期望水平的角度分为 1 ~ 4 级。麦克尼尔确信自己对学生学习进展的评估是合理的，因为这是基于每天课堂上开展的一系列评价得出的。

老师评估成绩的频率有所不同。老师一般会在教学阶段的末尾开展评估，可以是单元结束时，也可以是学期结束需要提交成绩单时。重要的是，老师需要在学年开始前制订计划，确定将使用哪些评价、如何借助评价中收集的信息评估学生的学习进展。

步骤 4：反思教学

老师需要反思教学，以提高教学效率。他们会反思自己成功的和不成功的课，思考如何调整教学来更好地满足学生的需求。他们还会分析学生的成绩，因为学习不发生的话，教学就是无效的。丹尼尔森（Danielson，2009）建议老师与能够帮助自己解决问题、改进教学的同事合作。

学生也会反思自己的成绩以培养自我意识，学着为自己的学习负责。自我评价是一种元认知评价：学生评估自己的成绩、学习方式和学习习惯。老师通常会用下面这些问题帮助学生反思。

- 你在本单元学到了什么？
- 老师是如何帮助你和同学们提高阅读和写作能力的？
- 你在本单元的开头、中间和结尾感觉如何？
- 你为我们的学习共同体做了什么贡献？

- 你在阅读上的三个优势是什么？在写作上的呢？

- 你想在什么方面更进一步？

学生可以在面谈时回答这些问题，或者以写日记或写信的方式回复这些问题。

上述四步循环中每个步骤的目的都各不相同，老师需谨慎选择合适的评价工具。有学者建议老师组合使用评价工具，提高课堂读写素养评价的公平性和有效性（Kuhs，Johnson，Agruso，& Monrad，2001）。表 3-2 呈现了老师在各个步骤中用到的评价。

表 3-2　评价学生学习情况的方法

计划	监控
• 使用阅读记录表和非正式阅读检测工具判断学生的阅读水平 • 为学生选择合适的图书 • 将教学活动、方法与学生的阅读水平相匹配	• 观察学生的阅读和写作 • 与学生面谈 • 记录轶事笔记 • 让学生用检查表和评分标准记录自己的成长
评估	**反思**
• 用检查表和评分标准来评估学生的作品并给出分数 • 分析学生的作品集并判定成绩 • 必要时开发测试来评估学生的学习情况	• 让学生反思自己的学习习惯和学业成绩 • 让学生把彰显自己能力的作品放进档案袋里 • 老师分析学生的评估结果，反思教学效率

诊断性测试

3.2　**讨论老师如何借助诊断性测试判断学生的阅读水平，判定其优势与不足**

老师用标准化诊断性测试进行评价，以指导教学。这些测试能够确定学生的阅读水平，筛选出在阅读方面有困难的学生。之后，老师再根据结果开展差异化教学，将学生准确分级，进行有意义的课堂干预。

判断学生的阅读水平

当老师准备的图书难度适中时，学生顺利完成阅读的可能性更大。太简单的书挑战性不足，太难的书会使学生沮丧。研究人员根据学生自动识别单词、流利阅读，以及理解所读内容的能力，划分出三个阅读水平。

独立阅读水平。学生能独立、自如地阅读**独立阅读水平**（independent reading level）的图书。他们几乎能认出所有的单词，准确率在 95% ~ 100%。他们阅读流利，能够理解所读的内容。这一水平的图书仅比指导阅读水平的简单一些，但仍能激发学生的兴趣。

指导阅读水平。学生能在指导下读懂**指导阅读水平**（instructional reading level）的图书，但还不能独立阅读。他们认识书中大多数的单词，准确率在 90% ~ 94%。他们的阅读大部分是流利的，但有时候不是。学生在老师或同学的帮助下能理解所读内容，但自己阅读时理解有限。

挫折阅读水平。即便在他人的帮助下，学生也很难读懂**挫折阅读水平**（frustration reading level）的图书。他们不能自动识别足够的单词，准确率低于 90%；他们的阅读是断断续续、一个字一个字往外蹦的，往往没有意义；他们基本不理解所读内容。

老师应该定期对学生进行评价，判断他们的阅读水平，监控他们的学习进展。

这些阅读水平对教学具有重要意义。老师在制订教学计划时需了解学生的阅读水平。

学生会通过读独立阅读水平的书来娱乐，也会在指导型阅读或其他课上读指导阅读水平的书，但老师不应期望他们读挫折阅读水平的书。当学习困难的学生必须读年级水平的文学作品或学习学科内容知识时，老师应该给他们朗读文本或让他们与伙伴一起阅读；对于学科课本，应该让他们以小组的形式阅读、报告较短小节的内容。

共同核心州立英语标准要求老师根据年级水平要求来规划教学，而不是学生的阅读发展水平（McLaughlin & Overturf，2012；2013）。二 ~ 八年级的第十条标准明确指出，学生在学年结束时应能熟练地独立阅读并理解年级水平的故事、诗歌和非故事类图书，仅在阅读最具挑战性的文本时才需要帮助。阅读水平达到或高于年级水平的学生都符合此项标准，低于所处年级两级以上的学困生则不符合。这一标准强调了让全体学生阅读年级水平的文本的重要性，但老师也必须考虑学生当前的水平，开展能推动学生学习发展的教学，帮助学习困难的学生提高阅读能力。这就是老师在教授文学阅读单元时设置指导型阅读小组的原因：每个人都在读达到年级水平的文本，同时，也在读指导阅读水平的文本。

可读性公式。近一个世纪以来，人们一直用可读性公式来估算学生阅读普通图书和教科书的难易度，用由此公式得出的分数来粗略表示文本难度，它等同于传统的年级水平。例如，若一本书的得分为第五级，老师则认为五年级平均水平的学生能够读懂它。分数有时记为 RL，代表阅读水平和年级，如 RL 5（五年级）或 RL5.2（五年级，第 2 个月）。

可读性得分是根据文本的语义和句法特征计算的。先识别文本中的几个段落进行分析，然后通过计算每个单词的音节数或判断每个单词的熟悉度来衡量词汇复杂度；通过每个句子中的单词数判断句子复杂度。统计每个段落的音节、单词平均数，并绘制成图表来计算可读性得分。可读性公式假设包含熟悉单词和较短句子的文本比含有较长单词和句子的文本更容易读，这看起来是合理的，但它只考虑了两个文本因素且没有考虑读者因素，包括读者带到阅读中的经验和知识、认知和语言背景，以及阅读动机等。

"弗赖伊可读性图表"（Fry Readability Graph）是爱德华·弗赖伊（Edward Fry）开发的一个快速且简单的可读性公式（1968；2002），可以在"阅读教师的书单"（*The Reading Teachers' Book of Lists*）（Kress & Fry，2015）和许多网站上找到。该图表可以预测从一年级到大学水平文本的年级水平得分。老师可以借助可读性公式来评估课堂使用的教科书和普通图书选集，但不能预设那些评为适合特定年级水平的材料就适合所有人，因为普通班级中学生的阅读成绩会有 3

个及以上的年级水平差异。

分级图书。 基础分级读物的传统分级方法是按照年级水平划分的，但这种方法太宽泛了，尤其是对幼儿园和一年级的学生来说。为将学生与幼儿园至八年级的图书相匹配，方塔斯和平内尔（Fountas and Pinnell，2006）开发了一种文本梯度或叫分类系统，将图书从最简单到最困难分为 26 个连续的等级。这一系统是基于以下影响阅读难度的变量开发的：

- 图书的体裁和格式；
- 文本结构的组织与使用；
- 内容的熟悉度与吸引度；
- 观点和主题的复杂度；
- 语言和文学表现手法；
- 句子长度与复杂度；
- 词汇复杂度；
- 单词长度与解码难度；
- 插图与文本的关系；
- 书的长度、布局和其他文字特征。

方塔斯和平内尔用这些标准来设置文本梯度等级，从 A 至 Z，老师也可以用它来给教室里的图书分级。

蓝思框架。 另一种匹配图书与读者的方法是元测量公司（MetaMetrics）开发的蓝思框架。它的不同之处在于它同时测量了学生的阅读水平和图书的难度等级。单词熟悉度和句子复杂度是确定图书难度等级的两个因素。蓝思得分范围是 100~1830 分，代表一年级至高中三年级的阅读水平。数字得分已划分为不同年级级别，与美国共同核心州立标准 10 的要求相统一，近期又做出了调整，以增加对学生的挑战，帮助他们更好地应对高中毕业后在大学和工作中的需求。例如，调整后，四~五年级蓝思得分从 645~845 增加到了 770~980。

学生在高利害测试中的成绩通常会与蓝思框架关联起来。标准化学业考试，包括艾奥瓦基本技能测试（Iowa Test of Basic Skills）和斯坦福学业考试（Stanford Achievement Test），把蓝思得分作为测试结果，许多参照该标准开发的州级阅读测试也是如此。有了这些信息，学生、家长和老师就可以在线搜索蓝思数据库，把学生与图书匹配，寻找适合学生阅读水平的书。

蓝思框架较大的得分范围使老师能够精确地为学生匹配图书。此外，有包含成千上万的分级图书、8000 万篇文章及 6 万个网站的在线数据库可供学生、家长和老师使用，蓝思框架是非常有用的评价工具。然而，将学生与图书匹配远比计算数字得分来得复杂！

课堂干预

"刚刚好"的图书

阅读存在困难的学生得读他们能读懂的图书。很多时候，他们选的书太难了，他们试着读，但受到了挫折，于是就放弃了。学生需要的是能够流利阅读并理解的"刚刚好"的图书（Allington，2012）。学生读那些有趣的、符合独立阅读水平的图书时收获更多。"三指规则"是快速判断一本书是否适合的方法：让学生随便翻开一页来朗读，每次遇到不认识的单词便举起一根手指。如果学生知道所有的单词，那就太容易了，但如果每页都有一两个难词，那这本书可能是合适的。如果每页都有三个或更多的难词，那让学生独立阅读这本书就太难了。

人们很容易就把同一本书划分到不同的年级水平，因为不同的可读性公式会计算出不同的阅读水平值。例如，帕特里夏·麦克拉克伦（Patricia MacLachlan）的《又丑又高的莎拉》（*Sarah, Plain and Tall*，2005）是一个关于邮购新娘的获奖故事，老师一般会根据学生的阅读水平，在三年级或四年级时分享。学乐出版社（Scholastic）的"图书精灵"（Book Wizard）将它的兴趣水平列为三～五年级，年级水平值是 4.2（四年级，第 2 个月）；方塔斯和平内尔把它分在 R 级（四年级）。这些划分结果与老师的选择一致；然而，这本书的蓝思得分为 560，如今已将其提前一个年级，在二～三年级级别。这一调整体现出美国共同核心州立标准对提高学生阅读成绩的重视。

老师给学生匹配图书时，不仅要考虑他们的阅读水平，还要考虑他们的背景知识和相关词汇掌握情况，以及所读文本的结构和主题复杂度。这两项也是重要的考量因素。《数星星》（*Number the Stars*，Lowry，2011）和《别有洞天》（*Holes*，Sachar，2008）是两部得分在二～三年级级别的获奖小说，但它们是为中间年级学生准备的。在《数星星》里，洛伊斯·洛瑞（Lois Lowry）讲述了"大屠杀"—— 一个复杂的主题；在《别有洞天》里，路易斯·萨查尔（Louis Sachar）使用了复杂的叙事结构。

有时候，两本截然不同的书得分会处于同一级别。例如，史蒂文森·凯洛格（Steven Kellogg）的《苹果核约翰尼》（*Johnny Appleseed*，2008）和米尔德里德·泰勒（Mildred Taylor，2004）的《雷声滚滚，听我呐喊》（*Roll of thunder, Hear My cry*）的蓝思得分均为 920（四～五年级），但两本书却有很大差异，分别适合年龄较大和年龄较小的学生。《苹果核约翰尼》是本关于伟大的民间英雄的绘本，共 8 页，每页有三分之二都是彩色插图，还配有一段简短的文字。大多数老师会在二～四年级期间给学生读这本书。相比之下，《雷声滚滚，听我呐喊》是一本将近 300 页的小说，讲述了 19 世纪 30 年代美国南方的一个非裔家庭所面临的社会不公，故事感人至深。鉴于其主题的复杂性，大多数老师认为它适合六～八年级的学生读。这些例子表明，老师不能只看可读性分数，还要了解图书内容，确保文本适合学生阅读。

诊断学生的优势和不足

老师用诊断性评价来确定学生的优势和不足，详细分析他们存在困难的地方，敲定调整教学、提高学生阅读能力的方法。老师会用多种诊断性测试从不同的角度分析学生的阅读和写作能力，包括音素意识、拼读、流利度、词汇及理解等。"评价工具"专栏列出了本书推荐的诊断性测试，并注明了可以获取更多相关信息的章节。

评价工具

判断学生的阅读水平

老师用筛选性评价来判断学生的指导阅读水平、监控学习进展、记录整个学年及不同年级的成绩。他们常使用三种筛选性评价，具体如下。

- **发展阅读评价手册，第 2 版加强版**（Developmental Reading Assessment, 2nd Edition PLUS, DRA2 +）

DRA2+ 分为两套，一套用于幼儿园至三年级，另一套用于四～八年级，用分级小说和非故事类图书评价学生的阅读表现。幼儿园至三年级的评价手册还包括个性化诊断工具，评价学生的音素意识和拼读知识。老师通过在线系统管理学生得分、进行教学分组。

- **方塔斯和平内尔教学基准评价体系**（Fountas & Pinnell Benchmark Assessment System）

方塔斯和平内尔教学基准评价体系也包含两套，一套叫"系统 1"，用于幼儿园至二年级，另一套叫"系统 2"，用于三～八年级（2016）。每套都有 30 本专门编写的分级小说和非故事类图书，以及可在线获取的评价表格，用于管理学生得分。老师用这些图书来判断学生的阅读水平处于 26 级文本梯度的什么位置。

这两种评价都是单人测试。老师选择合适的图书，让学生先读，然后进行介绍。老师在学生读的过程中填写阅读记录表，随后学生复述课文、回答理解性问题。老师基于结果打分并进行分析，确定学生的指导阅读水平，然后测试结束。

- **学乐阅读测试**

学乐阅读测试（Scholastic Reading Inventory，SRI）是一个独特的计算机自适应评价系统，测量从幼儿园到大学学生的准备情况，根据蓝思得分报告学生的阅读水平。它有单独的阅读基础和理解能力测试。学生在计算机上独自完成 20 分钟的测试：读一段计算机上显示的叙事类或科普类文本，回答考察理解的选择题。这是一个计算机自适应测试，当学生回答正确时，下一个问题就会变得更难；如果回答错误，下一个问题则会变得简单。学生阅读文本并回答问题，直到能确定阅读水平为止。他们会收到针对自身情况的反馈信，包含各自的蓝思得分和个性化的图书推荐清单。

这些评价通常在学年初及学年中定期进行，用来监控学生的学习进展。评价结果还用于指导型阅读教学分组及筛查需要进行诊断性测试的学生。

阅读记录表。阅读记录表由玛丽·克莱（Marie Clay，1966）首创，此后许多人进行过改编，但基本格式不变。阅读记录表是真实的评价工具，老师在学生用日常阅读材料进行朗读时，系统分析他们所有的阅读行为（Clay，1966；2015）。老师可以用阅读记录表记录学生的口头阅读表现，评价他们的单词解码能力和阅读流利度。老师也可以用白纸来记录学生的阅读情况，但需要使用标准编码，这样不同年级的老师都可以读懂、解读彼此的记录。如同教学故事中麦克尼尔所做的那样，学生读对的单词画钩表示；学生替换、重复、遗漏、插入、发音错误或不知道的单词用其他符号表示。下面的"评价示例：错误分析"是教学故事中根据伊桑的阅读记录表进行的错误分析。此处只分析了学生替换的单词，没有分析插入、重复和遗漏的单词。

评价示例

错误分析

学生：伊桑   日期：1 月 14 日

文本：《一罐金子》（16 级）

单词		自主修正了错误	意义 替换词是有意义的	句法 替换词在语法上是可接受的	视觉 替换词看起来和原词相像
文本	学生				
grumble	grumply	-	√	√	√
always	appealed	-	-	-	-
didn't	did not	-	√	√	√
I'll	i	-	√	√	√
mark	make	-	√	√	√
scarf	safr	-	-	-	-
of	or	-	√	√	√
my	me	√	√	√	√
scarf	self	-	√	√	√
taken	take	-	√	-	√
scarf	scafer	-	-	-	-
that	they	√	√	√	√
may	maybe	-	√	√	√
still	sit	-	-	-	-

教师备注

伊桑流利阅读了《一罐金子》，准确率达到 95%。他目前的指导阅读水平是 16 级。错误分析表明，伊桑犯错时，常会把三种提示都用上（太棒了），但他一般只用第一个或前几个字母。他很少能注意到自己的错误，因此极少解决问题、自主修正。我现在需要教伊桑在使用意义和句法提示的同时，从视觉上注意到后面字母的不匹配问题。

非正式阅读检测工具。 老师用一些叫作非正式阅读检测工具（informal reading inventories，IRIs）的测试来评估学生的阅读表现。它们适用于一～八年级的学生，但一年级的老师常发现 IRIs 为初级阶段读者提供的有效信息并没有阅读记录表多。这些测试常用作筛查工具，用来筛选阅读没有达到年级水平的学生，同时也是重要的诊断工具，可以用来确定学困生的教学需求，尤其是单词识别、口头阅读流利度及理解能力方面。

IRIs 包含两个部分：分级单词列表和一～八年级水平的文章。单词列表每级有 10～20 个单词，学生先读单词，直到不会读为止，以此估计学生需要从什么级别的文章开始读。如果学生不会读本年级水平列表里的单词，说明他们可能存在单词识别困难。老师需要分析学生读错的单词，寻找错误的规律，判断他们注意和使用了哪些类型的视觉信息。例如，仅单词开头部分，如将 made（做，make 的过去式）读作 milk（牛奶）；开头和结尾部分，如将 did（助动词，一般过去时）读作 dad（爸爸）；或开头、中间、结尾部分，如将 want（想要）读作 went（去，go 的过去式）。

那些分级的阅读文章有记叙文和说明文，按难度高低排列。与阅读记录表不同，学生之前并未学过这些文章，评价时才第一次看到。学生先读文章，默读或读出声来，然后回答三类理解性问题，包括回忆具体信息、做出推断、说明词汇含义。

学生出声阅读时，老师可以评价其流利度。所有学生都应能够流利阅读独立阅读水平的文本（准确率至少为 95%）；如果他们做不到，那么可能在流利度方面存在问题。老师还会通过分析学生答错的问题是否存在规律来判断他们的理解能力。比如，有的学生能正确回答信息回忆类问题，却答不出其他两类问题；有的学生因为缺乏学术词汇知识而答错词汇问题；有的学生因为不会形象思维而答不出推断类问题。

老师会用计分表记录学生的表现数据，计算他们的独立、指导、挫折阅读水平。当学生的阅读水平低于年级水平时，老师还会核查他们的听力能力，即理解他人给他们朗读的文本的能力。老师需要了解学生能否理解、学习他人朗读的年级水平文本，因为这是老师在差异化教学中为学困生提供帮助的常用方法。

评价工具

诊断性评价

构成部分	测试	获取更多信息的章节
理解能力	理解性思维策略评价（1～8）* 发展性阅读评价（K～8） 非正式阅读检测工具（2～8）	第 8 章　教授阅读理解：读者因素
关于书写的概念	早期读写素养成就观察表（K～2）	第 2 章　探究学生的读写素养发展
流利度	目标网（K～8） 早期读写基础技能动态指标（K～3） 流利度检测（1～8） 非正式阅读检测工具（2～8）	第 5 章　培养学生阅读和写作流利度
口语	读写素养和语言评价 口语能力和读写素养教师评级	第 2 章　探究学生的读写素养发展
音素意识	早期读写基础技能动态指标（K～3） 语音意识读写筛查（K～3） Yopp-Singer 音素划分测试①（K）	第 4 章　解码单词
拼读能力	早期读写基础技能动态指标（K～3） 姓名测试②（3～8） 观察表（K～2） 字母块儿测试③（K～2）	第 4 章　解码单词
拼写能力	拼写发展分析（K～8） 语音意识读写筛查（K～3） 质性拼写测试④（K～8）	第 6 章　学习拼写
词汇	表达性词汇测试（K～8） 非正式阅读检测工具（2～8） 皮博迪图片词汇测试 5（K～8）	第 7 章　拓展学术词汇知识
单词识别能力	发展阅读评价手册（K～8） 字母块测试（3～8） 语音意识读写筛查（K～3） 阅读记录表（K～8）	第 5 章　培养学生阅读和写作流利度
单词辨别能力	高频词清单（K～3） 观察表（K～3）	第 5 章　培养学生阅读和写作流利度
写作能力	评分标准（K～8）	第 11 章　为学生的写作发展提供支架

* 推荐的年级水平

———

① 测量幼儿园学生将单词发音拆分成音素的能力（见第 4 章"评价工具"专栏）。

② 老师听学生读列表中的姓名，标出学生读对的和读错的，测量二～五年级的学生的解码单词能力，考察他们对音素 - 字母对应关系及拼读规则的掌握情况（见第 4 章"评价工具"专栏）。

③ 学生用字母块拼单词或读老师拼的单词，测量学生的拼读知识（见第 4 章"评价工具"专栏）。

④ 测试由 20 个或 25 个不同拼写难度的单词组成，用来判断学生所处的拼写发展阶段（见第 6 章"评价工具"专栏）。

外语学习者的教学

英语水平筛查。美国《民权法》要求各学区确保外语学习者能在学校接受有意义的、平等的教学。事实上，美国 1974 年通过的《平等教育机会法案》（Equal Educational Opportunities Act）规定，学校和学区必须采取措施帮助这类学生克服在校内遇到的语言障碍。

大多数学区在学生初次入学时用"家庭用语调查"来了解他们在家中使用的语言。在调查中判定为可能存在语言困难的学生，须参加筛查测试，确定英语口语、阅读、写作和听力水平，据此判断他们需要哪种语言帮助。根据法律，学校必须向外语学习者提供这些服务，直至他们的英语达到熟练水平。

虽然有专门的英语老师教授英语课程，但所有老师都对班上的外语学习者的教学负责。此外，在美国，外语学习者人数稳步增加，所以老师的课堂里出现这类学生的概率很高（Rowe，2018）。

评价这类学生的第一步是了解他们的语言背景。老师可以通过"家庭用语调查"了解他们在家使用什么语言、是否能用这些语言进行读写。例如，能用阿拉伯语或汉语阅读的学生学习英语阅读时面临的挑战，与能用西班牙语读写的学生不同。

老师需要评价外语学习者的语言能力发展及阅读和写作的学习进展。评价他们比评价英语母语者更难，因为当学生的英语水平较低时，分数很难准确地反映他们知道的内容（Peregoy & Boyle，2013）。此外，外语学习者的文化和经验背景也增加了降低评价误差的难度。

口语评价。老师会对在家不说英语的学生进行评价，确定他们的英语语言能力。老师通常会用标准化口语测试来判断学生的英语是否达到了熟练水平；若没有，老师会安排他们参加合适的英语语言发展课程、监控他们的英语语言能力的发展。

圣何塞地区双语联盟［San Jose（CA）Area Bilingual Consortium］开发的学生口语观察矩阵（Student Oral Language Observation Matrix，SOLOM）是许多老师都会用到的真实评价工具。SOLOM 本身不是测试，而是一种评分量表，老师用它来观察学生在日常课堂活动中的听说表现。SOLOM 评价口语能力的五个组成部分如下。

- 理解能力：从无法理解简单陈述到理解日常对话。
- 流利度：从说话停顿、零碎到话语流利、接近母语者。
- 词汇：从词汇知识极其有限到熟练使用单词和习语。
- 语音：从几乎无法理解发音到语音语调使用熟练，类似母语者。
- 语法：从含有大量错误导致话语难以理解到能够有效运用词序、语法和使用规则。

每个组成部分的得分都有 5 级，范围是 1 ~ 5 分；矩阵的最高分是 25 分，20 分及以上表明学生能流利地说英语。SOLOM 可在许多网站及专业图书中免费获得。

　　阅读评价。外语学习者学英语时面临两个挑战：他们在学习阅读的同时学着说英语。他们和英语母语者以相同的方式学习阅读，但他们的英语语音、语义、句法和语用知识有限，背景知识也不同，面临着额外的挑战（Peregoy & Boyle，2013）。他们中的一些人能用母语流利阅读（Garcia，2000），已经掌握了大量关于书面语言、阅读过程的知识，他们在此基础上学习英语阅读（Moll，1994）。掌握这些知识使他们先行一步，但他们仍然需要学习哪些知识能迁移到英语阅读中，而哪些知识不能。

　　老师可以用评价英语母语者的工具来判断外语学习者的阅读水平、监控其成长、记录其学习。佩雷戈伊和博伊尔（Peregoy and Boyle，2013）建议用阅读记录表或非正式阅读检测工具，连同基于课堂的非正式评价，如观察、师生面谈等，来收集评价数据。

　　由于许多外语学习者对所读图书主题的背景知识了解较少，因此老师有必要在教学前评价他们的背景知识，根据学生的需求调整教学。最佳方法之一是用 KWL 表，老师通过与学生一起填写图表的前两列，判断他们对这个主题的了解程度、借机补充额外的背景知识及相关词汇。当学生填写完 KWL 表时，老师就可以清楚地了解他们已学的内容及能够使用的单词。

　　另一种了解外语学习者发展的方法是让他们从阅读角度进行自我评价。例如，老师问学生遇到不熟悉的单词时会怎么做，记叙文和说明文有什么区别，会运用什么阅读策略，喜欢读什么类型的书等。老师一般在评分期结尾，与学生面谈时开展这些快速评价，了解学生的成长，这是其他评价做不到的。

　　写作评价。外语学习者的写作能力随着他们口语、阅读能力的发展而发展（Riches & Genesee，2006）。对写作处于初级阶段的学生来说，流利度是第一要务。他们从能写一串熟悉的单词发展到能用单词组成特定结构的短句，就像年幼的母语者那样。随着写作流利度的提升，他们开始聚焦在一个方面上，常通过重复单词、句子等方式把作文写得更长。达到流利阶段后，他们通常能更有效地组织自己的想法，并在各个段落里呈现出来。他们会使用更具体的词汇，把句子变得更长、更多样。此外，机械错误变得不那么严重，作文也更容易阅读了。这时，老师开始教他们写作这项技能，根据他们的错误有选择地教授写作策略和技巧。

　　佩雷戈伊和博伊尔（2013）认为，外语学习者的写作涉及流利度、形式和准确性三个维度，写作评价应包含以下部分。

- 监控学生快速、轻松和舒适地写作的能力。
- 评价学生运用写作体裁、阐释主题、组织观点及使用复杂词汇和各种句子结构的能力。
- 检查学生是否掌握标准英语语法和用法，是否正确拼写大多数单词，是否正确使用大写和标点符号。

老师可以参照评分标准来评价外语学习者的写作。评分标准涉及流利度、形式和准确性及老师教过的"6+1"要素①。老师还与学生当面讨论他们的作文和根据需要教授微课。为了解学生的写作能力，老师观察他们写作时的表现，关注他们写作的过程，在修订小组（revising groups）中的互动，如何在作者讲坛活动中分享作文。此外，学生可以挑选自己最好的作品放进档案袋里，以此记录写作的发展过程。

替代型评价。鉴于评价外语学习者的固有困难，老师有必要采用涉及不同语言和读写任务、用不同方法证明熟练程度的不同类型的评价（Huerta-Macías，1995）。除标准化测试外，奥马利和皮尔斯（O'Malley and Pierce，1996）呼吁老师也使用真实的评价工具，包括口头表演、复述故事、口头访谈、写作样例、绘制插图、制作图表、开展项目等。

评价非常重要，尤其对那些学习英语读写的同时学着说英语的学生来说。然而，要准确测量他们的成长很困难，所以老师在使用那些针对英语母语者开发的评价工具的同时，也需要用一些替代性的、更真实的评价。老师会根据评价结果把学生分层、调整教学、记录学习情况，因此这些结果必须是可靠的。

高利害测试

3.3 定义高利害测试，讨论其在读写教学与评价中的作用

高利害测试是指用于做出高利害决策的测试。例如，用来判断学生应该留级还是升级的测试是高利害测试。为推动阅读教学改进，美国的学校很重视那些根据年级标准开发出来的、旨在客观测量学生知识水平的高利害测试。如今，美国对测试和年级标准的重视是为了响应美国卓越教育委员会（National Commission on Excellence Education）的报告《危机中的美国》（*A Nation at Risk*，1983）而做出的改革。该报告称美国学校惨遭失败，美国学生的测试成绩下降，比不上其他工业化国家的学生，认为美国正处于失去全球优势的危机中。2001 年美国颁布的《不让任何孩子掉队法案》进一步强调了阅读教学的重要性，它旨在提高学生的阅读表现，缩小各种族、民族在成绩上的差距，这强化了开展年度标准化测试的必要性。

研究人员一再反驳这些论点（Bracey，2004；McQuillan，1998）。阿林顿（Allington，2012）提出，表面看来，美国过去 10 年对阅读教学的投资急剧增加，但平均测试成绩 30 多年来基本保持稳定。这样关注平均成绩掩盖了一些重要发现，分析亚组数据会发现大多数中产家庭学生的阅读表现良好，许多低收入家庭学生的表现则不尽如人意。他还指出，白人学生和其他种族学生之间的成绩差距有了大幅缩减，且其他种族学生数量在急剧增加。最后，他指出，年

---

① 研究人员早期提出写作的六要素，包括想法（ideas）、谋篇布局（organization）、作者的声音（voice）、选词（word choice）、句子流畅度（sentence fluency）和范式（conventions），后又增加了第七要素——排版（presentation）。

级水平标准 50 年来有所提高，以往三年级的水平现在对应二年级，旧的可读性公式也已经重新调整来反映如今更高的年级水平标准。尽管如此，公众认为学校失败的看法依然存在。

高利害测试与课堂评价不同。虽然测试分数为日常教学决策提供的信息很少，但学生、老师、学校管理人员和学校都会因此受到评判，且需要对结果负责。这些分数会用来做重要的教育决策，如决定学生进入哪所学校。这些分数会影响学校管理人员对老师效率的评估，在一些州甚至影响老师的工资，进而导致学校管理人员、学校和学区受到奖励或处罚。

标准化测试是综合型的，包含解码能力、词汇、理解能力、大小写、标点符号和拼写等测试。大多数测试都用选择题，小部分纳入了要求学生自主回答的开放性问题。从二年级开始，老师会用这些测试评价学生，一般在春季进行。大多都需要多个测试期来完成全部的测试。表 3-3 简要介绍了一些使用最广泛的测试。

表 3-3　标准化学业考试

测试	描述	组成部分	特征	出版社
艾奥瓦基本技能测试（Iowa Test of Basic Skills, ITBS）	ITBS 能为改进教学提供信息	词汇 理解能力 口语 机械性技能 拼写	ITBS 是最早的州用测试，可以在夏季或春季进行	艾奥瓦州内的学校由艾奥瓦测试项目提供，州外的学校可从河畔出版公司（Riverside）获取
大都会学业考试（Metropolitan Achievement Test, MAT）	MAT 用真实生活中的内容来评价幼儿园至八年级的学生。一些题目是选择题，一些是基于学生的表现	词汇 理解能力 机械性技能 写作 拼写	MAT 提供学生阅读水平的蓝思得分	可以从培生教育集团购买 MAT
斯坦福学业考试（Stanford Achievement Test, SAT）	SAT 测量幼儿园至八年级的学生在美国共同核心州立标准规定能力上的进步	音素意识 拼读 词汇 理解能力 机械性技能 拼写	SAT 提供学生阅读水平的蓝思得分	SAT 由培生教育集团出版
新领地测试（TerraNova Test, TNT）	这一创新型测试包括选择题和学生自主回答的结构化简答题	单词分析 词汇 理解能力 机械性技能 拼写	汇报蓝思得分，有一版 TNT 是在线测试	TNT 由麦格劳-希尔教育测评中心出版

高利害测试的问题

高利害测试存在许多问题（International Reading Association，1999）。许多老师都注意到，学生面对高利害测试时虽然产生了压力，但不会因此而更加努力。一些研究也证实了这个问题

（Hoffman，Assaf，& Paris，2005）。老师们抱怨说，他们被迫不惜一切代价提高学生的测试成绩，他们为测试和练习浪费了宝贵的教学时间（Hollingworth，2007）。过分强调考试会使老师放弃均衡教学法；有时候会使学生花更多的时间在考试练习上，而不是阅读和写作上。隐藏最深的副作用之一是使老师只关注部分学生，尤其是分数略低于临界点的学生，以期提高他们的考试成绩。

准备标准化测试

我们不应将考试准备与应试教学混淆：考试准备涉及教学生如何进行测试，而应试教学只是让学生机械练习以往试卷中的题目。"应试教学"也用来描述老师根据国家规定标准调整教学，这一用法贬义意味弱一些。

标准化试卷的文本体裁比较独特，它要求学生做一些与日常阅读和写作不同的事情，因此老师不能想当然地认为学生知道如何完成阅读测试。老师在参照州标准开展均衡教学的同时，也有必要帮助学生为高利害测试做好准备。格林和梅尔顿（Greene and Melton，2007）也认为老师须在不影响教学计划的情况下帮助学生为高利害测试做好准备。然而，面对提高考试成绩的压力，一些老师大多让学生练习选择题类试题，很少组织项目式学习。

霍林沃思（Hollingworth，2007）推荐了五种在不影响教学计划的情况下帮助学生准备高利害考试的方法，具体如下。

- 根据州课标要求制订教学计划，适时调整，确保所教的内容是所考的内容。
- 与学生一同设定目标，定期开展非正式评价，监控学习进展。
- 积极组织学生参与真实的读写活动，帮助他们成为能读、会写的人。
- 向学生说明测试的目的及测试结果的用途，避免学生焦虑。
- 坚持均衡的教学法，做到指令明确、应用真实。

还有学者建议，除了这些方法外，老师还可以通过教学生阅读、回答测试题、组织模拟测试及练习应试策略等方法帮助学生准备标准化测试（McCabe，2003）。考试准备包括说明考试目的、分析选择题的类型和形式、教授测试中的正式语言及应试策略、组织学生参加模拟考试。这些课应该融入已有的教学计划，而不是取代它。格林和梅尔顿（2007）将考试准备分解成微课，变成阅读工作坊的一部分。

标准化测试的体裁。 老师需给学生机会分析已有试卷，了解标准化测试的类型及测试题的格式。他们会注意到试卷和其他读过的文本看起来不同，一般是黑白印刷、文字密集、鲜少有插图。有时候，试卷中的单词、短语和行会被编号、加粗或加下划线。通过探索，学生开始思考是什么让某类文本比其他类型的文本更难阅读。通过练习，他们会习惯试卷的格式，做到更好地阅读。

测试中的语言。标准化阅读测试里用的正式语言很多学生都不熟悉。例如，一些测试使用单词 *passage*（文章）而不是 *text*（文本），用 *author's intent*（作者的意图）而不是 *big idea*（主旨思想）。试卷开发者还会用 *locate*（定位）、*except*（除了）、*inform*（告知）、*in order to*（为了）、*provide suspense*（提供悬念）及其他学生可能不理解的单词。格林和梅尔顿（2007）把试卷里用的语言称为"试卷语言"（test talk），强调只有当学生能读懂试卷语言时，才能在标准化阅读测试中取得成功。因此，老师需要帮助学生理解试卷语言，这样高利害测试才能真正测出学生知道什么、能做什么。

考试策略。学生需要根据考试类型调整考试策略。大多数标准化测试都采用选择题题型，成功的考生会用以下策略来做选择题。

- **首先通读问题**。学生首先通读整个问题，确保能理解问题内容。对于阅读理解题，学生会先读问题，然后带着问题读短文。
- **寻找问题中的关键词**。学生会寻找问题中的关键词，如"比较""除外"和"作者意图"等来指导作答。
- **作答前阅读所有选项**。在读备选答案前，学生会先思考答案。之后再排除不太可能的选项，确定正确答案。
- **先回答较简单的问题**。学生会先回答知道的问题，跳过困难的问题，最后再回去解决跳过的问题。
- **进行合理的猜测**。除非猜测答案会受到惩罚，否则当学生不确定答案时，他们会进行合理的猜测：他们会先排除已确定的错误选项，然后考虑该主题已知的内容，最后从剩余选项中选出最佳答案。正确答案往往是最长的那一个。
- **坚持最初的答案**。对不确定的问题，学生不应该怀疑自己；第一个答案可能就是对的。除非确定最初的答案是错的，否则不应该更改答案。
- **规划时间**。学生会规划时间，确保完成测试。他们不会在任何问题上花费太多时间。
- **仔细检查作答**。如果学生提前答完试卷，会检查是否已经全部作答。

"培养更有策略的学生"总结了以下考试策略。

培养更有策略的学生

考试策略

从二年级开始，教学生用以下这些策略回答标准化测试中的选择题。

- 首先通读问题

- 寻找问题中的关键词
- 作答前阅读所有选项
- 先回答较简单的问题
- 进行合理的猜测
- 坚持最初的答案
- 规划时间
- 仔细检查作答

学生通过备考课和考试练习来学习这些策略。

学生进行标准化考试时会结合使用这些考试策略和阅读策略，包括判断重要性、提问和重读。给学生讲授问答关系能帮助学生明白，有时候可以从刚读的文章中找到试题的答案，有时候则必须用自己的知识。

考试准备应嵌入读写活动中，不应占用过多教学时间。老师经常用微课来教授考试策略，包括说明策略、示范用法、指导学生练习和讨论。学者建议把微课嵌入阅读工作坊中，教授考试策略、标准化测试的体裁、试卷格式及语言（Greene & Melton，2007；Hornof，2008；Kontovourki & Campis，2010）。研究发现，许多外语学习者和阅读、写作困难生上过考试准备微课后，自信心和测试成绩都提高了。

模拟卷。老师根据学生要参加的标准化测试，设计题目类型相同的模拟卷。老师出卷时会选用易读懂的材料，使学生不受文本和题目难度的影响，专注于练习考试策略。模拟卷中会混合出现不相关的记叙文、诗歌和说明文，因为这三类文本在高利害测试中都会出现。老师还会制作与标准化测试类似的答题卡，让学生积累经验。老师在教室里或考场进行模拟测试，让学生熟悉考试环境。通过这些模拟考试，学生的考试信心得以提升，坚持长时间测试的毅力也得以增强。

外语学习者的教学

标准化测试。一些学者质疑用标准化学业考试来评价外语学习者的合理性，他们认为这些测试往往是无效的，低估了学生的成绩（Peregoy & Boyle，2013）。很明显，当学生的英语水平不高时，其考试成绩会受到影响；另外，即便在课堂上表现出色的学生，也常在标准化学业考试中表现不佳（Lindholm-Leary & Borsato，2006）。这两种情况可能是因为：第一，学生对考试程序的熟悉程度没有教学常规活动那么高，这种不熟悉对外语学习者造成的压力可能比母语者更高；第二，试卷指令和题目所用的语言通常是复杂的学术英语，这使英语作为外语的学生更难读懂。此外，还有文化差异的影响，外语学习者常缺乏阅读材料和测试题中所讲主题的相关背景知识。

研究人员认为，公平地评价外语学习者的最佳方式是根据他们的情况调整试卷或考试程序（Lindholm-Leary & Borsato，2006）。有学者做了实验研究，通过简化语言、把试卷翻译为学生的母语或增加视觉补充来调整试卷，或者通过延长考试时间、允许学生使用双语词典，或由老师翻译、解释指令来调整考试程序。不幸的是，关于这些调整的有效性尚无定论。目前，重新编写高利害测试的试题，去除不必要的复杂英语句法的理念再度兴起。

降低潜在的无效测试结果对外语学习者的影响的最佳方法可能是使用包括真实评价在内的多种测量方式来记录他们的语言能力和读写素养水平。然而，在当今教育环境下，人们通常用一次测试的结果来衡量老师和学生，所以这种方法还不太可能施行。

档案袋评价

3.4 介绍老师如何用档案袋评价学生学习及逐步达到年级标准的过程

学生把作品收集进档案袋里，用来评估自己的进步、展示自己最好的作品（Afflerbach，2012）。这些系统而有意义的作品集记录了学生一段时间里的读写素养发展（Hebert，2001）。当学生挑选放入档案袋的作品时，他们学着建构选择标准。在档案袋评价（portfolio assessment）中，学生参与了档案袋的生成及反思，体现出对学生及其能力的尊重。

档案袋能帮助学生、老师和家长发现学生从一个读写阶段到另一个读写阶段的成长规律，这是其他类型的评价无法实现的。档案袋评价还有其他好处，具体如下。

- 让学生体会到对作品的拥有感。
- 使学生以更负责的态度完成文稿的写作。
- 可以通过学生的作品样例了解他们的策略使用情况。
- 由学生自主设定目标，从而产生努力实现目标的动力。
- 帮助学生把学习和评价关联起来。

老师可以在家长会上用档案袋，把它当作考试成绩的补充材料。在那些全校都用档案袋的学校里，学生普遍反馈说，档案袋帮助他们更好地向父母展示了他们正在学习的内容，更好地给自己设定了目标（Kuhs，Johnson，Agruso，& Monrad，2001）。

用档案袋收集作品

档案袋是指收纳学生作品的文件夹、大信封或盒子。老师经常让学生给大文件夹贴上标签，然后存放在塑料箱或纸箱里。学生会给作品写上日期和标签，一般还会贴上注释，说明活动背景、选这件作品的原因，然后再放进自己的档案袋里。档案袋通常会存放在教室里容易拿取的地方，方便学生不时回顾、添加新作品。如今，许多老师开始使用电子档案袋，以数字的方式存储学生的作品了（Light，Chen，& Ittelson，2012）。线上档案袋可以存储多模态作品；可以分级存放，更易于检索；还可以展示给观众看。此外，电子档案袋还很实用，不占用书架或教师文件柜的空间。

学生根据老师给的指南挑选放入档案袋的作品。有的学生提交了作品原件；有的学生想保留原件，所以在档案袋里放了扫描件或复印件。除了写作样本外，学生还可以录制口语、戏剧样本的音频、视频，拍摄艺术作品，把多体裁作品存放进 U 盘里。学生在创建电子档案的过程中，也学着使用扫描仪、数码相机及其他电子设备。

很多老师用文件夹收集学生的作品，认为这与档案袋法基本是一回事。其实，这两种评价方法有很大的差异。最主要的差别就是档案袋法是学生导向的，而文件夹法是教师导向的。老师通常会把所有完成的作品都放进文件夹里，而学生则会挑选好的作品放入档案袋。档案袋法关注学生的优势，而不是不足，因为学生在挑选放入档案袋的作品时，会选那些最能代表他们读写能力发展的。此外，档案袋法还涉及反思（D'Aoust，1992）；通过反思，学生会停下来，注意到自己在阅读和写作上的优势。

让学生进行自我评价

档案袋是一种让学生参与自我评价和目标设定的工具。学生从中学着反思、评价自己的阅读和写作活动及读写素养发展（Stires，1991）。老师会先让学生以有声思考的形式对比自己的阅读和写作。在阅读方面，学生会从读过的书中选出最喜欢的和最不喜欢的，思考这些选择说明了什么。他们还会思考自己在阅读中做得好的地方及需要改进的地方。在写作方面，学生也进行同样的对比思考，选出最好的作品和不太满意的作品，判断自己在写作中做得好的方面及需要改进的方面。通过这些对比，学生开始反思自己读写素养的发展。

老师在微课和面谈时介绍优秀的阅读者和写作者的特征，他们可以专门讨论以下话题。

- 流利阅读是什么样的？
- 学生运用了哪些阅读策略？
- 学生如何展示自己的理解力？
- 什么活动有助于学生应用阅读知识？
- 好作文具有哪些特征？
- 哪种写作策略最有效？
- 如何使用作文评价标准？
- 为什么说修正机械错误是对读者的尊重？

通过了解什么样的阅读和写作是有效的，学生逐渐建构了反思与评估自己阅读和写作的标准。他们学会如何从读者、作者的角度自我反思，习得反思中会用的单词，如"目标、策略和评价标准"等。

学生会给纳入档案袋的作品写上注释。在自我评价中，学生会说明选择理由，指出作品的优点和成就。有些班的学生会在索引卡上写反思和评论，有些班则设计了专门的评论表，附在作品里放入档案袋。

老师一般会在学年初收集阅读和写作样本作为基线，然后在每个评分期末尾与学生面谈，一起回顾学生的档案袋。在面谈时，老师会和每名学生讨论档案袋里的作品及他们的自我评价。学生还会谈自己在下一评分期想要改进的地方或完成的事情。

展示学生的档案袋

学年结束时，许多老师会组织"档案袋分享日"来庆贺学生的成就，让他们有机会与同学及其他人分享自己的档案袋。老师会邀请学生家长、当地的商贩、学校管理人员及大学生等参加。学生和参观者组成小组，由学生介绍自己的档案袋，指出其中的成就和优点。这个活动让社区居民有效地参与到学校活动中，给他们展示了学生在阅读和写作上的成长。

这些分享日也帮助学生接纳了自己的学习责任，尤其是那些学习动机不强的学生。他们听着其他同学谈论作品、讨论在阅读和写作上的成长，常会下定决心，明年要努力学习。

参照"我的教学待办清单：评价"，确保你规划的课堂评价，包括档案袋评价，能指导你的教学，更好地满足每名学生的需要。

我的教学待办清单

评价

- 我确定了学生的独立阅读、指导阅读和挫折阅读水平。
- 我考虑了教学材料的阅读水平。
- 我设计教学的同时也设计了评价。
- 我在教学过程中监控了学生的进展。
- 我选用了真实评价活动和测试来测量学生的成绩。
- 我用检查表和评分标准评价学生的作品。
- 我让学生评价自己的作品、反思自己的成绩。
- 我在二～四年级时教学生如何参加高利害测试。
- 我的学生用档案袋来记录自己的读写成绩和发展。
- 我把课程标准融入教学。

第二部分

读写素养发展

第 **4** 章

解码单词

学习本章后，你将能够：

 厘清字母的意义，探讨它对阅读学习的重要性；

4.1 厘清字母的意义，探讨它对阅读学习的重要性；

4.2 明确学生用来解码、拼写单词的五种音素意识策略；

4.3 定义"拼读"；

4.4 说明什么是"教 - 学 - 评"一体化，如何用它来设计教学。

　　在本章中，你将学习单词解码的有关知识，了解培养学生语音意识的方法，包括操控单词里的发音，根据听到的声音找到匹配的字母从而认读单词，根据发音选择恰当的字母来拼写出单词等。读菲尔波老师这则教学故事时，请注意她是如何教授音素意识和拼读方法的：她通过让学生参加书面、口头相融合的活动来培养他们的音素意识和教授语音知识。

　　菲尔波（Firpo）老师的一年级拼读教学。 现在是星期四上午 8 点 10 分，菲尔波正给班里的 19 名一年级的学生上一堂 15 分钟的音素意识课。本周的主题是短音 i 和辅音 x，听起来像 fox（狐狸）中的 /ks/；菲尔波今天主要讲短音 i。她一次拿起一张图片，图片上的物品含有 i 这个短音。"记住，"菲尔波老师说，"在说单词时慢点儿，就像乌龟那样慢吞吞地说出来！"萨莱娜（Saleena）先来，她看着假发的图片说："这是 wig（假发），/w/ /i/ /g/。""对了，"萨莱娜慢慢说完后菲尔波说，"中间那个音就是短音 i，/w/ /i/ /g/。"她在短音 i 上稍微停留一下来强调它。随后，她拿起一张画着猪的图片并说："看看能不能在这个单词里听到同样的音。"文森特（Vincent）喊道："这是 pig（猪）！"接着慢慢说出："/p/ /i/ /g/。"菲尔波说："是的，没错！大家看，它们中间的音听起来是一样的，对吧？"她慢慢地说出这两个词："/w/ /i/ /g/ 和 /p/ /i/ /g/。我们再来看一个，"菲尔波拿起一张写着数字 6 的卡片，"这是什么？"加比（Gabi）激动地说："这是 six（6）!""对了，"菲尔波说，"再慢慢说一遍，注意听短音 i。"加比慢慢地说出了单词 six。"很好，"菲尔波说，"要像乌龟那样，说慢些才能听清所有的音！"

　　接下来，菲尔波老师提起上周学的短音 a（/æ/）。快速回顾了几张短音 a 的图片后，她让学生根据短音 i 或 a 把图片分类，分别放进插卡袋的一列袋子里，并分别贴上标签：短音 i 和短音 a。之后，奥斯汀（Austin）用教鞭指着图片，全班一起朗读。

　　菲尔波的拼读课以口头活动开始，因为她了解融合音素意识与拼读能力的重要性。学生在口头活动中可以专注于口头拆解、连读单词的发音，而不用考虑音素 - 字母间的关系。

　　表 4-1 所示是菲尔波老师的焦点墙，她每周都把要教的策略和技能贴在墙上，主题词汇和拼读词汇也列在上面。老师把写着词汇单词的卡片放进插卡袋里，挂在焦点墙上，以便

在不同活动中使用和重新摆放卡片。老师通过张贴这些内容来强调自己在教什么、学生在学什么。此外，菲尔波把所在州一年级的阅读和写作标准做成表，张贴到焦点墙旁边。

菲尔波用《阅读街》(*Reading Street*) 进行教学 (Afflerbach et al., 2013)，这是一套基础分级阅读教材，教师用书为老师规划了每周的主题。菲尔波每天上午开展 3.5 小时的读写教学，大部分教学目标、活动和教学材料都来自这套教材，但她会根据学生的教学需求调整一些活动。

表 4-1　菲尔波老师的焦点墙

主题：谁帮助了动物们	周次：1	单元：2
拼读焦点：介绍短音 i，x /ks/ 复习短音 a	理解：记录细节信息 写作体裁：亲友间的信件	
口头表达主题词汇	拼读单词	
career（职业）　　scrub（擦洗） tool（工具）　　　exercise（锻炼） sloppy（邋遢的）　comfort（安慰） service（服务）　　search（搜寻）	1. six（6）　　　　6. did（助动词，do 的一般过去时） 2. lip（嘴唇）　　　7. mix（混合） 3. in（在……里）　8. sit（坐） 4. wig（假发）　　　9. pin（别针） 5. it（它）　　　　10. fix（修理）	
高频词		
she（她）　　　　take（拿） up（向上）　　　　what（什么）		

今天是第二周的第一天，根据教学计划，本周的主题是"谁帮助了动物们"。菲尔波让学生们翻到第 40 页和第 41 页——一张跨页图，画着村子中心一片繁忙的景象。"要去看兽医的是什么动物呀？"她问。"pig（猪）！"乔丹（Jordan）叫道。菲尔波表扬了他，并让学生在插图中寻找那些发音中含有短音 i 的物品、动物或人。学生仔细观察图片，刚开始他们找的速度有些慢，后来速度越来越快。"我看到盘子（dish）！""鱼（fish）！""有棍子（stick）！""他们看起来像双胞胎（twins)，"一名学生兴奋地说，"twins 跟 fish 和 pig 一样有短音 *i* 吧？"菲尔波引导学生慢慢地说出每个词，听里面的短音 *i*。

接下来，菲尔波从音素意识谈到拼读。这是今早第一次介绍字母和单词，因为菲尔波刚刚介绍了新的发音 /i/，她要确保在进入拼读部分前给学生提供足够的支持。她展示了故事《戴假发的猪》的第 48 页和第 49 页。她大声朗读第 48 页的内容，在黑板上写下"pig"（猪）这个词，并像乌龟那样慢吞吞地念出来，告诉学生字母 *i* 代表大家一直在练习的 /i/ 这个音。菲尔波让学生找出句子中含有相同发音的单词，写在黑板上：*wig*（假发），*big*（大）。讲解了字母 *i* 代表 /i/ 这个发音后，她开始进行小组练习，让学生同她一起拆解、连读故事中带有 /i/ 的单词。

学生运用字母 - 发音知识轮流拼读出这些单词：*sip*（小口喝）、*lit*（照亮的）、*tin*（罐头盒）、*fit*（合适的）、*sick*（病了）、*tick*（标记）和 *rib*（排骨）。之后，菲尔波让大家再想

一些含有短音 *i* 的单词。费尔南多（Fernando）说了 *pick*（挑选），克里斯特（Crystal）说了 *hit*（打），约耳书（Joel）补充了 *win*（赢）。菲尔波把它们写在卡片上，放进插卡袋"短音 *i*"那一列里。

阅读部分的最后 40 分钟，菲尔波开展了指导型阅读课。学生的阅读水平参差不齐，从一年级初始阶段到二年级中间阶段都有，一半学生达到了年级水平。她把达到一年级水平的学生分为四个指导型阅读小组，每天与其中两个小组会面。低于年级水平的学生读分级图书，达到或高于年级水平的则读易于阅读的书，包括芭芭拉·帕克（Barbara Park）系列关于小女孩朱妮·B.琼斯（Junie B. Jones）的有趣故事，如《一年级的朱妮·B.：午餐老板》（*Junie B., First Grader: Boss of Lunch*，Park，2003）和玛丽·波普·奥斯本（Mary Pope Osborne）的魔法树屋（Magic Tree House）系列冒险故事，如《夏威夷大潮》（*High Tide in Hawaii*，Osborne，2003）。不同水平的学生参加不同的活动，菲尔波把它称为"差异化教学"。

菲尔波给一个小组做指导型阅读时，其他人在座位上或在中心参加活动。一年级的学生可以在拼写中心用字母磁贴练习拼写含有短音 *i* 的单词，在拼读中心用字母卡和活页书练习拼读焦点和单词结构，在写作中心编写图书，在听力中心听图书录音，在计算机中心用电子书进行交互型阅读。这些中心分布在教室的四周，学生知道在各个中心应该做什么、怎么做。

休息 15 分钟后，菲尔波用剩余的 55 分钟进行写作工作坊。每周她都会引导学生关注基础分级阅读教材中的一种体裁，本周关注的是私人信件。首先，菲尔波上了一堂微课，复习如何在亲友间的信件中使用逗号，并指导学生完成一部分练习册。学生分析了几封挂在教室里的信，是今年早些时候全班在学习交互型写作时完成的。读完信后，菲尔波让学生找出信里用到的逗号。克里斯特指出日期那里用了逗号，萨莱娜注意到问候语后面用了逗号，而路易斯（Luis）标出了结尾后用到的逗号。之后，学生在练习册上的信件例题里练习使用逗号。

学生用剩下的 35 分钟给家人写信。菲尔波指导 5 名学生写，其他人自己写。最后，在作者讲坛上，约耳书和安吉莉卡（Angelica）把自己写的信念给同学们听。下面展示的是安吉莉卡写给祖母的信。

学习阅读首先需要让学生明白页面上的文字符号代表什么。书面英语依靠拉丁字母表示说话时发出的声音。一些学生好像自己就明白了，一些学生却不能，这很正常。孩子们要学的东西还有很多。了解学生解码能力的发展顺序有助于老师调整自己的教学，知道学生掌握了什么、还需要学什么。

ANGELICA'S LETTER

April 29, 2019

Dear Nanna Isabel,
I am writting you a letter. My birthday is in 35
days! Did you no that? I wud like to get a
present. I want you to come to my party.
It will be very funny.
　　　　　　　　　Love,
　　　　　　　　　　Angelica

安吉莉卡的信

2019 年 4 月 29 日

亲爱的伊莎贝尔奶奶，

　　我在给您写信。再过 35 天就是我的生日啦！您知道吗？我想要一件礼物。我想邀请您参加我的生日聚会，会很有趣的。

爱您的，
安吉莉卡

字母的意义

4.1 厘清字母的意义，探讨它对阅读学习的重要性

英语是字母语言，要想解码，学生需要明白字母的意义，即意识到口语中听到的声音（音素）可以用写下来的字母（字素）表示；或者换种说法，字母代表声音。在掌握这个概念前，学生写作时常用图片来表示单词。一旦明白了字母的意义，他们就会开始发展有关**字音**（字母 - 声音）关系的知识。

如何判断学生是否掌握了字母的意义呢？当学生写作时开始用字母而非图画代替单词，例如，通过写字母 M，而不是画一张脸来表示 Mom（妈妈）这个词；或者兴奋地指着汽车变速器上的字母 D 大喊"那是我的名字！David（戴维）"，表明他们理解了字母的意义。对小朋友和他们的监护人、老师来说，这是一个重要且令人兴奋的进步！

然而，学生在理解字母的意义前，首先必须能够明白口语是由一个一个单音组成的。这种意识叫作**语音意识**（phonological awareness）。到三年级时，大多数学生已经弄清了字母代码，更高年级的学生则能应用所学的知识来解码、拼写多音节单词。你可能认为这些都属于拼读，但实际上，学生发展了三种独立却相互关联的字母编码知识：语音意识、拼读法及构词意识。

语音意识

"语音意识"是一个总称，是指能意识到口语中不同单位的发音。英语发音的单位从大到小分别是"音节"（syllables）、"尾韵"（rimes）和"音素"。学生通过辨认押韵词、将单词拆解成音节和独立的发音、用发音编造新词等方法注意并逐渐掌握不同的发音单位。

音节。单词中发音的最大单位是音节。如果学生无法区分这些较大的发音单位，那么听最小的单位——音素——时很可能会有困难。要想判断学生是否对音节敏感，可以给他们看一些简单物体的图片，如桌子、椅子、房子，或者动物，如老虎、长颈鹿、大象等，让学生说出图中物品的单词，根据单词的音节数拍手（老师不要自己说出物品的单词）。学生说什么单词都可以，重要的是拍手的次数是否正确。如果一个多音节词只拍一次手，这就表明学生还没有形成音节意识。

学生用不了多久就能辨别出听到的声音里含有几个音节了。事实上，只要练习几天（老师可以把拍手活动作为游戏），学生就能根据音节数拍手了。最后有一个建议：不需要让学生数音节数或告诉老师音节数，因为那样就变成不同的认知任务了。重要的是，学生可以拍出正确的音节数量。单词不要太难，1 ~ 3 个音节就足够了。

尾韵。更小一级的发音单位是尾韵，即单音节中辅音字母之后的部分。尾韵一般以元音字母开头，尾韵前的部分叫作首音。例如，单词 stack（堆）、slack（懈怠）和 back（背）有相同的尾韵：-ack，但首音不同：st、sl 和 b。如果学生能说出押韵的词，甚至会编一些词来押韵，表明他们已经对口语里中等级别的发音单位——尾韵——有了敏感性。

音素。口语中最小的发音单位叫作音素，是口语里最小的单位，也是通过听最难辨认的单位。音素其实是无法单独发音的。具备音素意识的学生知道口语中的单词是由最小的发音单位组成的。如果学生能够把一个单词的发音拆解为音素，或者把几个音素连在一起说出单词的发音，那就表明他们有了音素意识。

发展语音意识，尤其是音素意识，对语言学习至关重要。它让学生理解，字母代表语言中的发音，而声音是可以用字母表示的。然而，老师教阅读时不能止步于音素意识，还必须培养学生的拼读和拼写意识。

拼读法

学生要学习如何把看到的字母转换为发音，再把几个字母的音连在一起发出来，从而识别出单词。掌握拼读的学生知道英语中发音 - 符号的对应关系是有规律的，还能用**解码策略**（decoding strategies）识别陌生单词。英语有 44 个音素，却要用仅有的 26 个字母表示，这给英语阅读造成了挑战。想一想，英语中可以表示长音 u 的多种字母组合方式：few 和 dew（但 sew 不是）、cube（但 cub 不是）和 too（甚至 to）。

构词意识

有人说英语单词的构词比较复杂，这是因为英语中的音素数量与字母数量不匹配。有些语言的构词则比较简单，如西班牙语、意大利语和希腊语，它们的发音与代表发音的字母对应度比较高。学生开始用字母来传递信息后，很快就会意识到，很多时候，单词的拼写与发音并不完全一致。例如，如果按发音拼写单词 *play*（玩），我们应该写成 *pla*，但实际上，它的末尾多了个字母 *y*！学生想要正确拼写单词，就必须形成构词意识，即英语拼写规则的意识。如果学生不再按照单词发音来拼写单词，而是思考如何写出形式上也正确的单词，那么他们就养成了构词意识。

在教学故事里，菲尔波把上述三个部分都纳入了读写课程。以短音 *i* 开始词汇课，开展口头的音素意识活动。之后，她组织了拼读活动，让学生读一些含有短音 *i* 的单词并把它们分类放入插卡袋，然后让学生在白板上练习拼写带有短音 *i* 的单词。

教授字音关系并不是阅读教学的全部，但音素意识、拼读和拼写是高效的读写教学不可或缺的一部分，尤其对从幼儿园到三年级的学生来说（National Reading Panel，2000）。鉴于音素意识是学生理解字母的意义，进而是学习拼读知识、发展构词意识的重要基础，本章大部分内容都是关于那些学生需要学、老师可以教的音素意识策略的。与构词意识有关的内容将在第 5 章进行更深入的探讨。

共同核心州立英语标准指出了小学阶段学生应学习并应用于阅读和写作的字母编码知识，包括上述提到的三种知识。

发展音素意识

4.2　明确学生用来解码、拼写单词的五种音素意识策略

学生具备音素意识是指他们认识到话语是由一系列独立的声音组成的。该意识为拼读和拼写奠定了基础（Armbruster，Lehr，& Osborn，2001）。当老师让学生从动物玩具中找出以 /d/ 开头的动物，而学生能够顺利从中找到鸭子时；当学生能够指出歌曲中的 *duck*（鸭子）和 *luck*（运气）是押韵词时；当学生能够将 /d/ /ŭ/ /k/ 三个音连在一起，说出 *duck* 的发音时，这些都表明他们具备了音素意识。坎宁安和阿林顿（Cunningham & Allington，2011）把音素意识定义为学生分解、重组单词及进行其他变化的能力。音素意识的重点在于学生能否辨认出口语里的发音，而不是看学生能否认读字母。一旦形成音素意识，学生便能根据发音 - 符号的对应关系读出和拼写出单词了（Gillon，2004）。

音素是话语的最小单位，写下来便是字素或字母表中的字母。本书用两条斜线标识音素（如 /d/），用斜体标识字母（如 *d*）。有时候，单个音素（如 *duck* 中的 /k/）会拼写为两个字母（*ck*）。

音素意识的重要性

音素意识与阅读学习的关系显而易见。研究认为，音素意识是学习阅读的先决条件。随着音素意识的发展，学生认识到话语可以拆解为更小的单位。这一认识对学生学习发音 - 符号对应关系和拼写规则非常有用（Cunningham，2011）。

此外，研究表明，音素意识是学生未来阅读能力最有力的预测指标。克莱修斯、格里菲思和齐隆长（Klesius, Griffith and Zielonka，1991）发现，如果学生在一年级就具备较强的音素意识，那么无论接受什么样的阅读教学，他们的表现都很好；对音素意识不强的学生来说，所有教学方法的效果都差不多。

音素是抽象的语言单位，明白单词由更小的发音单位"音素"组成，对低年级的学生来说是一项重大成就。音素没有意义，而学生想起单词时，想到的是它的意义而非它的语言特征（Griffith & Olson，1992）。例如，当学生想起鸭子这个单词时，他们会想到在池塘里游泳、在空中飞翔、发出我们称作"嘎嘎"声的有羽毛的动物；而不会想到 duck 这个词包含三个音素、四个字母，或者这个单词以 /d/ 开头并与 luck（幸运的）押韵。音素意识要求学生将话语视为一个分析对象，把注意力从关注话语的意义转移到分析话语的语言特征上。由于音素不是话语的实体单位，关注音素这件事就显得尤为复杂。在话语中，音素常是含混不清或省去的，如 tree（树）里面的辅音连缀 tr 和 eating（吃，eat 的现在分词）的尾音。

运用音素意识策略

学生在口语中不断练习发音，逐渐形成音素意识，并用它来解码或拼写单词。以下是学生会用到的一些策略。

找出发音。 学生找出以某个音开头或结尾的单词。例如，学生从面前的 brush（刷子）、car（小汽车）和 doll（娃娃）中找出以 /l/ 结尾的单词，是 doll。

把单词中的发音归类。 学生从 3 个一组的单词里找出不同的那个。例如，当老师（像乌龟那样慢吞吞地）发出 ring（铃声）、rabbit（兔子）和 sun（太阳）这几个单词的音时，学生们指出 sun 不属于这一组。但是老师不能念成 "ruh-uh-ing-guh"，这样发音的话，学生听到的是音节而不是音素。老师应该这样念 "riiiinnnnngggg"。

替换发音。 学生移除单词中的一个音并用另一个音替换。有时候，他们替换首音，例如，把 bar（棒）改为 car；有时候，他们替换中间的音，如把 top（顶部）改为 tip（尖端）；有时候，他们则替换尾音，如把 gate（大门）改为 game（游戏）。

连音。 学生把 2 个、3 个或 4 个独立的发音连起来读并组成单词。例如，老师说 /b/ /i/ /g/ 后，学生慢慢地重复一遍，再连起来读，组成单词 big（大的）。

拆解发音。 学生慢慢地说出单词，让自己能够听到它的前、中、后音。例如，学生像乌龟那样慢吞吞地说出 feet（脚，foot 的复数形式）和 go（走）这两个单词，把 feet 拆解为 /f/ / ē / /t/，

把 *go* 拆解为 /g // ō/。

　　学生运用这些策略，尤其是连音和拆解发音来解码和拼写单词。例如，当学生用拼读法拼单词时，他们先念出单词中每个字母表示的发音，再把它们连起来读出单词。同样，在拼写单词时，他们先缓慢地说单词，再拆解发音。

培养更有策略的学生

音素意识策略

当学生口头练习发音时，介绍以下两种策略。

☪ 连音

☪ 拆解

学生通过文字游戏、寻找押韵词及编造无意义的单词等活动口头练习这些策略。观察学生运用这些策略来解码、拼写书面单词的情况，如果学生有困难，请重新教授策略，确保说出策略名称。用口语和书面语示范策略用法，讨论它们在阅读和写作中的应用。

教授音素意识策略

　　老师可以显性化地教学生拆解、连音。接受 20 小时左右音素意识训练的学生在阅读和拼写上表现得更好（Juel，Griffith，& Gough，1986）。老师还可以临时组织活动，通过提供语言丰富的环境，在朗读图书时强调文字游戏；让学生唱歌、吟诗、讲谜语等，培养他们的音素意识。

　　老师可以在课堂上创造语言丰富的环境来培养学生的音素意识。学生唱歌谣、韵文、大声朗读文字游戏书、玩游戏时，都有很多机会来口头匹配、分离、连读和替换发音，把单词拆解为音素等（Griffith & Olson，1992）。老师一般会把音素意识的培养融入口语和读写活动，但也有必要开展专门培养音素意识策略的课程。

　　音素意识教学应满足三个标准。第一，活动需适合四~六岁的学生。涉及歌曲、童谣、谜语和文字游戏书的活动能鼓励学生用口语进行有趣的尝试，这些都是不错的选择。第二，教学应该是有计划的、有目的的，而不是随机的。老师提前选择教材、设计活动，把学生的注意力集中在口语的发音结构上。第三，把音素意识活动与均衡读写课程的其他组成部分相结合。让学生感知到口语和书面语之间的联系至关重要（Yopp & Yopp，2000）。

　　许多文字游戏书都适合低年级的学生使用。诸如《公鸡喔喔喔》（*Cock-a-Doodle-Moo*，

Most，1996）和《一辆破车》（*Rattletrap Car*，Root，2004）之类的书都能激发学生尝试各种发音、编造无意义的词等。老师通常会给学生读多遍文字游戏书。读第一遍时，学生专注于内容的理解并挑出书中自己感兴趣的地方。读第二遍时，学生的注意力则转到文字游戏上，老师可以提一些"作者如何利用单词和发音规则进行写作"的问题。

老师经常把文字游戏书、歌曲和游戏融入微课。下面的微课专栏展示了一位幼儿园老师教授连音的微课。老师重读了苏斯（Seuss）博士的《穿袜子的狐狸》。读部分单词时，她一个音一个音地念出来，然后让学生从书中找出这些单词。这本书中有很多文字游戏：押韵（如 *do,* 助动词，一般现在时；*you*，你；*chew*，咀嚼），首音替换（如 *trick*，戏法；*quick*，快的；*slick*，圆滑的），元音替换（如 *blabber*，多嘴的人；*blibber*，绕口的；*blubber*，哭泣）和头韵（如 *Luke Luck likes lakes,* 卢克·勒克喜欢湖泊）。

匹配发音。学生从若干单词中选出以某个音开头的单词或说出以某个音开头的单词（Yopp，1992）。老师可以用实物或图片展示学生熟悉的物品（如羽毛、牙刷、书）和玩具（如小型塑料动物、玩具卡车、人造水果和蔬菜）来开展这些游戏。

老师可以组织根据发音猜物品的游戏（Lewkowicz，1994）。先把成对的物品（如叉子、手套、橡皮擦、梳子和书）分别放到两个盒子里，依次展示给学生，让大家说出物品的名字。之后，游戏开始，两名学生各拿一个盒子背靠背坐下，其中一人选一件物品举起来，说出它开头的发音（中间或结尾的发音也行，游戏开始前定好即可）。另外一人根据听到的发音选一件他认为说话的同学选择的物品并举起来。其他同学检查两人拿着的物品是否一致。

让学生寻找押韵词也是一个发音匹配活动：学生说出与给定词押韵的单词，并从熟悉的歌曲、故事中找出押韵词。听父母和老师阅读苏斯博士的书，如《穿袜子的狐狸》等，能帮助学生加深对押韵的理解。

微课

主题： 把音连起来拼成单词

年级： 幼儿园

时间： 一节 20 分钟的课

刘易斯（Lewis）老师定期在读写课程中加入 20 分钟的音素意识课。她一般会重读学生熟悉的文字游戏书，组织孩子们玩一些突出某种音素意识策略的游戏。

1. 介绍主题

刘易斯带着 19 名学生坐在地毯上，告诉孩子们自己将重读苏斯博士的《穿袜子的狐狸》。这是学生们最喜欢的书之一，大家高兴地直鼓掌。她补充说，读完后要玩个文字游戏。

2. 展示示例

刘易斯大声朗读《穿袜子的狐狸》，边读边展示页面上的图片。她鼓励学生们一起读，有时候她会停下来让学生填句尾的押韵词，或跟读（像应声虫一样重复她说的）头韵句。读完后，她问学生最喜欢这本书的哪一点。珀尔（Pearl）回答："这本书非常有趣，这就是它好的地方。""什么地方比较有趣呢？"刘易斯问。泰瑞（Teri）说："这些单词很有趣，让我的舌头笑了起来。就像 -fox（狐狸）-socks（袜子）-box（盒子）-Knox（诺克斯）。这是舌头上的乐趣！""哦，"刘易斯解释道，"你的舌头喜欢说押韵的词。我也喜欢说。"其他学生也回忆起书中的押韵词：clocks（钟表）-tocks（托科鸟）-blocks（街区）-box（盒子），noodle（面条）-poodle（卷毛狗），以及 new（新的）-do（做）-blue（蓝色）。

3. 提供信息

"我来说明一下今天的游戏，"刘易斯说，"我将说一些书中的单词，但会一个音一个音地说，我希望你们把这些音连起来，猜出单词。""它们是押韵词吗？"泰瑞问道。"当然，"老师说，"我会一个音一个音地说两个押韵词让大家猜。"她说了 /f/ /ŏ/ /ks/ 和 /b/ /ŏ/ /ks/，学生们把这些音连起来，说出了 fox 和 box 两个词。随后，老师又说了 clock-tock、come（来）-dumb（哑的）、big（大的）-pig（猪）、new-blue、rose（玫瑰）-hose（软管）、game（游戏）-lame（差劲的）和 slow（缓慢的）-crow（乌鸦）。然后，老师停下来讲解并示范如何通过"破擦"或"连读"来辨认单词。有学生提议"说一些更难的词"。所以刘易斯说了几对更难的押韵词，包括 chick（小鸡）-trick（把戏）和 beetle（甲虫）-tweedle（鸟叫声）。

4. 指导练习

刘易斯继续开展猜词游戏，但转为拆分单个单词。正确识别一个单词的学生就可以离开去找助教。最终，6 名学生留了下来，继续练习混合 do、new 和其他双音节词，以及一些较简单的三音节词，包括 box、come 和 like（喜欢）。

5. 评价学习

在课上的指导练习环节，刘易斯非正式地筛选出还需继续学习把单音连成单词的学生，让他们进行额外的练习。

分离发音。老师说单词，学生分离出单词开头、中间和结尾的发音，或者师生在唱熟悉的歌曲时一起分离发音。

连音。学生把单音连起来拼出单词。例如，学生把 /d/ /ŭ/ /k/ 几个发音混合起来，拼出 duck（鸭子）这个词。老师组织学生玩"我想的是什么"游戏，先说出某样东西的几个特征，然后一个音一个音慢慢地说出它的名字（Yopp，1992）。学生根据老师提供的语音、语义信息，把单音连起来组成单词。

例如，我在想一种小动物，它小时候生活在池塘里，成年后生活在陆地上。它是 /f/ /r/ /ð/ /g/。它是什么呢？

学生把这几个音连起来说出 *frog*（青蛙）这个词。然后，老师让学生用字母磁贴拼出 *frog* 这个词并读出来。在这个例子中，老师把游戏与主题单元关联起来，使它变得更有意义。

添加和替换发音。学生玩文字游戏，通过给唱过的歌或听过的书里的单词添加或替换发音来编造无意义的单词。老师读文字游戏书，如帕特·赫钦斯（Pat Hutchins）的《别忘了培根》（*Don't forget the bacon!* 2002），这本书讲一个男孩去商店买东西的故事，他脑子里记着要买四样东西，边走边重复，但每次都替换了一些词："A cake for tea"（配茶吃的蛋糕）变为 "a cape for me"（给我的披肩），再变为 "a rake for leaves"（耙树叶的耙子）。然后，学生再想一些替换的词，如 "供蜜蜂玩的游戏"（a game for a bee）。

学生替换歌曲中叠句的发音（Yopp，1992）。例如，他们可以把 "老麦克唐纳德有个农场" 中的叠句 "Ee-igh, ee-igh, oh" 替换成 "Bee-bigh, bee-bigh, bot"，聚焦在开头的 /b/ 音上。老师可以选一个发音，如 /sh/，让学生用它替换自己的名字和教室里的物品的开头发音。例如，*Jimmy*（吉米）变成 *Shimmy*（施米），*José*（何塞）变成 *Shosé*（肖赛），*clock*（钟表）变成 *shock*（震惊）。

拆分发音。拆分发音是比较难的音素意识活动之一，学生需分离口语中的发音（Yopp，1988）。提取单词开头的发音是一个入门级的拆分活动。学生夸张地说出自己的名字和其他熟悉的单词开头的发音。例如，菲尔波的教室里养着一只叫 Popsicle（冰棍儿）的宠物豚鼠，学生夸大了它名字的开头发音，说成 "P-P-P-Popsicle"。他们还拿起物品或物品的图片并发出开头的音。一名学生拿起玩具卡车并说："这是卡车（truck），它以 /t/ 开头。"

然后，学生尝试提取单词中所有的发音。他们再次拿起玩具卡车说："这是卡车，/t/ /r/ /ŭ/ /k/。"

课堂干预

音素意识

一些 5 岁的学生想不出与 *pig*（猪）或 *make*（做）押韵的词、拍不对自己名字或常用词（如 *apple,* 苹果；*umbrella,* 雨伞）的音节数，对文字游戏活动也不感兴趣，这很可能是因为他们还没有掌握学习读写所需的音素意识知识。如果音素意识测试的结果表明学生对此存在困难，请迅速采取行动，因为音素意识水平较低的学生遇到阅读障碍的可能性更高（Snow, Burns, & Griffin, 1998）。

请对有困难的学生进行口语发音方面的干预，特别是在幼儿园的后半段。以单人或小组的形式，组织学生进行一些适合发展水平的、强调口语同时也关联阅读和写作的活动。

音素意识学习从识别单词中发音的顺序开始，直到能掌握这些声音为止。首先，学生能识别并匹配单词开头、结尾的发音。然后，他们能计算单词中音素的数量，一般可以借助埃尔科宁框（Elkonin Boxes）来完成。最后，学生能用四种方式来掌握发音：拆分、连音、添加和替换。老师可以先确定学生尚未理解的音素意识概念有哪些，然后按难度顺序通过专门的课程来解决这些问题。

有些学生对音素意识的理解极其有限，这可能是由于他们缺乏以下一个或多个先决概念的相关知识。

环境中的声音。学生是否注意到环境中的声音？能否识别特定的声音，如鸟叫声、人咳嗽声、汽车喇叭声或门发出的吱吱声？如果学生意识不到，那么可以通过教他们识别声音并根据响度、音高进行分类。

"押韵"的概念。学生知道什么是押韵词吗？能把单词分成首音和尾韵吗？如果不能，请帮助学生弄明白尾韵听起来很相似的是押韵词，如 go（走）-throw（扔）、snail（蜗牛）-whale（鲸鱼），并让他们去找诗文、歌曲和图书中的押韵词。

"单词"的概念。学生理解什么是单词吗？能辨认出话语中的单个单词吗？如果学生还没有形成这一概念，请在他们说话和朗读时强调单个单词，让他们听并找出具体的单词。

"音节"的概念。学生理解什么是音节吗？能展示如何计算单词中的音节吗？如果学生做不到，请突出单个单词中的音节，可以从学生的名字、常用词（如 baby, 婴儿；pizza, 比萨；together, 一起）和复合词（如 birthday, 生日；airplane, 飞机）开始。教学生在大声说单词时用手拍音节，如在说 elephant（大象）这个词时，拍三次手。

如果学生还没有形成这些基本知识，那就从这些内容开始干预；如果学生明白这些概念，那就专注于发音的识别和练习上。

老师也用埃尔科宁框教学生拆分单词；这个活动最早由俄罗斯心理学家 D. B. 埃尔科宁（D. B. Elkonin）提出（Clay，2005）。如表 4-2 所示，老师给学生看一件物品或物品的图片，根据其名称的单音数量画若干连续的方框。随后，每发一个音，老师或学生就在一个框里放上标记物。学生可以在桌面上放一些卡片代替框，用小一些的东西作标记物；或者老师在白板上画框，然后用胶带或磁铁吸住标记物。埃尔科宁框也可以用在拼写活动中：学生尝试拼写单词，如 duck（鸭子），老师可以画三个框做拆分活动，让学生把表示各个发音的字母写在框内。

学生在这些活动中用口语进行试验，从而提升语言学习兴趣，获得与书本、单词有关的宝贵经验。高效的教师很清楚，在学生开始阅读和写作时就要奠定这一基础，这是非常重要的。

表 4-2　埃尔科宁框的应用

种类	目标	活动步骤
音素意识	拆分单音节词的发音	1. 给学生看一件只有一个音节的物品或物品的图片，如鸭子（duck）、游戏（game）、蜜蜂（bee）或茶杯（cup） 2. 在白板或英语书写训练专用纸上画一排连续的框，数量与物品的发音数一致，如画两个框表示 bee 的两个发音，或者画三个框表示 duck 的三个发音 3. 用硬币、棋子或其他小物件作标记物 4. 慢慢地说出物品的名称，每发一个音就把一个标记物放到对应的框里。然后再重复上述步骤
音素意识	拆分多音节词的发音	1. 给学生看一件有多个音节的物品或物品图片，如蝴蝶（butterfly）、鳄鱼（alligator）、牛仔（cowboy）或雨伞（umbrella） 2. 画一排连续的框，数量与音节数一致，如画四个框表示 alligator 的四个音节 3. 拿出标记物 4. 慢慢地说出物品的名称，每说一个音节就把一个标记物放到对应的框里。然后再重复上述步骤
拼写	用字母表示发音	1. 画一排连续的框，数量与单词的发音数一致，如 go（走）画两个框，ship（船）画三个框，frog（青蛙）画四个框 2. 念出单词，边发音边用手指指着对应的框 3. 让学生在各个框里写下表示发音的字母或字母组合
拼写	应用拼写结构	1. 画一排连续的框，数量与单词的发音数一致，如给 duck（鸭子）、game（游戏）或 light（光线）分别画三个框 2. 念出单词，边发音边用手指指着对应的框 3. 让学生在各个框里写下表示发音的字母或字母组合 4. 再念一遍单词，分析每个音是怎么拼写的，插入不发音的字母，完善拼写

外语学习者的教学

音素意识。如果外语学习者处于刚开始学说英语的阶段，那么培养他们的音素意识可能比母语者难。但是，这些训练是值得的，只不过老师要注意用学生熟悉且有意义的词来开展教学（Riches & Genesee，2006）。老师创建读写内容丰富的环境，从大声读书、诵诗、唱歌等开始，让学生学着辨认、熟悉英语的发音模式。

要想设计高效的音素意识课程，老师需熟悉这类学习者的母语，了解它们与英语的区别（Peregoy & Boyle，2013）。教学应该从学生可以轻松发出的音及不与学生母语发音冲突的音开始。对他们来说，母语里没有的音及难以区分的音的学习难度更大，如 /ch/-/sh/ 或 /c /-/ĭ/ 对西班牙人来说就比较难发音。他们可能需要更多时间来学习和练习发出这些比较难的音。

学者建议对这类学习者进行显性化的音素意识指导，给他们提供练习机会（Snow，Burns，& Griffin，1998）。老师可以让他们像母语者那样唱熟悉的歌、玩语言游戏，但也要让他们关注英语的发音及单词读音。老师经常会把音素意识训练、词汇教学和阅读写作活动结合起来，展示如何用写下来的字母表示口语中的发音。

音素意识是具有普遍性的潜在语言能力，可以从一种语言转移到另一种语言（Riches & Genesee，2006）。如果学生的母语也是由字母组成的，而且已经能用母语进行阅读，那么他们就已经具备了音素意识，且这种知识有助于他们在英语阅读和写作方面的发展。

评价学生的音素意识

学生在学习拼读前，首先需要学会口头拆分或读出单词，因此评价他们的音素知识至关重要。在教学开始前，老师一般会用筛查测试判断学生音素意识的知识水平，借助教学 - 评价循环开展课中、课后评价。老师应该针对学生的需求展开教学，因此有必要将评价与音素意识教学关联起来，一旦学生能够口头使用音素意识策略，教学内容就应该转向书面文字的学习。

筛查测试。老师从已有的音素意识测试中选一种来评价学生使用音素意识策略的能力，监控进展，记录学习。下面的"评价工具"专栏介绍了四种音素意识测试。

评价工具

音素意识

幼儿园和一年级的老师通过观察学生课堂活动表现来监控其学习，以下测试可以用来筛查、监控、诊断和记录学生的音素意识发展。

- 早期读写基础技能动态指标（Dynamic Indicators of Basic Early Literacy Skills, DIBELS）：音素拆解流利度测试（Phoneme Segmentation Fluency Subtest）

此项测试可单独开展，评价学生拆分含有两个和三个音素的单词的能力。此项测试有多种形式，老师可用来周期性地监控学生的进展。

- 语音意识读写筛查系统（Phonological Awareness Literacy Screening System，PALS）：押韵意识及首音测试（Rhyme Awareness and Beginning Sound Subtests）

幼儿园阶段的 PALS 含有评价学生音素意识的简短小测试。学生看图片，说出图片中物品的单词首音或与其押韵的词。一～三年级的测试也包含音素意识子测试，它是为在其他测试中得分低于年级水平的学生开发的。

- 语音意识测试（Test of Phonological Awareness, TPA）

本组测试用于测量学生从口语中分离单音的能力及对字母与音素间关系的理解，TPA 用时 40 分钟。

- **Yopp-Singer 音素划分测试**（Yopp-Singer Test of Phonemic Segmentation）

这项针对幼儿园学生的口头测试可单独进行，测量学生划分单词中音素的能力。它包含 22 道题，用时不到 10 分钟。

老师根据课堂观察和上述评价中获得的信息筛选尚未具备音素意识的学生、设计恰当的教学并监控他们的进展。

"教 – 学 – 评"一体化。老师使用"教 - 学 - 评"一体化的四步循环将评价融入教学，他们也强调美国共同核心州立标准的相关要求。

第 1 步：计划。老师基于对学生单词处理能力的了解及想要教授的美国共同核心州立标准设计适合学生发展的教学，同时制订课中和课后的评价计划。

第 2 步：监控。老师非正式地观察学生读文字游戏书、上微课及参与音素意识游戏的表现，如根据首音将图片卡分类、找出熟悉的歌曲中的押韵词。根据学生的需要，老师调整教学或另外开展微课、组织学生玩更多文字游戏和发音游戏。

第 3 步：评估。老师经常用检查表来追踪学生的单词处理能力，尤其是应用拆解、连音和替换策略的能力变化。老师结合非正式监控和一对一口头评价的情况，判断学生是否达到年级水平。

第 4 步：反思。老师和学生都需要进行反思。老师根据学生的学习评估情况判断教学效果，确定如何调整教学以更好地帮助有困难的学生。同时，学生也要反思自己单词发音的能力及发展情况。请借助"我的教学待办清单：音素意识"来反思你教授音素意识概念的效果。

我的教学待办清单

音素意识

ⓖ 刚开始时，我用物品和图片开展口头活动；学生能辨认字母后，我加入阅读和写作的内容。

ⓖ 我在学生唱歌、玩文字游戏时强调大胆尝试的重要性。

ⓖ 我反复给学生读文字游戏书，鼓励他们用押韵词、头韵及其他文字游戏活动进行试验。

ⓖ 我在微课上按照从简单到复杂的顺序教授单词的处理方法。

ⓖ 我重点强调连音和拆解策略。

ⓖ 我开展小组活动，让学生更多地参与到语言游戏中来。

ⓖ 我以真实的阅读和写作活动为情境教授音素意识。

- 我大约花了 20 小时给幼儿园到二年级的学生教授音素意识策略。
- 我根据课程标准设计教学。

拼读

4.3　定义"拼读"

拼读指**语音**（phonology，话语中的发音）和构词（拼写系统）间的对应关系。其重点是拼写规则而非单个字母的拼写，因为英语的音素和字母并不是一一对应的。一个发音有多种拼写，这种不对应关系有以下原因：发音会随着它在单词中的位置而变化，尤其是元音，如 *go*（走）-*got*（得到，get 的过去式）；此外，字母发音常受相邻字母的影响，如 *bed*（床）、*bead*（珠子）；元音标记，如词尾的 *e*，*bit*（小片）-*bite*（咬），也会影响字母发音（Shefelbine，1995）。

词源或语言起源也会影响单词发音。例如，字母组合 *ch* 有多种发音方式；最常见的三种是英语 *chain*（锁链）中的 /ch/、法语 *chauffeur*（汽车司机）中的 /sh/ 和希腊语 *chaos*（混乱）中的 /k/。我们无法根据它在单词中的位置或相邻的字母来解释这些发音差异：在上述三个单词中，*ch* 都位于开头，后跟两个元音且第一个都是 *a*。有些字母不发音，如 *write*（写）这一类词中，*w* 不发音，虽然它曾经可能需要发音。*knight*（骑士）、*know*（知道）和 *knee*（膝盖）中的 *k* 也一样。*sign*（签字）和 *bomb*（炸弹）等单词中的不发音字母源自词根 *signature*（签名）和 *bombard*（轰击），是出于语义而非语音因素保留的（Venezky，1999）。

拼读概念

拼读法描述了音素与字母之间的关系。音素和字母本应一一对应，每个声音由一个字母表示。然而，英语的语音并不完全是这样。它仅有 26 个字母却要表示 44 个音素。事实上，用单个或多个字母来表示 44 个音素的方法有 500 多种。例如，单词 *day*（白天）中，两个音素 /d/ 和 /ā/ 由三个字母表示，其中 *d* 是辅音字母，*a* 和 *y* 是元音字母。有趣的是，*y* 并不总是元音字母。在单词开头时，它是辅音字母；在结尾时，它是元音字母。当两个元音字母连在一起置于词尾时，表示长元音，如 *day* 的元音是长音 *a*。小学生可以学习这些拼读知识来解码不熟悉的单词。

辅音。音素分为辅音字母和元音字母。辅音字母包括 *b*、*c*、*d*、*f*、*g*、*h*、*j*、*k*、*l*、*m*、*n*、*p*、*q*、*r*、*s*、*t*、*v*、*w*、*x*、*y* 和 *z*。大多数辅音字母只代表一个发音，但也有例外。例如，*c* 不代表它自身的发音：后面跟着 *a*、*o* 或 *u* 时，它发 /k/ 音，如 *cat*, 猫；*coffee,* 咖啡；*cut*, 剪；后面跟着 *e*、*i* 或 *y* 时，发 /s/ 音，就像在 *city*（城市）中一样。*g* 有两种发音，如 *garbage*（垃圾），它

通常发 /g/ 音，如 *gate,* 大门；*go,* 走；*guppy,* 古比鱼；但后面跟着 *e*、*i* 或 *y* 时，发 /j/ 音，如 *giant*（巨大的）。*x* 在单词的不同位置发音也不一样，位于词首时发作 /z/，如 *xylophone*（木琴）；有时候也会发自身的音，如 *x-ray*（x 光）；位于词尾时，发作 /ks/，如 *box*（盒子）。字母 *w* 和 *y* 很有意思：位于单词或音节开头时，是辅音字母（如 *wind,* 风；*yard,* 院子），位于中间或末尾时，则是元音字母（如 *saw,* 看到，see 的过去式；*flown,* 飞行，fly 的过去分词；*day,* 白天；*by,* 通过）。

辅音字母组合分为连缀和合音。**辅音连缀**（consonant blends）指单词中连续出现的两个或三个字母，其发音是"连在"一起的，如 *grass*（草）、*belt*（腰带）、*spring*（春天）。**辅音合音**（consonant digraphs）指多个辅音字母组成但只发单个音的字母组合，发音并非由其中某个字母决定。最常见的四个是 *chair*（椅子）和 *each*（每个）中的 *ch*，*shell*（壳）和 *wish*（愿望）中的 *sh*，*father*（父亲）和 *both*（两个都）中的 *th*，以及 *whale*（鲸鱼）中的 *wh*。还有一个是 *photo*（照片）和 *graph*（图表）中的 *ph*。

元音。剩下的五个字母——*a*、*e*、*i*、*o*、*u*——表示元音，*w* 和 *y* 在单词或字母中间及末尾时也是元音字母。元音字母通常代表多个发音，最常见的是短元音和长元音。短元音用符号 ˘ 表示，叫作"短音符"，长元音用符号 ˉ 表示，叫作"长音符"。*cat*（猫）中的 /a/、*bed*（床）中的 /e/、*win*（赢）中的 /i/、*hot*（热的）中的 /o/ 和 *cup*（杯子）中的 /u/ 是短元音。长元音——/ā/、/ē/、/ī/、/ō/ 和 /u/——则发字母本身的音，如 *make*（做）、*feet*（脚，foot 的复数形式）、*bike*（单车）、*coal*（煤）和 *rule*（规则）。长元音一般由两个元音字母组合而成，除非它位于单词或音节末尾时，如 *she*（她）或 *secret*（秘密），*try*（尝试）或 *tribal*（部落的）。*y* 作为元音字母出现在单词末尾时，发作长音 *e* 或长音 *i*，具体取决于单词的长度。在单音节词中，如 *by*（通过）、*try*（尝试），*y* 发作长音 *i*；但在更长的单词中，如 *baby*（宝贝）、*happy*（高兴的），则一般发作长音 *e*。

元音字母发音远比辅音字母发音复杂，元音字母组合可以表示多种长元音及其他元音发音。请看以下组合：

nail（钉子）中的 *ai*

laugh（笑）和 *caught*（捕捉，catch 的过去分词）中的 *au*

saw（看到，see 的过去式）中的 *aw*

peach（桃）和 *bread*（面包）中的 *ea*

sew（缝）和 *few*（少量的）中的 *ew*

dial（打电话）中的 *ia*

cookie（曲奇饼干）中的 *ie*

soap（肥皂）中的 *oa*

oil（油）中的 *oi*

cook（厨师）和 *moon*（月亮）中的 *oo*

house（房子）和 *through*（通过）中的 *ou*

now（现在）和 *snow*（雪）中的 *ow*

toy（玩具）中的 *oy*

大多数元音字母组合是元音合音或双元音。两个元音字母表示一个发音时，叫作**元音合音**（vowel digraph，如 *nail*、*snow*）；两个元音字母表示从一个音滑到另一个音时，叫作**双元音**

（diphthong）。双元音字母组合 *oi* 和 *oy* 始终代表双元音。其他字母组合，如 *ou* 在 *house* 中（但在 *through* 中不是）和 *ow* 在 *now* 中（但在 *snow* 中不是）代表滑音，是双元音。在 *through* 中，*ou* 表示 /ū/ 音，就像 *moon*（月亮）中一样；在 *snow* 中，*ow* 表示 /ō/ 音．

后面紧跟 *r* 的元音字母称为 **r 控元音**（r-controlled vowels），因为 *r* 会影响该字母的发音。例子有 *award*（奖励）、*never*（从不）、*squirt*（喷射）、*horse*（马）、*surf*（冲浪）、*square*（广场）、*pearl*（珍珠）、*cheer*（欢呼）、*where*（哪里）、*pier*（码头）、*board*（板）、*floor*（地板）、*scored*（刮伤的）、*fourth*（第四）和 *cure*（治愈）。有的单词只有一个元音字母带 *r*，有的有两个元音字母和 *r*，还有的是 *r* 在元音字母中间。第一种发音比后两种发音规律，而最规律的 r 控元音是 *shark*（鲨鱼）中的 *ar* 和 *born*（出生）中的 *or*。剩下的单元音字母 +*r* 组合——*er*、*ir* 和 *ur*——都比较难拼写，因为它们在单词里常发 /ûr/ 音，包括 *herd*（兽群）、*father*（父亲）、*girls*（女孩们）、*first*（第一）、*burn*（烧伤）和 *nurse*（护士）。

三个字母的 r 控元音拼写更为复杂，包括 *-are*（*care*，关心）、*-ear*（*fear*，恐惧）、*-ere*（*here*，此处）、*-oar*（*roar*，咆哮）和 *-our*（*your*，你的）。请看这些词里的 *-ear*，有四种发音方式：*bears*（熊）、*beard*（胡须）、*cleared*（扫干净的）、*early*（早的）、*earth*（地球）、*hear*（听到）、*heard*（听到）、*heart*（心）、*learner*（学习者）、*pear*（梨）、*pearls*（珍珠）、*spear*（矛）、*wearing*（穿）、*yearly*（每年的）和 *yearn*（向往）。*ear* 最常见的发音是 /ûr/，如 *earth*、*learner* 和 *pearl*；除了在 *heart* 和 *beard* 里，*ear* 后跟辅音就发作 /ûr/。第二种常见的发音是 *cleared* 和 *spear* 中的，与单词 *ear*（耳朵）发音相同。在 *bear* 和 *wear* 等词中，它的发音与单词 *air*（空气）一样。最后，在单词 *heart*（心脏）中，*ear* 的发音与 *car*（小汽车）的元音一致。老师一般会教授较为普遍的规律来解码 r 控元音，对于发音不太规律的单词，包括 *award*（奖励）、*courage*（勇气）、*flour*（面粉）、*heart*（心脏）、*here*（这里）、*very*（非常）和 *work*（工作）等，学生则用其他方法学习。

多音节词非重读音节中的元音常会弱化，发作"uh"，如 *about*（关于）和 *machine*（机器）的第一个音节，以及 *pencil*（铅笔）、*tunnel*（隧道）、*zebra*（斑马）和 *selection*（选择）的最后一个音节。这类元音称为**非中央元音**（schwa），字典中用 /ə/ 表示，看起来像一个倒置的 *e*。

课堂干预

拼读

阅读存在困难的学生得学着解码，拼读是非常重要的单词解码工具。他们大多都知道了音素 - 字母关系，但可能会根据第一个字母猜单词，或者逐个念出字母的发音，却没有把音连起来或考虑拼写规则。针对不会解码单词的学生，教学一般包括两部分（Cunningham，2013；McKenna，2002）。首先，复习词族。老师创建单词墙，每个音簇

> 对应的词放在一个区域，通过类比来教授解码。其次，教授拼写规则并用单词分类活动来练习。然而，有的老师会跳过拼读教学，认为之前已经给读写困难的学生教过了，却收效甚微。麦肯纳（McKenna，2002）反驳说："不管我们用什么教学方法，阅读发展的解码阶段无论如何也绕不过去。"
>
> 理由是学生如果不能解码单词，其阅读就无法达到流利阶段；如果不能流利阅读，就无法理解所读内容；如果不能理解，学习阅读就无法成功。

连音成词。读者通过混合或组合发音来解码单词。即便学生能逐一识别每个单音，也还需要能够把它们连起来。例如，读短元音单词 best（最好的）时，学生先识别单音 /b/ /ĕ/ /s/ /t/，再把它们连读，就发出单词的音了。对于长元音单词，学生需识别元音及其周围的字母。如读 pancake（薄烤饼）时，学生识别发音 /p/ /ă/ /n/ /k/ /ā/ /k/，意识到词尾的 e 不发音且把它前面的元音标记为长音。舍费尔宾（Shefelbine，1995）强调了连音能力的重要性，认为解码单词有困难的学生通常都知道发音 - 符号的对应关系，只是不能把单音连发成可识别的单词。连音是一项音素意识策略，一些学生缺少把单音连成单词的练习，解码不熟悉单词时可能会有困难。

音簇。单音节词及较长单词中的一个音节都可分为首音和尾韵两部分。首音是元音字母前的辅音字母（若有的话），尾韵是元音字母及后面的所有辅音字母。例如，在 show（表演）中，sh 是首音，ow 是尾韵；在 ball（球）里，b 是首音，all 是尾韵。at 和 up 则没有首音，整个单词都是尾韵。研究发现，尾韵比首音更难解码和拼写，元音比辅音更难解码和拼写，学生在尾韵和元音上犯错误更多（Caldwell & Leslie，2013）。实际上，尾韵是识别单词的关键。

威利和达雷尔（Wylie and Durrell，1970）识别了 37 个高频使用的尾韵，包括 -ay、-ing、-oke 和 -ump 等，出现在近 500 个常用词中。表 4-3 呈现了这些尾韵及一些相关单词。知道这些尾韵及其构成的常用词对初级读者非常有帮助，他们可以用这些词来解码其他单词（Cunningham，2013）。例如，如果学生知道尾韵 -ay、能识别 say（说），就能用这些知识来读出 clay（黏土）：学生通过识别尾韵 -ay 并把它与 cl 连起来就可以解码单词。这项策略叫作"类比解码"，在本书的第 5 章中有详细介绍。

表 4-3　37 个尾韵及相关单词

尾韵	示例	尾韵	示例
-ack	black（黑色）、pack（包裹）、quack（骗人的）、stack（堆）	-ide	bride（新娘）、hide（躲藏）、ride（骑）、side（边）
-ail	mail（邮件）、nail（钉）、sail（航行）、tail（尾巴）	-ight	bright（光亮的）、fight（打架）、light（光线）、might（可能）
-ain	brain（大脑）、chain（锁链）、plain（平原）、rain（下雨）	-ill	fill（装满）、hill（山）、kill（杀）、will（意愿）

（续表）

尾韵	示例	尾韵	示例
-ake	cake（蛋糕）、shake（摇动）、take（拿）、wake（醒来）	-in	chin（下巴）、grin（露齿笑）、pin（别针）、win（赢）
-ale	male（男性）、sale（出售）、tale（故事）、whale（鲸）	-ine	fine（美好的）、line（线）、mine（我的）、nine（九）
-ame	came（来，come 的过去式）、flame（火焰）、game（游戏）、name（姓名）	-ing	king（国王）、sing（唱歌）、thing（东西）、wing（翅膀）
-an	can（能够）、man（男人）、pan（平底锅）、than（比）	-ink	pink（粉红色）、sink（下沉）、think（认为）、wink（眨眼）
-ank	bank（银行）、drank（喝）、sank（沉陷）、thank（感谢）	-ip	drip（滴出）、hip（臀部）、lip（嘴唇）、ship（船）
-ap	cap（帽子）、clap（鼓掌）、map（地图）、slap（拍击）	-it	bit（小片）、flit（掠过）、quit（辞职）、sit（坐）
-ash	cash（现金）、dash（冲撞）、flash（闪光）、trash（垃圾）	-ock	block（街区）、clock（钟）、knock（敲门）、sock（短袜）
-at	bat（球拍）、cat（猫）、rat（老鼠）、that（那个）	-oke	chock（窒息）、joke（玩笑）、poke（刺）、woke（唤醒）
-ate	gate（大门）、hate（讨厌）、late（迟到）、plate（盘子）	-op	chop（砍）、drop（滴）、hop（跳跃）、shop（购买）
-aw	claw（爪子）、draw（画）、jaw（下巴）、saw（看到，see 的过去式）	-ore	chore（家务）、more（更多的）、shore（海滨）、store（商店）
-ay	day（白天）、play（玩）、say（说）、way（方法）	-ot	dot（点）、got（得到，get 的过去式）、knot（结）、trot（小跑）
-eat	beat（打败）、heat（热度）、meat（肉）、wheat（小麦）	-uck	duck（鸭子）、luck（幸运的）、suck（吸）、truck（卡车）
-ell	bell（铃）、sell（卖）、shell（壳）、well（好）	-ug	bug（虫子）、drug（毒品）、hug（拥抱）、rug（小块地毯）
-est	best（最好的）、chest（胸）、nest（巢）、west（西）	-ump	bump（撞击）、dump（倾倒）、hump（恼怒）、lump（肿块）
-ice	mice（老鼠，mouse 的复数）、nice（好的）、rice（米饭）、slice（薄片）	-unk	bunk（床铺）、dunk［将（食物）浸入液体］、junk（破烂物）、sunk（下沉，sink 的过去式）
-ick	brick（砖）、pick（捡起）、sick（患病的）、thick（厚的）		

　　老师教授尾韵时，将之称为音簇或词族。"音簇"这个词用在这里其实并不是最合适的，因为它的定义是代表单音的字母或字母组合。表 4-3 中仅有 2 个尾韵，-aw 和 -ay 代表单音，其余 35 个都不是。

　　初级阶段的学生常利用音簇来读和写单词。二年级的学生能用尾韵 -ain 来读和写这些单词：

brain（大脑）、*chain*（锁链）、*drain*（排水）、*grain*（谷物）、*main*（主要的）、*pain*（疼痛）、*plain*（平原）、*rain*（下雨）、*sprain*（扭伤）、*stain*（玷污）和 *train*（火车）。学生须熟悉辅音连缀与辅音合音，才能读和写这些单词。老师常把学生用音簇创建的单词列表张贴到单词墙上，如表 4-4 所示，每个音簇及其构成的单词都单独写在一个区域。老师用单词墙上的单词开展各种拼读活动，学生也会在写作时参考上面的单词进行拼写。

表 4-4 音簇单词墙摘选

-OCK		-OKE		-OLD	
block（街区）	lock（锁）	broke（打破，break 的过去式）	poke（刺）	bold（勇敢的）	hold（持有）
clock（钟）	rock（岩石）	coke（可口可乐）	smoke（吸烟）	cold（寒冷的）	sold（卖，sell 的过去式）
dock（码头）	sock（短袜）	choke（窒息）	woke（唤醒，wake 的过去式）	fold（折叠）	told（告诉，tell 的过去式）
flock（群）		joke（玩笑）		gold（黄金）	
		*soak（渗透）			
-OP		-ORE		-OT	
cop（警察）	pop（使破裂）	more（更多的）	store（商店）	dot（点）	lot（许多）
chop（坎）	plop（扑通声）	sore（疼痛的）	tore 撕开（tear 的过去式）	got（得到，get 的过去式）	not（不）
drop（滴）	shop（购物）	shore（海滨）	wore 穿（wear 的过去式）	hot（热的）	shot（开枪，shoot 的过去式）
hop（跳跃）	stop（停）	snore（打鼾）		knot（结）	spot（污点）
mop（擦干）	top（顶）	*door（门）*pour（倾泻）*soar（高飞）			
		*floor（地板）*your（你的）*war（墙）			

注：* 为例外。

拼读规则。由于音素与字母并非一一对应，语言学家制定了英语的拼写规则来描述它的规律。比如，有一条规则是 q 后跟 u，读作 /kw/，如在 *queen*（女王）、*quick*（快速的）和 *earthquake*（地震）中；而 *Iraq*（伊拉克）、*Qantas*（澳洲航空）和其他名称中的拼写则是例外。再比如，有一条几乎没有例外的规则与 r 控元音有关：r 影响前面的元音，使它们既不发长音也不发短音。例如，*car*（小汽车）、*wear*（穿）和 *four*（四）。然而，也有例外，如 *fire*（火）。

许多规则不是很有用，不符合规则的词比符合规则的还多（Clymer，1963）。长元音规则是一个很好的例子：两个元音字母连在一起时，发第一个字母的长音，第二个则不发音；老师有时把它叫作"两个元音字母一起走，第一个字母要开口"规则。符合的单词有 *meat*（肉）、*soap*（肥皂）和 *each*（每个）。然而，也有很多例外，包括 *food*（食物）、*said*（说）、*head*（头）、*chief*（酋长）、*bread*（面包）、*look*（看）、*soup*（汤）、*does*（助动词，一般现在时第三人称单数形式）、too（也）和 again（再次）等。

学生应该学习那些比较少出现例外的规则，因为这些最有用（Adams，1990）。表 4-5 中列出了 8 条有用的规则。虽然这些规则出现例外的情况比较少，但也不能保证百分之百适用。刚刚提到的 r 控元音的规则，据统计，对 78% 的含有元音字母加 r 的单词是适用的（Adams，1990）。其他老师经常讲授的规则，出现例外的情况则更多。CVC 结构指单音节词中仅有一个元音字母且位于两辅音字母间，那么它通常发短音，如 bat（球拍）、land（土地）和 cup（杯子），大约 62% 的单词都符合这条规则。但也有例外，如 told（告诉，tell 的过去式）、fall（跌倒）、fork（叉子）和 birth（出生）。CVCe 结构指单音节词含有两个元音字母，其中一个是 e 且位于词尾，那么第一个元音字母发长音且 e 不发音，大约 63% 的 CVCe 单词发音符合这条规则，如 came（来，come 的过去式）、hole（洞）和 pipe（烟斗）。但有三个非常常见的词：have（有）、come（来）和 love（爱），却是例外。

表 4-5 最普遍的拼读规则

字母或字母组合	说明	示例	
c 的两种发音	字母 c 可发作 /k/ 或 /s/。c 后跟 a、o 或 u 时，发作 /k/。c 后跟 e、i 或 y 时，发作 /s/——弱 c 音	cat（猫） cough（咳嗽） cut（剪）	cent（分） city（城市） cycle（循环）
g 的两种发音	g 的发音取决于它后面跟的字母：后跟 a、o 或 u 时，g 发作 /g/——强 g 音；后跟 e、i 或 y 时，发作 /j/——弱 g 音，例外包括 get（得到）和 give（给）	gate（大门） go（走） guess（猜测）	gentle（温和的） giant（巨大的） gypsy（流浪）
CVC 结构	单音节词中仅有一个元音字母且位于两辅音字母中间时，它通常发短音，例外之一是 told（告诉）	bat（球拍） cup（杯子） land（土地）	—
词尾 e 或 CVCe 结构	单音节词中含有两个元音字母，如果其中一个是 e 且位于词尾，那么第一个元音字母发长音，e 不发音。三个例外是 have（有）、come（来）和 love（爱）	home（家） safe（安全） tune（曲调）	—
CV 结构	单音节词中，一个元音字母跟在一个辅音字母后面，元音字母发长音，但是，the（那个）、to（向）和 do（助动词，一般现在时）例外	go（走） she（她）	—
r 控元音	r 给前面的字母赋能，使它们既不发长音，也不发短音，但 fire（火）是个例外	car（小汽车） dear（亲爱的）	birth（出生） pair（双）
-igh	gh 跟在 i 后面，i 发长音，gh 不发音，但 neighbor（邻居）是个例外	high（高的） night（夜晚）	—
kn- 和 wr-	以 kn- 和 wr- 开头的单词，第一个字母不发音	knee（膝盖） write（写）	—

培养拼读能力

4.4 说明什么是"教 – 学 – 评"一体化，如何用它来设计教学

教授拼读的最佳方法是结合使用显性化教学和真实的应用活动。美国国家阅读研究组（National Reading Panel，2000）综述了拼读教学相关文献，得出的结论是，系统的培训课程最为有效。也就是说，最有用的拼读技能是按预先确定的顺序逐个教授的。大多数老师会从辅音开始，然后教授短元音，这样学生就可以阅读、拼写辅音 - 元音 - 辅音或 CVC 结构的单词，如 *dig*（挖）和 *cup*（杯子）。之后，学生学习辅音连缀、辅音合音及长元音，这样就可以阅读、拼写辅音 - 元音 - 辅音 -e 或 CVCe 结构的单词，如 *broke*（打破，break 的过去式）和 *white*（白色），以及辅音 - 元音 - 元音 - 辅音（CVVC）结构的单词，如 *clean*（清洁）、*wheel*（轮子）和 *snail*（蜗牛）等。最后，学生学习不太常见的元音合音和双元音，如 *claw*（爪子）、*bought*（买，buy 的过去式）、*shook*（摇）和 *boil*（煮）；以及 r 控元音，包括 *square*（广场）、*hard*（硬的）、*four*（四）和 *year*（年）。表 4-6 列出了拼读技能的教学顺序。

学生还要学习识别陌生单词的策略（Mesmer and Griffith，2005）。最有用的三项策略是拼出单词、类比解码和应用拼读规则。运用拼出单词策略时，学生把字母和字母组合转换为单音，然后将单音连起来读出单词；这在解码符合发音规则的单音节词时最为有效。运用类比解码策略时，学生运用音簇知识分析陌生单词的结构（White，2005），借助已知单词来辨认陌生单词。例如，如果学生熟悉 *will*（愿意），就能用它来识别 *grill*（烤）。他们还可以根据拼读规则来识别陌生单词，如 *while*（然而）和 *clean*（清扫）。在学生还不能识别太多单词时，这些策略最为有效。随着阅读经历的增加，学生能自动识别大多数单词时，这些策略就不那么重要了。

拼读教学的第二种重要方法是让学生每天有机会在真实的阅读和写作活动中运用学到的拼读策略与技能（National Reading Panel，2000）。坎宁安等人（Cunningham and Cunningham，2002）认为，阅读和写作的时间与拼读教学的时间比例应该是 3：1 左右。如果不让学生真正应用所学的内容，那么拼读教学就是无效的（Dahl，Scharer，Lawson，& Grogan，2001）。

拼读教学一般从幼儿园开始，因为这时候学生学着把辅音、短元音与字母联系起来，通常会在三年级结束，因为年龄再大一点的学生就很少需要拼读教学了（Ivey & Baker，2004；National Reading Panel，2000）。如今有很多阅读和写作的软件，而且每周都会更新。它们聚焦于早期阅读技巧，帮助学生解码单词。很多软件可以教学生字母表、押韵词、拼读法、词族，以及单词的拼写和抄写。诺宏拉普和基林（Northrup and Killeen，2013）就分享了如何把平板电脑整合到课堂教学中，帮助学生树立语音和音素意识，教学生拼读等多种方法。他们提出将 App 小程序融入课堂教学。这一思路的提出使我们不再仅把 App 当作游戏，而是把它们纳入早期读写技能教学中。其关键是逐渐让学生实现自主学习。最初，老师可以非常显性化地进行教学，展示如何使用 App；之后可以让学生越来越多地自主使用 App。老师可以用这种方法示范

如何有效使用信息技术。

显性化教学。老师根据教学需要，给全班或小组学生开展微课，教授拼读概念。他们按照微课的模式，显性地呈现拼读策略或技能，演示它们如何使用，并为学生提供指导练习中要用的单词，就像菲尔波老师在本章开头的教学故事中所做的那样。在微课中，老师可以利用以下活动，指导学生练习发音与单词读写。

- 根据拼读把物品、图片和单词卡分类。

- 在小白板上写字母或单词。

- 用字母磁贴或字母卡拼写单词。

- 制作班级单词图表来展示拼读概念，如 *g* 的两种发音或 *-ore* 的音簇。

- 制作海报或词汇书来展示拼读概念。

- 从所读图书中找出其他符合拼写规则的单词。

以下微课展示了一位一年级的老师通过词尾的辅音连缀教学生读和拼写 CVC 结构单词的过程。

微课

主题：解码以辅音连缀结尾的 CVC 结构的单词

年级：一年级

时间：30 分钟

纳齐尔（Nazir）老师教一年级的学生辅音连缀。给全班讲解了词首辅音连缀后，她让学生读并拼写一些从基础分级读物里挑出的单词，如 *club*（俱乐部）、*drop*（滴）和 *swim*（游泳）。然后，学生分成小组完成练习册，用印着首音和尾韵的塑料字母块儿拼单词。例如，用 *-ip*，他们拼出了 *clip*（夹子）、*drip*（滴落）、*flip*（翻转）、*skip*（跳过）和 *trip*（绊倒）。今天是这一系列的第 5 次课程，纳齐尔老师讲授词尾辅音连缀。

1. 介绍主题

纳齐尔说明：辅音连缀也会出现在词尾。她在白板上写下这些词：*best*（最好）、*rang*（响铃，ring 的过去式）、*hand*（手）、*pink*（粉红色）和 *bump*（肿块）。学生一起把它们拼读出来：他们发出词首辅音、短元音和词尾辅音，然后先把词尾辅音连起来发音，再将整个单词连起来发音并大声读出来。学生用这些词来组句，使每个人都能听懂他们在说什么。狄龙（Dillon）、T. J.、波林（Pauline）、科迪（Cody）和布兰妮（Brittany）圈出白板上所写单词里的辅音连缀。老师指出，*st* 这一辅音连缀大家比较熟悉，也可以用在单词开头，但其他辅音连缀只能用在词尾。

---

2. 展示示例

纳齐尔说出这些词：*must*（必须）、*wing*（翅膀）、*test*（测试）、*band*（带）、*hang*（悬挂）、*sink*（下沉）、*bend*（弯曲）和 *bump*（肿块）。学生跟读每个单词，拆分并识别辅音连缀。卡森（Carson）说："这个词是 *must*——/m//ǔ//s//t/——词尾的 *st* 是辅音连缀。"布莱恩（Bryan）指出 Ng 是他的姓，同学们为他有个如此特别的名字而鼓掌。几名学生主动补充了一些词：狄龙说了 *blast*（爆炸），亨利（Henry）补充了 *dump*（倾倒）和 *string*（线）。随后老师把单词卡发给大家，让学生读上面的单词，包括 *just*（仅）、*lamp*（台灯）、*went*（去，go 的过去式）和 *hang*（悬挂）等。学生认真地拼读每个单词，发出词首辅音、短元音和词尾辅音连缀，最后把单音连起来说出单词。

3. 提供信息

纳齐尔张贴一张写着 "*-ink* 词族" 的图纸。学生进行头脑风暴，想出以下包含 *-ink* 的单词：*blink*（眨眼）、*sink*（下沉）、*pink*（粉红色）、*rink*（溜冰场）、*mink*（貂）、*stink*（恶臭）和 *wink*（闪烁），并依次写在图纸上。他们还说了 *twinkle*（闪烁）和 *wrinkle*（皱纹），纳齐尔也写在了图纸上。

4. 指导练习

学生用 *-and*、*-ang*、*-ank*、*-end*、*-ent*、*-est*、*-ing*、*-ump* 和 *-ust* 做了其他词族的图表。每个小组至少头脑风暴 5 个词，并写在图纸上。期间纳齐尔进行监督，并帮助学生想出更多的单词、纠正拼写错误。最后，学生张贴自己的词族图表并与全班分享。

5. 评价学习

纳齐尔会观察一年级的学生进行头脑风暴、连音和拼写单词的过程。她发现了几名需要额外练习的学生，并把他们叫到一起参加后续的课程。

应用活动。学生在阅读、写作，以及老师指导的活动中应用学到的拼读概念。例如，在交互型写作中，学生将单词拆解为单音，然后轮流在图表中写下单音代表的字母，有时候甚至是写出整个单词（McCarrier，Pinnell，& Fountas，2000；Tompkins & Collom，2004）。老师帮助学生纠正错误，并抓住机会复习辅音和元音、拼写规则、抄写，以及大小写与标点符号规则。老师开展组词、词梯和单词排序等活动，让学生有机会练习音素 - 字母的对应关系、词族和拼读规则。

培养更有策略的学生

拼读策略

教学生以下策略来解码单词。

- ☾ 拼出单词

- ☾ 类比解码

- ☾ 应用拼读规则

学生可以在引导型阅读、单词墙及其他阅读活动中练习这些策略。老师在阅读工作坊及其他独立型阅读活动中观察学生的策略应用情况。重新给有困难的学生教授适合其发展阶段的策略。确保向学生说出策略名称、示范用法并讨论应用方法。

评价学生的拼读知识

老师结合使用测试、观察，以及阅读和写作样本评价学生的拼读知识发展情况。他们常在学年初、学年中、学年末分别开展测试来筛查学生，监控学习进展，记录学业成绩。当学生没有取得预期进步时，老师会用测试来诊断问题，制订相应的教学计划。评价工具专栏介绍了三种评价拼读知识的测试。

评价工具

拼读

在设计教学前，老师开展以下测试来评价学生的拼读知识。

- 早期读写素养成就观察表（Observation Survey of Early Literacy Achievement，OS）：读单词、听单词与记录单词中的发音测试（Word Reading and Hearing and Recording Sounds in Words Subtests）

  OS（Clay，2013）由 6 项测试组成。读单词、听单词并记录单词中的发音测试用于评价学生应用拼读概念解码与拼写单词的能力。各项测试单独进行，学生得分可以标准化为九级制。

- 早期读写基础技能动态指标（Dynamic Indicators of Basic Early Literacy Skills，DIBEL）：无意义单词流利度测试（Nonsense Word Fluency Subtest）

  此项测试单独进行，评价学生应用拼读概念来读 2 个和 3 个字母组成的无意义单词（如 *ap*、*jid*）的能力。此项测试有多种形式，可用于监控学生在幼儿园和一年级期间的拼读能力发展情况。

- **字母块儿测试**（The Tile Test）

  此项测试单独进行（Norman & Calfee，2004），用于评价学生的拼读知识。学生用字母块拼单词，老师也可以用字母块拼单词给学生阅读。字母块测试可以在 10 ~ 15 分钟内轻松完成。

- **姓名测试：解码能力速测**（The Names Test: A Quick Assessment of Decoding Ability）

  姓名测试（Cunningham，1990；Duffelmeyer et al.，1994；Mather, Sammons, & Schwartz，2006）用来测量年龄较大学生（二 ~ 五年级）的单词解码能力。此项测试采用体现音素 - 字母对应关系和拼读规则的姓名列表。老师在学生读名字时，标出他们读对的和读错的名字并分析错误，确定学生尚未掌握的拼读概念。

  老师用这些测试作为评价工具，筛选、监控、诊断和记录儿童拼读知识的掌握情况，确定教学决策。

"教 – 学 – 评"一体化。老师根据"教 - 学 - 评"一体化的四步循环来设计、教授及评估学生学习情况和教师教学效果。

第 1 步：计划。老师基于对学生当前所处拼读发展阶段的了解设计适合他们的教学，确定期望达到的美国共同核心州立标准。最需关注的两点是教学要适合发展并反映年级水平标准，以及评价需准确测量所教授的具体概念和策略。

第 2 步：监控。老师观察学生在拼读活动及阅读和写作中的表现，判断他们应用所学拼读策略和技能的情况。例如，学生用字母磁贴拼写含有 -at 的单词时，如 *bat*（球拍）、*cat*（猫）、*hat*（帽子）、*mat*（垫子）、*rat*（老鼠）和 *sat*（坐，sit 的过去式），就体现了他们的拼读知识，也体现了他们在交互型写作、组词及单词分类活动中学到的内容。同样，听学生读课文或读自己的作文时，老师也会分析学生的错误，确定他们混淆不清或还未理解的拼读概念。

第 3 步：评估。读和写陌生单词最能反映学生新学的拼读知识。虽然老师最好是让学生在真实的阅读和写作活动中应用所学的拼读知识，但老师也可以让学生把单词卡分类、用字母磁贴拼单词或玩拼读游戏，从而观察他们的知识掌握情况。

第 4 步：反思。学生往往会根据自己新学会读和写的单词数量来衡量自己取得的进步。老师也会反思自己的教学效果，思考学生的概念、策略学习情况及如何改进自己的教学。请用

"我的教学待办清单：拼读教学"评估你的拼读教学效果。

我的教学待办清单

拼读教学

- ☪ 我教实用性高、对读陌生单词最有用的拼读概念。
- ☪ 我按照发展规律系统地、顺序地教授拼读，从押韵开始，以拼读规则结束。
- ☪ 初次介绍用来教授拼读策略和技巧的 App 时，我采用显性化教学，之后逐渐让学生独立学习。
- ☪ 我通过单词分类、组词、交互型写作、App 及其他读写活动，给学生应用学到的拼读知识的机会。
- ☪ 我在教学中抓住机会来澄清误解，在读写活动中融入拼读教学。
- ☪ 当学生在拼读与拼写教学中练习连音和拆解书面单词时，我用口头活动来强化音素意识策略。
- ☪ 如果有需要，我会在教高年级的学生拼写时复习拼读。
- ☪ 我把课程标准融入教学。

拼读在均衡读写课程中的作用是什么

　　拼读教学是比较有争议的话题。一些教育者、研究者和政府官员认为教学生用拼读法阅读，包括教学生字母的发音及连音成词的方法，就可以解决教育中的大多数弊病。但也有少部分人依然认为，拼读教学就是阅读教学，但这种观点忽视了四个提示系统间的相互关联。阅读是一个复杂的过程，在阅读过程中，语音系统会与语义、句法和语用这些系统相互作用，并非单独运行。

　　如今的争议集中在如何教拼读最有效这个问题上。玛丽莲·亚当斯（Marilyn Adams，1990）对拼读教学相关研究进行了综述，建议使用均衡法教授拼读，把阅读策略、技能教学融入有意义的阅读和写作。她强调，拼读教学应该教授最有助于识别单词的内容，应该是系统的、集中的，应该在三年级结束前完成。近期的研究综述也发现，"开展系统的、良好的拼读教学干预"能提高学生的读写素养（Savage et al.，2008）。"系统的"是指拼读教学是系统的、计划好的，而不是偶然或是需要时再开展的（Shanahan，2018）。

第 **5** 章

培养学生阅读和
写作流利度

学完本章后，你将能够：

5.1　了解阅读流利度的内涵，知道如何提升学生阅读的流利度；

5.2　了解并说明写作流利度的内涵，知道如何提升学生写作的流利度；

5.3　介绍评价阅读和写作流利度的方法。

　　本章主要聚焦流利性，即学生准确、快速、有表现力地读和写的能力。就像教学故事里的威廉姆斯老师一样，小学老师会通过讲授、指导型练习、独立型阅读和写作等提升学生的读、写流利度。读这则教学故事时，请找出威廉姆斯老师用来提升学生读、写流利度的活动，思考她是如何监控学生流利度发展的。

　　威廉姆斯（Williams）老师教高频词的方法。威廉姆斯给二年级的学生讲寄居蟹及它们生活的潮池[①]。每个小组的桌上都放着一个塑料生态缸，里面生活着寄居蟹。学生一边学习照料甲壳类动物，一边研究它们的特点。学生先用放大镜观察寄居蟹并指出其身体的各个部位，然后威廉姆斯在纸上把寄居蟹画下来，并在各个部位贴上对应的词条。她还给学生讲解了寄居蟹如何蜕壳、如何饲养它们，以及如何把它们从壳里取出来。

　　阅读和写作是学生学习的重要渠道。本单元学习的文本是埃里克·卡尔的《寄居蟹的房子》（*A House for Hermit Crab*，2005），威廉姆斯老师已经给全班读了几遍了。她还给学生读了《动人的日子》（*Moving Day*，Kaplan，1996）、《隐藏的寄居蟹》（*Hidden Hermit Crabs*，Doudna，2007）和《照顾寄居蟹》（*Caring for Your Hermit Crab*，Richardson，2006）。学生现在已经可以独立或和朋友一起重读这些书了。本单元聚焦文学阅读，威廉姆斯组织了许多阅读教学活动，还用分级图书开展了指导型阅读课。有 3 名学生达到了读写流利阶段，其他学生还处于初级阶段，需要继续学习高频词、提升读写速度、增强表达能力。学生还会在学习日志里绘制图画并记录一些相关的内容（如下图所示）。他们用学习日志来记录学习的过程。

　　廉姆斯用单词墙来教高频词。单词墙由一块色彩鲜艳的布做成，上面分成 26 个字母格，一直挂在教室的墙上。9 月时，威廉姆斯把学生已经知道的 70 个高频词放大后印在卡片上，再张贴到单词墙上，确保每个人都能看清。她每周会增加 3～5 个新词，先从前 100 个高频词里选，然后再从第 101～200 个高频词里选。她没有按照高频词列表的顺序来教

---

① 潮池：退潮后在海岸地形较低陷的地方残留的潮水形成的封闭水池。

新单词，而是选那些与文学阅读单元、拼读课程有关的，或是学生在写作中拼错的单词来教授。

本周，威廉姆斯老师把 *soon*（很快）、*house*（房子）、*your*（你的）和 *you're*（你是）这几个词张贴到单词墙上。之所以选 *soon* 和 *house*，是因为《寄居蟹的房子》中用到了这两个词，最近也有几名学生问如何拼写 *house*；选同音异形异义词 *your* 和 *you're* 是因为学生们混淆了这两个词。此外，她还注意到有些学生不知道单词缩写，所以打算以 *you're* 为例子来复习。

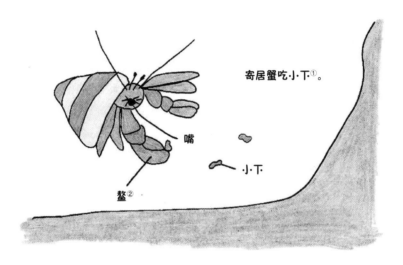

学生记录的一条学习日志

学生坐在单词墙前的地毯上听威廉姆斯讲新单词。威廉姆斯用铁盘和字母磁贴来教新单词，她把字母打乱放在铁盘下端，然后说，今天的新词中有两个——*house*（房子）和 *soon*（很快）——选自《寄居蟹的房子》。接下来，她边听学生猜单词，边用字母在铁盘上端慢慢拼出单词。她先放好 *h*，再加上 *ou*，就有几名学生喊出"house"。她继续加字母，都放好后，全班学生齐声喊道："house！"这次轮到卡丽（Kari）写新单词卡了。她认真地写下 *house*，并把卡片张贴到单词墙的 H 字母格。最后，大家一起用歌谣的方式念出单词及其拼写，边念边拍手。威廉姆斯起头："house, house, h-o-u-s-e。"学生跟着一起吟诵。然后，她请恩里克（Enrique）领着大家一起吟诵。其他 3 个新词也是同样的步骤。

第二天，威廉姆斯带领学生用交互型写作来造句，把所有新词都含在里面，之后再让学生把句子写下来并把新单词划出来：

---

① 学生把虾（shrimp）错拼为 shimp，故此处用"下"代替"虾"，表示同样的意思。

② 学生把螯（pincer）错拼为 pincher，故此处用"螯"代替"螯"，表示同样的意思。

The hermit crab has a good shell for a <u>house</u>. He likes it but <u>soon</u> he will move. "<u>You're</u> too small for me," he says. "I have to move, but I will always be <u>your</u> friend."

（寄居蟹的<u>房子</u>是一个壳。他很喜欢，但<u>不久</u>就要搬家了。"<u>你</u>对我来说太小了，"他说。"我必须搬家了，但我永远是<u>你的</u>朋友。"）

本周，学生练习读和写这些单词。他们做了完形填空，还把威廉姆斯老师写的句型条上缺少的单词补上，把老师念出的选自这些句子的单词写在白板上，把这些句子端端正正地誊抄在阅读日志里。他们还制作了单词卡，排出这些句子，粘贴在硬纸板上。

威廉姆斯在微课上复习了单词缩写，解释说 *you're* 是 *you*（你）和 *are*（是）的缩写，这个符号表示省略了一个字母。随后，她请学生思考并说出其他缩写单词。迈克尔（Michael）找出 3 个：*I'm*（我是）、*can't*（不能）和 *don't*（助动词，do 的否定形式）；美琪（Miki）说了 *it's*（它是）和 *won't*（助动词，will 的否定形式）。他们做了一张表，把提到的缩写和对应的单词全都列了出来。最后，威廉姆斯把表放在单词活动中心，供学生编写有关单词缩写的书时参考。

完成高频词练习后，参加指导型阅读的学生与威廉姆斯老师汇合，其他学生前往各个读写中心开展活动。大多数读写中心的活动都围绕寄居蟹展开，但有两个中心是练习读和写高频词的。表 5-1 "威廉姆斯老师的读写中心"中介绍了教室里的 8 个活动中心。每天早上都有 1 名六年级的学生助教到教室里监督各个中心的活动开展。威廉姆斯老师和 2 名六年级的老师一同培训了 10 名学生，每隔 1 周轮流担任助教。

表 5-1　威廉姆斯老师的读写中心

中心	活动
图书馆	学生读有关寄居蟹的图书，重读在指导型阅读小组中读过的分级图书
听力	学生对照着书，用耳机听《寄居蟹的房子》和《寄居蟹的家》
复述	学生将《寄居蟹的房子》里的图片排序，并根据图片复述故事
科学	学生观察寄居蟹，在学习日志里记录甲壳类动物的形态特征和饮食习惯
单词分类	学生把《寄居蟹的房子》里选出的单词分类，包括海洋动物和植物
单词墙	学生用教鞭指着单词墙上的高频词练习发音。然后，他们把纸分为 10 份，每份写一个 *hermit crab* 中的字母（如 h、e、r……），再把单词墙上自己熟悉的词抄写在对应的字母块上
单词活动	学生用字母磁贴拼写本周及过去两周学过的高频词，并用图画和句子示例编写有关单词缩写的书
写作	学生参照张贴在中心的范例，编写与寄居蟹或"我是一只寄居蟹"这首诗有关的小册子

最后一个活动是让二年级的学生复述《寄居蟹的房子》。威廉姆斯用语言体验法组织活动：先由学生建构文本，然后老师把他们复述的内容写在图纸上。学生修改后，老师把终稿排版并打印出来发给大家。复述的终稿共 5 页，学生人手一份，用来朗读及配插图。课

后，他们把故事带回家，读给家人听。

　　拿到材料后，学生先听威廉姆斯老师朗读他们复述的内容，然后一起集体诵读。左侧的数字代表读该句的小组序号，最后一句全班一起读。经过练习，学生将读得更加流利。以下是该故事的最后一部分。

1　Soon it was January again.（很快又是 1 月了。）

2　The big Hermit Crab moved out of his house and the little crab moved in.（大寄居蟹搬出了他的房子，小寄居蟹搬了进来。）

3　Hermit Crab said, "Goodbye. Be good to my friends."（大寄居蟹说："再见。对我朋友好一些。"）

4　Soon Hermit Crab saw the next perfect house for him.（很快，大寄居蟹找到了下一所适合它的房子。）

5　It was empty.（它是空的。）

1　It looked a little plain but Hermit Crab didn't care.（看起来有点朴素，但大寄居蟹不在乎。）

2　He will decorate it（他会自己装饰它的）

3　with starfish,（用海星，）

4　with coral,（珊瑚，）

5　with sea anemones,（海葵，）

1　with sea urchins,（海胆，）

2　and with snails.（和蜗牛。）

All: There are so many possibilities!（全班：可以用的太多啦！）

　　在威廉姆斯老师班里的单词墙上用黑体打印并张贴了单词。这段节选故事共 75 个词，有 40 个是高频词！此外，本周的两个新词——soon 和 house 都出现了两次。

　　流利度指学生阅读和写作时高效、不费力的程度。阅读和写作达到流利阶段是读写学习的里程碑。通过显性化教学及大量的真实读写活动，大多数学生在三年级期间能够达到流利阶段。这项能力至关重要，因为阅读和写作均需要学生把注意力集中在意义上，而非单词解码和拼写上。

　　共同核心州立英语标准指出，学生若要熟练掌握阅读，需在四年级前达到流利阅读水平。这一标准强调老师要教学生用拼读法及其他策略识别生词，要确保学生能够流利阅读。

阅读流利度

了解阅读流利度的内涵，知道如何提升学生阅读的流利度

阅读流利度是指快速、准确、分意群、有表现力地阅读。要读得流利，学生须能自动识别大多数单词、轻松识别生词（Caldwell & Leslie，2013）。流利阅读阶段的学生可以理解所读内容，因为他们能自动辨认大部分单词、运用单词识别策略认出不熟悉的单词；他们能流畅且富有表现力地朗读（Kuhn、Rasinski，& Zimmerman，2014）。阅读流利度包括三个特征。

- **自动化。** 自动化（automaticity）是指不用有意识地思考就能辨认熟悉的单词，以差不多的速度识别不熟悉的单词。学生需要掌握所读文本中的绝大部分单词，否则就得停下来解码单词，导致阅读速度下降。读老师教过的文本时，学生应该可以达到 95% 的准确率，即每 20 个词读对 19 个，每 100 个词读对 95 个（Rodgers，D'Agostino，Kelly，& Mikita，2018）。老师可以用这些文本来提升学生阅读的流利度。

- **速度。** 每分钟至少读 100 个词才能称作流利阅读。大多数学生在三年级达到这个阅读速度，且逐年增加。大部分学生八年级时每分钟能读 150 个词，许多成年人能达到 250 个词甚至更多。此外，流利阅读阶段的学生还会根据所读内容的类型和难度及阅读目的来调整阅读速度。

- **韵律。** 韵律指能以合适的意群和语调进行阅读。佩奇（Paige，2017）及其同事认为，以恰当的韵律阅读有助于理解。知道如何划分意群似乎能帮助学生理解所读内容，反之亦然，明白所读的内容也有助于他们划分意群。为什么会这样呢？因为文本的意义可以说是由短语或读者划分的意群体现的。

学生处于初级阶段时可能会一个字一个字地读，缺少或没有表现力。通过学习，他们能把词连成短语、关注标点符号、重读实词、轻读虚词。达到流利阶段后，他们出声阅读的感觉就与日常话语非常接近了。

很多时候，人们把流利阅读等同于快速阅读。一些评价工具把速度当作衡量阅读流利度的唯一标准，忽略了准确识别单词、有表现力地朗读等关键成分。表 5-2 归纳了流利阶段的学生的特点。

表 5-2　阅读流利阶段的学生的特点

成分	特点
自动化	• 学生能认出许多高频词 • 学生能用拼读知识辨认生词 • 学生能类比熟悉的单词来识别生词 • 学生能把长词拆分成音节来解码

（续表）

成分	特点
速度	• 学生每分钟至少读 100 个词 • 学生能根据阅读目的和文本难度调整速度
韵律	• 学生能有表现力地朗读 • 学生能把词连成短语 • 学生阅读流畅，很少停顿或中断 • 学生读书的速度与说话相似

自动化阅读

　　学生需要掌握大量可以自动识别且正确发音的单词，因为阅读时没有时间来分析每个读到的单词。反复的阅读和写作体验能提升自动化程度，即快速识别单词的能力（Samuels，2013）。识别单词的关键在于掌握每个单词特有的字母排列顺序。

　　高频词。高频词指那些最常见且反复使用的词。许多人尝试找出高频词，计算它们在阅读材料中出现的频率。平内尔和方塔斯（1998）列出幼儿园学生应该学会读的 24 个常用词，具体如下。

a	at	he	it	no	the
am	can	i	like	see	to
an	do	in	me	she	up
and	go	is	my	so	we

他们也学着拼写其中的许多单词。

　　这些单词都是排名前 100 的高频词，它包含了人们日常读写用到的一半以上的单词。埃尔德雷奇（Eldredge，2005）确定了 300 个高频词，这些词占据了人们日常读写用到的近四分之三的单词，占初级阶段读者会读单词总数的 72%。表 5-3 是埃尔德雷奇列出的 300 个高频词；加粗部分是最常见的 100 个词。大多数学生在一年级时能掌握加粗单词中的大部分，剩下的在二~三年级学习。如果学生到四年级还未掌握这些词，那么必须先学会它们，才能做到自动、准确地阅读和写作。

　　许多高频词比较难解码（许多高频词不符合拼读规则，难以根据字母直接拼出发音），不容易学会（Cunningham，2014）。试着根据发音拼出 to（向）、what（什么）和 could（能够，can 的过去式），你就明白它们对初学者来说有多难了。更复杂的是，这些词里许多都是虚词，没有太多意义，让人难以联想到实物。Whale（鲸鱼）比 what（什么）更容易学，因为 whale 能让人联想到庞大的水生哺乳动物这一画面，而 what 却是抽象的。可是 what 使用更为频繁，学生必须学会读和写。

老师需要显性地教高频词，可以每周教 3～5 个词，并组织各种活动让学生练习读和写，就像本章开头的教学故事里威廉姆斯老师做的那样。表 5-3 中的单词是按字母顺序排列的，但实际教学并不是按照这个顺序。老师会选出与读写活动相关或学生要用却尚未掌握的单词来教。

表 5-3　300 个高频词

a（一个）	children（儿童，child 的复数形式）	great（伟大的）	looking（看，look 的进行式）	ran（跑，run 的过去式）	through（通过）
about（关于）	city（城市）	green（绿色）	made（制造，make 的过去式）	read（阅读）	time（时间）
after（在……之后）	come（来）	grow（生长）	make（制造）	red（红色）	to（向）
again（再）	coul（d 能够，can 的过去式）	had（有，have 的过去式）	man（男人）	ride（骑）	toad（蟾蜍）
all（全部）	couldn't（不能，could 的否定形式）	hand（手）	many（许多的）	right（正确的）	together（一起）
along（沿着）	cried（哭，cry 的过去式）	happy（高兴的）	may（可能）	road（路）	told（告诉，tell 的过去式）
always（总是）	dad（爸爸）	has（有，have 的第三人称单数形式）	maybe（也许）	room（房间）	too（也）
am（是）	dark（黑暗的）	hat（帽子）	me（我）	run（跑）	took（拿，take 的过去式）
an（一个）	day（白天）	have（有）	mom（妈妈）	said（说，say 的过去式）	top（尖端）
and（和）	did（助动词，一般过去时）	he（他）	more（更多的）	sat（坐，sit 的过去式）	tree（树）
animals（动物，animal 的复数形式）	didn't（助动词，did 的否定形式）	head（头）	morning（上午）	saw（看到，see 的过去式）	truck（卡车）
another（另一个）	do（助动词，一般现在时）	hear（听到）	mother（母亲）	say（说）	try（尝试）
any（任何）	does（助动词，一般现在时第三人称单数形式）	heard（听到，hear 的过去式）	mouse（老鼠）	school（学校）	two（二）
are（是，be 的一般现在时第二人称单复数形式）	dog（狗）	help（帮助）	mr.（先生）	sea（海洋）	under（在……之下）

（续表）

around（大约）	don't（助动词，do 的否定形式）	hen（母鸡）	mrs.（夫人）	see（看到）	until（到……为止）
as（当作）	door（门）	her（她的）	much（许多的）	she（她）	up（向上）
asked（问，ask 的过去式）	down（向下）	here（这里）	must（必须）	show（展出）	us（我们，宾格）
at（在，表示存在或出现的地点、场所等）	each（每个）	hill（小山）	my（我的）	sister（姐妹）	very（非常）
ate（吃，eat 的过去式）	eat（吃）	him（他，宾格）	name（姓名）	sky（天空）	wait（等待）
away（离去）	end（结束）	his（他的）	need（需要）	sleep（睡）	walk（走路）
baby（婴儿）	even（甚至）	home（家）	never（绝不）	small（小的）	walked（走路，walk 的过去式）
back（背部）	ever（总是）	house（房子）	new（新的）	so（因此）	want（想要）
bad（坏的）	every 每个的	how（如何）	next（然后）	some（一些）	wanted（想要，want 的过去式）
ball（球）	everyone（每个人）	i（我）	nice（美好的）	something（某物）	was（是，is 的过去式）
be（是）	eyes（眼睛，eye 的复数形式）	I'll（我将）	night（夜晚）	soon（很快）	water（水）
bear（忍受）	far（遥远地）	I'm（我是）	no（不）	started（开始，start 的过去式）	way（方法）
because（因为）	fast（快速的）	if（如果）	not（不）	stay（停留）	we（我们）
bed（床）	father（父亲）	in（在……之内）	nothing（没有东西）	still（仍然）	well（好）
been（是，be 的现在分词）	find（找到）	inside（内部）	now（现在）	stop（停）	went（去，go 的过去式）
before（在……之前）	fine（美好的）	into（进入……中）	of（……的）	stories（故事，story 的复数形式）	were（是，am、are 的过去式）
began（开始，begin 的过去式）	first（第一）	is（是，be 的一般现在时第三人称单数形式）	off（离开）	story（故事）	what（什么）
behind（在……后）	fish（钓鱼）	it（它）	oh（哦）	sun（太阳）	when（什么时候）
best（最好的）	fly（飞）	it's（它是）	old（年老的）	take（拿）	where（在哪里）
better（更好的）	for（为了……）	its（它的）	on（在……之上）	tell（告诉）	while（虽然）

（续表）

big（大的）	found（找到，find 的过去式）	jump（跳跃）	once（一次）	than（比）	who（是谁）
bird（鸟）	fox（狐狸）	jumped（跳跃，jump 的过去式）	one（一）	that（那个）	why（为什么）
birds（鸟，bird 的复数形式）	friend（朋友）	just（仅仅）	only（只）	that's（那是）	will（助动词，一般将来时）
blue（蓝色）	friends（朋友，friend 的复数形式）	keep（保持）	or（或者）	the（那个，表示特指）	wind（风）
book（书）	frog（青蛙）	king（国王）	other（其他的）	their（他们的）	witch（女巫）
books（书，book 的复数形式）	from（来自）	know（知道）	our（我们的）	them（他们，宾格）	with（和……在一起）
box（箱子）	fun（有趣的）	last（最后的）	out（外面的）	then（当时）	wizard（男巫）
boy（男孩）	garden（花园）	left（离开，leave 的过去式）	over（在……之上）	there（那个地方）	woman（女人）
brown（棕色）	gave（给，give 的过去式）	let（让）	people（人们）	these（这些）	words 词（word 的复数形式）
but（但是）	get（得到）	let's（让我们）	picture（图画）	they（他们）	work（工作）
by（通过）	girl（女孩）	like（喜欢）	pig（猪）	thing（东西）	would（助动词，will 的过去式）
called（打电话，call 的过去式）	give（给）	little（小的）	place（地方）	things（东西，thing 的复数形式）	write（写）
came（来，come 的过去式）	go（去）	live（活的）	play（玩）	think（认为）	yes（是的）
can（能够）	going（去，go 的进行式）	long（长的）	pulled（拉，pull 的过去式）	this（这个）	you（你）
can't（不能，can 的否定形式）	good（好的）	look（看）	put（放）	thought（认为，think 的过去式）	your（你的）
cat（猫）	got（得到，get 的过去式）	looked（看，look 的过去式）	rabbit（兔子）	three（三）	you're（你是）

资料来源：*Teach Decoding: Why and How*（2nd ed., pp. 119–120），by J. L. Eldredge，©2005. Adapted by permission of Prentice Hall, Inc., Upper Saddle River, NJ.

　　老师用高频词建成单词墙。老师在学年初就准备好墙面，教新词时就把单词张贴上去。幼儿园老师一般先教学生的名字及其他常用词（如 *love*, 爱；*mom*, 妈妈），然后再从使用频率最高的 24 个词里，每周选 1～2 个词教。一年级的老师则从这 24 个词开始，每周教一些新单词。二年级的老师先教前 100 个高频词中比较简单的那一半，然后再教 100 个新词。三年级初，老师会检查学生对前 100 或前 200 高频词的掌握情况，先帮助学生处理尚未掌握的单词，再教其他的，让他们在学年末掌握大部分前 300 个高频词。三年级结束后，如果学生的读写水平仍未达到流利阶段，老师会继续用高频词墙进行教学。他们会评价学生读和写前 300 个高频词的能力，进一步处理学生没有掌握的单词。

教高频词并不简单，许多高频词单独使用时几乎或完全没有意义。坎宁安（Cunningham，2014）建议用以下活动教单词墙上的高频词。

1. **在语境中介绍生词**。老师用学生熟悉的书或图片、物品来介绍生词。

2. **让学生边唱边拍单词**。老师拿着要张贴到单词墙上的单词卡，念出单词并把它拼出来，然后由学生读和拼这个词。之后，学生开始用歌谣的方式，念两遍单词、拼一次、再念一遍。以单词 the（那个，表示特指）为例，老师边拍手边说 "the、the、t-h-e、the"，学生再模仿着吟诵几遍。

3. **组织练习活动**。老师每天都组织活动，让学生练习单词的读写，具体如下。

- 学生从正在读的书里、教室里张贴着的图表上寻找所给的单词。
- 学生用所给单词造句，写在句型条上，读给同学们听，然后把句型条剪开，重新排序。
- 学生把所给单词写在白板上。
- 学生用字母磁贴拼出所给单词。

老师带领学生开展其中的一些活动，其他的由学生在读写中心自主开展。

4. **组织真实的阅读、写作活动**。老师组织学生参加真实的读写活动，练习读和写单词。老师会在独立型阅读和写作后的分享环节让学生指出自己在哪里读到或写过所给的单词，还会在交互型朗读、共享型阅读和交互型写作等活动中把学生的注意力引到单词的使用上。

老师用上面的拍手活动来突出高频词的学习，厘清和练习易混淆的单词。在本章的后续内容中，将给读者展示一堂一年级的教师教授高频词的微课。

单词识别策略。学生运用单词识别策略来读陌生单词。低年级的学生依靠拼读知识来识别陌生单词，在初级阶段，他们用类比法来识别，之后则用音节分析法。表 5-4 总结了一些单词识别策略。

表 5-4　单词识别策略

策略	描述	示例
拼读分析法	学生运用音素 - 字母对应关系、拼读规则及拼写规律等知识来读或写出单词	blaze（火 焰）、chin（下 巴）、peach（桃）、spring（春）
类比法	学生运用音簇知识推测陌生单词的发音或拼写	根据 saw（看到，see 的过去式）推测 claw（爪） 根据 cat（猫）推测 flat（公寓） 根据 cone（圆锥体）推测 stone（石头） 根据 pink（粉色）推测 think（思考）

（续表）

策略	描述	示例
音节分析法	学生将多音节词拆分成若干音节，再根据拼读知识一个音节一个音节地拼读出单词	drag-on（龙）、fa-mous（著名的）、mul-ti-ply（乘）、vol-ca-no（火山）
语素分析法	学生用词根、词缀知识来读或写出生词	astro-naut（宇航员）、bi-cycle（自行车）、centi-pede（蜈蚣）、trans-port（运送）

拼读分析法。学生应用学到的音素 - 字母对应关系、拼读规则及拼写规律来识别单词发音。拼读分析法是非常有用的单词识别策略，虽然英语的发音与字母组合不是一一对应的，但几乎每个单词里都有一部分是符合拼读规则的。研究发现，学生能否有效识别单词的关键在于是否注意到单词中的所有字母及字母排列顺序（Stanovich，1992）。低年级的学生读单词时，常会根据开头的发音来猜测单词，但这些猜测往往都是错的，甚至是在句子中没有意义的单词。

类比法。学生通过关联已知单词来识别生词，这项策略叫作类比法（Cunningham，2014）。例如，学生读到 *small*（小的）时，可能会注意到音簇 -*all*，进而联想到单词 *ball*（球），最终通过类比法读出这个单词。老师用多种方法来教授这项策略。一种是让学生用熟悉的音簇，如 -*at*、-*ell*、-*ice*、-*own*、-*unk* 等，来读和写同一"词族"的单词。例如，用音簇 -*ill* 来读和写 *bill*（账单）、*chill*（寒冷）、*fill*（填充）、*gill*（鳃）、*grill*（烤）、*hill*（山）、*kill*（杀）、*pill*（药丸）、*spill*（使溢出）、*still*（仍然）和 *will*（助动词，一般将来时）等词，或者是更长的单词，如 *hills*（山，hill 的复数形式）、*chilly*（寒冷的）、*killers*（杀手，killer 的复数形式）、*grilling*（烤，grill 的现在分词）、*hilltop*（山顶）和 *pillow*（枕头）等词。老师还可以用拼读绘本来教，里面有许多同一"词族"的单词（Caldwell & Leslie，2013）。例如，在弗莱明（Fleming）的绘本《在那高高的草丛里》（*In the Tall, Tall Grass*）中，学生能找到多个含有音簇 -*um* 的单词，如 *drum*（鼓）、*bum*（流浪）、*strum*（弹奏）。类比法非常有用，但当学生离开了老师的指导独立运用这项策略来识别陌生单词时，还是有一定的挑战性。

微课

主题：教高频词

年级：一年级

时间：一节 15 分钟的课

夏皮罗（Shapiro）老师这学期的目标是让学生至少掌握 75 个排名前 100 的高频词。她布置了一面很大的单词墙，每个字母都有一块地方。她从共享型阅读用的大开本绘本里挑选高频词，每周教 3 个词，并添加到单词墙上。她每周一教新单词，余下的 4 天反复进行练习、复习。为了让学生在真实的情境中学习单词，她常让学生在阅读材料中寻找这些单词。有时候，她让学生从读过的大开本绘本里、从他们正在读的书里、从图表架上展示的诗或歌词里，或者从交互型写作中通过语言体验法完成的作文里找单词；有时候，她让学生用这些单词造句，再帮助他们写在句型条上，放在班里展示。

1. 介绍主题

"全班齐读单词墙上以字母 D 开头的单词。"夏皮罗老师说。学生随着老师指的单词大声朗读。老师问："哪个单词是本周新学的？"学生回答："*do*（助动词，一般现在时）。"之后，他们齐读了以字母 H 开头的单词，并指出新学的词是 *here*（这里）；还读了以字母 M 开头的单词，指出新学单词 *my*（我的）。最后，夏皮罗老师请一些学生起来重读这些以 D、H、M 开头的单词。

2. 展示示例

"谁能到这里来指出本周学的 3 个新单词？"夏皮罗老师问。亚伦（Aaron）急切地走到单词墙前，指出 *do*、*here* 和 *my*。在亚伦指单词的时候，夏皮罗老师边大声读单词，边把它们写在白板上。然后，她领着全班边有节奏地拍手边读出这些单词："Do，do，d-o，do""Here，here，h-e-r-e，here""My，my，m-y，my"。

3. 提供信息

夏皮罗老师给每张桌子发一本读过的大开本绘本并说"请大家在这些书里寻找单词 *do*、*here* 和 *my*。"学生以小组为单位重读绘本，每次读到 *do*、*here* 和 *my* 时，都把它们指出来。同时，老师在教室里走动，观察学生是否注意到了这些单词。

4. 指导练习

夏皮罗老师让亚伦选 3 位同学用大号字母磁贴在白板上拼出这些单词。丹尼尔（Daniel）、伊丽莎白（Elizabeth）和威尔（Wills）顺利拼出了这些单词并大声读了出来。之后，亚伦给每 2 位同学发一个装有小号字母磁贴和单词卡的塑料袋，同学们两人一组读卡上的单词，并用字母磁贴在桌上把单词拼出来。

5. 评价学习

周五，夏皮罗老师把学生分成小组，让他们找出小组所写句子中的本周新学的高频词并独立朗读单词卡上的单词。

音节分析法。阅读能力比较强的学生识别长单词时，如 *angry*（生气的）、*pioneer*（先锋）、*yogurt*（酸奶）等，会把它拆分成若干音节。每个音节含有一个元音，但也可能有多个元音字母。例如，双音节词 *target*（目标）和 *chimney*（烟囱）：*target* 的两个音节中，都由一个元音字母代表一个短元音；而 *chimney* 中，第一个音节由一个元音字母代表元音，第二个音节则由两个元音字母（ey）①代表一个长元音。音节划分常见的规则如表 5-5 所示。第一条规则最为简单，划分两个相连的辅音字母，如 *mer-maid*（美人鱼）和 *pic-nic*（野餐）。第二条规则划分三个相连的辅音字母，如 *ex-plore*（探究）：从 *x* 和 *p* 之间分开以保留辅音连缀 *pl*。第三条和第四条规则与 VCV（元音 - 辅音 - 元音）结构有关，通常从第一个元音字母后拆分音节，如 *ho-tel*（酒店）、*shi-ny*（闪亮的）。但是，也有一些单词是从辅音字母后拆分的，如 *riv-er*（河），因为 ri-ver 这个音没有对应的单词。根据第五条规则，当两个相连元音字母不是双元音或不发一个音时，应从它们之间划分，如 *li-on*（狮子）。

表 5-5　音节划分规则

规则	示例
单词中，当两辅音字母位于两元音字母之间时，从辅音字母中间划分音节	*mer-maid*（美人鱼）、*soc-cer*（足球）、*pic-nic*（野餐）、*win-dow*（窗户）
单词中，当两个以上辅音字母连在一起时，以保留辅音连缀为原则划分音节	*bank-rupt*（破产者）、*ex-plore*（探究）、*com-plete*（完成）、*mon-ster*（怪兽）
单词中，当一个辅音字母位于两个元音字母之间时，从第一个元音字母后划分音节	*bo-nus*（奖金）、*plu-ral*（复数的）、*ho-tel*（酒店）、*shi-ny*（闪亮的）
如果根据上一条规则划分后读出的音没有对应的单词，那么从两元音字母中间的辅音字母后划分音节	*doz-en*（一打）、*plan-et*（行星）、*ech-o*（回声）、*riv-er*（河）
当两个相连元音字母不是双元音或不发一个长元音时，从它们中间划分音节	*li-ar*（骗子）、*po-em*（诗）、*li-on*（狮子）、*qui-et*（安静的）

语素分析法。语素是单词中最小的意义单位，包括词根、前缀和后缀。自由语素是可以单独构成词的语素，而附着语素则不能。在单词 *trees*（树）中，*tree* 是自由语素，*s*（表示复数）是附着语素，两部分都包含意义。前缀和后缀是附着语素。

学生可以用语素分析法识别多音节词。把多音节词的词缀（前缀或后缀）剥离后，剩下的部分就是词根。前缀放在词根前面，如 *replay*（回放）；后缀则放到词根后面，如 *playing*（玩耍，play 的现在分词）、*playful*（爱嬉戏的）和 *player*（演奏者）。后缀分为屈折和派生两种。屈折后缀可表示动词时态、人称、复数、所有格和比较，举例如下。

dogs 中的 *-s*　　　walked 中的 *-ed*　　　faster 中的 *-er*

beaches 中的 *-es*　　　eats 中的 *-s*　　　sunniest 中的 *-est*

girl's 中的 *'s*　　　singing 中的 *-ing*

派生词缀则表示单词与词根的关系，即词性和词义变化，参考以 *friend*（朋友）为词根的单词 *friendly*（友好的）、*friendship*（友谊）和 *friendless*（无依无靠的）。学习词根和词缀知识有助于学生拆分、识别多音节词，举例如下。

---

① 本书作者认为，字母 y 在词首时是辅音字母，在词中或词尾时是元音字母。

astronaut（宇航员）[*astro*=star（星星），*naut*=sailor（水手）]
bicycle（自行车）[*bi*=two（二），*cycle*=wheels（轮子）]
microscope（显微镜）[*micro*=small（小的），*scope*=see（看到）]
scribble（涂写）[*scribe*=write（写）]
synonym（同义词）[*syn*=same（相同的），*onym*=name（名字）]
vitamin（维生素）[*vita*=life（生命）]

此外，单词各个部分的含义为单词识别提供了上下文信息，能帮助学生识别单词。

教授单词识别策略是均衡读写课程中词汇教学的重要组成部分。老师可以像教学故事中威廉姆斯老师那样，从学生正在读的图书中选单词，也可以从主题单元中选单词。

学生的阅读达到流利阶段后，将能自动识别大多数单词、有效应用单词识别策略辨认生词。未达到流利阶段的学生则无法识别这么多单词，也无法使用这么多策略来识别生词。研究发现，无法流利阅读的学生依赖显性化教学学习单词识别（Gaskins，Gaskins，& Gaskins，1991）。

培养更有策略的学生

单词识别策略

教学生运用以下策略识别阅读和写作中遇到的生词。

- ☾ 根据拼读规则来分析
- ☾ 通过类比法来解码
- ☾ 把单词拆分为音节
- ☾ 用语素分析法

学生可以在指导型阅读课及阅读、写作工作坊中练习这些策略。他们根据自己对单词的了解程度及生词的复杂程度选择相应的策略。如果学生有困难，请在微课上重新教授策略，示范用法，用有声思维展示应用过程。

阅读速度

学生的阅读需达到一定的速度，才能分出足够的注意力来理解意义（Allington，McCuiston，& Billen，2015；Rasinski et al.，2017）。相关研究确定了各年级学生应达到的阅读速度，如表 5-6 所示。需注意的是，影响阅读速度的因素有很多，老师应慎重地使用这些标准。方塔斯和平内尔（2013）认为下列因素会影响阅读速度。

- 背景知识：了解所读主题背景知识的学生能读得更快、能将所读内容与已知内容联系起来。

- 文体知识：掌握体裁、文本结构、文本布局相关知识的学生能预测所读的文本内容。
- 口语水平：口头表达流利的学生在提高阅读速度方面有优势，他们词汇量更大、熟悉英语的句子结构、能识别隐喻及其他文学表现手法。

表 5-6　口头阅读速度

年级	学年末
一	60 ~ 75wcpm*
二	75 ~ 100wcpm
三	100 ~ 120wcpm
四	120 ~ 140wcpm
五	130 ~ 150wcpm
六	140 ~ 160wcpm
七	150 ~ 170wcpm
八	160 ~ 180wcpm

注：*wcpm（words correct per minute）表示词 / 每分，指每分钟读对的单词数。

当学生可以用合适的速度阅读，并能根据文本调整阅读速度时，他们就成为更有策略的读者了。

老师每天都开展活动，帮助学生提高阅读速度和持久度。为增加学生的阅读量，老师混合开展指导型和独立型阅读活动。

- **集体诵读**。学生以小组或班级为单位进行集体诵读。他们尝试以不同的方式朗读诗歌及其他短文（Rasinski & Young，2017）。阅读更流利的学生担任领读，引导阅读速度。
- **读者剧场**。学生先练习剧本阅读，提高阅读速度和表现力，然后再为同学们表演。研究发现，读者剧场能显著提高学生的阅读流利度（Martinez，Roser，& Strecker，1998）。
- **听力中心**。学生在听力中心，边听录音边读符合自己指导阅读水平的图书（Kuhn & Stahl，2013）。
- **结伴阅读**。学生两人一组阅读或重读图书（Griffith & Rasinski，2004）。他们一起选择感兴趣的书并商定是两人齐声朗读，还是轮流大声朗读和跟读。

老师组织这些活动时，需挑选合适的书，即学生感兴趣且阅读准确率达到 98% ~ 99% 的书，这样才能帮助学生提高阅读流利度。

一旦学生能够流利阅读，老师就会把教学重心转向提升他们的阅读持久度，使他们能够持续阅读 30 分钟甚至更久。逐渐增加学生每天独立阅读的时间能帮助他们提升阅读持久度。如果学生只读那些 15 分钟甚至更短时间就能读完的基础分级读物选集或分级图书，那么很难形成足够的持久性。老师需要每天提供大量练习机会，让学生独立阅读自选图书，还可以让他们在家里进行额外的独立阅读练习。

韵律

学生富有表现力地朗读时，读书声会体现出一定的节奏。拉辛斯基和帕内卡（Rasinski & Padak，2013）认为韵律由以下部分构成。

- **表达**。学生根据自己对文本的理解调整表达方式。

- **划分意群**。阅读时，学生把单词连成短语，用恰当的重音和语调读出来。
- **音量**。学生通过变化音量来表达文字之外的含义。
- **流畅度**。学生流畅地阅读，并能快速地自我纠错。
- **速度**。学生以日常对话的速度阅读。

老师会用一些活动来突显韵律的重要性，如每次朗读时都给学生示范如何读得有表现力，用有声思维展示如何调整表达方式，如何把单词连成句子，如何变化音量，如何调整速度等。他们还会给学生讲解韵律对流利度及阅读理解的重要性，会向学生展示以单一的语调阅读或慢速阅读对理解意义的影响。

集体诵读和读者剧场是培养阅读韵律的两种方式。在集体诵读中，学生以小组的形式一起读诗歌或其他类型的文本。他们反复练习，直到能够读得顺畅为止，他们还尝试用不同方式来朗读，提升表现力，包括调整语调、音量和速度。在读者剧场中，学生扮演不同角色，不用表演，仅练习大声朗读剧本，重点在于能以日常对话的速度流畅阅读，并通过表情、音量的变化传达语言之外的含义。

课堂干预

阅读流利度

存在阅读困难的学生一般不会在课外自主阅读。相比之下，大多数达到年级标准的学生，在中间年级时，每天除了完成家庭作业外，还会阅读 15～30 分钟。为了增加阅读量，老师混合开展指导型阅读和独立型阅读活动，包括集体诵读、导读、读者剧场、听力中心和结伴阅读等。开展这些活动时，老师需挑选合适的书，即学生感兴趣且阅读准确率达到 98%～99% 的书，这样才能帮助学生提高阅读流利度。

重复阅读活动有助于提高阅读速度。在活动中，学生重复朗读文本 3～5 次，努力提高阅读速度并减少出错（Lee & Yoon，2015；Samuels，1979）。每次阅读时，同学们都会计时，并用曲线图记录阅读速度，追踪自己的速度变化。组织重复阅读活动时，老师每周需挑 1～2 天进行，但持续时间不超过 2 个月，这样学生才有足够的时间独立阅读。中间年级的学生至少需要独立阅读 40～45 分钟，如果时间允许，可以增加到 60 分钟。

流利度教学切勿局限在重复阅读活动上。虽然一些研究者多年来始终主张重复阅读是提高学生阅读流利度的有效方法，但也有研究者认为阅读多样的图书会有至少相同，甚至更好的效果（Allington，2009；Kuhn & Stahl，2004）。

写作流利度

5.2　了解并说明写作流利度的内涵，知道如何提升学生写作的流利度

写作达到流利阶段的学生能自动拼出单词并快速写下来，故而能把精力集中在观点建构上。他们写作时非常流畅、毫不费力，他们的作品也与众不同，听起来像在与读者说话一样——文章也有自己独特的"声音"。流利度对于写作也像对于阅读一样重要，它们的构成很相似。

自动化。流利的写作者无需停下来思考拼写，能自动写出大多数单词。学生需知道如何拼写高频词，并能用策略拼写其他单词；否则，他们就会陷入单词拼写中，忘了这一句或下一句要写什么。

速度。学生只有写得足够快，才能跟上思维。有研究根据学生每分钟所写字数计算了学生的写作速度，将之与作文质量进行对比，最后得出结论，认为学生每分钟写 10 个单词才算达到流利阶段（Santangelo & Graham，2016）。三年级的学生大都能达到这个速度，而且由于女生大多比男生练习得多，因此女生每分钟比男生多写一两个单词也就不足为奇。有时候，学生会在书写的清晰性上出问题，为了提高速度，把字写得很潦草。然而，如果读者看不清字体，写得再快也无济于事。

写作者的声音。文章蕴含写作者独特的声音，体现他们的个性（Spandel，2012）。声音，类似于韵律，是文章的基调或情感。作者通过不同的选词、将词串成句子的方法来展现自己的"声音"。每名学生的"声音"都是独一无二的，老师常能根据文本的"声音"辨别是哪名学生写的，就像许多人可以通过作品的"声音"识别出自己最喜欢的作者一样。

表 5-7 总结了写作达到流利阶段的学生的特点。

表 5–7　写作达到流利阶段的学生的特点

组成成分	特点
自动化	• 学生能正确拼写大部分高频词 • 学生能运用拼写类型和规则正确拼写单词 • 学生的拼写越来越符合规范
速度	• 学生能快速写作 • 学生能轻松地写作，没有不适感 • 学生写的字易于辨识 • 学生能用计算机打字
写作者的声音	• 学生能使用头韵、拟声、重复及其他修辞方法 • 学生的作文有独特性

自动化写作

写作要达到流利阶段，学生得能自动拼写大多数高频词，并能应用拼写策略拼写其他单词。

老师教学生写高频词的方法与教他们读单词的一样，可以每周教 5～6 个新词，然后每天组织以下活动，让学生练习读、写新教的词。

- 让学生把单词和他们建构的句子写在白板上。
- 让学生用字母卡或字母磁贴拼写单词。
- 让学生在交互型写作活动中写出这些词。

这些活动有的由老师指导开展，有的由学生在读写中心自主进行。

刚开始学单词拼写时，学生们根据发音拼写单词。他们将单词拆解成多个音，并用字母表示他们识别出的音。例如，学生根据自己掌握的音素 - 字母对应关系，可能会把 *baby*（婴儿）拼写为 *babe*，或把 *house*（房子）拼写为 *hus*。之后，随着拼读法和拼写知识的学习及大量的阅读和写作练习，学生拼写单词的准确率不断提高。他们学着用拼读规则、拼写规则、词族、音节和语素等知识综合判断与声音相匹配的字母，从而拼写出单词。此外，学生会读的单词会在大脑中形成视觉图像，这能帮助他们注意到拼错的单词，进而通过询问同学、查单词墙和查字典等办法寻找正确的拼写。

写作速度

若要写作达到流利阶段，学生把想法转化为文字的过程就必须实现自动化，即能自动拼出大多数单词，且无需思考如何写字母；能笔迹清晰地写下单词，或者无需在键盘上寻找字母就能快速打出单词。

学生需要了解如何握笔（铅笔、钢笔或触控笔）会比较舒适且不会伤到手或手腕。从幼儿园到二年级期间，他们需要学会写手写体字母，许多学生需要在三～四年级学着写连体字母来提高速度和易读性。有时候，老师会要求三～四年级的学生只写连体字，本书则认为应该允许学生自己选择，只要能写得快且方便读即可。

用左手写字的学生会遇到一些特殊的问题。用右手写字和用左手写字的根本区别在于书写方向：用右手写字时，手与手臂会逐渐远离身体，但用左手写字时，手则会从刚写的字上面移过，且常会遮到字。很多用左手写字的学生会把手勾起来，避免遮住刚写的字。其实，他们只需在握铅笔或钢笔时，手离笔尖比右手写字的学生远 2.5 厘米或以上，这样就能看清刚写的字了。第二个问题是纸张倾斜：如果学生用左手写字，可以把纸张稍微向右倾斜一些，用右手写字则把纸向左倾斜，这样就可以写得更舒适些了。第三个问题是字母倾斜：用左手写字的学生可以适当倾斜字母，让自己写得舒适一些。他们可以竖直地写连体字，甚至稍微偏左一些；相反，用右手写字的学生则可以倾向右边写连体字。比较好的是，笔记软件一般都有设置为左手书写的选项。例如，Apple Pencil 有防手掌误触选项，打开后，用户就可以将手自然地放在屏幕上，而不会无意中留下痕迹了。

对于写作易读性低的学生，老师需要检查他们是否掌握握笔方法、是否会写手写体或连体字母。在提高学生的写作速度前，老师可能需要让他们先放慢写字速度，认真书写每个单词中的每个字母。此时，交互型写作较为有用，可用来检查低年级的学生的手写技能、展示如何写出易读的字母。

学生通过练习来提高写作速度。他们在学校时，各个时段都会有写作任务。例如，参与班级图表写作，写阅读日志，在白板和平板电脑上写单词和句子，创作班级图书中的一页，在写作中心或写作工作坊中创编图书，在文学阅读单元和主题单元教学中生成作品等。如果学生每天进行三~四次写作或进行长时间写作，他们的写作速度就会提高。

写作者的声音

写作者的声音反映了其本人的特点，它应该是富有表现力的、自然的，而不是生硬的。普利策奖得主唐纳德·默里老师（Donald Murray，2003）曾说，作者的声音就是作者在书里的体现。随着学生阅读和写作经验的积累，他们作为写作者的声音会逐渐显现出来，尤其是写熟悉的主题时。

随着学生逐渐形成写作者的声音，他们会根据写作目的，如娱乐、告知、说服等，调整写作中的语气。他们还会注意到，不同写作任务中用到的语言的正式程度不一样，比如写电子邮件就不用像写商务信函那么正式。同样，他们写给同学看的内容也会比写给陌生长辈的更为轻松、随意。

大量阅读和写作有助于学生形成自己的声音。他们随着老师朗读图书时，会逐渐形成有关作者的声音的意识。老师朗读时会突出《月下看猫头鹰》（*Owl Moon*，Yolen，2007）和《妈妈有颗跳舞的心》（*My Mama Had a Dancing Heart*，Gray，2001）中抒情的语气，《谷仓舞会》（*Barn Dance*，Martin & Archambault，1988）中满满的活力，以及《打瞌睡的房子》（*The Napping House*，Wood & Wood，2010）和《熊孩子亚历山大的糟心日》（*Alexander and the Terrible, Horrible, No Good, Very Bad Day*，Viorst，2009）中的话语重复。学生注意到这些技巧后，就会运用到自己的写作中了。

与此同时，学生还会分析所读图书中的作者的声音，会进行大量的非正式写作来发展自己的声音。他们需要每天都练习写作才能达到流利阶段。记日记是一个很好的开始，他们也可以自选主题或就老师所给主题写阅读日志。他们可以尝试从不同的视角用不同的声音写作。例如，学生复述故事《金发姑娘与三只熊》时，从金发姑娘的角度与从熊爸爸的角度所用的语气就会不同。

评价阅读和写作流利度

5.3 介绍评价阅读和写作流利度的方法

研究发现，阅读达到流利阶段的学生比未达到的学生对所读内容理解得更好（National Reading Panel，2000）。写作也是如此，达到流利阶段的学生比未达到的学生写得好。老师应该采用多种方法评价学生阅读和写作的流利度，从而设计合适的课程帮助他们提升阅读和写作流利度。

评价阅读流利度

老师可以在指导型阅读课、阅读工作坊及其他阅读活动中，通过听学生朗读来非正式地监测他们的阅读流利度，还可以在学年初及每月或每季度结束时收集学生在自动化、速度和韵律方面的数据，记录他们的发展，佐证学生这段时间的成长。

自动化。老师检查学生对高频词及单词识别策略的掌握情况，检查他们能否运用拼读、类比、音节划分和语素分析等知识识别符合年级水平的文本中高频词以外的单词。幼儿园学生需会读 24 个高频词，一年级的学生需会读 100 个，二年级的学生需会读 200 个，三年级的学生需会读 300 个。除本章介绍的高频词表外，老师还可以使用多尔希视觉词表（Dolch list）中的 220 个视觉词及弗赖伊高频词表（Fry instant words）的 300 个和 600 个高频词。这两个词表都可以在网上及《以评价促进阅读教学》（*Assessment for Reading Instruction*，McKenna & Stahl，2015）中找到。

评价资源

流利度评价标准

项目	1 分	2 分	3 分	4 分
表达	语调单一	有一定的表现力	恰当的表现力	表达与解读相匹配
划分意群	逐字朗读	松散地朗读	意群划分及语调合理	高效地划分意群
音量	音量非常低	音量低	音量合适	音量与解读相匹配
流畅度	频繁地长时间停顿和中断	一些停顿和中断	少量停顿和中断	节奏流畅
速度	阅读困难	阅读缓慢	快慢混杂	语速适当

教师备注

耶西（Jesse）处于二年级春季学期，阅读达到年级水平。根据流利度评价标准，耶西得了 3 分，说明他在流利度方面取得了长足的进步。我计划给他示范如何读得更有表现力，鼓励他读得更大声些。

速度。 老师通过测量学生朗读一段指导级阅读文本花费的时间，计算他们每分钟能正确阅读多少单词。老师可以将结果与表 5-6 列出的国家标准进行比较。

韵律。 老师从学生熟悉及不熟悉的指导级文本中摘选片段让学生朗读。他们一边听，一边判断学生的表达方式是否恰当。老师可以用评价示例中的评价标准来评估学生的韵律水平。

评价所得信息能帮助老师做教学决策。

老师用阅读记录表、非正式阅读检测工具和课堂测试来测量学生的阅读流利度。"评价工具：口头阅读流利度"介绍了评估学生口头阅读流利度，特别是阅读速度的测试工具。

四～八年级的老师一般用非正式的评价工具来诊断阅读存在困难的学生在流利度方面存在的问题，但也可以用课堂检测，尤其是非正式阅读检测工具中的分级单词表和文段，对照年级标准来分析学生的流利度。在学生阅读达到流利阶段前，老师必须定期监测他们在准确性、速度和韵律方面的发展情况，确保他们取得足够的进步并筛查出存在困难的学生。

评价写作流利度

老师在观察学生写作、分析学生作文的过程中评价他们的写作流利度。老师会思考一些问题，具体如下。

- 学生对大多数单词都能自动、准确地拼写吗？是否还有许多单词需要停下来思考怎么拼写？
- 学生是否写得够快，可以完成作业，还是写得很慢或逃避写作？
- 学生写得清晰易读吗？
- 学生写字时轻松吗？或者写得很费力，抱怨自己手痛？

这些问题可以帮助老师快速筛查出写作尚未达到流利阶段的学生。如果老师在观察中发现学生存在困难，就需要进行额外的测试来诊断他们在流利度上存在问题。

自动化。 老师可以通过拼写测试或分析学生的写作样例来评价他们拼写高频词和运用策略拼写其他单词的能力。流利阶段的学生能正确拼写大多数单词，关键是他们能自动拼写高频词并快速拼出大部分想写的非高频词。

速度。 老师可以通过测量学生写一两个段落花费的时间来计算他们的写作速度。老师可以让学生就熟悉的话题进行 1～5 分钟的写作，然后统计字数，再除以分钟数，这样就得到了学生的写作速度。例如，二年级的阿米（Amie）5 分钟里写了 43 个词，所以写作速度约是每分钟 9

个词，快要达到每分钟 10 个词的流利写作标准。老师每年都需要用学生熟悉的不同主题多次开展这一评估；由于评价目的是监测学生的写作速度，而非对主题的了解程度，因此主题须是易于理解的。老师还需仔细观察学生写字，检查他们在手写方面是否存在问题。

写作者的声音。老师可以选几份学生的作文反复阅读，以此评估他们的写作风格。评价写作者的声音时没有可以参考的标准，因此老师常把学生的作文与其他同学的进行比较，评为等同于平均水平、高于平均水平或低于平均水平三等。

业界尚未开发出测量学生写作流利度的标准化测试，老师可以用一些非正式的评价工具来筛查在写作流利度方面存在问题的学生。

哈梅及其同事（Harmey，D'Agostino，& Rodgers，2017）共同开发、验证了一份早期写作四级评价标准，其中包括写作流利度的四个等级，具体如下。

0——写作缓慢且费力，写字母或单词时需要大量帮助。

1——普遍写得很慢，但写知道的单词或字母时，速度会加快。

2——大部分都写得流畅且快速，但写某些字母或单词时会变慢。

3——写作迅速。

阅读流利度通常比写作流利度发展得快，但二者是相互关联的。学生读得越多，就能越快达到写作流利阶段；学生写得越多，就能越早达到阅读流利阶段。

课堂干预

写作流利度

大多数学生在四年级时写作达到流利阶段。如果学生未在小学阶段取得预期的进步，那么老师可以从评价数据入手分析问题所在，然后开展相应的教学与练习来解决问题。学生的流利度止步不前可能是因为在正确拼写单词、快速写作或形成独特的声音等方面存在问题。

如果问题在自动化方面，那么老师需判断学生是否会拼写大多数高频词，能否运用策略拼写其他单词，然后针对学生的问题，开展高频词教学或拼写策略教学，增加学生的阅读和写作量。

如果学生写作速度缓慢，那么老师可以通过观察或面谈等方法找出问题并制定解决措施。有些学生写得慢是因为手写技能有问题；有些学生则是因为不知道该做什么或缺乏写作主题的背景知识。也有可能是被其他同学分心了，或是在配插图上花费了太多时间而没能写太多。

如果学生没有形成作者的声音，很可能是因为读得或写得不够多。最好的方法是大幅增加这些学生的阅读和写作量。此外，他们还需要多听他人朗读、多讨论作者，以及作者是如何在书中体现出自己的声音的。

评价工具

口头阅读流利度

老师用以下评价工具及阅读记录表和非正式阅读检测工具（IRIs）监测和记录学生的阅读流利度发展。

- **测评网**（AIMSweb）

老师使用在线评价系统目标网于学年初测评学生的口头阅读流利度，并在学年中定期监测学生的流利度发展。老师听学生朗读文本，在线上评分表上单击读错的地方，系统会自动打分。

- **早期读写基础技能动态指标**（Dynamic Indicators of Basic Early Literacy Skills，DIBELS）：口头阅读流利度测试（Oral Reading Fluency Subtest）

口头阅读流利度测试由一套分级文本组成，用于测量一～三年级的学生的阅读速度。此项测试单独开展，老师听学生朗读 1 分钟并标记读错的内容；学生的阅读速度即正确阅读的单词数。

- **流利度测试工具包**（Fluency Formula Kits）

老师使用学乐出版社发行的针对各年级开发的工具包，每年对学生的阅读流利度进行 3 次快速评价，并参照美国标准分数来解读学生的成绩。各年级的工具包都包含 3 份基准文本、24 份进度监测文本、1 份评价手册、1 个计时器及若干进度图表。老师可以以周为单位，用进度监测文本监测学习困难的学生的学习进展。评价手册内有设定教学目标、开展差异化教学的相关指导。

- **早期读写能力观察表**（Observation Survey of Early Literacy Achievement，OS）：单词阅读和词汇书写测试（Word Reading and Writing Vocabulary Subtests）

这两项 OS 测试测量学生的高频词知识。在单词阅读测试中，学生需读 15 个高频词；在词汇书写测试中，学生需要写出所有知道的单词（在 10 分钟之内）。

- **语音意识读写筛查系统**［Phonological Awareness Literacy Screening（PALS）System］：孤立单词识别测试（Word Recognition in Isolation Subtest）

孤立单词识别测试由供学生朗读的分级单词表组成。学生正确阅读 15 个单词是最高水平，也是指导阅读水平。一～三年级的老师用这项测试来监测学生自动识别单词的能力。

虽然上述许多测试都用阅读速度来测量流利度，但需要注意，流利度还要求学生能自动识别高频词，能运用单词识别策略解码生词，能富有表现力地阅读。

外语学习者的教学

流利度。阅读要达到流利阶段，外语学习者需要像母语者那样，能自动、快速、富有表现力地读出单词；然而，在能流利地说英语前，他们的阅读很难达到流利阶段。口语能力的不足限制了他们识别高频词、运用词汇识别策略的能力，对理解词义、串词成句、有表现力地阅读造成了干扰（Peregoy & Boyle，2013）。在充分发展口语能力前，他们的写作很难达到流利阶段。

学生学习英语时会进行大量的阅读和写作学习，同时也在进行口语学习。老师需要帮助他们在口语和书面语之间建立关联，推动其成长，帮助他们克服流利阅读和写作路上的障碍。

- **自动化**。对许多外语学习者来说，自动、准确地阅读和写作有大的挑战性，需要比以英语为母语的学生付出更多努力。很多高频词都是抽象的（如 *about, this, which*），比较难识别，还有许多高频词不符合拼写规则（如 *could, said, what, who*），很难拼写。许多外语学习者说话带有母语口音，这增加了拼读分析策略的使用难度，但他们在发音上的差异不会影响阅读流利度。例如，虽然一些西班牙裔学生，尤其是新移民，因为母语中没有 *ch* 这个合音，会把 *check*（检查）发成 /sheˇk/，但他们可以准确地阅读这个词。另外，不应把没有口音当作外语学习者阅读达到流利阶段的标准，因为每个人都有口音，包括英语母语者也是如此。对外语学习者来说，用音节分析策略识别还不能在口语中使用的单词是一项艰巨的任务，尤其是母语中与这些词同源或相关的单词他们还不熟悉时更是如此。

- **速度**。外语学习者的背景知识有限，英语词汇量不足，会影响他们阅读和写作的速度。老师可以通过预教背景知识和生词来帮助他们提高阅读速度，还可以组织他们重读熟悉的图书。要想提高外语学习者的写作速度，老师可以在写作前组织他们讨论主题、提供与主题相关的单词表。此外，如果老师过分关注语法是否正确，学生就会一直用自己已经会写的、保证不会出错的、语法正确的句子来完成写作。

- **表达能力或写作者的声音**。英语口语知识对培养学生的韵律能力、形成作者的声音起着至关重要的作用。由于标点符号不能提供足够的意群划分线索，并且外语学习者自身英语句法知识有限，他们的语调常会受到母语语调的影响（Allington，2009），因此老师可以通过教授与标点符号相关的知识来解决这个问题。回声朗读也是一种有效的方法，老师先有表现力地朗读句子，然后学生模仿老师的韵律重读一遍。另外，帮助学生形成自己的声音同样很有挑战性，他们需要学会用不同的句子结构、习语和修辞进行表达。老师可以在朗读图书时突出作者的声音，让学生把读过的书当作范本学习写作。例如，学生在写作时可以学习《棕熊、棕熊，你看到了什么》（*Brown Bear, Brown Bear, What Do You See?* Martin, 2010）和《如果你给老鼠一块饼干》（*If You Give a Mouse a Cookie*，Numeroff，1985）中不断复现的句子结构来进行表达。外语学习者的表达能力也是可以通过大量的阅读和写作练习来培养的。

外语学习者需要提高流利度，因为他们需要有足够的自动性、准确性、速度和表达能力才能满足四年级及以上的阅读和写作需求。显性化教学与真实的练习活动这一组合，既适合母语学习者，也适用于外语学习者；但后者往往需要更多的时间，因为他们学习阅读和写作的同时还要学习口语。

请参考"我的教学待办清单：阅读和写作流利度"来判断你是否准备好培养所有学生的阅读和写作流利度。

我的教学待办清单

阅读和写作流利度

- ☾ 我把适合年级水平的高频词张贴在单词墙上。

- ☾ 我教学生读、写高频词。

- ☾ 我每天都让学生用真实的读写材料进行阅读和写作。

- ☾ 我给学生示范如何运用单词识别策略。

- ☾ 我教学生如何写字母，如何写得字迹清晰。

- ☾ 我定期检测学生的阅读和写作速度。

- ☾ 我鼓励学生在阅读中培养韵律性或表现力。

- ☾ 我帮助学生形成自己独特的写作者的声音。

- ☾ 我把课程标准融入教学。

第 6 章

学习拼写

学完本章后，你将能够：

6.1 描述学生学会规范拼写单词需经历的不同发展阶段；

6.2 介绍完整拼写课程的四个组成部分；

6.3 描述老师如何评价学生的拼写能力发展。

> 　　在本章中，你将了解到学生拼写能力发展的五个阶段的知识："启蒙"阶段、"字母读音"阶段、"词内模式"阶段、"音节与词缀"阶段和"派生关系"阶段。老师根据学生的发展阶段及年级标准的要求设计教学。在读这则教学故事时，请关注弗洛瑞克老师是如何针对学生的不同发展水平开展教学的。

　　弗洛瑞克（Florek）老师开展差异化拼写教学。弗洛瑞克老师教授的三年级班的 21 名学生处于不同的拼写发展阶段，有不同的拼写学习需求。学年开始的第一周，弗洛瑞克收集了学生们的作文，分析其中的拼写错误，判断学生所处的阶段。之后，弗洛瑞克老师在各季度末分析学生的拼写发展情况，调整他们的分组。根据她最近一次的评价，有 5 名学生还处于基本单词拼不对的"词内模式"（Within-Word Pattern）阶段：他们分不清比较复杂的辅音和元音结构。尼克（Nick）把 *headache*（头痛）拼成 HEDAKKE，把 *soap*（肥皂）拼成 SOPE，把 *heart*（心脏）拼成 HART；乔瓦娜（Jovana）把 *wild*（野生的）拼成 WILDE，把 *ears*（耳朵，ear 的复数形式）拼成 ERARS，把 *found*（发现，find 的过去式）拼成 FOEUND。有 13 名学生处于分不清"音节与词缀"的阶段。他们能正确拼写大多数单音节词，但拼写屈折词尾及非重读的央元音时会出错。例如，马丽贝尔（Maribel）把 *coming*（来，come 的现在分词）拼成 COMEING；拉结尔（Raziel）把 *uncle*（叔叔）拼成 UNKOL，把 *believed*（相信，believe 的过去式）拼成 BEELEVED。其余 3 名学生的拼写处于水平比较高的阶段。例如，亚伦（Aaron）把 *actor*（演员）拼成 ACTER，把 *collection*（收集）拼成 CULECTION，把 *pneumonia*（肺炎）拼成 NEWMONIA。这几名学生即将进入"派生关系"（Derivational Relations）阶段，学习拉丁语和希腊语词根、词缀。

　　弗洛瑞克每天上午都用 30 分钟教拼写。周一，她针对学校拼写课程用的教材进行前测，然后在周五进行终测。中间的 3 天，她让学生独立练习单词拼写，同时以小组为单位教授微课。在选择教学主题时，她会考虑学生的需求及三年级的美国共同核心州立标准。

　　有一天，弗洛瑞克给半个班的学生上了一堂微课，对比复数和所属格，因为处于"音节与词缀"阶段的学生在表示复数时打上了撇号。例如，一名学生写道：

The boy's rode their bike's up the biggest hill in town to Chavez Park.

（男孩们骑着自行车去了位于镇上最高山上的查韦斯公园。）

之后，弗洛瑞克老师让学生们重读自己的日记。他们找到了三个包含复数或所属格的句子并抄写在句型条上。紧跟着在微课中，学生们分享了这些句子，指出表示复数或所属格的单词，纠正错误的写法。弗洛瑞克注意到一些学生仍然对复数和所属格存有困惑，因此后面她会再次给他们讲解。

某天在学习宇航员这一单元时，学生们正写着学习日志，有几个人问弗洛瑞克老师，为什么 science（科学）这个词的 s 后面有一个不必要的 c。她解释说，science 是一个拉丁词，一些从拉丁语变成英语的词非常特殊，会同时用 s 和 c 拼写。这次交流后，弗洛瑞克决定开一堂微课，讲如何拼写 /s/ 这个发音。首先，她让学生从正在读的书、教室里张贴的单词，以及自己知道的单词里搜集含有 /s/ 音的单词。一天后，她让学生每人选 5 个最有趣的单词写在小卡片上。最后，她把单词卡分类，一行一行地放进插卡袋里。大多数单词的 /s/ 音都是用字母 s 或 ss 表示的，但有几名学生发现有的单词中 c 或 ce 也发 /s/ 音，弗洛瑞克补充了几个用 se 和 sc 拼的单词。学生们分析了表 6-1 "三年级：拼写 /s/ 音的方法"，并就如何拼写 /s/ 音得出了一些结论。

表 6-1　三年级：拼写 /s/ 音的方法

拼写	示例	反例	规则
s	said（说，say 的过去式） monsters（怪兽，monster 的复数形式） sister（姐妹） misbehave（行为不端） taste（品味）	shop（购物） wish（愿望）	s 是最常见的拼写，但是 sh 不代表 s 音，它专门代表一个发音
c	cent（分） bicycle（自行车） city（城市） decide（决定） cereal（谷物） mice（老鼠，mouse 的复数形式） circle（圈） face（脸）	—	c 后跟 e、i 或 y 时，发 s 音
ce	office（办公室） dance（跳舞） sentence（句子） prince（王子） science（科学） fence（栅栏） voice（声音） juice（果汁）	cent（分） cement（水泥）	ce 仅用在词尾

（续表）

拼写	示例	反例	规则
ss	class（班级） guessed（猜测，guess 的过去式） kiss（亲吻） blossom（开花） fossil（化石） lesson（课程）	—	Ss 用在词中或词尾
sc	scissors（剪刀） science（科学） scent（气味）	scare（惊吓） rascal（流氓）	此拼法不常用，是一个连音
se	else（另外） house（房子）	—	此拼法仅用在词尾

弗洛瑞克给三年级的学生讲，拼写优秀的人往往会通过分析来拼写单词，而不仅仅根据发音来拼写。她在教室里挂了一张"如何拼写长词"的图表，并通过一系列微课带领同学们生成了一些规则来指导生词拼写，具体如下。

1. 把单词拆分成音节。

2. 把每个音节都念出来。

3. 根据发音拼出每个音节。

4. 思考拼写元音和单词尾音的规则。

5. 检查单词拼写看起来是否正确。

6. 如果不确定，可以查字典。

7. 可以向朋友求助。

对于正在学习双音节词拼写的学生，弗洛瑞克会经常带着他们复习这个策略图表。在微课上，她一边把步骤一个一个念给学生听，一边用 welcome（欢迎）这个词做示范。她把词分成两个音节，wellcome，在一张大纸上拼写出 WELLCOME。然后她看着这个词，让学生们也看着这个词。她说："我写了 well 和 come，但这个词看起来不太对，是不是？中间看起来是错的，welcome 里只有一个字母 l。"她在 WELLCOME 下面写上 WELCOME，问学生 welcome 是否正确。大家都说是，弗洛瑞克又让一名学生查字典核对。

之后，弗洛瑞克又选了一个词 market（市场），请小组中的一名学生指导老师来完成以上步骤。弗洛瑞克按照这名学生的指示将 market 分成两个音节，mark-ket，在一张大纸上拼写出 MARKKET。她看着这个词并告诉学生她认为这样写是对的，但这名学生不同意，其他人也不同意。因此，弗洛瑞克又看向这个词并向大家求助。学生们说只需要一个 k。最终，弗洛瑞克在英语书写训练专用纸上正确地拼写出这个单词。

弗洛瑞克给学生发了白板和笔，用来练习拼写双音节。学生先用 turkey（火鸡）这个词练习拆分音节的策略。他们按照上述步骤操作后，老师检查他们的拼写。他们还用

disturb（干扰）、*problem*（问题）、*number*（数字）、*garden*（花园）、*person*（人）和 *orbit*（轨道）等词进行了练习。这个小组的学生都做得很好，所以他们请弗洛瑞克提供一些更难的词，最终尝试了几个三音节词：*remember*（记住）、*hamburger*（汉堡）、*banana*（香蕉）和 *populate*（居住于）。

第二天，弗洛瑞克给处于"词内模式"拼写阶段的学生授课。由于这些学生仍会混淆长元音和短元音单词，她准备了一些相似的词做分类游戏，包括 *rid*（摆脱）-*ride*（骑）、*hop*（跳跃）-*hope*（希望）、*cub*（幼崽）-*cube*（立方体）、*slid*（滑落）-*slide*（滑行）、*cut*（剪）-*cute*（可爱的），*pet*（宠物）-*Pete*（皮特），*hat*（帽子）-*hate*（厌恶），*not*（不）-*note*（笔记），以及 *mad*（生气的）-*made*（制造，make 的过去式）。弗洛瑞克把印有单词的卡片放进信封里并发给学生。学生把单词卡分为长元音和短元音两类，然后练习读单词，并把词写在白板上。最后，弗洛瑞克让学生解释这两组词的区别。她之前曾问过学生这个问题，但这个问题很难。学生回答，"由三个字母构成的是短元音单词，而四个字母构成且以字母 e 结尾的是长元音词。"

弗洛瑞克给小组授课时，其他学生就练习单词拼写。他们先把每个单词在大脑里拼一遍，再写下来，然后用老师在三年级早期教的步骤检查拼写。

完成练习后，他们会挑一些拼写游戏来玩。有的人玩学生版 Boggle 拼写游戏；有的人则用计算机玩拼写游戏，探索"富兰克林拼写高手"；还有人会去教室里的拼写中心做活动。拼写中心有三个活动包。其中一个包里装有 15 袋字母磁贴，可以拼写 15 个单词。第二个包里放有写着屈折词尾的单词卡，学生需要把单词卡分类并排放在中心旁边挂着的插卡袋里。单词卡包括 *bunnies*（兔子，bunny 的复数形式）、*walked*（步行，wark 的过去式）、*cars*（汽车，car 的复数形式）、*running*（跑步，run 的现在分词）、*hopped*（跳跃，hop 的过去式）、*foxes*（狐狸，fox 的复数形式）和 *sleeping*（睡觉，sleep 的现在分词）。几周前，弗洛瑞克讲了一系列关于屈折词尾的微课，用到的单词卡就放在拼写中心，供学生练习、复习。第三个包里放着组词活动用的塑料字母。本周用的单词是 *grandfather*（祖父）。学生以小组为单位，尝试用这个单词里的字母尽可能多地拼出由 1、2、3、4、5、6 个字母构成的单词。表 6-2 所示是一份已经完成的表格，写有用 *grandfather* 所含字母拼出的 30 个单词。

表 6-2　用 grandfather 所含字母拼出的单词

组词 本周用的单词是 grandfather							
1	2	3	4	5	6	7	8
a（一个）	at（在）	and（和）	hear（听到）	grand（宏伟的）	father（父亲）		
	he（他）	the（这、那）	hate（厌恶）	great（伟大的）			

（续表）

组词 本周用的单词是 grandfather							
1	2	3	4	5	6	7	8
	an（一个）	her（她的）	date（日期）	after（在……之后）			
		are（是）	gate（大门）				
		hat（帽子）	hare（野兔）				
		eat（吃）	near（在附近）				
		ate（吃，eat 的过去式）	tear（眼泪）				
		ear（耳朵）	gear（齿轮）				
		fat（胖的）	then（然后）				
		ran（跑，run 的过去式）	than（比）				
		fan（风扇）	hand（手）				

　　弗洛瑞克在周五进行单词拼写周测。她大声念出 15 个单词，学生把单词写在纸上，然后她让学生检查自己写的单词，在看起来拼写正确的单词旁边打钩，如果看起来感觉拼得不对，那么把单词圈起来。有些三年级的学生，尤其是那些处于"词内模式"阶段的学生，还不能根据视觉感受判断单词是否"看起来"拼写正确。这个校对练习活动能帮助他们学会识别所写单词中拼错的词。弗洛瑞克发现，班上拼写能力较强的学生可以准确地判断哪些词"看起来"拼写正确，但其他学生还暂时做不到。给拼写测试评分时，她会给准确判断自己所写单词看起来是否正确的学生额外加分。

　　低年级的学生在拼写单词时会应用他们学到的音素意识及拼读法知识。刚开始学习写作的学生想写出某个单词时，会缓慢地念出这个单词，拆解它的发音。拆解是一项拼写单词的音素意识策略。学生选择根据单词拆解出的音相对应的字母，从而拼写出单词。学生所选择的字母能反映出他们对拼读法和拼写规则的掌握情况。不出所料，学生把许多单词都拼写错了。有的单词是过度缩写了；有的是音和形完全对应，忽略了拼写规则；也有的是字母顺序颠倒了。这些拼写错误清晰地反映了学生的语音意识。随着学生对英语构词知识，即拼写规则的了解，他们的拼写会越来越符合拼写规范。

　　请你想一下，低年级的学生可能会用哪些方式来拼写单词 *fairy*（仙女）。4 岁的孩子可能会用涂鸦或任意字母来表示这个词，也可能会识别出单词开头的发音，用字母 F 来表示。已经掌握音素意识策略的幼儿园或一年级的学生可能会把它拆解成 3 个音，/f//âr// ē /，每个音用 1 个字母表示，拼写为 FRE。二年级时，学生对英语拼写规则有了更多了解，可能会拼写为 FARIEY。他们仍是把单词拆解成 3 个音，还注意到了 *r* 控元音模式，正确识别出代表该发音的 3 个字母，但书写时颠倒了字母顺序，把 *air* 写成 ARI。他们用字母 *ey* 表示 / ē / 音，可能是类比了单词 *money*（金钱）。到三～四年级时，学生多次读和写了 fairy 及其他有相同发音的单词后，就能规范拼写这个词了。

神奇的是，学生从根据发音拼写单词发展到可以规范拼写大多数单词，基本只需要 4 年的时间。例如，弗洛瑞克老师三年级班上绝大部分学生写的单词，90% 以上都是拼写正确的。通过大量的阅读和写作及显性化教学，学生逐渐明白了字母的意义，即字母表示发音。拼写周测在过去是主要的教学方式，如今却只是综合拼写课程的一部分。

美国共同核心州立标准将拼写视为语言工具，要求学生能正确拼写所处年级要求掌握的单词后，需继续发展到规范拼写阶段。学生需学会拼写高频词，会运用策略拼写生词。虽然课程标准并未说明用什么方法来教拼写，但本书推荐使用本章介绍的教学活动，开展综合性拼写课程。这种方法更为高效，因为学生在听课及练习后，还能将课上所学知识应用到真实且有意义的写作活动中。

拼写能力的发展阶段

6.1　描述学生学会规范拼写单词需经历的不同发展阶段

低年级的学生刚开始写作时，会根据他们知道的语音知识进行拼写，编造出许多独特的单词（Read，1975）。里德（Read）研究发现，学生会用字母的读音来拼写单词，如 U（*you*）和 R（*are*），且辅音使用非常稳定：GRL（*girl*，女孩）、TIGR（*tiger*，老虎）和 NIT（*night*，夜晚）。他们用一些不常见但音形一致的拼写方式来表示破擦音。例如，他们用 *chr* 替换 *tr*［如用 CHRIBLES 表示 *trouble*（麻烦）］，用 *jr* 替换 *dr*［如用 JRAGIN 表示 *dragon*（龙）］。他们用字母本身的读音来表示单词中的长元音：MI（*my*，我的）、LADE（*lady*，女士）和 FEL（*feel*，感觉）。学生还用一些巧妙的策略来拼写单词中的短元音：年纪最小的学生在选择字母表示短元音的时候，会根据短元音在口腔中的发音位置进行选择。他们用 *e* 表示短 *i* 音，如 FES（fish，鱼）；用 a 表示短 e 音，如 LAFFT（*left*，左）；用 i 表示短 o 音，如 CLIK（*clock*，时钟）。这些拼写在成年人看来可能比较奇怪，却体现了特定的音形关系。

研究人员在分析了学生的拼写之后，将他们学会规范拼写的过程划分为五个阶段（Bear，Invernizzi，Templeton，& Johnston，2020）。学生在不同阶段运用不同的策略，关注拼写的不同方面，反映出他们正在学习的读写知识。表 6-3 总结了学生在五个阶段的特征。

表 6-3　拼写能力的发展阶段

阶段	描述	年级
启蒙	学生能把涂鸦、字母及形似字母的符号串联起来，但没有把这些符号与任何音素关联起来	学龄前至幼儿园
字母读音	学生学会用字母表示单词中的音素。刚开始时，他们的拼写是极度缩略的，之后逐渐学会用辅音连缀、合音及短元音字母组合来拼写单词	幼儿园至一年级
词内模式	学生学习了长元音字母组合及 r 控元音，但会混淆拼写模式，把 meet（遇到）拼写成 METE，还会颠倒字母顺序，如把 from（来自）拼写成 FORM，把 girl（女孩）拼写成 GRIL	一～二年级
音节与词缀	学生借助学过的单音节词拼写较长单词，学习如何将单词拆分为音节。他们还学习如何加屈折词缀（如 -es、-ed、-ing），如何区分同音异义词（如 your - you're，你的 - 你是）	二～四年级
派生关系	学生探索拼写与意义之间的关系，意识到意义相关的单词，拼写时通常也有关联，虽然发音会有变化（如 wise，聪明的 -wisdom，智慧；sign，符号 -signal，信号；nation，国家 -national，全国的）	五年级及以上

来源：基于 D. Bear，S. Templeton，M. Invernizzi，F. Johnston.（2020）.《基于单词的教学：指向拼读、词汇和拼写教学的单词研究》（ Words their way: Word study for phonics, vocabulary, and spelling instruction ），第七版，培生教育出版社。

阶段 1："启蒙"拼写阶段

低年级的学生，通常在 3～5 岁时处于"启蒙"拼写阶段，少数学生进入幼儿园后可能仍处于这个阶段。他们写作时，开始是画各式各样的记号，渐渐地，他们能把涂鸦、字母及形似字母的符号串联起来。然而，他们并没有把自己写的符号与任何音素关联起来。本阶段的拼写是字母及其他书面语言概念的一种自然、早期的表现。学生可能会在纸上从左到右、从右到左、从上到下或随意地书写，但到本阶段末期，他们会了解书写的方向性。有些学生在启蒙阶段就会写很多字母，但有些学生始终重复写少数几个字母。虽然学生大小写字母都会写，但他们明显更喜欢用大写字母。学生在本阶段将学习如下概念。

- 画画和写字的区别
- 如何写字母
- 在纸上书写的方向
- 一些字母 - 发音的对应关系

进入启蒙阶段末期，学生开始明白拼写的意义，知道单词中的字母代表它的发音。

阶段 2："字母读音"拼写阶段

5～7 岁的学生的拼写通常处于"字母读音"拼写阶段。他们明白字母与发音之间存在联系，即字母的意义，学着用字母表示单词中的音素。刚开始时，他们拼写出的单词省略了很多字母，一个单词可能就只用几个字母表示，仅把它最突出的特征表示出来。例如，用 D 代表（如 *dog*，狗）和用 KE 代表（如 *cookie*，饼干）是这一阶段早期的典型例子。此时，学生更喜欢用大写字母。他们把想拼写的单词缓慢地念出来，从拆解出来的单音中看看能否听到熟悉的字母读音和发音。在这个阶段，学生学着拼写大多数位于开头和结尾的辅音，每个音节中通常还包含一个元音，但可能会把 *like*（喜欢）拼写成 LIK，把 *bed*（床）拼写成 BAD。老师要非常熟悉他们的拼写方式，否则也很难读懂他们写的内容。拼写处于"字母读音"阶段的学生将学习如下概念。

- 字母的意义
- 辅音
- 短元音
- 辅音连音与合音

学生到本阶段结束时能用辅音连缀、合音及短元音字母组合拼写许多单词，如 *hat*（帽子）、*get*（得到）和 *win*（赢）。但是，如果单词含有较难的发音，一些学生仍然会拼错。例如，他们可能把 *ship*（船）拼写为 SEP。此外，他们还能拼写一些常见的 CVCe 单词，如 *name*（姓名）。

阶段 3："词内模式"拼写阶段

一般 7～9 岁的学生能够规范拼写大多数单音节、短元音单词，进入"词内模式"阶段。这时，学生学习拼写长元音单词和含有 *r* 控元音的单词。他们学习不同的长元音字母组合，认识到 *come*（来）、*bread*（面包）等词的元音拼写是例外，不符合元音拼写规则。他们可能会记不清拼写规则，把 *meet*（遇到）拼写成 METE，也可能会颠倒字母顺序，用 FORM 表示 *from*（来自），用 GRIL 表示 *girl*（女孩）。在这个阶段，学生还会学习比较复杂的辅音字母组合，包括 -*tch*（*match*，匹配）和 -*dge*（*judge*，判断），以及不太常见的元音字母组合，如 *oi/oy*（*boy*，男孩）、*au*（*caught*，捕获，catch 的过去式）、*aw*（*saw* 看见，see 的过去式）、*ew*（*sew*，缝合；*few*，少数）、*ou*（*house*，房子）和 *ow*（*cow*，牛）。他们练习元音拼写规则时，还会对比相似的长元音和短元音（如 *hope*，希望；*hop*，跳跃）。学生在这一阶段将学习如下概念。

- 长元音字母组合
- *r* 控元音
- 较复杂的辅音字母组合
- 双元音及其他不常见的元音字母组合

到"词内模式"阶段结束时，学生能准确拼写大多数单音节单词。

阶段 4："音节与词缀"拼写阶段

三～四年级的学生的拼写能力通常处于"音节与词缀"阶段，能运用学过的单音节词来拼写更长的单词，如 *explore*（探索）、*freedom*（自由）、*grandma*（祖母）、*around*（在附近）、*laughed*（笑）和 *poison*（毒药）。他们学习给动词、名词加屈折词缀（*-s*、*-es*、*-ed* 和 *-ing*），给形容词加比较级和最高级词缀（*-er* 和 *-est*），以及运用双写结尾的辅音字母、去 *y* 变 *i*、去掉词尾 *e* 再加屈折词缀等规则来拼写以下单词：*bus*（公交车）-*buses*（公交车，复数）；*walk*（行走）-*walked*（行走，过去式）；*hot*（热的）-*hotter*（更热的）；*buy*（买）-*buying*（买，进行式）和 *come*（来）-*coming*（来，进行式）。他们还会学习用一些较常见的前缀（如 *dis*-、*re*-、-*un*）和后缀（如 -*able*、-*ful/-fully*、-*ly*、-*tion*）来拼写多音节词，包括 *suddenly*（突然）、*cheerful*（开朗）、*disagreeable*（令人不快的）、*rebuild*（重建）、*combination*（组合）和 *unfair*（不公平）等。

学生会学习如何区分**同音异形词**（homophones），如 *see*（看见）-*sea*（大海）、*right*（右边的）-*write*（写作）、*pair*（一双）-*pear*（梨）、*to*（给）-*too*（也）-*two*（二）和 *there*（那儿）-*they're*（他们是）-*their*（他们的）。虽然大多数同音异形词都是单音节词，但即便学生之前就会拼写这些词，也是到了本阶段才注意到它们意义上的差异，从而能够正确使用它们。学生在"音节与词缀"阶段将学习如下概念。

- 屈折词尾
- 复合词
- 音节划分
- 词缀
- 同音异形词

学生本阶段结束时能拼写大部分双音节词和一些更长的单词，包括 *follower*（跟随者）、*handle*（处理）、*painfully*（痛苦地）、*shadow*（阴影）、*rainbow*（彩虹）、*giggles*（咯咯地笑）和 *reflection*（反思）等；在写作中也能选择正确的同音异形字。

阶段 5："派生关系"拼写阶段

学生大约在 11 岁或 12 岁时进入"派生关系"拼写阶段，开始探索拼写与意义之间的关系。他们了解到，意义相关的单词在拼写时通常也有关联，虽然元音和辅音会有变化，如 *conclude*（作结论）-*conclusion* 结论、*metal*（金属）-*metalic*（金属的）、*nation*（民族）-*national*（国家的）。辅音的变化称为"辅音转化"，如 *soft*（柔软的）-*soften*（使变柔软）、*moist*（潮湿的）-*moisten*（变潮湿）、*muscle*（肌肉）-*muscular*（肌肉发达的）。元音的变化称为"元音转化"，如 *cave*（在……挖洞穴）-*cavity*（洞穴）、*invite*（邀请）-*invitation*（请帖）、*volcano*（火山）-

volcanic（火山的）。

这个阶段的重点是语素，学生学习希腊语和拉丁语词根与词缀，也开始分析词源，即单词的演变史及历史是如何影响单词拼写的。例如，一些词是从人名演变来的，如 *maverick*（自行其是的）和 *sandwich*（三明治），叫作"同名词"（*eponyms*）。学生在"派生关系"拼写阶段将学习如下概念。

- 辅音转化
- 元音转化
- 希腊语和拉丁语词根与词缀
- 词源

这是拼写能力发展的最后阶段。高年级的学生的许多拼写错误都是因为缺乏有关辅音和元音转化，以及希腊语与拉丁语词根和词缀的知识。

小学老师可能认为自己不需要了解这一阶段，但其实低年级的学生在根据发音拼写单词时就会注意到辅音、元音转化的现象了。例如，学生根据发音拼写 *sign*（签署）时，可能会对不发音的 *g* 产生困惑，问为什么这个词要这样拼写。这时，老师就需要能给他解释 *sign* 是 *signature*（签名）缩短后发展而来的词。另一个缩短后带有不发音字母的单词是 *bomb*（炸弹），从 *bombard*（轰炸）发展而来。同样，许多二～三年级的学生能正确拼写 *nation*，但在拼写 *national* 时，却会根据元音规则拼写成 NATTIONAL。等学生过了根据发音拼写单词这一阶段后，老师就可以开始教授一些拼写规则背后更复杂的原则了。

从学生的拼写可以看出，他们对英语构词法的了解在不断加深。学生正确的拼写体现出他们已经掌握的拼读概念、拼写规则及其他语言特征。学生自己发明的或错误的拼写则体现出他们仍在学习，以及尚未学到或注意到的拼写知识。有时候，学生会因为创造性地拼写了一个单词而受到老师的批评，因为老师担心学生会养成胡乱拼写的不良习惯。然而，研究发现，在拼写教学中鼓励学生创造性地拼写单词，能加快他们音素意识、拼读及拼写能力的发展（Snow，Burns，& Griffin，1998）。随着学习的加深，学生的拼写变得愈加复杂。即便他们仍然不能正确地拼写单词，也反映出了拼写知识的增长。随着学生拼写能力的不断发展，他们能正确拼写的单词也越来越多。

外语学习者的教学

拼写。就像母语者那样，外语学习者也会经历五个相同的发展阶段，只是进展得更慢，因为他们不如母语者那般熟悉英语的字母 - 发音对应关系、拼写规则和语法（Helman，Bear，Templeton，Invernizzi，& Johnston，2020）。这些学生的拼写能力能够反映他们的阅读水平，但会滞后于阅读能力的发展。因为他们学习单词时，是先学单词的意义和发音的。而几乎与此同时，他们就要学习单词的书面形式，通过练习，学会识别和读出单词。然后，他们很快就开始学着写单词。刚开始时，学生们的拼写并不完全正确，反映了他们对英语拼写规则的掌握还不全面。后来，经过拼写学习及不断练习阅读、写作，他们逐渐学会正确拼写单词。由于拼写对学生的要求比阅读更高，因此他们的拼写知识以这种方式发展也就不足为奇了。

老师需要了解这些学生的母语，尤其是他们的母语与英语的不同之处，然后老师需要显性地教授这些不同点，因为它们比相同点更难掌握（Helman et al., 2016）。请看下面这些语言和英语在书写上的差异：汉语使用单音节文字而非字母；阿拉伯语从右到左书写，字母在单词中的位置不同，写法也不同；克罗地亚语和捷克语中没有元音。还有一些语言，包括阿拉伯语、西班牙语和俄语，它们的音形对应关系比英语更为一致。母语为这些语言的学生常会感到困惑，为什么英语中一个发音会有多种拼写方式。此外，还有一些语言在发音上与英语有差异：许多语言中没有 /th/ 音，如韩语；而阿拉伯语中没有 /p/ 音，阿拉伯人经常用 /b/ 音替代；亚洲人很难区分 /l/ 音和 /r/ 音。元音对外语学习者来说尤为困难，它们的发音通常与学生的母语中的不同。例如，讲俄语的人无法区分短元音和长元音，讲西班牙语的人经常用 /ĕ/ 代替 /ā/、用 /ŏ/ 代替 /ŭ/。许多非洲和亚洲语言都有声调。这些语言并不用拼写，而是用声调来区分不同的词。此外，句法差异也会影响拼写：赫蒙语中的名词没有复数标记；韩语不用助动词，而是直接在动词末尾添加语法标记。

老师要根据外语学习者所处的拼写发展阶段进行教学，强调学生的母语与英语的对比。赫尔曼（Helman, 2016）及其同事认为，老师应把教学重点放到这类学习者在不同阶段可能会混淆的概念上。

"启蒙"拼写阶段。学生学习英语字母、发音和单词，了解到英语是从左到右、从上到下书写的，且单词之间有空格。若学生的母语是非字母型语言，要养成这种意识会更为困难。

"字母发音"拼写阶段。学生明白字母代表发音。他们要同时学习辅音和元音。其中，与他们的母语发音相同的音是最容易学习的。在辅音中，/d/、/j/、/r/、/sh/ 和 /th/ 等比较难掌握。外语学习者读和拼写词尾的辅音连缀时常会遇到困难，如 *fast*（快速地）中的 -st、*king*（国王）中的 -ng、*stomp*（跺脚）中的 -mp、*board*（木板）中的 -rd。长元音和短元音尤为难发，它们的发音通常与学生母语中的不同。

"词内模式"拼写阶段。学生从用字母表示单个发音发展到用元音拼写规则拼写单词。他们练习 CVCe 和 CVVC 结构，学习不符合规则的特例，如 *lake*（湖）、*have*（有）、*come*（来）、*mail*（邮件）、*head*（头）。另外，*r* 控元音非常棘手，许多常用词中都有 *r* 控元音且很难根据发音判断拼写方式，如 *bear*（胸）*-care*（关心）*-hair*（头发），*word*（单词）*-heard*（听到，hear 的过去式）*-fern*（蕨类植物）*-burst*（爆裂）。学生还要学习缩略词拼写，如 *I will = I'll*（我将），*cannot = can't*（不能），*will not = won't*（不会）。

"音节与词缀"拼写阶段。学生在探索动词的不同形式，如 *talk-talked*（谈话）、*take-took-*

taken（拿）、think-thought（思考）；将形容词变为副词，如 quick（迅速的）-quickly（迅速地）；添加屈折词尾，如 walks-walked-walking（行走）；学习形容词和副词的比较级和最高级，如 sunny（阳光充足的）-sunnier（阳光更充足的）-sunniest（阳光最充足的）的同时，他们也在学习拼写和语法概念。在这个阶段，外语学习者还会学习区别重读与非重读音节，拼写非重读音节的央元音，以及区分同音异形词，如 wear（穿戴）-where 哪里，to（给）-too（也）-two（二）。

"派生关系"拼写阶段。学生学习单词中的辅音、元音转化，如 crumb（碎屑）-crumble（弄碎），define（下定义）-definition（定义）。有些学生的母语是用音调变化来表示单词间的派生关系的，因此他们需要知道，英语中拼写比较相似的单词往往是派生关系，且派生关系的单词中的元音发音往往会发生变化。他们还要学习拉丁语和希腊语的词根、词缀，用来辅助理解单词含义及拼写单词。

外语学习者的拼写教学其实与母语者相似：老师结合使用显性化教学、单词分类及其他练习活动、真实的阅读和写作活动来进行教学。二者最大的区别在于外语学习者不清楚一些英语拼写概念，需要更多的指导，这主要是因为他们的母语中没有这些语言特征。

拼写教学

6.2 介绍完整拼写课程的四个组成部分

老师最熟悉的拼写教学方法应该就是每周进行拼写测试了，但测试绝不应视为拼写课程的全部。要成为优秀的拼写者，学生需要学习英语构词知识，经历不同的拼写发展阶段。他们需要了解如何利用拼写策略拼出生词，每日参加各种阅读和写作活动，积累使用字典及其他资源的经验。完整的拼写课程包括以下部分。

- 教授拼写策略
- 开展适合学生拼写发展水平的教学
- 每天都给学生机会进行阅读和写作
- 教学生拼写高频词

完整的拼写课程是均衡读写教学的重要组成部分。请参考本章末尾的"我的教学待办清单：拼写教学"来判断你的拼写课程是否完整，以及你是否根据学生的需求开展了差异化教学。

拼写策略。学生学习策略来拼写生词。随着学生拼写发展阶段的变化，他们能够越来越熟练地运用语音、语义和历史知识来拼写单词，换言之，他们在拼写单词时变得更有策略。他们要学习以下拼写策略。

- 先拆分单词再拼写每个音，通常称为"根据发音拼单词"。
- 通过类比熟悉的单词来拼写生词。
- 在词根上加词缀。
- 校对草稿，查找拼写错误。
- 用字典或教室里的图表来检查生词的拼写。

当低年级的学生询问老师某个生词如何拼写时，老师一般会按照惯常做法，让他们"根据发音拼单词"。有时候，老师也会推荐更具策略性的方法，同时提供更多信息，让学生"通过分析拼单词"。这个建议会让学生意识到拼写不仅涉及语音信息，还要考虑拼写规则、屈折词尾，并判断单词看起来是否拼写正确。

差异化拼写教学。老师要开展显性化、差异化教学，教授适合学生发展阶段的拼写概念及策略。也就是说，老师要根据学生在课上表现出来的不同拼写水平调整教学。例如，处于"字母读音"阶段的学生需要学习辅音和短元音，因为他们正尝试用字母来表示这些概念。他们也准备好学习"根据发音拼单词"策略了。然而，这些主题的教学并不适合第 4 阶段的学生，因为他们早已学过这些概念了。表 6-4 列出了适合不同拼写发展阶段的教学主题。

差异化教学是老师在教授符合年级水平的主题时，照顾学生不同需求的最佳方式。从定义看，差异化的教学是适合学生发展水平的教学，能够适应班级中处于不同拼写阶段学生的不同需求。

日常阅读和写作练习。日常阅读和写作活动是学生学习拼写最重要的两种方法。善于阅读的学生往往也善于拼写。学生阅读时会把单词可视化，也就是观察单词及词内字母的形状，并用这些知识来正确拼写单词、识别出看起来拼错了的单词。写作时，学生运用学到的策略拼写单词，积累宝贵的经验。此外，学生和老师一起校对、编辑自己的作文时，也能了解更多有关拼写及其他写作规范的知识。

表 6-4　适合不同拼写发展阶段的教学主题

阶段	主题	
启蒙	音素意识 文本方向从左向右 "字母"和"单词"概念	字母表里的字母 写学生的名字 辅音
字母读音	词首和词尾的辅音 混合 / 拆分发音 词首 / 词尾的辅音连缀	短元音 拼写策略"根据发音拼单词" 高频词
词内模式	辅音合音 较复杂的辅音 不发音的字母 较复杂的合音 长元音拼写规则	元音合音 双元音 r 控元音 拼写策略"通过分析拼单词" 高频词

（续表）

阶段	主题	
音节与词缀	音节 央元音 屈折词尾 常见的前缀和后缀	复合词 缩略词 同音异形词 字典使用
派生关系	拉丁语和希腊语词根 前缀和后缀	词源（单词的历史）

高频词教学。高频词指常见、频繁出现的词，学生需要能够自动拼写，如 *the*（这、那）、*me*（我）、*said*（说，say 的过去式）、*can*（能）、*to*（给）、*was*（是，*am/is* 的过去式）、*like*（喜欢）、*you*（你）。英语最常用的 100 个词中，只有不到一半是音形一致的，而这些词在写作中又会反复用到，所以学生必须学会正确拼写它们。刚刚作为例子列出的 8 个高频词中，只有 3 个——*can*、*me* 和 *like*——是音形一致的。

学生参加了包含以上内容的拼写课程的学习之后，他们的写作会反映出他们的学习成果。学生的拼写错误逐渐减少，更重要的是，错误类型发生了变化：变得更加复杂了。老师可以发现，学生从根据发音拼单词，发展到考虑单词的形态信息及拼写规则了。

课堂干预

诊断拼写问题

拼写存在困难的学生经常表现出以下一个或多个问题。

高频词。学生不知道如何拼写高频词，也不会去参考张贴在教室里的单词图表。遇到不会拼写的高频词时，他们常会依赖拼读法，即便许多高频词的发音并不规律。例如，学生可能把 *was*（是，am/is 的过去式）拼写成 WUZ，把 *could*（能，can 的过去式）拼写成 CUD。

拼读法。学生继续依赖早期学到的拼读技能，即直接根据发音拼写单词，而不考虑应用拼读和拼写规则拼写单词。例如，他们可能将 *soap*（肥皂）拼写成 SOP，将 *babies*（婴儿，baby 的复数形式）拼写成 BABYS，将 *running*（跑步，run 的现在分词）拼写成 RUNING。

字母书写。一些学生存在拼写困难，字迹写得不清晰，或者写字母时比较粗心，或者写得太快以至于拼写单词时漏了一些字母。他们似乎想通过难以看清的字迹来掩盖拼写错误。

要想解决学生的拼写问题，最关键的是找到学生拼写出现问题的原因，从而"对症下药"进行干预，帮助他们解决问题。

第一步老师观察学生写作的过程，选几份他们完成的作文进行分析，判断他们所处的拼写发展阶段。第二步老师分析学生拼对和拼错的单词，确定具体的问题。老师可以问自己以下问题来确定学生的症结所在。

- 学生是否正确拼写了大部分高频词？
- 学生拼写单词时是否应用了教过的拼读概念？
- 学生几乎拼写所有单词都是依靠拼读法吗？
- 学生是否参考了单词墙上与主题相关的词汇？
- 学生的字迹清晰吗？
- 学生写的单词完整吗？还是有遗漏的字母？

微课

老师定期开展有关拼读、音簇、高频词、拼写策略、拼写规则和其他拼写概念的微课，给学生讲授英语构词知识。在这堂微课上，程（Cheng）老师教一年级的学生如何用 -at 音簇或词族拼写单词。除了班级教学外，老师还经常用微课进行差异化教学，以小组为单位，给学生讲授符合他们发展阶段的内容，就像本章开头的教学故事中弗洛瑞克老师所做的那样。

微课

主题：拼写 -at 词族的单词

年级：一年级

时间：一节 10 分钟的课

程老师在指导型阅读课上教拼读知识。他从学生正在读的图书中挑选一些单词，以介绍、练习和复习拼读概念。学生用单词卡、字母卡、字母磁贴、小白板及笔来解码和拼写单词。

1. 介绍主题

程老师举起学生昨天读过的平装 E 级小书《在家》（At Home），让学生重读一下书名。然后他让学生辨认第一个单词 at。学生读出单词后，他给 6 名参加指导阅读课的学生每人发 1 张写有单词 at 的卡片并问道："谁会读这个单词？"几名学生立刻辨认出来，其他学生则认真地拼出这个由 2 个字母组成的单词的发音。

2. 展示示例

程老师让学生思考押韵词："谁知道押韵词是什么吗？"迈克（Mike）回答，"押韵的词结尾听起来很相似，如 *Mike*（迈克）、*bike*（自行车）和 *like*（喜欢）。"老师说英语中有很多押韵词，今天大家要读和写与 *at* 押韵的单词。他举例说 "*cat*（猫）与 *at* 押韵"。学生也给出了其他与 *at* 押韵的单词，包括 *hat*（帽子）、*fat*（脂肪）和 *bat*（球拍）。程老师引导组里的每名学生说出至少 3 个押韵词。

3. 提供信息

程老师说，大家可以通过在 *at* 前面加一个辅音来拼写这些与 *at* 押韵的词。例如，他将泡沫字母 c 放到写有 *at* 的卡片前，学生把 c 和 *at* 连起来，读 *cat*。然后，他用其他泡沫字母代替 c，重复上述步骤，拼出 *bat*、*fat*、*hat*、*mat*（垫子）、*pat*（轻拍）、*rat*（老鼠）和 *sat*（坐，sit 的过去式）。活动一直持续到每名学生都正确读出了其中的一个单词。

4. 指导练习

程老师给学生发了泡沫字母和塑料小托盘，要求他们根据老师念出的单词选择字母放到单词卡 *at* 前，拼出这个单词。活动一直持续到学生把每个单词都拼了几遍，而且可以快速选择正确的首字母为止。然后，程老师把单词卡、泡沫字母和托盘收起来。

5. 评价学习

程老师给学生发了小白板和笔，让学生把他念的单词写下来：*cat*、*hat*、*mat*、*pat*、*rat*、*sat*、*bat* 和 *fat*。他仔细观察每名学生拆解首音和尾韵来拼写单词的过程。学生举起白板给老师看他们的拼写，然后擦掉单词写下一个，重复这个过程。学生写完 8 个单词后，程老师快速记下哪些学生在参加后续的指导型阅读课之前还需要继续练习 -at 词族的拼写。

单词墙

教室里有两种单词墙。一种是记录"重要"单词的，选自学生正在读的书或主题单元。有的写在一大张纸上，挂在教室里；有的写在单词卡上，放进很大的插卡袋里。学生写作时可以参考这些单词墙，每天看这些张贴在单词墙及图表上的单词，并用它们来写作，这样做有助于学生学习这些单词的拼写。例如，一年级的一个科学单元，主题是植物，老师在单词卡上写了 11 个词并放进单词墙上的插卡袋里：*seed*（种子）、*root*（根）、*stem*（茎）、*leaf*（叶）、*leaves*（叶，leaf 的复数形式）、*flower*（花）、*plant*（植物）、*grow*（生长）、*soil*（土壤）、*water*（水）和 *sunshine*（阳光）。学生练习读这些单词，然后在不同情景中练习写这些词：画图说明植物如何生长，画最喜欢的花，以及写学习日志的时候都可以练习。最后的活动是学生以植物为主题编写一本书，展示他们学到的内容。学生在每页上画一幅画和写一个句子。他们经常会参考单词墙上的内容，核对与植物相关的单词的拼写。图 6-1 选自一名学生创编的书中的一页。上面写着：

Plants need three things to grow big and strong.（植物需要三样东西才能长大和变得强壮。）

请注意，学生写的科学类单词和高频词符合拼写规范，其他单词的拼写则是自己发明和创造出来的。

图 6-1　一年级学生创编的图书《植物世界》中的一页

另一种单词墙用来展示高频词。研究人员找出了人们最常用的单词。鉴于这些词非常有用，专家们建议学生要学会拼写其中的 100 个单词。学生和成人写作时用到的单词，超过 50% 都是这些最常用的单词。表 6-5 所示是 100 个高频词表。

表 6-5　100 个高频词表

A	B	C	D E
a（一个）	back（回到原处）	came（来，come 的过去式）	day（白天）
and（和）	be（是）	can（能）	do（助动词，一般现在时）
about（关于）	because（因为）	could（能，can 的过去式）	did（助动词，一般过去式）
are（是，be 的第二人称单复数形式）	but（但是）		don't（助动词，do 的否定形式）
after（在……之后）	by（通过）		didn't（助动词，did 的否定形式）
around（围绕）			down（向下）
all（全部）			
as（作为）			
am（是，be 的第一人称单数形式）			
at（在）			
an（一个）			

（续表）

F G	H	I J	K L
for（为了）	had（助动词，一般过去时）	I（我）	know（知道）
from（来自）	his（他的）	is（是，be 的第三人称单数形式）	like（喜欢）
get（得到）	have（助动词，一般现在时）	if（如果）	little（小的）
got（得到，get 的过去式）	home（家）	it（它）	
	he（他）	in（在……里）	
	house（房子）	just（仅仅）	
	her（她的）	into（进入……中）	
	how（如何）		
	him（他，宾格）		
M N	O	P Q R	S
man（男士）	of（……的）	people（人）	said（说，say 的过去式）
no（不）	our（我们的）	put（放）	she（她）
me（我，宾格）	on（在……上）		saw（看到，see 的过去式）
not（不）	out（外面的）		so（因此）
mother（母亲）	one（一）		school（学校）
now（现在）	over（结束）		some（一些）
my（我的）	or（或者）		see（看到）
T	U V	W X	Y Z
that（那个）	up（向上）	was（是，am/is 的过去式）	you（你）
think（思考）	us（我们，宾格）	when（什么时候）	your（你的）
the（这）	very（非常）	we（我们）	
this（这个）		who（谁）	
them（他们，宾格）		well（好）	
time（时间）		will（助动词，一般将来时）	
then（然后）		went（去，go 的过去式）	
to（给）		with（和）	
there（那儿）		were（是，am 的过去式）	
too（也）		would（助动词，will 的过去式）	
they（他们）		what（什么）	
two（二）			
things（东西，thing 的复数形式）			

　　老师设计各种活动来教学生读和写高频词，更多相关信息将在第 7 章介绍。当学生学着读单词时，也在学习如何拼写。由于这些单词中的大多数并非音形一致，因此学生必须靠死记硬背来记住它们的拼写；而不断地、重复地读和写这些单词对此很有帮助。此外，学生还对单词形成了视觉印象，在写单词时，能够辨别拼写出来的单词是否过长或过短了、是否缺了一个

"长得比较高的"字母。例如，*litle* 里只有一个 *t* 看起来不正确，对吧？它也不够长，中间的长得比较高的字母少了些。再比如，*houes* 这个拼写，*house*（房子）的最后两个字母颠倒了，看起来挺滑稽的。学生在写作中遇到生词时，会开始学着去单词墙上找。随着学生写作能力的提高，老师期待他们会使用单词墙且能正确拼写出高频词。

单词学习活动

老师组织学生动手练习正在学习的拼写概念。老师通常先面向全班介绍概念和策略，再让学生分散到各个中心练习。这些活动拓展了学生的拼写知识，帮助他们不断进步，进入更高的拼写发展阶段。

组词。老师选一个由 5～8 个字母组成的单词（三年级和四年级的学生则选更长的单词），再准备几套字母卡来组织学生进行组词活动（Cunningham & Cunningham，1992）。学生用这些卡片来练习单词拼写，复习单词结构和拼写规则。他们用老师给的那个单词里的字母进行排列组合，拼写出由 1 个字母、2 个字母、3 个字母和 4 个字母等组成的单词，直至最后用上所有的字母，拼出老师给的那个单词。例如，二年级的学生可以用 *weather*（天气）这个单词中的字母拼出这些词：*a*（一个）、*at*（在）、*we*（我们）、*he*（他）、*the*（那个）、*are*（是，be 的第二人称单复数形式）、*art*（艺术）、*ear*（耳朵）、*eat*（吃）、*hat*（帽子）、*her*（她的）、*hear*（听到）、*here*（这儿）、*hate*（厌恶）、*heart*（心脏）、*wheat*（小麦）、*there*（那儿），以及 *where*（哪里）。在本章开头介绍的教学故事中，弗洛瑞克老师组织三年级的学生用的是 *grandfather*（祖父）这个词里的字母进行的组词活动。

词梯。学生在词梯活动中拼写单词，学习单词的含义（Rasinski，2006）。这是一个单词接龙活动，老师先指示全班或小组同学写一个单词，然后再替换、添加、删除或重新排列字母，将其变为另一个单词。例如，一位老师带领一年级的学生进行如表 6-6 所示的词梯活动，练习 CVC 单词中的短元音。几乎所有的拼读和拼写概念都可以用这个活动来练习。

表 6-6　CVC 词梯

老师说	学生写
我们先写一个颜色类的单词。这个词是 *red*（红色）。现在把它写下来	red
首先，改其中一个字母，把它变成另一个单词，它是一件家具，你在上面睡觉。这个词是什么呢	bed（床）
再改其中一个字母，把它变成 *good*（好的）的反义词。这个词是什么呢	bad（坏的）
再改其中一个字母，把它变成 *mad*（生气的）	mad
最后，再改其中一个字母，这一次它的意思是"湿的土"。这个词是什么呢	mud（泥）

单词分类。学生用单词卡进行单词分类活动，探究单词特征，对比异同。学生根据词族、单词结构或其他标准，将老师准备的单词卡分为两个或多个类别（Bear et al.，2020）。有时候，

学生按照老师规定的类别分类，这叫封闭型分类；有时候，学生自己确定类别，这是开放型分类。学生将单词卡分类后，可以放回信封中，留着以后使用；也可以把卡片粘贴在一张纸上。老师也可以通过网络平台，把学生线下练习与交互型线上单词分类活动相结合，如《单词课堂》（*Words Their Way Classroom*，Bear，Invernizzi，Templeton，Johnston，2019）。

交互型写作。老师用交互型写作教授拼写概念及与书面语相关的其他概念。在学生轮流执笔合作完成一个文段时，老师强调书写的正确性，因为字迹清晰和拼写正确是对读者应有的尊重。学生在写作过程中很可能会拼错一些单词，老师可以抓住这些"教学机会"纠正他们的拼写思路和方式。在交互型写作中，学生学着利用包括教室里的单词墙、图书、字典和同学等在内的各种资源帮助自己改正拼错的单词。

校对。校对是一种特殊的阅读形式，用来查找草稿中的拼写、标点符号或大小写错误。在学习写作过程时，学生了解到，在编辑阶段需要进行校对。而在拼写课程中，老师会更加深入细致地讲解如何通过校对来查找和改正拼写错误（Cramer，1998）。老师会开展一系列微课，选一些学生的文章作为例子，让学生学着校对，找出拼写错误；然后学生双人合作，共同纠正这些拼写错误。

一年级时，老师向全班同学介绍校对这一概念。同学们重读小组作文，查找、改正错误。通过这一体验，学生意识到编辑是写作过程的重要组成部分。例如，在一个一年级的班里，学生用交互型写作分享日常信息，但随着他们写作能力的提高，这个活动成了校对练习。学生独立写完自己要分享的信息再给其他同学看。图 6-2 的上半部分是一份未经编辑的写作样例，小作者写道，自己的生日即将到来。所有人都对这条消息很感兴趣，询问了她一些关于聚会的问题。之后，老师、这名同学和其他同学一起校对了草稿，找出拼写、大小写、标点的错误及缺

图 6-2　一年级的学生日常信息分享的草稿和修正稿

失的单词，并用交互型写作来修正错误，如图下半部分所示。老师并没有纠正所有错误，而是关注了学生自己注意到的错误，以及与她教过的概念相关的错误。长方形表示修正带，覆盖错误的内容。老师通过这个活动示范如何进行校对，还抓住教学机会复习相关拼写概念。

字典的使用。学生需要学会用字典查找生词的拼写。在字典中找到已知的单词相对容易，要找生词却比较困难。学生需要学习如何查找不会拼写的单词。一种方法是推断生词可能的拼写，再去字典中验证最有可能的拼写。

老师应该鼓励学生用字典检查单词拼写，查找单词的多种含义或词源。学生常把查字典看作一种惩罚，老师必须努力改变这种观点。有一种方法是让学生觉得查字典是光荣的任务，老师可以任命几名学生为字典查找员：这几名学生负责保管字典，出现单词拼写、含义或用法等相关问题时由他们负责查阅。

拼写周测

许多老师质疑拼写测试的有用性，因为有学者针对学生发明和创造出来的拼写展开研究，发现通过阅读和写作来学习拼写效果最好（Gentry & Gillet，1993）。另外，老师们抱怨用于拼写测试的单词表与学生正在读和写的单词是相脱离的，还有就是每天花 30 分钟宝贵的教学时间进行拼写活动太浪费了。即便如此，家长和校董会成员依然重视拼写测试，因为他们以此来判断拼写教学是否有效。笔者认为，要想每周进行拼写测试，应该将测试个性化，测试那些学生在学习写作时要用到的单词。

在个性化拼写教学中，学生可以选择自己要学习的单词，其中有许多是他们在写作项目中会用到的词。学生运用学习策略，在一周内学习 5 ~ 10 个单词；这种教法将更多的学习责任转交给学生。老师每周提供一份单词表，包含 20 ~ 30 个不同难度的单词。学生给每个词编上序号，并选出要学习的单词。主词表上的单词包括高频词、单词墙上与文学聚焦单元和主题单元相关的词，以及学生上周写作项目中用到的词。拼写课程中学习的单词也可以添加到这个表上。

老师在周一用主词表中的单词进行前测，学生尽可能多地拼写出里面的单词。之后，学生自己改正前测中的错误，把拼错的单词做成个人词表。学生把个人词表抄两份，每个单词前面标上其在主词表中对应的序号，以便周五终测的时候使用。学生自己留一份用于学习，另一份由老师保存。

一周里，学生每天花 5 ~ 10 分钟学习个人词表上的单词。研究表明，比起让学生着急忙慌地在句子中使用目标单词或忙着将毛线粘成单词的形状等，以下学习策略更为有效。

1. 看着单词念出来。

2. 念出单词中的每个字母。

3. 闭上眼睛，拼出单词。

4. 写下单词，检查拼写是否正确。

5. 再写一遍单词，检查拼写是否正确。

这项策略关注单词整体，而不是将单词拆分成单音或音节。老师在学年初的微课上教给学生如何运用这项策略，并在教室里张贴一份。另外，学生们经常会在周三互换个人词表，相互进行测试练习。

终测在周五进行。老师念主词表上的单词，学生只写自己本周练习过的单词。为了使测试能够顺利进行，学生事先在试卷上列出他们练习过的单词在主词表上的对应序号。学生在终测中拼错的所有单词都应纳入下周的个人词表。

培养更有策略的学生

拼写策略

教学生运用以下策略来拼写单词，并确认所拼写单词是否正确。

- 根据发音拼写单词
- 用类比法拼写单词
- 运用词缀知识
- 校对
- 查词典

学生在幼儿园和二年级时，学习根据发音拼写单词，这些单词中的字母和它的发音是完全匹配的。之后，他们学着运用多项策略，通过分析拼写较长的单词。老师在微课上教授这些策略，并在写作工作坊中观察学生是否能够运用所学策略。如果发现学生有困难，请重新教授适合他们发展阶段的策略。

拼写教学有什么争议

相关家长和媒体隔段时间就会提出关于学生自创拼写单词的"危险性"，并指出拼写周测的重要性，他们认为这样学生才能学习正确的单词拼写。人们普遍认为如今的学生不会拼写，其实这种说法是错误的。这些人认为如果允许学生随意自创拼写单词，他们将来就不能正确地拼写单词了。事实上，学生为了参加拼写测试，努力学习拼写策略、练习高频词拼写。此外，他们还会每天进行阅读和写作活动，这些训练足以能够帮助他们解决拼写上存在的问题了。有研究分析了学生拼写错误的类型，发现从一年级到四年级，随着学生写作长度的增加，拼写错误的数量也在增加。此后，拼写错误的比例开始下降，在初中和高中阶段持续降低，但仍会犯少量错误。但这无伤大雅，因为大多数成年人时不时也会拼错一两个单词。

拼写评价

老师通过分析作文评价学生的拼写能力。学生拼错单词时做出的选择是判断其发展水平和教学要点的重要指标。例如，处于根据发音拼单词阶段的学生，可能将 *money*（金钱）拼写成 MUNE，而正学习长元音的学生，可能会拼写成 MONYE 或 MONIE。老师将学生作文中拼错的单词进行分类和分析，判断他们的拼写发展水平，制订合适的教学计划。

判断学生的拼写发展阶段

老师需要明白，学生可以同时处于多个拼写发展阶段；学生可能能做某个阶段的一些事情，但并非全部。老师在制定差异化教学方案时，最好先分析学生写作样例中的拼写，弄清楚学生所处的拼写发展阶段。老师可以按照以下步骤分析学生的拼写错误，制定最合适的教学方案。

1. **选一份写作样例**。老师从学生的作文中选一份进行分析。所选作文至少需要有 50 个单词，且老师须能读懂其中的大部分单词。

2. **识别错误拼写**。老师通读写作样例，记录错误，判断学生试图拼写的单词。如有必要，老师会询问学生，确定目标单词。

3. **绘制拼写分析图**。老师绘制一张图表，分为 5 列，分别对应 5 个拼写发展阶段。

4. **将拼写错误分类**。老师根据拼写发展阶段将学生的拼写错误分类。他们将专有名词、大小写和语法错误以外的所有错误划分到各个发展阶段。对于幼儿园和一年级的学生，如果没写好字母或顺序写颠倒了，老师可以忽略不计，但如果是大一点的学生，这就是大问题了。为了简化分析，如果遇到无法识别的自创拼写，老师会在它的后面写上正确的单词，并用括号括起来。

5. **统计错误**。老师统计每一列的拼写错误的数量，错误最多的一列即为学生当前所处的发展阶段。

6. **确定教学重点**。老师分析学生的错误，确定适合他们发展水平的教学主题和差异化教学方案。

老师还可以用诊断性测试来判断学生的拼写发展阶段。"评价工具：拼写"版块列了一些快速且便于开展的测试，可以用来在学年初、学年中或学年末筛查全班学生的拼写能力。

评价工具

拼写

老师通过分析学生写作中拼错的单词来评价学生的拼写能力。他们依照拼写发展的不同阶段将学生的拼写错误分类，根据分析结果来设计教学方案。他们也会分析学生在拼写周测及其他测试中的拼写错误。以下三种测试可以用来筛查、监测、诊断、记录学生的拼写发展情况。

- **拼写发展分析** (Developmental Spelling Analysis, DSA)

DSA 是口头拼写测试，由两部分组成："筛查测试"用来判断学生的拼写发展阶段，"专题测试"用来考查学生具体的拼写概念。

- **语音意识读写筛查系统**（Phonological Awareness Literacy Screening System, PALS）（Spelling Subtest）

此项测试里有拼写测试。幼儿园阶段的比较简短，学生根据听到的发音将 CVC 单词写下来。一～三年级的拼写测试里，部分单词考查相应年级水平要求掌握的拼读规则。即便学生拼写错误，只要符合规则即可得分；如果单词拼写正确可获得额外分数。

- **质性拼写测试** (Qualitative Spelling Inventory, QSI)

QSI 含有 20 个或 25 个根据拼写难度选择的单词，在小组或班上开展都比较方便。老师通过这些测试来判断学生所处的拼写发展阶段，从而监控他们的学习进展和制订教学计划。

"教 - 学 - 评" 一体化

老师综合考虑学生的拼写发展水平，以及美国共同核心州立标准的要求开展教学，将拼写教学与评价相互融合。

第 1 步：计划。老师基于对学生所处的拼写发展阶段的判断，设计适合学生发展水平的教学；同时，他们也参考美国共同核心州立标准进行教学。

第 2 步：监控。老师观察学生在微课及拼写游戏中的表现。老师通过分析拼写错误来判断学生哪些拼写概念、单词结构或拼写规则运用有误。他们根据自己的观察来调整教学，或者开展额外的微课以提供个性化教学。他们还可以分析学生写作项目中的拼写，尤其处于编辑阶段时的文稿。老师常把学生的拼写错误列成清单，方便在以后的微课、游戏及拼写周测中使用。

第 3 步：评估。拼写周测可能是大多数老师用来评估学生拼写能力最常用的方法，但分数可能只能反映学生是否做了家庭作业。学生为了拼写周测会努力背单词，但考完可能很快就忘了，那他们学到的东西就非常有限。因此，老师更重要的是评估学生在写作中应用英语构词知识的情况。老师还要追踪学生的拼写能力发展，确保他们学习的拼写概念适合所处的发展阶段，确保他们达到了年级要求的水平。

第4步：反思。老师根据评估结果判断教学的有效性，决定如何调整教学来更好地帮助有困难的学生。此外，学生也反思自己的拼写发展：他们通过分析写作中的拼写错误、追踪拼写周测成绩变化来反思自己的拼写能力发展。请参照"我的教学待办清单：拼写教学"来回顾你在拼写教学中应该做的事情。

课堂干预

教学设计

老师诊断出学生在拼写上的问题后，会确定干预措施，设计教学方案。他们会通过开展微课，提供一对一和小组指导来解决从学生身上发现的问题。他们还会组织练习活动，包括交互型写作、组词、词梯和单词排序。快速且高强度的干预是帮助学生解决拼写困难的最有效方法；否则，他们可能会落后更多。

写作是拼写干预课程的又一个重要组成部分。在拼写上有困难的学生通常不会进行太多的写作，但是，他们需要改掉这个坏习惯，并参与日常写作活动，在这个过程中应用所学的知识。刚开始时，简短、非正式的活动效果最好。学生可以就老师朗读的一本书或某个主题单元的大概念 / 大观念写一两句话，也可以在日记里记录生活中发生的事情。老师监控学生的写作，根据需要提供帮助，如拼写单词，示范如何写字母，以及如何在单词墙上找单词。虽然非正式写作活动不太强调拼写的正确性，但老师希望学生能够正确拼写学过的高频词，以及单词墙上所贴的与所读的书或所学习的单元相关的单词。

老师会仔细监控学生的进展，每隔一个月左右进行一次评价，确保他们的拼写能力在不断发展。如果学生依然存在困难，老师会重新进行诊断，根据学生的需求调整教学。

我的教学待办清单

拼写教学

🔾 我分析学生作文中的拼写错误，从而根据他们的拼写发展阶段开展差异化教学。

🔾 在微课上，我让学生口头练习单词，再读和写单词，从而帮助他们把音素意识、拼读和拼写关联起来。

🔾 我指导学生运用策略来拼写生词。

🔾 我先教学生拼写高频词，再教不太常见的单词。

🔾 我把单词张贴在单词墙上，用来开展多种拼写活动。

☞ 我组织学生进行组词、单词分类及其他拼写实践活动。

☞ 我认为拼写测试只是教学课程的一部分。

☞ 我每天都组织真实的阅读和写作活动，让学生应用他们的拼写知识。

☞ 我将课程标准融入教学。

第**7**章

 拓展学术词汇知识

学完本章后，你将能够：

7.1 结合示例说明什么是学术词汇；

7.2 举例说明单词学习概念；

7.3 探讨如何教授学术词汇。

　　在本章中，你将了解如何帮助学生拓展学术词汇知识，培养单词意识，即单词学习兴趣。老师会把单词分为三级，挑最重要的词汇进行教学，还会教学生单词学习策略。在读这个教学故事的时候，请关注萨诺姆老师是如何把显性教学、阅读及单词学习活动结合起来，培养学生词汇知识的。

　　萨诺姆（Sanom）**老师的"单词魔术师俱乐部"。**萨诺姆是读写顾问教师，为五年级和六年级学生开设了课后"单词魔术师俱乐部"，每周三下午有 1 小时的活动。今年有 19 名学生加入了这个俱乐部，他们中的许多人都是词汇学习存在困难的外语学习者。萨诺姆在俱乐部活动时给学生上词汇课。她每周聚焦不同的单词学习内容，包括写头韵词、选同义词、根据**上下文线索**（context clues）推测生词含义、使用字典和同义词典、学习单词的不同含义、选同音异形异义词、给单词加前缀和后缀等。

　　萨诺姆开设这个俱乐部的主要原因是许多学生由于词汇量有限，影响了他们的阅读成绩。她在教室里悬挂了一个横幅："认识单词使你强大"。在学年末的反思中，俱乐部的学生写道，"他们不仅知道了要关注作者用的词，而且在根据上下文线索推测生词的含义时也更高效了。"最重要的是，他们觉得单词魔术师俱乐部使他们喜欢上了单词，并且会持续终生。罗西（Rosie）写道：

　　我喜欢做一个"单词魔术师"。我学到了很多新词，这使我变得很聪明。我最喜欢的单词是 *hypothesis*（假设）。你知道吗，我现在总是主动去找更多的生词来学习。我非常想要一本字典，所以马里奥（Mario）叔叔给了我一本。我喜欢在字典里查单词。我最喜欢那些有很多音节的词。明年我读六年级还想参加俱乐部的活动，可以吗？

　　在俱乐部的第一次活动上，萨诺姆朗读了《阿莱纽斯女士：一个单词乌龙》（*Miss Alaineus: A Vocabulary Disaster*, Frasier, 2007）。这是一个感人的故事，讲述的是一个名叫塞奇（Sage）的小女孩的故事。塞奇喜欢单词，在故事里，由于她将单词 *miscellaneous*（混杂的）理解为 Miss Alaineus，因而闹出了笑话，令人很尴尬。好在事情有了转机，她反而因为这个乌龙和基于这个错误的理解所设计的服装获得了学校年度词汇游行活动最佳单词创意奖。学生们在**故事讨论会**上交流了这个故事，不出萨诺姆所料，他们都想穿上特定的服装，自己来一场词汇游行。"我也喜欢穿词汇服装，"萨诺姆说，"我打算每次参加俱乐部的活动都穿戴一件代表单词的衣服或帽子。"介绍完后，她从购物袋里拿出一件皱巴巴的超大号衬衫，套在衣服外面。"这是我的服装，"她说，"你们能猜出这个词吗？"她展示着衬衫，还一直试着抚平上面的褶皱，直到有学生猜出 *wrinkled*（起皱褶的）这个词。

学生讨论了 *wrinkle*（起皱）这个词、它的不同形式（*wrinkled*、*unwrinkled*、*wrinkling*）及其含义。他们在字典里查了 *wrinkle* 的含义，他们能理解第一个含义"衣服或皮肤上的折痕或褶皱"，但第二个含义"一个好主意或一种巧妙的手法"则比较难理解。萨诺姆告诉学生，他们想在俱乐部举办一个词汇游行的想法就是"一个新的 *wrinkle*"，然后，大家就明白第二个含义了。

《阿莱纽斯女士》这本书每页的页边上都有许多以特定字母开头的单词：第一页是以 A 开头的单词，第二页是以 B 开头的单词，依此类推。为了让学生进行沉浸式学习单词，萨诺姆让他们每人从塑料盒里选一个字母，翻到书中对应该字母的那一页，从这一页的页边上选一个以该字母开头的单词来做活动。他们选的词有 *awesome*（很棒的）、*berserk*（狂怒的）、*catastrophe*（灾祸）和 *dwindle*（逐渐变小）。学生把自己选的单词写在"单词魔术师笔记本"（萨诺姆给他们买的小型活页笔记本）的第一页上，并把从字典里查到的意思写在词的旁边。他们还画了一幅图以说明单词的含义。学生在做这些时，萨诺姆则把单词写在教室里按字母分块的单词墙上。随后，他们在茶话会活动中分享自己的单词和插图。

在今天的俱乐部活动上，萨诺姆戴了一顶宽边帽，上面挂着两辆失事的汽车和一个停车标志。学生们观察萨诺姆老师的服装，因为他们知道这代表一个单词，也是今天活动的主题。他们很快开始猜词："是 *crash*（撞车）吗？"奥斯卡（Oscar）问。"我觉得是 *accident*（事故）。我爸爸上周出了车祸。"丹妮尔（Danielle）说。雷蒙（Ramon）说，"那些车都是毁坏了的（*wrecked*），是这个词吗？"萨诺姆表扬了大家，说他们猜的方向是对的，并给了他们一些提示，在白板上连着画了九个字母格并给出了第一个和后四个字母。然后，玛莎（Martha）猜出来了——*collision*（碰撞）。接下来，萨诺姆带着大家开始画聚类图。中间的圈里写着单词 *collision*，四周的线上连着相关的单词。学生对比了名词 *collision*（碰撞）和动词 *collide*（使碰撞）；为了得到更多信息，他们还查了词典和同义字典，写下了 *crash*、*accident*、*wreck*、*hit*（打击）、*smashup*（灾难）、*collide* 等词来完成聚类图。他们讨论什么时候用及如何用 *collide* 和 *collision*。

萨诺姆讲到，船也可能会发生碰撞。一艘船可能会撞到另一艘船，也可能撞到水中的其他东西，如冰山。有几名学生知道泰坦尼克号，他们分享了这艘轮船跨洋航行时的遭遇。萨诺姆从她的泰坦尼克号丛书里选出《泰坦尼克号的故事》（*Story of the Titanic*，Kentley，2001），给大家展示了这艘船的照片和图画，补充了许多背景信息。学生们合作完成了 KWL

表，在 K 列里列出已经知道的内容，把想要找到答案的问题写在 W 列里，他们还在单词魔术师笔记本里画出了自己的 KWL 表。

随后，萨诺姆在白板上投影了一个单词表，让大家做排除式头脑风暴活动。这些单词有的与他们马上要读的有关泰坦尼克号的文章相关，有的则无关，包括 *unsinkable*（不会沉的）、*crew*（船员）、*liner*（班轮）、*passengers*（乘客，passenger 的复数形式）、*voyage*（航程）、*airplane*（飞机）、*catastrophe*（灾难）、*mountain*（山）、*lifeboat*（救生艇）和 *general*（将军）。学生先预测哪些词与文章相关，哪些与文章无关。他们被 *general* 这个词难住了，他们觉得它是一个形容词，意思是"与整体有关，不是具体的"。一名学生查了字典，知道了它的第二个意思——"高级军官"（名词），却依然一头雾水。读完文章后，他们意识到 *general* 这个词与本文无关：泰坦尼克号（或任何船只）的负责人应称为 *captain*（船长）。

萨诺姆给学生发放了这篇文章，只有一页纸。学生们跟着她朗读这篇文章，讨论了更多关于这场灾难的问题。然后他们填写了 KWL 表的 L 列（即学到了什么），完成了排除式头脑风暴活动。由于学生们特别想了解更多关于这场灾难的信息，萨诺姆又给他们介绍了她整理的与泰坦尼克号有关的故事类和非故事类丛书，包括《泰坦尼克号里》（*Inside the Titanic*，Brewster，1997）、《今夜于泰坦尼克号上》（*Tonight on the Titanic*，Osborne & Osborne，1995）、《泰坦尼克号：今夜于泰坦尼克号上的非小说篇》（*Titanic: A Nonfiction Companion to Tonight on the Titanic*，Osborne & Osborne，2002）、《在泰坦尼克号上：豪华轮船沉没时的感觉》（*On Board the Titanic: What It Was Like When the Great Liner Sank*，Tanaka，1996）和《乘坐泰坦尼克号航行：玛格丽特·安·布雷迪的日记》（*Voyage on the Great Titanic: The Diary of Margaret Ann Brady*，White，1998）。在俱乐部活动的最后几分钟，萨诺姆让学生们从这些丛书里选一本带回家读，在下次活动前读完。

萨诺姆每周都会穿戴不同的服装道具，下面这些是她最喜欢的。

- ✓ bejeweled（饰以珠宝的）：丝质衬衫，前面沾满了"珠宝"。
- ✓ champion（冠军）：运动短裤、T 恤衫，脖子上戴着奖牌。
- ✓ hocus-pocus（戏法）：塞有一只毛绒兔子的黑色礼帽、白手套和魔杖。
- ✓ international（国际的）：饰有许多国家国旗的连衣裙，切成两半的地球仪做的帽子。
- ✓ slick（光滑的）：黑色皮夹克、太阳镜，用摩丝把头发梳到脑后。
- ✓ transparent（透明的）：透明塑料雨衣、透明塑料手套和透明浴帽。
- ✓ vacant（空缺的）：头上戴着鸟笼，上面挂着"出租"标志；肩膀上卧着一只假鸟。

然而，有一周她忘记带服装了。快速思考后，她决定扮 *"ordinary"*（普通的）这个词，把日常服饰当作装扮。

在第 17 周的俱乐部活动上，萨诺姆打扮成女王，身穿飘逸的紫色长袍，头戴皇冠。本周聚焦的是以字母表的第 17 个字母 Q 开头的单词。活动开始时，大家谈论女王——既有古时候的女王，也有现在的女王。随后，萨诺姆带着大家列出以 Q 开头的单词。她以 *queen* 这个单词开头，然后学生们继续补充单词。他们查了字母绘本的 Q 页，查了字典中以 Q 开头的单词，从中选出一些有趣的单词，包括 *quadruped*（四足动物）、*quadruplet*（四胞胎之一）、*qualify*（具有资格）、*quest*（探索）、*quarantine*（隔离）、*quintet*（五重奏）、*quiver*（微颤）、*quench*（解渴）和 *quotation*（引用）。列出 20 多个单词后，萨诺姆让每名学生选一个单词来学习，并画一张方形海报来分享自己学到的东西。最后，萨诺姆把大家的海报收起来做成拼布，挂在教室外的墙上。下图"拼布方格"是一名学生做的介绍单词 *quadruped* 的方格，它体现了这名学生对词根的理解。

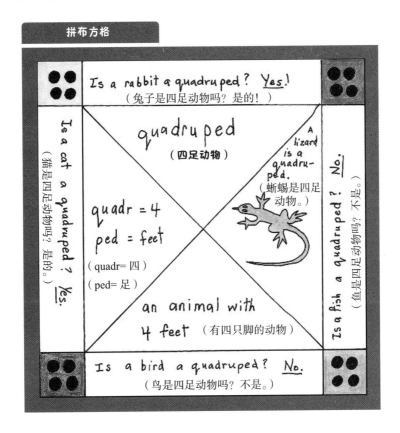

拼布方格

Is a rabbit a quadruped? Yes!
（兔子是四足动物吗？是的！）

Is a cat a quadruped? Yes.
（猫是四足动物吗？是的。）

quadruped
（四足动物）

A lizard is a quadruped.
（蜥蜴是四足动物。）

quadr = 4
ped = feet
（quadr= 四）
（ped= 足）

Is a fish a quadruped? No.
（鱼是四足动物吗？不是。）

an animal with 4 feet （有四只脚的动物）

Is a bird a quadruped? No.
（鸟是四足动物吗？不是。）

"单词魔术师们"会把特殊单词做成手链并戴在手腕上，以突出它的特殊性。学生们 10 月做的手链是他们选来形容自己的单词，如 *genius*（天才的）、*ornery*（坏脾气的）或 *sincere*（真诚的）。萨诺姆选的词是 *sassy*（时髦的），她演示了如何用弹性绳把小字母珠串起来做成手链。学生按照她的步骤做了自己的手链，自豪地戴在手腕上，还向其他同学炫耀。2 月，他们学习了 *allegiance*（忠诚）、*citizen*（公民）、*equality*（平等）、*independence*（独立）和 *republic*（共和国）等词汇，并从中选一个词做成第二个手链。这些词是学生读了爱国主题的图书后选的。第三个手链的单词选的是"单词魔术师笔记本"中最有趣的单词，包括 *valiant*（勇敢的）、*phenomenon*（现象）、*plethora*（过多）、*incredulous*（怀疑的）、*mischievous*（调皮的）和 *razzle-dazzle*（眼花缭乱的）。

　　词汇游行是今年的重头戏。俱乐部的每名成员都制作了一套服装参加游行。萨诺姆打扮成女巫——对应单词 *wizard*（魔术师）——她领着队伍在学校三～五年级的各个教室里游行。学生也各自装扮好，如扮成 *camouflage*（伪装物）、*victory*（胜利）、*shimmer*（微光）、*monarch*（君主）、*liberty*（自由）、*uncomfortable*（不自在的）、*fortune*（财富）、*emerald*（翡翠）和 *twilight*（黄昏），并在身上挂着单词卡，让大家知道他们装扮的单词。他们走进每间教室时，学生们都会谈论他们饰演的单词。俱乐部学生们的父母也来学校观看了这场游行，当地电视台也在晚间新闻报道了这场游行。

　　能力强的学生的词汇量增长速度惊人——每年约增长 3000～4000 个单词，大约合每天新增 8～10 个单词。高中毕业时，他们的词汇量达到 25 000～50 000 个单词，甚至更多（Graves，2016）。通过每天大量的独立阅读、老师朗读及显性化教学等活动，学生沉浸在词汇丰富的环境中，学习单词的含义。他们学会的大部分单词都是通过阅读和家庭活动附带习得的。当然，老师也会教一些单词和单词学习策略，培养学生对单词的兴趣，扩大他们的词汇量。在上述教学故事中，萨诺姆在单词魔术师俱乐部组织了许多有趣的活动，让学生在活动中与单词互动。

　　词汇知识与阅读成绩密切相关：词汇量大的学生阅读能力更强，与能力弱的学生相比，他们掌握更多推测生词含义的策略（Graves，2016）。阅读能力强的学生词汇量更大，原因之一是他们的阅读量更大，就像"马太效应"一样，"富人越来越富，穷人越来越穷"（Stanovich，1986）。阅读能力强的学生会变得更强，因为他们读得书更多，他们读的书挑战性更大，里面包含学术词汇。阅读能力较强和阅读能力较弱的学生之间的差距每年都在拉大，因为阅读能力较弱的学生的阅读量小，而且读的书里较少出现达到年级水平的学术词汇。

　　词汇学习不能"放羊"，因为学生的词汇知识会影响他们的阅读理解、写作效率及学科知识的学习（Stahl & Nagy，2006）。孩子们入学时的词汇知识水平各异，无论是词汇量还是对单词的理解深度都不同。来自低收入家庭的学生，词汇量可能不到富裕家庭的学生的一半。一些研究人员估计，他们的词汇量是其同学的四分之一到五分之一。更糟糕的是，这一差距会逐年拉大（Cunningham，2009）。因此，老师必须认识到社会经济水平对学生词汇知识的影响，要为所有学生的词汇增长提供支持，重视词汇量较小的学生的单词学习。

学术词汇

7.1 结合示例说明什么是学术词汇

语言、社会研究、科学和数学等课程中频繁使用的单词叫作**学术词汇**（academic vocabulary）（Burke，2012）。这些词会在学生读的课本和书里出现，老师在微课及讨论时会用到这些词，学生做课堂任务时也会用到这些词。学生应该能理解高利害测试中的学术词汇。以下是一些示例。

低年级	中间年级	高年级
character（角色）	bias（偏见）	apartheid（隔离）
graph（图表）	colonial（殖民地的）	biome（生物群系）
minus（减去）	idiom（习语）	irony（反讽）
pattern（模式）	justify（证明……有理）	jargon（术语）
pledge（保证）	parasite（寄生虫）	perpendicular（垂直的）
sentence（句子）	prey（捕食）	plagiarize（抄袭）
vote（投票）	semicolon（分号）	variable（变量）

这些词非常有用，通常有多种形式且用法多样。有些是专业词汇，仅用于特定的学科领域，有些则使用比较广泛。此外，还有一些是常用词，只是用法比较新。学术词汇知识是背景知识的一部分，会影响学生在学校的学习发展（Marzano & Pickering，2005）。老师可以用科学技术来辅助词汇学习（Wolsey、Smetana & Grisham，2015）。用来扩大学生词汇量的科学技术多种多样（Dalton & Grisham，2011），甚至打游戏也可以有些帮助（Kingsley & Grabner-Hagen，2018）。

单词的三个层级

贝克、麦基翁和库坎（Beck、McKeown & Kucan，2013）开发了一种工具以帮助老师确定哪些是学术词汇，并挑选出学生需要学习的单词。研究人员将单词划分为三个层次或水平。

第一级：基础词汇。这些单词是常用词，是人们在家里或操场等非正式场合聊天时会用到的，如 *animal*（动物）、*clean*（干净的）和 *laughing*（笑，laugh 的现在分词）。对英语母语者基本不需要教授这些单词的含义。

第二级：学术词汇。这些单词在学校里使用广泛，在书面语中比在口语中更为频繁。有些与读写概念有关，如 *apostrophe*（撇号）、*paragraph*（段落）和 *preposition*（介词），或者出现在文学作品中，如 *greedy*（贪婪的）、*keen*（敏锐的）和 *evidence*（证据）。还有一些单词指的是学生熟悉的概念，但用词比较复杂。例如，学生知道 *smell*（气味）这个概念，但可能不太了解 *scent*（香味）、*odor*（气味）或 *aroma*（香气）。老师教学生这些词可以扩展他们的知识，并对他们的学习产生有力影响。

第三级：专业术语。这些专业词汇用于特定的学科，通常是抽象的，如 *minuend*（被减数）、*osmosis*（渗透）和 *suffrage*（选举权）。这些词使用频率不高，在语言课中出现时，老师不会花时间去教，但会在主题单元及学科课程中显性化地去教。

虽然三个层级的单词都会写在单词墙上，必要时也会进行讲解，但老师选择单词进行教学、开展单词学习活动时，会聚焦于第二级的单词。

五年级学生要学的一个单元是关于 20 世纪的美国的。在学习这个单元时，学生学唱伍迪·格思里（Woody Guthrie）的民谣《这是你的土地》（*This Land Is Your Land*，2008），阅读邦妮·克里斯滕森（Bonnie Christensen）的传记《伍迪·格思里：人民的诗人》（*Woody Guthrie: Poet of the People*，2001）。学生们创建了单词墙，墙上有以下词。

ballads（民歌）	Great Depression（"大萧条"）	nightmare（噩梦）	spirit（精神）
celebrate（庆祝）	guitar（吉他）	ordinary（普通）	stock market（证券市场）
criss-cross（十字形图案）	hardship（艰难）	original（新颖的）	tragedy（悲剧）
depression（沮丧）	harmonica（口琴）	rallies（恢复，rally 的一般现在时第三人称单数形式）	unfair（不公平的）
desperate（不顾一切的）	hitchhiked（搭便车，hitchhike 的过去式）	restless（焦躁不安的）	unions（联合，union 的复数形式）
devastated（毁坏，devastate 的过去式）	lonesome（孤单的）	scorn（蔑视）	unsanitary（不卫生的）
drought（干旱）	migrant（移居者）	severe（严厉的）	wandering（精神恍惚的）
Dust Bowl（风沙侵蚀区）	migration（移民）	sorrow（悲伤）	worries（担心，worry 的一般现在时第三人称单数形式）

佩雷斯（Perez）老师从上述词汇中找出了一些第一级、第二级和第三级的单词。

第一级词汇：*guitar*、*harmonica*、*worries*、*nightmare*、*unfair*、*celebrate*。

第二级词汇：*ordinary*、*spirit*、*desperate*、*original*、*sorrow*、*tragedy*。

第三级词汇：*drought*、*Dust Bowl*、*stock market*、*Great Depression*、*unions*、*unsanitary*。

第一级词汇中只有一个单词——*harmonica*——需要讲授，因此，佩雷斯邀请了一位会演奏这项乐器的朋友来到教室。之后，佩雷斯集中在第二级词汇和第三级词汇的教授上，因为这个单元的主题是社会研究。

外语学习者的教学

词汇。外语学习者通常比母语学习者需要更多的显性词汇教学。他们有时候只需要老师翻译单词的意思就可以了，但有时候，他们发现学过的单词有新的意思，自己却不清楚，或者遇到一个生词不仅不知道它的意思，就算知道了它的意思，也还是不明白到底指什么，这时，他们就需要老师来仔细讲解单词了。

第一级词汇。第一级词汇对外语学习者来说相对容易学习，因为在他们的母语里，他们通常知道这些单词的意思，只是不知道对应的英语单词。如果老师会说外语学习者学生的母语，他们可以通过翻译来帮助学生学习对应的英语单词。而只会说英语的老师则可以用图片、肢体动作、示范来说明单词的意思。在文学阅读单元和主题单元教学中，老师可以搜集小物件和图片展示给学生看，这样会很有帮助。

第二级词汇。在读一本书或学习一个主题前，老师可以预教生词，包括一些必要的第二级词汇，帮助学生了解背景知识。然后，老师通过显性化教学及各种单词学习活动，教第二级词汇里面的其余单词。此外，Calderón（2007）指出，外语学习者需要能够理解连词、连接短语、具有多重含义的单词及英语中的同源词。连词用于连接句子、段落和较长的文本，如 *consequently*（因此）、*yet*（然而）、*likewise*（同样）、*against*（反对）、*meanwhile*（同时）、*afterward*（之后）和 *finally*（最终）。老师可以帮助学生辨认出这些单词和短语，理解它们的含义并用在写作中。

学习熟悉单词的新含义是第二级词汇的又一个活动。一些常见单词，如 *key*（关键的）、*soft*（柔软的）和 *ready*（准备好的），虽然外语学习者对它们都比较熟悉，但也会对一些不太常见的用法感到困惑。此外，他们还要学习如何从意思相近的词里选择恰当的单词。例如，*instrument*（工具）指工作时用的器具；*tool*（工具）和 *utensil*（炊具）也是指工作时用的器具，但它们的含义不完全相同。*Instruments* 用来做复杂的工作，如听诊器和手术刀；tools 用来做技术性的工作，如锤子和螺丝刀；*utensils* 是厨房里使用的简单器具，如打蛋器和勺子。老师还会教同源词，即与学生的母语单词有关联的英语单词。许多第二级词汇源于拉丁语，老师有必要让说西班牙语、葡萄牙语、意大利语和法语的外语学习者学会思考、寻找自己的母语中是否有和这些生词比较相似的单词。

第三级词汇。第三级的专业术语不是非常有教的必要，因为它们的用处有限且只有少数学生有可能会知道它们的同源词。Calderón（2007）建议老师直接翻译单词或简单解释一下即可。但是在主题单元教学中，老师会选择对理解该单元的大观念或大概念来说比较重要的第三级词汇中的单词展开教学，通过讲解及单词海报制作、单词分类和语义特征分析等单词学习活动，来帮助学生理解单词的含义。

词汇知识发展

学生对词汇知识的学习是一个逐渐发展的过程，是通过反复的口头和书写练习达成的。他们从一个词都不认识发展到看到某个词时能判断自己是否见过，再到部分了解这个词，比如大概知道它的意思，或者只知道它其中的一个意思。直至最后，学生完全掌握这个词，即知道它的多重含义且能以多种方式使用这个词（Nagy，1988）。以下是各个发展阶段的情况。

- ✓ "水平 1：生词"——学生不认识这个词。
- ✓ "水平 2：初步辨别"——学生看过或听过这个词，或者知道这个词的发音，但不知道意思。
- ✓ "水平 3：部分掌握"——学生知道单词的一种含义且能在句子中使用。
- ✓ "水平 4：完全掌握"——学生知道单词的多种含义且能以多种方式使用。（Allen，1999）

通常情况下，学生对单词的掌握情况达到水平 3 以后，就能根据上下文理解词义并在写作中使用了。事实上，学生并不能把学过的每个单词都"完全掌握"。而当他们完全掌握某个单词时，就能够灵活地使用该单词了，因为他们既了解了它的核心含义，也知道如何在不同的语境中使用它（Stahl，1999）。

随着学生单词意识的发展，他们会更加留意到单词的价值，会"玩转"单词，感受单词的妙处和作用。老师可以用多种方法培养学生的单词意识，其中最重要的就是老师自己要展现出对词汇的兴趣并能够精准使用单词（Graves，2016）。为了培养学生对单词的兴趣，老师可以分享与单词有关的图书，包括《麦克斯的词集》（*Max's Words*，Banks，2006）、《时尚南希的华丽辞藻：从 Accessories（配件）到 Zany（小丑）》（*Fancy Nancy's Fancy Words: From Accessories to Zany*，O'Connor，2008）、《阿莱纽斯女士：一个单词乌龙》和《瞎扯（亨利）》[*Baloney*（*Henry P.*），Scieszka，2005]等。此外，老师通过突出强调当日单词、在单词墙上张贴单词及让学生从所读的书里收集单词等方式引导学生关注单词，通过谜语、笑话、双关语、歌曲和诗歌等来推广文字游戏，鼓励学生尝试单词的新用法。

单词意识

词汇教学的另一个重要内容是培养学生的**单词意识**（word consciousness），以及学习和使用单词的兴趣（Graves & Watts-Taffe，2002）。根据斯科特和纳吉（Scott & Nagy，2004）的说法，单词意识有助于提升学生的单词知识和学术词汇学习兴趣。有单词意识的学生会表现出以下特点：

- ✓ 有技巧地使用单词，明白单词含义间的细微差异；
- ✓ 对单词非常喜爱且重视；
- ✓ 意识到社交语言和学术语言的差异；
- ✓ 明白单词选择的影响；
- ✓ 学习生词含义的动机较强。

单词意识很重要，因为词汇知识是生成性的。也就是说，它是可以迁移的，有助于学生学习其他单词的知识（Scott & Nagy，2004）。

提升单词意识的目的是让学生更加关注单词，"玩转"单词，感受单词的妙处和作用。就像萨诺姆在教学故事里做的那样，老师以多种方式培养学生的单词意识。最重要的是，老师自己要展现出对词汇的兴趣并能够精准地使用单词（Graves，2016）。为了培养学生对单词的兴趣，老师会分享关于单词的图书，包括《阿莱纽斯女士：一个单词乌龙》和《瞎扯（亨利）》。另外，老师还通过突出强调当日单词、在单词墙上张贴单词，以及让学生从所读的书里收集单词等方式引导学生关注单词。

老师通过谜语、笑话、双关语、歌曲和诗歌等来推广文字游戏，鼓励学生尝试这些类型的文字游戏。

- **头韵**。学生重复短语或句子中以相同辅音或元音开头的单词，如 *now or never*（现在或永远不）、*do or die*（做或死）、*Peter Piper picked a peck of pickled peppers*（彼得·派珀拿了许多泡椒）。压头韵的句子通常也叫"绕口令"。

- **同名词**。学生意识到人名可以变成单词，如 *teddy bear*（泰迪熊）、*sandwich*（三明治）、*maverick*（自行其是的）、*pasteurization*（巴氏灭菌法）和 *ferris wheel*（摩天轮）。

- **夸张**。学生使用夸张的表达，如 *I almost died laughing*（我差点笑死）、*My feet are killing me*（我脚快痛死了）、*I'm so hungry I could eat a horse*（我饿得都能吃下一匹马）。

- **拟声词**。学生使用那些模仿声音的单词，如 *tick-tock*（滴答声）、*kerplunk*（扑通声）和 *sizzling*（油煎食物的嗞嗞声）。

- **矛盾表达**。学生将相互矛盾的两个词结合起来，创造自相矛盾的形象，如 *jumbo shrimp*（大虾）、*pretty ugly*（漂亮的丑陋）和 *deafening silence*（震耳欲聋的沉默）。矛盾表达一般是疏忽造成的错误，但有时也是故意的。

- **回文**。学生注意到有的单词和短语正着读和倒着读是一样的，如 *mom*（妈妈）、*civic*（市民的）。

- **拟人化**。学生赋予无生命的物体以人类的特征或能力，如 *the old VW's engine coughed*（这辆老旧的大众汽车的引擎咳嗽了）、*raindrops danced on my umbrella*（雨滴在我的伞上跳舞）、*fear knocked on the door*（恐惧来敲门）。

- **合成词**。学生们普遍会用那些由两个单词合成的词来表示这两个词的意思，如 *spork*（叉勺，*spoon* 勺子 +*fork* 叉子）、*brunch*（早午餐，*breakfast* 早餐 +*lunch* 午餐）和 smog（烟雾，*smoke* 烟 +*fog* 雾）。有时候，他们也会自己创造合成词。这种文字游戏是刘易斯·卡罗尔（Lewis Carroll）在《爱丽丝梦游仙境之伽卜沃奇》（*Jabberwocky*）中首次提出的。

- **首音调换**。学生调换单词中发音的位置，通常具有幽默的效果，如 *butterfly*（蝴蝶）——*flutterby*（翩翩飞起）、*take a shower*（洗澡）——*shake a tower*（摇晃高架子）、*save the whales*（拯救鲸鱼）——*wave the sails*（挥动风帆）。这些以威廉·斯普纳（William

Spooner，1844—1930）牧师命名的"口误"，通常发生在一个人快速说话时。

学习这些类型的文字游戏后，学生使用单词的能力会逐渐提高。

单词学习概念

7.2　举例说明单词学习概念

学生仅记住单词的定义是不够的。要想完全掌握单词，他们需要知道更多的信息（Stahl & Nagy，2006）。英语单词 *brave*（勇敢的）源自意大利语 *bravo*，而 *bravo* 和它的相关单词 *bravissimo* 也被直接引入英语，表示非常认同、特别好的意思。可有趣的是，*brave* 如今已不再包含这层含义了。另外，在西班牙语中也有一个相似的单词 *bravado*，意思是"假装勇敢"。学习一些关于 *brave* 的知识后，学生就能更好地理解、更好地在口头交流和写作中使用它了。

学生学习单词时，会学到很多不同的知识。他们学习单词的一种或多种含义，学习同义词和反义词，对比它们的意思差异。但他们有时候会把正在学习的单词与发音或拼写相同的词混淆。此外，他们还会学一些使语言更加生动有趣的习语和修辞表达。表 7-1 是一名七年级学生对 *vaporize*（挥发）这个词的探究结果。

表 7-1　单词地图

语素分析 vapor（蒸汽）+ize（将名词动词化的词缀）	词根 vapor	尾缀 ize 用来把名词变为动词
VAPORIZE（挥发，动词） To change from a solid into a vapor 从固态变为气态（gas，气体）		
单词史 出现在 17 世纪，源自拉丁语 steam（蒸汽）	相关单词 evaporate［（使某物）蒸发掉] vaporizer（喷雾器） vaporous（雾状的）	修辞用法 The boy's thoughts vaporized and he couldn't remember the answer.（男孩的记忆挥发了，他想不起答案了。）

单词的多重含义

许多单词都有多种含义。一些词的多种含义源于它的名词和动词形式，但文字游戏和修辞表达有时候也会产生额外的含义。想一想 *sing*（唱）这个单词：最常见的含义与音乐有关；人和鸟儿用自己的声音创作音乐时都是在 *sing*（唱歌）。但是，当犯罪分子 *sing*（自首）时，含义不同，指他们向警方提供证据和信息。多种含义还有其他的发展方式。例如，*bank*（银行）一词有以下含义：

1. 堆积的雪或云;

2. 湖或河边的斜坡;

3. 道路转角处的斜坡;

4. 飞机转弯时的侧倾;

5. 用灰盖住火以减缓燃烧速度;

6. 收钱和借钱的商业机构;

7. 存钱的容器;

8. 紧急物资供应,如 a blood bank(血库);

9. 用于存储的场所,如 a computer's memory bank(计算机的内存器);

10. 依靠;

11. 一排相似的东西,如 a bank of elevators(一排电梯);

12. 将东西排成一排。

你可能会很惊讶,这个常用词竟然有至少十来种含义。它们有的是名词,有的是动词,但仅凭词形性并不能解释它为什么会有这么多种含义。

银行的含义有三个来源。前五种含义之间存在关联,都来自维京语,均与倾斜的物体或动作相关。后五种含义源自意大利语 *banca*,指货币兑换员的桌子,这几种含义均与银行金融业务有关,除了第 10 种含义"依靠",需要多思考一下。我们用"*to bank on*"这个表达象征性地表示"*to depend on*"(依赖),这是从字面意思"在桌子上数钱"发展来的。最后两种含义源自法语单词 *banc*,意思是"长凳"。随着社会发展得越来越复杂,单词也衍生出多种含义,同时,词义也越来越细化,使之能够表达更微妙的含义。例如,*bank* 的另外两种含义,应急供应和储存场所,都是新近出现的。和许多有多种含义的单词一样,*bank* 只是语言上的一个巧合,它的三个词源意义相关,从不同语言进入英语后碰巧拼写相同罢了(Tompkins & Yaden,1986)。表 7-2 列出了其他具有五种以上含义的常用词。

表 7-2 具有五种以上含义的常用词

act(行动、法令)	drive(驾驶、促使)	lay(躺、安放)	place(地方、地位)	set(布景、一套)	strike(罢工、打击)
air(空气、播送)	dry(干的、枯燥无味的)	leave(离开、休假)	plant(植物、种植)	sharp(锋利的、陡峭的)	stroke(中风、抚摸)
away(离去、在远处)	dull(呆滞的、无趣的)	line(排队、航线)	plate(盘子、电镀)	shine(发光、表现突出)	strong(强壮的、牢固的)
bad(坏的、坏人)	eye(眼睛、视力)	low(低的、谦卑地)	play(演奏、播放)	shoot(射击、拍摄)	stuff(填充物、材料)
bar(酒吧、棒)	face(脸、面对)	make(制造、使得)	point(要点、尖端)	short(短的、唐突的)	sweep(打扫、掸去)

（续表）

base（底部、卑鄙的）	fail（失败、辜负）	man（男人、人类）	post（邮政、张贴）	side（面、边）	sweet（甜的、亲切的）
black（黑色、黑人）	fair（公平的、白皙的）	mark（符号、作记号）	print（印刷、印刷字体）	sight（视力、视野）	swing（秋千、摇摆）
blow（吹风、殴打）	fall（降落、沦陷）	mind（大脑、介意）	quiet（安静的、宁静的）	sign（标志、签署）	take（拿、花费）
boat（划船、小船）	fast（迅速的、斋戒）	mine（矿山、开采）	rain（下雨、雨）	sing（唱歌、鸟鸣）	thick（厚的、浓的）
break（打破、休息）	fire（火、火灾）	natural（自然的、天生的）	raise（举起、抚养）	sink（下沉、水槽）	thing（事情、东西）
carry（携带、支撑）	fly（飞、苍蝇）	new（新的、新近）	range（范围、山脉）	slip（滑倒、使滑动）	think（思考、认为）
case（箱、情况）	good（好的、好处）	nose（鼻子、嗅觉）	rear（培养、在后面）	small（小的、不重要的）	throw（抛、投掷）
catch（抓住、感染）	green（绿色、使变绿）	note（笔记、便签）	rest（休息、剩余的）	sound（声音、合理的）	tie（领结、打结）
change（变化、零钱）	hand（手、指针）	now（现在、立刻）	return（返回、归还）	spin（旋转、纺纱）	tight（紧的、牢的）
charge（充电、掌管）	have（助动词、有）	off（远离的、脱落）	rich（富有的、肥沃的）	spread（传播、伸展）	time（次数、时间）
check（检查、支票）	head（头部、首脑）	open（打开、公开的）	ride（骑、乘坐）	spring（春天、弹簧）	touch（接触、触动）
clear（清楚的、清除）	heel（足跟、使倾斜）	out（外面的、出声地）	right（权利、右边的）	square（正方形的、广场）	tough（坚韧的、粗暴的）
color（颜色、粉饰）	high（高的、由麻醉品引起的快感）	paper（纸、论文）	ring（戒指、铃声）	stamp（邮票、跺脚）	train（火车、训练）
count（数数、总数）	hold（持有、拘留）	part（部分、角色）	rise（升高、起义）	star（星星、明星）	trip（旅途、绊倒）
cover（封面、覆盖）	hot（热的、热门的）	pass（通过、及格）	roll（滚动、名册）	stay（停留、继续处于某种状态）	turn（转弯、达到）
crack（使破裂、使发出爆裂声）	house（房子、议院）	pay（支付、偿还）	rule（规则、尺）	step（步骤、台阶）	under（在……之下、从属的）
cross（交叉、十字架）	keep（保持、防止）	pick（采、挑选）	run（奔跑、经营）	stick（刺、坚持）	up（向上、上涨）
crown（王冠、加冕）	key（钥匙、关键的）	picture（图画、描绘）	scale（刻度、量表）	stiff（拘谨的、呆板的）	watch（观看、手表）

cut（剪、削减）	knock（轻敲、猛击）	piece（件、接合）	score（分数、评价）	stock（股份、储备品）	way（方法、道路）
draw（画画、拖）	know（知道、确信）	pitch（投、音调）	serve（服务、任职）	stop（停、车站）	wear（穿着、磨损）

学生逐渐习得单词的其他含义，且这些新含义通常是在阅读中学会的。碰到熟悉单词的新用法时，学生一般都能注意到，可能还会出于好奇在字典中查这个含义。

同义词：含义相似的词

含义几乎相同的词是同义词。英语里有非常多的同义词，因为很多词都是从其他语言借来的。同义词很有用，有的词表达的含义更精确。想想看，*cold*（冷）的同义词包括 *cool*（凉爽的）、*chilly*（冷得打战）、*frigid*（严寒的）、*icy*（冰冷）、*frosty*（天寒地冻）和 *freezing*（刺骨的冷）。每个词对应不同的意义范围：*cool* 表示适度的冷，*chilly* 表示令人不适的冷，*frigid* 表示强烈的寒冷，*icy* 表示非常寒冷，*frosty* 表示冷到结霜，*freezing* 则表示把人冻僵的冷。如果只有 *cold* 这个词，英语表达的丰富度就会受限。

老师应仔细阐明同义词之间的差异。赖特和塞尔维提（Wright & Cervetti，2017）强调老师应该聚焦于单词概念及关联词的教授，而不仅是用同义词给个定义。例如，如果只告诉学生 *frigid* 的意思是 *cold*，这样提供的信息就很有限。如果学生说："这里严寒（*frigid*），我想穿上毛衣"，这说明他或她不清楚这个词的意思，不知道 *chilly* 和 *frigid* 表示的寒冷程度差别很大。

反义词：意思相反的词

表达相反含义的词是反义词。对于 *loud*（大声的）这个词，它的反义词有 *soft*（轻柔的）、*subdued*（不太响亮的）、*quiet*（安静的）、*silent*（无声的）、*inaudible*（听不见的）、*sedate*（平静的）、*somber*（阴沉的）、*dull*（沉闷的）和 *colorless*（不生动的）。这些反义词就像同义词一样，对应不同的意义范围，所以对于 *loud* 的不同含义，一些反义词会比其他的更恰当。例如，当 *loud* 指"花哨的"时，它的反义词是 *somber*、*dull* 和 *colorless*；当它指"嘈杂的"时，它的反义词是 *quiet*、*silent* 和 *inaudible*。

学生学着用同义词词典来查找同义词和反义词。《第一本同义词词典》（*A First Thesaurus*，Wittels & Greisman，2001）、《学乐儿童同义词词典》（*Scholastic Children's Thesaurus*，Bollard，2006）和《美国儿童传统同义词词典》（*The American Heritage Children's Thesaurus*，Hellweg，2009）是三本非常优秀的词典。学生修改作文、开展单词学习活动时，需要学习如何用这些词典查找合适的词。

同音 / 同形异义词：容易混淆的词

同音 / 同形异义词（homonyms）非常容易混淆，因为它们虽然意义不同，但是发音或拼写是一致的。**同音异形异义词**（homophones）指发音一样但拼写不同的词，如 *right*（权力）-*write*（写作）、*air*（空气）-*heir*（继承人）、*to*（朝……方向）-*too*（也）-*two*（二）、*there*（那儿）-*their*（他们的）-*they're*（他们是）。表 7-3 是同音异形异义词，学生有时候会混淆这些单词的含义，但更多时候是混淆拼写。大多数同音异形异义词只是碰巧如此，但 *stationary*（固定的）和 *stationery*（文具）有一段有趣的历史。*stationery* 的意思是纸和书，源自 *stationary*。在中世纪的英格兰，商人穿梭于城镇间售卖商品。第一位在镇上开店的商人是卖纸制品的。因为他的店不移动，所以是 *stationary*（固定的），他自己则成为 *stationer*（文具商）。这两个词拼写上的差异表示语义差异。相比之下，拼写相同但发音和含义不同的词是**同形异义词**（homographs），如 *wind*（风、缠绕）的名词和动词形式及 *minute*（分钟、极小的）的名词和形容词形式。此外，还有 *live*（居住、活的）、*read*（阅读、有学问的）、*bow*（鞠躬、弯曲的）、*conduct*（行为举止、进行）、*present*（呈现、礼物）和 *record*（记录、履历）等。

表 7-3 同音异形异义词

air（空气）-heir（继承人）	creak（嘎吱声）-creek（小河）	hour（小时）-our（我们的）	peace（和平）-piece（件）	chute（降落伞）-shoot（射击）
allowed（被允许，allow 的过去式）-aloud（大声的）	days（白天，day 的复数形式）-daze（使茫然）	knead（揉捏）-need（需要）	peak（顶点）-peek（偷看）-pique（激怒）	side（边）-sighed，（叹息，sigh 的过去式）
ant（蚂蚁）-aunt（阿姨）	dear（亲爱的）-deer（鹿）	knew（知道，know 的过去式）-new（新的）	peal（隆隆声）-peel（削皮）	slay（杀死）-sleigh（乘雪橇）
ate（吃，eat 的过去式）-eight（八）	dew（露水）-do（助动词，一般现在时）-due（由于）	knight（骑士）-night（夜晚）	pedal（踏板）-peddle（兜售）-petal（花瓣）	soar（高飞）-sore（剧烈的）
ball（球）-bawl（大叫）	die（死亡）-dye（染色）	knot（绳结）-not（不是）	plain（平原）-plane（飞机）	soared（高飞，soar 的过去式）-sword（剑）
bare（赤裸的）-bear（承受）	doe（母鹿）-dough（生面团）	know（知道）-no（不）	pleas（请求）-please（请）	sole（唯一的）-soul（灵魂）
be（成为）-bee（蜜蜂）	ewe（母羊）-you（你）	lead（导线）-led（引导，lead 的过去式）	pole（杆）-poll（民意测验）	some（一些）-sum（总和）
beat（打败）-beet（甜菜）	eye（眼睛）-I（我）	leak（漏缝）-leek（韭葱）	poor（可怜的）-pore（气孔）-pour（灌）	son（儿子）-sun（太阳）

（续表）

			praise（称赞）-prays（祈求，pray 的一般现在时第三人称单数形式）-preys（捕食，prey 的一般现在时第三人称单数形式）	stairs（楼梯，stair 的复数形式）-stares（凝视，stare 一般现在时第三人称单数形式）
berry（浆果）-bury（埋葬）	fair（公平的）-fare（费用）	lie（撒谎）-lye（碱液）		
billed（开账单，bill 的过去式）-build（建造）	feat（功绩）-feet（脚，foot 的复数形式）	loan（借款）-lone（寂寞的）	presence（在场）-presents（礼物，present 的复数形式）	stake（资助）-steak（牛排）
blew（吹，blow 的过去式）-blue（蓝色）	find（发现）-fined（罚款，fine 的过去式）	made（制造，make 的过去式）-maid（女仆）	pride（骄傲的）-pried（撬动，pry 的过去式）	stationary（固定的）-stationery（文具店）
boar（野猪）-bore（令人厌烦）	fir（冷杉）-fur（毛皮）	mail（邮件）-male（男性）	prince（王子）-prints（打印，print 的一般现在时第三人称单数形式）	steal（偷窃）-steel（钢铁）
board（板）-bored（无聊的）	flair（天资）-flare（使闪耀）	main（主要的）-mane（鬃毛）	principal（校长）-principle（原则）	straight（直的）-strait（海峡）
bough（大树枝）-bow（鞠躬）	flea（跳蚤）-flee（逃走）	manner（礼貌）-manor（庄园）	profit（利润）-prophet（预言家）	suite（套房）-sweet（甜的）
brake（刹车）-break（打破）	flew（飞，fly 的过去式）-flu（流感）	marshal（元帅）-martial（战争的）	quarts（夸脱，quart 的复数形式）-quartz（石英）	tail（尾巴）-tale（故事）
brews（酿造，brewed 一般现在时第三人称单数形式）-bruise（擦伤）	flour（面粉）-flower（花）	meat（肉）-meet（遇见）-mete［施以（惩罚）］	rain（下雨）-reign（统治）-rein（缰绳）	taught（教，teach 的过去分词）-taut（拉紧的）
bridal（新婚的）-bridle（缰绳）	for（为了）-fore（在前头）-four（四）	medal（勋章）-meddle（干涉）-metal（金属）	raise（举起）-rays（光线，ray 的复数形式）-raze（破坏）	tear（眼泪）-tier（等级）
brows（眉毛，brow 的复数形式）-browse（随意翻阅）	forth（向前）-fourth（第四）	might（可能）-mite（螨）	rap（指责）-wrap（包起来）	their（他们的）-there（那儿）-they're（他们是）
buy（买）-by（通过）-bye（再见）	foul（违规的）-fowl（家禽）	mind（大脑）-mined（采矿，mine 的过去式）	read（读，read 的过去式）-red（红色）	threw（抛，throw 的过去式）-through（通过）
capital（首都）-capitol（美国国会大厦）	gorilla（大猩猩）-guerrilla（游击队员）	miner（矿工）-minor（较小的）	read（读）-reed（芦苇）	throne（王座）-thrown（抛，throw 的过去分词）

（续表）

ceiling（天花板）-sealing（密封，seal 的现在分词）	grate（摩擦）-great（伟大的）	missed（未赶上，miss 的过去式）-mist（薄雾）	right（权力）-rite（仪式）-write（写作）	tide（潮汐）-tied（打结，tie 的过去式）
cell（细胞）-sell（售卖）	grill（烤）-grille（护栅）	moan（呻吟）-mown（割，mow 的过去分词）	ring（按铃）-wring（拧）	to（朝……方向）-too（也）-two（二）
cellar（地窖）-seller（售货员）	groan（抱怨）-grown（长大的）	morning（上午）-mourning（悲痛）	road（道路）-rode（骑，ride 的过去式）-rowed（划桨，row 的过去式）	toad（蟾蜍）-toed（斜着钉进去的）-towed（拖拽，tow 的过去式）
cent（分）-scent（气味）-sent（送，send 的过去分词）	guessed（猜测，guess 的过去式）-guest（客人）	muscle（肌肉）-mussel（蚌）	role（角色）-roll（滚动）	toe（脚尖）-tow（拖拽）
chews（咀嚼，chew 的一般现在时第三人称单数形式）-choose（选择）	hair（头发）-hare（野兔）	naval（海军的）-navel（肚脐）	root（根）-route（路途）	troop（部队）-troupe（剧团）
chic（时髦）-sheik（族长）	hall（大厅）-haul（托运）	none（没有人）-nun（修女）	rose（玫瑰）-rows（行，row 的复数形式）	vain（虚荣的）-vane（风向标）-vein（血管）
chili（红辣椒）-chilly（寒冷的）	hay（干草）-hey（喂）	oar（桨）-or（或者）-ore（矿石）	rung（按铃，ring 的过去式）-wrung（拧，wing 的过去式）	wade（蹚过）-weighed（权衡，weigh 的过去式）
choral（合唱队的）-coral（珊瑚）	heal（治愈）-heel（后跟）	one（一个）-won（赢，win 的过去式）	sail（航行）-sale（出售）	waist（腰部）-waste（浪费）
chord（弦）-cord（绳索）-cored（挖核，core 的过去式）	hear（听到）-here（这里）	pail（桶）-pale（苍白的）	scene（场景）-seen（看见，see 的过去分词）	wait（等待）-weight（重量）
cite（引用）-sight（视野）-site（场所）	heard（听到，hear 的过去式）-herd（兽群）	pain（痛苦）-pane（窗玻璃）	sea（大海）-see（看见）	wares（商品）-wears（穿着，wear 的一般现在时第三人称单数形式）
close（关闭）-clothes（衣服）	hi（你好）-high（高的）	pair（一对）-pare（削皮）-pear（梨）	seam（缝合）-seem（看起来）	way（方法）-weigh（权衡）
coarse（粗糙的）-course（课程）	hoarse（嘶哑的）-horse（马）	passed（通过，pass 的过去式）-past（过去的）	serf（农奴）-surf（冲浪）	weak（虚弱的）-week（周）
colonel（陆军上校）-kernel（核心）	hole（洞）-whole（整个的）	patience（耐心）-patients（患者，patient 的复数形式）	sew（缝上）-so（因此）-sow（播种）	wood（木头）-would（愿意）

不少儿童读物都是利用易混淆的同音 / 同形异义词的特点来编写的，弗莱德·格温乐的《下雨的国王》（*The King Who Rained*，2006）和《驯鹿吃晚餐》（*A Chocolate Moose for Dinner*，2005）都是其中的翘楚。

小学老师会教一些比较简单的同音 / 同形异义词，包括 *see*（看到）-*sea*（大海）、*I*（我）-*eye*（眼睛）、*right*（权力）-*write*（写作）和 *dear*（亲爱的）-*deer*（鹿）。高年级的老师则聚焦于同形异义词和学生仍会混淆的同音异形异义词，如 *there*（那儿）-*their*（他们的）-*they're*（他们是），以及一些更复杂的词，包括 *morning*（上午）-*mourning*（悲痛）、*flair*（天资）-*flare*（闪光）和 *complement*（补充）-*compliment*（赞美）。老师用微课来讲解同音异形异义词和同形异义词的概念，让学生通过图和表整理这些词。通过老师的引导，学生注意到这些词在拼写、意义及发音上的差别，这样有助于他们区分这些单词。这种显性化教学对外语学习者来说尤为重要（Jacobson，Lapp，& Flood，2007）。老师也可以让学生制作海报，用图画和句子来对比同音 / 同形异义词，并在课堂上展示海报，提醒学生这些单词之间的区别。

词根和词缀

给学生讲词根和词缀能帮助他们理解单词的构成。许多单词都源自同一词根。例如，*deport*（放逐）、*export*（出口）、*exporter*（出口商）、*import*（进口）、*port*（港口）、*portable*（便于携带的）、*porter*（搬运工）、*report*（报道）、*reporter*（记者）、*support*（支持）、*transport*（运输）和 *transportation*（运输）等至少 12 个英文单词都源自 3 个相互关联的拉丁词 *portae*（携带）、*portus*（海港）和 porta（大门）。拉丁语是英语词根最主要的来源，希腊语和英语是另外两个重要来源。

有些词根是完整的单词，有些是词的一部分。单词作词根时，是自由语素。例如，*cent*（分）这个词来自拉丁语词根 *cent*，意思是"一百"。英语把它用作词根，既可以当作单词单独使用，也可以和词缀结合使用，如 *century*（世纪）、*bicentennial*（两百周年）和 *centipede*（蜈蚣）。而 *cosmopolitan*（世界性的）、*cosmic*（宇宙的）和 *microcosm*（微观世界）这三个词源自希腊词根 *cosmo*，意思是"宇宙"，这个词根就不能单独成词了。表 7-4 是拉丁语和希腊语词根列表。*Eye*（眼睛）、*tree*（树）和 *water*（水）等词也是词根，可以通过与其他词复合构成新词，如 *eyelash*（睫毛）、*treetop*（树梢）和 *waterfall*（瀑布），有些词根则通过与词缀结合构成新词，如词根 *read*（阅读）加词缀后变成 *reader*（读者）和 *unreadable*（难以读懂的）。

词缀是附加到单词上的附着语素：前缀置于词首，如 *disrespect*（不尊重）和 *refill*（补充）；后缀置于词尾，如 *fluently*（流利地）、*elevator*（电梯）和 *courageous*（勇敢的）。和词根一样，一些词缀来自英语，一些来自拉丁语和希腊语。词缀常会改变单词的意思，如给 *happy*（开心的）加上 *un-* 变成 *unhappy*（不开心的）。词缀有时也会改变词性，如给 *attract*（吸引）加上 *-tion* 变成 *attraction*（吸引）时，由动词变成了名词。

"剥离"单词的词缀后，剩下的一般也是一个词。例如，去掉 *preview*（预览）的前缀 *pre-* 或去掉 *viewer*（观众）的后缀 *-er* 后，单词 *view*（观点）可以独立存在。然而，拉丁语和希腊语词根有时候不能单独存在，如 *legible*（易读的）中的 *-ible* 是后缀、*leg-* 是词根，都不能独立存在。当然，*leg*（腿）——指身体的一部分——是一个词，但 *legible* 的词根 *leg-* 不是腿的意思，它是一个拉丁语词根，意思是"阅读"。

表 7-5 是英语、希腊语、拉丁语派生的前缀和后缀表。怀特、索维尔和田原（White, Sowell & Yanagihara，1989）研究了词缀，找出了最常用的词缀并在表中用星号标识出来。怀特等人建议教师教授常用的词缀，因为它们很有用。然而，一些常用的前缀有多种含义，容易令人混淆。例如，前缀 *un-* 既可以表示"不"，如 *unclear*（不清楚的），也可以表示反动作，如 *tie*（打结）*-untie*（松开）。

词源：单词的历史

纵观英语的发展历史，能够发现许多有关词义和拼写的趣事（Tompkins & Yaden，1986）。英语始于公元 447 年，盎格鲁人、撒克逊人及其他日耳曼部落入侵英格兰。大约在公元 750 年，这种盎格鲁 - 撒克逊英语就由拉丁传教士记录了下来。从 450 年到 1100 年这段时间的英语称为"古英语"，其音形高度一致，遵循许多德语句法模式。而包括 *ugly*（丑陋的）、*window*（窗户）、*egg*（鸡蛋）、*they*（他们）、*sky*（天空）和 *husband*（丈夫）等在内的单词其实都是外来词，是由掠夺英国沿海村庄的侵略者维京人带来的。

1066 年，诺曼底人对英格兰的军事征服标志着中古英语（1100—1500 年）的开始。诺曼底公爵威廉（William）入侵英格兰并成为英国国王。由于威廉及他的领主、陪同的王室成员讲法语，因此法语成为英格兰近 200 年的官方语言。许多法语词进入英语，取代了古英语的拼写。例如，在古英语中，*night*（夜晚）拼写为 *niht*，*queen*（王后）拼写为 *cwen*，这种拼写和它们的发音是相匹配的；而它们的现代拼写方式则是受法语影响的结果。荷兰语、拉丁语及其他语言的单词也在这一时期进入了英语。

表 7-4 拉丁语和希腊语词根

词根	语言	含义	单词示例
ann/enn	拉丁语	年	anniversary（周年纪念）、annual（每年的）、centennial（一百年）、millennium（一千年）、perennial（持久的）、semiannual（每半年的）
arch	希腊语	统治者	anarchy（混乱）、archbishop（大主教）、architecture（建筑）、hierarchy（等级制度）、monarchy（君主制度）、patriarch（族长）
astro	希腊语	星星	aster（星状体）、asterisk（星号）、astrology（占星术）、astronaut（宇航员）、astronomy（天文学）、disaster（灾难）
auto	希腊语	自我	autobiography（自传）、automatic（自动的）、automobile（汽车）、autopsy（尸检）、semiautomatic（半自动的）

（续表）

词根	语言	含义	单词示例
bio	希腊语	生命	biography（传记）、biohazard（生物危害）、biology（生物学）、biodegradable（能生物降解的）、bionic（仿生学的）、biosphere（生物圈）
capit/capt	拉丁语	头	capital（首都）、capitalize（将字母大写）、capitol（美国国会大厦）、captain（船长）、decapitate（斩首）、per capita（人均）
cent	拉丁语	百	bicentennial（两百年）、cent（分）、centennial（一百年）、centigrade（摄氏）、centipede（蜈蚣）、century（世纪）、percent（百分比）
circ	拉丁语	周围	circle（圆）、circuit（回路）、circular（圆形的）、circumference（周围）、circumspect（周到的）、circumstance（环境）、circus（马戏团）
cosmo	希腊语	宇宙	cosmic（宇宙的）、cosmopolitan（世界性的）、cosmos（宇宙）、microcosm（微观世界）
cred	拉丁语	相信	credit（信任）、creed（信条）、creditable（值得称赞的）、discredit（丧失信誉）、incredulity（怀疑）
cycl	希腊语	轮子	bicycle（自行车）、cycle（周期）、cyclist（骑自行车的人）、cyclone（气旋）、recycle（回收）、tricycle（三轮车）
dict	拉丁语	说	contradict（反驳）、dictate（大声讲）、dictator（独裁者）、prediction（预测）、verdict（裁决）
gram	希腊语	文字	cardiogram（心电图）、diagram（图标）、grammar（语法）、monogram（交织文字）、telegram（电报）
graph	希腊语	写	autobiography（自传）、biographer（传记作者）、cryptograph（密文）、epigraph（铭文）、graphic（图标的）、paragraph（段落）
jud/jur/jus	拉丁语	法律	injury（伤害）、injustice（不公平）、judge（裁判）、juror（陪审员）、jury（陪审团）、justice（公平）、justify（为……辩护）、prejudice（偏见）
luc/lum/lus	拉丁语	光线	illuminate（照亮）、lucid（表达清楚的）、luminous（明亮的）、luster（光辉）、translucent（透亮的）
man	拉丁语	手	manacle（手铐）、maneuver（演习）、manicure（修指甲）、manipulate（操控）、manual（手动的）、manufacture（制造）
mar/mer	拉丁语	海	aquamarine（碧绿色）、marine（海生的）、maritime（航海的）、marshy（沼泽）、mermaid（美人鱼）、submarine（潜艇）
meter	希腊语	测量	centimeter（厘米）、diameter（直径）、seismometer（地震检波器）、speedometer（示速器）、thermometer（温度计）
mini	拉丁语	小的	miniature（小型的）、minibus（迷你公共汽车）、minimize（使减小到最小）、minor（较小的）、minimum（最小的）、minuscule（小写字）、minute（很短的时间）
mort	拉丁语	死亡	immortal（不死的）、mortality（必死性）、mortuary（太平间）、postmortem（死后的）
ped	拉丁语	脚	biped（两足动物）、impede（阻止）、pedal（脚踏板）、pedestrian（步行者）、pedicure（修脚）

（续表）

词根	语言	含义	单词示例
phone	希腊语	声音	earphone（耳机）、microphone（麦克风）、phonics（声学）、phonograph（留声机）、saxophone（萨克斯管）、symphony（和声）
photo	希腊语	光线	photograph（照片）、photographer（摄影师）、photosensitive（光敏的）、photosynthesis（光合作用）
pod/pus	希腊语	脚	gastropod（腹足动物）、octopus（章鱼）、podiatry（足部医疗）、podium（乐队指挥台）、tripod（三脚架）
port	拉丁语	携带	exporter（出口商）、import（进口）、port（港口）、portable（可携带的）、porter（门房）、reporter（记者）、support（支持）、transportation（运输）
quer/ques/quis	拉丁语	寻找	inquisitive（好问的）、query（问题）、quest（寻找）、question（问题）、request（请求）
scope	拉丁语	看	horoscope（占星术）、kaleidoscope（万花筒）、microscope（显微镜）、periscope（潜望镜）、telescope（望远镜）
scrib/scrip	拉丁语	写	describe（描述）、inscription（题词）、postscript（附言）、prescribe（开处方）、scribble（乱写）、scribe（抄写页）、script（脚本）
sphere	希腊语	球	atmosphere（大气层）、atmospheric（大气层的）、hemisphere（半球）、sphere（球体）、stratosphere（平流层）
struct	拉丁语	建造	construct（修建）、construction（建造）、destruction（破坏）、indestructible（不可破坏的）、instruct（指导）、reconstruct（重建）
tele	希腊语	远	telecast（电视广播）、telegram（电报）、telegraph（电信）、telephone（电话）、telescope（望远镜）、telethon（长时间连续电视广播节目）、television（电视）
terr	拉丁语	土地	subterranean（地表下面的）、terrace（梯田）、terrain（地面）、terrarium（陆地动物饲养所）、terrier（小狗）、territory（领土）
vers/vert	拉丁语	转变	advertise（打广告）、anniversary（周年纪念）、controversial（有争议的）、divert（转移）、reversible（可逆的）、versus（对抗）
vict/vinc	拉丁语	征服	convict（宣判有罪）、convince（说服）、evict（驱逐）、invincible（不可战胜的）、victim（受害者）、victor（获胜者）、victory（胜利）
vid/vis	拉丁语	看	improvise（临时制作）、invisible（看不见的）、revise（修改）、supervisor（监督者）、television（电视）、video（视频）、vision（视力）、visitor（拜访者）
vit/viv	拉丁语	生活	revive（复兴）、survive（幸存）、vital（必不可少）、vitamin（维生素）、vivacious（快活的）、vivid（生动的）、viviparous（胎生的）
volv	拉丁语	滚动	convolutions（盘旋）、evolve（进化）、evolution（演变）、involve（牵涉）、revolutionary（革命的）、revolver（左轮手枪）、volume（卷）

表 7-5　英语、希腊语、拉丁语派生的前缀和后缀

语言	前缀	后缀
英语	*over-（过多）：overflow（溢出） self-（通过自己）：self-employed（自由职业的） *un-（不）：unhappy（不开心） *un-（逆转）：untie（解开） under-（在下面）：underground（在地下）	-ful（充满）：hopeful（有希望的） -ish（像）：reddish（略到红色的） -less（没有）：hopeless（绝望的） -ling（年轻的）：duckling（小鸭子） *-ly（以 …… 样 的 方 式）：slowly（缓慢地） *-ness（状态或质量）：kindness（善良） -ship：（…… 的 状 态、艺术 或 技 能）：friendship（友　谊）、seamanship（航　海　技术） -ster（……人）：gangster（歹徒） -ward（方向）：homeward（在归途上） *-y（充满）：sleepy（疲惫的）
希腊语	a-/an-（不）：atheist（无神论者）、anaerobic（厌氧菌的） amphi-（两个都）：amphibian（两栖动物） anti-（反对）：antiseptic（消毒的） di-（二）：dioxide（二氧化物） hemi-（一般）：demisphere（半球） hyper-（超过）：hyperactive（极度活跃的） hypo-（在……直线）：hypodermic（皮下注射） micro-（小的）：microfilm（缩微胶卷） mono-（一）：monarch（君主） omni-（全部）：omnivorous（杂食性的） poly-（许多的）：polygon（多角形） sym-/syn-/sys-（一　起）：symbol（符　号）、synonym（同义词）、system（系统）	-ism（…… 学 说）：communism（社 会 主义） -ist（……人）：artist（艺术家） -logy（……学）：zoology（动物学）
拉丁语	bi-（二、两次）：bifocal（双焦点的）、biannual（一年两次的） contra-（反对）：contradict（反驳） de-（远离）：detract（使分心） *dis-（不）：disapprove（不赞成） *dis-（逆转）：disinfect（消毒） ex-（外面的）：export（出口） *il-/im-/in-/ir-（不）：illegible（难 辨 认 的）、impolite（不 礼 貌 的）、inexpensive（不贵 的）、irrational（不理智的） *in-（里面、进入）：indoor（室内） inter-（在……之间）：intermission（中场休息） mille-（千）：millennium（一千年） *mis-（错）：mistake（错误） multi-（许多的）：multimillionaire（巨富）	-able/-ible（值 得、能）：lovable（可 爱的）、audible（听得见的） *-al/-ial（动作、过程）：arrival（到达）、denial（否认） -ance/-ence（状态 或 质 量）：annoyance（恼怒）、difference（差异） -ant（……人）：servant（仆人） -ary/-ory（人、地点）：secretary（秘书）、laboratory（实验室） -cule（非常小）：molecule（分子） -ee（……人）：trustee（受托人） *-er/-or/-ar（…… 人）：teacher（教 师）、actor（演员）、liar（骗子） -ic（有……特征）：angelic（天使的） -ify（使）：simplify（使简单）

（续表）

语言	前缀	后缀
拉丁语	non-（不）：nonsense（胡说） post-（在……之后）：postwar（战后） pre-（在……之前）：precede（先于） quad-/quart-（四）：quadruple（四倍的）、quarter（四分之一） re-（再次）：repay（重新支付） *re-/retro-（返回）：replace（把……放回原处）、retroactive（有追溯力的） *sub-（在……之下）：submarine（潜艇） super-（超过）：supermarket（超市） trans-（穿越）：transport（运输） tri-（三）：triangle（三角形）	-ment（状态或质量）：enjoyment（享受） -ous（充满）：nervous（紧张的） *-sion/-tion（状态或质量）：tension（张力）、attraction（吸引） -ure（状态或质量）：failure（失败）

资料来源：Republished with the permission of John Wiley & Sons, Inc, from White, T. G., Sowell, J., & Yanagihara, A. (1989). "Teaching elementary students to use word-part clues." The Reading Teacher，42，302–308.

印刷机的发明使中古英语开始向现代英语（1500 年至今）转变。1476 年，威廉·卡克斯顿（William Caxton）把第一台印刷机带到英国。很快，图书和小册子开始被大量印刷。不久之后，塞缪尔·约翰逊（Samuel Johnson）及其他词典编纂者开始编纂词典，使英语拼写变得标准化，虽然它的发音仍在不断变化。另外，英语单词中的外来词不断增加，世界上几乎所有的语言都有单词流入英语。许多外来词都是英国在北美及世界各地探索、殖民时新增的。例如，*canoe*（独木舟）和 *moccasin*（软皮鞋）来自美洲原住民语言；*bonanza*（富矿带）、*chocolate*（巧克力）和 *ranch*（大农场）来自墨西哥西班牙语；*cafeteria*（自助餐厅）、*prairie*（牧场）和 *teenager*（青年）都是美式英语。外来词还有 *zero*（零，阿拉伯语）、*tattoo*（文身，波利尼西亚语）、*robot*（机器人，捷克语）、*yogurt*（酸奶，土耳其语）、*restaurant*（餐厅，法语）、*dollar*（美元，德语）、*jungle*（丛林，印地语）和 *umbrella*（伞，意大利语）等。一些词是根据希腊语的单词创造的，如 *electric*（电动的）、*democracy*（民主）和 *astronaut*（宇航员）。现在，每年依然会有新单词进入英语，其中一些词，如 *selfie*（自拍）、FLOTUS（美国第一夫人，First Lady of the United States 的缩写）和 *crowdsourcing*（众筹）等，反映了新的文化和发明。今天的许多新词，如 *e-mail*（电子邮件）和 *hotspot*（热点）等，都与互联网有关。*Internet*（互联网）这个词则大约是 40 年前出现的。

学生在字典中查找单词的词源信息，了解它的演变历程及含义。在字典里，词源信息在词条开头或结尾的括号中。以下是三个词的词源信息：

democracy [1576, <MF<LL<Gr demokratia, demos（人民）+ kratia（cracy = 力量，权力）]

上述词源信息的意思是，*democracy*（民主）一词于 1576 年通过法语（MF）进入英语，而法语单词来自拉丁语（LL），再之前是希腊语（Gr）。在希腊语中，*demokratia* 的意思是"人民的权力"。

house *[bef.900,ME hous,OE hus]*

根据词源信息，*house*（房子）是古英语单词，在公元 900 年前进入英语。它在古英语（OE）中拼写为 *hus*，在中古英语（ME）中拼写为 *hous*。

moose [1603,<Algonquin,"剥树皮的人"]

上述词源信息的意思是，*moose*（驼鹿）是美洲原住民语——来自美洲东北部的阿尔冈昆部落——并于 1603 年进入英语。它源自阿尔冈昆语中指"剥树皮的人"这个单词。

虽然进入英语的单词来自世界各种的语言，但英语、拉丁语和希腊语是三个主要来源。高年级学生可以学着判断单词来自哪种语言，因为了解单词的语言背景能帮助他们推测拼写和含义（Venezky，1999）。来自英语的词通常是 1 ~ 2 个音节的常用词，音形可能一致也可能不一致，如 *fox*（狐狸）、*arm*（手臂）、*Monday*（周一）、*house*（房子）、*match*（比赛）、*eleven*（十一）、*of*（根据）、*come*（来）、*week*（周）、*horse*（马）、*brother*（兄弟）和 *dumb*（哑的）。带有 *ch*（发音为 /ch/）、*sh*、*th* 和 *wh* 等合音的词通常来自英语，如 *church*（教堂）、*shell*（贝壳）和 *bath*（洗澡）等。许多英语单词是复合词或有比较级和最高级形式，如 *starfish*（海星）、*toothache*（牙痛）、*fireplace*（壁炉）、*happier*（更高兴的）和 *fastest*（最快的）。

许多来自拉丁语的词与法语、西班牙语或意大利语中意思差不多的词是相似的，如 *ancient*（古老的）、*judicial*（公正的）、*impossible*（不可能的）和 *officer*（官员）。拉丁语词有关联词或派生词，如 *courage*（勇气）、*courageous*（勇敢的）、*encourage*（鼓励）、*discourage*（劝阻）和 *encouragement*（鼓励）。此外，许多拉丁语词都有后缀 -tion/-sion，如 *imitation*（模仿）、*corruption*（腐败）、*attention*（关注）、*extension*（延伸）和 *possession*（占有）。

希腊语词是最与众不同的。许多都是长词，拼写看起来很陌生。在来自希腊语的外来词中，合音 *ph* 发 /f/ 音，合音 *ch* 发 /k/ 音，如 *autograph*（签名）、*chaos*（混乱）和 *architect*（建筑师）。带有 *th* 的较长单词是希腊语词，如 *thermometer*（温度计）和 *arithmetic*（算术）。带有后缀 -ology 的也是希腊语词，如 *biology*（生物学）、*psychology*（心理学）和 *geology*（地质学）。在一些词的中部，用字母 *y* 来代替 *i*，如 *bicycle*（自行车）和 *myth*（神话）。许多希腊语词由两部分组成，如 *bibliotherapy*（阅读疗法）、*microscope*（显微镜）、*biosphere*（生物圈）、*hypodermic*（皮下注射）和 *telephone*（电话）。老师可以用表 7-6 中来自英语、拉丁语、希腊语的单词开展单词分类等词汇活动。

有些词在概念上相关联，却分别从英语、拉丁语、希腊语发展而来。想一下 *tooth*（牙齿）、

dentist（牙医）和 *orthodontist*（正牙医生）这三个词。*tooth* 是英语词，这也是为什么它的复数形式 *teeth* 是不规则变化的原因。*dentist* 是拉丁语词；*dent* 在拉丁语中的意思是"牙齿"，后缀 *-ist* 的意思是"做……的人"。单词 *orthodontist* 是希腊语。*Ortho* 的意思是"拉直"，*dont* 的意思是"牙齿"；因此，*orthodontist* 的意思是"矫正牙齿的人"。下面是其他概念上相关联的三元词组。

book（书）：bookstore（书店）（E，英），bibliography 参考书目（Gr，希），library（图书馆）（L，拉）。

eye（眼睛）：eyelash（睫毛）（E，英），optical（视觉的）（Gr，希），binoculars（双筒望远镜）（L，拉）。

foot（脚）：foot-dragging（迟疑不决）（E，英），tripod（三脚架）（Gr，希腊），pedestrian（步行者）（L，拉）。

great（伟大的）：greatest（最伟大的）（E，英），megaphone（扩音器）（Gr，希），magnificent（壮丽的）（L，拉）。

see（看）：foresee（预见）（E，英），microscope（显微镜）（Gr，希），invisible（不可见的）（L，拉）。

star（星星）：starry（布满星星的）（E，英），astronaut（宇航员）（Gr，希），constellation（星座）（L，拉）。

time（时间）：time-tested（经受时间考验的）（E，英），chronological（按时间顺序排列的）（Gr，希），contemporary（当代的）（L，拉）。

water（水）：watermelon（西瓜）（E，英），hydrate（水合物）（Gr，希），aquarium（水族箱）（L，拉）。

学生掌握英语、拉丁语、希腊语的词根后，就能理解单词与其意义之间的关系了。

表 7-6　来自英语、拉丁语、希腊语的单词

英语	拉丁语	希腊语
apple（苹果）	addiction（瘾）	ache（疼痛）
between（在……之间）	administer（管理）	arithmetic（算术）
bumblebee（大黄蜂）	advantage（优势）	astronomy（天文学）
child（儿童）	beautiful（漂亮的）	atomic（原子的）
cry（哭）	capital（首都）	biology（生物学）
cuff（袖口）	confession（承认）	chaos（混乱）
earth（地球）	continent（大陆）	chemical（化学的）
fireplace（壁炉）	delicate（微妙的）	democracy（民主）
fourteen（十四）	discourage（劝阻）	disaster（灾难）
freedom（自由）	erupt（爆发）	elephant（大象）

（续表）

英语	拉丁语	希腊语
Friday（星期五）	explosion（爆炸）	geography（地理）
get（得到）	fraction[（数）]（分数）	gymnastics（体育）
have（有）	fragile（易碎的）	helicopter（直升机）
horse（马）	frequently（频繁地）	hemisphere（半球）
knight（骑士）	heir（继承人）	hieroglyphics（象形文字）
know（知道）	honest（诚实的）	kaleidoscope（万花筒）
ladybug（瓢虫）	identify（认出）	myth（神话）
lamb（羔羊）	January（一月）	octopus（章鱼）
lip（嘴唇）	journal（日记）	phenomenal（非凡的）
lock（锁）	junior（年少的）	photosynthesis（光合作用）
mouth（嘴）	nation（国家）	pseudonym（假名）
out（外面的）	occupy（占据）	rhinoceros（犀牛属）
quickly（快速地）	organize（组织）	rhythm（节奏）
ride（骑）	principal（主要的）	sympathy（同情）
silly（蠢的）	procession（队伍）	telescope（望远镜）
this（这个）	salute（致敬）	theater（剧院）
twin（双胞胎）	special（特别的）	thermometer（温度计）
weather（天气）	uniform（制服）	trophy（奖品）
whisper（私语）	vacation（假期）	zodiac（黄道十二宫）
wild（野生的）	vegetable（蔬菜）	zoo（动物园）

喻义

许多单词既有字面意义，又有喻义。字面意义是显性的、字典上的含义；喻义是隐喻的或使用了修辞手法的含义。例如，将"冬天"描述为一年中最冷的季节用的是字面意义，说"*winter has icy breath*"（冬天有冰冷的气息）用的则是比喻。喻义通常可以用习语和比喻来展现。

习语（idioms）是有特殊意义的词组，如"*in hot water*"。习语可能会令人困惑不解，因为你必须知道它们的喻义才能理解。"*in hot water*"是一个古老的表达方式，意思是"遇到麻烦"。在中世纪，在强盗入侵时人们必须保护自己，所以当强盗闯入房屋时，房主可能会从二楼的窗户往强盗头上倒开水，这样强盗就"*in hot water*"（字面意义：在热水里了）。英语里有成百上千的习语，我们每天都在表达中使用，以使我们的语言更加生动多彩。*out in left field*（想法/行事古怪）、*a skeleton in the closet*（家丑不可外扬）、*raining cats and dogs*（下倾盆大雨）和*a chip off the old block*（和父亲/母亲像一个模子里刻出来的）等都是习语。

因为习语是有喻义的，许多学生，尤其是外语学习者，理解起来会很困难（Palmer，Shackelford，Miller，& Leclere，2006/2007）。因此，老师有必要进行显性化教学，这样学生对习语的理解才能超越字面含义。如图 7-1 所示，老师可以让学生制作海报来展示习语的字面意义和喻义，从而帮助他们学习这些表达。

图 7-1　习语海报

　　隐喻和明喻都是比喻，即把某样东西比作其他东西。明喻的标志是句中出现 *like*（像……一样）或 *as*（如同）：The crowd was as rowdy as a bunch of marauding monkeys（人群就像一群四处抢劫的猴子一样吵闹）和 My apartment was like an oven after the air-conditioning broke（空调坏了以后，我的公寓就跟烤箱一样）就是两个明喻。相反，隐喻通过暗示一个东西就是另外一个东西来进行比较，而不是通过 *like* 或 *as* 这类词：The children were frisky puppies playing in the yard（孩子们是在院子里玩耍的活泼狗狗）就是一个隐喻。隐喻的比喻性更强，如以下示例所示：

She's as cool as a cucumber.（字面意义：她像黄瓜一样凉。喻义：她很冷静。）

She's a cool cucumber.（字面意义：她是一根凉黄瓜。喻义：她是个冷静的人。）

同理，

In the moonlight, the dead tree looked like a skeleton.（字面意义：月光下，这棵枯树看起来像骷髅一样。喻义：月光下枯树很可怕。）

　　In the moonlight, the dead tree was a skeleton.（字面意义：月光下的枯树是骷髅。喻义：月光下枯树很可怕。）

　　比起让学生区分"明喻"和"隐喻"两个术语的区别，更重要的是帮助他们理解所读图书中比喻表达的含义，让他们在写作中使用比喻的手法，这样会使作文更加生动。例如，一名六年级学生用明喻的手法，把愤怒比作雷雨；她写道：Anger is like a thunderstorm, screaming with thunder-feelings and lightening-words（愤怒就像雷雨一样，声如雷鸣，字如闪电）。另一名学生用了隐喻的手法，把愤怒比作火山：Anger is a volcano，erupting with poisonous words and hot-lava actions（愤怒是座火山，恶语为岩，暴行为熔，喷发而出）。

刚开始时，学生学习传统的比喻表达，如 happy as a clam（非常开心）和 high as a kite（非常兴奋）。然后他们学着识别和创造新的、意想不到的比喻。老师经常用奥德丽·伍德（Audrey Wood）的《像蟋蟀一样快》（*Quick as a Cricket*，1982）给幼儿介绍传统的比喻表达。中高年级学生可以基于惯用表达创造一些新的比喻，如 butterflies in your stomach（感到非常紧张）。洛伊斯·洛瑞（Lois Lowry）在《阿纳斯塔西娅·克鲁布尼克》（*Anastasia Krupnik*，1984）中，用 ginger ale in her knees（字面意思：她膝盖中的姜汁汽水）代替了老套的 butterflies in her stomach 来描述当阿纳斯塔西娅站在全班同学面前朗读自己写的诗时，她有多紧张。

单词教学

7.3　探讨如何教授学术词汇

词汇教学是均衡读写教学的重要部分，它对阅读和写作成绩有重要影响。有研究者（Baumann，Kame'enui，& Ash，2003；Graves，2016）确定了词汇教学的如下方面：

✓ 通过听、说、读、写活动使学生沉浸在单词中；

✓ 教具体单词时，要使单词不断重复出现，让学生与单词积极互动；

✓ 教学生单词学习策略，让学生能够推断生词的含义；

✓ 培养学生的单词意识，即注意到单词、对单词产生兴趣。

老师教词汇时，以上内容都应处理。但很多时候，词汇教学都只强调了第二个方面，教具体的单词，而没有考虑如何培养学生独立学习单词的能力。

美国共同核心州立标准强调，学生对年级水平学术词汇的学习情况对他们的学业成绩有很大影响。教学生推断生词含义、理解比喻手法，以及掌握足够多的词汇来理解所读的图书、在写作中表达观点是该语言课程标准的关注点。

单词墙

老师会在教室里布置单词墙。它一般是用一大张厚纸做成，给字母表中的所有字母各分一块儿。老师和学生把三个层级中有趣的、易混淆的、重要的单词写在单词墙上。通常由学生选择要写的词，然后由老师写上去，学生有时候甚至会自己把单词写上去；老师还会补充一些学生没选到的重要单词。单词不会提前写在单词墙上，而是学生读书时或上主题单元时遇到了才会写上去。艾伦（Allen，2007）认为，单词墙应该成为"课堂生活的一部分，每天都有新单词加上去"。单词墙是有用的资源，学生可以来这里找他们在故事讨论会中想用的单词，或者核对所写单词的拼写；老师也可以用这些词来开展单词学习活动。

有的老师做单词墙时，用大型插卡袋和单词卡代替厚纸。这样就可以比较方便地用单词卡来开展单词学习活动，把它们重新分类、排列。完成一本书或一个单元后，老师在卡片的末端打孔并用环套起来，然后把一整套单词卡放到写作中心，供学生写作时参考。

学生也可以制作自己的单词墙。他们把纸分成 20～24 个格，在每个格里写上字母；一个格里可以写多个字母。学生阅读、讨论图书时，把重要的单词和短语写在对应的格里。表 7-7 是一名六年级学生给加里·伯森（Gary Paulsen）的荒野生存小说《手斧男孩》（*Hatchet*，2007）做的单词墙。

虽然单词墙上的词可能会有 2550 个甚至更多，但并非所有的都会显性地教学。老师根据教学计划，列出学习某个单元时可能会写到单词墙上的词，再从中选出要教的词——一般是对理解要读的书或单元至关重要的第二级词汇。

显性化教学

老师显性地教学术词汇，一般是第二级词汇中的单词。麦基翁和贝克（McKeown & Beck，2004）强调教学应该是丰富的、深入的、有延伸的，即老师提高单词的复现率，呈现定义、情境、示例及关联词等多种信息，开展单词学习活动，让学生与单词互动。研究发现，这种教学虽然比较耗时，但学生能更好地学习、记忆单词的含义（Beck、McKeown & Kucan，2013）。

设计教学时，老师会考虑学生对单词的已有知识。对学生来说，有的单词是完全陌生的，或者表示一种新含义；有的则是熟悉的，他们知道一种含义了，还需要学习新的含义。教那些表示陌生概念的单词耗时最多，教熟悉单词的新含义则耗时最少。

老师用微课教授具体的单词。他们会给学生呈现单词的相关信息，包括定义及情境信息，组织活动，让学生思考，并让他们在口语、阅读和写作中使用单词。有时候，老师会在阅读前上微课，有时候会在阅读后上微课。在"微课：介绍学科领域单词"中，在学生读社会研究课的教科书前，授课老师先给学生处理了关键词汇。

表 7-7　给《手斧男孩》做的单词墙

A	B	C	D
alone（独自的） absolutely terrified（绝对吓坏了） arrows（箭头，arrow 的复数形式） aluminumcookset（铝制厨具）	bush plane（小型私人包机） Brian Robeson（布莱恩·罗伯逊） bruised（擦伤，bruised 的过去式） bow & arrow（弓和箭）	Canadian wilderness（加拿大荒野） controls（控制，control 的一般现在时第三人称单数形式） cockpit（驾驶室） crash（坠落） careless（粗心的） campsite（野营地）	divorce（离婚） desperation（绝望） destroyed（摧毁，destroy 的过去式） disappointment（失望） devastating（毁灭性的，devastate 的现在分词）

（续表）

E	F	G	H
engine（引擎） emergency（紧急情况） emptiness（空虚） exhaustion（精疲力竭）	fire（火） fuselage（机身） fish（鱼） foolbirds[①]（傻鸟，foolbird 的复数形式） foodshelf（食物架） 54 days（54 天，day 的复数形式）	gut cherries[②]（内脏樱桃，cherry 的复数形式） get food（获取食物）	hatchet（短柄小斧） heart attack（心脏病） hunger（饥饿） hope（希望）
I J	K L	M N	O P Q
instruments（工具，instrument 的复数形式） insane（疯狂的） incredible wealth（深厚的财富）	lake（湖）	memory（记忆） mosquitoes（蚊子，mosquito 的复数形式） mistakes（错误，mistake 的复数形式） matches（比赛，match 的复数形式） mental journal（心路历程） moose（驯鹿）	pilot（飞行员） panic（惊慌） painful（痛苦的） porcupine quills（豪猪刺） patience（忍耐力）
R	S T	U V	W X Y Z
rudder pedals（方向舵踏板，pedal 的复数形式） rescue（援救） radio（用无线电发送） relative comfort（相对舒适） raspberries（山莓，raspberry 的复数形式） roaring bonfire（熊熊燃烧的篝火） raft（木筏）	stranded（陷于困境的） secret（秘密） survival pack（救生包） search（搜寻） sleeping bag（睡袋） shelter（避难所） starved（饥饿的）	visitation rights（探视权，right 的复数形式） viciously thirsty（极度口渴） valuable asset（贵重的资产） vicious whine（恶毒的嗡嗡声） unbelievable riches（难以置信的财富，rich 的复数形式）	wilderness（荒野） windbreaker（防风衣） wreck（失事） woodpile（柴堆） wolf（狼）

微课

主题：介绍学科领域的单词

年级：五年级

时间：30 分钟

---

① Foolbirds 是《手斧男孩》的主角给一种善于伪装的鸟起的名字。

② Gut berries 是《手斧男孩》的主角给自己起的名字，实际意思是美洲稠李（chokecherry）。

克莱默（Cramer）老师五年级班的社会研究课程的主题是移民。老师带着学生完成了关于移民的 KWL 表来激活他们的背景知识。学生写了自己的家人是何时及如何来到美国的，还在教室里的世界地图上标出了自己来自哪个国家。微课持续 3 天。克莱默在学生读课本前介绍了 5 个关键词。因为班上许多学生都是外语学习者，所以她会在读课本前花些时间练习单词。

1. 介绍主题

克莱默认为，五年级学生学了一周有关移民的内容后，已经能够读社会研究课本里关于移民的章节了。她把写有这 5 个词的单词卡放到插卡袋里，大声地读出来：*culture*（文化）、*descendant*（后代）、*immigrant*（移民）、*prejudice*（偏见）和 *pluralism*（多元化）。她告诉学生，课文里出现了这些单词，大家阅读前需要先学会这些单词。

2. 展示示例

克莱默给学生发了预测指引卡，用来判断他们对新单词的了解程度。指引卡有四列：最左侧写着新单词，其他三列的标题分别为"我了解这个词""我听过这个词""我不知道这个词"。学生根据自己对单词的了解程度，在相应的位置打钩。在单元结束时，学生再次评价自己对单词的了解程度，然后对比两次的评分来判断自己的学习情况。

3. 提供信息

克莱默将学生分成小组进行单词分类活动。每组有 10 张卡片，其中 5 张卡片上面写着新单词，另外 5 张卡片上面写着它们的定义。学生先将单词和定义进行匹配，老师再带着大家复习单词的含义。

4. 指导练习

第二天，学生再次进行单词分类活动以复习单词的含义。然后，他们与同学一起进行完形填空：克莱默从本章的教科书里选出一些句子并把新单词删去，让学生在空白处填写正确的单词。完成后，老师带领大家复习这些句子，并讲解那些填错了的单词。

5. 评价学习

第三天，克莱默把新单词添加到教室里挂着的"移民"单词墙上。然后，她用单词墙上的新单词及其他单词示范了如何写快写文章（quickwrite）①。学生按照老师的示范写快写文章，并用荧光笔标出与移民相关的单词，要求至少使用单词墙上的 3 个新词和 3 个已有单词。最后，克莱默根据学生的快写来评价他们的词汇知识掌握情况。

---

① 指学生通过写作回应所学文本中的观点。

单词学习活动

学生在单词学习活动中深入分析、思考单词（Allen，2007）。有些活动要求学生把单词用视觉的方式呈现出来；还有一些活动要求学生把单词分类或学习单词的关联词。老师用以下单词学习活动来教授新的学术词汇。

- **单词海报**。学生选一个单词写在海报纸上，在旁边画一幅画说明它的含义。他们还用单词造句并写在海报上。这是学生将单词含义形象化的一种方式。

- **单词地图**。学生通过画图和表分析正在学习的单词。他们画一个框，里面写上单词。从框上画几条线出来，末端画上方框，里面写上单词的相关信息。单词地图通常包含三种信息：单词的类别、示例、特征或关联词。图 7-2 是一名五年级学生读完《邦尼库拉：兔子的神秘故事》（*Bunnicula:A Rabbit-Tale of Mystery,* Howe & Howe，2006）时画的单词地图。这是另一种将单词含义形象化的方式（Duffelmeyer & Banwart，1992—1993）。

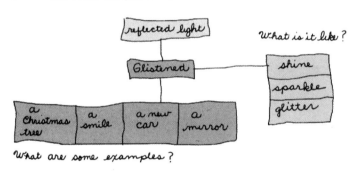

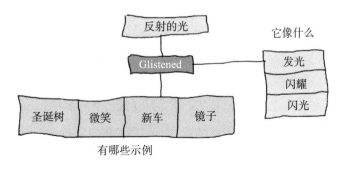

图 7-2　单词地图

读前造句。在读一本书或学科教科书的一个章节前，为了激活学生的背景知识，激发他们的好奇心，老师会让学生用单词进行**读前造句**（possible sentences）（Stahl & Kapinus，1991）。

复习完一组单词的定义后，学生们一起用这些词造句并彼此分享。读完书后或在单元学习的后期，他们再次回顾这些句子并修改不准确的地方。

表演单词。每名学生选一个单词，把它表演给同学们看，让大家猜这个词。有时候，动作比文字定义更能有效地说明一个词。例如，一名老师给二年级学生读《菊花》（*Chrysanthemum*，Henkes，1996）这本书，它讲的是一个小女孩不喜欢自己名字的故事。当学生不理解小女孩怎么会枯萎时，她就把 *wilted*（枯萎，wilt 的过去式）这个词表演出来给大家看。《菊花》中比较容易表演出来的词还有 *humorous*（幽默的）、*sprouted*（发芽，sprout 的过去式）、*dainty*（精致的）和 *wildly*（狂野地）。表演对外语学习者来说是特别有效的活动。

单词分类。学生进行单词分类活动，把选自单词墙上的一组词划分成两类或多类（Bear、Invernizzi、Templeton & Johnston，2016）。一般情况下，由学生选择类别，有时候也会由老师指定。例如，选自故事的单词可能会按照角色分类，选自机器主题单元的词则可能按照机器类型分类。单词是写在卡片上的，学生把卡片分成一堆一堆。

单词链。学生选一个单词，然后再找 3 ~ 4 个词放到它的前面或后面，形成单词链。例如，*tadpole*（蝌蚪）这个词可以和 *egg*（卵）、*tadpole*（蝌蚪）、*frog*（青蛙）这些词连在一起；而 *aggravate*（激怒）这个词可以和 *irritate*（使烦恼）、*bother*（打扰）、*annoy*（惹恼）这些词连在一起。学生可以在纸上画一条链子，写上单词，也可以用硬纸做一条链子，在每个环上写上单词。

语义特征分析。学生进行**语义特征分析**（semantic feature analysis）活动，通过分析概念相连的单词的特征来学习它们的含义（Allen，2007）。老师选一组关联词，如雨林里的动物、植物和太阳系里的行星等，然后画一些网格，根据单词的区别性特征把它们进行分类（Pittelman，Heimlich，Berglund，& French，1991；Rickelman & Taylor，2006）。学生按照各个特征，逐个分析单词，并在对应的单元格里画钩、圆圈或问号，标明相应单词是否具有该特征。例如，在雨林相关单词的语义特征分析活动中，把在雨林里生活的动物、植物和人列在网格的一侧，特征列在顶部。对于 *sloth*（树懒）这个词，学生在对应的网格里画钩，表示它是哺乳动物、生活在树的顶部、会去地面活动、会伪装。他们在相应的网格里画圆圈，表示树懒色彩不鲜艳、对人没有危险、不是植物，也不是鸟或昆虫。如果他们不确定是否可以用树懒来制药，那么会画问号。

这些单词学习活动能加深学生对单词的理解，包括单词墙上的单词、与所读图书相关的单词及主题单元中学习的单词。通过这些活动，学生能发展概念，学习单词的不同含义，在单词间建立关联。他们还可以在互联网上进行研究与探索（Dwyer，2016）。这些活动没有一个是要求学生只抄写单词和它的定义，或者用单词造句或编故事的。

单词学习策略

学生在阅读过程中遇到生词时，可以用到的策略有很多，如重读句子、分析单词的词根和词缀、查字典、拼读单词、寻找句子中的上下文线索、跳过单词继续阅读及向老师或同学求助等（Graves，Schneider，& Ringstaff，2018）。不过，有的策略比其他的更有效。迈克尔·格拉夫（Michael Graves，2016）研究了处理生词的不同方法，发现了以下三种单词学习策略比较有效。

✓ 使用上下文线索

✓ 分析单词的构成部分

✓ 查字典

阅读能力强的人知道并能在阅读时用这些策略来找出生词的含义。相比之下，阅读能力弱的人掌握的策略比较少，他们常常依赖一两种不太有效的策略，如拼读单词或跳过。

格拉夫（Graves，2016）建议老师要教学生遇到生词时的应对方法。在阅读过程中遇到生词时，学生需能意识到这是个生词并判断理解这个词含义的重要性。如果这个词对理解课文来说不重要，学生可以跳过它并继续阅读；但如果很重要，就需要采取行动了。格拉夫建议老师教学生按以下步骤推测生词的含义。

1. 学生重读包含这个词的句子。

2. 学生借助上下文线索推测单词的含义；如果不行，那么进行下一步。

3. 学生分析单词的构成部分，找熟悉的词根和词缀来帮助理解词义。若依然无法推测，则继续下一步。

4. 学生拼读出单词，看能否认出发音。如果仍然无法辨别，那么继续下一步。

5. 学生查字典或向老师求助。

上述步骤把前面提到的三种单词学习策略都囊括进去了，成功的概率最大。

培养更有策略的学生

单词学习策略

老师可以教学生用下面这些策略推测生词的含义。

☾ 使用上下文线索

☾ 分析单词的构成部分

☾ 查字典

学生在单词学习活动（如单词地图、单词分类活动）中练习这些策略。请观察学生在独立阅读、社会研究及科学话题学习时的策略使用情况。如果学生存在困难，请重新教授策略。务必示范它们的用法，并用有声思维展示应用过程。

使用上下文线索。学生阅读时，会从上下文中学到许多单词。单词周围的词和句子能提供上下文线索，其中一些线索会提供有关该词含义的信息，另一些线索则提供词性及在句子中的用法的信息。这些上下文信息能帮助学生推测生词的含义。插图也能提供上下文信息，帮助学生识别单词。表 7-8 列出了学生可以使用的不同类型的上下文线索。有趣的是，同一句子里常会出现两三种上下文信息。

表 7-8　不同类型的上下文线索

线索	描述	句子示例
定义	读者用句子里的定义理解生词	有的蜘蛛用非常小的 *spinnerets*（吐丝器）的器官吐丝
示例 - 插图	读者用示例或插图理解生词	蟾蜍、青蛙及一些鸟类会捕食蜘蛛，它们都是 *predators*（肉食性动物）
对比	读者根据句中与生词相似或相反的单词推断其含义	大多数蜘蛛能活 1 年左右，但 *tarantulas*（狼蛛）有时候能够活 20 年甚至更久
逻辑	读者根据句中其他部分的内容来理解生词	*Exoskeleton*（外骨骼）就像铠甲一样保护蜘蛛
词根和词缀	读者根据词根、词缀知识来推测生词含义	惧怕蜘蛛的人患有 arachnophobia（蜘蛛恐怖症）
语法	读者根据生词的词性或在句中的功能来推测其含义	大多数蜘蛛 *molt*（换毛）5 ~ 10 次

有研究人员（Nagy，Anderson & Herman，1987）发现，学生阅读年级水平的图书时，有二十分之一的机会从上下文中学到 1 个单词。这个概率看起来很小，但如果学生每年读 20 000个单词，每 20 个单词就能从上下文中学到 1 个单词，他们将能学到 1000 个单词，即学生词汇年增长量的三分之一。这很可观！读 20 000 个词需要多少时间呢？纳吉（Nagy，1988）估计，如果老师每天提供 30 分钟的阅读时间，学生每年就能多学 1000 个单词！有趣的是，阅读能力强和阅读能力弱的学生从上下文中学习单词的速度大致相同（Stahl，1999）。

教学生使用上下文线索的最好办法是进行示范。老师大声朗读时，遇到难词就停下来，用**有声思维**（think-aloud）向学生展示如何用上下文线索推测这个难词的含义。如果上下文提供了足够的信息，老师就会用这些信息推测词义，然后继续阅读；如果句子或段落没有提供充足的信息，那么老师会用其他策略来推测单词的含义。

分析单词的构成部分。学生了解单词各部分的作用后，就能借助前缀、后缀及词根的有关知识解锁许多多音节词。例如，*omnivorous*（杂食性的）、*carnivorous*（肉食性的）和 *herbivorous*（草食性的）与动物吃的食物有关：*omni* 表示 *all*（所有的），*carn* 表示 *flesh*（肉），*herb* 表示 *vegetation*（草木）。共有的部分 *vorous* 源自拉丁语 *vorare*，意思是 *to swallow up*（吞下）。学生知道 *carnivorous*（肉食性的）或 *carnivore*（肉食动物）后，就可以用词素分析法推断其他单词的含义了。

在四 ~ 八年级，老师会讲解派生前缀和后缀及非英语词根，帮助学生提高推断生词含义的能力（Baumann，Edwards，Font，Tereshinski，Kame'enui，& Olejnik，2002；Baumann，Font，Edwards，& Boland，2005）。例如，学生知道拉丁词根 -ann 和 -enn 的意思是 year（年）后，下列单词中许多单词的含义他们都能推断出来：annual（每年的）、biennial（两年一次的）、perennial（持久的）、centennial（一百周年）、bicentennial（两百年）、millennium（千年）和 sesquicentennial（一百五十周年）。格拉夫（2016）建议在学生读的书里或主题单元里出现非英语词根时，老师给他们讲语素分析法。老师可以在把单词贴到单词墙上的同时给学生讲这个词，先把单词拆分开，再讲解各个构成部分，也可以在微课上专门讲解。

查字典。用字典查生词常会令人感到沮丧，因为查到的定义可能没有提供太多有用的信息，甚至只能查到生词的其他形式（Graves，Schneider，& Ringstaff，2018）。有时候，学生选择的定义——往往是第一个——是错的；有时候，查到的定义让人难以理解。例如，pollution（污染）的定义通常是 the act of polluting（污染这种行为）。这个定义用处不大。学生可以再查 polluting（污染），但字典里没有这个词。他们可能会注意到 pollute（污染），它的第一个定义是 impure（使肮脏），第二个定义是 to make unclean, especially with man-made waste（使不洁净，尤其是用人造废物），可即便是这个定义可能也不容易理解。

字典在人们对单词有一个模糊的理解时用处最大，因此老师需要在学生查字典的过程中提供帮助。他们可以教学生如何读字典里的条目，判断哪个定义合适；在大声朗读时，遇到大多数学生不熟悉的单词，他们可以示范如何用查字典这一策略。老师还可以提供其他帮助，包括给学生解释他们查到的定义、提供例句、将单词与关联词和反义词进行对比等。

词汇附带习得

学生一直在附带习得单词，并且以这种方式学习了很多单词，因此老师很清楚，并非课文中所有的生词都需要讲解。学生学习单词的渠道有很多，但研究发现，阅读是他们词汇增长的最主要来源，尤其是在三年级之后（Swanborn & de Glopper，1999）。学生独立阅读的时间是预测他们二~五年级词汇增长的最佳指标。

独立阅读。学生每天都需要有时间独立阅读和学习单词。他们需要读适合自己独立阅读水平的书，如果过难或过易，能学到的新词就会很少。阅读工作坊是最适合学生独立阅读的活动。学生从班级图书角选自己感兴趣的书来读，这里的书都适合他们的年龄及阅读水平。因为是学生自己选的书，所以他们持续阅读的可能性比较高。**持续默读**（Sustained Silent Reading，SSR）是另一种促进学生泛读的活动。全班或全校的学生从合适的书里自己选一本，静静地阅读 10~30 分钟甚至更长时间。老师也会一起读，向学生示范喜欢读书的成人是如何把它变成日常生活的一部分的。然而，仅仅是给学生独立阅读的时间并不能保证他们词汇知识的增长（Stahl & Nagy，2006），他们还需要会用上下文线索及其他单词学习策略来推测生词的含义，扩充自己的词汇量。

老师大声朗读。学生听老师朗读故事、诗歌及非故事类图书时也能附带习得单词。每天的朗读活动对从幼儿园到八年级的所有学生都很重要。老师领着学生进行**交互型朗读**（interactive read-aloud），重点关注书中的几个关键词，示范如何借助上下文线索理解生词，并在阅读后讲解生词的含义。老师用有声思维示范如何使用上下文线索等单词识别策略。有两项研究发现，老师给学生朗读时，增加对单词的关注可以提高学生的词汇知识及理解能力（Fisher, Frey, & Lapp, 2008; Santoro, Chard, Howard, & Baker, 2008）。

坎宁安（Cunningham, 2009）建议小学老师每周给学生读一本绘本，并讲解里面的关键词汇。老师先大声读一遍，然后选三个生词写在单词卡上，展示给学生。读第二遍时，学生集中听这三个词，然后老师用文本和插图里的信息讲解这些生词的含义，并鼓励学生在谈论这本书或写阅读心得等活动时练习使用这些生词。

大声朗读对每名学生都很重要，对阅读存在困难的学生来说尤为重要，因为一般情况下，他们自己读的书比较少，而且在适合他们阅读水平的书里，复杂的单词也比较少。研究发现，学生听老师大声朗读时附带习得的单词与自己阅读时习得的一样多（Stahl, Richek, & Vandevier, 1991）。

请查看"我的教学待办清单：词汇教学"，确保你的词汇教学能满足学生的需求。

我的教学待办清单

词汇教学

- 我用单词墙来突出学生正在读的书及所学的主题单元中的单词。
- 学生谈论他们读的书和所学的主题单元时，我鼓励他们使用新学的单词。
- 我显性讲解的单词一般都是第二级词汇，即学术词汇。
- 我在微课上讲解单词和词汇学习策略。
- 我给学生讲解单词的同义词、反义词、多重含义及修辞用法等知识，帮助他们完全掌握单词。
- 我组织学生进行单词海报、单词地图和单词分类等单词学习活动，帮助他们加深对单词的了解。
- 我通过展示自己对单词的好奇、讲解单词及组织学生进行文字游戏活动等方式培养他们的单词意识。
- 我每天组织学生独立阅读 15 分钟。
- 我把课标要求融入教学。

口语的作用

口语在词汇学习中起着重要作用。父母与幼儿交流，教他们识别物品、给他们讲故事、解释问题、描述人物时，都能提升他们的词汇知识。父母与幼儿交流的时间和质量会影响他们的词汇发展（Stahl & Nagy，2006）。老师也能起到类似的作用，给学生创建一个词汇丰富的环境，让他们沉浸在听、说、读、写活动中，练习使用那些刚学的脱离情境的学术词汇（Blachowicz & Fisher，2011）。老师把新词贴在单词墙上，鼓励学生在小组合作、讨论、听老师读故事及非故事类图书时参考和使用墙上的单词。

老师教单词时要把口头、书面和视觉语言关联起来。例如，学生进行读前造句或单词分类活动时会和同学一起讨论单词及其含义。表演单词、制作单词海报、绘制图像并标出名称等活动包含了视觉成分。学生在故事讨论会及其他讨论活动上用到的单词，写阅读日志及其他日记时也会用到。如果缺少了口语部分，学生写作时用这些单词的可能性就会很小。

课堂干预

更多单词知识

词汇知识有限是阅读存在困难的学生面临的最大困难之一。虽然独立阅读是大多数学生习得词汇的重要方式，但这对阅读困难的学生来说是不够的（Allington，2012）。阅读存在困难的学生的阅读量不如其他同学多，读的书里很少出现达到年级水平的单词。要扩大他们的词汇量，老师每日须开展活动，引导他们关注单词；此外，还须提供有关学术词汇和单词学习策略的指导。研究者（Cooper，Chard & Kiger，2006）有以下建议：

- 用单词墙、独立阅读和交互型朗读培养学生的单词意识；
- 通过读前介绍关键词，读后开展必要的练习活动，每周显性教授 8~10 个单词的含义；
- 培养学生推断生词含义的能力。

老师可以根据这些建议，规划日常的课程，使得这些建议能够有效融入每天的课堂教学，提高学生的词汇发展速度。

老师也可能会阻碍学生的词汇发展。艾林顿（Allington，2012）指出了三种浪费教学时间的活动：第一，学生不应该读太难的书，否则他们难以理解所读的内容；第二，如果老师没有教学生用上下文线索推断词义等单词学习策略，就不应要求他们阅读时能推测出生词的含义；第三，老师不应该只让学生抄单词或用单词造句，因为学生无法通过这些活动深入地了解单词。

词汇知识评价

老师按照"教 - 学 - 评"一体化的四步循环来教词汇，尤其是教文学阅读单元和主题单元时。他们会找出学术词汇，设计微课和教学活动，监测学生的学习进展，评估学习情况。他们还会在单元结束时反思教学效果。

第 1 步：计划。老师根据学生的词汇知识水平，确定课上讲授的学术词汇，设计微课和单词学习活动。有时候，老师还可以测量学生与单元主题相关的词汇知识，必要时设计教学，帮助学生建构背景知识。

学生可以在单元开始时评估自己对关键词汇的熟悉程度。坎宁安和艾林顿（Cunningham & Allington，2016）建议让学生自评他们关于具体单词的知识。老师可以用学生能理解的语言，做一个词汇知识等级表并贴在教室里。下面是一名六年级的老师制作的表。

1 = 我根本不认识这个词。

2 = 我以前听过这个词，但不知道它的意思。

3 = 我知道这个词的一种含义，我可以用它造句。

4 = 我知道这个词的多种含义或其他知识。

老师给学生一些关键词，让他们在旁边写下代表自己单词掌握程度的数字，以此评价自己的单词知识。老师一般会在单元结束时让学生再次进行自我评价，判断单词知识是否增长。或者老师也可以在介绍新词前，让学生举手，用手指表示自己的词汇知识对应的数字。

第 2 步：监控。老师用非正式的评价工具来监测学生的进展。

- **观察**。老师观察学生在单词学习活动、微课及讨论中的新词使用情况，还可以观察他们在指导型阅读、朗读时的单词学习策略使用情况。
- **面谈**。老师和学生讨论他们在单词学习活动和写作中用到的单词，还可以询问学生遇到生词时会怎么做，并给他们讲解单词学习策略。

老师也会用这些监测工具来检查教学是否有效，必要时进行调整。

第 3 步：评估。老师常会选择用一些原始的方法评估学生的词汇知识，因为这些方法提供的信息比测试更有用（Bean & Swan，2006）。老师用下面这些比较原始的方法评估学生的词汇知识。

- **评分标准**。老师在**评分标准**（rubric）里纳入有关词汇的评价标准，突出学术词汇的重要性。在口头报告的评分标准里，老师强调对主题相关的专业词语的使用；在写作中，他们强调词汇使用的准确性。

- **快写**。学生从单词墙上选一个词进行快写，介绍自己对这个单词都知道些什么。

评价工具

词汇

非正式评价和标准化测试都可以用来测量学生的词汇知识，但测试常常将单词知识等同于能够辨别或陈述单词的一个定义，而不是评价学生的知识深度。以下是三个常模参照词汇测试。

- **皮博迪图片词汇测试 4**（Peabody Picture Vocabulary Test–4, PPVT–4）

PPVT-4 可以独立使用，用来筛查学生的词汇知识（Dunn，Dunn，& Dunn，2006）。这项测试可以在幼儿园到八年级使用，但最常用于口语不够流利的幼儿园到二年级学生。PPVT-4 测量接收性词汇知识：老师说 1 个词，让学生从 4 张图片中找出最能说明单词含义的那张。但是，这项测试比较耗时，需要 10 ~ 15 分钟，难以用于常规测试。

- **表达性词汇测试 2**（Expressive Vocabulary Test–2, EVT–2）

EVT-2 可以单独使用，用来筛查从幼儿园到八年级学生的单词知识（Williams，2006）。EVT-2 与 PPVT-4 对应，测量表达性知识。老师指着一张图片，让学生说出图片表示的词或它的同义词。

- **非正式阅读检测工具**（Informal Reading Inventories, IRI）

二 ~ 八年级的老师有时候会用 IRI 评价学生的词汇知识。各年级的测试中有 1 ~ 2 个问题考查学生对所读文章里的单词含义的理解。但是这项测试用处有限，它只有极少数问题与词汇有关，而且阅读内容低于年级水平的学生做的单词测试不符合他们的年龄水平。

虽然这些测试在课堂教学中的用处有限，但可以帮助老师筛查出阅读存在困难的学生，以及单词知识有限的外语学习者。

- **单词分类**。学生完成单词分类活动，表明他们能够识别与自己读过的书或学过的主题单元相关的单词之间的关联。
- **视觉表征**。学生就一个单词绘制单词地图，或者画一幅图表示单词的含义，或者用其他可视化方法表达某个词或某组关联词的意思。

这些评估的要求超越了仅给一个定义或造一个句子的范畴。

第 4 步：反思。老师会在单元结束时反思教学，包括教学的有效性。他们也可以让学生反思自己的单词知识发展。如果学生在单元开始时用单词知识水平表评估了自己的单词知识，那么现在可以再做一次，以便深入了解自己的学习情况。

诊断性评价。学习困难的学生的词汇知识比较难评价，因为没有可供参考的年级水平标准，不清楚他们应该知道哪些词甚至需要学习多少词。另外，词汇测试也很复杂，因为词汇学习是一个渐进的过程，学生从一个年级到另一个年级，对单词的"认识"逐渐加深。一般情况下，老师用非正式的方法来监测、评估学生的学术词汇知识，但也有一些标准化测试可以使用，对此在"评价工具：词汇"里有相关介绍。

- **突显词汇。**如果学生还没有意识到单词，老师会让他们坐到单词墙附近，协助自己把新词贴到墙上，从而把注意力引到新的词汇上。他们还会预教新词，让学生用便利贴在故事卡和图书上标记单词。
- **单词含义。**如果学生没有掌握单词含义，老师会预教单词，分析它们的结构，用单词卡开展练习活动，组织学生进行词梯、单词分类等互动游戏。
- **交流活动。**如果学生不能口头使用这些单词，老师会创造各种非正式的机会，让他们在对话中使用这些单词。学生和同学一起讨论单词墙上具体的词，并和同学一起完成语义特征分析表，参加故事讨论会等讨论活动。学生还会在故事复述活动中使用这些词，做完形填空（cloze procedures）时先口头做一遍再去写。
- **写作活动。**如果学生写作时没有用新单词，老师会让他们在写阅读日志、做单词海报、画信息组织图、进行画图并写名称活动时使用特定的单词。为了提高学生对单词的关注，老师经常会让他们用荧光笔把作文中的目标单词标出来。

老师可以通过预教新词、讲解单词、组织单词游戏活动及将单词融入写作等方式帮助单词学习存在困难的学生。

第 **8** 章

教授阅读理解：
读者因素

学习本章后，你将能够：

8.1 根据读者因素和文本因素定义理解，并识别支持读者理解文本的三个先决条件；

8.2 列出读者在阅读过程中使用的 12 项阅读理解策略，并解释每项策略如何支持阅读理解；

8.3 讨论教师如何教授阅读理解策略；

8.4 描述教师和学生在阅读动机中的作用。

在本章中，你将了解学生如何学习应用预测、建立联系、想象、监控和评价等阅读理解策略来理解复杂的文本。这些阅读理解策略有助于读者专注于阅读并思考他们阅读的内容。当你阅读以下教学故事时，请注意阿里老师如何解释并演示每项策略，她的学生如何在她的指导下进行尝试，并独立应用这些策略。

阿里（Ali）老师教授阅读理解策略。阿里老师的教室墙上挂着许多海报，这些海报展示了建立联系、提问、修正和总结等多项阅读理解策略。她解释说，六年级学生在阅读的同时会进行思考，这些不同种类的思考称为阅读理解策略。她的学生对每项阅读理解策略开展研究并制作了这些海报。坦纳（Tanner）、文森特（Vincent）和阿珊特（Ashante）制作的关于监控策略的海报请参见表 8-1"六年级学生制作的阅读理解策略海报"。

表 8-1　六年级学生制作的阅读理解策略海报

阅读理解策略——监控	
什么是监控策略	监控策略是对你是否理解所读内容的检查
为什么使用监控策略	监控策略能够帮助你解决问题，从而取得成功
什么时候使用监控策略	你应该在阅读中使用这项策略
如何使用监控策略	1. 问自己：你读懂了吗？如果能读懂，就继续读下去；如果读不懂，就应当采取行动解决问题 2. 尝试以下解决办法 • 重新阅读前几页，或者重新阅读章节开头 • 多读一两页 • 重新阅读自己之前写下的预测、联想或总结 • 和朋友讨论这个问题 • 就这个问题写一篇短文 • 就这个问题和阿里老师进行沟通

阿里老师教授的第一项阅读理解策略是预测，尽管她的学生已经对这项策略很熟悉了，但他们并不知道为什么要使用这项策略。阿里解释说，预测能够引导学生思考。她和学生

一起制作了关于预测策略的图表，并在她给学生读《魔法师的奇幻花园》(*Garden of Abudul Gasazi*, Van Allsburg, 1993) 时练习使用了预测策略。这本书的主角是一位讨厌狗的邪恶魔法师，学生根据题目和封面插图对这个故事进行了预测，但是在阅读过程中，想要预测这个超现实主义故事的发展变得越来越难，因为他们不知道这只狗在变成鸭子后能否逃出魔法师的花园。阿里强调，当故事变得混乱时，继续对故事进行思考并做出预测是至关重要的。她停止了阅读，先和学生讨论为什么这只狗可能会成功逃脱，然后又讨论为什么它可能无法逃脱。只有大约三分之二的学生预测它能成功逃脱，最终，在故事中它做到了。

第二天，阿里带学生阅读了《蝴蝶》(*La Mariposa*, Jiménez, 1998)，这是一本自传绘本，讲述了一个具有非凡艺术才能的儿童的故事。这本书标题的意思是"蝴蝶"，封面插图是一个男孩朝着太阳飞去，但这些信息不足以让学生对故事内容做出预测，所以学生认识到，有时候他们必须先阅读几页，才能做出有效的预测。故事开头讲的是，在升学的第一天，只会说西班牙语的弗朗西斯科 (Francisco) 在只讲英语的课堂里度过了艰难的一天。这时，一个名叫诺玛 (Norma) 的学生指出，男孩在教室里注视的毛毛虫会变成蝴蝶，而封面上的男孩就像一只蝴蝶在飞，但她不知道为什么她想到的这些很重要。一些学生指出，蝴蝶可能象征着自由。莫伊塞斯 (Moises) 预测男孩和他的家人会找到一个真正的家，莉莎特 (Lizette) 则建议他转到一个双语班级，在那里老师能够听懂他说的话，他也能结交到朋友。尽管这些预测都是错误的，但是预测使学生更专注于故事，并且渴望老师继续阅读。阿里把学生的预测写在便利贴上，边读边把它们贴在那页的边上。她向学生示范如何使用这些笔记，因为她想让他们的思考能够显现出来，她解释说，她希望学生也使用便利贴做笔记，"我希望你们能向我展示你们头脑中想到的内容"。

接下来，阿里用邦廷的《远离大海》(*So Far from the Sea*, Bunting, 1998) 教授学生如何建立联系策略。这本书讲述了第二次世界大战期间日本集中营内的生活。她解释说，读者在阅读过程中可以将所读文本与自我、世界及其他文本建立联系。当她朗读这本书时，她示范了如何建立这三种联系，并鼓励六年级的学生分享他们所想到的内容。每当学生建立起联系，阿里都会将其记录在便利贴上。读完这本书后，她收集了所有的便利贴，并要求学生根据联系的种类对便利贴进行分类，并把便利贴贴在表格上对应的分类中。

今天，为了让六年级的学生能够熟悉所有的阅读理解策略，阿里复习了每一项策略。接着，她介绍了杰克·甘托斯 (Jack Gantos) 的作品《乔伊·皮扎失控了》(*Joey Pigza Loses Control*)，这样学生就可以在真实的阅读体验中练习运用阅读理解策略了。阿里解释说，读者很少会只使用一项策略；相反，他们通常同时使用多项策略。

阿里这样介绍这本书："这个故事的主人公是一个名叫乔伊 (Joye) 的男孩，他和你们的年纪差不多大。他的父母离婚了，这个暑假他要和爸爸一起度过。乔伊有多动症。母亲说，他总是会'失控'，他需要用药贴来控制自己的行为。乔伊不太了解他的爸爸，所以他不知道和爸爸过暑假会发生什么。妈妈告诉他不要抱太高的期望。"阿里让六年级的学生思考他们对离异父母、暑假和患有多动症的孩子的了解。学生讨论了上述话题，接着头脑风暴了以下这些问题来促进他们对故事的思考。

乔伊的爸爸是什么样的人？

他们在一起会开心吗？

乔伊会不会碍事？

他希望父母重归于好吗？

乔伊的爸爸爱他吗？

乔伊的爸爸会让他失望吗？

乔伊会让他的爸爸失望吗？

乔伊的药起作用了吗？

还是说他会"失控"？

没有乔伊，他的妈妈会很孤单吗？ 乔伊整个夏天都和爸爸在一起还是会提前回家？

阿里分发了课本和一沓沓便利贴，供学生在阅读时记录自己的想法。她和学生一起读了第 1 章，然后学生继续独立阅读或与同伴一起阅读。这本书是一本当代现实主义作品，对大部分学生来说很容易读懂。阿里之所以选择这本书，是因为它既有趣又通俗易懂，这样学生在阅读时可以专注于使用阅读理解策略。

读完第 1 章后，学生聚在一起召开了故事讨论会。他们先讨论了自己从这一章中记下了什么内容，然后阿里读了第 10 页上的句子，这句话是乔伊对他妈妈说的，他只是希望自己并不了解的爸爸"能够像我爱他一样爱我"。阿里问道："父母怎样表达他们对孩子的爱？"她挂起一张表格，表格分成两列，她把这个问题写在第一列的上面。学生提出了很多方法，包括送礼物、照顾他们、花时间陪伴他们、带他们去教堂、保护他们、和他们共进晚餐等。阿里把学生的想法写在表格第一列问题的下面。接着，她缩小了问题的范围并问道："你们认为乔伊想从爸爸那里得到什么？"阿珊特（Assant）说："他想让爸爸注意他。"莱蒂西亚（Leticia）说："他希望爸爸对他说'我爱你，儿子'，告诉他自己很想念他，然后和爸爸一起打篮球。"学生继续说出自己的想法，阿里把这些想法添加到表格上。她接着问道："孩子们是如何向父母表达爱意的？"她把这个问题写在表格第二列的上面。学生说孩子们可以通过好好表现、让父母骄傲、负责任和做家务来表达对他们的爱。阿里把这些答案写在第二列问题的下面。最后，她问道："乔伊的爸爸对他的儿子有什么期待？"对学生来说，把自己代入爸爸的角色里就难得多了。亨利（Henry）说："我觉得他只是想让儿子每天都和自己生活在一起。"六年级的学生也会反思自己的阅读理解策略使用情况。

一些学生讨论了他们做出的预测，还有一些学生分享了他们在阅读时是如何监控和建立联系的。

在阅读和讨论每一章后，学生收集他们用来记录自己想法的便利贴，并将他们使用的阅读理解策略写在复式记录笔记中。通常情况下，复式记录笔记有两列，但阿里要求学生划分出三列——她称之为三重记录笔记：在第一列中记录文章中所发生的事情或摘抄文章中的一段话，在第二列中解释自己的想法，在第三列中写下自己使用的阅读理解策略。请查看表 8-2 坦纳的三重记录笔记。

表 8-2　坦纳的三重记录笔记

章节	书中内容	我的思考	使用的策略
1	乔伊的妈妈警告他，他的爸爸和他一样容易"失控"	我猜这本书是关于一个不了解他的爸爸的孩子，他会对他的爸爸感到失望。他的妈妈认为这将是一个糟糕的假期	识别大概念/大观念
4	乔伊的爸爸不像个爸爸，他的奶奶也不像个奶奶	我感到不舒服，因为乔伊和他们不是一类人。他的爸爸不停地说话，也不听乔伊说话，他的奶奶不喜欢他。我预感将会有不好的事情发生	预测
7	比赛结束后，他们去商场见了丽兹（Leezy）	我在心里问了许多问题。为什么卡特（Carter）让乔伊开车去商场？为什么他的爸爸告诉他可以从许愿池里偷钱？作者想要告诉我们他是一个多么糟糕的爸爸吗？我们已经知道了	提问
8	乔伊的爸爸觉得他不需要药贴，所以不让他用	他的爸爸疯了吗？药贴是乔伊必须用的药物。我太生他的爸爸的气了！这就是我能想到的了。我很高兴我的父母把我照顾得很好	联系
14	乔伊打电话让妈妈去商场接他	我觉得乔伊是一个聪明的孩子。他知道如何自救。他打电话给妈妈让她来接自己。乔伊叫他的爸爸混蛋是对的，因为他的爸爸就是这样的人。正如我所预料的那样，乔伊和他的爸爸的见面是一次彻头彻尾的失败经历。这是一本很棒的书，我想再读一遍	评价

学生继续阅读《乔伊·皮扎失控了》，并讨论和记录自己的阅读理解策略使用情况。当他们读到全书的一半时，阿里将全班同学召集在一起，上了一节微课。她解释说，她查看了学生的笔记，发现他们总结得不够完善。阿里和学生讨论并总结了策略，也讨论了如何、何时及为什么要使用这项策略。阿里在朗读下一章的开头时示范了如何进行总结，并鼓励学生在阅读下一章时尝试使用这项策略。

读完这本书后，学生又召开了故事讨论会。他们讨论了乔伊的妈妈是如何救他的，以及乔伊对爸爸的幻想是如何破灭的。接下来，学生回顾了头脑风暴时提出的一系列问题，然后他们开始阅读并讨论这些问题和答案。杰克（Jake）回答了"乔伊的爸爸爱他吗"这个问题，他说："我认为乔伊的爸爸是爱他的，但这种爱很奇怪，因为他的爸爸太自私了。

他竭尽所能地爱着乔伊，但这并不是好的爱的方式。"莉莎特（Lizette）回答了"乔伊的爸爸会让他失望吗"及"乔伊会让他的爸爸失望吗"这两个问题，她说："我敢肯定乔伊的爸爸让乔伊失望了，因为他的爸爸不是个好爸爸。第二个问题更难回答。我知道乔伊想做个好儿子，但想要让他的爸爸满意是不可能的。是他的爸爸让他变得失控，然而他的爸爸又因为他的失控而生气。"

学生读完了第 1 章关于父母对孩子的爱和孩子对父母的爱之后，重新阅读了他们还未完成的表格。他们讨论了乔伊想从他的爸爸那里得到的东西：他想让爸爸倾听他说的话、照顾他、对他负责。学生还讨论了乔伊的爸爸想要什么。迪伦（Dillan）说："我想乔伊的爸爸希望乔伊成为他的朋友，并好好照顾他。我觉得乔伊会是一个比他的爸爸更好的爸爸。"然后阿里问起关于乔伊的妈妈的问题，她问道："乔伊的妈妈爱他吗？"每个人都同意乔伊的妈妈爱他。学生列举了许多乔伊的妈妈表达爱的方式，包括给他钱让他能够打电话给她、倾听他说的话、担心他、拥抱他、告诉他她爱他。学生在表格上添加新的笔记，并用蓝色笔圈出了乔伊的爸爸的行为，用绿色笔圈出了乔伊的妈妈的行为，用红色笔圈出了乔伊自己的行为，最终完成了表格。在这之后，学生将用表格中的信息完成一篇关于父母和孩子们如何向彼此展示爱意的文章。

当学生反思自己的阅读理解策略使用情况时，他们惊讶地发现自己记住了这么多的故事内容，并且理解得如此透彻。杰克说："在读这个故事时，我一直在思考，我想这就是我记住这么多故事内容的原因。这种方法真好。"理查德（Richard）对此表示赞同，他说："我现在甚至不需要提醒自己记得使用阅读理解策略，我只是自然而然地这样思考。"听了理查德的话，阿里开心地笑了。她的目标是让学生能够独立地使用阅读理解策略。在接下来的几个月里，阿里将继续强调这些策略，并提醒六年级的学生使用便利贴来记录他们的所思所想，但是在她看到学生已经能够熟练地使用阅读理解策略时，她将逐步移除这个"支架"。

理解是阅读教学的目标，这也是人们阅读的原因。读者必须理解文本以便从经验中学习；他们必须理解自己阅读的内容才能保持兴趣；他们必须喜欢阅读才能成为终身读者。与建构意义的复杂性相比，识别单词是一个相对简单的过程（Sweet & Snow，2003）。读者激活背景知识，思考他们所阅读的内容，运用认知策略和元认知策略来理解文本。在上述教学故事中，阿里教导她的学生使用阅读理解策略，因为有策略的读者更有可能理解他们所阅读的内容。相反，不懂得使用阅读理解策略的读者则会感到沮丧，他们不明白自己读的是什么，不喜欢阅读，将来也不太可能会主动阅读。

读者在理解文本时会用到四个层次的思维方式，它们分别是字面理解、推理理解、批判理解和评价理解。最基本的层次是字面理解，在这一层次中，读者辨识出文本的大概念 / 大观念、顺序细节，注意到相似和不同之处，并识别明确说明的原因。更高层次的阅读不同于这种思维，因为读者需要将自己的知识与文本中呈现的信息相结合。在推理理解中，读者根据自己在文本中注意到的线索、隐含的信息和背景知识进行推理，他们做出预测、识别因果关系并确定作者的意图。批判理解是第三个层次，读者分析喻义、区分事实和观点、得出结论。最复杂的层次是评价理解，读者评判文本的质量。这些层次对应了学生的思考范围。

什么是理解

8.1　根据读者因素和文本因素定义理解，并识别支持读者理解文本的三个先决条件

理解是一个有创造性的、多方面的过程，在这个过程中，学生专注于文本阅读并进行思考（Tierney，1990）。理解过程始于学生激活他们的背景知识，并随着他们的阅读或听别人朗读做出反应而展开。读者通过理解过程构建文本的心理"图式"或表现（Van den Broek & Kremer，2000）。

朱迪斯·埃文（Judith Irwin，2007）把"理解"定义为作者利用已有知识、经验和所读文本建构意义的过程，读者所建构出来的意义为其自己的阅读目的服务。这一定义强调了理解取决于两个因素：读者和被阅读的文本。斯维特和斯诺（Sweet& Snow，2003）认为，理解的成功与否取决于读者因素和文本因素的相互作用。

读者因素和文本因素

读者积极地参与到他们正在阅读的文本中，他们在理解文本的时候会思考很多事情。例如，他们会：

- 激活已有知识经验；
- 浏览文本以发现其组织结构；
- 做出预测；
- 联系自身经历；
- 创建心理图式；
- 得出结论；
- 注意符号和文学手法的使用；
- 监控理解。

这些活动可以被归类为读者因素和文本因素。读者因素包括读者带入阅读过程中的背景知

识，以及阅读时使用的阅读理解策略、动机和投入度。文本因素包括作者的想法、作者用来表达这些想法的词语，以及这些想法是如何组织和呈现的。读者因素和文本因素都会影响阅读理解。表 8-3 呈现了这些因素的概览。本章重点讨论读者因素，下一章将会讨论文本因素。

表 8-3　影响阅读理解的因素

种类	因素	在阅读理解中的作用
读者因素	背景知识	学生激活他们关于世界的知识和文学知识，把所知道的与所读内容联系起来
	词汇	学生识别熟悉词汇的意思，并运用词汇学习策略理解他们所阅读的内容
	流利度	当学生流利地阅读时，他们有足够的注意力来理解他们所阅读的内容
	策略	学生积极引导自己的阅读，监控自己的理解，并在出现问题时解决问题
	技能	学生会自主记录主要观点及其细节，把内容进行排序，并使用其他技能
	动机	有动机的学生更投入阅读、更自信、更容易理解文本
文本因素	体裁	不同体裁有其独特的特点，学生具备的关于体裁的知识能够帮助他们理解文本
	文本结构	当学生了解作者组织文本的模式时，他们更容易识别文本的主旨思想
	文本特征	学生运用他们对文本中所使用的写作范式和文学手法的有关知识来加深对文本的理解

文本复杂度

文本复杂度是衡量阅读理解难度的一种方式，以便确定读物对读者的认知要求，更具体地说，可以用来确定读者是否能够很好地完成特定文本下的指定任务（Fisher, Frey, & Lapp, 2012）。以往，老师通过确定学生的独立阅读水平、教学指令理解水平、挫折耐受水平，套用可读性公式，为学生匹配图书。但是，美国共同核心州立标准引起了人们对这一话题新的关注，因为其中第 10 项阅读标准规定：每个年级水平的学生都应能够独立并熟练地阅读和理解具有挑战性的故事类和非故事类文本。这一标准强调两个目标：第一，学生应按照年级水平顺序阅读图书；第二，学生应学习独立阅读和理解这些书，不应需要老师朗读或引导他们进行阅读理解活动。

影响文本复杂度的因素有很多，美国共同核心州立标准确定了三个因素。

- **质性维度**：老师通过检查一本书的页面布局、文本结构、语言特点、目的与意义及对读者背景知识的要求，判断其对应的适读年级水平。这些维度不易量化，所以很难对其进行评估。

- **量化测量**：老师使用可读性公式或其他评分标准，通过计算单词长度、单词频率、单词难度、句子长度、文本长度和其他量化特征，来确定一本书的适读年级水平。老师通常使用蓝思分级等计算机软件来确定阅读等级。

- **读者和任务考量**：老师反思学生与文本的互动、文学知识和策略使用能力、动机和兴趣。

老师的教学帮助学生锻炼阅读复杂文本的能力，使学生学会用不同的方式思考。例如，老师会要求低年级学生弄清故事的主题，但会要求高年级学生研究两本小说中的观点如何影响主题。

老师通过分析以上因素，为学生确定书的文本复杂度。没有简单的公式能代替上述过程快速算出一本书的文本复杂度。

美国共同核心州立标准要求老师在教学中把握好度，逐步放手，并为学生搭建合适的支架，以便学生学习阅读和理解复杂的文本，这对老师来说是一项挑战。老师确保学生积极参与他们所阅读的书。当学生阅读更复杂的文本时，老师为学生提供更多的支持。在教学故事中，阿里展示了老师如何教学生阅读有挑战性的文本，然后逐渐把阅读理解的责任交给学生，让他们能够逐步实现应用自己学到的阅读理解相关知识进行独立阅读。

预读：需要考虑的因素

学生必须具备充足的背景知识、认识文章中出现的大部分单词、能够流利阅读，只有这样才能够理解一篇文章。如果缺乏这些先决条件，学生就不能理解他们所阅读的内容。老师可以通过差异化教学来改善学生的阅读困难。

背景知识。学生的世界知识和文学知识提供了通向新文本的桥梁（Braunger & Lewis，2006）。世界知识包含的内容非常广泛，如学生对杂货店、寄居蟹、沙漠和马丁·路德·金等的了解等。文学知识则包括识别故事的开端、发展和结尾，区分故事与传记，知道如何在一页纸上排列一首诗，以及建立联系。例如，5 岁的孩子需要理解《先有蛋》（*First the Egg*，Seeger，2007）的顺序结构才能欣赏这本获奖的概念书。三年级的学生如果不熟悉魔幻故事和侦探故事使用的简写句子，可能很难理解维希涅夫斯基（Wisniewski）的《硬饼干》（*Tough Cookie*，1999），因为它是一本荒谬的犯罪小说，书中的故事发生在一个饼干罐里。

为了建立背景知识，老师需要确定学生是否缺乏世界知识或文学知识，然后提供经验、视觉化呈现和讲课，来帮助他们建立概念，从而使其更好地理解书中所表达的内容。讲课通常是最没有效果的方法，尤其对外语学习者来说。真实的经验，如实地考察、参与戏剧创作和观察人工制品是最有效的，照片、图像、绘本、视频和其他想象呈现也很有效。但有时候，老师解释一个概念或描述一个文学体裁的特征就足以提供足够的信息，这时就可以采取直接讲授的方式。

词汇量。学生的词汇知识在阅读理解中起着关键性作用，这是因为解码并理解一篇充满生词的文章是非常困难的。当学生缺乏某个主题的相关单词时，通常说明他们对这一主题并没有足够的背景知识。例如，当学生听老师朗读关于植物的图书时，如《杰克的花园》（*Jack's Garden*，Cole，1995）、《种彩虹》（*Planting a Rainbow*，Ehlert，1992）、《从种子到植物》（*From*

Seed to Plant，Gibbons，1993），他们必须熟悉开花、盛开、花蕾、花瓣、雌蕊、授粉、根、种植、土壤、发芽、雄蕊和茎等词汇。词汇量大的学生比词汇量小的学生更容易理解这些书中的内容。

　　布拉霍维奇和费希尔（Blachowicz & Fisher，2015）建议创建词汇丰富的课堂环境使学生沉浸在词汇中，围绕不同概念组织词汇教学，并教授词汇学习策略，以便读者能够弄明白新单词的含义。由于背景知识与词汇之间的联系，老师在介绍关键词的同时也在构建背景知识。为了强化新词汇，老师还应在学生阅读前先为学生朗读一些书，并使用共享型阅读教学方法。

　　流利度。流利的读者阅读速度快、效率高。因为他们能自动识别大多数单词，他们的注意力不会被解码生词所消耗，他们可以将注意力用于阅读理解上。提升阅读流利度是小学阅读教学的一个重要目标，因为学生需要自动识别单词，这样才能集中注意力去理解他们正在阅读的内容（Rasinski & Samuels，2011）。

　　和本章开头教学故事中的阿里一样，老师常通过自己朗读来教授阅读理解，从而解决流利度的问题。老师在选书时，不要选太过简单、低于学生阅读水平的书，因为这些书的故事情节简单直白，毫无悬念。老师应该朗读适合学生兴趣水平的书，这样能为学生提供更多机会练习高层次思维。老师还应确保学生独立阅读的图书适合他们的阅读水平，这样学生能够利用可用的注意力来应用已有的阅读策略帮助自己理解。

读者在阅读时使用的理解策略

8.2　列出读者在阅读过程中使用的 12 项阅读理解策略，并解释每项策略如何支持阅读理解

　　阅读理解策略是读者在阅读时用来促进理解的深思行为（Afflerbach，Pearson，& Paris，2008）。读者可以运用这些策略来加深理解，判断自己是否理解，以及解决阅读过程中出现的问题。认知策略与思考或认知相关，而元认知策略需要反思。例如，读者在开始阅读时对故事进行预测，他们想知道什么样的故事会发生在故事主角身上，以此来判断自己是否会喜欢这个故事。预测是一项认知策略，因为它涉及思考。读者也会监控他们自己的阅读，这是一项元认知策略，因为需要在阅读时思考自己理解了多少。有技巧的读者会监控自己的理解，当他们注意到自己的理解错误时，就会采取行动解决问题。当学生能够对错误理解保持警惕并掌握解决问题的方法时，我们就说学生能够监控自己的阅读过程（Pressley，2002b）。

　　老师教学生如何使用这些认知和元认知策略，包括预测、推断和监控，以确保他们理解所阅读的内容。表 8-4 列出了各项阅读理解策略，并解释了读者应如何使用这些策略。这 12 项策略强调了读者在阅读过程中的思考方式。这些都是读者因素。学生除了在阅读时使用，在听别

人朗读和写作时，也可以使用这些阅读理解策略。例如，当学生听书或阅读时，他们使用"确定重点"策略去识别主旨；当他们写作时，他们围绕主旨组织写作，以便读者能够理解这些内容。

表 8-4 阅读理解策略

策略	读者应当	这项策略如何帮助理解
激活背景知识	思考自己对这个话题的了解	读者可以利用自己的背景知识来填补文本中的空缺，提高自己的理解能力
建立联系	建立文本与自我、文本与世界、文本与文本之间的联系	读者通过将所阅读的内容与自己的背景知识联系起来，使阅读更加个人化
确定大概念 / 大观念	识别文本的大概念 / 大观念，并注意大概念 / 大观念之间的关系	读者专注于大概念 / 大观念，这样就不会被细节带偏
做出推论	利用背景知识和文本中的线索来读懂文本的言外之意	利用超越文字层面的思考理解文本中没有明确表述的意思
评价	评价文本本身和自己的阅读体验	读者为自己使用的阅读理解策略负责
监控	监控自己的阅读体验，检查自己是否理解文本	读者期待文本应说得通，当他们觉得说不通时应当采取行动
预测	在思考后，对将要发生的故事做出预测，然后通过阅读来证实自己的预测	读者会更专注于阅读体验，并且想要继续阅读
提问	问自己关于文本的字面问题和推理性问题	读者用问题来引导阅读，理清困惑，并做出推论
修正	发现妨碍理解的问题，然后解决问题	读者通过解决问题来重新梳理思路并继续阅读
设立目标	确定清晰的关注点来引导阅读文章	读者根据自己设定的阅读目标去集中注意力阅读
总结	用简洁的陈述来概括大概念 / 大观念	读者进行总结时能更好地回忆大概念 / 大观念
想象	对所阅读的内容建立心理图像	读者可以利用心理图像使文章更容易记忆

老师应当教学生使用上述这些策略。

学生学习使用每项阅读理解策略并制作海报来展示他们学到的新知识。他们在阅读时使用这些策略，并使用便利贴来记录自己的策略使用情况。在独立型阅读活动中，老师应引导学生越来越多地使用策略。当学生遇到阅读困难时，老师应重新教授这些策略，确保告知学生策略名称，并示范如何使用这些策略。

激活背景知识。 读者将他们的背景知识带入每一次阅读体验中；事实上，由于经验不同，导致他们阅读每篇文章的方式也不同。齐默尔曼和哈钦斯（Zimmermann & Hutchins，2003）解释说："你从一件作品中获取的意义与你赋予它的意义是不可分离的。"在开始阅读前，读者会先思考所读主题，并激活与之相关的信息和词汇，以便在阅读时使用。读者所具备的关于某个主题的背景知识和经验越多，他们就越能更好地理解所读的内容（Harvey & Goudvis，2017）。

老师可使用各种预读活动来帮助学生激活背景知识，如预测指引卡、排除式头脑风暴、信息组织图、KWL 表和预读计划。通过这些活动，学生思考主题、使用相关词汇，并对阅读文本产生兴趣。

建立联系。 读者在文本和他们的背景知识之间建立三种类型的联系：文本与自我、文本与世界、文本与文本（Harvey & Goudvis，2017）。

- **文本与自我的联系。** 学生将他们读到的观点与自己的个人生活经历联系起来。一个故事事件或角色可能会让他们想起自己生活中的某件事或某个人，而一本科普类读物中的信息可能会让他们想起过去的经历或家人教给他们的东西。
- **文本与世界的联系。** 学生超越个人经验，将所读的内容与在校内和校外学到的"世界"知识联系起来。例如，当学生正在阅读有关鲸鱼搁浅的故事时，他们可能会回忆起最近电视新闻报道中的类似情况；当学生正在阅读有关昆虫的科普类图书时，他们可能会联想到看过的动画电影。
- **文本与文本的联系。** 学生将文本与他们读过的另一本书或熟悉的电影、视频、电视节目联系起来。读者通常会对比耳熟能详的民间故事的不同版本、同一作者的著作和系列书里的不同书目，如芭芭拉·帕克（Barbara Park）的"朱妮·琼斯"（Junie B. Jones）丛书、詹姆斯·普莱勒（James Preller）的"小侦探琼斯"（Jigsaw Jones mysteries）系列故事，以及保拉·但泽（Paula Danziger）的"安波·布朗"章节书系列等。对文学知识较少的学生来说，文本与文本的联系往往是最困难的。

老师可以通过制作"联系表"来教授这项策略，在表中列出三列，分别标注为"文本与自我的联系""文本与世界的联系"和"文本与文本的联系"；随后，学生把自己建立的联系写在便利贴上，并把它们张贴在表中对应的那一列上。表 8-5 展示了二年级的学生在阅读了《星星上的月亮》（*The Moon over Star*，Aston，2008），这本对人类首次登月 40 年致敬的书后创建的联系表。学生还可以在他们的阅读日志中制作联系表，并在每列中写下他们所建立的联系。在之后的阅读过程中，他们可以通过角色扮演并接受同学们的采访，绘制人物想法画像来分享人物的想法，从书中人物的视角写信或写日记，或者参与其他分类联系活动继续建立联系。

表 8-5　《星星上的月亮》联系表

文本与自我的联系	文本与世界的联系	文本与文本的联系
我一直想成为一名宇航员，那将是一份令人兴奋的工作	1969 年 7 月 20 日，宇航员登上了月球，这是真的	我在读一本叫《太空克星》（*Spacebusters*）的书，它也是关于登月的

（续表）

文本与自我的联系	文本与世界的联系	文本与文本的联系
我和朋友们建造了宇宙飞船，并假装我们是登月的宇航员	现在大家都知道尼尔·阿姆斯特朗（Neil Armstrong）说过的话，"这是一个人的一小步，却是全人类的一大步"	这本书就像《月球团队》（*Team Moon*），因为它们都是关于阿波罗 11 号是如何改变人类的，但一本是虚构的，另一本不是
当时我奶奶还在世，她还记得在电视上看到登月时的情景	这是一个事实：月球距离地球 384 400 千米	—
—	约翰·肯尼迪（John Kennedy）、沃尔特·克朗凯特（Walter Cronkite）和第一个登上月球的人尼尔·阿姆斯特朗都已经去世了，但完成太空旅行的其他宇航员巴兹·奥尔德林（Buzz Aldrin）和迈克尔·柯林斯（Michael Collins）还活着	—

提炼重点。读者在阅读的过程中仔细阅读文本以识别其主旨大意，因为他们不可能记住所有内容（Harvey & Goudvis，2017；Keene & Zimmermann，2007）。学生在阅读和讨论他们读过的书时学会区分主旨大意和细节，并认识到哪些信息是重要的。这项理解策略很重要，因为学生需要能够识别文本的主旨大意以便进行总结。

当老师鼓励学生做出预测时，通常会把学生引向文本的主旨大意的方向。老师介绍文本的方式也会影响学生对他们即将阅读的重要内容的思考。例如，阿里对《乔伊·皮扎失控了》的介绍引导六年级的学生思考故事及其主题。当学生阅读故事时，他们会绘制关于情节、人物和故事背景的图，这些信息组织图强调了故事的主旨大意。同样，学生在阅读科普类文章、图书及学科教科书的章节时，会制作反映文本结构的图。有时候，老师会在图中突出文本的主旨大意，学生通常会分析文本来确定大概念／大观念，然后创建自己的信息组织图。

做出推论。读者似乎能从字里行间推断出文本的言外之意，但实际上，他们是把自己的背景知识与作者给出的线索结合起来，提出指向推论的问题。基恩和齐默尔曼（Keene & Zimmermann，2007）解释说，当读者做出推论时，他们"有机会感受到文本未明确表达但从文本中派生出的意义"。读者对故事中的人物及其主题；报纸、杂志文章或非故事类图书中的主旨大意；以及作者作诗的目的进行有意识和无意识的推断（Pressley，2002a）。他们可能没有意识到自己在做出推论，但是当他们想知道作者为什么写出或省略了一些信息时，他们可能已经在做出推论了。

为了能够做出推论，学生通常需要阅读两三遍绘本或小说章节的节选，因为他们首先关注的是字面理解。字面理解是更高层次思维发展的前提。阅读能力强的学生在阅读时能够自己做出推论，但其他学生无法抓住这样的机会。有时候，学生会在老师的提示下做出推论，但重要的是教会学生如何做出推论，以便他们在独立阅读时能够更深入地思考。

老师首先解释什么是推论，然后解释为什么推论很重要，以及推论思维与理解字面意思有何不同。接下来，老师教授了做出推论的四个步骤。

1. 激活与文本主题相关的背景知识。

2. 在阅读时寻找作者给出的线索。

3. 提出问题，将背景知识和作者给出的线索结合起来。

4. 通过回答问题得出推论。

老师可以制作一个表，让学生更清晰地看到做出推论的步骤。表 8-6 显示了一名七年级的学生在阅读和分析《悲惨石》时制作的推论表。这本书以日记的形式讲述了一艘船的船员在海上航行中捡到一块奇怪的会发光石头的故事；石头蛊惑水手，并使他们变了身。学生先读了一遍故事，然后讨论了他们对这个故事的理解和感到困惑的地方，接着开始制作推论表。首先，他们先完成了"背景知识"列。学生思考了他们为了理解这个故事需要了解的知识，如"悲惨的"（wretched）、"水手"（sailors）的含义，作者 / 插画家是谁，以及幻想故事这一体裁，因为幻想故事与其他类型的故事差别很大。然后，他们重读这个故事，寻找可能影响故事含义的线索。学生注意到船长名叫霍普（Hope），这个岛屿不被人所知，能识字的水手恢复得更快，他们把这些线索记录在推论表的第二列中。接下来，学生思考关于这个故事的问题，并记录在推论表的第三列中。随后，老师又把这本书读了一遍。这一遍，学生们听得更自信了，他们认清了线索，并推断出他们之前遗漏的推论。最后，学生通过做出的推论完成了推论表的最后一列。

表 8-6　推论表

背景知识	故事中的线索	问题	推论
• "悲惨的"这个词的意思是"造成痛苦" • 在船上工作的人叫作水手或船员。他们通常是重体力劳动者，但读者和音乐家不是 • 克里斯·范·奥尔斯伯格是奇幻绘本的作者和插画师。他有棕色的头发和胡子。他戴着眼镜 • 在幻想中，会发生魔法和其他不可能的事情	• 船长名叫霍普，表明有希望的意思 • 船员可以阅读、播放音乐和讲故事 • 任何地图上都没有这座岛，真奇怪 • 岛上的气味起初似乎是甜的，但后来就发臭了 • 船员们盯着发光的石头。他们对阅读失去了兴趣，并停止工作 • 船员们因为注视石头而变成了猴子 • 霍普船长长得真像克里斯·范·奥尔斯伯格 • 识字的水手恢复得更快	• 为什么克里斯·范·奥尔斯伯格让自己当船长 • 这是一座真实的岛屿，还是有魔法的岛屿 • 那块悲惨的石头是什么 • 为什么水手变成了猴子 • 为什么识字的水手恢复得更快	• 克里斯·范·奥尔斯伯格写这本书的时候，充满了对孩子们的希望 • 悲惨的石头就像电视 • 这本书想警告孩子们看太多电视是有害的 • 他想让孩子多花点时间读书，因为读书是有益的 • 他希望孩子们少看电视 • 看电视就像岛上的气味，一开始很甜，但是看太多了就会发臭，对身体不好

评价。 读者反思他们的阅读经验，评价文本和他们正在学习的东西（Owocki，2003）。与

其他阅读理解策略一样，学生在整个阅读过程中都在使用评价策略。

学生从拿起书的那一刻起就开始监控自己的兴趣水平，并在出现问题时判断自己是否能成功解决。阅读体验评估包括以下几个方面：

- 阅读文本时的轻松程度；
- 背景知识的充分性；
- 阅读理解策略的使用；
- 如何解决阅读问题；
- 阅读时的兴趣和注意力。

他们还审视了文本，包括以下几个方面：

- 他们是否喜欢这个文本；
- 他们对作者的看法；
- 他们获得的世界知识；
- 他们将如何运用所学的知识。

学生通常在阅读日志中写下自己的反思，并在与老师的面谈中谈论自己的评价。评估很重要，这是学生对自己的学习负责的一种体现。

监控。读者在阅读过程中监控自己的理解，尽管如此，他们可能只有在理解出现问题、必须采取行动解决问题时才意识到自己正在使用这项策略。有研究人员（Harvey & Goudvis，2017）将监控描述为学生在阅读文本时在头脑中进行的与自己的对话，如表达惊奇、建立联系、提出问题、对信息做出反应、得出结论和关注让自己困惑的地方。

监控策略包括同时调节读者因素和文本因素。读者经常问自己以下问题。

- 我读书的目的是什么？
- 这本书是否太难了，我能否自己独立读懂？
- 我需要读整本书还是只读其中的一部分？
- 这本书的体裁有什么特别之处？
- 作者如何使用文本结构？
- 作者的观点是什么？
- 我理解自己所读的词的意思了吗？（Pressley，2002b）

当学生发现问题时，就会尝试解决问题以提高他们的理解能力。

老师在微课和大声朗读时使用"有声思维"来演示这项监控策略。有声思维表明，阅读能力强的读者会问自己是否理解所阅读的内容，他们会问自己是否意识到自己忘记了刚刚读过的内容，以及遇到困难时自己做了什么。学生们还会把自己的想法写在便利贴上，并把它们贴在书中激发他们思考的文本旁边。随后，学生在讨论如何监控自己的阅读时分享他们做的笔记。

预测。在阅读过程中，读者会在深思熟虑后猜测或预测将要发生的事情或者他们在阅读的书中能学到什么。这些猜测是基于学生对主题、体裁的了解或基于他们迄今为止读过的内容。无论他们是阅读故事、非故事类图书还是诗歌，学生通常都会在阅读前，以及在文本的关键点做出预测。接下来，当他们阅读时，他们要么确认，要么修改他们的预测。

不同于对故事、诗歌的预测，读非故事类作品时，学生就他们想找到答案的话题提出问题。

当老师用共享型阅读活动读大开本绘本时，会鼓励学生在书的开头和阅读过程中对关键点进行预测。他们示范如何做出合理的预测并用有声思维的方式说出他们的预测。当三年级和四年级的学生读小说时，他们通常会一边看书，一边把自己的预测写在便利贴上并贴在书上，以便之后与同学们分享。

课堂干预

培养更有策略的学生

阅读存在困难的学生经常抱怨他们不理解自己在读什么。理解困难是由各种问题引起的，但最常见的问题之一是学生没有有策略地阅读（Cooper、Chard，& Kiger，2006）。他们被动地阅读，没有使用阅读理解策略来思考他们正在阅读的内容。除非他们学会在阅读过程中缜密地思考，否则在理解上有困难的学生不太可能有很大的进步。幸运的是，有一些方法可以培养出更有策略的读者（Ellery，2009）。

令人欣慰的是，老师可以通过教授陷入困境的学生使用阅读理解策略来帮助他们成为更有思想和更有策略的读者（Allington，2012）。对阅读有困难的读者来说，最重要的策略是激活背景知识、提炼重点、总结、提问、想象和监控。

当老师教授阅读理解策略时，他们会解释每项策略，包括如何、何时及为什么使用它，并在微课、交互型有声思维、指导型阅读课上演示如何使用这些策略，使它们清晰可见。老师使用有声思维来展示阅读能力强的读者在阅读时是如何积极思考的。学生参加小组活动和同伴活动中练习使用这些策略并表达他们的想法。起初，老师会提供较多支持；然后，当学生能够独立使用阅读理解策略时，老师会慢慢减少支持。一旦学生学会了使用两项或三项阅读理解策略，他们就会开始综合使用它们。整合阅读理解策略的使用很重要，因为阅读能力强的读者不依赖于单一的阅读理解策略；相反，他们在阅读时有一整套策略可供使用（Allington，2012）。

提问。读者在阅读的时候会问自己关于文本的问题（Duke, Pearson, Strachan, & Billman, 2011）。他们出于好奇而提出问题，当他们使用这项策略时，会更专注于文本，并想继续阅读以找到答案（Harvey & Goudvis, 2017）。这些问题通常会引发读者做出相关预测和推断。学生在阅读时也会问自己问题以澄清误解。他们在整个阅读过程中都使用这项策略——在阅读前激活背景知识并做出预测，在阅读过程中与文本互动并澄清困惑，并在阅读后评价和反思文本。

通常情况下，老师是提问者，学生是回答者，但当学生学会对文本提出问题时，他们的理解能力就会提高。事实上，比起老师提问，当学生自己提出问题时，他们的理解效果更好（Duke et al., 2011）。许多学生不知道如何提问来引导自己阅读，所以教会他们如何提问是很重要的。老师示范提出问题，然后鼓励学生也这样做。托瓦尼（Tovani, 2000）建议让学生通过头脑风暴制作一个关于某个主题的"我想知道"的问题列表，因为他们需要学习如何提出问题。例如，在本章开头的教学故事中，阿里的六年级的学生在阅读《乔伊·皮扎失控了》前先进行头脑风暴并提出问题（Gantos, 2005）。

学生提出的问题塑造了他们的理解：如果他们提出字面上的问题，他们的理解将是字面上的，但如果学生提出推理性、批判性和评价性的问题，他们的理解将处于更高的水平。问答关系是一种让学生对一篇文章提出不同类型问题的有效方法（Raphael, Highfield, & Au, 2006）。问答关系是为了分析学科教科书中的章末问题而开发的，但它也有助于帮助学生对问题进行分类，并最终提出更高层次的问题。

修正。读者通过修正策略来解决阅读过程中出现的理解问题（Zimmermann & Hutchins, 2003）。当学生发现他们感到困惑或无聊、不记得自己刚刚读了什么或提不出问题时，他们需要使用这项策略（Tovani, 2000）。修正包括发现问题并采取行动解决问题：有时候，学生会重新阅读、阅读时跳过一些内容、尝试提问及其他可能有帮助的阅读理解策略。其他时候，他们会查阅一个生词的意思，研究一个令人困惑的句子的结构，学习更多与文本相关的不熟悉的话题，或者向老师寻求帮助。这些解决方案通常被称为修正策略。

设立目标。读者阅读的原因各不相同，如娱乐、了解某个话题、为完成任务寻找方向、找出特定问题的答案，他们设立的目标会在阅读过程中引导自己的注意力（Tovani, 2000）。设立目标可以激活心理图式，这有助于读者决定在阅读时如何集中注意力、从无关信息中筛选出有用信息（Berne & Clarke, 2008）。在学生开始阅读前，他们会设立一个单一且比较宽泛的目标，他们在阅读的过程中会始终朝着这个目标努力；这个目标必须符合文本和学生阅读的原因。为了帮助自己设立目标，学生可以问自己："我为什么要读这篇文章""我需要从这本书中学到什么"。重要的是，学生在阅读时要有一个目标，因为他们会根据自己设立的目标改变阅读方式和记忆内容。当学生没有目标时，他们的注意力很可能会被误导，并专注于不重要的内容上。

概述。学生挑选出最重要的观点及它们之间的关系，并简短地复述，以便记住它们

（Harvey & Goudvis，2017）。学生确定哪些观点是最重要的，因为如果他们关注的是不相关的观点或细节，他们的理解就会受到影响。要想做出有效的概述，学生需要学会转写，或者用他们自己的语言复述观点。

概述是一项艰巨的任务，但是通过指导和实践，我们不仅可以提高学生的概述能力，还能提高他们的整体理解能力（Duke et al.，2011）。如果要教学生如何概述民间故事和其他类型的短故事，我们可以教他们使用"谁 - 想要 - 但是 - 于是"（Somebody-Wanted-But-So）这一概述框架（Macon，Bewell，& Vogt，1991）。学生写出一两句话来描述是谁想要，他想要的是什么，出现了什么问题，以及这个问题是如何解决的。表 8-7 展示了一年级的老师如何使用这个框架完成《三只格拉夫公山羊》（*The 3 Billy Goats Gruff*）的概述：三只都叫格拉夫（Gruff）的公山羊想去山上吃草，但凶狠的怪兽不让它们过桥，于是最大块头的山羊袭击并杀死了怪兽。大一点的学生可以在阅读小说的一个章节或教科书中关于学科内容的一部分后，通过制作一个信息组织表进行总结。学生可以在他们的表中强调大概念 / 大观念和它们之间的关系，然后利用这些信息写一个简短的总结陈述。

表 8-7 "谁 - 想要 - 但是 - 于是"

框架	问题	举例
谁	角色是谁	三只公山羊"格拉夫"
想要	角色想要什么	去山上吃草
但是	产生了什么问题	凶狠的怪兽不让它们过桥
于是	角色如何解决问题	最大块头的山羊袭击并杀死了怪兽

想象。读者在阅读时常会在心里将所读内容转化成一幅幅生动的画面（Harvey & Goudvis，2017；Keene & Zimmermann，2007）。他们经常将自己置身于其中，化身为所读故事中的角色，置身于故事场景中，面对角色所面临的冲突情况。

老师有时候可以让学生闭上眼睛，想象故事的情景或把他们想象的场景和人物绘制出来。要想知道学生是否能够很好地对所读内容进行想象，只要看看他们对翻拍电影的感受就知道了。擅长想象的学生往往会对电影故事和其中的演员感到失望，但那些不善于想象的学生往往更喜欢看电影而不是看书。学生在阅读过程中的每个阶段都会使用阅读理解策略，但他们的行为因阶段而异。表 8-8 展示了读者在每个阶段是怎么做的，以及他们使用的阅读理解策略。有时候，阅读理解策略被分为阅读前策略、阅读中策略和阅读后策略：设立目标通常是阅读前策略，监控和修正通常是阅读中策略，建立联系、做出推论、提问等策略适用于不同阶段。

表 8-8　如何把阅读理解策略融入阅读过程

阶段	读者怎么做	使用的阅读理解策略
预读	学生通过设立阅读目标，思考文章的主题和体裁，以及制订阅读计划来为阅读做准备	• 激活背景知识 • 预测 • 提问 • 设立目标
阅读	学生默读或朗读文本，边读边思考，监控自己的理解，并在出现问题时解决问题	• 监控 • 修正 • 其他策略
回应	学生与同学和老师交谈并在阅读日志中做笔记，以分享他们的反应、给出暂时性和探索性的评论、提出问题、澄清困惑	• 建立联系 • 提炼重点 • 做出推论 • 评价 • 提问 • 想象
探索	学生重新阅读文本的部分内容，更深入地分析它，研究文本的体裁和作者的写作技巧	• 提炼重点 • 做出推论 • 评价 • 总结
应用	学生创建项目以加深他们对所读文本的理解，并反思自己的阅读体验	• 建立联系 • 评价 • 提问

使用阅读理解策略在线阅读

　　网络是动态的学习环境，因为网络文本在很大程度上不同于纸质文本，这对读者提出了新的挑战（Castek，Bevans-Mangelson，& Goldstone，2006）。纸质文本是线性的和不变的，一般包括叙事、非故事类和诗歌体裁。相比之下，网络文本是多层次的，并且可以通过超文本链接访问无限的多模式信息。

　　学生仍然使用这些传统的阅读理解策略来阅读基于网络的文本，但他们以新的方式使用它们（Coiro & Dobler，2007）。老师需要意识到，即使在网络世界中，学生在阅读方面的差距仍然存在（Leu，Forzani，Rhoads，Maykel，Kennedy，& Timbrell，2015）。

- **激活背景知识**。学生需要熟悉网络及如何通过搜索引擎找到有用的网站。
- **预测**。学生预测哪些链接是有用的；否则，他们的注意力很容易被分散，偏离最初的阅读目标，或者浪费时间浏览不相关的网页。
- **评估**。学生决定网站信息的准确性、客观性、相关性和质量，因为有些信息是错误的或存在偏见。

  – **监控**。学生监控自己的网页内容选择，决定他们所访问的链接是否有用。

  – **修正**。学生可以使用修正策略来纠正错误的网页链接选择。

随着研究人员对在线阅读的了解越来越多，他们能够发现学生应用传统理解策略的新方法。

学生还可以学习针对网络文本特征和复杂应用的阅读理解策略，这将带来挑战和机遇（Coiro，2014）。合作写作是一种学生组织网络文本的阅读理解策略（Leu，Kinzer，Coiro，& Cammack，2004）。早在很多年以前，蒂尔尼和皮尔逊（Tierney & Pearson，1983）断言阅读是一个写作过程，这些策略强调了阅读和写作的相互关系。

老师让学生准备好使用21世纪的科技是至关重要的。学生需要了解印刷文本和网络文本的不同之处，以便调整应用传统阅读理解策略的方式，并学习理解网络文本的新策略。

阅读理解技能和策略

尽管对阅读理解"策略"和"技能"之间的差异仍存在争议，但是我们可以识别一些决定学生能够成为成功读者所需要学习的阅读理解技能。一些技能侧重于主旨思想和细节。学生使用提炼重点策略来确定最主要的观点，并使用以下相关技能：

- 识别细节；
- 注意相同点与不同点；
- 确定主题句；
- 比较、对比主旨思想和细节；
- 匹配原因和结果；
- 确定顺序；
- 转述观点；
- 为文本选择一个合适的标题。

相反，当文本中没有明确表述主旨思想和它们之间的关系时，学生就需要使用更高层次的策略，如使用做出推论的策略来理解文本。下面的理解技能与评估策略有关：

- 辨别作者的目的；
- 识别宣传的信息；
- 区分事实和观点。

通过老师教、学生练，学生逐渐可以不需要有意识的思考或特殊的说明就自动应用。

教授阅读理解策略

8.3　讨论教师如何教授阅读理解策略

老师在进行阅读教学时既要教给学生阅读理解的策略，也要提供让他们使用这些策略阅读真实的图书的机会（Duke et al.，2011）。相关研究人员强调，老师要让学生有信心，相信自己一定能读懂所读的书（Duke et al.，2011；Owocki，2003）。老师通过以下方式帮助学生实现这一目标：

- 每天都让学生参与真实的阅读活动；
- 为学生提供资源丰富的班级图书角；
- 教授学生使用阅读理解策略；
- 确保学生成为流利的读者；
- 为学生提供谈论他们所读图书的机会；
- 将词汇教学与词汇蕴含的概念联系起来。

老师不能想当然地认为学生仅仅通过大量阅读就能提高阅读理解能力。相反，只有通过教学、提供可靠的阅读机会和阅读理解活动三者合一，才能加强学生的阅读理解能力，使他们深入理解读者如何取得成功（Almasi & Hart，2015）。

美国共同核心州立标准强调了阅读理解的重要性：随着学生年级的提升，应阅读越来越复杂的文本，并应教会他们如何理解作者传达的信息。学生要学会准确地理解作者所说的话，但也要质疑作者的假设，并评估其主张的真实性。美国共同核心州立标准确定了以下读者可以做的事情。

- **主旨思想和细节**。学生展示他们对文本的理解，提出并回答关于字面意义理解的问题和推论问题，并且解释观点之间的关系。
- **知识与观点的整合**。学生分析视觉和多媒体元素，使用理由和证据来支持观点，并对比两篇文本。
- **阅读的范围**。学生独立、熟练地阅读和理解对应年级水平的故事类与非故事类文本。
- **文本复杂度**。学生学会如何阅读越来越具有挑战性的文本。

美国共同核心州立标准要求老师在讲授和提供支架两种教学方式之间找到平衡，以便学生学习阅读和理解复杂的文本。共同核心州立英语标准强调，学生应该广泛阅读高质量和挑战性越来越大的文本。学生必须准确地理解作者所写的内容，并基于文本中的线索做出阐释。美国共同核心州立标准规定了以下阅读理解相关要求。

- 学生确定文本的中心思想并分析作者是如何论述的。
- 学生将背景知识和其他文本建立联系。
- 学生通过文本中的线索做出推断。
- 学生引用文本中的内容来支持对文本明确陈述内容的分析。
- 学生能够独立、熟练地理解对应级别水平的故事书、科普类读物和其他文本。

使用显性化教学

理解是一种不可见的心理过程，这就使阅读理解的教学变得困难，然而，通过显性化教学，老师可以使理解的过程可视化。首先，老师给学生解释理解是什么，为什么理解很重要，并且示范如何表示自己理解了。其次，老师鼓励学生在阅读过程中引导自己不断思考，通过老师的指导型阅读和学生的独立型阅读，逐步放手让学生学会独立思考。最后，老师帮助学生从只关注单一的阅读理解策略转向整合多项策略进行常规阅读。在本章开头的教学故事中，阿里先复习了每项阅读理解策略并让学生阅读绘本进行练习，然后让学生在阅读《乔伊·皮扎失控了》时使用所有策略。这一过程展示了老师如何逐步放手让学生做的理念。

教授阅读理解策略。老师教授每项阅读理解策略，然后为学生示范如何整合多项策略（Block & Pressley，2007）。老师通过一系列微课介绍每项阅读理解策略，在这些微课上，他们描述每项策略，在朗读时示范策略的使用，并和学生一起使用策略，然后为学生提供在指导型阅读和独立型阅读中实践的机会（Duke et al.，2011）。"微课：教学生自我提问"展示了麦当当（Macdangdang）老师如何教三年级的学生使用提问策略。

微课

主题：教学生自我提问

年级：三年级

时间：3 节课，每节 30 分钟

麦当当老师（学生称她为麦老师）通过谈论人们为什么提问，以及对学生正在阅读的故事进行提问，来引入"提问"这一话题。她鼓励三年级的学生也提问。她向学生大声朗读了《小男孩的纸马》（*Chang's Paper Pony*，Coerr，1993）。当她朗读时，学生针对每一章都列出了问题清单，然后学生评估自己提出的问题，选择那些突出大概念 / 大观念、能够帮助他们更好地理解故事的问题。当所有的学生都能提出问题时，麦老师就做好准备引入提问策略了。

1. 介绍主题

麦老师阅读了张贴在教室里的阅读理解策略清单，上面列着学生们已经学会使用的

各项策略，并解释说："今天，我们要学习一项新的思考策略——提问。读者在阅读时会向自己提出问题，来帮助他们思考。"她在清单上增加了"提问"列。

2. 展示示例

麦老师又介绍了《乔瑟芬娜故事集》(*The Josefina Story Quilt*，Coerr，1989) 这本书。她朗读了第 1 章，并使用有声思维，提出有关故事的问题。每当她提出一个问题，她都会把已经写上问题的纸条放进插卡袋里。具体问题包括为什么费思 (Faith) 很兴奋、他们为什么要坐有篷马车、乔瑟芬娜 (Josefina) 是谁、鸡能成为宠物吗、乔瑟芬娜能做什么有用的事吗、费思为什么哭。

3. 提供信息

麦老师解释说："问题真的能激发你的思考！我知道在阅读时思考很重要，因为它有助于我理解阅读的内容。我喜欢就我认为重要的事情和我觉得说不通的事情提出问题。"接着，学生重新阅读插卡袋中的问题，并讨论哪些是最有帮助的问题。许多学生认为关于有篷马车的问题很重要。当他们继续阅读时，他们会了解到乔瑟芬娜确实做了一些有用的事情——她原来是一只"出色的看门狗"！然后麦老师朗读了第 2 章，在朗读过程中，她时常停下来让学生提问。学生把他们想到的问题写在纸条上，并将它们放进插卡挂袋里。

4. 指导练习

第二天，麦老师复习了提问策略，并让学生重读了关于第 1 章和第 2 章的问题。接下来，学生两两一组，一起阅读《乔瑟芬娜故事集》接下来的两章，一边阅读一边提出问题。学生把问题写在便利贴上，并将便利贴贴在书上。麦老师监督学生，注意哪些学生需要额外的练习。然后，全班同学聚在一起分享他们的问题，并讨论他们读过的章节。第三天，学生阅读了最后两章，并提出了更多的问题。

5. 评价学习

麦老师一边监督学生，一边列出需要额外练习提问的学生名单。当他们读另外一本书时，麦老师将和他们一起阅读并为他们提供帮助。

六年级的学生在复式记录笔记的第一列中写下他们最喜欢的一段原文，然后在第二列中解释为什么这些原文特别有意义，以此练习如何建立联系这项阅读理解策略。当老师让学生参与这些活动时，一定要告诉学生正在练习的是什么阅读理解策略，以便他们思考自己在做什么，这项策略如何能够帮助他们更好地理解所读内容。

学生对单一策略的使用有一定的了解之后，他们就需要学习如何把这些策略结合起来进行日常阅读，因为阅读能力强的读者几乎不会仅仅使用一项阅读理解策略 (Duke et al.，2011)。

例如，本章开头的阿里教六年级的学生在阅读《乔伊·皮扎失控了》时使用多项策略，并让学生在学习日志中反思他们阅读时使用的策略。

老师也可以通过其他方式支持学生学习理解阅读理解策略。表 8-9 为每项阅读理解策略设计了几个活动。例如，二年级的学生会在故事讨论会中练习提出问题而不是给出答案。

表 8-9　阅读理解策略的教学方法

策略	教学步骤
激活背景知识	学生制作 KWL 表 学生听老师朗读与主题相关的图书
建立联系	学生将文本与自我、文本与世界、文本与文本的联系写在班级图表中 学生扮演一个角色，参与"烫椅子"活动
提炼重点	学生绘制信息组织图 学生制作海报，突出主旨思想
做出推论	学生用便利贴来标记文本中的线索 学生通过作者提供的线索、问题和推论来制作班级图表
评价	学生和老师讨论他们读过的一本书 学生在阅读日志中写下自己的感想
监控	学生通过有声思维展示他们是如何监控自己的阅读的 学生在便利贴和阅读日志中写下他们使用的阅读理解策略
预测	学生在朗读的过程中分享他们的预测 老师让学生在指导型阅读课上做预测
提问	学生在阅读前进行头脑风暴 学生在故事讨论会和其他讨论中提出问题
修正	学生将自己解决阅读理解问题的方法做成图表 学生使用有声思维展示他们如何使用修正策略
设立目标	学生在开始阅读之前讨论并确定阅读的目标 学生在开始阅读之前在阅读日志中写下他们的阅读目标
总结	学生使用单词、图表、图片对所读内容进行总结，让其可视化 学生使用交互型写作的方式写总结
想象	学生绘制人物画像 学生把从书中读到的事件画出来

精读。老师通过精读来帮助学生理解复杂文本的深层含义，即那些他们在阅读和回应阶段没能理解的内容。当主旨深奥、问题复杂、故事通过多视角讲述时，文本就会变得复杂。例如，《咔嗒，咔嗒，哞：打字的奶牛》（*Click, Clack, Moo: Cows That Type*，Cronin，2011）是关于奶牛为电热毯而罢工的故事，其中的集体谈判的概念对一年级的学生来说太复杂，这就让这本书看起来比较难理解。《别有洞天》（*Holes*，Sachar，2008）是一本关于因为家庭受到诅咒而备受煎熬的小男孩斯坦利·叶纳茨（Stanley Yelnats）的小说，故事线错综复杂，因此这本书对七年级的学生来说非常具有挑战性。

并非所有图书都是复杂的文本。例如，《邦尼库拉：兔子的神秘故事》（*Bunnicula: A Rabbit-Tale of Mystery*，Howe & Howe，2006），这是以一只狗为视角的搞笑故事，讲述了它的家人从放映恐怖的吸血鬼电影《德古拉》（*Dracula*）的电影院带回家一只兔子而引发的故事，这本书对应的都是四年级或五年级的学生的理解水平。

老师和学生重新阅读读课文的特定部分，以回答老师提出的关于书中的单词、短语、句子和段落的问题。

老师使用与文本相关的问题，引导学生重新阅读书中的一小部分，并让他们在回答时使用文本内容作为证据。通过这些讨论，学生更深入地研究文本，以便更好地理解作者传达的信息。有时候，老师会与全班同学一起开展精读活动，让学生两两合作或小组合作一起回答问题，然后向全班汇报。老师还让学生重新阅读文本，然后回答阅读日志中提出的问题。

斯蒂芬妮·哈维（Stephanie Harvey，2015）把精读描述为策略性阅读，因为这些与文本相关的问题要求学生激活背景知识、重新阅读、想象人物和情节、推理思考、提问和使用其他阅读理解策略。学生在第一次阅读和随后的阅读中及听老师朗读时，都会使用阅读理解策略。

通过阅读培养阅读理解能力

学生需要花大量的时间独立阅读真实的文本，并与同学和老师探讨他们阅读的内容。为学生选择适合他们阅读水平的有趣图书，是让他们运用阅读理解策略的最佳方式。当学生阅读和讨论他们所读内容时，他们正在练习自己所学的阅读理解策略。每周阅读一本基础分级读物中的选集是不够的；相反，学生需要在阅读工作坊或持续默读期间阅读大量不同类型的书。

除了为学生提供独立阅读的机会外，老师还应给阅读能力弱的低年级学生及阅读能力低于平均水平的阅读困难学生把书里的内容读出来。当老师在读的时候，学生可以加强注意力来帮助理解。老师在教授阅读理解策略时通常会把书中的内容大声读出来，这样他们可以把理解的过程示范出来，也能为学生的思考提供支架。

当学生在故事讨论会上讨论他们正在阅读的故事，以及在其他讨论活动中讨论非故事类图书和学科教科书中的章节时，他们的理解能力也会得到提高。当学生讨论他们阅读的内容、做出推论、提出问题以澄清困惑，并反思他们使用的阅读理解策略时，他们详尽说明并完善了自己的理解。

下面的读写素养画像专栏介绍了 3 名学生对读者因素和文本因素的理解。

读写素养画像

差异化教学

五年级学生对于理解的认知存在差异。

本专栏介绍了里德（Reid）教师五年级班上的 3 名学生，他们对理解的认知及使用读者因素和文本因素的能力各不相同。里德目前正在教授关于《数星星》的文学阅读单元，这是一个以第二次世界大战为背景的故事；学生们正在梳理这部小说的结构。当你阅读时，请思考这些学生在阅读理解方面学会了什么，以及你将如何针对他们的年级水平提供个性化指导。

来认识一下克里斯托（Crystal）吧，一名在阅读上遇到困难的五年级学生

12 岁的克里斯托写了一些歌词，她称之为"不押韵的诗歌"，然后在学校达人秀上表演。她还爱用妈妈的缝纫机给自己做衣服穿。克里斯托说："往衣服上添加水钻装饰最好玩了。"她每天都穿着自己做的衣服去上学和参加家庭活动。

这个女孩是名运动员！克里斯托喜欢运动。"我是黑豹橄榄球队唯一的女孩，这真的很酷，但篮球是我的最爱。"克里斯托解释道。她的父母非常支持她，他们会观看她所有的比赛。

克里斯托和她的父母及弟弟、妹妹住在一起。她从学前班开始到现在都在同一所学校上学。她声称自己读了很多书，但她说不出最近读过的书的书名，"因为我从来不看我读的书的书名"。尽管学校生活对她来说充满挑战，但是克里斯托还是计划上大学，并成为一名理发师。"你知道吗，我真的很擅长做头发。"她解释道。

克里斯托自称是一位很好的读者，但她非常担心在课堂上朗读。她解释说："我不擅长在课堂上朗读，因为我不知道所有单词的发音，而这是阅读中最重要的部分。"克里斯托将理解定义为正确地理解所有的单词，她说认识每一个单词能使人成为一位好的读者。

读者因素

克里斯托不喜欢谈论阅读理解策略。"我真的不喜欢谈论我的大脑。"她解释道。但在提示下，她说她会做出预测，"因为你必须知道开头，才能理解书中后面会发生什么"。她表示，她会在脑海中形成画面，因为描述是故事中最重要的部分。即使教室里挂着许多阅读理解策略海报，她也说不出其他的任何策略。

当克里斯托在阅读过程中遇到困难时，她会跳过"难"词，继续阅读。即使这项策略不起作用，她也会继续阅读，不管这些词是否说得通。"最重要的是永不放弃。"她说道。她不熟悉"上下文线索"这一术语，也不会用其他方法来处理生词。"我是这样做的：我一直读到最后。"她自豪地说。

文本因素

克里斯托最喜欢的书是芭芭拉·帕克（Barbara Parker）的"朱尼·琼斯"系列丛书，该丛书讲的是一个活泼的 7 岁女孩的故事。这套书对应的阅读水平是一年级和二年级的

学生。她喜欢这些书，因为它们很容易读，也很有趣。克里斯托很熟悉"故事类"和"非故事类"这两个术语，但她把它们混淆了，她把自己正在读的"朱尼·琼斯"系列书称为"非故事类"书。她说她以同样的方式阅读这两种体裁的作品——专注于正确地使用单词。

她听过"角色""情节""背景""主题"和"观点"等术语，但她不太喜欢讨论这些术语，也不喜欢引用《数星星》中的内容，尽管她所在的班级正在读这本书。克里斯托承认，《数星星》是一本好书，她最喜欢里德老师朗读这本书了。"当老师朗读时，我学到了很多细节——你知道的，重要的部分——如战争时期社会是什么样的，这就是主题。"

克里斯托热爱科学！她翻阅自己的科学课教科书，并指出每一章开头的词汇预习。她说："这是我最喜欢的。老师需要教词汇，这样学生才能更好地学习。"她没有注意到其他非故事类图书的特征，如小标题和图表的使用，也不知道小标题和图表如何能够帮助她理解文章。另外，她对术语列表也不熟悉。

下表"克里斯托对理解的认知"总结了这名五年级学生对读者因素和文本因素的理解。

克里斯托对理解的认知

读者因素	文本因素
☐激活背景信息	☐辨别不同体裁的特征
☐确定学术词汇的含义	☑有最喜欢的书或作者
☐流利且具有表现力地阅读	☐有兴趣了解作者
☐应用阅读理解策略	☐研究文本以发现它的结构
☐监控理解	☐识别故事和诗歌中的文学手法
☐积极参与到阅读体验中	☐理解非故事类文本特征的目的

教学启示

"克里斯托的母语是英语，她的州学业考试成绩处于最低水平"，里德老师解释说，"但她有很强的生存能力。她的独立阅读水平处于二年级，实际教学水平处于三年级，而五年级按规定采用的学习材料对她而言太难了。我会朗读大多数文本，因为当她听我朗读时，她能理解文本的内容。然后，她会和一个能够给予她帮助的同班同学一起重新阅读文本。克里斯托喜欢和伙伴一起完成任务，并经常受到他们的帮助。"她没能把里德老师的课程和自己的背景知识联系起来，而且她对词汇的过分专注限制了她的学习。"我为克里斯托提供了差异化教学，"里德老师说，"学校要求我采用与年级水平匹配的教科书，但我会确保她能读到符合她阅读水平的书，我还设计了分层教学活动，以帮助她取得成功。"

来认识一下埃德加（Edgar）吧，一名阅读能力很强的五年级学生

埃德加是一个友好、外向的 11 岁孩子，他的眼里透着一股机灵劲儿。他和他的父母、三个兄弟、一个姐姐住在一起。他的父母在家里说西班牙语，但埃德加已经能流利地说英语了。"我很喜欢运动，"他说，"我在足球联赛里踢球，还入选了我们学校的垒球队。"每年夏天，他和他的家人都会去墨西哥探亲三周，他特别喜欢和蒂亚·罗莎（Tia Rosa）待在一起。埃德加计划一定要上大学——他参观了加州大学圣克鲁兹分校，并想在那里上大学。他说他长大后可能会阅读许多非故事类的手册，因为他想成为一名工程师并制造汽车。

埃德加最喜欢的书是《小屁孩日记》（*Diary of a Wimpy Kid*，Kinney，2007），这本书讲述了格雷格·赫夫利（Greg Heffley）在中学经历的搞笑故事。埃德加已经读完了该系列的全部 7 本书，还看了两遍根据该书改编的电影。他喜欢这些书是因为格雷格的无礼态度。埃德加在持续默读期间每天都读书，他的父母希望他带图书馆的书回家并且每晚做完作业后读 30 分钟。

埃德加认为自己是一位好读者。他解释说："理解很重要，因为你读完要知道自己读了什么内容。"当他谈到自己如何理解时，他说他专注于思考，"你必须不断思考书里发生了什么。"

读者因素

埃德加了解阅读理解策略，他说："我们一整年都在学习阅读理解策略，因为思考必须与阅读相辅相成。看，贴在墙上的海报列出了这些阅读理解策略。里德老师一直提醒我们在阅读选集（基础分级读物）和持续默读的时候使用它们。有时候，我也会忘记，但我大部分时候会记得使用它们。"他使用预测、想象、提问、重新阅读、监控和修正策略。"你想了解修正策略吗？"他问道，"嗯，修正是当你遇到麻烦时，你应该做的。你读的东西对你来说太难了。也许是单词太难了，或者你对书的内容感到困惑。这时，你应停止阅读，做些事情来解决这个问题。你想想你已经理解的部分，回去再读一遍，然后你找出真的很难的单词。如果这不起作用，你不应继续阅读，这时，你可以向里德老师寻求帮助。如果读不通，你就不应该继续读下去。"

"我认为在阅读非故事类图书时也差不多使用同样的策略，"埃德加说，"但我读的书并不多。我能想到一项不同的策略——记笔记。四年级时，为了写一篇关于加州淘金热的报告，我学会了在阅读社会研究教科书和一些非故事类图书时做笔记。"

文本因素

"现在我们在读《数星星》，我们在故事讨论会中讨论里面的角色、情节和主题。里德老师喜欢我们问问题，因为这能让我们思考。我从其他同学的发言，当然还有里德老

师的讲课中学到了很多。大多数老师都会问很多问题，但在里德老师的课堂上，我们提出了大部分问题。"

埃德加指出了非故事类图书的特点，包括科学课教科书中的词汇表、索引、小标题和图表。他解释说，小标题可以帮助你定位主旨思想，而图表"比文字提供更多信息"。当他检查教科书中使用序列结构和使用比较结构的不同章节时，他没有注意到除了主题之外的其他任何差异。"嗯，这个是讲火山的，那个是讲原子的，不过我对它们的理解是一样的，它们都是非故事类文本。"他没有意识到非故事类文本的结构突出了大概念 / 大观念。

这名五年级的学生对读者因素和文本因素的理解总结在下表"埃德加对理解的认知"中。

埃德加对理解的认知

读者因素	文本因素
□激活背景信息	□辨别不同体裁的特征
□确定学术词汇的含义	☑有最喜欢的书或作者
☑流利且具有表现力地阅读	□有兴趣了解作者
☑应用阅读理解策略	☑研究文本以发现它的结构
☑监控理解	□识别故事和诗歌中的文学手法
☑积极参与到阅读体验中	☑理解非故事类文本特征的目的

教学启示

埃德加能够阅读和理解对应年级水平的分级读物。他的州学业考试成绩显示他处于五年级水平。他的独立阅读水平是四年级水平，实际教学水平是五年级水平。里德老师解释道，"埃德加是一位很好的读者。他能很轻松地解码大多数单词，他的理解能力也不错，但他能独立使用的阅读理解策略屈指可数。我希望他学习额外的策略，以便能够理解更复杂的文本。他一周又一周地重读《小屁孩日记》，但我希望他能读一些更具挑战性的书。我认为他最大的困难是背景知识的局限，所以我鼓励他阅读各种各样的故事类和非故事类图书。"

"我按规定使用五年级的教科书，并按照年级标准进行教学，所以我觉得我满足了埃德加的大部分学术方面的需求，"里德老师解释说，"但我通过帮助他构建背景知识、专注于不熟悉的学术词汇来提供差异化教学，并为埃德加提供多本适合他的图书和读写活动供他选择。"

来认识一下埃利亚斯（Elias）吧，一位超前水平的五年级读者

11 岁的埃利亚斯来自一个讲西班牙语的家庭，他在小学阶段开始学习英语，现在他

能流利地说英语。他和他的父母、两个姐姐、一个弟弟生活在一起。他的父母说西班牙语，埃利亚斯经常为他们翻译。他最为之骄傲的是他的乐高收藏品，这是他的表哥帮他收藏的，他的最新作品是幻影忍者摩托车。他家有一台计算机，但自从去年冬天坏了以后，就没修好。"我希望我有一部电子书阅读器，"埃利亚斯渴望地说，"因为它应该是一种有趣的阅读方式。"

埃利亚斯是位如饥似渴的读者。他喜欢漫画小说。"学校图书馆里的每一本书我都读过，我一遍又一遍地读，除非里德老师让我选些别的书读。漫画小说非常棒，因为它能把画面展示出来，你就不需要在脑海中想象发生了什么。"现在他正在重读杰夫·史密斯（Jeff Smith，2006）系列流行丛书中的一本，叫作《博恩·第四卷：屠龙者》（*Bone, Vol. 4: The Dragonslayer*），它讲述的是一个名叫弗恩·博恩（Fone Bone）的角色对抗邪恶势力的故事。

当埃利亚斯不读漫画小说时，他会阅读自己感兴趣的科幻小说和非故事类图书，如有关化学和海啸的书。他特别喜欢约恩·科尔弗（Eoin Colfer）的"阿特米斯的奇幻历险"（Artemis Fowl）系列丛书，但他很不喜欢《警犬汉克历险记》（*The Original Adventures of The Cowdog*，Erickson，2011），这是一本关于汉克（Hank）的奇幻故事，他是一个自作聪明的农场安全主管。"我四年级的老师让我们读这本书。除了我之外，每个人都喜欢这本书。他们说这本书很有趣，但我认为它很无聊。我不喜欢里面的对话，它们很难读懂。"

读者因素

"是的，我知道什么是理解。就是明白自己所读的内容。"埃利亚斯解释道。他学会了阅读理解策略并能够使用它们，"我知道那些简单的策略，如预测、建立联系和提问，但今年我一直在学习需要'深度思考'的策略，如做出推断、提炼文本想要传达的思想和做出评价。"埃利亚斯继续说，"这些策略远远超越了页面上的文字。以做出推断为例，你在阅读的时候必须真正地去思考。你需要寻找线索，并且你必须知道如何找到这些线索。里德老师称之为'言外之意'。如果我认为作者给我留下了一些线索，我就会寻找它们。有些作者真的很擅长给读者留线索，我喜欢读这样的书。"

埃利亚斯对作者和他们的观点有了新的认识："我知道作者总是有自己的观点。这并不完全是宣传某种思想，而是他们想让你像他们一样思考。当我在阅读时，我会问自己一些问题，这样我才能理解作者的观点并决定我是否同意这些观点。"

文本因素

埃利亚斯熟悉故事类和非故事类图书，他知道自己喜欢看漫画小说和科幻小说。他有最喜欢的作者，并且能够解释为什么喜欢他们。他还内化了关于故事结构的知识。"我长大后想成为一名建筑师，我认为作者和建筑师很像。他们通过角色、情节、背景和主题等构建故事。故事就像房子一样，必须是独一无二的。"

埃利亚斯打开他的科学课教科书谈论非故事类的文本。他翻到一个关于自然灾害的单元，指着西摩·西蒙（Seymour Simon）写的非故事类文本《火山》（*Volcano*）。"我记得我读过这个选集，并把它与我的选集里的另一个关于火山的故事相比较。它们都是关于火山的，"他说，"但作者的目的不同。这是一本提供信息的书，而另一本则讲述了一个故事。"他要完成的阅读项目是一本手动翻页动画书。"这是一本非故事类的书，"他解释说，"我用红色打印标题，用蓝色打印重要的科学术语，并为它们制作了图表和标签。"

下表"埃利亚斯对理解的认知"总结了这名五年级学生对读者因素和文本因素的理解。

埃利亚斯对理解的认知

读者因素	文本因素
☑ 激活背景信息	☑ 辨别不同体裁的特征
☐ 确定学术词汇的含义	☑ 有最喜欢的书或作者
☑ 流利且具有表现力地阅读	☑ 有兴趣了解作者
☑ 应用阅读理解策略	☑ 研究文本以发现它的结构
☑ 监控理解	☐ 识别故事和诗歌中的文学手法
☑ 积极参与到阅读体验中	☑ 理解非故事类文本特征的目的

教学启示

埃利亚斯在州学业考试中获得了高于年级水平的成绩。他的独立阅读水平处于六年级水平，实际教学水平处于七年级水平。"他阅读我们使用的教科书和普通图书没有任何困难，"里德老师解释说，"然而，有时候他对学术词汇或科学研究、社会研究相关概念并不熟悉。埃利亚斯很快就开始使用计算机去研究一个陌生的概念。他更喜欢一个人完成任务，但他也愿意和班上另外两名成绩优异的学生一起学习。他必须学会如何作为团队的一员参与团队协作。每当埃利亚斯有空闲时间，他就会拿起一本书来读。我鼓励他读更有挑战性的书，因为这样他才能扩充背景知识、积累学术词汇。"

外语学习者的教学

理解与读者因素。对外语学习者来说，理解文本通常非常困难，其中的原因有很多（Bouchard，2005）。外语学习者通常缺乏理解的三个先决条件中的一个或多个：背景知识、词汇和流利度。

外语学习者有限的背景知识主要表现为他们不熟悉二级词汇。当学生不熟悉一个话题时，他们在识别和理解单词方面有困难就不足为奇了。然而，即使学生了解某个话题，他们也可能在词汇方面遇到困难。例如，对足球有些许了解的二年级的学生可能很难读懂《踢、传、跑》（*Kick, Pass, and Run!* Kessler，1996）一书，因为他们不认识书中出现的体育术语，尽管这本书处于他们的阅读水平。即使学生熟悉某个主题，当他们试图费力地理解几乎在每个句子都会出现的不熟悉的二级词汇时，他们也会感到不知所措，以至于无法理解自己所阅读的内容。

学生的英语水平和图书对应的阅读水平之间也可能存在不匹配的情况。包含复杂的句子结构（包括诗歌）、有大量对话、页面布局不寻常的书，都更难读懂。当书中的内容太难懂时，和所有读者一样，外语学习者不能流畅地阅读，也无法理解所阅读的内容。幸运的是，在线阅读有时能使文本更容易理解。

选择图书。 老师在为外语学习者选择图书时，要考虑理解的三个先决条件和学生的英语水平。他们可以考虑以下问题。

- 主题。学生是否对这一主题有足够的背景知识？
- 词汇量。学生是否知道与主题相关的大多数单词的含义？
- 语言风格。学生熟悉这本书的句型和语言特点吗？
- 页面布局。这本书的排版方式是否比较特殊或令人困惑？
- 阅读水平。这本书对应的阅读水平适合学生吗？

老师通过选择适合学生英语水平的图书和提供额外的支持来解决这些问题。老师通常在学生阅读前帮助他们建立背景知识并介绍关键词汇。如果学生对一本书的语言风格不熟悉，老师可以在学生阅读前为学生朗读部分或全部内容；如果书的页面排版比较特殊，老师也可以示范阅读书的前几页。

教授阅读理解策略。 外语学习者应与以英语为母语的学生使用相同的阅读理解策略，并且采用相同的学习方法（Garcia，2003）。老师提供显性化教学：在课堂上，他们先展示一项阅读理解策略，并解释如何及何时使用这项策略，为什么这项策略将帮助学生成为更好的阅读者。老师要创造性地把不可见的阅读理解策略的使用变得具体可见。例如，一些老师戴上他们称之为"思考帽"的帽子，另一些老师则快速画出他们的思维草图。老师用更多时间示范如何使用阅读理解策略，并在使用共享型阅读和交互型朗读的过程中用有声思维分享他们的想法。接下来，通常在指导型阅读小组中，学生与同伴一起小组合作时，老师提供指导型练习，引导学生使用阅读理解策略。老师通常会让学生在阅读时随时在便利贴上做好标记，当书上的内容启发他们用到了某项策略时，就把便利贴贴在旁边。一旦学生理解了如何及何时使用阅读理解策略，他们就可以独立阅读，并在阅读时使用策略。

积极参与图书阅读。 佩雷戈伊和博伊尔（Peregoy & Boyle，2013）指出，许多外语学习者被动地阅读文本，仿佛他们在等待信息会自行组织、大概念 / 大观念会自动突出呈现。为了帮助学生成为更积极的读者和思考者，老师可以使用以下活动。

- 通过共享与图书相关的物品来介绍一本书
- 以交互型朗读的形式阅读图书
- 为学生复述故事提供木偶等道具
- 指导学生将故事改编成剧本
- 鼓励学生用图画或书写的形式复述故事
- 鼓励学生画出书中的故事并与同学们分享
- 使用语言体验法为学生听写
- 鼓励学生用故事卡探索或复述绘本
- 让学生为书中的每一章绘制故事卡
- 准备关于图书的信息组织图让学生去完成
- 以交互型写作的方式制作关于图书的班级海报
- 让学生绘制人物想法画像
- 把书中的重点单词添加到单词墙上
- 使用单词墙上的单词进行单词分类
- 让学生与同伴或在听力中心重新阅读熟悉的图书
- 让学生使用集体诵读的方式重读一本句式重复的书或诗歌

这些活动培养了学生运用更高层次的思维能力和所学的阅读理解策略。有时候，语言学习者可能需要额外的支持来使用非母语的语言进行读写（Wijekumar，Meyer，Lei，Hernandez，& August，2018）。

评估读者因素

老师结合诊断性测试与"教 - 学 - 评"一体化的教学方式，确保学生理解复杂文本的能力不断提高，并能够使用越来越复杂的阅读理解策略来加深他们对与其年级水平相匹配的读物的理解。

步骤 1：计划。老师决定他们将如何教授阅读理解策略和其他读者因素，以及如何在教学过程中监控学生的进步，并在教学结束后做出评估。

步骤 2：监控。老师每天都会非正式地评价学生的理解能力。例如，他们听学生在故事讨论会时做出的评论，与学生讨论他们正在阅读的图书，并检查他们在阅读日志中记录的内容。学生对一本书的兴趣有时候也可以作为一个指标。当学生认为一本书"无聊"时，他们可能是指这本书让他们困惑或太难懂了。

老师使用非正式评价措施监控学生阅读理解策略的使用和他们对所读图书的理解。

- **完形填空**。老师使用完形填空来检查学生对文章的理解，在这一过程中，学生需要补全从他们读过的文章段落中被删除的单词。完形填空看似简单，但实际并不简单，因为学生需要思索文章的内容、词汇和句子结构来选择正确的被删除的单词。

- **复述故事**。老师让低年级的学生复述他们自己读过或听老师朗读的故事，以此评价他们的字面理解能力（Morrow，2002）。学生复述的故事应该是连贯的、有条理的，应该包括大概念 / 大观念和重要的细节。当老师用问题提示学生，并鼓励他们"多告诉我一些"时，这种方式被称作"辅助复述"；如果不需要这些帮助，那么就是"无辅助复述"。老师常用检查清单和评分标准来给学生复述的故事打分。

- **阅读记录表**。老师使用阅读记录表（Clay，2015）来检查学生的朗读行为，分析他们对图书内容的理解，并确定他们的阅读水平。阅读记录表既适用于低年级的学生，也适用于高年级的学生。学生读完一本书后口头复述他们所记住的内容。

- **有声思维**。老师通过让学生在阅读时用有声思维分享自己的思考过程来评价他们运用阅读理解策略的能力（Wilhelm，2001）。学生们通常口头表达有声思维，但他们也可以把自己的想法写在便利贴上并贴在对应文本的旁边，或者在阅读日志中做记录，抑或做快写。

第三步：评估。就像老师在教学过程中监控学生的进步一样。他们也评估学生对阅读理解策略和其他阅读因素的理解程度。例如，老师经常要求学生在阅读时用有声思维说出他们使用的策略，或者讨论他们使用的某项策略或其他概念。学生还创作一些项目，包括复式记录笔记、"烫椅子"、画出你的理解和人物想法画像。

第四步：反思。学生通过与老师讨论来反思他们所学到的读者因素相关知识，他们还会在阅读日志中写下自己学会的并且可以独立使用的阅读理解策略。老师也会反思他们的教学效果，以及如何改进教学。

诊断性评价。老师使用诊断评价工具来筛查学生在阅读理解上存在的问题，或者评估学习困难的学生并计划在课堂上给予帮助。

你可以查看"评价工具：阅读理解"以获得更多非正式阅读检测工具和其他测试工具。

评价工具

阅读理解

老师结合非正式评价措施（如复述、有声思维）和标准化测试来衡量学生的理解能力。以下是一些适用于幼儿园至八年级学生的常用的课堂测试。

- **理解性思维策略评价**

"理解思维策略评价"（Keene，2006）用来检测一～八年级的学生使用以下策略思考他们所读的故事类和非故事类文本的能力：激活背景知识、提炼重点、做出推断、识别文本结构、提问、设立目标和想象。学生在阅读过程中会停下来反思他们的策略使用情况。老师根据评分标准给学生的策略使用情况进行打分。整个评价需要 30 分钟，老师可以让学生口头描述，从而对单个学生进行评价。当然，老师也可以让学生书面描述，实现对全班学生进行评价。老师可以使用这个灵活的评价工具评估学生的策略学习情况、在学年开始时调查学习进度、在学年结束时记录成绩。

- **发展性阅读评价手册第二版加强版（DRA2+）**

老师使用 DRA2+ 来确定学生的阅读水平，评价他们在词汇识别、流利度和理解方面的优势和劣势，做出有针对性的教学计划。为了衡量学生的理解能力，老师让学生读一本分级读物并复述所读的内容。老师使用一个 4 分制的评分标准为学生复述的内容打分。

- **非正式阅读检测工具（IRIs）**

老师用针对单个学生的非正式阅读检测工具来评估学生对叙事性和科普类文本的理解程度。理解是通过学生复述所读内容和回答文章相关问题的能力来衡量的。这些问题既能考查学生对字面意思的理解及更高层次的思维能力，也能考查他们的词汇知识。"非正式阅读检测工具"包括以下几种。

1. 分析性阅读检测工具（Analytical Reading Inventory，Woods & Moe，2015）。
2. 弗莱恩 / 库特综合阅读检测工具第二版（The Flynt/Cooter Comprehensive Reading Inventory-2，Cooter，Flynt，& Cooter，2014）。
3. 批判性阅读检测工具（Critical Reading Inventory，Applegate，Quinn，& Applegate，2008）。
4. 质性阅读检测工具（Qualitative Reading Inventory，Leslie & Caldwell，2011）。

非正式阅读检测工具通常是为一～八年级学生设计的，但一年级和二年级的老师发现，阅读记录表往往能提供更多针对初学者的有用信息。

这些测试为学生是否达到与年级水平相匹配的理解标准提供了宝贵的信息。

动机

8.4 描述教师和学生在阅读动机中的作用

动机是内在的，是使我们想要弄清楚事情的与生俱来的好奇心。它包括感到自信、相信自己会成功、觉得参加活动是愉快的（Guthrie & Wigfield，2000）。动机基于你在第 1 章中读到的学习投入理论。动机也是社会性的：人们想要社交、分享想法、参加团体活动。动机不只是一种特征，还是一个不同因素相互作用的动态系统（Kim & Cappella，2016）。当学生到了中学阶段，他们想成为更好的阅读者和写作者的动机就会减弱，而学习困难的学生对阅读和写作的热情更是明显低于其他学生。

　　许多因素有助于学生积极参与阅读和写作，其中一些因素聚焦于老师的角色，即老师的信念和行为；其他因素则聚焦于学生（Michener，Patrick，& Silverman，2018；Unrau，2008）。表 8-10 总结了影响学生动机的因素，以及老师应如何培养学生的兴趣。

表 8-10　影响学生动机的因素

角色	因素	老师应当怎么做
老师	态度	让学生知道你关心他们 对你所教的内容表现出兴奋和热情 激发学生的好奇心和求知欲
	学习共同体	创建一个培养和包容的学习共同体 坚持学生应互相尊重
	教学	关注学生的长期学习 教导学生成为有策略的阅读者和写作者 让学生参与真实的活动 为学生提供不同的活动和阅读材料以供选择
	奖励	采用具体的表扬和积极的反馈 只有在学生兴趣非常低的情况下才使用外部奖励
学生	预期	期望学生成功 教导学生设立切合实际的目标
	合作	鼓励学生合作 尽量减少竞争 让学生参与制订计划和做出选择
	读写能力	教学生使用阅读和写作策略 为有困难的学生提供阅读指导 用交互型写作提升有困难的学生的写作技巧 日常性地提供阅读和写作机会
	选择	让学生完成兴趣清单 教学生根据自己的阅读水平选择图书 鼓励学生写他们感兴趣的话题

教师的角色

　　老师所做的一切都会影响学生对文学的兴趣和参与，但最重要的四个因素是老师的态度、老师创造的学习共同体、老师使用的教学方法和奖励制度。

态度。显然，当老师表现出对学生的关心、对学习的兴奋和热情时，学生才更可能会投入。高效的老师还能激发学生的好奇心，鼓励他们去探索不同的想法。他们注重内在动机而非外在动机，因为他们明白学生的内在学习欲望比成绩、奖励和其他外在动机更强大。

学习共同体。当课堂是一个能够尊重和培养每名学生的学习共同体时，学生更有可能积极参与阅读和写作。学生和老师互相尊重，同时学生也在小组中学习如何与同学融洽相处。在一个学习共同体中，学生享受社交互动，并感受到与同学和老师亲密地联系在一起。

教学方法。学生参与的不同类型的读写活动会影响他们的兴趣和动机。有研究人员（Turner & Paris，1995）比较了真实的读写活动，如附带基于技能的阅读项目的阅读和写作工作坊，并得出结论"学生的动机是由日常课堂活动决定的"。老师将发现，最成功的是开放式的活动和项目，在这些活动和项目中，学生可以自己掌控过程与创作的作品。

奖励制度。许多老师使用奖励的方式鼓励学生多阅读、多写作，但阿尔菲·科恩（Alfie Kohn，2001）等人认为，物质奖励是有害的，因为它们破坏了学生的内在动机。当学生的兴趣很低，并且不愿意参加读写活动时，如给予比萨、休息时间或可以在教室"商店"里花的"钱"等激励措施是最有效的。一旦学生变得更感兴趣，老师就可以不再使用物质奖励，而是使用一些不那么物质化的激励措施，包括积极的反馈和表扬（Stipek，2002）。

学生的角色

动机不是老师或家长可以强加给学生的；相反，这是一种与生俱来的内在欲望，在这样的欲望下学生才能自我发展。当他们渴望成功时，当他们与同学合作时，当他们是有能力的阅读者和写作者时，当他们有机会做出选择和自主发展自己的作品时，他们更有可能积极地投入阅读和写作中。影响学生动机的因素如下。

预期。学生如果觉得自己怎么也学不好，可能就不会积极参与读写活动。老师在帮助学生建立信心和树立理想上发挥着重要作用，老师的预期也因此可以随之实现（Wentzel & Brophy，2014）。如果老师相信他们的学生可以成功，他们就更有可能会成功。斯蒂佩克（Stipek，2002）发现，如果老师表现出对学生的关心和喜爱并希望他们所有人都能学到东西，那么学生会更容易成功。

合作。当学生与同学进行两两一组或小组合作时，他们的兴趣通常比单独阅读和写作时更高，也更投入。学生在团队中有机会分享想法、互相学习、享受与同学合作，因此团队合作能帮助他们。相比之下，竞争不能发展内在动机，反而会降低学生的学习兴趣。

读写能力。学生的阅读和写作能力一定会影响他们的阅读动机：阅读能力强的学生比阅读能力弱的学生更有动机去阅读，在写作方面也是如此。教学生如何阅读和写作对培养他们的学习动机至关重要。研究发现，当学习困难的学生提升他们的阅读和写作表现时，他们会变得对读写更有兴趣。

选择。学生想要在他们读的书和写作的话题上有发言权。通过做出选择，学生对自己的学习和成就有了更多的责任感。阅读和写作工作坊是尊重学生选择的好方法。在阅读工作坊中，学生会选择他们感兴趣的、符合他们阅读水平的书；在写作工作坊中，学生会写他们感兴趣的话题。

如何吸引学生

欧德法尔（Oldfather，1995）进行了一项为期四年的研究，以检验影响学生学习动机的因素。她发现，当学生有机会在读写活动中进行真实的自我表达时，他们的积极性会更高。她采访的学生表示，当他们拥有学习活动的自主权时，他们更有动力。欧德法尔提到了以下具体的活动。

- 学生表达自己的想法和意见。
- 学生自主选择写作主题和读物。
- 学生有机会谈论和分享他们正在读的书。
- 学生与同学们分享他们的写作。
- 学生通过阅读、写作、听力和交谈进行真实的活动，而不是做作业。

艾维和布罗德斯（Ivey & Broaddus，2001）通过研究影响六年级的学生阅读欲望的因素得出了类似的结论。其中，有三个结论非常值得注意。第一，当老师让学生感到自信和成功时，他们对阅读更感兴趣，而要实现这一目标，老师要努力营造良好的班级氛围，因为这是重要的影响因素。第二，当学生拥有学习读写的自主权时，他们的内在动机更强；学生们非常希望能被允许选择自己感兴趣的读物和其他阅读材料。第三，当学生有时间独立阅读，并有机会听老师朗读时，他们会更专注于图书；学生表示他们喜欢听老师朗读，因为老师为学生提供了背景知识，使读物更容易理解、更有趣。

有些学生没有强烈的动机去阅读和写作，他们采取逃避策略来避免失败，而不是努力获得成功（Applegate，Applegate，& Turner，2010）。没有动机的学生会放弃或保持被动，不参与阅读。有些学生假装感兴趣或假装参与其中，其实他们并没有真正参与其中。另外一些学生认为阅读并不重要，他们选择专注于其他课程，如数学或体育。有些学生抱怨说，他们感觉不舒服，或者其他同学在打扰他们。他们把责任都推给其他人或事情，而不是他们自己。

有些学生则完全避免阅读和写作，他们就是不去做。还有一些人读那些对他们来说太容易的书或只写很短的文章，这样他们就不需要付出太多的努力。尽管这些策略是自私的，但学生使用它们，因为它们能带来短暂的成功。然而，长期的结果是毁灭性的，因为这些学生不能很好地学习阅读和写作。有策略地阅读和写作需要付出相当多的努力，让学生体验到课堂上读写活动的自主权，并知道如何管理自己的阅读和写作行为尤其重要。

评价动机

因为学生的动机和参与度会对他们的阅读和写作产生影响，所以老师一定要了解学生并努力使他们爱读书并对读写抱有积极的态度。老师可以观察学生，与学生及其家长进行交流，了解学生在家里的阅读和写作习惯、兴趣爱好，以及学生对自己作为阅读者和写作者的看法。老师还可以通过调查问卷来快速评估学生的阅读和写作动机。请参考"评价工具：动机"。

评价工具

动机

老师可以用多种方法评估学生的动机，他们观察学生阅读和写作的过程，查看他们的阅读日志，并与他们讨论他们的兴趣和态度。在学年开始时，老师可以经常让学生创建兴趣清单，列出他们感兴趣的事情、喜欢读的书的类型和最喜欢的作者。老师也可以使用态度调查问卷。以下这些调查问卷可以评估学生的动机。

- **小学生阅读态度调查问卷**

小学生阅读态度调查问卷（McKenna & Kear，1990）用来评估一～六年级学生对在家里阅读和在学校阅读的看法和态度。它包含了 20 个"你感觉……怎么样"的问题，每个问题都展示了四张卡通加菲猫的图片，每张图片描绘了一种情绪状态，并按从积极到消极的顺序排列，学生需要从四张图片里选择一张。这项调查问卷能让老师快速评估学生的态度。

- **阅读动机调查问卷**

阅读动机调查问卷（Gambrell，Palmer，Codling，& Mazzoni，1996）由小组检测和个人访谈两部分组成。它调查了学生作为读者的自我概念和阅读价值，共计 20 项。学生使用李克特四分量表进行回答。该问卷由一系列开放性问题构成，这些问题询问了学生最喜欢什么类型的书，以及他们从哪里获取阅读材料。完成每个部分大约需要 15 分钟。

- **读者自我认知量表**

读者自我认知量表（Henk & Melnick，1995）用于衡量学生对阅读的感受及自己作为读者的感受。它专为三～六年级学生设计。学生使用李克特五分量表对"我认为我是一位优秀的读者"等陈述打分，分数从非常同意到非常不同意不等。老师计算学生的打分，并对结果进行诠释，以确定学生整体和具体的态度水平。

- **写作态度调查问卷**

写作态度调查问卷（Kear，Coffman，McKenna，& Ambrosio，2000）调查了学生对

写作过程和不同类型写作的感受。该问卷共有28项，包括"如果你的同学帮你修改作文，你会怎么想"等。与小学生阅读态度调查问卷一样，写作态度调查问卷也以卡通加菲猫图片为特色。学生选出最能表达他们感受的加菲猫图片对每一项进行回答。

- **作者自我认知量表**

作者自我认知量表（Bottomley，Henk，& Melnick，1997/1998）用于评估三～六年级学生对写作的态度及他们作为作者如何看待自己。学生使用与读者自我认知量表相同的李克特五分量表，对"我的写作能力比我的同学好"等陈述进行打分。

这些态度调查问卷最初发表在《阅读教师》（*The Reading Teacher*）杂志上，现在网上和《阅读教学评价》这样的评价工具集中都可以找到（McKenna & Dougherty Stahl，2015）。

对比高成就学生与低成就学生

研究人员将阅读和写作水平较高的学生与其他水平较低的学生进行了比较，发现他们在阅读时使用的策略有显著的差异（Reschly，2010）。研究人员发现，阅读能力强的学生能够做到以下几点：

- 流利地阅读；
- 将阅读视为创造意义的过程；
- 快速解码；
- 词汇量大；
- 理解故事、戏剧、非故事类图书和诗歌的结构特征；
- 在阅读时监控自己的理解。

同样，写作能力强的学生能够做到以下几点：

- 根据不同的写作目标和受众，改变写作方式；
- 灵活运用过程性写作；
- 专注于构建思想和有效沟通；
- 向同学寻求反馈，看自己的作品是否很好地传递了自己的思想；
- 监控自己的作品是否很好地传递了自己的思想；
- 使用正确的格式和结构写故事、诗歌、信件和其他文本；

- 先完成作品，在编辑阶段再检查错误。

读写能力强的学生的所有特征都与理解有关。因为这些学生了解并能够使用阅读理解策略，他们比不会使用这些策略的学生更擅长阅读和写作。

表 8-11 展示了读写能力强和读写能力弱的学生的特征对比。正在学习阅读和写作的低年级学生常表现出许多读写能力弱的学生的特点，但较高年级的读写能力弱的学生也有这些特点。

表 8-11　读写能力强和读写能力弱的学生的特征对比

方面	读者特点	作者特点
信念	阅读能力强的学生把阅读视为理解的过程，而阅读能力弱的学生则把阅读视为解码的过程	写作能力强的学生把写作视为交流想法，而写作能力弱的学生则把写作视为在纸上写字
目的	阅读能力强的学生会根据阅读目标调整阅读方式，而阅读能力弱的学生则以相同的方式完成所有阅读任务	写作能力强的学生会根据受众、目标和形式的需求调整自己的写作，而写作能力弱的学生则做不到
流利度	阅读能力强的学生能流利地阅读，而阅读能力弱的学生则会逐字阅读，不会把单词组合成短语，有时候还会指读	写作能力强的学生会持续写很长一段时间，并在打草稿时停下来思考和重读一遍，而写作能力弱的学生则写得少且不会停下来思考
背景知识	阅读能力强的学生会将他们所读的内容与自己的背景知识联系起来，而阅读能力弱的学生则做不到	写作能力强的学生会在动笔前收集、组织想法，而写作能力弱的学生则在动笔前不做计划
解码 / 拼写	阅读能力强的学生能有效地识别生词，而阅读能力弱的学生在阅读时会做出毫无意义的猜测或跳过生词，编造出他们认为合理的文本	写作能力强的学生能够按照规律拼写出很多单词，并通过查字典拼写出生词，而写作能力弱的学生连很多高频词也不会拼写，他们依靠拼读规则来拼写生词
词汇量	阅读能力强的学生比阅读能力弱的学生拥有更大的词汇量	写作能力强的学生能够使用更复杂的词汇和更形象的语言，而写作能力弱的学生则不能
策略	阅读能力强的学生会在阅读过程中使用多项阅读理解策略，而阅读能力弱的学生仅会使用少量或无效的阅读理解策略	写作能力强的学生能有效地使用阅读理解策略，而写作能力弱的学生仅会使用少量或无效的阅读理解策略
监控	阅读能力强的学生会监控自己的理解，而阅读能力弱的学生意识不到自己理解有问题，也不会采取行动	写作能力强的学生会监控自己写作的内容是否合理，并向同学寻求修改建议，而写作能力弱的学生则不会这样做

资料来源：Faigley, L., Cherry, R. D., Jolliffe, D. A., & Skinner, A. M.（1985）. *Assessing writers' knowledge and processes of composing*：Paris, S. G., Wasik, B. A., & Turner, J. C.（1991）. The development of strategic readers. In R. Barr, M. L. Kamil, P. B. Mosenthal, & P. D. Pearson（Eds.）, *Handbook of reading research*（Vol. 2, pp. 609–640）.

阅读能力弱的学生很少能表现出阅读能力强的学生的特征，他们在阅读和写作时的表现不同。也许最显著的区别是，阅读能力强的学生把阅读视为理解或创造意义的过程，而阅读能力弱的学生则专注于解读。在写作过程中，写作能力弱的学生只做表面上的修改，而不是为了更有效地表达思想而进行修改。这些差异表明，有能力的学生关注的是理解和策略，他们使用这些策略理解所读的文本并确保自己所写的内容能够被其他人理解。

读写能力强与读写能力弱的学生之间的另一个重要差别是，读写能力弱的学生不会使用策略。他们似乎不愿意使用自己不熟悉的或需要付出很多努力的策略。他们似乎没有动力，也不期望自己能取得成功。读写能力弱的学生不能理解阅读和写作过程的全部步骤，也不能有效地使用它们。他们不能监控自己的阅读和写作（Keene & Zimmermann, 2007）。即使他们使用策略，也仍然依赖那些最基础的策略。例如，阅读能力弱的学生在阅读时很少会前瞻性或回顾性地阅读文本以澄清误解或制订计划；当他们遇到一个生词时，通常会停止阅读，不知所措；他们可能会试着读出一个生词，但如果没有成功，他们就会放弃。相比之下，阅读能力强的学生了解多项阅读理解策略，如果一项策略不成功，他们会尝试另一项策略。

写作能力弱的学生在写作过程中采用的是一种因循守旧的、线性的方法。他们能够使用的策略有限，通常采用的是"知识讲述型"策略，他们会把自己所知道的关于某个话题的一切内容都写下来，而不去思考选择哪些信息去满足读者的需求，也不知道如何把相关的内容组织在一起（Faigley, Cherry, Jolliffe, & Skinner, 1985）。相比之下，写作能力强的学生知道写作过程是一个不断修改的过程，他们会向同学寻求反馈，看自己的作品是否很好地传达了自己的思想。他们对读者的需求做出积极的反应，并努力让自己的作品读起来顺畅而连贯。

阅读理解一直是学生应该获取的一项重要能力。在如今现代化的信息社会中，更是如此（Magnusson, Roe & Blikstad-Balas, 2019）。本章所述内容让我们对影响学生理解所读内容的读者因素有了更多的了解。本章还提供了许多教学建议，让我们知道如何帮助读写能力弱的学生能像读写能力强的学生那样使用策略。此外，我们还了解了读写能力强的学生的行为特点、我们如何评估和教授理解策略及其他要点。

对一些重要阅读项目的研究表明，不少学校的阅读项目建议教授的策略数量比研究人员建议的要多得多（Dewitz, Jones & Leahy, 2011）。你一定要有选择性地在课堂上重点教授某些阅读理解策略，如重点处理本章中描述的关键策略。在你教授阅读理解策略时，要确保学生能够逐渐独立使用你所教的策略。

老师还需注意的是，要显性化教给学生阅读理解策略，尤其是当阅读的文本比较复杂时。为了最大限度地帮助学生用好阅读理解策略，学者建议老师要说清楚策略名称，并演示如何使用它。当然，再到后来就不能仅仅是简单地示范策略的使用了（Fisher & Frey, 2015）。当老师解释和示范阅读理解策略时，应提供机会让学生先在老师的指导下练习，再独立完成练习，这样所有学生（特别是中学生）才能有收获。

使用下面的"我的教学待办清单：促进理解 - 读者因素"，帮助你的所有学生，包括阅读能力强和阅读能力弱的学生。

我的教学待办清单

促进理解－读者因素

☾ 我使用先验知识、预测和个人经验等读者因素来帮助读者的理解。

☾ 我考虑文本的复杂度，包括质性、量化维度，以及读者和任务因素，以帮助理解。

☾ 我采用适合读者的图书。

☾ 我考虑到在线网站的一些功能能够帮助学生理解。

☾ 我教授阅读理解策略，如阅读真实的文本、使用充足数量的图书，与词汇做联系。

☾ 我将精读作为一项支持理解的策略。

☾ 我为外语学习者选择合适的书，这些书应有恰当的主题，使用合适的词汇、语言风格、页面布局，并符合外语学习者的阅读水平。

☾ 我知道一些可用来衡量阅读理解能力的测试。

☾ 我思考老师和学生在教授阅读理解中的作用。

第 **9** 章

教授阅读理解：
文本因素

学习本章后，你将能够：

9.1　讨论故事的文本因素；

9.2　讨论科普类读物的文本因素；

9.3　讨论诗歌的文本因素；

9.4　解释如何向学生教授文本因素。

在本章中，你将学习故事、科普类读物和诗歌中的文本因素，以及它们如何影响学生的阅读理解。文本因素分为三种类型，即体裁、文本结构和文本特征。当你阅读艾布拉姆斯的教学故事时，请注意他如何将四年级的学生正在学习的有关文本因素的知识与他教授的关于青蛙的主题单元相结合。他把阅读和写作结合起来，帮助学生扩展他们的科学知识。

艾布拉姆斯（Abrams）老师指导学生研究青蛙。艾布拉姆斯老师班上的四年级学生正在研究青蛙。他们首先做了一个班级 KWL 表（Ogle，1986），在 "K（What We Know）：我们所已知的" 栏列出他们已经知道的关于青蛙的知识，在 "W（What We Wonder）：我们想知道的" 栏列出他们想要学习的内容。在本单元结束时，学生将在 "L（What We Have Learned）：我们所学到的" 栏中列出他们所学到的知识来完成这张表。四年级的学生想知道青蛙和蟾蜍有什么不同，以及人类是否真的会被青蛙感染长疣。艾布拉姆斯向学生保证，他们会得到很多问题的答案，他还在心里记下要去寻找 "人类是否会被青蛙感染长疣" 这一问题的答案，以便为学生讲解（Nariman & Chrispeels，2015；Yopp & Yopp，2004）。

在教室的一个区域摆放着 5 个装有青蛙和蛙卵的水族箱。这些水族箱都是艾布拉姆斯带来的，里面装满了他在自家后院抓的及他从当地一家宠物店 "租" 来的青蛙。他还从附近的池塘带回了蛙卵。四年级的学生正在观察这些青蛙和蛙卵，然后在学习日志中绘制图表并做好笔记。

艾布拉姆斯在教室图书角的一个书架上摆放了一系列关于青蛙的书，这些书代表了三种体裁——故事、科普类读物和诗歌。他还为学生朗读了许多书（Santoro，Baker，Fien，Smith，& Chard，2016）。

一开始，艾布拉姆斯只读标题，并向学生展示前几页的内容，然后问他们这本书是故事、科普类读物，还是诗歌。在确定了体裁后，学生讨论他们聆听朗读的目的。对于科普类读物，艾布拉姆斯在白板上写下一两个问题来指导学生的听书过程。阅读后，学生回答问题作为他们讨论的一部分。他们也会在独立阅读时间反复阅读这些书。

艾布拉姆斯还有一本名为《神奇的青蛙和蟾蜍》（*Amazing Frogs and toads,* Clarke, 1990）的班级用书，这是一本非故事类图书，里面有引人注目的照片和条理清晰的信息展示。他用共享型阅读的方式和学生一起读了一遍，然后大家一起讨论书中有趣的信息。接着，他把学生分成几个小组，每组选择一个关于青蛙的问题进行研究。学生重读这本书，寻找问题的答案。艾布拉姆斯已经教过学生使用目录和索引来查找参考书中的信息。在学生找到并重读信息后，他们使用过程性写作的方式制作了一张海报来回答自己的问题并分享学到的知识。艾布拉姆斯参与每个小组的讨论，帮助他们整理海报，修改、编辑他们写作的内容。

从《神奇的青蛙和蟾蜍》一书所包含的大量信息中，艾布拉姆斯选择了 9 个问题，这 9 个问题涵盖了 KWL 表里的"W：我们想知道的"部分中的一些内容，突出了文本中的重要信息，并侧重于说明性文本的 5 种结构。他告诉这些四年级的学生：科普类读物与故事一样，都有特殊的组织元素。以下是艾布拉姆斯根据说明性文本的 5 种结构提出的问题。

什么是两栖动物？（描述）

青蛙长什么样？（描述）

青蛙的生命周期是怎样的？（顺序）

青蛙是怎么吃东西的？（顺序）

青蛙和蟾蜍有什么相似之处和不同之处？（对比）

青蛙为什么要冬眠？（因果关系）

青蛙是怎么叫的？（因果关系）

青蛙如何使用它们的眼睛和眼睑？（问题与解决方法）

青蛙如何逃离敌人？（问题与解决方法）

学生在完成海报后，会通过简短的报告与全班同学分享，并把海报挂在教室里展示。这里展示了两张海报；"青蛙的生命周期"海报强调了顺序结构，"青蛙有大大的眼睛"海报解释了青蛙的眼睛如何帮助它解决问题，如寻找食物、躲避敌人、在水下看东西。

两张关于青蛙的海报

艾布拉姆斯的学生利用海报上的信息编写关于青蛙的书。学生选择三张海报，写 1~3 段式的章节来汇报海报上的信息。他们组成修订小组，先在小组内一起修改初稿，然后再和一名同学及艾布拉姆斯一起修改。最后，学生对他们所写的最终版本的文字进行处理，并添加插图、标题和目录。然后，他们编制自己的书，一些学生通过作者讲坛活动与同学们分享他们"发表"的书，而其他学生则把他们的书发表到四年级的网站上，供其他班级的学生阅读。

阿明（Armin）在他的书中写了"冬眠"这一章。

- 冬眠是指动物整个冬天都在睡觉。青蛙冬眠是因为它们是冷血动物，如果不冬眠，它们可能会被冻死。它们会找一个适合睡觉的好地方，如在地洞里或树洞里，或者在一些树叶下面。它们睡觉时不吃不喝，也不上厕所。它们整个冬天都在睡觉，当它们醒来时已经是春天了。它们非常饿，想要吃很多食物。春天的时候，因为气温升高，它们的血液会变暖，这时，它们就会醒来找东西吃。它们在春天和夏天醒来，然后在秋天它们再次开始冬眠。

杰西卡（Jessica）在她的书中写了"青蛙和蟾蜍的区别"这一章。

- 你可能认为青蛙和蟾蜍是一样的，但你错了。虽然它们都是两栖动物，但它们并不相同。我要告诉你们青蛙和蟾蜍之间的三个不同之处。
- 第一，青蛙非常喜欢水，所以它们待在水里或离水很近。蟾蜍不喜欢水，它们通常生活在干燥的地方。这是青蛙和蟾蜍的一个很大区别。
- 第二，你应该仔细观察青蛙和蟾蜍，它们看起来不一样。青蛙又细又瘦，但是蟾蜍很胖。它们的皮肤也不同，青蛙的皮肤光滑，蟾蜍的皮肤凹凸不平。我认为蟾蜍看起来有点丑。
- 第三，青蛙腿长，而蟾蜍腿短。这可能就是为什么青蛙能跳得很高，而蟾蜍跳得不高的原因。蟾蜍移动缓慢，只能双脚齐跳。当你观察它们移动时，可以看出它们非常不同。
- 青蛙和蟾蜍是两种不同的两栖动物。它们生活在不同的地方、看起来不同，并以不同的方式移动。当你观察它们时，你可以看到这些差异，研究它们非常有趣。

艾布拉姆斯帮助学生制定了一套评分标准来给自制图书打分。评分标准包含了书中每一章节应有的几个要点：

- 标题能概括这一章的内容；

- 每一章的内容都介绍得很清楚；
- 每一章都用到了单词墙上的词汇；
- 每一章都由一个或多个段落构成，每一段都做到了首行缩进；
- 每一章都仅有很少的拼写、大小写和标点错误；
- 每一章都有至少一个插图，帮助表达意义。

评分标准的其他要点是将整本书视为一个整体，具体如下：

- 扉页列出了书名和作者姓名；
- 书的每一页都有页码；
- 目录列出了每个章节的标题及其页码；
- 书名写在书的封面上；
- 封面上的插图与青蛙有关。

学生用四分制来评价他们的自制图书。艾布拉姆斯也用这个评分标准来评估学生的写作。他会与学生交流，并把自己打的分数告诉学生。此外，他还会帮助学生选定下一个写作项目。

在单元的最后，学生完成了 KWL 表。在第三栏"L：我们所学到的"中，他们列出了所获得的信息。

- 蝌蚪用鳃呼吸，青蛙用肺呼吸。
- 蝌蚪是素食者，青蛙吃蠕虫和昆虫。
- 蛇、老鼠、鸟和狐狸都是青蛙的敌人。
- 雨林里的一些青蛙颜色鲜艳、有毒。
- 有些青蛙很难被发现，因为它们有伪装色。
- 雄蛙鼓起它们的气囊发出嘶鸣声。
- 青蛙有牙齿，但它们会将食物整个吞下。
- 青蛙有两个眼睑，其中一个眼睑是透明的，这样青蛙在水下时也能看清楚。
- 青蛙跳跃的高度可以是它们身长的 10 倍，但蟾蜍无法跳高只能向远处跳。

艾布拉姆斯对教学过程进行反思，并重新看了四年级的学生完成的表格。他笑着说："当我看到你们在 L 栏中写下的收获，我就知道你们一定学到了非常多的知识。"他知道学生们之所以能够收获这么多，是因为他教会他们使用文本结构作为学习的工具。

在阅读过程中，读者所掌握的知识和他们的阅读方式对他们的理解程度有非常大的影响，但读者并非影响文本理解的唯一因素，文本本身也是很重要的影响因素（Valencia, Wixson, & Pearson, 2014）。故事、科普类读物和诗歌这些不同类型的文本，由于文本内在因素不同，有的可能更容易理解，有的则更难理解（Harvey & Goudvis, 2007）。以下三个是最重要的文本因素。

- **体裁**。文学的三大类是故事、科普类（非故事类）读物和诗歌，每个大类又包含细分的子类型。例如，故事又分为民间传说、幻想故事和现实主义小说等。
- **文本结构**。作者使用结构或模式来组织文本，并突出主旨思想。例如，顺序、对比和因果关系是用来组织非故事类文本的常用模式。
- **文本特征**。作者利用一些写作手法达到一种特殊的效果，包括叙事、标题和索引、重复和押韵等。叙事手法包括故事中的铺垫和对话；标题和索引是科普类读物中传递信息的重要方式；重复和押韵是诗歌创作中常用的方式。

当学生理解作者如何在文本中组织和表达他们的想法时，这些关于文本因素的知识就会成为一个支架，使理解变得更容易（Meyer & Poon, 2004; Sweet & Snow, 2003）。文本因素对写作也有类似的影响：学生可以应用他们所学到的关于体裁、文本结构和文本特征的知识来完成写作（Mooney, 2001）。

故事的文本因素

9.1　讨论故事的文本因素

故事叙述了人物如何尝试克服问题或处理困难。故事被认为是人们用来寻找生活意义的"清醒的梦"。从学龄前开始，当父母给孩子朗读故事时，孩子就开始理解故事的内容；他们通过在学校接受读写教学来完善和扩展自己对故事的理解（Applebee, 1978）。学生会学习故事这一体裁下的各个子类型，阅读每一种类型的代表性故事，研究作者组织故事的结构模式，并分析作者使用了哪些叙事手法来使故事更具可读性。

故事的形式

故事有绘本和章节书两种形式。绘本有简短的文本并配有插图，通常有 32 页。通常情况下，绘本中的文字内容极少，插图占据了大部分版面。绘本中的插图往往引人注目。许多绘本非常适合小学生阅读，如《母鸡罗西去散步》（*Rosie's Walk*, Hutchins, 2005），这是一本讲述聪明的母鸡智取狐狸的故事；还有一些绘本则适合六～八年级的学生阅读，如《引路》（*Show Way*, Woodson, 2005），它是一个多媒体故事，包含水彩画、粉笔画、织物和照片等。还有一些绘本完全没有文字，如《海底的秘密》（*Flotsam*, Wiesner，2006）和《不可思议的旅程》（*Journey*, Becker，2013），这两本书的故事全部通过插图来讲述。

　　每年，美国图书馆协会（American Library Association）都为最佳儿童插图图书授予"凯迪克奖"①（Caldecott Medal）；上述图书要么获得了这项著名的奖项，要么被指定为荣誉图书。

　　一些图书不含任何文本，所有故事都通过插图来讲述，这些书被称为无字绘本。有些无字绘本适合幼儿园学生阅读，如《你看到我的猫了吗》（*Have You Seen My Cat*，Carle，1997）和《火车快跑》（*Freight Train*，Crews，2008）；有些适合一年级和二年级的学生阅读，如《泔水》（*Hogwash*，Geisert，2008）和《红书》（*The Red Book*，Lehman，2004）；还有的适合三年级和四年级的学生阅读，如《时光飞逝》（*Time Flies*，Rohmann，1997）和《海底的秘密》（*Flotsam*，Wiesner，2006）。

　　小说是由章节组成的较长的故事。它们只有少量插图，因为图片在故事中并没有发挥不可或缺的作用。对初级读者来说，最常被选为第一篇小说的书包括芭芭拉·帕克（Barbara Park）的朱妮·B.琼斯（Junie B. Jones）故事集，该故事集讲述了一名活泼的小学生的古怪行为；马克·布朗（Marc Brown）的章节书，该书讲述了一只名叫阿瑟（Arthur）的可爱土豚的故事；以及丹·格林伯格（Dan Greenburg）的系列冒险小说"扎克档案"（The Zack Files）。三年级和四年级的学生爱读的流行小说包括《纸片人斯坦利》（*Flat Stanley*，Brown，2003）、《歪歪小学的荒诞故事》（*Sideways Stories from Wayside School*，Sachar，2004）、《四年级的无聊事》（*Tales of a Fourth Grade Nothing*，Blume，2007）和《傻狗温迪克》（*Because of Winn-Dixie*，DiCamillo，2009）。适合六~八年级的学生阅读的章节书包括《喜乐与我》（*Shiloh*，Naylor，2012）和《伊斯贝蓝莎的成长》（*Esperanza Rising*，Ryan，2002）。像《别有洞天》（*Holes*，Sachar，2008）这样的复杂故事，更适合高年级的学生阅读。

故事的子类型

　　为故事分类的方式有很多种，其中之一就是根据体裁（Buss & Karnowski，2000）进行分类，由此，故事可被分为三个子类型：民间传说、幻想故事和现实主义小说。表9-1是对这三种叙事体裁的介绍。

---

① 是由美国图书馆协会所颁发的儿童绘本大奖，于1938年创立。该奖项的目的在于奖励上一年出版的"献给儿童的美国最杰出绘本"，选出一个金牌奖及数个荣誉奖，荣誉奖的数量通常为2~5个。评审团在评选图书时，是在儿童理解的前提下，图画是否完整地表达出故事的主题或概念为考核重点，但图书的其他部分（文本、装帧设计等）也会列入考虑，但无需考虑该书的教育性及通俗性。

表 9-1　叙事体裁

类别	体裁	描述
民间传说	寓言故事	用于讲道理的小故事，如《城里老鼠和乡下老鼠》（*Town Mouse, Country Mouse*，Brett，2003）、《狼来了》（*The Boy Who Cried Wolf*，Hennessy，2006）
	民间故事	通常讲述的是英雄人物战胜逆境展现优良品德的故事，如《乔安娜：赫蒙族灰姑娘》（*Jouanah: A Hmong Cinderella*，Coburn，1996）、《侏儒怪》（*Rumpelstiltskin*，Zelinsky，1996）
	神话	古代人们为解释自然现象而创作的故事，如《为什么蚊子老在人们耳边嗡嗡叫》（*Why Mosquitoes Buzz in People's Ears*，Aardema，2004）、《乌鸦》（*Raven*，McDermott，2001）
	传奇故事	包括英雄故事和荒诞故事，讲述人们相互斗争或与神和怪物斗争的勇敢事迹，如《约翰·亨利》（*John Henry*，J. Lester，1999）、《罗宾汉历险记》（*The Adventures of Robin Hood*，Williams，2007）
幻想故事	现代文学故事	现代作家写的类似于民间故事的故事，如《丑小鸭》（*The Ugly Duckling*，Mitchell，2007）、《驴小弟变石头》（*Sylvester and the Magic Pebble*，Steig，2010）
	奇幻故事	富有想象力的故事，探索平行世界并包含在现实世界不存在的元素，如《杰里米·撒切尔：孵化龙蛋的少年》（*Jeremy Thatcher, Dragon Hatcher*，Coville，2007b）、《鼠武士》（*Poppy*，Avi，2005）
	科幻故事	探索科学幻想的故事，如《外星人吃了我的作业》（*Aliens Ate My Homework*，Coville，2007a）、《授者》（*The Giver*，Lowry，2006）
	主流奇幻故事	侧重于善恶冲突并经常涉及任务的故事，如"哈利·波特"系列（Harry Potter）、《纳尼亚传奇：狮子、女巫和魔衣橱》（*The Lion, the Witch and the Wardrobe*，Lewis，2005）
现实主义小说	当代故事	讲述当今社会的故事，如《回家》（*Going Home*，Bunting，1998）、《播种的人们》（*Seedfolks*，Fleischman，2004）
	历史故事	讲述过去发生的故事，如《又丑又高的莎拉》（*Sarah, Plain and Tall*，MacLachlan，2005）、《雷声滚滚，听我呐喊》（*Roll of Thunder, Hear My Cry*，Taylor，2001）

　　民间传说。几百年前流传的故事，在被写下来之前都是由故事讲述者口口相传的，这些故事就是民间传说。这些故事包括寓言、民间故事和神话，是我们文化遗产的重要组成部分。寓言旨在通过一个小故事讲述一个大道理。寓言故事这种形式会让读者很容易理解其中蕴含的道理，寓意通常在结尾处陈述。寓言故事具有以下特点。

- 故事很短，通常不到一页。
- 故事里的人物通常是动物。
- 故事里的人物都是扁平化的：非强即弱，或聪明或愚蠢。
- 没有具体的故事场景；这些故事可能发生在任何地方。

- 故事的结尾通常会点题，说明寓意。

最著名的《龟兔赛跑》（*The Hare and the Tortoise*）和《蚂蚁和蚱蜢》（*The Ant and the Grasshopper*）等寓言来自《伊索寓言》，相传是公元 6 世纪一个名叫伊索（Aesop）的希腊人写的。几乎所有寓言故事都被改编成了绘本，包括《龟兔赛跑》和《狮子和老鼠》（*The Lion and the Mouse*，Pinkney，2009）。

民间故事起源于口头故事，由中世纪的故事讲述者穿梭在城镇间反复给大家讲述。民间故事中的情节通常围绕四种情况之一展开：从家乡踏上需要执行某项任务的旅程、与怪物对峙的旅程、从饱受苦难的家园到幸福家园的奇迹般的转变、聪明的野兽与愚蠢的野兽之间的对抗。以下是民间故事的其他特征。

- 故事通常以"很久很久以前……"开头。
- 故事场景很宽泛，可以发生在任何地方。
- 情节结构简单明了。
- 人物是扁平化的：人物非好即坏，或愚蠢或聪明，或勤奋或懒惰。
- 结局是圆满的，每个人都"从此过上了幸福的生活"。

有些民间故事是累加式故事（Cumulative Tale），即围绕重复的词语和事件而构成[1]，如《姜饼男孩》（*Gingerbread Boy*，Galdone，2008）。有的民间故事则是关于动物的故事。在这些故事中，动物的行为和说话方式都被拟人化，如《三只小猪》（*The Three Little Pigs*，Kellogg，2002）。最著名的民间故事类型是童话故事。童话故事中经常出现的元素包括魔力、变形、魔咒、魔物、诡计和愿望，并以女巫、巨人、仙女和其他神奇的人物为特色。这类民间故事包括《灰姑娘》（*Cinderella*，Ehrlich，2004）和《杰克与豆茎》（*Jack and the Beanstalk*，Kellogg，1997）。

世界各地的人们创造了神话来解释自然现象。有的神话解释了四季变化、日月交替、斗转星移；有的神话则讲述了山脉和地球其他地形特征是如何形成的。古人用神话来解释的许多事情，后来都被科学研究解释了。神话具有以下特征。

- 神话解释自然现象的产生。
- 神话人物通常是拥有超能力的英雄。
- 场景很宽泛。
- 需要有魔力因素。

---

[1]　随着故事的发展，动作、对话或事件会以某种方式不断重复和累加。这些故事通常只有最简单的情节，其效果往往取决于重复和节奏。

例如，希腊神话《迈达斯国王：点金术》（*King Midas: The Golden Touch*，Demi，2002）讲述了国王的贪婪，而美国神话《矢车菊的传说》（*The Legend of the Bluebonnet*，dePaola，1996）讲述了这些花是怎样将乡村变得更美丽的。还有些神话讲述了动物是从哪里来的，或者为什么它们看起来是现在这样的。传奇是关于英雄的神话，这些英雄的伟大事迹，通过故事被记录和传播。传奇可能有一些历史依据，但无法被证实。例如，关于罗宾汉（Robin Hood）和亚瑟王（King Arthur）的故事都是传奇。关于苹果核约翰尼（Johnny Appleseed）、伐木巨人保罗·班扬（Paul Bunyan）和佩柯斯·比尔（Pecos Bill）的美国传说被称为荒诞故事。

幻想故事。幻想故事是富有想象力的故事。在幻想中，作者为人物创造了新的世界，但这些世界必须基于现实，这样读者才会相信它们的存在。最受欢迎的幻想故事之一是《夏洛的网》（*Charlotte's Web*，White，2012）。幻想故事有四种类型：现代文学故事、奇幻故事、科幻故事和主流奇幻故事。

现代文学故事与民间故事和童话故事有关，因为它们往往结合了传统文学的许多特征和范式，但是这些故事是在近代创作的，作者知名。最著名的现代文学故事作家是 19 世纪丹麦作家安徒生（Andersen），他写了《白雪公主》（*The Snow Queen*，Ehrlich，2006）和《丑小鸭》。其他现代文学故事包括《亚历山大和发条老鼠》（*Alexander and the Wind-Up Mouse*，Lionni，2006）和《狼大叔的红焖鸡》（*The Wolf's Chicken Stew*，Kasza，1996）。

奇幻故事的大部分细节都来自现实，但有些事件需要读者暂时不要质疑它的真实性。奇幻故事具有以下特征。

- 故事中的事件是非同寻常的，在当今世界不可能发生。
- 场景很现实。
- 主要人物是人或拟人化的动物。
- 主题常涉及善恶之间的冲突。

有些奇幻故事是关于动物的，如《牧羊猪》（*Babe: The Gallant Pig*，King-Smith，2005）。这些故事的主要人物是拟人化的动物。在这类故事中，动物象征着人类，因此这类故事其实探讨的是人与人之间的关系。有些奇幻故事是关于玩具的，如《爱德华的奇妙之旅》（*The Miraculous Journey of Edward Tulane*，DiCamillo，2006）。与动物拟人化相似，这类故事里的玩具（通常是毛绒玩具或玩偶）也是拟人化的。还有一些奇幻故事涉及神奇的旅程，在此期间会发生奇妙的事情。在这类奇幻故事中，人物因某一目的踏上旅程，并在旅程中被奇幻世界带来的兴奋和愉悦所吸引，如罗尔德·达尔（Roald Dahl）写的《查理和巧克力工厂》（*Charlie and the Chocolate Factory*，2007）。

在科幻小说中，作者创造了一个科学与社会互动的世界。许多故事都涉及太空旅行到遥远的星系或遇见外星文明。作者对未来的科学发展做出假设，或者想象未来世界的模样。科幻小说表现出以下特征。

- 故事发生在未来。
- 冲突通常介于主人公和大自然或人工智能（如机器人）之间。
- 人物对先进的科技充满信心。
- 对一些科学事实进行了详细的描述。

时空穿越的故事也被归类为科幻故事。在这些故事里，人物可以回到过去或去到未来。乔恩·西切斯卡（Jon Scieszka）的穿越三部曲，包括《餐桌骑士》（*Knights of the Kitchen Table*，2004），很受中学生欢迎。

在主流奇幻故事中，英雄们为了人类的正义而对抗邪恶。这些故事主要聚焦于善恶之间的冲突，正如 C.S. 刘易斯（C. S. Lewis）的《纳尼亚传奇：狮子、女巫和魔衣橱》（*The Lion, The Witch and The Wardrobe*，2005）和 J·K·罗琳（J. K. Rowling）的"哈利·波特"系列小说中所描述的那样。严肃奇幻故事与民间文学有着密切的联系，因为它的特点是有明确的主题。这些故事包括魔法王国、任务、勇气测试、魔力和超人等内容。

现实主义小说。现实主义小说的故事栩栩如生，令人信服，其结果是合理的，能如实反映现实生活。现实主义小说可以帮助学生认识到，他们遇到的问题并非只发生在他们身上，别人也有相似的经历和类似的感受。现实主义小说也拓宽了学生的视野，让他们体验新的冒险。现实主义小说包括当代故事和历史故事两种类型。

在当代故事中，读者会找到与自己年龄相仿、有着相似兴趣和问题的人物。例如，在《乐琦的神奇力量》（*The Higher Power of Lucky*，Patron，2006）中，学生读到一个名叫乐琦（Lucky）的 10 岁古怪女孩的故事，她接受了母亲去世的事实，并最终过上了稳定的生活。当代故事的特征如下。

- 故事人物的行为和真实的人或动物一样。
- 故事发生的场景是现实世界。
- 故事涉及日常事件或相关主题。

其他当代故事包括《托雷利奶奶做汤》（*Granny Torrelli Makes Soup*，Creech，2005）和《我不是乔伊·皮扎》（*I Am Not Joey Pigza*，Gantos，2007）。

相比之下，历史故事的内容则发生在过去。在历史故事中，关于食物、服装和文化的细节必须符合故事所处时代的典型特征，因为故事场景会影响故事情节。历史故事具有以下特征。

- 故事场景符合历史事实。

- 冲突通常发生在人物之间或人物与社会之间。
- 语言符合故事场景。
- 所蕴含的主旨无论是对故事所发生的历史时期还是当下，都有借鉴意义。

历史故事包括《见证》（*Witness*，Hesse，2005）和《铅十字架的秘密》（*Crispin: The Cross of Lead*，Avi，2004）。在这些故事中，学生沉浸在历史事件中，他们感恩前人的贡献、学习如何处理人际关系。

有些作者采用不同的叙述方式，这些叙述方式模糊了不同体裁之间的界限，并结合了创新的形式。学生以不同的方式阅读这些文本，就像阅读在线文本一样，理解多模态文本所建构的意义（Kiefer，Price-Dennis，& Ryan，2006）。在第一部获得"凯迪克奖"（Caldecott Medal）的小说《追梦的雨果》（*The Invention of Hugo Cabret*，Selznick，2007）中，作者结合了讲故事、插图和电影技巧，创作了一个巴黎孤儿的感人故事。这本 500 页的小说有一半的故事内容都是通过插图来讲述的，读者必须像阅读文本一样仔细地观察和理解这些插图。

有些作者把不同的体裁结合起来。以下三个故事都采用了诗意叙事——用诗歌来讲述故事：《恨那只猫》（*Hate That Cat*，Creech，2010），一个男孩学习诗歌后，找到了自我表达的新方法；《成为乔·迪马吉奥》（*Becoming Joe DiMaggio*，Testa，2005），一个孩子通过和祖父一起收听棒球比赛，最终走出困难生活的故事；以及《乔希的球场》（*The Crossover*，Alexander，2014），一对 12 岁的双胞胎篮球明星以不同的方式应对青春期的故事。学生关注的是人物和情节，但他们也能意识到独特的页面设计，并欣赏生动形象的语言表达。

还有一些作者用不同人物的口吻来讲述故事。例如，《好主人们！甜美的女士们！中世纪村庄之声》（*Good Masters! Sweet Ladies! Voices from a Medieval Village*，Schlitz，2007）是一本获奖作品集，收录了 23 段独白，讲述了中世纪生活在英国庄园的人们的故事；而《因为特勒普特先生》（*Because of Mr. Terupt*，Buyea，2011）则用 7 名五年级的学生的口吻介绍他们敬爱的老师并讲述老师如何帮助他们成为更好的人。在这些书中，学生可以灵活地阅读，以适应每章不同讲述人的新视角。

漫画小说是一种十分受欢迎的新体裁。例如，"小屁孩日记"（Diary of a Wimpy Kid，Kinney，2007）系列将文本和图形相结合，讲述了格雷·郝夫利（Greg Heffley）在中学期间经历的考验和磨难；《超听侠》（*El Deafo*，Bell，2014）是一本回忆录，作者分享了她在失聪后，努力学习唇语和交朋友时遇到的困难。学生通过书中的图画获取丰富的信息，并利用他们的想象力来理解画面与画面之间发生了什么。

无字绘本不仅适合幼儿，有些无字绘本以图像的形式为高年级的学生讲述了富有想象力的、多层次的冒险活动。初中学生喜欢《化石》（*Fossil*，Thomson，2013）和《不可思议的旅程：彩虹国度》（*Quest*，Becker，2014），前者讲述的是一个男孩和他的狗发现了复活的化石，他们去抓这些化石的故事；后者讲述的是两个孩子沿着一张地图穿过魔法之地拯救国王的故事。对高年级的学生来说，《抵岸》（*The Arrival*，Tan，2007）是一个引人入胜的故事，它讲述了一位移民为建设更美好的未来而努力奋斗。当读者研究这些插图并认识到其中的深层次含义时，他们能感受到这位移民的孤独感。

有些多体裁故事利用日常生活中的常见物品来创设情境、讲述故事。例如，《中学比肉饼更糟：一年的故事》（*Middle School Is Worse Than Meatloaf: A Year Told Through Stuff*，Holm，2011）结合了日记、冰箱贴、短信和贺卡，讲述了一个女孩的日常经历；《墙：在铁幕后成长》（*The Wall: Growing Up Behind the Iron Curtain*，Sís，2007）结合了绘画、日记和照片，用一系列图片创作了一本生动的回忆录，记录了作者的童年生活。学生将视觉和文本信息结合起来，以理解其体裁、文本结构和范式。

故事结构元素

故事具有独特的结构元素，这是区分故事与其他体裁的重要依据。故事最重要的结构元素是情节、人物、场景、视角和主题。这些元素共同构成故事，作者通过操纵故事结构元素来讲述故事。

情节。情节是表现人物之间相互关系的一系列事件的发展过程，体现人物行为之间的冲突；它基于一个或多个人物的目标及他们实现这些目标的过程（Lukens，Smith，& Miller Coffel，2012）。故事主角想要实现目标，而其他人物的出现则是为了阻止他们取得成功，人物在试图克服冲突和解决问题的过程中推动了故事的发展。

情节一般包括开端、发展和结尾三个部分。例如，在《彼得兔的故事》（*The Tale of Peter Rabbit*，Potter，2006）中，故事情节的三个部分很容易辨认。故事开始时，兔子太太警告孩子们不要进入麦格雷戈先生（Mr. McGregor）的花园，然后打发它们出去玩。然后，兔子彼得（Peter）走进花园，差点被抓住。最后，彼得找到了离开花园的路，安全到家——故事就这样结束了。学生可以用文字和图片制作故事开端、发展、结尾的故事图，请参考图 9-1《彼得兔的故事》的故事图。

图 9-1　《彼得兔的故事》的故事图

故事情节的每个部分都要包含特定的信息。在故事开头，作者通常会介绍人物、描述场景，并呈现一个问题；人物、场景和事件共同作用，推动情节的发展，贯穿故事始终并保持主题连贯。随着故事情节的展开，矛盾冲突越来越加剧，故事中的人物会在解决问题的过程中不断遇到挑战，读者也因为这些悬念保持着阅读兴趣，期待看到故事中的人物最终如何解决这些问题。最后，困难迎刃而解，读者也知道了故事的结局。

冲突是作品中人物或势力间的矛盾、对立与对抗，尤其指推动或影响故事情节的矛盾与对抗。冲突让读者产生强烈的阅读兴趣（Lukens et al.，2012）。冲突通常有四种形式。

- **人物与大自然之间的冲突**。在一些故事中，恶劣天气是人物面临的最大挑战，有些故事则发生在偏远地区，恶劣的自然环境成为人物面临的巨大困难，这些都会形成人物与大自然之间的冲突。例如，《别有洞天》（*Holes*，Sachar，2008）讲述的是一个名叫斯坦利（Stanley）的男孩在少年犯管训基地挣扎求生的故事。
- **人物与社会之间的冲突**。有的故事里的主要人物的行为和信仰与其他人不同，所以会产生人物与社会之间的冲突。例如，在《黑鸟水塘的女巫》（*The Witch of Blackbird Pond*）（Speare，2001）中，基特·泰勒（Kit Tyler）因为搬到社区后还保留了固有的行为举止而被当作女巫。
- **人物与人物之间的冲突**。人物之间的冲突很常见。例如，在《四年级的无聊事》（*Tales of a Fourth Grade Nothing*，Blume，2007）中，彼得和他的弟弟福吉（Fudge）之间没完没了的冲突让故事变得有趣。
- **人物的内在冲突**。人物的内在冲突（如思想矛盾、情绪冲突等），表现为主人公努力克服生活中的困难。例如，在《伊斯贝蓝莎的成长》（*Esperanza Rising*，Ryan，2002）中，故事主人公在离开墨西哥的农场后，必须接受成为移民劳工的新生活。

故事情节是通过冲突展开的，冲突在开端出现，在发展阶段中展开，最后在结尾得到解决。情节的发展包括以下几个部分。

- 在故事的开端就提出了一个引发冲突的问题。
- 主人公在试图解决问题的过程中遇到了障碍。
- 故事的高潮发生在问题即将被解决的时候。故事的高潮是重大转折点，决定着故事结尾的走向。
- 在故事的结尾，问题解决了，障碍也消除了。

表 9-2 是五年级的学生在阅读了《伊斯贝蓝莎的成长》后，根据以上四个组成部分完成的故事情节记录。

表 9-2　故事情节记录

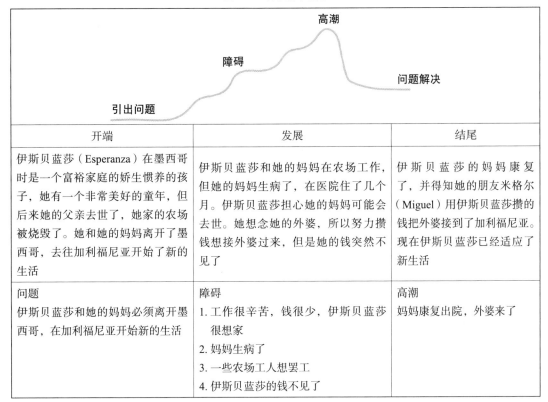

开端	发展	结尾
伊斯贝蓝莎（Esperanza）在墨西哥时是一个富裕家庭的娇生惯养的孩子，她有一个非常美好的童年，但后来她的父亲去世了，她家的农场被烧毁了。她和她的妈妈离开了墨西哥，去往加利福尼亚开始了新的生活	伊斯贝蓝莎和她的妈妈在农场工作，但他的妈妈生病了，在医院住了几个月。伊斯贝蓝莎担心她的妈妈可能会去世。她想念她的外婆，所以努力攒钱想接外婆过来，但是她的钱突然不见了	伊斯贝蓝莎的妈妈康复了，并得知她的朋友米格尔（Miguel）用伊斯贝蓝莎攒的钱把外婆接到了加利福尼亚。现在伊斯贝蓝莎已经适应了新生活
问题 伊斯贝蓝莎和她的妈妈必须离开墨西哥，在加利福尼亚开始新的生活	障碍 1. 工作很辛苦，钱很少，伊斯贝蓝莎很想家 2. 妈妈生病了 3. 一些农场工人想罢工 4. 伊斯贝蓝莎的钱不见了	高潮 妈妈康复出院，外婆来了

　　《伊斯贝蓝莎的成长》中的问题是伊斯贝蓝莎和她的妈妈必须在加利福尼亚创造新的生活，因为她们不能留在墨西哥农场的家里。当然，这个故事有人物与人物之间的冲突，以及人物与社会之间的冲突，但最重要的冲突是伊斯贝蓝莎的内心冲突，因为她告别了在墨西哥的舒适生活，来到加利福尼亚当移民。伊斯贝蓝莎和她的妈妈面临着许多障碍。她们成为农场工人，工作非常艰苦。伊斯贝蓝莎想让她的外婆来到加利福尼亚生活，但她们没有足够的钱支付她的旅费。后来，伊斯贝蓝莎的妈妈生病了，伊斯贝蓝莎接替了她妈妈的工作。最后，伊斯贝蓝莎攒够了钱可以把她的外婆接到加利福尼亚，但是她的钱不见了。故事的高潮发生在伊斯贝蓝莎的妈妈康复了并可以回到农场的时候，事实证明，伊斯贝蓝莎的钱没有被偷：伊斯贝蓝莎的朋友米格尔用这笔钱把她的外婆接到了加利福尼亚。当故事结束时，问题得到了解决：伊斯贝蓝莎适应了与妈妈和外婆一起在加利福尼亚的新生活。伊斯贝蓝莎在西班牙语中的意思是"希望"，读者有理由乐观地相信，这个女孩和她的家人会为自己创造美好的生活。

　　人物。人物是故事中的人或拟人化的动物。当故事以一个人物或一组人物为中心时，他们是最重要的结构元素。故事主角有多重性格特征，有好的，也有坏的。也就是说，他们具有真实人物的所有特征。推断人物的性格特征是阅读理解的一个重要部分。通过性格特征，读者能够深入了解人物，使人物变得栩栩如生。人物的塑造有四种方式。

- **外貌**。读者可以通过作者对故事人物的面部特征、体型、穿着、言谈举止和手势的描述来了解人物。例如，在《小企鹅特奇》（*Tacky the Penguin*，H. Lester，1990）的第一页中，特奇（Tacky）穿着鲜艳的花衬衫、打着紫白相间领带的插图向读者暗示，特奇有些"古怪"。莱斯特（Lester）对特奇行为的描述印证了这一印象。

- **行为**。了解故事人物的最佳方法是通过他们的行为。例如，在范·奥尔斯伯格（Van Allsburg）的《陌生人》（*The Stranger*，1986）中，读者可以通过人物的行为推断出故事里的陌生人指的是杰克·弗罗斯特（Jack Frost），因为他总是吹着冷风望着南下过冬的大雁，长时间工作而不感到疲倦，能与野生动物异常融洽地相处，也不熟悉现代便利设施。

- **对话**。作者通过对话赋予故事人物生命、发展情节、提供信息、推动故事发展、激发读者的兴趣。以获得"纽伯瑞奖"的《乐琦的神奇力量》为例，该故事发生在加利福尼亚州尘土飞扬的小镇哈德潘（Hard Pan），作者用对话的形式揭示了乐琦（Lucky）的虚张声势和她对被监护人抛弃的恐惧。"说"是最常见的对话标签，但作者经常使用更具描述性的语言来告诉读者她是怎么"说"的，包括唠叨（nagged）、咆哮（roared）、吹嘘（bragged）、争论（argued）、呜咽（whimpered）和咯咯笑（giggled）。

- **独白**。作者通过揭示人物的思想来洞察人物。例如，在《驴小弟变石头》（*Sylvester and the Magic Pebble*，Steig，2010）中，思想和愿望是故事的核心。西尔维斯特（Sylvester）是一头愚蠢的驴，它得到了一块可以帮它实现愿望的小石头，路上它遇到一头狮子，慌乱中它想变成一块石头，于是它真的变成了石头，悲惨地躺在路边度过了整个冬天。斯泰格（Steig）和读者们分享了这头驴的想法：它想到了它焦急万分的父母。读者也了解到，当春天来临，西尔维斯特的父母在它变成的石头上野餐时，它的内心感受是什么样的。

有时候，作者会将上述四种方式融合在一起来塑造人物，但在许多故事中，作者会重点采用一种或两种方式。

场景。场景通常被认为是故事发生的地点，但这只是一个方面。场景的设置有四个维度。

- **地点**。许多故事发生在寻常环境中，对故事的效果没有帮助，但对于另外一些故事，特殊的地点是不可或缺的。例如，《让路给小鸭子》（*Make Way for Ducklings*，McCloskey，2004）中的波士顿公园（the Boston Commons）和《狼群中的朱莉》（*Julie of the Wolves*，George，2005）中的阿拉斯加北坡都被作者巧妙地描述出来，为故事增添了独特性。

- **天气**。恶劣的天气，如暴风雪、暴雨、龙卷风，在某些故事中至关重要。例如，在《仙境之桥》（*Bridge to Terabithia*，Paterson，2005）中，暴雨对于情节的发展全关重要。不过，在很多故事中，作者并不会特意描述天气，因为它不会影响故事的结局。也有许多故事发生在温暖、晴朗的日子里。

- **时代**。对以过去或未来为背景的故事来说，时代很重要。例如，如果把《黑鸟水塘的女巫》（*The Witch of Blackbird Pond*，Speare，2001）和《数星星》（*Number the Stars*，Lowry，2011）两个故事里的场景设定在其他时代，它们的震撼力就会大打折扣：因为现在不会有人认为基特泰勒（Kit Tyler）是一个女巫，犹太人也不再遭到迫害。

– **时间**。这个维度涉及一天中的某个时间和一段时间。大多数故事发生在白天，也有一些恐怖故事发生在天黑之后。许多故事都发生在很短的时间内。例如，《手斧男孩》发生在不到两个月的时间里；也有一些故事，如《丑小鸭》（*The Ugly Duckling*，Mitchell，2007），则跨越了一年——足够让主角成长。

在一些故事中，作者几乎没有交代故事发生的场景，这样的场景被称为背景场景。举例来说，许多民间故事的场景相对不重要，使用约定俗成的"从前……"就足以奠定故事的基础。而在有些故事中，故事的场景是精心设定的，并对故事的有效性至关重要；这些场景被称为必要场景（Lukens et al.，2012）。

视角。故事都是从一个特定的视角来写的，而这个视角在很大程度上决定了读者对故事中的人物和事件的理解（Lukens et al.，2012）。以下是一些常见的故事视角。

– **第一人称视角**。这种视角通过一个人物的视角，使用第一人称代词"我"来讲述故事。叙述者通常是主角，他作为事件的目击者和参与者进行叙述。例如，在《三只小猪的真实故事》（*True Story of the 3 Little Pigs!*Scieszka，1999）中，故事是从狼的视角来讲述的，它试图为自己所做的坏事找到冠冕堂皇的理由。

– **全知视角**。在这种视角下，讲述故事的人像一个无所不知的存在，通晓一切，告诉读者故事中每个人物的所思所想。例如，《老鼠牙医》（*Doctor De Soto*，Steig，1990）就采用全知视角，讲述了老鼠牙医战胜来看牙的狐狸的故事。作者斯泰格（Steig）让读者知道，狐狸心里想的是，牙痛一治好就吃掉老鼠牙医，而老鼠牙医也知道狐狸的想法，就想到了一个巧妙的计划来戏弄狐狸。

– **限知视角**。使用这种视角是为了让读者了解一个人物的想法。故事以第三人称讲述，作者主要描述主角或另一个重要人物的思想、感情和经历。加里·伯森（Gary Paulsen）在《手斧男孩》中就运用了这种视角，探索了布莱恩（Brian）在荒野挣扎求生和接受父母离婚时的想法。

– **客观视角**。在这种视角中，读者是故事的目击者，被限制于当前的场景中。他们只了解可以看到和可以听到的信息，而不能知道每个人物的想法。大多数童话故事都是从客观视角讲述的，如《侏儒怪》（*Rumpelstiltskin*，Zelinski，1996）。这种视角的重点是叙述事件，而不是展现人物的性格。

有些故事是从多个视角叙述的，如《播种的人们》（*Seedfolks*，P. Fleischman，2004b），该故事讲述的是社区里的一个菜园给这个破败的社区带来了希望的故事。它的每个章节都由不同的人物以第一人称视角讲述。

主题。主题是故事的潜在意义，它体现了关于人性的普遍真理（Lehr，1991；Lukens et al，2012）。主题通常涉及人物的情感和价值观。主题可以是显性的，也可以是隐性的：显性主题是作者在故事中清晰地陈述出来的，而隐性主题则必须由读者推断出来。在寓言中，主题通常在结尾点出，但在大多数故事中，主题通过人物解决问题的过程来体现。在这个过程中，人物的思想、言语和行动能够凸显故事的主题。例如，在《妈妈的红沙发》（*A Chair for My Mother*，v. b. Williams，1993）中，一个小女孩和她的母亲在一场火灾中失去了所有的财产，为了攒钱买一把新椅子，她牺牲了个人的需求而为家庭的幸福做出了努力。

小说通常有多个主题，而这些主题通常不能用一个词来表达清楚。例如，《夏洛的网》（*Charlotte's Web*，White，2012）中就有几个与"友谊"相关的主题，其中一个主题是明确表述出来的，其他主题则须由读者推断出来。友谊是一个多维度的主题。例如，好的朋友具备哪些品质，不能和什么样的人做朋友，以及要为朋友做出牺牲。老师应帮助学生努力思考探究和建构这些多元丰富的主题。"微课：分析主题"展示了一名七年级老师米勒（Miller）如何回顾主题的概念；随后，她的学生分析了他们在"文学圈"里所读故事的主题。

微课

话题：分析主题

年级：七年级

时间：20 分钟

米勒老师的七年级学生正在对中世纪的历史进行学习，并在"文学圈"里阅读以中世纪为背景的小说，如《小鸟凯瑟琳》（*Catherine, Called Birdy*，Cushman，2012）。米勒为全班同学讲了一节关于该主题的微课，然后让每名学生分析他们正在读的书的主题。

1. 介绍主题

"现在，我们该探讨本书的主题了，因为大多数同学都快读到书的结尾了，"米勒老师说道，"之前，我让你们在阅读和讨论这本书的时候关注场景，以更多地了解中世纪的生活。现在，我想让你们用另一种角度再看这本书：我想让你们思考这本书的主题。让我们回顾一下：主题是这本书的主要信息。它可能是关于友谊、勇气、接受、决心或其他一些重要的品质。"

2. 展示示例

米勒以学生在 9 月阅读的生存故事《手斧男孩》为例。她问道："布莱恩救了自己吗？"每个人都同意他做到了。"那么这个故事的主题是什么？"米勒问道。学生把生存

作为主题，米勒要求他们用一句话来解释。贾里德（Jared）说："有时候，如果你想生存下去，就必须做很多恶心的事情。"米勒同意他的说法。卡罗（Carole）说："我认为主题是你可能认为你并不具备生存下去的勇气和头脑，但如果你被困在荒野中，你会发现你实际上具备。"米勒也表示同意。舟舟（Jo-Jo）用另一种方式表达了主题："就像电影《荒岛余生》（Castaway）。布莱恩必须疯狂——特别疯狂，但他的疯狂足以让他活下来。你必须坚持下来，向自己证明你可以生存下去。"米勒再次表示同意。米勒在白板上画了一幅聚类图，在中间的圆圈中写上"生存"。然后，她画出向外的射线，在每条射线上写下学生提供的概括主题的句子。

3. 提供信息

"主题不像情节、人物和场景那样明显。"米勒解释道。她告诉学生，为了揭示主题，他们需要思考人物面临的冲突及人物如何解决问题。"那么你必须回答这个问题：作者想告诉我关于生活的什么？"

4. 指导练习

微课结束时，学生回到所在的"文学圈"，讨论他们读的书的主题。米勒要求他们思考一个或多个以一个单词概括的特点，然后引出至少三个一句话长度的句子来概括主题。当学生分析主题时，他们可以在大张纸上画聚类图。

5. 评价学习

米勒从一个小组到另一个小组，与学生讨论主题。她检查各个小组的聚类图，并帮助他们找出需要添加的其他主题。

叙事手法

作者借助叙事手法（narrative devices）使他们的作品生动而令人难忘（Lukens et al.，2012）。表 9-3 描述了故事中常用的文学手法（iiterary devices）。意象（imagery）可能是最常用的；许多作家通过这种叙事手法来描绘丰富的画面，使人物和场景栩栩如生。闪回（flashback）在故事中很常见，如乔恩·西切斯卡（Jon Scieszka）的"穿越三部曲"（Time Warp Trio）系列和玛丽·波普·奥斯本（Mary Pope Osborne）的"魔法树屋"（Magic Tree House）系列，在这些故事中，读者可以回到过去进行冒险。象征（是 symbolism）是借助某个具体形象指向另一个事物，或者表现某种抽象的概念、思想和情感。例如，在克里斯·范·奥尔斯伯格的《悲惨石》（The Wretched Stone，1991）中，有一个发光的石头，这个石头会分散工作人员的注意力，使他们无法阅读、无法与朋友相处、无法从事工作，这个石头就象征着电视机或计算机。为了理解故事的主题，学生必须识别象征物并理解其所代表的意义。基调（tone）或故事的整体感觉是由作者的写作风格决定的。有些故事诙谐幽默，有些故事振奋人心，还有一些故事是对社会的深思。

表 9-3 文学手法

手法	描述
对话	以文字形式展示人物之间的对话。作者利用对话的形式推动故事向前发展，同时使人物栩栩如生
闪回	故事突然中断，读者被带回故事的开端。作者在穿越故事中使用闪回的手法，让故事中的人物回到特定的历史时期
铺垫	暗示故事后面会有事件发生，以激发读者的期望。作者经常在故事的开端使用铺垫的手法
意象	作者用描述性的词汇和短语在读者脑海中创造一个画面。作者在创造画面时也会使用隐喻和明喻
悬念	由于不确定故事中的冲突会如何结束而感到兴奋。作者在故事的发展阶段，用人物攻克一个又一个阻碍来设置悬念
象征	用人、地点或事物来代表其他事物。例如，狮子象征着勇气，鸽子象征着和平。作者使用象征的手法来强化故事的主题
基调	故事的整体感觉或情绪，从幽默到严肃再到悲伤。作者通过遣词造句和使用其他叙事手法来营造基调

着眼于故事中的文本元素

《玛百莉计划》（*Project Mulberry*，Park，2007）是一部当代现实主义小说，讲述的是七年级韩裔美国女孩朱莉·宋（Julie Song）和她的朋友帕特里克（Patrick）合作在州博览会上赢得蓝丝带的故事。这本多元文化小说适合四~八年级的学生阅读；其阅读水平是五年级。"纽伯瑞奖"得主琳达·苏·朴（Linda Sue Park）用第一人称写了这本叙述生动、引人入胜的小说。朱莉是一个非常有吸引力的人物，她的想法和行动推动了故事的发展。她的母亲建议她和帕特里克为他们的州博览会项目养蚕，但一开始朱莉并不感兴趣，因为她认为这太"韩国"了。相反，她想做一些"美国"的事情。

自我接纳是这个故事最重要的主题。矛盾在朱莉的内心世界里，她努力适应，同时尊重韩国的传统。另一个主题是偏见。朱莉担心她的母亲可能是种族主义者，因为母亲不想让她和迪克森先生（Mr. Dixon）待在一起。迪克森先生是给她桑叶喂蚕的非裔美国人。这个故事强调了用一些小事来增加宽容度的重要性。

这本书最有趣的特点是在章节之间插入了朱莉和作者之间的对话。在这些对话中，朱莉抱怨自己的性格，并询问作者是如何思考和写书的。这些诙谐的对话为写作过程提供了实用的见解。大多数学生都喜欢读这些书，但那些不喜欢的学生很容易跳过它们，因为它们与故事的其余部分不太相关。

科普类读物的文本因素

9.2　讨论科普类读物的文本因素

故事是小学阶段阅读和写作教学的主要形式，因为人们认为在头脑中构建故事是一种基本的学习方式。然而，许多学生更喜欢阅读科普类读物，他们能够像理解故事一样理解这些科普类读物（Stead & Duke，2005）。转向非故事类作品通常发生在四年级。当然，学生有兴趣去了解他们所生活的世界——海豚和鲸鱼的区别，道路是如何修建的，南极洲的环境面临的威胁，或者阿米莉亚·埃尔哈特（Amelia Earhart）不幸的环球飞行——科普类读物提供了这些知识。

非故事类体裁

科普类读物提供了你能想到的任何话题的事实（Ness，2011）。例如，《轻按开关：电如何到达你的家》（*Flick a Switch: How Electricity Gets to Your Home*，Seuling，2003）、《泰姬玛哈》（*Taj Mahal*，Arnold & Comora，2007）、《仙人掌之月：沙漠日志》（*Saguaro Moon: A Desert Journal*，Pratt-Serafini，2002）、《大脑：我们的神经系统》（*The Brain: Our Nervous System*，Simon，2006）、《土拨鼠之日》（*Groundhog Day!*Gibbons，2007）、《古印加》（*Ancient Inca*，Gruber，2006）和《这份工作的合适"狗"选：艾拉的从服务犬到导盲犬之路》（*The Right Dog for The Job: Ira 's Path from Service Dog to Guide Dog*，Patent，2004）。这些书中有一些是绘本，使用文字和插图的组合来呈现信息，还有一些是章节书，主要依靠文字提供信息。

其他图书在故事背景中呈现信息。"神奇校车"系列可能是这类书中最著名的。例如，在《神奇校车之科学博览会》（*The Magic School Bus and The Science Fair Expedition*，Cole，2006）中，费老师（Mrs. Frizzle）和她的班级穿越时空了解科学思维是如何发展的。这本书的页面布局具有创新性，在大多数页面边缘外呈现了展示事实信息的图表和报告。

字母绘本。许多字母绘本是为正在学习识别字母的幼儿设计的。有些是较为常规的，每页都有一个字母和熟悉物体的插图，但有些字母绘本，如《字母毛线》（*Alphabet Adventure*，Wood，2001）和《字母房间》（*The Alphabet Room*，Pinto，2003），则更具想象力。有些字母绘本是为年龄大一些的学生设计的。《从 A 到 Y 的字母，还有 Z》（*The Alphabet from A to Y with Bonus Letter Z!*Martin & Chast，2007）是一本聪明的文字游戏书。《超级英雄 ABC》（*SuperHero ABC*，McLeod，2006）、《Q 是夸克的首字母：科学主题字母绘本》（*Q Is for Quark: A Science Alphabet Book*，Schwartz，2001）等书提供了关于各种主题的丰富信息。在这些书中，段落长度的条目用于解释代表每一个字母的单词。

传记。学生通过阅读传记来了解一个人的一生。现在的孩子们可以找到各种各样的传记，从著名人物的传记，如《埃莉诺·罗斯福：探索的一生》（*Eleanor Roosevelt: A Life of Discovery*，Freedman，1997）、《逃脱术！伟大的胡迪尼的故事》（*Escape! The Story of the Great Houdini*，S.

Fleischman，2006）和《艾萨克·牛顿》（*Isaac Newton*，Krull，2006）。这些书是个人传记，因为它们只关注一个人。集体传记以简短的描述为特色，讲述了一群在某些方面有关联的人的故事，如《小酒馆英雄和乡村天使：乡村和西部音乐的先驱》（*Honky-Tonk Heroes and Hillbilly Angels: The Pioneers of Country and Western Music*，George-Warren，2006）。

自传是人们自己书写的人生故事。其中最值得一提的是《我是马拉拉》（*I Am Malala*，Yousafzai，2014），它讲述了巴基斯坦女孩成为儿童权利活动家和最年轻的诺贝尔与平奖获奖者的故事。遗憾的是，只有少数自传适合从幼儿园至八年级的学生阅读。当代作家的自传展示了他们的生活和他们对写作的看法，如简·约伦（Jane Yolen）的《倾斜》（*On the Slant*，2009）和拉尔夫·弗莱彻（Ralph Fletcher）的《反思》（*Reflections*，2007）。

参考书。学生使用年鉴、字典和地图册等参考书，来寻找信息和研究课题。例如，《世界儿童年鉴》（*The World Almanac for Kids*，Janssen，2015）是一本引人注目的书，它包含了适合儿童阅读的有关时尚、灾难、电影、奖品和竞赛、神话及人口普查数据等信息。这本年鉴每年都会更新，因此主题会有所变化。

说明文结构

科普类读物的特定组成方式被称为说明文（Hebert，Bohaty，Nelson，& Roehling，2018；McGee & Richgels，1985）。表 9-4 描述了这类图书的五大结构，给出了示例段落和表明结构的提示词，并为部分结构提供了信息组织图。

表 9-4　说明文的五大结构

结构	信息组织图	示例段落	学生如何应用
描述 作者通过列举特征和示例来描述一个主题。提示词包括"例如"（for example）和"特征是"（characteristics are）	—	奥林匹克标志由五个圆环相扣组成，这五个圆环代表参加比赛的运动员来自不同的洲。这些环分别为黑色、蓝色、绿色、红色和黄色。每个派遣运动员参加奥运会的国家（或地区）的国旗中都可以找到其中至少一种颜色	学生可以使用描述的结构来描述各种主题，如密西西比河（the Mississippi River）、老鹰和阿拉斯加（Alaska）
顺序 作者按数字或时间顺序罗列项目或事件。提示词包括"第一"（first）、"第二"（second）、"第三"（third）、"接下来"（next）、"然后"（then）和"最终"（finally）	—	奥林匹克最初是为了纪念希腊诸神而举办的体育庆祝活动。其中最重要的活动是为了纪念宙斯，这项活动在公元前 776 年演变为古代奥运会。古代奥运会于公元 394 年结束，之后有 1500 年没有举办过。现代奥运会开始于 1896 年，近 300 名男运动员参加了这次比赛。1900 年，女运动员也开始参加奥运会。自 1896 年以来，奥运会每四年举办一次，第二次世界大战期间除外	学生用这个结构来介绍如何解一道数学题或动物的生命周期。传记中的事件通常也是按顺序写的

（续表）

结构	信息组织图	示例段落	学生如何应用
对比 作者解释两个或多个事物的相似或不同之处。提示词包括"不同"（different）、"相比之下"（in contrast）、"相似"（alike）、"相同"（same as）和"另一方面"（on the other hand）	相似、不同	现代奥运会不同于古代奥运会。古代奥运会没有游泳比赛，但有战车比赛，没有女运动员参赛，所有运动员都裸体参赛。当然，古代奥运会和现代奥运会在许多方面是相似的。例如，标枪和铁饼这两个项目是相同的。有人说，在现代奥运会中，作弊、职业化和民族主义是对奥运会的亵渎，但根据古希腊作家的说法，古代奥运会中也存在这些问题	学生可以使用对比结构来比较小说原著和改编的电影、爬行动物和两栖动物、古希腊生活和古埃及生活等
因果关系 作者列举了一个或多个原因和由此产生的结果。提示词包括"……的原因"（the reason why）、"如果……那么"（if… then）、"结果"（as a result）、"因此"（therefore）和"因为"（because）	原因： 结果 1 结果 2 结果 3	奥运会有众多运动员参赛并能吸引众多观众通过电视转播观看比赛的原因有以下几个。原因之一是传统。"奥林匹克"这个词让人们想起古代奥运会。人们通过参加或观看奥运会来让平淡的日子变得精彩。他们喜欢为别人的成功喝彩。民族自豪感是另一个原因，运动员来之不易的胜利会成为一个国家的骄傲	解释恐龙灭绝的原因、污染的影响或内战的原因都常使用这种结构
问题与解决方案 作者陈述了一个问题并列出一个或多个解决方案。提示词包括"问题是"（problem is）、"困境是"（dilemma is）、"难题是"（puzzle is）、"已解决"（solved）和"问题……回答"（question… answer）	问题 解决文案	现代奥运会的一个问题是花费巨大。为了举办奥运会，主办方必须建造大型场馆、游泳池和户外运动场，还要建奥运村为运动员提供住宿。而奥运会只有两周的时间，比赛结束后这些设施就完成了自己的使命。1984 年，洛杉矶通过向官方赞助商收取费用和使用当地现有建筑来解决这些问题。曾举办 1932 年奥运会的场馆也被再次利用，当地的大学也被征用为比赛和住宿的场所	学生在写为什么人类要发明货币，为什么要拯救濒危动物，或者为什么要建大坝来保证供水时，都会用到这个结构

当读者了解这些结构时，他们就能更好地理解所读内容；当作者使用这些结构来组织他们的写作时，读者也能更容易理解。有时候，这些结构是由标题、主题句或提示词来表示的，但有时候不是。

非故事类文本特征

非故事类文本具有故事和诗歌所没有的、独特的文本特征，如页边注和词汇表。这些特征使得这类文本可读性强，也能促进学生的理解。以下是非故事类文本的特征。

- 标题和副标题引导读者注意大概念 / 大观念。
- 照片和图画说明大概念 / 大观念。
- 使用图像、地图和表格等，直观地提供详细信息。

- 使用页边注提供补充信息，或引导读者了解与主题相关的其他事实。

- 为方便识别关键术语，对相关词汇进行高亮标记。

- 提供词汇表以帮助读者发音和解读关键术语。

- 在章节末尾或整本书末尾提供总结或图表以便回顾复习。

- 提供索引，以帮助读者迅速查找所需信息。

学生理解这些非故事类文本特征很重要，这样他们就可以使用这些特征，从而更有效地阅读，并提升他们对文本内容的理解（Harvey & Goudvis，2017）。

检查科普类读物中的文本因素

《全球变暖实用指南》（*The Down-to-Earth Guide to Global Warming*，David & Gordon，2007）是一本 112 页的平装非故事类图书，它用学生能理解的浅显的例子解释了气候变化及其可能造成的灾难性后果。这本书共分为四个部分：第一部分解释全球变暖，第二部分研究天气变化，第三部分探讨植物和动物的灭绝，第四部分呼吁读者采取行动。作者用具体的例子以一种有趣的方式呈现了严肃的信息，并提供了实用的建议，向学生展示了他们如何在家庭和社区中帮助对抗全球变暖现象。

这本非故事类图书对读者很友好，它包含了大多数非故事类体裁常用的范式。读者可以在这类图书的开头找到目录和一封"致亲爱的读者"的信，作者不断使用页边注来突出重要的信息和添加有趣的事实。

关键术语和重要事实用彩色印刷，字号要比周围的文字大。照片和卡通插图增添了趣味性，图表、饼图和地图使所呈现的信息更容易理解。书的末尾是词汇表、索引、参考书目和进一步阅读的建议，包括供学生查阅的网站。

作者使用了问题与解决方案的组织结构。问题是气候变化，作者针对这一问题提出了一些应对方法，如孩子们可以通过垃圾回收、节约能源、用紧凑型荧光灯泡（现在可以用 LED 灯泡）代替传统灯泡、使用帆布袋代替纸或塑料袋，以及从事与环保相关的工作等来解决这一问题。在书中，作者也使用了其他文本结构。例如，作者描述了全球变暖现象，解释了什么是水循环，并谈到全球变暖对儿童的影响，如过敏问题更加严重了、沾松饼用的枫糖浆产量变少了。

这本色彩鲜艳、引人入胜的平装书适合三~六年级的学生阅读，它既适合对气候变化相关知识感兴趣的学生阅读，也适合为准备报告或完成其他作业需要气候变化相关知识的学生阅读。

诗歌的文本因素

9.3 讨论诗歌的文本因素

识别一首诗歌很容易，因为诗歌的文本看起来与故事或科普类读物完全不同。首先是布局，即文字在页面上的排列，这是一个重要的文本因素。诗歌的形式多种多样，从自由诗到俳句，诗人使用各种方式使自己能写出更好的诗歌。雅内茨科（Janeczko，2003）解释说，学生需要能用于谈论诗歌的语言，了解诗歌的形式和方式是前提。因为诗歌比其他类型的文本更短，学生更容易审视文本、注意诗歌形式上的差异并找到作者使用的不同形式的例子。

诗歌集的格式

为儿童出版的诗歌集有三种类型。第一种类型如绘本版本的《保罗·里维尔的午夜骑行》（*The Midnight Ride of Paul Revere*，Longfellow，2001）和其他古典诗歌。在这些书中，每一页呈现和展示诗的一行或者一节。第二种类型是专门的诗歌集，要么是由同一位诗人写的，要么是关于同一个主题的，如《走遍美国：诗歌和艺术之旅》（*Tour America: a Journey Through poems and Art*，Siebert，2006）。第三种类型是综合选集，这些书的特点是作者选择了 50～500 首或更多诗歌，把它们按类别排列，其中杰克·普勒斯基（Jack Prelutsky）的《兰登书屋儿童诗歌集》（*the Random House Book of Poetry for Children*，1983）是最好的代表。

诗歌体小说。诗歌体小说是通过诗歌而不是散文来讲述故事的。有些是一首长诗，有些是短诗的合集。诗歌体小说的独特之处在于它们朗朗上口，并能创造出强有力的视觉形象。凯伦·黑塞（Karen Hesse）的"纽伯瑞奖"获奖作品《风儿不要来》（*Out of the Dust*，1999）描述了生活在俄克拉何马州尘暴区的严酷现实，在《移动》（*Locomotion*）中，杰奎琳·伍德森（Jacqueline Woodson，2004）用 60 首诗讲述了一个悲伤但充满希望的故事：纽约的一名五年级学生，他的父母在一场室内火灾中丧生，他悲痛欲绝，最后在时间的治愈下慢慢抚平创伤。诗人在他们的故事中使用各种各样的诗歌形式：莎伦·克里奇（Sharon Creech）在《爱那只狗》（*Love That Dog*，2001）中使用了自由诗，洛伊斯·洛瑞（Lois Lowry）在《留下来！小狗基普的故事》（*Stay! Keeper's Story*，1999）中使用了押韵对联，詹·布莱恩特（Jen Bryant）在《乔治亚的碎片》（*Pieces of Georgia*，2007）中使用了日记形式的自由诗。

卡登（Cadden，2011）解释说，诗歌体小说结合了故事、诗歌和戏剧的元素。人物心声是最强大的故事元素：当故事中的人物叙述故事时，读者仿佛能够"听到"人物的心声，当作者使用多个讲述者时，每个人物都提供了一个独特但不完整的视角。诗歌体小说的结构也有所不同。通常情况下，故事有开端、发展和结尾，但是坎贝尔（Campbell，2004）把诗歌体小说的结构比作车轮：事件是中心，叙述者是辐条。诗歌体小说常用的诗歌形式是自由诗，这种形式可以让作者通过精心选择语言及其排列组合的方式来塑造人物。诗歌体小说还具有戏剧的特点，和戏剧一样，也有丰富的对话；主人公在叙述事件时并不会添加额外的描述或总结。

诗歌的形式

如果是为从幼儿园至八年级的学生创作诗歌，诗人通常会使用多种诗歌形式。押韵诗是最常见的一种，如《我的父母认为我在睡觉》（*My Parents Think I'm Sleeping*，Prelutsky，2007）。另一种常见的形式是叙述性诗歌，如克莱门特·摩尔（Clement Moore）的经典之作《圣诞前夜》（*The Night Before Christmas*）和朗费罗（Longfellow）创作并由克里斯托弗·宾（Christopher Bing）制作插图的《保罗·里维尔的午夜骑行》（*The Midnight Ride of Paul Revere*，2001）。这些诗其实讲述了一个故事。一种现代形式的诗歌是自由诗，它的独特之处在于作者不需要使用传统的诗歌技巧，包括结构、押韵和韵律。取而代之的是，作家选择合适的词汇准确地表达思想，创造强烈的画面感。他们划分诗句，使诗句如同演讲般流畅。这种诗歌对字母的大写和标点符号的规范使用并没有严格的要求。例如，卡尔·桑德伯格（Carl Sandburg）的经典诗歌《雾》（*Fog*，Prelutsky，1983）、《沙漠之声》（*Desert Voices*，Baylor，1993）和《熟悉的诗篇》（*Canto Familiar*，Soto，2007）。

学生创作有趣的诗句，配以生动的文字和插图，形成强烈的对比，以表达深刻的情感。诗歌成功的关键是诗歌的格式，它作为一个支架或临时的框架，使学生不用被格律所牵绊，而是专注于自己想要表达的想法。这些格式大多在编排上比较自由，但也有一些使用押韵或按照一定格式编写。

- **藏头诗**。学生可以用一个能表达意义的关键词来构建这种诗。首先，他们选一个单词，纵向写下这个单词，这样这个单词中的每个字母就成为每一行的首字母；然后以这些首字母开头，完成整首诗的创作。

- **道歉诗**。以威廉·卡洛斯·威廉姆斯（William Carlos Williams）的诗《这只是说》（*This Is Just to Say*）为样板，学生写道歉诗，为自己做错了的事情道歉（Koch，1990）。中高年级的学生对道歉诗很熟悉，也喜欢写风趣幽默的道歉诗，如《这只是说：道歉和原谅的诗》（*This Is Just to Say: Poems of Apology and Forgiveness*，Sidman，2007）。

- **双语诗**。学生在写自由诗时在诗中插入另一种语言（Cahnmann，2006）。例如，加里·索托（Gary Soto）的《邻里颂》（*Neighborhood Odes*，2005）和简·费利佩·埃雷拉（Jan Felipe Herrera）的《大声笑，我飞》（*Laughing Out Loud, I Fly*，1998）都是西班牙 - 英语双语诗歌的例子。用非英语写的那些词是诗歌中的关键词，选择这些词是为了唤起读者强烈的印象和文化共鸣。

- **色彩诗**。学生通过在每行或每节的开头加入一个描述色彩的词来写色彩诗（Koch，2000）。例如，通常情况下，我们会写"幽灵般的夜空是黑色的"（The spooky night sky was black），而写色彩诗时应该把描述色彩的词放在句首，即"黑色是幽灵般的夜空"（Black is the spooky night sky）。

- **具象诗**。这种诗通过将诗句排列成图传达诗的意义。当文字和线条形成一幅图画或勾勒出它们所描述的对象时，这些诗被称为形状诗。有时候，单词、行和节会以特殊形式分布在一两页纸上，以强调意义。例如，《戳一戳 I：具象诗集》（*A Poke in the I: A Collection of Concrete Poems*，Janeczko，2005）和《涂鸦丹迪：有形状的诗》（*Doodle Dandies: Poems That Take Shape*，Lewis，2002）就是两部具象诗集。
- **拼贴诗**。学生从故事、报纸、网络、杂志文章和非故事类图书中截取关键词和短语，并将其拼贴在一起成为一首诗。

当学生写拼贴诗时，他们会用比自己能力范围更复杂的单词和语言结构进行创作，他们还会记录自己对故事和所用到的相关文本的理解。

- **俳句**。俳句是一种日本诗歌形式，仅包含 17 个音节，排列成 3 行，每行分别有 5 个、7 个和 5 个音节。这是一种简洁的诗歌形式，很像过去的电报。俳句的主题通常是大自然，诗句颇具画面感地呈现出清晰的图像。可以与学生分享的俳句书包括《小狗"库"》（*Dogku*，Clements，2007）和《甜瓜变青蛙：伊萨的生活和诗歌》（*Cool melon - turn to frog! The Life and Poems of Issa*，Gollub，2004）。这些绘本中的插图可以帮助他们为自己的俳句创作插图提供思路。
- **清单诗**。学生按照乔治娅·希尔德（Georgia Heard，2009）的清单诗模板，用他们针对某个主题进行头脑风暴想出的单词和短语创作清单诗。清单诗的每一行都遵循相同的结构，最后一行是转折或对主题进行总结。
- **颂诗**。颂诗用于赞美日常事物，尤其是那些通常不被欣赏的事物。颂诗是直接写给某个物品的、不押韵的诗，讲述了这个事物的优点及它为什么有价值。颂诗是一种古老的诗歌形式，可以追溯到古希腊时期。传统上，颂诗都是复杂的抒情诗句，如济慈（Keats）的《夜莺颂》（*Ode to a Nightingale*），但智利诗人巴勃罗·聂鲁达（Pablo Neruda）引入了这种诗歌形式的当代变体，使其在形式上更加随性。加里·索托（Gary Soto）的《邻里颂》（*Neighborhood odes*，2005）是适合学生看的最好的颂诗集。
- **双声诗**。这种独特的诗歌形式是把诗分为两列，高低不平，两位读者共同朗读；一位读左边一列，另一位读右边一列，从左到右依次朗读，谁的一行高谁先读。当左右两边的某行齐平时——无论这行左右两边的词是否相同——两位读者都要同时读出那一行，这样读出来的诗听起来就像二重唱。例如，保罗·弗莱施曼（Paul Fleischman）创作的两本双声诗图书分别为《我是凤凰：双声诗》（*I Am Phoenix: Poems for Two Voices*，1989）和《欢乐的噪声：双声诗》（*Joy Noise: Poems for Two Voices*，2004a），前者是关于鸟类的，后者是关于昆虫的，这两本书还获得了"纽伯瑞奖"。如果双声不够，还可以参考弗莱施曼的《重要的谈话：四声诗》（*Big Talk: Poems for Four Voices*，2008）。

想要了解其他诗歌形式，请查阅《诗歌形式：教师和作者手册》（*The Teachers & Writers Handbook of Poetic Forms*，Padgett，2000）。学生自己写诗的时候可以采用其中的几种形式，如颂诗和具象诗。

诗词创作手法

诗词创作手法的使用特别重要，因为诗人要非常简洁地表达自己的想法。每个单词都很重要。诗人经常使用以下这些诗词创作手法。

- 半韵：头韵的一种类型，在邻近的单词中使用重复的元音。
- 辅音韵：头韵的一种类型，在邻近的单词中使用重复的辅音。
- 意象：通过语言描述刺激读者的感官，在脑海中形成一幅画面或想到一个具体的事物，以寄托情思。
- 隐喻：在不使用"像"（like）或"似"（as）的情况下对两个不太相似的事物进行比较。
- 拟声词：使用模仿声音的词。
- 重复：为了特殊效果而重复的单词、短语或诗句。
- 押韵：在行尾使用以相似音结尾的单词。
- 韵律：朗读诗歌时，由于有规律的音节停顿而形成的韵律感。
- 明喻：使用"像"（like）或"似"（as）进行比较。

叙事手法和诗歌创作手法是相似的，其中许多手法（如意象和隐喻）在这两种体裁中都很重要。

诗人也会使用其他创作手法，他们还可以选择是否及如何使用大写字母和标点符号。当他们决定如何将诗歌分成几行及是否将这些诗句分成小节时，他们会考虑自己所传达的意义和诗歌中的韵律。页面布局是另一个需要考虑的因素：尽管页面上的诗句排列对所有诗歌都很重要，但对具象诗尤为重要。

诗词中的文本因素

《这只是说：道歉和原谅的诗》是一本诗歌集，据作者说，书中的诗是由佛罗伦萨斯克里布纳学校（Florence Scribner School）的默茨（Merz）老师的六年级学生，作为诗歌单元的一部分作业完成的。在引言中，学生编辑安东尼·K（Anthony K.）解释说，他和同学以威廉·卡洛斯·威廉姆斯（William Carlos Williams）的《这只是说》为模板写了道歉诗，然后接受道歉的人写了原谅诗作为回复。

这本书分为两部分。第一部分"道歉"包含了六年级的学生的道歉诗，每名学生的诗都被放在一个单独的页面上，并配有学生的照片及与诗歌内容相关的插图。这本书里的图画和多媒体插图是由班上很有艺术天赋的学生包旺（Bao Vang）创作的。第二部分"回应"包含了六年级的学生收到的原谅诗。这些诗与道歉诗的排列顺序相同，每首诗占一页，并配有包旺创作的插图。

这本引人入胜的诗集收录了关于各种主题的短诗，有些是幽默的，有些是发自内心的或悲伤的。例如，何塞（José）向他的父亲写了一封道歉信，因为他扔石头时打破了车库的窗户。其他话题还包括偷布朗尼蛋糕、宠物去世、不友好的评论和球类运动中的粗鲁行为。何塞的父亲回信告诉何塞忘记那被打破的窗户，并表达了自己对儿子的成就感到骄傲。其他接受道歉的人创作的诗表达了爱、悲伤和接纳。

这本诗集里的大多数诗遵循威廉·卡洛斯·威廉姆斯的范式，但也有许多学生加以修改，以适应他们的想法和词语。少数诗使用了不同的形式，包括俳句、双声诗、颂诗、拼贴诗和自由诗。这些诗使用了不同的字体，它们在书页上的排列也各不相同。这些诗最显著的特点是反映了各种人群的心声：有些诗听起来像六年级女生的心声，有些像男生的，还有一些是兄弟姐妹的、父母的和祖父母的。

作者乔伊斯·西德曼（Joyce Sidman）在作者传记中向读者坦白，书中的诗其实是她以学生的口吻创作出来的。多年前，她让她所教的四年级的学生写道歉诗的时候，自己也写了一首并寄给了她的母亲，她的母亲回复了一封原谅信，那件事给了她灵感，于是就有了这本诗集。这本诗集适合三～六年级的学生阅读。许多诗歌可以作为学生写作的模板；老师也可以让他们的学生写自己的道歉和原谅诗集。

《诗歌能与学生对话》（*Poetry Speaks to Students*，Paschen & Raccah，2005）是一本面向二～四年级的学生的综合选集，并附有一张诗朗诵的 CD。这本插图丰富的绘本使诗歌变得有趣和容易理解。该选集收录了由 73 位诗人所写的 95 首经典和当代诗歌，内容涵盖了从轻松到严肃的各种话题。尼基·乔瓦尼（Nikki Giovanni）讲述了她为什么喜欢巧克力，比利·柯林斯（Billy Collins）回忆自己 10 岁时的生日，奥格登·纳什（Ogden Nash）讲述了勇敢的小伊莎贝尔（Isabel）的故事，X.J. 肯尼迪（X. J. Kennedy）揭示了如何熬夜的秘密。

该选集附有长达 1 小时的 CD，收录了由 34 位朗读者朗读的 50 首诗歌，其中许多是诗人朗读自己的作品。不过，有一些录音质量较为粗糙。朗读者表现出各种不同的声音和独特的口音，你可以听到詹姆斯·贝瑞（James Berry）用牙买加英语的轻快语调进行朗读。收录在 CD 中的每一首诗的曲目编号都显示在诗的标题旁边。

教授文本因素

9.4 *解释如何向学生教授文本因素*

研究人员证明，当老师向学生讲授文本因素时，学生的理解能力会增强（Fisher，Frey，& Lapp，2008；Sweet & Snow，2003）。此外，当学生熟悉他们正在阅读的图书中的体裁、组织结构和文学手法时，他们就能更好地在自己的写作中应用这些文本因素（Buss & Karnowski，2000）。然而，仅仅关注故事是不够的，学生需要了解各种体裁的特点。在本章开头的教学故事中，艾布拉姆斯使用了文本因素帮助他的学生了解青蛙。他教授了非故事类图书的独特特征，通过他提出的问题强调文本结构，并使用信息组织图帮助学生将大概念 / 大观念可视化。

美国共同核心州立标准强调，从幼儿园到八年级，每个年级的学生使用文本因素更有效地理解故事和非故事类文本，特别是复杂文本的能力都应不断提高。老师应教授体裁、文本结构和文学手法，以帮助学生提升以下技能。

- 关注不同视角和其他故事结构的元素是如何塑造故事的内容和风格的。
- 建立大概念 / 大观念和细节之间的联系。
- 整合通过视觉和媒体呈现的信息。
- 检查句子和段落，看看它们之间及它们与整个文本是如何相互联系的。
- 分析文本、得出结论。
- 引用文本证据来支持结论。
- 对文本中不严谨的推理更加敏感。

微课

老师通常通过微课直接向学生教授文本因素（Simon，2005）。老师聚焦某种体裁，解释它的特征，然后朗读代表这种体裁的图书，示范自己对文本因素的思考。之后，学生把他们所学到的知识制作成图表，并把它们挂在教室里。同样，老师会介绍这类文本的组织结构，并让学生阅读一本书或书中的节选片段，然后分析作者是如何使用组织结构来组织内容的。学生常通过信息组织图来画出他们正在阅读的非故事类图书的结构，并思考这样的组织形式是如何表达大概念 / 大观念的（Opitz，Ford，& Zbaracki，2006）。老师还让学生关注作者使用了哪些文学手法使作品更加生动，使用了哪些写作手法使文本更易于阅读。学生常会把他们正在阅读的故事中包含叙事手法的句子、诗歌中带有诗词写作手法的诗句摘录下来，与同学们分享。他们用从书中发现的非故事类文本特征制作图表，并将其融入撰写的读书报告。

培养更有策略的学生

教学生如何使用这些策略来识别和分析文本因素，从而提高他们对复杂文本的理解：

☾ 思考体裁；

☾ 识别文本结构；

☾ 注意文学手法。

在微课中介绍这些策略，并让学生在阅读和听书时练习使用这些策略。如果学生遇到困难，请重新教授策略，示范策略的使用，并对策略的应用进行有声思维。

理解策略

仅仅让学生说出神话的一个特征、识别说明性文本结构的提示词、定义隐喻或半韵是不够的。我们的目标是让学生在阅读和写作时能够使用他们所学到的关于文本因素的知识。学生首先要能注意到文本因素才能运用这些知识帮助自己理解，这种注意策略包括思考体裁、识别文本结构、注意文学手法。拉蒂默（Lattimer，2003）这样解释这项策略：学生需要思考"对一篇文本有什么样的期待，从何入手，以及从中能学到什么"。老师通过微课和其他活动来教授学生文本因素，但最后一步是帮助学生内化信息，并在阅读和写作时应用文本因素。老师可以使用有声思维来示范他们在阅读时如何应用阅读策略（Harvey & Goudvis，2017）。老师在进行示范写作和共享型写作时，也可以使用有声思维来示范策略的使用。

阅读和写作活动

学生在学习文本要素的同时，需要有机会阅读和听老师朗读。拉蒂默（Lattimer，2003）建议教授"体裁探究"（genre studies）的方法，让学生在阅读和探索代表某一体裁的图书时了解该体裁，然后将他们学到的知识应用到写作中。

五年级的学生以保罗·弗莱施曼（Paul Fleischman）获得"纽伯瑞奖"的著作《欢乐的噪声：双声诗》作为他们所写诗歌的模板。因为之前他们参加了一项关于诗歌的"体裁探究"工作坊，所以他们知道怎样写双声诗。

故事。学生在参与故事讨论会、写阅读日志时，会检查文本因素。当他们参与以下与口头表达、戏剧表演和视觉呈现有关的活动时，他们也能更好地了解故事。

– **故事卡**。故事卡即绘本故事中裁剪下来的页面，学生可以用故事卡完成很多活动。他们可以按顺序排列故事里的事件，讨论人物或场景，重新阅读对话，找到其他叙事手法的例子等。老师经常让学生在教室里按照故事卡的顺序排好队，复述故事卡上的故事，或者将故事卡分成开端、发展和结尾三部分。

- **"烫椅子"**。学生参加"烫椅子"活动，扮演故事中的一个人物，他们从人物的角度讨论故事，回答同学们的问题。有时候，一个故事中的几个人物聚在一起交谈，分享他们的观点，互相提问。这个活动可以加深学生对故事的理解，以及对故事情节、人物和观点的认识。在这个活动后，老师还可以让学生从人物的角度写阅读日志和信件。

- **画图和表格**。学生在分析故事元素的同时，可以绘制代表故事开端、发展和结尾的图片，设计故事情节图和场景图，制作关于故事结构元素特征的海报或特定故事中使用的文本因素的图表。这些活动突出了故事的重要概念，推动了学生的学习。

- **复述故事**。学生通常使用木偶、故事卡或与故事相关的物品来复述故事。学生在复述故事的过程中，运用他们对故事情节，特别是故事的开端、发展、结尾的理解，以及故事结构的其他元素，尝试使用铺垫、对话和其他叙事手法来进行复述。有时候，学生会扮演书中的一个人物，从该人物的视角复述故事。例如，他们可以从客观视角，或者从警官巴克尔（Officer Buckle）或警犬葛黄雅（Gloria）的角度，复述《警官巴克尔和警犬葛黄雅》（*Officer Buckle and Gloria*，Rathmann，1995）的故事，该故事讲述了警官和他的警犬如何学会合作、相互配合。当学生从不同的角度复述故事时，他们会发现人物的视角会影响故事及主题。

- **人物想法画像**。学生通过创作多页的人物想法画像来探索人物的外貌和思想。学生可以使用作者提供的关于人物外貌的信息绘制"肖像"页，并在"思考"页上推断人物在故事中的关键时刻的想法，然后用文字和图片表达这些想法。这个活动帮助学生抓住主题，因为人物在故事结束时的想法往往能够反映主题，而主题往往又是最难建构的故事元素。

这些活动让老师有机会向学生展示文本因素在理解故事过程中的重要性。

非故事类图书。学生阅读科普类读物后，通过以下活动对图书进行探索，这些活动既强调学生正在学习的信息，也强调图书独特的文本因素。

- **语义特征分析**。当学生进行语义特征分析时，他们会在主题单元中考察大概念/大观念，并运用他们掌握的有关非故事类图书的知识，尤其是说明文结构的知识来帮助自己完成此类分析。当他们完成语义特性分析图时，会思考左列中列出的各项之间的关系。单词分类是一种类似的分类活动，当学生把单词划分成不同类别时，他们就能够理解单词所代表的概念之间的关系。

- **故事卡**。老师将非故事类绘本裁剪成故事卡供学生阅读，然而，为了避免对体裁的混淆，最好把这些裁剪出来的绘本称为"信息"或"非故事类"卡片。除了找出大概念/大观念和关键词汇外，学生还应注意作者用来强调文本结构和文本特征的提示词，包括标题、页边注、插图和突出显示的词汇。当学生意识到这些特征时，他们就可以逐渐在自己编写的科普类读物中融入此类元素。

- **编写科普类读物**。当学生编写科普类读物来分享他们在主题单元中学到的知识时，他们会结合自己对非故事类体裁、说明性文本结构和非故事类文本特征的了解，使自己制作的书更易读。学生制作字母绘本、计数书和问答书，并从自己读过的书里借鉴其他格式。这些科普类读物的每一页就是一个章节，章节标题通常暗示了他们使用的结构。例如，二年级的学生在写关于植物的文章时使用了以下章节标题。

1. 植物的组成部分（描述）。
2. 植物的生命周期（顺序）。
3. 它是植物吗（对比）。
4. 植物需要什么才能生长（因果关系）。
5. 为什么人类需要植物（问题与解决方案）。

学生还在他们的书中添加了目录、插图、图表、页边注、词汇表、索引和其他非故事类文本特征。

通过这些活动，学生可以以有意义的方式应用他们所学到的非故事类文本知识。

诗歌。学生在朗读诗歌、聆听诗歌朗诵、讨论诗歌、审视单行诗句和创作诗歌的过程中加深对诗歌文本因素的理解。具体方法如下。

- **交互型朗读**。当老师鼓励学生通过反复读诗句、重复押韵的单词或在交互型朗读过程中添加音效来参与阅读时，就是在强调诗歌的文本因素，这样学生就会对诗歌的形式和手法形成一种内在的理解。老师在微课上可以继续加深学生对诗歌的理解。
- **集体诵读**。学生在整理诗歌和参加集体诵读活动时，能够应用他们学到的关于文本特征的知识。当学生尝试不同的读诗方法时，诗人通过诗歌展现出来的文字的力量就会变得更加清晰。毫无疑问，集体诵读会突出诗歌的结构和诗人使用的诗歌创作手法。例如，押韵诗的读法就与自由诗、有重复诗句或叠句的诗歌的读法不同。
- **诗歌绘本**。学生为他们最喜欢的诗歌创作绘本版本。每名学生选择一行诗句写在一页上并为它画图。然后，学生一起把这些页面编成一本书，这本"出版"的书被放在班级图书角供学生阅读。当学生抄写诗句和画插图时，他们思考诗人创造的文字和图像。这种对一行诗句及对整首诗的构建的深入思考，为学生提供了思考文本因素的机会。

课堂干预

文学经验

难以理解文本因素的学生很可能没有足够的文学背景知识。每天的读书经历——阅读和聆听故事、非故事类作品和诗歌——对培养学生对图书的熟悉至关重要；否则，他们无法将文本因素的信息与他们的背景知识联系起来（Arfé，Mason，& Fajardo，2018；Santoro et al.，2016）。

老师通过以下方式进行干预，以扩展学生的文学知识。

- 将新书与读过的书相结合以增强朗读体验。
- 为学生提供独立阅读新书和重读读过的书的机会。
- 邀请学生在故事讨论会、面谈或其他形式的讨论中讨论所读的书。
- 鼓励学生在讨论和记录他们正在阅读的图书时，使用体裁、诗歌和其他与文本因素相关的学术词汇。
- 让学生对比他们正在读的书和之前读过的书。

读新书和重读熟悉的书都是很有价值的活动，因为阅读有困难的读者需要拓宽他们的阅读经验，深入挖掘熟悉的书。学生在第一次阅读时专注于情节，但他们通过反复阅读来熟悉文本因素。

老师通过微课和指导型阅读课对学生进行文本因素的干预指导。他们遵循以下准则。

- 使用学生非常熟悉的书来教授文本因素的相关知识。
- 在课堂上使用与文本因素有关的学术词汇，包括体裁、场景、说明性文本结构、顺序和头韵等。
- 让学生制作关于文本因素的图表并在教室里展示。

大多数阅读有困难的读者都能受益于额外的显性化教学。

当学生不了解文本因素时，老师可以反思自己的教学，以确保自己对体裁、文本结构和文本特征给予足够的关注，因为学生的理解能力取决于读者和文本因素。例如，老师可以思考自己在文学单元中教授了哪些文本因素？是否专门教授过体裁知识或在开展文学圈时依据体裁来选择图书？他们还可以在进行交互型朗读时检查自己是否探讨了文本因素？在故事讨论会上是否要求学生反思作者对文本结构和叙事手法的使用？

评估学生对文本因素的了解

虽然没有正式的测试来评估学生对文本因素的了解，但当学生参与阅读和写作活动及完成口头和书面项目时，会展示他们正在学习的内容。老师可以根据以下步骤评估学生对文本因素的了解。

步骤 1：计划。老师在制订教学计划时，决定要教授哪些文本因素，以及如何监控学生的进步和评估学生的学习情况。

步骤 2：监控。老师通过观察学生的阅读和写作活动来监控学生的进步。例如，老师会留心当学生被要求在课堂上分享他们正在阅读的书中最喜欢的句子时，学生是否选择了包含文学手法的句子，或者他们是否在故事讨论会中提及文本因素。老师还会注意学生在绘制信息组织图时对文本结构的理解，以及他们在阅读日志记录中对结构元素和文学手法的了解。

步骤 3：评估。老师鼓励学生运用体裁、结构元素和文学手法来回应文学作品、完成项目、编写故事或其他写作任务。老师可以通过在评分标准和检查清单中加入与文本因素相关的项目来实现对学生的"评估"。

步骤 4：反思。在交流过程中，老师要求学生在面谈过程中反思他们是如何提高运用文本因素的能力以理解复杂文本的。学生还要写阅读日志、信件和文章来反思自己的学习。老师应判断教学的有效性，思考如何修改教学以突显文本因素、提高学生的理解能力。老师应该注意学生如何应用关于文本因素的知识，并为他们提供提升理解的新方法。

你可以使用"我的教学待办清单：教授文本因素"来评估在教授学生故事、知识类图书和诗歌的独特文本因素时的教学有效性。

我的教学待办清单

教授文本因素

- 我有没有在我的指导中提及共同核心标准？
- 我有没有要求学生将书按体裁分类？
- 我有没有教授学生识别故事的情节、主题和其他叙事手法？
- 我有没有教授学生识别意象、闪回、象征和其他叙事手法？
- 我有没有让学生解释作者如何使用说明性文本结构来组织非故事类文本？
- 我有没有教授学生使用标题和其他非故事类文本特征来提高他们对教科书和非故事类图书的理解？
- 我有没有要求学生识别他们所读诗歌的诗歌创作手法？
- 我有没有让学生在他们写的诗中运用诗歌的不同形式及创作手法？
- 我有没有要求学生在阅读和写作中应用他们所学到的文本因素？

第三部分

读写素养教学

第 10 章

为学生的阅读发展提供支架

学习本章后，你将能够：

10.1 描述阅读过程的五个阶段；

10.2 策略和技能之间的区别；

10.3 识别五种常见的教学项目并讨论每种项目的优缺点。

> 　　阅读和写作是相辅相成的。在教授阅读时，老师也经常会教授写作，反之亦然。在本章中，你将主要了解阅读的过程和阅读教学的方法。你还将读到一些读写结合的范例。在下一章中，你将主要了解写作的过程及其与阅读活动结合的范例。阅读和写作的过程都有五个阶段，每个阶段都有相似的活动。当你阅读这篇教学故事时，请注意古德曼在教授学生关于《授者》的文学单元时，是如何使用阅读过程的五个阶段的。请试着找出这些阶段：预读、阅读、回应、探索和应用。

　　古德曼（Goodman）**老师开展过程性阅读。**古德曼老师班上的七年级学生分阶段完成了"纽伯瑞奖"获奖小说《授者》（*The Giver*，Lowry，2006）的阅读。在这个故事中，12岁的乔纳斯（Jonas）被选中成为下一个记忆守护者，他发现了关于他所处的"完美"社会的可怕真相。为了介绍这本书，古德曼让学生分成小组，讨论他们希望对社会做出的改变。他们列出的清单包括没有家庭作业、上午10点上学，没有小团伙、不用倒垃圾，没有士兵在战争中死亡、10岁就可以合法驾驶……各小组将他们的清单投屏到白板上并向大家分享。接下来，古德曼要求全班同学读一个关于未来生活的故事。她解释说，《授者》发生在一个乌托邦世界，意思是"完美"的社会，这个社会具有他们之前提到的一些特点。她给学生分发了图书并采用共享型阅读的方式为学生朗读了这本书的第1章，学生也跟着阅读。全班同学在故事讨论会上讨论了第1章的内容，并提出了许多问题：为什么有这么多规则？难道有人不能开车吗？流放是什么意思？为什么孩子被叫作"七"或"四"？人们被"分配"配偶是什么意思？人们难道不应该是因为坠入爱河才结婚的吗？为什么乔纳斯要说出他的感受？学生分享他们的想法，并渴望继续阅读。古德曼朗读的第1章及学生们提出的问题令人兴奋。故事的趣味性牢牢地抓住了所有人的心。他们制定了阅读和讨论的时间表，每隔三天就会聚在一起讨论读过的章节，两周后，学生就会读完这本书。他们还会在读完每章后写阅读日志；在这些日志中，学生写下他们的读后感。玛丽亚（Maria）在读完这本书后写了以下这篇日志。

乔纳斯必须这么做。他必须挽救加布里尔（Gabriel）的生命，因为第二天乔纳斯的父亲就要把他流放了，流放就是杀了他！他已经计划好了一切。这非常重要。他很勇敢地离开了父母和家，但实际上，他们并不是他真正的父母。我不知道我能不能那么勇敢，但他做了正确的事。他救了自己，也救了小加布。我很高兴他带走了加布里尔。社会应该是安全的，但书里的这个社会是危险的。我想有时候一开始看起来很好的事情可能会变得非常糟糕。

罗恩（Ron）探索了这个故事的一些主题。

挨饿。乔纳斯有关于食物的记忆。但他还是饥肠辘辘。现在至少他自由了。食物是安全的。自由是惊喜的。在此之前，乔纳斯渴望色彩、记忆和选择。选择。去做你想做的事。成为你所能成为的一切。他不会再挨饿了。

艾丽西亚（Alicia）一边回忆母亲对她的教诲，一边写道：

当乔纳斯逃离社会时，他失去了自己的记忆，这些记忆留给了那里的人们。人们会从中吸取教训吗？还是生活会照旧？这就是问题所在。我认为如果你想学习的话，你必须自己去做。我妈妈也是这么说的。别人不能替你做。

在故事讨论会上，学生讨论了许多他们在日志中写下的相同的观点。这个故事让他们着迷：一开始他们认为生活是多么的简单和安全，但随后他们思考了自己认为理所应当但在乔纳斯生活的有序社会却是必须放弃的事情。他们讨论勇敢和做出选择，他们称赞乔纳斯和加布里尔出逃的决定。他们也想知道乔纳斯和加布里尔是否还活着。学生从故事中收集"重要"的单词并置于单词墙上。读完第 4 章、第 5 章和第 6 章后，他们把这些单词添加到教室里的单词墙上：

relinquish（放弃）	bikeports（自行车场）	regulated（受控制的）	infraction（违法）
invariably （一贯地、不变地）	graritating （移向某人／某物）	rehabilitation（康复）	stirrings（迹象／萌动）
serene（安详的）	chastisement（责备）	assignment（分配）	reprieve（缓刑）

有时候，学生会选择生词或较长的单词，他们也会选择对故事很重要的单词，如"assignment"（分配）。学生在写作时会参考单词墙上的单词。在单元的后半段，古德曼用其中一些单词来教授关于词根的微课。

当学生读这本书时，古德曼老师会教授一系列关于阅读策略的微课。例如，在学生读到故事中对色彩的描述后，她就会教学生如何对所读内容进行想象。老师重新阅读乔纳斯被选为下一任接受者的选段，并要求学生在脑海中想象这一场景的画面。她要求他们专注于视觉、声音、气味和感觉。她还谈到，对读者来说，让故事能在想象中栩栩如生是非常重要的。然后，她让学生画出他们想象的画面，并在小组中分享。

另一节微课聚焦于文学上的对比。古德曼解释道，作者通常通过使用对比或对立来引入冲突和发展主题。她要求学生思考《授者》中对立的概念。她举例了 "safe-danger"（安全 - 危险）和 "freedom-imprisoned"（自由 - 监禁）。学生提供了以下对立的概念。

alive-released（活着 - 流放）	choice-no choice（选择 - 没有选择）
color-black and white（彩色 - 黑白）	conform-do your own thing（遵从 - 做你想做的事情）
families-family units（家庭 - 家庭单位）	memories-no memories（记忆 - 没有记忆）
rules-anarchy（秩序 - 混乱）	stirrings-the pill（萌动 - 药丸）

古德曼要求全班学生思考这些对比是如何与故事联系在一起的，以及洛伊丝·洛瑞是如何在《授者》中明确表达这些对比的。学生讨论说，在故事开始时，这个社会似乎是安全的，但洛瑞在随后的章节里一点一点地揭露了这个社会的缺点。他们还讨论了这些对比反映出的故事主题。

读完《授者》之后，学生会再次选择并朗读他们最喜欢的段落。然后全班学生完成纸拼图图案来探究故事的主题。每名学生准备一个纸拼布方格，配上插图和故事中的几句话（见图10-1）。学生决定用白色、灰色和黑色来代表乔纳斯的社区的统一性，也用了红色，因为它是乔纳斯看到的第一个颜色，还用了一个彩色的中心来代表别处。

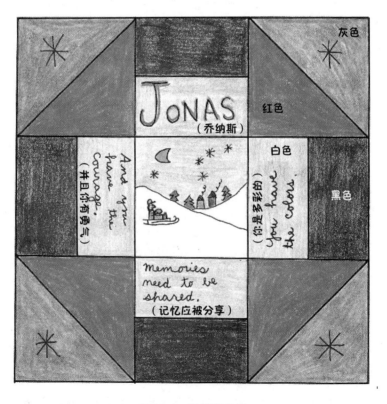

图 10-1　纸拼布方格

在本单元的最后一项活动中，老师要求七年级的学生写议论文，为乔纳斯的完美社会或他们自己所在的社会辩护。她要求一半的学生头脑风暴一份"完美"社会的特征清单，而另一半学生则准备一份自己所在社会的特征清单。当完成了清单后，两个小组共享，一起完善清单上的特征，并补充额外的特征。在阅读《授者》前，大多数学生认为如果能生活在一个完美的社会感觉会很好，但现在他们感激自己所处的社会，尤其是他们所拥有的自由，他们以前并没有意识到自由有多珍贵。大多数学生决定为他们自己的社会辩护，但艾萨克（Issac）、佩特拉（Petra）和佐伊（Zoe）接受了为乔纳斯的社会辩护的挑战。

在学生开始写作前，古德曼用他们在两个月前的一系列微课上制作的图表，简要回顾了学习过的有关议论文写作体裁的知识。该图表展示了议论文写作的要点。

1. 提供问题的背景信息。
2. 强烈地表明立场。
3. 提出一个有说服力的论点，并写出至少三个证据来支持论点。
4. 反驳相反的观点。
5. 在结论部分回答"那又怎样"的问题。

学生阅读图表上的信息，讨论他们如何在文章中解决每个要点。

然后学生开始写作。学生在准备初稿时使用过程性写作，然后与同学分享，获得他们的反馈并据此修改初稿，到了编辑阶段，他们与同伴一起纠正文稿中的错误，最后发表终稿。他们以小组形式分享自己的文章，然后用古德曼制定的评分标准对自己的写作进行自我评估。评分标准包含了图表上列出的关于议论文的五个要点。

老师在阅读教学中提升学生的读写能力有一个过程。阅读的过程包括一系列阶段，包括阅读、回应和应用他们所阅读的内容，读者通过这一过程形成对文本的理解。"文本"（text）这一术语指所有的阅读材料——故事、短信、地图、麦片盒、杂志、教科书和电子邮件等，它并不局限于基础阅读项目的学生用书。在这个教学故事中，古德曼借助阅读过程和文学阅读单元来支持她的阅读教学。

像古德曼这样开展均衡读写教学课程的老师，通常采用两种或两种以上的方法来进行阅读教学。五种常见的阅读教学方法包括指导型阅读课程、基础阅读项目、文学阅读单元、文学圈和阅读工作坊。这些方法包含了阅读的完整过程。无论老师采用哪种方法，他们的目标都是提供显性化教学、指导型练习和通常结合了科技手段的实际应用。

阅读的过程

10.1　描述阅读过程的五个阶段

阅读是在社会和文化背景下创造意义的建构性过程，涉及读者、文本和目的。目标是理解——理解文本并能够将其用于预期目的。读者仅仅通过看书上的单词是无法理解其意义的，因为阅读是一个复杂的过程，涉及以下基本要素。

- **音素意识和拼读法**。在阅读过程中，学生运用他们的拼读法知识，包括如何发音，以及如何应用音素 - 字母对应关系和拼读规则。他们通过学习音素意识和拼读法来发展这些能力。
- **单词识别**。学生可以自动识别高频词，并利用自己关于拼读和单词组成部分的知识来解码生词。在学生能够识别他们看到的大部分单词前，他们只能非常慢地逐字阅读。
- **流利度**。当学生能自动识别大部分单词，并能够较快地且富有感情地阅读时，他们就会成为流利的读者。这是一个里程碑，因为学生可用于阅读的注意力有限，而初级读者则用大部分的精力来解码单词。相比之下，流利的读者会把大部分的注意力用于理解。
- **词汇量**。学生思考他们所读的单词的含义，选择恰当的含义，识别比喻的用法，并将它们与自己的背景知识联系起来。了解单词的含义有助于理解，因为当学生不认识看到的单词时，阅读理解是很困难的。
- **理解**。学生结合读者因素和文本因素理解他们所阅读的内容。他们会使用预测、建立联系、监控、修正和其他理解策略，以及他们对体裁、组织模式和文学手法的知识来建构意义。

这些基本要素也是基于科学的阅读研究的支持（National Reading Panel，2000）。

老师通过实施阅读过程使学生参与到各种教学活动中，让他们学习、练习和应用这些要素。阅读过程分为五个阶段：预读、阅读、回应、探索和应用。无论老师选择哪种教学方法，都会使用这一过程，只不过每个阶段的一些活动可能略有不同。表 10-1 介绍了阅读过程的主要特征。

阶段 1：预读

阅读活动在读者打开一本书前就已经开始了。预读阶段发生在读者准备阅读的时候。读者激活背景知识，设置阅读目的，制订阅读计划。

激活背景知识。学生本身就具备关于世界和文学的背景知识（Braunger & Lewis，2006）。世界知识是学生在家庭、社区及学校的生活经历和学习中获得的知识。而文学知识是学生阅读和理解文本所需的有关阅读、体裁和文本结构的信息。在这一阶段，学生激活自己的世界和文学背景知识，但当他们缺乏阅读文本的知识时，老师就必须为他们建立知识基础；否则，学生就可能读不懂。

表 10-1　阅读过程的主要特征

阶段 1：预读	阶段 3：回应
• 激活或建立背景知识和相关词汇 • 思考体裁 • 设置目的 • 介绍重要的学术词汇 • 做出预测 • 预览文本	• 写阅读日志 • 参加阅读讨论会或其他讨论活动 **阶段 4：探索** • 重读全文或特定的部分 • 学习新单词 • 参加微课 • 研究体裁、其他文本特征或作者的写作手法 • 了解作者 • 收集印象深刻的引文
阶段 2：阅读 • 独立阅读或与同伴一起阅读 • 使用共享型或指导型阅读的方式与同学一起阅读 • 听老师朗读 • 根据阅读目的读全文或特定的部分 • 运用阅读策略和技能 • 查阅插图、表格和图表	**阶段 5：应用** • 创建项目 • 阅读相关图书 • 在主题单元使用相关信息 • 反思阅读体验

老师通过分享相关图书、让学生参与讨论、分享手工艺品和介绍关键词汇来建立学生对某个话题的背景知识。有时候，他们会通过收集与书相关的实物，并制作一个书箱来介绍它。当学生拿起一本书时，他们会思考书名，看封面上的插图，然后进行一次"图片环游"来触发背景知识的激活。读者在读小说时通常是在读最开始的一两段时激活他们的世界知识。

老师通过传授阅读策略和技能、教授不同的体裁知识来培养学生的文学背景知识。学生阅读某种体裁的代表图书，研究其结构模式，并绘制特征图。通过这些活动，他们能学会如何根据体裁改变阅读方式。仅仅帮助建立学生关于该主题的背景知识是不够的，文学背景知识也是必不可少的。

设置阅读目的。阅读目的可以引导学生阅读：它提供了阅读的动机和方向，并为学生提供了一种监控自己阅读的机制，以检查自己是否达到了阅读目的。设置一个阅读目的比向学生展示一系列阅读目的更有效（Blanton，Wood，& Moorman，1990）。通常老师会确定阅读目的，但学生也需要为自己设立目标。例如，在文学圈和阅读工作坊中，读者选择自己想要阅读的文本，并设立自己的阅读目标。通过在大量的小组和独立阅读中积累的经验，可以使学生在选择图书和设定自己的阅读目标时变得更加有效。

制订阅读计划。当学生激活了他们的背景知识并确定了阅读目的，他们就开始制订阅读计划。学生根据自己准备阅读的体裁来制订计划。例如，对于故事，他们通常根据书名或封面插图，对故事中的人物和事件做出预测。如果学生读过同一作者或同一体裁的其他故事，他们也会利用这些信息来进行预测。低年级学生通常口头分享他们的预测，而更有经验的读者在阅读日志中写下预测。

当学生准备阅读科普类图书时，他们通过快速浏览页面并留意各部分的标题、插图和图表来预览要读的内容。有时候，他们也会查阅目录，以了解一本书的组织方式，或者查阅索引来查找他们想要阅读的特定信息。他们还会留意高亮标记的术语，这通常会激活他们的背景知识。

阶段 2：阅读

学生在阅读阶段阅读图书或其他读物时，可使用以下阅读方式：

- 独立型阅读；
- 结伴型阅读；
- 共享型阅读；
- 指导型阅读；
- 老师朗读。

对于这些阅读方式，老师提供的支持程度有所不同。老师在独立型阅读时给予的支持很少，而在朗读时给予的支持最多。老师要根据阅读目的、学生的阅读水平和文本的可用册数来决定使用哪种阅读方式。

独立型阅读。当学生独立阅读时，他们安静地、独立地、按自己的节奏阅读，通常是为了自己设置的目的阅读。流利的读者通常默读，但启蒙读者和初级读者通常会轻声自言自语地朗读。学生想要独立阅读的书通常由他们自己选择，因此，他们需要学习如何选择难度适合自己的书。奥尔豪森和杰普森（Ohlhausen and Jepsen，1992）开发了一套选择图书的流程，他们称之为"金发姑娘策略"（Goldilocks Strategy）。他们以《三只熊》（*The Three Bears*）这一民间故事为模板，为图书区分了三种类型——太简单的书、太难的书、刚刚好的书。太简单的书是学生以前读过的书或没有生词的书；太难的书让人感到陌生和困惑；刚刚好的书是有趣的，只有较少的新单词。表 10-2 展示了一名三年级的学生制作的金发姑娘策略图。每个年级的学生都可以利用相似的特点开发自己的图表。

独立型阅读是均衡的读写教学课程的重要组成部分，因为它是最真实的阅读方式。它是能够让学生爱上阅读并把自己视为读者的阅读方式。但是，学生独立阅读的作品必须适合他们的阅读水平，否则，老师就应使用其他阅读方式来指导学生，使他们能更好地阅读。

结伴型阅读。学生可以与同学或高年级的"伙伴"一起阅读或重读（Friedland & Truesdell，2004）。结伴型阅读是一种令人愉快的社交活动。学生常可以通过结伴型阅读完成那些自己无法独立阅读的文本。它是一种很好的独立型阅读的替代选择，通过共同努力，学生常能够探索出生词的含义，并消除自己的困惑。

表 10-2　三年级的学生制作的金发姑娘策略图

如何选择最适合你的书	
	**太简单的书** 1. 这本书很短 2. 字体很大 3. 你以前读过这本书 4. 你认识所有的单词 5. 这本书里有很多图 6. 在这个话题方面你是专家
	**刚刚好的书** 1. 这本书看起来很有趣 2. 你可以读懂大部分的单词 3. 你的老师已经为你朗读过这本书 4. 你读过这位作家的其他作品 5. 如果你需要帮助，有人能为你提供帮助 6. 你对这个话题有所了解
	**太难的书** 1. 这本书很长 2. 字体很小 3. 这本书里图片不多 4. 有很多词你看不懂 5. 没人帮你读这本书 6. 你对这个话题不太了解

　　当老师介绍结伴型阅读时，他们会向学生展示如何一起阅读及如何相互支持。学生轮流朗读或齐声朗读。他们经常停下来帮助对方识别生词，或者在每一页的末尾花一两分钟时间讨论他们所读到的内容。结伴型阅读对初级读者来说是宝贵的阅读方式，因为它可以提供他们所需的成为流利读者的阅读练习；它也是能够帮助有特殊学习需求的学生的有效阅读方式。然而，老师必须提前讲授阅读技能并教会学生如何合作，否则结伴型阅读的效果会大打折扣，两名学生中能力更强的学生可能会朗读给另一名学生听。

　　老师常为高年级学生组织跨年级结伴型阅读项目。稍年长的学生与稍年幼的学生配对，稍年长的学生朗读或听稍年幼的学生朗读。老师通过教高年级的学生如何选择图书、朗读，鼓励学生做出预测和联系，以及对图书做出回应来帮助他们做好准备。有相关研究证明了跨年龄阅读计划的有效性。老师反映说，无论年幼还是年长，学生的阅读能力都有所提高。这样的活动也有社会效益（Whang，Samway，& Pippitt，1995）。

另一种鼓励结伴型阅读的方法是图书漂流包。老师选取 3 ~ 4 本特定主题的图书，让学生带回家和父母一起阅读（Reutzel & Fawson，1990）。例如，老师可能会选《好乖的波波》（*Good Dog, Paw!* Lee，2004）、《玛莎会说话》（*Martha Speaks*，Meddaugh，1995）和《麦克杜夫的野外玩耍》（*McDuff 's Wild Romp*，Wells，2005）这些关于小狗的故事的图书放在图书漂流包中。然后，学生和他们的父母阅读这些书，并在图书漂流包里的阅读日志中写下回应。学生把图书漂流包带回家一周后，再把它还回学校，以便另一名学生可以借阅。

共享型阅读。老师使用共享型阅读朗读适合学生兴趣水平但学生自己难以阅读的文本（Holdaway，1979；Parkes，2000）。他们使用大开本绘本，这样学生就可以看得清文本并跟读。当老师阅读时，会示范流利的读者会怎么做（Fountas & Pinnell，2016）。多次阅读后，老师用这本书来教授拼读法、高频词和其他读写概念。学生也可以独立阅读或与伙伴一起阅读这本书的正常大小的版本，并将该文本的模式或结构应用在写作活动中。

可预测图书经常被用于共享型阅读，因为这些书有押韵、重复和模式化的特点，低年级学生读起来会更容易。例如，学龄前儿童读完《小玻在哪里》（*Where's Spot?* Hill，2003）一书后会记住其中重复的问题和答案。在读完《这是杰克建的房子》（*This Is the House That Jack Built*，Taback，2004）一书后会注意并记住它所使用的循环结构，这本书不断重复的句型使初学的读者读起来更容易。

共享型阅读是幼儿园和一年级学生均衡读写教学课程的一部分。它与简单的朗读不同，因为学生在老师朗读时也会看课文，他们常会参与朗读可预测的叠句和押韵词。在听了几遍课文后，他们常能记住很多内容，这样他们就可以跟着老师一起读了。

指导型阅读。老师使用指导型阅读来指导 4 ~ 5 名阅读水平相同的学生。进行指导型阅读时，老师使用处于学生指导阅读水平的书。老师可能会朗读书的前一两页以便帮助学生阅读，然后学生自己继续读。高年级的学生可以默读。指导型阅读课程通常持续 25 ~ 30 分钟，并以独立型阅读或结伴型阅读去重读熟悉的文本为特色。在指导型阅读新课上，学生会阅读新书。老师在阅读过程中会观察学生使用策略的情况，同时做观察笔记，这些笔记可以为微课的内容提供信息。

老师朗读。老师在朗读适合学生阅读能力但高于学生目前阅读水平的书时，会使用交互型朗读（Fisher，Flood，Lapp，& Frey，2011）。老师在朗读的过程中，会不断地让学生参与进来，而不是等读完以后再让学生参与进来。当学生做出预测、重复、提问、确定大概念 / 大观念并建立联系时，他们就会成为积极的参与者。此外，当老师朗读时，他们会示范优秀的阅读者如何使用阅读策略，并通过有声思维的方式把自己使用阅读策略进行阅读的过程展示给学生看（Cappellini，2005）。

朗读不仅适用于那些尚不能独立阅读的启蒙读者，而且是所有年级读写教学的一个重要组成部分。老师在文学阅读单元、读写工作坊和主题单元中都会朗读图书。朗读的好处包括教授词汇、示范理解策略、提高学生的学习积极性等（Rasinski，2003）。

表 10-3 对比了不同的阅读方式。老师在做课程设计时，每天都应当安排不同阅读方式的教学，包括为学生朗读、老师主导的阅读课和独立型阅读。

表 10-3　不同的阅读方式

阅读方式	优点	缺点
独立型阅读 学生在没有老师支持的情况下独立阅读文本	• 学生可以培养责任感 • 学生可以学习选择文本 • 体验真实	• 学生可能选到不适合自己独立阅读的文本 • 老师几乎不能参与或控制
结伴型阅读 两名学生在一起轮流阅读文本	• 学生可以互相合作、互相帮助 • 学生可以成为更流利的读者 • 学生可以通过交谈提升理解能力	• 可能会变成一名学生朗读给另一名学生听 • 老师几乎不能参与或控制
共享型阅读 老师朗读，而学生看着大开本绘本或自己的副本跟读	• 老师可以教授有关印刷的概念 • 老师可以示范流利阅读和阅读策略 • 学生可以形成一个学习共同体	• 需要大开本绘本或保证每名学生都能有一本副本 • 文本可能并不适合所有学生
指导型阅读 老师支持学生应用阅读策略和技能阅读文本	• 老师可以教授阅读策略和技能 • 老师提供支持 • 老师可以监控学生的阅读	• 需要多份适合学生阅读水平的文本 • 阅读体验受老师控制
老师朗读 老师朗读，并为学生提供积极参与阅读体验的机会	• 学生可以阅读他们无法独立阅读的书 • 老师可以示范流利阅读和阅读策略 • 学生可以建立背景知识、拓展词汇	• 学生没有阅读的机会 • 学生可能不感兴趣

阶段 3：回应

学生对他们所阅读的内容做出回应，并在阅读后继续探讨其含义。这个阶段反映了罗森布拉特（Rosenblatt，2005）的交互理论（transactional theory）。写阅读日志和参与故事讨论会或其他讨论活动，是学生在阅读后立即做出试探性和探索性评论的两种方式。

阅读日志。学生在阅读日志中写下并画出他们对所读内容的想法和感受。学生针对自己所读的内容写下自己的想法时，会逐渐理清自己的思路，并详细阐述和澄清自己的感受。学生在阅读故事和诗歌时，通常会写阅读日志；有时候，他们在阅读科普类图书时也会写，但在阅读主题单元时，他们会记录重要信息或在学习日志中绘制图表。

故事讨论会和其他讨论。学生也会在故事讨论会上和同学们讨论读过的故事和诗歌，在其他讨论活动中讨论科普类图书。彼得森和埃德斯（Peterson & Eeds，2007）解释道，在故事讨论会中，学生分享他们的个人读后感，并说出他们喜爱文本的哪些方面。在分享了个人的感受后，他们将注意力转移到"作者究竟写了什么……并分享他们发现文本揭示了什么"。学生通常会把文本内容和自己的生活或他们读过的其他文学作品联系起来。如果他们在读一本小说，他们也会预测下一章会发生什么。

老师常在故事讨论会中分享他们的想法，但他们扮演的角色是感兴趣的参与者，而不是领导者。讨论主要在学生之间进行，老师会就学生真正感兴趣的事情提出问题，并通过回答学生提出的问题来分享信息。过去，老师和学生之间的很多讨论都是"温和的询问"，学生会提前背诵一些事实性的信息，以应对老师提出的问题，老师希望通过这种方式检查学生是否阅读并理解了所读内容。虽然这种方式也能让老师判断学生的理解程度，但故事讨论会的重点在于加深学生对所读故事的理解。

老师和学生也会在阅读科普类图书后进行讨论。学生讨论他们感兴趣的话题，以及他们在这个话题中学到了什么。老师也会把注意力集中在大概念／大观念、提出要澄清的问题、分享信息，以及重读简短的摘录来探索某一想法上。

这些讨论可以由全班或小组进行。低年级的学生通常以班级的形式聚在一起讨论，但高年级的学生通常喜欢小组讨论。当学生以班级的形式讨论时，有一种团体的感觉，老师也可以成为这个团体的一部分。当学生以小组形式讨论时，他们有更多的机会分享自己的观点，但每个小组表达的观点更少，老师四处走动，只花几分钟时间与每个小组交流。老师通常会将这两种方式折中，让学生以小组的形式开始讨论，然后再全班讨论，这样小组成员就可以分享他们讨论的内容。

阶段 4：探索

学生再次阅读文本，并对其进行更加深入的分析。相比其他阶段而言，这一阶段主要以老师为主，老师是教学的中心。学生重新阅读选段或节选，研究作者的写作技巧，并关注文本中的单词和句子。老师还会教授关于策略和技能的微课。

重读选段。当学生重新阅读选段或节选时，他们会思考所读的内容。当学生重读选段时，他们一定会在某个方面受益（Yaden，1988）：他们通过超越对事件、大概念／大观念的最初的关注，转移到理解故事的主题，或非故事类文本中大概念／大观念之间的关系，来加深理解。

研究作者的写作技巧。老师设计一些探究活动，让学生关注文本体裁、文本结构和作者使用的文学创作手法。例如，他们让学生使用故事卡来排列故事中的事件，或者制作信息组织图来突出情节、角色和故事结构的其他元素。学生还可以根据他们所读的内容来创作图书，从而了解故事和科普类图书的结构。

老师分享所选文本的作者信息，并介绍同一作者的其他书。有时候，学生会阅读和比较同一作者的几本书。为了关注文学创作手法，学生往往会重读选段，找出拟声词、明喻和隐喻及其他类型的修辞手法的例子。

关注单词和句子。老师和学生在教室里的单词墙上添加"重要"单词。学生在写作时会参考这些单词，并且在词汇学习活动中使用它们，词汇学习活动包括为一些需要重点关注的词汇画单词聚类图和海报等，学生还会在单词分类活动中对单词进行分类。此外，学生在他们读的书中找到"重要"句子。这些句子是值得研究的，因为它们包含特定的修辞手法，采用有趣的句子结构，表达了主题意义或说明性格特征。学生经常把这些句子抄写在句子纸条上，并在教室里展示；有时候，他们也把这类句子抄写在阅读日志的开头，然后写读后感。

教授微课。 老师教授关于流程、概念、策略和技能的微课（Angelillo，2008）。教授微课时，老师介绍文本的主题，并将主题与学生读过的选集中的示例联系起来。

阶段 5：应用

学生通常会在阅读的最后阶段拓展理解、反思认知并评估自己的阅读体验。他们经常通过项目学习来应用自己所学到的知识。这些项目有多种形式，包括人物想法画像、读者剧场表演和幻灯片演示。应用型项目列表如表 10-4 所示。学生通常选择他们想做的项目，然后独立完成，或者两两合作、小组合作，但有时候全班同学会决定共同完成一个项目。

表 10-4　应用型项目

电子项目	口语项目
• 就一本书写一篇文章 • 研究作者的网站并与同学们分享相关信息 • 使用文本、图像和声音完成一个关于图书的多媒体项目 • 在网上搜索与图书相关的主题信息并与同学们分享 • 为图书创作一集播客 • 创建或完成一个关于图书的网络探究	• 采用读者剧场表演图书中的选段 • 让同学们一起诵读根据图书创作的内容 • 根据图书创编剧本并表演出来 • 打扮成书中的人物，坐在"烫椅子"上回答同学的问题 • 展示一首关于图书主题的说唱、歌曲或诗歌
社会行动项目 • 给当地报纸的编辑写一封与某本书主题有关的信 • 参与社区中开展的与图书相关的项目	**视觉项目** • 为图书设计一个信息组织图或模型 • 创作一幅代表图书主题的拼贴画 • 准备故事事件的插图并悬挂起来作为复述故事时的道具 • 制作书箱并在里面装入代表图书的物品和图片 • 根据图书制作纸拼布 • 绘制人物想法画像，以探究角色的思想
写作项目 • 从另外一个视角重写故事 • 为图书再写一段情节或续写 • 以文中一个角色的口吻给另一个角色写信 • 用书中的单词和短语创作拼贴诗 • 写一首与书的主题相关的诗 • 从一个角色的角度写模拟日志 • 写一篇文章以探讨图书的主题或有争议的问题 • 为图书创作一个多体裁项目	

阅读策略与技能

10.2 策略和技能之间的区别

阅读是一个复杂的过程，涉及策略和技能。策略代表读者在阅读时所做的思考；而技能是不需要任何思考的快速、自动的行为。例如，读者使用建立联系的策略，将他们正在阅读的故事与自己的生活、周围的世界和读过的其他书进行比较。读者在建立联系的同时也在积极思考。而一看到文中的引号就知道是角色间的对话则是一项技能，学生不需要思考这些标点符号表示什么，因为他们会自动识别它们的意思。"策略"和"技能"这两个术语可能会让人混淆。有时候，它们被认为是同义词，但其实它们不是。了解两者之间的区别很重要。

策略

策略是深思熟虑的、目标导向的行动（Afflerbach，Pearson，& Paris，2011）。读者在选择合适的策略、灵活地使用策略及监控策略的有效性上做出控制。策略与动机有关。阿夫勒巴赫（Afflerbach）和他的同事解释说："有策略的读者相信他们可以监控并能提高自己的阅读能力，因此他们既有知识又有获得成功的动力。"大多数策略都是认知策略，因为它们关注的是学生对阅读内容的思考，如激活背景知识、想象、做出推论等。还有一些是元认知策略，包括学生思考他们是否成功理解所读的内容。当学生意识到自己没有理解时，他们会使用监控、修正或其他元认知策略来解决问题，以便继续阅读。

策略反映了信息加工理论。相比之下，技能不是刻意控制或有意识的自动行为，重点是轻松和准确地使用它们。技能反映了行为理论，无论阅读环境如何，它们总是以同样的方式被使用。至关重要的是，学生既要成为有策略的读者，又要拥有良好的阅读技能。

策略类型。理解策略可能是最广为人知的策略类型，但策略不仅仅只有理解策略。读者在整个阅读过程中可使用以下策略。

- **音素意识策略**。学生使用连音策略和拆解策略来处理单词中的声音。
- **单词识别策略**。学生使用类比解码等策略来辨认生词。
- **词汇学习策略**。学生运用上下文线索等策略来推断生词的含义。
- **理解策略**。学生通过预测、做出推论、监控进度及其他策略来帮助自己理解所读内容。

当学生处于学龄前时就开始学习理解策略了。他们学习将声音混合和拆解成单词，并对老师读给他们听的故事做出预测。在小学阶段，学生继续学习更复杂的策略，包括做出推论和音节分析。

学生的理解策略并不能通过阅读自动获得，而是需要老师进行显性化教学（Dowhower，

1999）。为了让学生学会使用某项策略，老师需要提供三种类型的信息。

- 陈述性知识——这项策略的作用。
- 程序性知识——如何使用这项策略。
- 条件性知识——何时使用这项策略。

　　例如，让我们来看看理解策略中的提问策略，看看这项策略的陈述性、程序性和条件性知识分别是什么。提问策略是指学生在阅读时不断问自己问题，从而指导自己的阅读，监控自己是否理解所读内容，是否能构建意义（陈述性知识）。他们会问自己：接下来会发生什么？这和我对 ×× 的了解有什么关系？这说得通吗？（程序性知识）。学生在阅读时不断使用这项策略（条件性知识）。

　　通过微课教授策略。老师通过微课教学生策略。老师先解释一项策略并示范如何使用它，学生在老师的指导和监控下练习这项策略，最后学生独立使用。通过这样的指导，学生能够发展元认知意识——他们思考如何使用认知和元认知策略的能力。

　　老师通过有声思维来展示读者在阅读时的思维过程（Wilhelm，2001）。老师在阅读时进行有声思维或解释他们在想什么，这样学生就会更加意识到阅读能力强的人是如何思考的。在这个过程中，学生也学会了通过有声思维说出自己使用的策略。他们为阅读设定一个目标，预测接下来会发生什么，建立联系，提出问题，总结到目前为止发生了什么，得出结论，评估文本，并做出其他评论以反映他们的思考。无论是老师为学生示范，还是学生自己参与其中，有声思维都很有价值。当学生使用有声思维时，他们会成为更有思想、更有策略的阅读者，从而进一步提升监控自己阅读理解的方式。

　　学生常用便利贴记录他们的策略使用情况。老师分发便利贴并解释如何使用。学生可以专注于使用单一策略或整合一组策略。学生在阅读时把自己的想法写在便利贴上，并把它们粘贴在书页的边缘处，这样即使他们合上书也能找到它们。之后，学生分享他们的笔记，并与同学讨论自己使用的策略。

　　你可以使用"我的教学待办清单：教授策略"来评估自己的策略使用知识。

我的教学待办清单

教授策略

☪ 我在微课上通过解释、演示、有声思维和实践活动来教授策略。

☪ 我给学生一步一步地解释和示范阅读策略，以便学生理解这项策略的作用，以及如何和何时使用这项策略。

- 我提供指导和独立实践的机会，以便学生在新的情况下使用策略。
- 我鼓励学生在阅读和写作时参考悬挂在教室里的策略图表。我观察我的学生，以确保他们在读写活动中使用策略。
- 我反思我的学生对策略的使用情况。
- 我区分了"策略"和"技能"这两个术语，让学生明白策略是解决问题的方式，而技能是自动行为。
- 我把州标准融入教学。

技能

学生也需要学习他们在阅读时使用的技能。拼读法可能是最广为人知的技能，但在整个阅读过程中使用的技能多种多样。技能可以像阅读策略一样分成以下几类。

- **音素意识技能**。学生将单音节单词分为首音和尾韵；识别单词的开头、中间和结尾音；注意押韵词。

- **拼读技能**。学生利用他们所了解的发音 - 符号对应关系和拼读规则知识来解码单词的含义。

- 单词识别技能。学生运用拼读、词族、音节规则、词根和词缀等知识来识别生词。

- **词汇学习技能**。学生识别同义词，辨别隐喻和明喻，并注意到大写字母表明专有名词，以及用形容词作为线索猜测词汇的含义。

- **理解能力**。学生识别细节，并将细节与主要观点建立联系，区别事实和观点，并运用其他理解技能。他们经常将这些技能与策略联合起来使用，两者最大的区别在于策略的使用是经过深思熟虑的，而技能是自动的。

组织阅读教学：五种方式

10.3 识别五种常用的教学项目并讨论每种项目的优缺点

教授阅读和写作知识没有最好的方法；相反，老师通常使用两种或两种以上的教学方式来建立一个均衡读写教学课程。针对从幼儿园到八年级的学生，最常用的五种读写教学方式是指导型阅读、基础阅读项目、文学阅读单元、文学圈和阅读工作坊。老师可以将基础阅读项目与其他能够丰富和扩展学生读写能力的学习方式相结合，以应用多种教学方式。

共同核心州立英语标准描述了学生应该了解什么知识，以及能够做什么来为大学和职业素养的发展做好准备;而不是规定老师应该怎样教授阅读或使用哪些教学方式。然而,该课程标准确实对教学做出了一些重要的说明。首先,老师应该分层教学,以增加所有学生成功的机会。其次,课程标准里规定的内容并不是一条一条单独教授的;老师应该把阅读和写作结合起来,大多数读写结合的活动能同时符合几条标准的要求。最后,整体课程与阅读教学的联系是至关重要的;老师应利用故事、科普类图书、媒体和数字文本,将阅读教学纳入主题单元。

共同核心州立英语标准关注的是学生应该学什么,而不是老师应该如何教。从幼儿园到四年级的学生应该能够成为流利的阅读者,能够阅读和理解复杂的、与年级相适应的文学类和科普类文本。老师要为学生的阅读提供支持和帮助,但从三年级开始,学生就被要求独立阅读和理解课文。课程标准明确提出了以下教学建议:

- 老师应分层次教学;
- 老师应将阅读和写作教学结合起来;
- 老师应将阅读教学纳入主题单元。

指导型阅读

老师使用指导型阅读的方式,将阅读水平相同的四~六名学生分成一个小组教授阅读策略。老师使用处于学生阅读水平的图书,并支持他们应用阅读策略(Fountas & Pinnell,2016)。尽管老师常会为学生朗读第 1 页,以让整个小组顺利开始阅读,但实际的阅读是由学生自己完成的。初级阅读者通常会喃喃地读单词,这有助于老师了解学生对高频词的掌握情况,以及他们对解码等阅读策略的使用情况,而流利的阅读者则会默读。这种教学程序通常用于从幼儿园到三年级的学生,但它也可以用于较高年级的学生,特别是学习困难的学生。请查阅"教学方法概览:指导型阅读"(见表 10-5)。

表 10-5　教学方法概览:指导型阅读

主题	描述
目的	培养独立的阅读者,使学生能够灵活地运用策略解读生词,流利地阅读并理解他们所阅读的内容
构成部分	指导型阅读课从学生重读熟悉的分级读物开始,然后老师为这节课介绍一本新的分级读物,让学生独立阅读。之后,学生讨论选段,老师使用这本书的内容来教授拼读、词汇和阅读策略。有时候,学生通过写作项目来扩展阅读
理论基础	以老师为中心。由老师使用阅读小组来分层教学,并教授阅读策略。指导型阅读课体现了建构主义和信息加工理论
应用	老师常将指导型阅读课与文学阅读单元或读写工作坊相结合,这样学生就有机会使用他们正在学习的阅读策略,并将阅读和写作结合起来

（续表）

主题	描述
优点	• 学生可以阅读适合他们阅读水平的图书 • 老师可以教授阅读策略 • 老师可以根据学生的需要分层教学 • 老师监督学生阅读，在需要时为其提供帮助
缺点	• 老师经常感到失去对课堂的把控，因为当老师安排小组活动时，是以学生为中心的 • 老师必须为每个小组找到多本适合学生阅读水平的图书

指导型阅读的构成部分。指导型阅读课程用时大约 20 分钟。首先，学生单独或与同伴一起重读他们在之前的课程中已经读过的书，然后老师介绍一本新书，并指导学生阅读。初级阅读者一般一口气读完绘本，而更流利的阅读者会花几天到一周的时间来阅读章节书。

在介绍一本新书时，老师会激活并帮助学生建立背景知识，培养他们的兴趣，并带着学生先翻阅一下这本书，讨论书中的插图和文本。老师也会设立阅读目标。接下来，学生读完整本书，老师会在需要的时候为学生提供帮助。当学生自己轻声朗读时，老师监控每名学生的进度，听学生朗读、停下来解码生词、重读令他们困惑的段落。

小组中的每名学生都读完后，所有学生在故事讨论会中讨论这本书，分享想法，建立联系，提出问题以解决困惑之处，并阅读文本来阐明观点。老师还会用书中的单词来教授和练习拼读、新词汇及阅读策略。

有时候，学生通过写作来扩展阅读体验。老师根据图书设计教学项目。学生可以写下与书中事件相关的个人经历，或者可以用书中的句子来写自己的书，语言采用句式重复的方式。学生还可以使用交互型写作来创作小组项目。

阅读策略。这一教学项目的目的是培养能独立阅读的读者。能独立阅读的学生是有阅读策略的：他们可以流利地阅读，监控自己的进度，并在出现问题时解决问题。学生通过指导型阅读课学习使用以下阅读策略：

- 自我监控；
- 检查预测；
- 解码生词；
- 判断一个词是否说得通；
- 利用所有的信息来源检查一个词在句子中的使用是否合适；
- 将短语分成词块以便流利地阅读。

老师在学生阅读时观察他们。老师和每名学生待上一两分钟，坐在学生的前面或旁边，观察学生是否使用策略识别词汇和解决阅读问题。老师会记录下他们观察到的内容，并利用这些信息为学生选择下一本要阅读的书。

教学材料。老师选择与学生阅读水平相匹配的分级读物。许多学校购买成套的分级读物，如"学乐指导阅读丛书"（Scholastic Guided Reading Book Collections）。这些成套图书的每个分级通常包括 6 本故事类图书和 1 本非故事类图书。或者老师为图书分级并使用自建的成套分级读物。

应用阅读过程。老师在进行阅读教学时，会依据阅读过程进行教学，因为阅读过程让教学有了可以依据的框架。老师在指导型阅读课上就是依据阅读过程中的以下步骤开展的。

- **预读**。老师为学生搭建背景知识、介绍词汇和预览图书。
- **阅读**。学生独立阅读整本书，老师听他们阅读以监控他们的进度。
- **回应**。学生在类似故事讨论会的讨论活动中讨论这本书，分享想法，提出问题，建立联系。
- **探索**。老师用书中的单词和句子教授拼读、词汇和阅读策略。
- **应用**。学生重读这本书，从每一次重读中获得信心和知识。有时候，他们会开展与自己读过的书相关的写作项目。

老师根据阅读过程进行指导型阅读时，强调"阅读"和"探索"两个环节；每种阅读教学方式所强调的阅读过程中的环节各不相同。

管理指导型阅读。老师将学生分成小组进行授课，每周对每个小组进行 3 ~ 5 次辅导。相比能读懂与其年级水平相匹配的读物的学生，老师往往更关注那些阅读有困难的学生，他们会获得老师更多的辅导。

分组是灵活的，因为每当老师看到某名学生有阅读困难，或者某名学生领先小组其他成员时，他们就会把这些学生转到更适合他们的小组。

在老师教授指导型阅读课程的同时，其他学生参与其他读写活动。大多数老师让学生在教室周围建立的读写中心学习。这些读写中心很吸引人，学生应知道如何在读写中心独立或小组合作使用各种读写材料，包括书、网络游戏和数字媒体。老师在读写中心放置签到表或使用其他系统来监控学生的学习。在条件允许的情况下，老师还会招募家长、助教和高年级的学生来监督，以便老师能够专注于他们所教授的指导型阅读课。

也有老师让学生参与其他课程：文学阅读单元、文学圈和读写工作坊。学生就他们读过的书创建项目、独立阅读图书、参加小组讨论并参与写作项目。

基础阅读项目

基础阅读项目是一套商业化的阅读项目，所用的书通常被称为"基础分级读物"，是阅读教学的主要内容。1850 年，威廉·霍尔姆斯·麦高菲（William Holmes McGuffey）编写了"麦高菲读本"（McGuffey Readers），这是第一套为各个年级学生设计的难度逐级递增的图书。当学

330 ᧢ **21 世纪的英语阅读和写作教学（第 8 版）**

生朗读给其他同学听时，他们用拼读法读出单词，在故事的上下文中学习词汇，练习正确的发音。这些书一直被广泛使用，直到 20 世纪初。最著名的基础阅读项目也许是斯科特·福尔斯曼（Scott Foresman）的读本，这套读本于 20 世纪 30 年代出版并一直被使用，直到 20 世纪 60 年代。但斯科特·福雷斯曼的读本因缺少拼读教学而受到批评。

如今的基础分级读物包括更真实的文学作品，它们颂扬多元文化，强调策略和技能的有组织的呈现，尤其是小学阶段对拼读学习的关注。沃尔什（Walsh，2003）综述了 5 种广泛使用的系列读本，她发现这些读本的插图都非常吸引学生，它们教授解码和理解的方法都比较相似，也都提供带有详细教案的教师指南。她还发现了一个共同的问题：所有读本都未能支持学生背景知识的可持续发展，然而，当学生没有建立起坚实的世界和词汇基础知识时，就会难以阅读和理解对认知要求较高的书，这一困难从四年级开始就会出现。这种成绩下降被称为"四年级滑坡"，来自经济困难家庭的孩子比他们的同学更有可能落后（Chall，Jacobs，& Baldwin，1991）。

基础阅读学生用书的出版商为自己的产品宣传，吹嘘自己提供了完整的读写教学课程，包含了电子资源在内的使学生成为成功阅读者所需的所有阅读材料。一方面，阅读材料的可获取性是一个优点：老师可为每名学生提供一份与其年级水平相匹配的学生用书。另一个优点是，它们为老师提供了详细的教学设计：老师只需按步骤一步步教授策略和技能即可，还可以使用练习册作为练习材料。新手老师常会觉得使用基础阅读项目配套的教师用书教授阅读非常容易上手。

然而，并不是所有商业化阅读项目都可以提供完整的读写教学课程。阅读水平高于或低于年级水平的学生需要阅读符合其阅读水平的阅读材料。

另外，学生需要更多的机会来听别人给他们朗读或自己阅读和重读图书，而基础阅读项目通常不能提供这样的体验。本书为你呈现了"教学方法概览：基础阅读项目"（见表 10-6）以供参考。

表 10-6　教学方法概览：基础阅读项目

主题	描述
目的	教授学生成为成功阅读者所需要的策略和技能，教学内容和方式是计划好的，包括与学生年级水平相匹配的阅读材料、练习册和频繁的测试
构成部分	基础阅读项目包括 5 个组成部分：与学生年级水平相匹配的阅读材料、策略和技能的教学、练习册、独立阅读机会，以及包括灵活分组和定期评估在内的管理计划
理论基础	以老师为中心。基础阅读项目基于行为主义理论，因为教学过程中老师会提供明确的指导，学生是被动的而不是主动的学习者
应用	基础阅读项目以一周的课程为单元，这些课程包括阅读、策略和技能教学及练习册。基础阅读项目应与其他教学方式一起使用，以确保学生阅读与自己指导阅读教学水平相同的书，并有机会参与写作项目

（续表）

主题	描述
优点	• 学生用书与年级水平的标准一致 • 学生阅读与其年级相匹配的书 • 老师按顺序教授策略和技能，学生通过阅读和作业练习策略和技能 • 老师用书对阅读教学提供了详细的说明 • 项目包含了所需的评价材料
缺点	• 读本对一些学生来说可能太困难，而对另一些学生来说太容易 • 读本可能缺乏优秀文学作品的真实性，或者没有包含多种体裁 • 项目包括太多练习册 • 大部分的教学设计是全班教学

老师通常对学生用书有强烈的感情——他们要么爱它们，要么恨它们。倡导者强调了学生用书有以下优点。

- 自带教学材料和教案，让老师的工作更轻松。

- 项目提供的读本与年级水平的读写标准密切相关。

- 由于教学聚焦读写标准，因此能让学生为学业考试做充足的准备。

- 讲清楚所使用的策略和技能的名称，使它们更容易被教授、测试和再次教授。

- 这些项目对缺乏经验的老师尤其有益，因为他们不太熟悉相关标准，以及年级水平教学材料和教学程序。

然而，批评者并不认同倡导者认为的优点。批评者认为学生用书有以下缺点。

- 教学材料不如普通书真实。

- 学生在阅读学生用书时不如阅读普通书那样专注。

- 使用学生用书进行教学不能促进学生深度学习或提升他们对文学的欣赏能力。

- 教学重点是教授单一的策略和技能。

- 学生用更长的时间完成习题而不是阅读。

- 学生用书并不适合所有学生。

基础阅读项目也尝试按照阅读过程进行教学，但是反对者指出了质疑。例如，这种方式的教学侧重于教授孤立的策略和技能，练习册并不能取代真实的回应活动。尽管存在这样或那样的问题，在基础阅读项目中，仍然可以识别出阅读过程的 5 个阶段，如表 10-7 所示。

表 10-7　基础阅读项目如何应用阅读过程

阶段	活动
预读	老师激活学生的背景知识，介绍词汇，预习文本
阅读	学生阅读文本，如果文本较难，那么老师会在学生读之前先为学生朗读
回应	老师提出理解性的问题，学生完成以词汇和理解为重点的练习册
探索	老师教授拼读、拼写和语法技能，学生通过完成额外的作业以练习这些技能
应用	学生阅读基础分级读物或其他补充读本

基础阅读项目的组成部分。基础分级读物因其重视技能的培养而被认可。老师以既定的顺序教授技能，学生在阅读学生用书和完成练习册时应用他们所学到的知识。基础阅读项目包括以下内容。

- **选材**。基础阅读项目分为多个单元，每个单元都有一个主题，如挑战、民间故事和朋友等。每个单元围绕一些特定的选材进行 4～6 周的授课。一年级的学生用书中的选材包含学生读得懂的文本，这样学生就可以应用他们所学的拼读技能去解码单词，但当学生成为流利的阅读者时，学生用书内容就转变为文学作品中的片段。无论学生的阅读水平如何，他们都会阅读相同的选材。

- **教学**。老师使用基础阅读项目来提供符合读写标准的显性和系统的教学。大多数学生用书包括音素意识、拼读、高频词、单词识别技能、拼写、语法和写作范式（大写和标点）的教学。基础阅读项目也强调理解策略，包括预测、提问、总结和监控。这些基础阅读项目认为，正是它们所提供的显性的、系统的教学确保了学生的阅读成功。

- **练习册**。每当学生读选材时，他们需要在阅读前、阅读中和阅读后完成练习册，以加强授课效果；10～12 页的练习册内容专注于以选材为核心的拼读、词汇、理解、语法和拼写练习。在做这些练习册时，学生需要应用他们所学的策略和技能，写出单词、字母或句子；匹配单词和句子；或者完成信息组织图。老师会改变他们使用练习册的方式。老师先以练习册上的一页作为作业布置给学生，如果他们能完成这页上的拼写单词作业，老师就可以安排他们独立或与同伴一起完成练习册。对更具挑战性的作业，如那些涉及理解策略或新教授的技能的作业，老师会在全班授课时指导学生完成。

- **独立型阅读用书**。大多数基础阅读项目都包括较为简单的、符合年级水平标准的、更具挑战性的平装书，以供学生独立阅读。每种书都会有多本供多名学生同时阅读，老师会选择一些供学生选读。这些书中有的是解决某一专门问题的，如小学阶段的书；有的是用来加强拼读技能和词汇量的；有的就是一般意义上的书，用于扩人学生的阅读量。基础阅读项目是为了满足所有学生的需要，但有时候老师仍然需要为阅读有困难的学生补充一些更简单的书。

- **评估**。基础阅读项目提供一系列符合相关读写标准的测试。这些测试包括选材测试、单元测试、技能测试和拼写测试，由老师负责跟踪学生的成绩，诊断阅读上存在的问题，并告知学生家长和管理人员。越来越多的基础阅读项目使用基于网络的考试和成绩通知系统，老师可以从该项目的在线考试库中检索试卷，并生成定制的试卷。学生在线参加这些测试，老师可以立即得到结果，确定哪些标准是学生已经达到的，哪些标准学生尚未达到且老师需要继续关注的。

- **课程材料**。基础阅读课程中最重要的是学生用书。这些书色彩鲜艳、引人入胜，封面上常附有儿童和动物的图片。书中包含数个单元，每个单元包括故事、诗歌和科普类文章。这些书中也包含了多元文化的内容，并在插图中突出种族多样化。很多书也会提供关于作者和插画者的信息。

标准化阅读项目提供了多种多样的纸质材料和电子材料来帮助学生学习。最为人熟知的可能是练习册：学生通过写字母、单词和句子来练习拼读、理解、使用词汇策略和技能。在幼儿园和一年级的教室里可以看到大开本绘本与附有字母和单词卡片、挂图及操作工具的工具包。一些阅读项目还包含 CD、DVD、在线资源和电子版学生用书。一年级和二年级的学生使用的平装书包含可解码的文本，以为学生提供拼读技能和高频词方面的练习。三年级和四年级的学生使用的补充用书与单元主题有关。

伴随基础阅读项目，老师会得到多种管理工具。教师用书是一本大开本的教学手册，其中提供了全面的信息，包括如何计划课程、选材、进行差异化教学和评估学生的阅读进度。教师用书中除了有学生用书的缩小版的内容，还包括背景信息、阅读说明，以及如何协调教学技能和策略。老师可以下载和使用在线教案来制定教学时间表、组织教学，并根据相关标准安排自己的课程。大多数阅读项目都提供了教学手册，上面比较详细地介绍了有关差异化教学、加强家校联系、教授考试技巧等方面的内容。表 10-8 总结了大多数基础阅读项目中包含的材料。

表 10-8　基础阅读项目中包含的材料

材料	描述
学生用书	供学生使用的、按照阅读主题编排的年级水平的书。小学生用书是一系列的软皮平装书，中学生用书则是单独一本的硬皮精装书。一些基础阅读项目也提供可在线阅读的电子版学生用书
大开本绘本	适用于幼儿园和一年级的共享型阅读活动的大开本绘本
补充用书	适用于各年级水平的普通平装书。幼儿园水平用书通常包括熟悉的歌曲和无字绘本。一年级和二年级用书通常包括用于练习拼读技能的可解码单词和高频词。在三～六年级，补充用书通常与单元主题有关
练习册	按照阅读内容和所要教授的策略和技能编排，用于练习拼读、理解、词汇、拼写和语法的练习册。有些基础阅读项目还提供在线练习和游戏

（续表）

材料	描述
工具包	字母卡片、单词卡片和其他为启蒙阅读者及初级阅读者准备的指导材料。这些工具包适用于从幼儿园至二年级
教师用书	一本大开本图书，里面包括关于如何使用基础阅读项目教授阅读的综合信息。学生用书以缩小版的形式印在教师用书里，每一页都给出了阅读材料的背景信息，以及基于该材料进行教学、技能和策略指导的想法。教师用书还提供了差异化教学的建议、与年级水平标准的相关性、评估材料，以及可与选材配套的补充图书的信息。一些基础阅读项目还有在线教师用书
家校联系	包括加强家校合作的资源，如阅读项目的信息，以及父母如何指导孩子学习的一系列方法。这些材料有英语、西班牙语和其他几种语言的版本
评估系统	带有标准化测试库的在线测试和报告系统，可用于监控学生的成绩，诊断学生的阅读问题，并告知学生家长和管理员
多媒体资源	为学生和老师提供音频、视频，包括所选读本光盘、学生用书网站的信息和更新、网络链接和在线评估
教案	可供老师下载的在线教学管理系统，以用于教学规划，并将课程内容与相关读写标准对标

管理基础阅读项目。许多老师发现，由于基础阅读项目的教师用书附有详细的教案，因此他们在教学时比较容易操作，而且由于出版商的网站上提供了测试，评估也更省时。老师使用在线教案来计划教学，并根据年级水平的读写标准来协调他们的日常课程计划。他们查阅教师用书，以获取关于每个单元节奏把控的建议、灵活分组的想法，以及监控学生学习的方法。然而，一些老师反对基础阅读项目，因为它们可提供的个性化教学机会较少，并且反映了以教师为中心而不是以学生为中心的教学理念。

文学阅读单元

老师在这样的单元中聚焦文学作品展开教学，他们会选择畅销书和获奖书、非故事类书或诗歌进行教学。一些文学阅读单元只用一本书，但有些单元则以多本书为一个体裁单元或针对同一作者的几本书展开探究。在阅读和回应图书的过程中，老师指导学生体验阅读的过程。"教学方法概述：文学阅读单元"（见表10-9）展示了如何在文学阅读单元应用过程性阅读。文学阅读单元的重点是进行文学教学，但老师在单元中也要教授关于词汇和理解的课程。

表10-9 教学方法概述：文学阅读单元

主题	描述
目的	使用高质量、适合年级水平的绘本和小说进行文学教学
环节	老师让学生参与三项活动：全班学生一起阅读一本书并分享自己对这本书的感受；老师用学生正在读的书教授拼读、词汇和理解方面的微课；学生创建项目来扩展他们对这本书的理解

（续表）

主题	描述
理论基础	以教师或学生为中心的教学。文学阅读单元代表着一种以教师为中心向以学生为中心的教学的转变，因为老师会在学生阅读的过程中为他们提供帮助。这种方法基于信息加工理论，老师会拓展学生的背景知识，在学生不能流利阅读时为他们朗读，教授词汇和理解策略。它也反映了罗森布拉特的交互理论，老师会让学生参与故事讨论会，并在阅读日志中写作，以加深他们对所读内容的理解；还反映了批判性读写素养理论
应用	老师通常使用学区批准的书目清单上的书，教授以绘本或小说为主题的单元，或者聚焦某一体裁或某位作者的作品。文学阅读单元通常会与其他能让学生按照自己的阅读水平阅读图书的教学方法交替进行
优点	• 老师可以挑选获奖文学作品 • 老师可以在学生全班或小组阅读时，为他们的理解提供支架 • 老师可以教授有关阅读策略和技能的微课 • 学生可以通过单词墙和其他活动来学习词汇 • 学生可以学习文本因素：体裁、故事结构和文学手法
缺点	• 无论学生喜欢或不喜欢，或者这本书是否适合他们的阅读水平，他们都要读同一本书 • 许多活动都以教师为中心

开展单元教学。老师通过一系列步骤开展文学阅读单元的教学，包括选择文本、设立目标、确定和安排教学活动、如何评估学生的学习等。高效的教师不会不加思考地遵循出版商提供的文学阅读单元教学指南上列出的步骤去操作，而是会自己制定教学规划，因为他们最了解自己的学生、每个单元的可用时间、需要教授的策略和技能及他们想要开展的活动。虽然老师可能会在一些步骤之间来回切换，但他们大体会遵循以下步骤。

- 步骤 1：选择读本。老师为本单元挑选一本书，可以是故事书、小说、非故事类书或诗集，并确保每名学生都能拿到一本书。许多学校都会有以班级为单位的套装书供学生阅读；然而，有时候老师可能还需要向领导申请每一本书多买几套。老师一般需要准备 10 本或 10 本以上的相关图书，每本书准备 1~2 本，这些书可以是同一故事的不同版本、续集、同一作者的不同作品或同一类型的其他书，并将它们放在教室图书角的专用书架上。老师向学生介绍读本后为他们提供阅读的机会。此外，老师还会制作手工艺品书箱，以用于介绍这本书、作者和插画者的信息及其他补充资料。老师还可以寻找多媒体资源，包括精选的 CD、提供背景知识的 DVD 及作者和插画者的网站等。
- 步骤 2：设立目标。老师决定想让学生在本单元学习什么，他们把设立的目标与学生被期望达到的学习标准联系起来。
- 步骤 3：制订单元计划。老师阅读所选的书，并选择单元的重点，如某一故事的结构元素、作者体裁或相关的主题（如天气或沙漠生活）。接下来，老师在每个阶段选择要使用的活动，他们通常会在图表上做笔记，这些图表根据相应的阶段分成几个区域。然后他们在制订教学计划时使用通过头脑风暴想出的教学思路。一般来说，并不是所有的活动都会被使用，老师会根据自己的教学重点和可用的时间选择最合适的活动。

- 步骤 4：差异化教学与计划分组。老师考虑用于教学单元的活动，以及如何调整这些活动，以确保每名学生都能有好的体验。他们决定如何使用分组、分层教学活动、教学中心和项目来适应学生的差异化学习需求。他们在单元教学计划中思考使用适合全班、小组、同伴和个人进行的活动。重要的是，他们要确保学生有机会独立阅读和写作，也有机会通过小组合作或全班合作一起学习。如果教学时采用的是全班同学一起阅读的方式，那么学生就需要有机会和同伴一起重读，或者独立阅读相关图书。这些分组模式应该在单元的各种活动中交替进行。老师会经常回顾他们的计划表，并根据分组模式在计划表中用彩色马克笔标记活动。

- 步骤 5：创建时间表。老师制定时间表，为学生提供足够的时间来完成整个阅读过程和本单元计划的活动。他们还计划开设微课，教授阅读目标中确定的及学生阅读所需要的策略和技能。老师通常在他们的周计划中有一个固定的微课时间，但有时候他们会在介绍特定活动之前安排微课的时间。

- 步骤 6：评估学生的学习情况。老师常会分发单元文件夹，学生把他们所有的作业都放在这些文件夹里。把所有的资料放在一起可以让老师和学生更容易进行单元管理。老师还会计划如何记录学生的学习表现并予以评估。一种记录方式是作业检查清单，老师和学生一起制定作业检查清单并在课程开始时由老师分发给学生。学生会记录他们的学习进展情况，有时候会随着单元的发展与老师协商修改作业检查清单。学生将检查清单归档到自己的单元文件夹中，并在完成每一项后进行标记。在本单元结束时，学生上交他们的作业检查清单和其他完成的作业。虽然这份清单没有囊括所有的活动，但它明确了哪些活动将被打分。

绘本教学单元。老师选择获奖图书和其他高质量图书用于文学阅读单元。低年级的学生阅读可预测图书或文字很少的书，如《母鸡罗西去散步》（*Rosie's Walk*，Hutchins，2005），它讲述了一个幽默的故事：一只母鸡在院子里悠闲地散步，不知不觉地把跟着它的狐狸带入一个又一个的灾难中。其他学生可以读一些更复杂的绘本故事和小说，如《开往远方的列车》（*Train to Somewhere*，Bunting，2000），它讲的是 19 世纪晚期一列满载着孤儿的火车把这些孩子们送到领养家庭的故事。

小说单元。老师可以使用小说来开展单元教学，如《邦尼库拉：兔子的神秘故事》《又丑又高的莎拉》和《数星星》。绘本故事和小说最大的区别是文本长度。当老师计划小说单元时，他们需要决定如何安排学生阅读这本书。例如，是否要让学生每天读 1 ~ 2 章？要求学生以什么样的频率写阅读日志或参与故事讨论会？重要的是，老师应重读书本，留意章节的长度，并确定书中哪些要点需要学生花费更多时间探索和回应。

体裁单元或作家单元。在体裁单元中，老师讲授一种特定的体裁，如民间故事、科幻小说或传记。学生阅读相关体裁的书，参加各项活动以加深对该体裁文本因素的知识，有时候学生通过写作项目来应用他们所学到的东西。例如，三年级的学生在阅读和比较世界各地的灰姑娘故事后，制作了绘本来复述他们最喜欢的版本；学习中世纪的七年级的学生写故事时结合了他们所学到的那个历史时期的细节；在传记体裁单元中，五年级的学生选择一个人物进行研究，阅读其传记，然后创建多体裁项目来分享他们学到的东西；在诗歌体裁单元中，学生应用他们所学的诗歌形式来写诗。

在进行作家探究时，学生了解作家的生活，阅读他们写的一本书或多本书。大多数当代作家都有网站来分享关于自己和所写的书的信息，而且每年都有更多的作家写自传。随着学生对作者的了解，他们会形成一个有关"作家"的概念。这种意识很重要，正是因为这种意识，学生将作家视为真实的人，作家也和我们一样，吃早餐、骑自行车、倒垃圾……当学生将作家视为真实的人时，他们在阅读时会感觉更亲近。这种意识也会影响他们的写作：当学生意识到自己也能写书时，他们就获得了一个新的视角。例如，在一年级时，许多孩子读埃里克·卡尔（Eric Carle）的书，并尝试他的插图技巧。在这一章开头的教学故事中，古德曼的学生阅读并写了关于洛瑞（Lowry）的《授者》一书的内容。他们列出了什么是乌托邦社会的清单，阅读并谈论这本书，在阅读日志上进行创作，为单词墙添加单词，制作了纸拼布，并写了一篇议论文。

管理文学阅读单元。虽然许多老师非常喜欢文学阅读单元的教学，在这里教授他们喜爱的书，但这种教学方法要求他们投入许多时间和精力来进行规划。老师阅读和分析他们选择的书并计划教学方式，包括微课、词汇活动和写作作业。老师需要将他们所教授的内容与年级水平标准联系起来，并进行差异化教学，以确保所有的学生都能成功。

时间安排也很重要。通常情况下，以绘本为主题的文学阅读单元可在 1 周内完成，而以章节书为主题的文学阅读单元通常需要 2 周或 3 周的时间。体裁和作家单元通常会持续 3 周或 4 周的时间。在极少数情况下，文学阅读单元会持续超过 1 个月。当老师花费过长时间教授同一单元时，可能会扼杀学生对某本书的兴趣，更糟糕的是，还可能会扼杀他们对文学和阅读的兴趣。

此外，老师必须决定如何平衡文学教学与其他内容的阅读教学，特别是当部分学生无法阅读文学单元中所选的书时。老师经常在文学阅读单元期间每天安排指导阅读课，以便学生通过上课有机会阅读符合他们阅读水平的书。

文学圈

文学圈是培养学生对阅读的热爱并确保他们成为终生读者的最好方法之一。文学圈是由学生主导的小型阅读讨论小组，他们定期在课堂上面谈讨论（Daniels，2002）。文学圈有时候被称为读书俱乐部。阅读材料是高质量的儿童文学书，包括故事、诗歌、传记和其他非故事类图书；

最重要的是，学生读的是他们感兴趣的、读得懂的书。学生选择要读的书并组成小组。接下来，他们制作阅读和讨论的时间表。然后，他们独立阅读或与同伴一起阅读，并聚在一起讨论他们所读的内容，就像进行故事讨论会一样。一般来说，小组成员单独见面讨论，但有时候老师也会和小组一起讨论。根据书的长度和学生的年纪，一本书的文学圈活动可能会持续几天到一两周。文学圈的特点是选择、文学和回应。

选择。学生可以在文学圈的活动中做出多项选择，如选择他们要读的书和要参加的小组。学生可以共同设定阅读和讨论书的时间表，以及他们在讨论中扮演的角色。他们还可以选择如何与同学分享这本书。老师组织文学圈是为了让学生有选择的机会，但更重要的是，在教室里创建一个学习共同体，让学生为自己的学习负责，并可以与同学合作，从而为学生做出选择做好准备。

文学。在文学圈中使用的书应该是有趣的，并适合学生的阅读水平。在文学圈使用的书（特别是对第一次参加文学圈活动的学生而言）必须是他们能理解的。萨姆威与王（Samway & Whang，1996）建议学生先选择较短的书或绘本，以免陷入阅读困境。老师自己也应读过这些书并喜欢它们，否则老师在做图书推荐的时候就无法令人信服，也不能有效参与图书讨论。

学生通常在文学圈活动中读故事，但他们也可以读普通的非故事类书或与故事搭配的非故事类书（Heller，2006；Stien & Beed，2004）。学生在体裁单元中阅读与主题单元或传记相关的非故事类书。二年级的学生经常从易于阅读的章节书中选择，这些书以小说和非故事类书为特色，包括《奥林匹克时刻》（*Hour of Olympics*，Osborne，1998）和《古希腊奥运会》（*Olympics of Ancient Greece*，Osborne & Boyce，2004），或者从非常流行的"神奇校车"（Magic School Bus）系列绘本里选择。

回应。学生聚在一起讨论图书。通过讨论，学生总结自己的阅读过程、建立联系、学习词汇、探索作者对文本因素的使用。他们了解到理解是分层发展的。学生从阅读中获得初步的理解，并通过讨论加深理解。学生学会回到文章中重新阅读句子和段落，以阐明一个观点或陈述一个想法。文学圈之所以有效，是因为有选择、文学和回应这些特点。对比以教师为中心的教学方法，当学生能与同学一起阅读和讨论所读图书时，他们对阅读与文学的投入往往会更多。吉尔斯（Gilles，1998）研究了学生在文学圈讨论中的谈话，并发现了四种谈话类型，如表 10-10 所示。

凯伦·史密斯（Karen Smith，1998）将她的高年级的学生的讨论描述为"密集学习"，通常学生会进行多次小组会议。在第一次会议上，学生分享他们的个人读后感，讨论故事中的人物和事件，分享最喜欢的部分，并提出问题以澄清困惑。在第一次会议结束前，学生和老师会决定他们在下一次会议中想要研究的内容，如故事的结构元素。学生通过重读与所选焦点相关的书中的摘录部分来准备第二次会议。然后，在第二次会议中，他们谈论作者如何使用故事的结构元素，他们经常会通过制作图表，如人物想法画像，以组织他们的想法。

表 10-10　文学圈讨论中的谈话类型

与书有关的谈话 学生总结他们的阅读过程，并通过应用所学到的文本因素知识来讲述这本书，他们做了下面这些事情 • 复述事件或大概念 / 大观念 • 研究主题或体裁 • 探索作者使用的组织元素或模式 • 寻找文学手法的例子	与建立联系有关的谈话 学生通过以下方式将书与自己的生活、世界和读过的其他文学作品联系起来 • 解释书与他们的生活的联系 • 对比本书和其他书 • 与他们看过的电影或电视节目建立联系
与阅读过程有关的谈话 学生通过元认知思维，反思他们阅读时使用的策略，他们做了下面这些事情 • 反思他们是如何使用策略的 • 解释他们在阅读中遇到的问题及解决方法 • 找出重读的部分及为什么重读这些部分 • 在他们阅读时讨论他们的想法 • 找出他们理解或误解的部分	与小组合作过程和社会问题有关的谈话 学生在文学圈活动过程中不断相互讨论。他们还会研究与本书相关的社会问题和时事，如无家可归和离婚，他们做了下面这些事情 • 决定由谁担任组长 • 确定时间表、角色和职责 • 调动学生参与的积极性 • 让谈话回到正题上来 • 将讨论扩展到社会问题和时事上

　　学生要想在文学圈获得成功的阅读体验，就必须有大量的机会来回应文学作品。让学生做好回应的最好方法就是朗读给他们听，并让他们参与故事讨论会。老师可以在讨论会上给学生展示一些具有反思性和思想性的回应方式，并鼓励学生对书本做出回应。在老师朗读的过程中，他们会鼓励学生分享自己的想法和感受、谈论自己使用的理解策略等，并推动他们做出评论。

　　讨论时扮演的角色。有时候，老师让学生提前分好角色并完成作业，这样可以为讨论小组会议做好准备（Daniels，2002）。一名学生担任讨论主持人，他就是组长，引导整个讨论、选择主题、提出问题。其他学生选择文章进行朗读、创作图画或制作与书相关的图像、调查与书相关的主题，为讨论做好准备。表 10-11 详细介绍了各种角色的任务。虽然让学生扮演特定的角色可能看起来很假，但这能够教会他们如何在文学圈活动中做出回应。

　　在文学圈活动中，老师通常会为学生的角色准备作业单，然后在学生开始阅读前把这些作业单发给他们。学生在每次讨论前完成一份作业单。

表 10-11　学生在文学圈中扮演的角色

角色	责任
讨论主持人	讨论主持人引导小组的讨论，并确保小组在完成任务的过程中不跑题。为了让讨论开始或改变方向，讨论主持人可能会问以下问题 • 读了这部分内容后你想到了什么 • 你对阅读材料有什么疑问 • 你预测接下来会发生什么
段落大师	段落大师关注书的文学描写手法。他会选择书中几个令人过目不忘的段落与大家分享，并告诉大家自己为什么选择这些段落来分享

（续表）

角色	责任
词汇讲解员	词汇讲解员负责与词汇相关的内容。他需要从阅读材料中找出 4~6 个重要的生词，然后查字典。他要从中选择最合适的意思和其他有趣的信息与小组成员分享
建立联系者	建立联系者要指出书和学生生活之间的联系。这些联系可能包括在学校或社区发生的事件、来自世界各地的时事或历史事件，或者来自他自己生活中的一些事情。他也可以将本书与同一作者或同一主题的其他书进行比较
概括者	概括者准备一份阅读内容的简要总结，以传达要与小组分享的大概念／大观念。概括者的分享经常在讨论刚开始时，他会为大家朗读自己所写的总结
画手	画手画一幅与阅读内容有关的图画或图表。图画可能与故事中的人物、激动人心的事件或预测有关。画手与小组分享插图，小组成员在画手解释图画之前进行讨论
探究员	探究员寻找一些关于书、作者或一个相关的话题的信息并与小组成员分享。探究员可以上网搜索，查阅百科全书或图书馆里的书，或者采访对这个话题有特殊专长的人

资料来源：Daniels，H.（2002）. Literature circles：Voice and choice in book clubs and reading groups；Daniels，H.，& Bizar，M.（1998）. Methods that matter：Six structures for best practice classrooms.

文学圈是一种有效的教学方式，因为它具有三个关键特征：选择、文学和回应。与以教师为中心的教学方法相比，文学圈让学生在与同学一起阅读和讨论时更投入、更有动力。

实施文学圈。老师通过七个步骤的系列活动组织文学圈。

- 步骤 1：选择图书。老师准备 5~7 本相关的书，并为每本书准备多个副本。老师会做一个简短的读书推荐来介绍这些书，然后让学生报名阅读他们想读的书。学生需要时间来预览书，然后他们在考虑主题和难度水平后决定读哪本书。

- 步骤 2：组织文学圈。学生聚在一起阅读每本书；每个小组通常不超过 4~6 名学生。他们首先制定时间表，在老师规定的时间内阅读和讨论书。学生还可以选择自己在讨论中扮演的角色，以便在阅读后为讨论做准备。

- 步骤 3：阅读。根据书的难度水平，学生可以独立阅读或与同伴一起阅读全部或部分内容。随后，学生为讨论做准备，完成他们所扮演角色的任务。

- 步骤 4：参与讨论。学生聚在一起讨论这本书；故事讨论会通常持续 15~20 分钟。讨论主持人或其他被选为组长的学生组织大家开始讨论，然后其他同学根据他们扮演的角色轮流分享他们的回应。讨论是有意义的，因为学生讨论的是他们在书中感兴趣或易混淆的内容。

- 步骤 5：教授微课。老师在小组会议之前或之后就各种主题教授微课，包括如何提出有洞察力的问题、完成角色作业单、使用理解策略、检查文本因素（Daniels & Steineke，2004）。

  步骤 6：与全班分享。每个参与文学圈活动的学生都会通过图书推荐或其他形式与同学分享他们读的书。

- 步骤 7：评价学习。老师监督学生在文学圈活动中的进展，检查他们是不是负责任的小组成员、读书是否投入、是否积极参与小组讨论、他们的理解能力是否得到提升。在文学圈活动的最后，学生要写自我反思来评估自己在小组中的参与和学习情况。

在低年级学生中使用文学圈。一～二年级的学生也可以像高年级的、有经验的学生那样分组阅读和讨论书（Frank，Dixon，& Brandts，2001；Marriott，2002；Martinez-Roldan & Lopez-Robertson，1999/2000）。这些低年级的学生可以选择符合自己阅读水平的书、听老师朗读书或参加共享型阅读活动。在参与讨论前，如果老师给他们朗读两遍，或者让他们自己多读几遍会让他们更受益。在为文学圈活动做准备时，学生经常会通过画画、写阅读日志等与小组同学分享。学生与老师讨论一本书，老师首先引导讨论，并示范如何分享想法和参与讨论。这样的讨论很有意义，因为学生分享了书中他们感兴趣的内容，建立文本与自我、文本与世界，以及文本与文本之间的联系，指出插图和其他书的特点，提出问题，讨论主题。低年级的学生通常不会像高年级的学生那样承担角色，但二年级和三年级的学生通常已经准备好承担组长角色。当一名学生和老师讨论时，教室里的其他学生通常会继续阅读自己选的书或为即将与老师的讨论做准备。

管理文学圈。老师在介绍文学圈活动的时候，会教学生如何参与小组讨论、回应所读内容。起初，老师可能会参与讨论，但当学生熟悉了程序并能够参与讨论时，老师很快就会退出讨论。

但是团队合作并不总是行得通。有时候，讨论偏离轨道是因为一些学生破坏、垄断讨论，或者排斥某些同学。如果发生这种情况，老师必须努力在小组成员之间建立积极的关系，并教授更有效的讨论技能。克拉克和霍尔瓦德尔（Clarke & Holwadel，2007）描述了地处市中心的一所学校六年级的一个班级，该班的文学圈活动因为受到性别和阶级的影响而无法开展下去。老师发现两个问题：同学们之间有负面情绪，学生缺乏必要的讨论技能，他们认为自己可以解决这两个问题。于是，老师通过下面这些课堂活动改善文学圈活动的质量。

- **微课。**老师可以在小组成员之间建立更积极的关系，教授更有效的讨论技能，包括学习如何彼此倾听，以及在谈话时轮流发言（Daniels & Steineke，2004）。
- **录像。**老师可以录下学生参与讨论的过程，并与小组成员一起观看，让他们更清楚地意识到自己的行为会如何影响讨论。他们可以就小组讨论的情况展开交流，发现存在的问题，讨论解决的方法。
- **图书。**老师重新思考自己选择的书，并寻找可能与学生的生活更相关、更能激发学生深入讨论的书。
- **辅导。**老师扮演辅导员的角色，引导学生成为更有效的参与者。老师示范积极的团体行为和适当的讨论技能，并演示如何使用他们的回应来加深他们对一本书的理解。有时候，他们也扮演老师的角色，以确保每个人都参与进来，并使讨论不跑题。

通过上述方法，尽管仍然存在一些问题，但总体而言，老师还是提高了学生文学圈活动的质量：课堂环境变得更加友好，同学之间互相尊重，学生提升了自己的讨论技能并能更好地参与其他讨论活动。另外，一旦学生成功了，他们对阅读的兴趣也会增加。

请参考"教学方法概览：文学圈"（见表 10-12），并将其与其他读写教学课程的概览进行比较。请注意，学生使用了阅读过程的全部五个阶段。

表 10-12　教学方法概览：文学圈

主题	描述
目的	为学生提供真实阅读和回应的机会
环节	学生组成文学圈来阅读和讨论他们自己选择的书。他们经常在图书讨论中担任不同的角色
理论基础	以学生为中心。文学圈反映了社会语言学、交互理论和批判性读写素养理论：学生在互相支持的小团体中阅读和讨论书，他们阅读的书通常涉及需要学生进行批判性思考的文化和社会问题
应用	老师经常将文学圈与基础阅读项目或文学阅读单元结合使用，以便学生有机会进行独立阅读
优点	• 可以提供符合各种阅读水平的书 • 学生更有动力，因为他们可以自主选择阅读的书 • 学生有机会与同学一起学习 • 学生可以参与真实的读写体验 • 学生可以学习如何回应文学作品 • 老师可以参与讨论，帮助学生澄清误解并批判性地思考本书
缺点	• 由于学生阅读不同的书，老师经常感到失去对课堂的控制 • 学生必须以任务为导向并合理利用时间才能获得成功 • 有时候，学生选择的书对他们来说太难或太容易

阅读工作坊

南西·阿特威尔（Nancie Atwell，1998）于 1987 年提出了阅读工作坊的概念，作为传统阅读教学的替代方案。在阅读工作坊中，学生进行真实和独立的阅读，老师提供关于阅读概念、策略和程序的微课。这种方法代表老师关于学生应该如何学习与应该怎样在教室里使用文学的信念的转变：传统的阅读项目强调依赖老师的指导来确定如何及何时教授特定的策略和技能，但是阅读工作坊聚焦于个性化的方法。阿特威尔和她所教的中学生一起开发了阅读工作坊，但阅读工作坊已经被改造并成功应用于一～四年级的学生。请参阅"教学方法概览：阅读工作坊"（见表 10-13），并将其与本文中描述的其他读写教学课程进行比较。

表 10-13　教学方法概览：阅读工作坊

主题	描述
目的	为学生提供进行真实的阅读活动的机会

（续表）

主题	描述
环节	阅读工作坊包括阅读、回应、分享、教授微课和为学生朗读
理论基础	以学生为中心。阅读工作坊的方式反映了社会语言学和信息加工理论；学生参与能鼓励他们成为终身读者的真实活动
应用	老师经常将阅读工作坊与基础阅读项目或文学阅读单元结合使用，以便学生有机会进行独立阅读
优点	• 学生可以按照自己的阅读水平阅读 • 学生可以选择他们想读的书 • 活动是真实的、以学生为导向的，学生可以按照自己的节奏阅读 • 老师有机会帮助个别学生
缺点	• 由于学生阅读不同的书，因此老师在课堂管理方面会遇到更大的挑战 • 老师必须设计并教授有关策略和技能的微课 • 学生必须以任务为导向并合理地利用时间才能获得成功

　　阅读工作坊可以培养学生真正阅读自己选择的书。表 10-12 展示了如何在这种教学方法中应用过程性阅读。在一年级时，学生每天可能会阅读或重读 3 ~ 4 本书。高年级的学生读的书页码更多，阅读图书的总数上会少一些。例如，四年级的老师说，他们的学生在学年内读了20 ~ 25 本书。幼儿园老师也可以在课堂上开展阅读和写作工作坊（Cunningham & Shagoury，2005）。即使很多时候需要老师给学生读或帮学生写，但他们依然能让 5 岁的孩子进行真实的读写体验，并教他们理解策略和文本因素。

　　阅读工作坊有好几个版本，但通常都包含五个部分：阅读、回应、分享、微课和老师朗读。

　　阅读。学生花 30 ~ 60 分钟的时间独立阅读图书。学生选择自己想要阅读的书，对此他们通常会参考同学们的推荐。他们还会选择自己最喜欢的主题，如马、科幻小说和恐龙或者最喜欢的作者写的书。让学生阅读他们自己选择的书至关重要。

　　回应。学生写阅读日志，记录下他们对所读书的最初印象。有时候，他们和老师讨论自己读的书。阅读日志可以使老师和学生之间进行持续的书面对话（Atwell，2014）。回应往往能反映学生的阅读策略，并体现他们对有关文学思考的洞见；观察学生如何看待他们的阅读有助于老师更好地指导学生的学习。老师定期收集学生的阅读日志，以了解他们记录的内容。老师也会以书面反馈的形式回应学生。然而，因为回应学生的阅读日志是非常耗时的，所以老师不必对每个条目都进行回应，并可以简短地回应。

　　分享。在阅读工作坊的最后 15 分钟，学生聚在一起讨论他们已经读完的书。学生讨论这本书及为什么喜欢它。有时候，他们会朗读一段简短的摘录或正式地把书转交给下一名想读它的学生。分享很重要，因为分享可以帮助学生形成学习共同体，以重视和庆祝彼此的成就。

　　微课。老师还会花 5 ~ 15 分钟的时间在微课上教授阅读工作坊的流程、理解策略和文本因素。有时候，微课是面向全班学生的；有时候，微课是为特定的小组开设的。在学年开始的时候，老师会给全班学生上微课，教他们选书和阅读工作坊的流程。在学年晚些时候，老师会教授关于推理、理解策略和文本因素的微课。当老师向全班学生介绍某一作者的一系列书时，他们会教授与作者相关的微课；当老师在教室图书角中放置同一种体裁的书时，他们会教授有关文学体裁的微课。

老师朗读。作为阅读工作坊的一部分，老师使用交互型朗读为全班学生朗读绘本与章节书。老师会选择学生自己可能读不懂的高质量文学作品，以及他们认为每名学生都应该读到的获奖书或者与主题单元相关的书。朗读结束后，学生讨论并分享阅读经验。这项活动很重要，因为学生听老师朗读图书，作为学习共同体一起做出回应，而不是作为个人单独回应。

持续默读与阅读工作坊一样吗？持续默读（Sustained Silent Reading，SSR）是指在学生在校期间为全班或全校学生安排的一段独立阅读时间，学生在这段时间内可以默读自己选择的书。SSR 被用来增加学生的阅读量，并鼓励他们养成每天阅读的习惯（Pilgreen，2000）。SSR 还可以作为其他读写活动的补充（Reutzel，Jones，Fawson，& Smith，2008）。阅读工作坊和 SSR 是相似的。它们的目标是为学生提供独立地阅读自选书的机会。当一个班级形成了学习共同体并具有良好的学习氛围时，这两个项目的使用效果会更好。它们也都适用于低年级与青少年读者（Walker，2013）。很明显，学生感到放松和舒适才能读得更投入，并体验到阅读的乐趣，而学习共同体能让学生感受到舒适的环境，因为他们能得到同学和老师的尊重及重视。

然而，两者也存在重要的差异。阅读工作坊由五个部分组成：阅读、回应、分享、微课和老师朗读。SSR 只由一个组成部分：阅读。阅读工作坊是一种既包含独立型阅读又包含显性化教学的教学方法。SSR 是不包含教学成分的补充项目。

管理教室里的工作坊。从学年的第一天开始，老师就应该在教室里营造阅读工作坊的氛围。老师为学生提供阅读的时间，并教他们如何选择和回应书。通过与学生的互动、尊重学生以及示范阅读的方式，老师建立起学习共同体。

老师制定阅读工作坊的时间表，并为每个环节分配时间，如表 10-14 所示。在时间表中，老师为学生分配了尽可能多的时间用于阅读。制定好时间表后，老师将其张贴在教室里，并与学生讨论各项阅读活动和他们对学生的期望。老师教授阅读工作坊的流程并持续示范，直到学生能适应日常流程。随着学生在阅读工作坊获得良好的体验，他们的热情会增加，阅读工作坊也就成功了。

表 10-14　阅读工作坊时间表

一年级	
10 分钟	老师重读几本大开本绘本，然后大声朗读一本新的大开本绘本
15 分钟	学生独立阅读对应的正常版图书，并重新阅读其他已经读过的熟悉的书
10 分钟	学生选择他们读过或反复读过的一本书，并对它的内容进行插图创作和写作
10 分钟	几名学生分享他们最喜欢的书
15 分钟	老师教授微课

（续表）

二年级	
30 分钟	学生阅读选定的书并在阅读日志中做出回应
10 分钟	学生与同学们分享他们已读完的书，并为这些书进行非正式的图书推荐。他们经常把"好"的书传递给下一名想读的学生
20 分钟	老师教授微课
30 分钟	老师大声朗读，随后学生参与故事讨论会
三年级	
20 分钟	学生阅读选定的书并在阅读日志中做出回应
15 分钟	学生与同学们分享他们已读完的书，并为这些书进行非正式的图书推荐。他们经常把书传递给下一名想读的学生
15 分钟	老师教授微课
25 分钟	老师大声朗读，随后学生参与故事讨论会
六年级	
25 分钟	老师朗读一本书，学生在故事讨论会中讨论它
10 分钟	老师教授微课
45 分钟	学生独立阅读自选书
八年级	
每隔 1 个月，学生参与阅读工作坊	
45 分钟	学生独立阅读
20 分钟	老师在微课上教授阅读技巧
10 分钟	学生分享他们读完的书

在阅读工作坊中，老师会花时间观察学生分级合作的情况。研究人员对课堂阅读工作坊进行了观察，发现一些学生，甚至低至一年级的学生，因为性别、种族或社会经济地位而被排除在小组活动之外（Henkin，1995）。老师应该努力营造学生平等相待的课堂环境。

你可以使用"我的教学待办清单：教学项目"来评估你在课堂上开展的教学项目。

我的教学待办清单

教学项目

- ☾ 我结合了多个教学项目来满足学生的需要。
- ☾ 我使用了符合学生指导教学水平的文本进行阅读教学。
- ☾ 我的学生阅读并回应了适合他们年级水平的获奖书。
- ☾ 我使用了显性化教学教授策略和技能。
- ☾ 我结合了全班活动、小组活动和独立活动。
- ☾ 我的学生每天都有独立阅读的机会。

☾ 我的学生参与了真实的阅读和写作活动。

☾ 我监督和评估了学生的进步。

☾ 当学生有困难时，我干预并修改了教学。

第11章

为学生的写作发展 提供支架

学习本章后，你将能够：

11.1　描述过程性写作的五个阶段；

11.2　讨论如何教授写作，包括策略和技能、"6+1"要素和写作体裁；

11.3　解释如何评估学生的写作发展；

11.4　描述在课堂上实施写作过程的三种方法。

●　●　●

在本章中，你将了解过程性写作。与过程性阅读一样，过程性写作也有五个基本阶段。当你阅读这个教学故事时，请注意辛格是如何在为期一年的写作项目里，带领学生对屡获殊荣的作家、插画家克里斯·范·奥尔斯伯格展开研究，并在他与学生开展写作工作坊时，将过程性阅读与过程性写作融合在一起的。辛格将显性化教学与真实的阅读和写作相结合，以推动学生的学习。过程性写作的五个阶段包括酝酿、起草、修订、编辑和发表。

●　●　●

辛格（Singh）老师的班级参与写作工作坊。辛格老师的四年级教室里一派忙碌的景象，原来是学生在参加时长为 40 分钟的写作工作坊。在这段时间里，学生可以根据自己选择的主题起草和完善文章。他们在笔记本电脑上创作草稿，并与同学一起修改和编辑草稿。然后，他们打印出干净的作文，以便在最终的编辑会上与辛格会谈。最后，他们将文章进行了排版并打印出了最终的版本。

这个班级正在完成的写作任务是关于著名作家克里斯·范·奥尔斯伯格及其作品的研究。克里斯·范·奥尔斯伯格是屡获殊荣的畅销幻想绘本作家与插画家，他的作品包括《普布迪缇》（*Probuditi*，2006）和《极地特快》（*The Polar Express*，2005）。这项研究将持续一年的时间。学生在基础分级读物（见第 1 章）和文学圈中阅读了他创作的一些故事，辛格还曾为学生朗读过他的其他作品。学生使用《哈里斯伯迪克之谜》（*The Mysteries of Harrise Burdick*，Van Allsburg，1996）里的插图书写他们自己的故事。

过程性写作从 9 月就开始了，那时辛格朗读了《勇敢者的游戏》（*Jumanji*，Van Allsburg），该书讲述了两个孩子玩丛林冒险桌游的故事。他还朗读了续集《勇敢者的游戏 2：太空飞行棋》（*Zathura*，2002），该书讲述的是孩子们玩太空飞行棋冒险桌游的故事，并让学生观看了由该书改编的电影。学生们还制作了桌游并为这些游戏撰写游戏说明。辛格用这个故事强调了遵从指令的重要性，教育学生无论在课堂上、家中，还是在参加考试时，都要守规矩。

辛格还定期开展关于写作策略的微课，以便学生在写作中使用这些写作策略。对作者进行研究也激发了学生的写作兴趣。辛格首先教授了一系列关于修订和校对的课程，以便学生在写作工作坊中使用。接下来，他教授了关于如何编写故事结构要素的课程。老师在教室里悬挂关于每个故事元素的海报，展示学生正在学习的内容。学生在创作自己的故事时应用他们所学到的知识。他们使用过程性写作来起草和完善自己的故事。请参考表 11-1 以获得更多过程性写作活动的信息。这些学生还在课外练习了在计算机键盘上盲打，所以他们知道手指在键盘上的基本位置，并在使用笔记本电脑进行写作时提高了打字的速度。

在今天的写作工作坊上，辛格对阿方索（Alfonso）、玛莎（Martha）和伊姆利吉（Yimleej）三名学生进行了辅导，因为英语不是他们的母语，老师先和他们进行集体讨论，然后进行单独辅导，帮助他们修改自己的故事。与此同时，其他学生编辑他们刚刚完成的故事。米格尔（Miguel）和林赛（Lindsey）已经完成了他们的写作，所以他们正在帮助其他同学核对编辑清单。辛格认为，全班都能在明天午餐前完成自己的故事，他对此很有把握。他计划在明天的写作工作坊上开始作者讲坛活动：学生将轮流向同学们朗读他们刚刚完成的故事。作者讲坛是一个很受学生欢迎的课堂活动。大多数学生都渴望分享他们的故事，也喜欢听其他同学讲故事，因为他们已经学会了如何有感情地朗读，以及如何吸引同学们的兴趣。他们还能从同伴的反馈中受益。

表 11-1　过程性写作活动

阶段	活动	描述
酝酿	故事卡	学生制作故事卡，以发展自己的想法、角色、场景、问题、高潮和解决方案
	一对一	学生与同学面对面，分享自己的故事卡，并说出自己的想法
起草	草稿	学生根据故事卡的内容在笔记本电脑上打草稿
修订	修订小组	学生与两名同学分享他们的草稿，获得反馈并据此进行修改
	与辛格面谈	辛格阅读学生的故事并做出回应。学生与辛格讨论他们的草稿，然后根据他的反馈意见进行补充或修改
编辑	校对	学生将他们的草稿打印出来，进行校对，并纠正发现的错误。然后，找两名同学对草稿进行校对，找出并纠正所有的拼写、大小写、标点符号和语法错误
	与辛格会谈	学生打印出干净的草稿并与辛格会谈，校对与纠正任何遗留的错误
发表	最终版本	学生打印出最终版本，用胶水粘成书，并添加插图

上周，全班同学为他们的故事集制作了以下介绍页面。

35 年前，哈里斯·伯迪克（Harris Burdick）来到彼得·文德斯（Peter Wenders）的出版社。他声称自己已经写了 15 个故事并为其配了插图，但他带来的只有插图。第二天，哈里斯·伯迪克计划将这些故事带给文德斯先生，但他再也没有回来。

克里斯·范·奥尔斯伯格会见了文德斯先生，并且知道了插图的事情。文德斯先生给了奥尔斯伯格先生一盒布满灰尘的图画，奥尔斯伯格决定将它们编成一本儿童读物。

18 号教室的四年级学生努力地为每幅插图创作故事。尽管我们已经完成了我们的故事，但是我们还是想要告诉大家，哈里斯·伯迪克的神秘谜团仍未被解开。

这是由全班同学合作完成的。辛格和学生一起编写了介绍，并为每名学生复印了一份。在辛格的指导下，通过合作，学生创作的这个图书介绍是比较成功的。

辛格每个月都会继续给学生读奥尔斯伯格写的故事。到了 3 月，辛格教授了一系列关于幻想体裁的微课。然后，学生分成小组重新阅读克里斯·范·奥尔斯伯格的书并研究它们所具有的幻想体裁的特征。他们制作了一张图表，最上边写着所有书的书名，左边罗列出这些书具有的幻想体裁的特征，右边罗列这些特征在每本书中是如何体现的。这样，他们就把每本书的幻想体裁的特征通过这张介绍页面梳理了出来。

5 月，学生独立阅读克里斯·范·奥尔斯伯格的书。有些学生读了他们从来没有读过的书，有些学生则重新阅读了他们最喜欢的书。他们一边阅读，一边寻找奥尔斯伯格在每本书中都提到的那只白狗。在一些书中，如《阿卜杜勒加萨齐的花园》（ *The Garden of Abdul Gasazi*, Van Allsburg, 1993 ），它是一只活生生的小狗，但在其他书中，它是木偶、引擎盖标志或画。在一些书中，学生只能看到这只白狗的一小部分，如在《悲惨石》（ *The Wretched Stone*, Van Allsburg, 1991 ）中，读者只能看到它的尾巴。此外，学生继续关注故事中的幻想元素，在需要时进行推理，并反思奥尔斯伯格在他的插图中对视角的运用。在看到奥尔斯伯格如何为他的作品绘制插图后，学生开始思考什么样的插图或图像会对他们自己的故事有帮助。

作为最终的活动，辛格计划朗读《十四张奇画的十四个故事》（ *The Chronicles of Harris Burdick: Fourteen Amazing Authors Tell the Tales*, Van Allsburg, 2011 ），这是一套与《哈里斯·伯迪克的秘密》中的插图配套的故事集，作者包括谢尔曼·阿莱克西（ Sherman Alexie ）、凯特·迪卡米洛（ Kate DiCamillo ）、琳达·苏·朴（ Linda Sue Park ）、莱姆·斯尼克特（ Lemony Snicket ）和其他畅销书作家。

过程性写作与过程性阅读一样，都包含五个阶段。学生在思考与组织想法、起草自己的作品、修改和编辑他们的草稿，以及最后发表他们的文章时，会参与各种活动（ Dorn & Soffos, 2001 ）。教会学生这五个阶段，并赋予他们更多的机会和目的去写作，可以提高学生的写作水平，即便对低年级的学生也是如此。一些老师认为低年级的学生还没有准备好写作，但一年级的学生的体验可以证明，初学写作的学生，即使是英语为非母语的学生，也可以学习过程性写作，而不是每次作文只完成一稿。

多年来，阅读和写作被认为是对立的：读者解码或破译书面语言，而作者编码或产生书面语言。后来，研究人员开始注意到阅读和写作之间的相似性，并将二者都视为一个过程（ Hayes, 2004; Kintsch, 2013; Rumelhart, 2013 ）。现在阅读和写作被视为意义建构的平行过程，我们认识到阅读者和写作者使用了相似的策略来用文本创造意义。

过程性写作

11.1　描述过程性写作的五个阶段

过程性写作的重点是学生在写作时的思考和行动。这五个阶段分别是酝酿、起草、修订、编辑和发表。阶段的划分和编号并不意味着过程性写作是死板的线性过程；相反，整个过程涉及重复的循环，而阶段的划分只是为了识别和讨论写作活动的辅助措施。在课堂上，当学生写作时，这些阶段可能会合并或重复出现。每个阶段的主要特征如表 11-2 所示。

表 11-2　过程性写作的主要特征

阶段 1：酝酿	阶段
• 选择一个主题 • 考虑写作目的 • 确定体裁 • 参与头脑风暴，获得想法 • 使用信息组织图来组织想法	• 参与一个或多个修订中心的活动 • 根据同学们的反馈意见进行实质性修改 • 与老师讨论 **阶段 4：编辑** • 与同伴一起对修改后的草稿进行校对 • 参与一个或多个编辑中心的活动 • 纠正拼写、大小写、标点符号和语法错误 • 与老师讨论
阶段 2：起草 • 打草稿 • 使用较宽的行间距，为修订和编辑留出空间 • 关注思想的表达而不是拼写准确性 • 将写作文本标记为"草稿"	**阶段 5：发表** • 整理文本格式 • 制作最终版本 • 与合适的读者分享写作文本
阶段 3：修订 • 重读草稿 • 参加修订小组	

阶段 1：酝酿

酝酿是"准备写作"阶段。传统观念认为，作者在下笔之前就已经对所写主题做了全面而深入的思考，一旦开始写，便会思如泉涌，笔尖就如行云流水一般在纸间划过，但其实这些观念是荒谬的。如果作者要等自己形成完整的想法再去写，他们可能就一直动不了笔。与之相反，作者在写前应该尝试与他人交流、阅读、写作，看看自己知道什么，所写内容应朝着什么方向发展。

酝酿可能是过程性写作中最容易被忽视的阶段。然而，它对作者的重要性就像热身对运动员的重要性一样。默里（Murray，1982）认为，至少 70% 的写作时间应该花在酝酿上。在酝酿阶段，学生要选择主题、考虑写作目的和体裁，并思考写什么及如何写（头脑风暴）。

选择主题。 学生应该自己选择写作主题——他们感兴趣和了解的主题——这样他们就会更加投入。然而，并不是所有情况下他们都可以这么做。有时候，老师会提供主题，特别是与文学阅读单元和学科内容单元相关的主题。老师提供的主题最好比较宽泛，这样学生就能在大主题的范围内，根据自己的情况确定一个最喜欢的小主题。学生自己选择写作主题并不意味着老师不提供指导。老师仍然要提供一般性的指导，如指定写作形式、确定写作功能，但是在此基础上，学生仍然可以选择自己要写的内容。

考虑写作目的。当学生准备写作时，他们需要考虑写作的目的：为了娱乐、为了传递信息或为了说理。设置写作目的与设置阅读目的同样重要，因为目的会影响学生对形式的考量。

考虑写作体裁。学生决定他们的写作将采用的体裁：故事、信件、诗歌和报告等。表 11-3 描述了学生学习使用的写作体裁。他们选择的写作体裁与写作目的有关。如果他们写作是为了分享信息，报告可能是最合适的体裁，但如果他们写作是为了说服某个人做某件事，那么劝说性信件可能是最好的选择。

表 11-3　写作体裁

体裁	目的	活动
议论文	学生对一个有争议的问题提出明确的立场，如是否应该允许孩子踢足球或学校应该如何解决校园霸凌问题。他们引用证据来支持自己的主张，并思考对立面的观点	广告、书评和影评、文章、给编辑写信和海报
描述性写作	学生在进行描述性写作时仔细观察并选择准确的语言。他们注意感官上的细节并进行比较（隐喻和明喻），以使他们写的内容更加有力	人物描写、比较、描述性文章、描述性句子和拼贴诗
说明文	学生收集并整合信息。这种写作是客观的，报告是最常见的类型。学生使用说明性写作来告知方位、说明步骤、比较两件事物、解释因果关系、描述问题和解决方案	字母绘本、自传、传记、导览图、散文、海报、报告和总结
日记与书信	学生写给自己或特定的受众。这种写作体裁是个人化的，通常没有其他体裁那么正式。学生分享新鲜事，探索新的想法，记录笔记。学生学习信件、信封和发信息的特殊格式	商务信函、礼节性信函、复式记录笔记、电子邮件、私人信函、学习日志和个人日记
记叙文	学生复述熟悉的故事，为他们读过的故事进行续编，把自己生活中的事件改编成故事。会写故事的开端、发展和结尾，以推动情节的发展、塑造人物	原创短篇小说、个人叙事、故事复述、故事续集和故事脚本
诗歌	学生在创作诗歌时，能够利用文字、图片，运用韵律和其他手法。体验了诗歌创作后，学生了解到诗歌的语言是生动、有力且简洁的，并且诗歌可以以不同的方式排列	押韵诗、色彩诗、自由诗、俳句、以"我是……"的形式书写的诗和双声诗

头脑风暴。学生参与各种活动来思考写什么、怎么写。他们在思考写什么的时候可以通过头脑风暴相关单词、画图、与同学交流等方式，当有了一些想法后，可以通过信息组织图将这些内容组织起来，直观地展示他们的思路。他们所采用的信息组织图因体裁而异。例如，如果

是写故事，学生通常会为故事的开端、发展和结尾三个部分绘制三个方框，而如果要对比两个概念，那么会使用维恩图。

阶段 2：起草

在这个阶段，学生将他们的想法写在纸上，并写出文章的初稿。

学生在开始写作时，头脑中并没有形成整部作品，所以他们会从预写活动中获得的灵感并着手开始写作。他们的草稿通常是混乱的，反映出他们的大脑中不断涌现各种想法又不断修改的过程，他们写着、写着可能就会想到更好的表达方式。这时，他们就会在草稿纸上用删除线、下划线和箭头等方式修改文本。在这个阶段，学生写得很快，他们很少关心字迹是否清晰、拼写是否正确、大写字母和标点符号是否使用正确等。

当学生打草稿时，他们会以写一行空一行的方式留出修改的空间，并且只在纸的单面进行写作。行与行之间的宽间距至关重要。开始的时候，学生可能会忘记隔行写，老师就会每隔一行标记一个小"×"来提醒学生空行，当学生明白了留出空行的重要性时，他们就会主动这样做。学生在这份稿子上写上"草稿"两个字。这个标记向同学、家长和管理员表明这份稿重点看内容，而不看拼写正确与否等，而且这份"草稿"也不会被评分。

许多学生，甚至幼儿园和一年级的学生，不再手写草稿，而是使用包括平板电脑或计算机在内的多种科技辅助手段来打草稿、润色并打印最终版本。使用计算机写作有很多好处，学生通常更有动力去写作，而且往往比手写的文稿更长；打印出来的文稿看起来更整洁；学生还会借助计算机里的"拼写和语法检查"功能编辑和润色他们的文稿。

阶段 3：修订

在作者完成草稿后，应该继续努力完善他们的文稿。而学生则认为只要他们写出来了，写作任务就完成了，因此往往完成一稿就不再修改了。然而，有经验的作者都知道他们必须征求他人的意见，然后结合这些意见对初稿进行修订。修订不仅是润色，还包括添加、替换、删除和重新排列写作素材，从而更好地满足读者的阅读需求。修订的意思是"再一次（re）地看（vision）"，因此，在这个阶段，学生需要在同学和老师的帮助下再次审视自己的作品。修订包括三项活动：自己重读初稿、请同学审读初稿和根据反馈进行修订。

自己重读初稿。作者需要先把写好的文稿放置一两天，然后再从读者的角度重新阅读自己的文稿。在重读时，学生可以做出修改，如添加、替换、删除和调整单词、句子和段落等。如果不知道该怎么改，那么可以先在该处打上问号，然后在修订小组的讨论会上就这些问题寻求帮助。

请同学审读初稿。学生分成小组进行修订，请同学们审读他们的草稿，同学们做出回应并提出修订建议。有时候，老师也会参加这些小组的讨论，有时候则会单独与学生面谈，正如在本章开头的教学故事中辛格所做的那样。修订小组为学生提供了一个交流的平台，老师和同学可以利用这个机会讨论写作和修订的计划和策略。

在一些课上，当四五名学生完成草稿并希望得到反馈时，就可以把他们组成一个修订小组。学生围坐在会议桌旁或坐在教室角落的地板上，轮流朗读他们的草稿。其他同学倾听并做出回应，提出值得表扬的地方和修订建议。还有在一些课上，老师会把学生分配到不同的修订小组中，当小组中的每个人都完成写作并准备好讨论时，学生们聚在一起。这时，老师可以参加小组讨论，但是，如果老师有其他事情要做，学生们可以独立讨论，之后再与老师会谈。

根据反馈进行修订。 学生在修订草稿时会对文稿进行四种类型的修改。

- **添加。** 作者补充一些单词和句子，以提供额外的信息，更好地表达自己的思想。
- **替换。** 作者替换一些原文的单词和句子，以更有效地表达自己的想法。当学生学习了如"好"（good）和"说"（said）等常用词的同义词，或者知道如何使用同义词库时，他们就很愿意尝试换一种表达方法。
- **删减。** 作者将文稿中多余的、不必要的或不恰当的单词和句子删除。删减对作者来说特别困难，因为很多人会认为写得越长越好。
- **调整。** 作者调整单词和句子的位置，以更好地表达自己的思想或更好地抒发自己的感情。这是最复杂的修订类型，学生做的改动比添加、替换或删减要少（Faigley & Witte，1981）。

学生一般会用笔划掉单词，画上箭头，并在草稿上两行之间的空行处进行修改，这样修改的内容就会显得很清楚。然后，老师可以轻松地检查他们所做的修订类型。修订是衡量学生作为作者成长的重要标准。

修订中心。 老师通常会设立修订中心，学生在这个中心里可以选择自己想做的事情。例如，他们可以与同学就自己文稿中的想法进行讨论，可以检查自己文稿的谋篇布局是否合理，可以考虑自己的遣词造句是否恰当，也可以检查自己的文稿中是否包含了所有必须涉及的内容。表 11-4 展示了修订与编辑中心的活动清单。老师在教授过程性写作时可以向学生介绍修订中心，然后学生可以在参加写作小组活动之前或之后在这里修订自己的文稿。老师通常会先给学生提供一份在修订中心里可以选择的活动清单，学生将其放入他们的写作档案袋中，然后在他们完成的活动上打钩。通过这些活动，学生可以发展一系列的修订策略，并使过程性写作呈现鲜明的个性化特征。

表 11-4　修订与编辑中心的活动清单

种类	中心	活动
修订	重读	学生与同学一起重读他们的草稿，同学提出值得表扬的地方并提问
	选词	学生在他们的草稿中选择 5～10 个词，利用词库、教室里的单词墙或根据同学的建议，寻找更具体或更合适的同义词

（续表）

种类	中心	活动
修订	信息组织图	学生通过画图表来说明他们的文稿的组织结构，如果组织结构不够有效或写作不完整，他们会进行修改
	高亮标记	学生根据老师的指导，用荧光笔在草稿上做高亮标记。根据学到的技能，学生会标记主题句、描述性语言或感官细节
	组句	学生在草稿中选择一个有太多碎片化表达的部分，将其中相关的句子进行整合，以提高写作的流畅度
编辑	拼写	学生与同学合作，校对他们的草稿。他们找出拼写错误的单词，并查字典以纠正错误
	同音异形异义词	学生检查他们的草稿是否包含同音异形异义词错误，并查阅本中心张贴的图表以纠正错误
	标点符号	学生校对他们的文稿，检查标点符号。纠正错误后，学生在他们的作文中高亮标记所有的标点符号
	大写	学生检查每个句子是否以大写字母开头，"I"是否大写，专有名词和专有形容词是否大写。纠正错误后，学生在作文中高亮标记所有大写字母
	句子	学生分析草稿中的句子，并在图表上将其归类为简单句、复合句、复杂句或残缺句。接下来，学生进行必要的修改

阶段 4：编辑

编辑是将文稿编辑成为最终版本。在这个阶段之前，重点主要放在思想表达上。而当学生通过纠正拼写错误和其他拼写错误来润色他们的作品时，重点就转变为使用标准英语书写范式上。作者应使用公认的标准英语书写范式：大写字母、标点符号、拼写、句子结构、用法，以及诗歌、剧本、信件和其他写作体裁的格式考量。使用这些公认的范式是对读者的尊重。

如果学生先将作品放置一旁数日，之后再开始编辑，那么他们的编辑效率会有所提高。在起草和修订过程中，因为需要密切关注文本，作者对文本太熟悉了，以至于无法注意到许多拼写错误。通过放置几天的时间，学生能够更好地以全新的视角和饱满的热情来对待编辑工作。接下来，学生在编辑阶段要进行两项活动：校对并找出错误，改正他们发现的错误。

校对。学生校对他们的作品，找出并标记可能存在的错误。校对是一种独特的阅读方式，学生逐字逐句地阅读，寻找错误，而不是为了理解意义而阅读。当发现错误时，学生则用独特的校对符号高亮标出。学生喜欢使用这些成人作者和专业编辑也在使用的相同符号。表 11-5 列出了学生在校对写作作品时使用的校对标记。让自己专注于寻找常见的拼写错误或语法错误是很困难的，因为我们会自然而然地专注于文本的意义。即使是有经验的校对人员也会发现，他们经常把注意力放在阅读理解上，从而忽略了那些不妨碍意义的错误。因此，老师要特别注意向学生解释什么是校对，并展示它与常规阅读的不同之处。

为了演示校对的过程，老师可以把文章抄写在白板上或投在屏幕上。老师朗读数遍，每遍都要找出某一类型的错误，如拼写、大小写或段落缩进。在每一次朗读过程中，老师都会慢慢地朗读文章，轻声地念出每个单词，并用笔指着读到的单词，以使学生集中注意力。当老师发现错误时，就将其标记出来。

表 11-5　校对标记

删减	ℓ	There were cots to sleep on and food to eat on at the shelter.
添加	∧	Mrs. Kim's cat is the color carrots.
首行缩进	⊞	Riots are bad. People can get hurt and buildings can get burned down but good things can happen too. People can learn to be friends.
改为大写	≡	Daniel and his mom didn't like mrs. Kim or her cat.
改为小写	/	People were Rioting because they were angry.
添加句号	⊙	I think Daniel's mom and Mrs. Kim will become friends⊙
添加逗号	∧	People hurt other people they steal things and they burn down buildings in a riot.
添加撇号	⋎	Daniels cat was named Jasmine.

　　编辑检查表可以帮助学生找出某一类型的错误。老师可以根据学生所在的年级，编制符合年级水平的 2～6 项的编制检查表。例如，一年级的学生的检查表可能只有两项：一项可以是关于句子开头单词的首字母是否大写，另一项是关于句尾是否有句号。而四年级的学生的检查表可能包含多项，如逗号的使用、段落的缩进及是否正确拼写同音词。老师可以在学年中修改检查表，以引导学生关注近期所学到的技能。

　　评价示例显示了给三年级的学生使用的编辑检查表（见表 11-6）。学生以同伴的身份编辑他们的草稿。首先，学生校对自己的作品，寻找是否含有检查表上的各类错误；然后，在这相应的项目旁边打钩。完成检查表后，学生签上自己的名字，然后交换检查表和作品。接下来，他们扮演编辑的角色，互相完成对方的检查表。让作者和编辑都在检查表上签字，有助于学生认真对待这项活动。

　　纠正错误。在学生校对他们的作品并找出尽可能多的错误后，他们用红色笔独立纠正错误或在同伴的帮助下纠正错误。有些错误很容易改正，有些错误则需要使用词典，还有一些错误则需要老师的指导。我们不能指望学生在作品中找出并改正所有错误，因为连已经出版的书都可能含有错误。偶尔，学生可能会把正确的拼写或标点符号改成错误的，但他们改正的错误远远比新创造的错误多。

表 11-6　评价示例

三年级的编辑检查表		
作者	编辑	
☑	☑	1. 我已经把可能拼错的单词圈了出来
☑	☑	2. 我已经检查过所有的句子，确定它们开头的单词首字母都大写了
☑	☑	3. 我检查了所有句子，结尾都有标点符号
☑	☑	4. 我检查了所有的专有名词，首字母都大写了
签字：作者　　　　编辑：老师备注		

　　学生在编辑中心工作，检查并纠正某一类型的错误。请参见表 11-4 中的修订与编辑中心的活动清单。老师经常改变编辑中心的活动，以便对学生所犯的错误类型进行评估。例如，总是拼错常见单词的学生可以在编辑中心张贴的图表中检查这些单词的拼写，或者在学习完一系列关于缩略语或标点符号的课程后，可以到编辑中心专注于应用新学到的技能。

　　在学生和他们的同学尽可能多地纠正了拼写错误后，或者在学生与老师进行最后的编辑会议后，编辑工作就可以结束了。当改正拼写错误至关重要时，编辑会议也就非常重要了。老师与学生一起校对文章，识别并改正剩余的错误，或者老师在页面空白处打钩，以提示学生某一行或某一段里有错误让学生独立修正。

阶段 5：发表

　　当学生发表他们的作品时，他们的作品就有了现实意义。他们制作最终的版本，并与同学、家长和其他真实的读者进行口头分享。这样一来，学生就把自己当成了作者。发表是一种强大的动力，这会让学生希望继续写作，并通过修订和编辑来提高他们的写作质量（Weber，2002）。

　　制作图书。学生最常用的发表写作的方式是制作图书。学生可以把一张纸折成四分之一大小来制作简单的小书，就像制作贺卡一样；学生在正面写上标题，用其余三面来写他们的文章。他们还可以通过将作文纸装订在一起，再加上用硬纸或旧书上剪下来的纸做成封面来制作小书。这些装订好的小书也可以被剪成各种形状。学生可以用贴纸、墙纸样品包裹住书的硬皮封面来制作更精美的图书。书页可以缝在一起或订在一起，第一页和最后一页（尾页）粘在硬皮封面上，这样就可以把书固定起来。

　　分享写作。学生通过坐在被称为作者讲坛的特殊椅子上，向同学们朗读他们的文章。在读完后，同学们会提出问题、表达赞美并庆祝写作项目的顺利完成。分享写作是一项社会活动，有助于作者提升对读者群体的敏感性和对自己作为作者的信心。除了为学生提供分享写作的机会，老师还需要教学生在回应同学的写作时如何做出适当的评论。老师要成为回应学生写作的示范，而不是主导分享的过程。

学生还可以通过以下方式分享他们的写作。

- 读给他们的家人听
- 在家长开放日活动中分享
- 放在班级图书角里
- 在班级网站上发表
- 在学校或社区活动中展示
- 提交给可以发表学生作品的文学杂志

通过这种分享，学生与真正的读者交流，这些读者会以有意义的方式回应他们的作品。

为低年级学生调整过程性写作

低年级学生可以学会使用过程性写作，但一开始老师往往会通过缩短修订和编辑阶段来简化它。学生所做的修订仅包括自查文本或给老师读文本，以检查他们是否写出了所有自己想说的内容。当学生了解了读者群体（即同学）的喜好，并决定"添加"内容或"修订"文章以使其更好地吸引同学时，修订工作就变得更加细致。一些启蒙作者和初级作者完全没有编辑的概念，他们一写完草稿就准备发表或分享他们的作品。而另一些启蒙作者和初级作者在阅读自己的文章时会修改拼写错误、某个写得不端正的字母，或者在文章的结尾加上句号。当学生刚刚开始学习写作时，老师会更关注学生作品的内容是否达意。随着学生写作经验的增加，老师会鼓励他们找出并修改更多的错误。

写作教学

11.2 讨论如何教授写作，包括策略和技能、"6+1"要素和写作体裁

共同核心州立英语标准规定，学生应发展一系列的写作策略、技能和应用，以满足其年级水平的要求。该标准将阅读和写作与社会研究、科学研究和其他学科内容相结合，它们涉及以下内容。

- **体裁或文本类型。** 该标准强调三种文本类型：议论文、科普类文本和记叙文。学生学会根据体裁、目的和受众来改变他们的写作。学生在幼儿园时就接触过这些体裁，他们会用绘

画、口述和写作相结合的方式来表达自己的想法。当他们成为更熟练的作者时，他们会正式进行写作。

- **过程性写作**。虽然标准文件中并没有提到"过程性写作"这一术语，但学生完整的写作过程应该包括构思、从同学和老师处获得反馈、根据反馈完善和改进他们的草稿、发表他们的作品。所有年级的学生都应该尝试利用计算机起草和发表作品。

- **研究**。学生就主题单元相关的话题进行初步探究，以积累知识，然后向感兴趣的受众展示他们所学到的知识。低年级的学生可以全班一起完成，随着经验的增加，他们可以以小组为单位开展活动，最后由个人独立写作。到四年级结束时，学生应该能够探究主题、从印刷品和数字资源中收集信息、做笔记、组织信息并列出来源。

- **写作范围**。从三年级开始，学生应该定期参与短期和长期的写作和研究项目，这些项目通常与主题单元有关。这一标准强调，学生应用写作体裁、过程性写作和如何做研究方面的知识来完成项目，从而提升写作流畅度。

老师采用学徒式的方法培养学生的写作能力，开展过程性写作，并提供针对共同核心州立英语标准主题的微课。像辛格一样，他将显性化教学与真实的写作实践相结合，让学生在自己的作品中应用所学到的写作策略和技能。

培养更有策略的学生

写作策略

当学生学习过程性写作时，教他们使用以下策略。

- 详尽阐述
- 整理格式
- 激发想法
- 缩小范围

- 谋篇布局
- 校对
- 重读
- 修订

学生在参加写作工作坊和其他写作活动时练习这些策略。他们在过程性写作的各个阶段使用不同的策略。例如，在起草阶段，他们经常激发想法、详尽阐述、组织和重读。如果学生遇到困难，老师可以在微课中重新教授这些策略，演示如何使用它们，并对它们的应用做有声思维。

写作策略和阅读策略一样，是学生有意识自主使用的方法，以期有效地开展创作。学生在阅读和写作中使用许多相同的策略，如激活背景知识、提问、修正和评估；他们还使用一些写作所特有的策略。他们在计划、修订和编辑写作作品时有目的地使用策略。作者还在过程性写

作的每个阶段和各种类型的写作活动中使用其他更具体的策略（Dean，2006）。学生要学会使用以下写作策略。

- **详尽阐述**。作者通过增加细节、例子和引用来扩展他们的想法。这与缩小范围相反。有时候，学生会通过头脑风暴获得更多的词汇和想法；有时候，他们则必须做更多的研究以详尽阐述他们的想法。
- **整理格式**。作者设计作品的最终呈现布局。对一些体裁来说，整理格式发挥着更为重要的作用。例如，学生会花大量的时间对他们写的诗进行格式编排，也会对信息的数字化呈现方式做处理，如制作 PPT 来展示他们的作品。
- **激发想法**。作者通过头脑风暴来集思广益。有时候，他们激活自己的背景知识并通过头脑风暴获得一系列想法；有时候，他们会通过阅读图书或研究一个主题获得灵感。
- **缩小范围**。作者缩小自己的话题范围，使之易于管理。当学生试图写宽泛的话题时，他们往往容易被大量的信息淹没，以至于无法完成作品。
- **谋篇布局**。作者利用他们对叙事元素、说明性结构或诗歌形式的了解，有组织地表达他们的想法。列提纲是传统的组织想法的形式，但聚类图和其他信息组织图可能会更有效。
- **校对**。作者校对他们的作品，以识别作品中的错误，包括拼写、大小写、标点符号和语法错误。
- **重读**。作者常会写着写着就不再继续写了，而是重新阅读他们所写的内容。他们使用这项策略的原因有很多：检查写作是否达到了目的，监控想法表达的流畅度或思考文本所表达的观点。学生重读后，回想一下自己的思路停在了哪里，然后再继续开始写作。
- **修订**。修订不仅是写作过程中的一个阶段，也是作家用来提高其作品质量的一项策略。修订有四个最重要的任务：添加、删减、替换和移位（单词、句子或更长的文本）。例如，学生添加对话，删减多余的句子，用更生动的单词代替原有单词或移动段落的位置以改善文章的组织结构。学生在起草和完善他们的作品时应有目的性地使用写作策略。

相比之下，写作技巧是学生在写作过程中将所学知识自主进行运用的行为。学生通常使用以下写作技巧。

- **内容**。学生运用各种技巧进行内容编排，如打磨主题句等。这些技巧在起草和修改阶段最为重要。
- **词汇**。学生在起草和修订阶段使用添加同义词和修辞表达等技巧，使写作内容更加清晰。
- **句子**。学生运用各种类型的句子，使作品内容更加有趣。他们通常在起草和修订阶段使用这些技巧。
- **语法**。学生在编辑过程中使用监控主谓一致等来纠正语法错误。

- **书写规范**。学生关注拼写、大小写和标点符号是否正确，使他们的作品更具可读性，他们尤其会在编辑阶段关注这个方面。

老师通过示范和有声思维来教授写作策略和技能。接下来，学生在指导型练习和自主写作项目中应用他们所学到的知识。老师和学生使用的用于评估写作的评分标准通常能够反映这些策略和技能。

"6+1" 要素

作者用于吸引读者注意力和传达意义的具体技巧被称为**写作技巧**（writer's craft）。清晰表达、合理组织、精准用词和有效成句，这些是经常被提到的写作技巧。20 多年前，西北教育（Education Northwest）的研究人员确定了六种写作技巧，他们称之为"六要素"：想法（ideas）、谋篇布局（organization）、作者的声音（voice）、选词（word choice）、句子流畅度（sentence fluency）和范式（conventions）。后来又增加了第 7 个要素，即排版（presentation），但这些要素仍被称为"六要素"或"6+1"要素。总结这些要素的两位研究人员——露丝·库勒姆（Ruth Culham，2003，2005）和薇姬·斯潘德尔（Vicki Spandel，2008）——后续设计了许多教学和评估流程，并与老师分享。即使在小学阶段，学生也能学会将这些要素融入写作。

想法。写作最重要的是要有想法。学生在写前活动中选择一个有意思的想法开始构思，然后他们会完成草稿和修改稿。在这个过程中，他们会通过主旨大意和细节描写逐步将所思所想梳理清晰并诉诸笔端。这一过程包括以下几个方面：

- 选择主题；
- 聚焦主题；
- 确定体裁；
- 发展主题。

当读者认为文章的观点令人信服时，他们会有兴趣继续阅读。这时，学生就知道自己的写作是有效的、能够吸引读者的。

谋篇布局。谋篇布局勾画出文章的骨架。学生在开头吸引读者，确定写作目的，有逻辑地表达观点，各种观点之间有条理、有衔接，最后用令人信服的结论来回答重要问题。谋篇布局需要考虑以下几个方面：

- 拟定线索；
- 构建文章结构；
- 观点之间过渡自然、衔接顺畅；

- 以令人信服的结论结束。

学生需要知道如何组织自己的写作，并学习如何使文章结构对读者来说清晰且有逻辑。在酝酿阶段，学生要组织他们的想法，并按照这种想法去打草稿。

作者的声音。 体现作者独特风格的就是作者的声音，这会让写作变得有灵魂。库勒姆（Culham，2003）称"作者的声音"是"作者通过文字表达出来的音乐"。这一要素包括三个组成部分：

- 选择对个人来说有意义的主题；
- 写作中融入个人知识经验；
- 采用某种语气。

作者的个性通过这些组成部分显现出来。在起草和修订阶段，学生通过他们选择的词语、创作的句子和采用的语气来传达自己的声音。

选词。 选词的时候要注意推敲，这样可以让意思表达得更清晰，也能增加阅读的趣味性。在创作过程中，学生要学会选择生动的动词和具体的名词，并使用成语进行表达，这样可以使描述出来的景象更生动。选词的目标是找到一种新颖的、原创的方式来表达信息，同时又要简洁明了。选词包括以下几个方面：

- 用词语描绘画面；
- 选择准确的词语；
- 用生动的动词为写作注入活力；
- 玩文字游戏。

学生在起草和修订文章时应聚焦选词。

句子流畅度。 句子流畅度是指语言的节奏和流动性。学生调整句子的长度和结构，使其具有自然的节奏并易于朗读。这一要素包括以下内容：

- 句子流畅并富有节奏；
- 构建有效的句子；
- 使用不同的句型；
- 打破常规。

学生在起草、修订和编辑文章时要注意提升句子的流畅度。

范式。 在编辑阶段，学生校对他们的文章，以确保他们正确使用了写作的范式（或规则）。

也就是说，他们需要检查拼写、标点符号、大小写和语法是否正确。这一要素包括以下内容：

- 按照拼写规则拼写单词；
- 准确划分段落；
- 有效地使用标点符号；
- 正确地使用大写字母；
- 应用标准语法和用法规则。

当学生正确使用写作范式时，读者在阅读的时候就不必因为这些错误而被迫停下来弄清楚作者所要表达的信息。

排版。排版的重点是使最终版本的文章看起来更清晰。学生使用标题、小标题和留白来强调他们的写作目的，整合文字和插图，并明确它们之间的联系。这一要素包括以下内容：

- 增加文本特色（如标题、目录、索引、插图等）；
- 对页面上的文字和插图进行排版；
- 使用清晰的手写体；
- 有效使用文字处理软件（如 Microsoft Word 软件）。

这一要素在发表阶段非常重要，因为文本呈现得好可以提高读者理解文本的能力。

教授"6+1"要素。当学生学习"6+1"要素时，他们是在逐步学习如何成为一位好的作者，包括学会识别什么样的作品是好的，丰富用来讨论作品的词汇，知道如何更准确地评估自己的写作，掌握提高写作质量的策略等。

老师针对每一个要素进行一系列的微课教学。老师会解释某一要素，分享他们读过的好书和学生的作品，让学生参与学习探索和尝试使用该要素的活动，并让学生在写作中应用他们所学到的知识。

写作体裁

写作的形式被称为体裁。学生学习使用各种写作体裁，美国各地区规定的写作评估中常会要求学生能够运用写作体裁知识。通过阅读和分析写作例文，学生对这些体裁及它们的结构有了一定的了解（Donovan & Smolkin，2002）。

议论文。学生使用议论性或说服性写作来提出某种主张并说服他人同意自己的观点。他们可以制作海报和广告、写信、完成书评和影评。学生需要使用有逻辑的论据来增强文章的说服力。他们要阐明自己的立场，并以实例和证据支持自己的立场。高年级的学生还应能识别和驳斥对立的观点。

描述性写作。 学生就像用文字作画一样来描述事物。他们通过调动读者的多种感官和比较的方式，帮助读者获得更加准确、深入的感受，想象文本中的人物、地点和事物。他们无需向读者做过多的解释。有时候，作者只是在作品中加入一些描述性的词语和句子，但他们也会专门进行描述性的写作，包括描述性的句子和段落及诗歌。老师在教授描述性写作时，可以让学生仔细观察一些东西，如苹果或枫树，看一张照片或一件艺术品，然后从触觉、听觉、嗅觉、味觉和视觉五种感官头脑风暴关于该物体或图片的词汇。之后，学生用他们想到的词语进行写作。

说明文。 学生使用说明性或科普类写作来解释某件事、介绍信息、说明如何制造某物或做某件事。他们利用过程性写作来起草和完善字母绘本、科普类图书其他类型的报告，以分享他们在主题单元中所学到的信息及关于他们的爱好和兴趣。高年级的学生可能会尝试写一些传记。

日记与书信。 低年级的学生可以每天在日记中记录发生在自己身边的事情和他们感兴趣的话题。这种类型的日记对刚刚开始学习写作的学生特别有益，他们正在学写字母、拼写高频词和努力提升写作流畅度。学生还可以在阅读日志中写下他们正在阅读的书，在学习日志中写下他们正在学习的主题单元中的大概念 / 大观念。此外，学生还可以学习写信的格式，这样他们可以给朋友写信、完成礼节性信函（感谢信、邀请函或祝福卡）或给别人发电子邮件。

记叙文。 学生可以写真实的故事，也可以写想象的故事，一次讲述一件事。在写作过程中，他们会运用自己所学到的关于故事元素和叙事手段的知识。具体而言，他们可以将自己的故事分成开头、过程和结尾三个部分来写。学生常会写生活中的事件，这些故事被称为个人叙事。他们也会借鉴读过的书，创编一些故事，还经常从不同的角度复述自己熟悉的故事。

诗歌。 诗歌是一种独特的体裁。诗人用寥寥数笔就能描绘出美丽的画面、令人震撼的大场面和动人的故事。诗歌是用来朗读的，以便读者和听众能够欣赏语言的音韵和意义。学生在写诗的时候会关注诗歌的结构、词语的推敲及诗歌创作手法的运用等。他们会把单词组成一行行的诗句，并创造性地将诗句排列成诗歌，以从视觉上增强其意义。有的学生在写诗的时候会使用大写字母和标点符号，但有的学生则不按写作范式进行写作。

当学生学会用诗歌语言进行创作时，经常能写出直击人心的诗歌。以下是学生能够成功使用的四种诗歌形式。

- **色彩诗。** 学生在诗的每一行或每隔一行都使用一种颜色（单词）开头。他们可以重复相同的颜色或使用不同的颜色（Koch，2000）。
- **"我是……"诗歌。** 学生从另一个人的视角出发，在每一节的开头和结尾重复"我是……"这句话。下一行以"我"开头，后跟主动语态的动词，而不是"是"（to be）的形式。四年级的学生麦迪逊（Madison）写了这首关于尼尔·阿姆斯特朗（Neil Armstrong）的诗。

I am the First Man to walk on the moon.

I flew in a landing craft named Eagle.

I landed in the Sea of Tranquility.

I climbed down the ladder.

I put my left foot on the ground.

I said some famous words—

"That's one small step for man,

one giant leap for mankind."

I collected soil samples.

I planted the American flag.

I am Neil Armstrong.

我是第一个在月球上行走的人。

我乘坐名为鹰的登陆艇。

我降落在宁静之湾。

我爬下了梯子。

我把我的左脚踏在月球表面。

我说了后来很有名的话——

"这是我个人的一小步，

却是人类的一大步"。

我收集了土壤样本。

我插上了美国国旗。

我是尼尔·阿姆斯特朗。

麦迪逊重复"我"的模式，讲述了著名的宇航员登月的事件。

– **"如果我是……"诗歌**。与"我是……"诗歌一样，学生从其他人或事物的角度来写
（Koch，2000）。在下面这首诗中，二年级的学生戴维（David）写了如果他是一个巨人，他
会做什么。

If I were a giant,

I would drink up the seas,

and I would touch the sun.

I would eat the world,

and stick my head in space.

如果我是一个巨人，
我将饮尽海洋之水，
我将触摸太阳之光。
我将吞噬整个世界，
并把我的头伸向太空。

学生还可以从他们正在阅读的书中的人物、历史人物或与主题单元相关的事物的角度来写诗，如鲸鱼或沙瓜罗仙人掌。

- **清单诗**。学生头脑风暴出关于某个主题的一个列表，并在每一行遵循相同的结构（Heard，2009），然后在最后一行提出一个转折或总结这首诗。

学生利用过程性写作来起草和完善他们的诗歌。在修订过程中，他们学会删除诗中多余的词语。当学生写完最后一稿时，他们会决定如何排版，以及如何使用大写字母和标点符号。

外语学习者的教学

写作发展。写作对外语学习者来说是一项艰巨的任务。外语学习者需要了解英语词汇、句子结构和拼写，以便有效地进行写作交流。在本章开头的教学故事中，辛格展示了如何通过设定高期望值、教他们如何写作，以及让他们参与日常写作活动来支持外语学习者成为优秀作者。

老师必须牢记，在完成写作任务的过程中，外语学习者在语言方面会遇到很大的挑战。老师在教授写作时一定要考虑以下因素。

- **主题**。刚开始学生写作的主题通常是个人话题，如他们的家庭、课后活动、朋友和家庭旅行，但随着经验的增加，他们会转向写他们正在阅读的书和他们在主题单元中学习的话题。为了鼓励外语学习者写新的主题，老师可以提供与内容相关的主题建议，示范如何写一本与书或单元相关的书，并创建一本同学们合作完成的书，让每名学生都贡献一页。这种做法对外语学习者来说尤为重要，因为他们需要通过写作学习学术词汇、理解他们正在学习的大概念 / 大观念等。
- **交谈**。所有学生在开始写作前都需要先通过交谈激活背景知识并产生想法，但交谈对外语学习者来说更为重要，因为他们通过交谈也能学习英语词汇和句子结构。老师在酝酿阶段与外语学习者交谈时，通常会列出关于学术词汇的清单（他们称之为单词库），这样学生在写作时就可以使用这些单词。有时候，老师也会提供练习过的一些短语，供学生写作时使用。

- **范本**。外语学习者经常使用句式重复的书作为他们写作的范本。句式重复的书可以帮助学生突破个人写作，还可以帮助学生学习新的句子结构。例如，学生通过学习比尔·马丁（Bill Martin Jr.）的《棕熊，棕熊，你看到什么了》（*Brown Bear, Brown Bear, What Do You See?* 2010）和他其他三本差不多模式的书之后可以创作自己的问答类小书：一本是关于濒危动物的《熊猫，熊猫，你看到了什么》（*Panda Bear, Panda Bear, What Do You See?*）；《熊宝宝，熊宝宝，你看到了什么》（*Baby Bear, Baby Bear, What Do You See?*）；《北极熊，北极熊，你听到什么》（*Polar Bear, Polar Bear, What Do You Hear?*）。学生还可以学习《如果你给老鼠一块饼干》（*If You Give a Mouse a Cookie*，Numeroff，1985）、《哞哞叫的牛》（*The Cow Who Clucked*，Fleming，2006），以及其他模式的书来进行自己的写作。

- **注重谋篇布局**。许多低年级的学生重视单词的正确拼写和书写的整洁性，而忽略了思想表达的准确性。学生在写作的过程中逐渐明白，在进入编辑阶段前，写作的重点是有思想，草稿看上去洋洋洒洒、杂乱无章其实是一件好事，因为这说明作者头脑中充满了各种各样的想法，需要在草稿的基础上不断修改。然而，外语学习者往往难以接受这样的观念，他们可能无法理解有想法要比写作的正确性更重要。老师通过交互型写作来展示过程性写作，以培养外语学习者对这一概念的理解，即过程稿往往是很乱的。

如果老师能解决这些问题，外语学习者就能更好地与同学们一起成长为好的作者。

老师也会对启蒙阶段、初级阶段和流利阶段的外语学习者使用不同的教学程序。老师使用"语言体验法"来演示如何记录语言（Rothenberg & Fisher，2007）。老师帮助外语学习者将他们的想法组织成单词和一个或多个句子，然后把句子写下来，边写边读出里面的每个单词，再把写出来的这些句子读出来。在这之后，外语学习者在老师写的句子下面抄写一遍，并练习读出这些句子。

初学者通过交互型写作学习写作策略和技能。在学生轮流写作的过程中，外语学习者学会了正确地书写字母、拼写高频词和符合拼读规则的单词、单词的首字母的大小写并正确添加标点符号。老师引导并帮助外语学习者纠正错误，然后找准时机进行教学，在其最需要的时候提供指导。外语学习者在写作中心或写作工作坊中写作时，会经常练习老师在课上给他们示范的内容。

即使在外语学习者成为高水平作者后，老师的指导仍然会发挥重要作用，因为他们对英语词汇和语言结构的知识依然有限，需要不断学习。老师通过在酝酿阶段与外语学习者面谈，并在他们修订和编辑文章时对他们进行面批，从而为他们提供帮助。

评估学生的写作

11.3 *解释如何评估学生的写作发展*

老师利用"教 - 学 - 评"一体化来评估学生的写作过程和他们作品的质量。老师观察学生如何在写作过程中不断修改自己的文章，并在学生修订和编辑文章时进行面批。例如，老师会注意观察学生是否使用写作策略来组织写作思路，以及他们在修订时是否考虑同学的反馈意见。老师还让学生将他们所有的草稿、检查表和评分标准保存在写作档案袋中，以便记录写作过程中的各项活动。

教 – 学 – 评一体化。老师通过提供适合本年级水平的教学，将写作教学与评估相结合。在这个过程中，老师应遵循以下步骤。

- 步骤 1：计划。老师利用他们对学生当前写作发展阶段的了解来计划合适的教学目标，并确定要教授的美国共同核心州立标准。

- 步骤 2：监控。老师通过定期的写作会议监控学生的进展。老师可以通过阅读学生的草稿、与学生讨论他们做得好的地方和遇到的困难等形式了解学生的具体情况，并为学生设定下一阶段的目标。

- 步骤 3：评估。老师用评分标准来评价学生的写作，学生也可以用这个评分标准来评价自己的文章。评分标准可以包括适合学生发展水平的标准，反映对最近教授的概念的掌握情况，以及反映美国共同核心州立课准的要求。

- 步骤 4：反思。老师利用他们对学生学习的评价来判断自己的教学效果，并决定如何调整教学以更好地帮助有困难的学生。此外，学生对自己的写作发展进行反思。他们通过关注自己的成就和为下一次写作设定目标来评价自己作为作者的成长。

评分标准。老师制定评分标准或评分指南，以评估学生的写作质量（Farr & Tone，1994）。评分标准使写作分析更简单，使评估过程更可靠和具有一致性。评分标准可设定四个、五个或六个级别，每个级别都有与思想、组织、语言和书写规范有关的描述。其中，有一些评分标准是通用的，几乎适用于任何写作任务；还有一些则是为特定的写作任务设计的。下面的评价示例介绍了一个适用于幼儿园学生的写作评分标准，它被用于评估学生在写作上的成长。

学生也可以学习创建评分标准来评估自己的写作质量。为了创建合理的评分标准，他们需要分析其他同学的作品，并确定优质、普通和薄弱写作作品的特点。老师需要在评分标准中示范如何确定每个级别的质量。斯基林斯和费雷尔（Skillings and Ferrell，2000）教授了二年级和三年级的学生制定评价他们写作的评分标准，学生从使用老师准备的评分标准到创建他们自己的三级评分标准，即"非常好""还可以""不太好"。斯基林斯和费雷尔认为，教学生创建评分标准的最重要的成果也许是帮助他们发展了元认知策略和作为作者的自我反思能力。

命题作文。在美国，大多数学区的学生每年都要参加命题作文的写作测试，而且大多数是从三年级或四年级开始实施写作评估。这些写作测试要求学生在规定时间内写作。他们使用 4 分或 6 分的评分标准进行评分。良好的写作教学是帮助学生准备这类写作评估的最佳方式（Angelillo，2005）。具备写作策略和技能的学生能够应用"6+1"要素，并根据体裁改变他们的写作，并且几乎能在任何类型的写作任务中都表现良好。但是，写作测试对学生也提出了以下要求。

- **写作提示**。学生需要知道如何阅读和理解写作提示。他们必须据此确定体裁和读者对象，并寻找线索词，如描述（describe）和说服（convince），以弄清他们要做什么。写作提示通常分为多个部分，因此，学生必须仔细思考整个提示内容，而不要急于下结论。
- **写作题目**。学生需要按指定的题目写作，而他们可能对这些题目并不感兴趣，因为他们往往已经习惯于自选题目。
- **时间要求**。学生需要模拟考试情境下的写作，以便知道如何分配时间来计划、写作和校对。

老师教学生如何阅读和理解提示信息，示范如何根据提示进行写作，并让学生模拟写作测试。老师可以按照以下四个步骤帮助学生准备命题作文写作测试。

1. 分析提示。学生阅读并分析提示，以确定写作测试的要求。
2. 发散想法。学生进行头脑风暴，思考关于该主题的一系列想法。
3. 计划写作。学生创建信息组织图来计划自己的写作。
4. 校对。在交卷前，学生花一两分钟时间校对自己的文章，纠正拼写、大小写、标点符号和语法方面的错误。

评价示例

幼儿园作文评分标准

4 分　优秀

- 写出几个完整的句子或一个复杂的句子。
- 词语和句子之间的间距保持一致。
- 正确拼写部分高频词。
- 正确拼写部分辅音 - 元音 - 辅音的单词。
- 句首的单词首字母大写。
- 句末正确使用句号和其他标点符号。

3 分 胜任

- 写出一个完整的句子。
- 在部分单词之间有空格。
- 正确拼写一个或多个高频词。
- 大部分单词的首尾音节拼写完整。
- 知道并会使用大小写字母。

2 分 新手

- 从左到右和从上到下书写。
- 根据发音拼对一个或多个单词中的一个或多个字母。
- 能够把自己写的内容一个词一个词地念出来。

1 分 入门

- 将字母随机组合在一起构成单词，不符合发音规则。
- 用涂鸦代替写作。
- 以画图代替写作。
- 听写单词或句子。

通过这些步骤，学生熟悉了考试的程序。谢尔顿和符（Shelton & Fu，2004）介绍了一名四年级的老师是如何暂停学生的写作工作坊，在进行写作评估前为学生提供了为期六周的密集测试准备的。在准备期间，学生学会了阅读提示，熟悉了可能要考的两种体裁，并在模拟测试条件下进行了写作练习。这些四年级的学生的分数高于平均水平，但即使考得很好，他们也不喜欢为考试而写作，而是急切地想要回到写作工作坊，因为在那里他们可以自己选择主题，与同学合作，并且没有时间限制。

课堂干预

写作干预

当学生在写作方面没有取得令人满意的进展时，老师就会介入，确定问题所在，然后进行干预以解决问题。启蒙、初级和流利的作者表现出不同的问题，反映出他们的写作处于不同知识水平，因此老师首先要确定学生在写作上属于什么水平。他们观察学生独立写作和与同学一起写作的情况，检查学生的作品，一边分析学生的问题，一边与他们讨论各自的写作。

当学生是启蒙作者时，老师会问自己以下问题。

- 学生是否能用铅笔书写字母或者写得比较像字母的样子？
- 学生是否能写出他们的名字和其他字母？
- 学生是否表现出对书面语言概念的认知，如他们是否知道要从左到右或从上到下进行书写？
- 学生是否能口头说出单词和句子，让老师帮忙写下来？
- 学生是否会写一些高频词？
- 学生是否能够根据单词开头的发音来找到对应的字母并拼出单词？

有些学生在学习中遇到了困难，因为他们不知道写作是什么样的活动，对书也没有概念。有些学生没能把注意力放在字母和单词上。还有一些学生不能运用所学的音素意识和拼读法根据发音确定单词的开头几个字母。老师在针对这些学生的干预措施中，使用共享型阅读和语言体验法，他们还会为学生提供每日独立写作的机会，并提供指导。

当学生是初级作者，老师要考虑以下问题。

- 学生是否能就某一主题写出包含多个句子的草稿？
- 学生是否会重读他们的文稿并试图改进？
- 学生是否可以在"作者讲坛"上分享他们最终的作品？
- 学生是否能够正确拼写出部分高频词？
- 学生是否能够运用拼读法和拼写策略来拼写非高频词？
- 学生是否能够正确使用大写字母和标点符号？
- 学生的手稿是否笔迹清晰、容易辨认？

有些遇到困难的初级作者已经形成了关于写作的概念，但他们没有意识到写作的读者对象，也没有学会发展思想、按范式拼写单词、清晰书写。老师设计的干预措施包括微课和交互型写作，以教授写作策略和技能，介绍写作的过程，并提供日常指导和自主写作机会。

当学生成为流利的作者时，老师可以思考以下问题。

- 学生是否能够在写作过程中起草和完善他们的文稿？
- 学生是否能够使用写作策略来解决问题？
- 学生在修改他们的文稿时，是否运用了关于"六要素"的知识？
- 学生是否根据体裁的不同采用不同的写作方法？

流利作者的问题很难识别和解决，因为随着学生年龄的增长，他们遇到的问题变得更加复杂。老师通常会开启一个写作项目，然后在写作过程中观察学生的表现。许多遇到困难的作者在开始写作前，没有花足够的时间收集和组织想法，而在做修订的时候，又仅仅浮于表面。编辑是另一个绊脚石，因为许多写作困难的人拼写能力差，在校对时不能发现自己拼错的单词。老师要确保学生理解写作过程是一个漫长的过程，而充分利用写作过程对改善学生的写作会有很大帮助。老师也要每天花时间给这些有困难的学生提供指导，并且还要让他们有自主写作的时间。

评价工具

评分标准

老师使用评分标准来评估学生的写作。有时候，他们会创建自己的评分标准，有时候也会使用由学区或各地教育部门开发的评分标准。这些评分标准通常是年度或季度写作测试的考核标准。基础阅读项目和辅助写作项目也有各自的评分标准。

此外，老师还可以参考网上的写作评分标准。老师可以使用搜索引擎来查找适合自己所教年级或特定写作任务的评分标准。他们也会通过查看以下网站借鉴其中的评分标准。

- **西北教育网**（Education Northwest）

如果老师要评估"6+1"要素，可以参考提出这一概念的西北教育的官网，查阅相关的评分指南和评分标准。

- **评分星**（RubiStar）

评分星提供的评分标准有两种语言的版本：英语和西班牙语。

- **评分人**（Rubrician.com）

这个网站包含数百个适用于各年级的写作评分标准的链接。

- **与作家一起写作**（Writing With Writers）

这个网站提供与体裁有关的写作评分标准，包括描述性写作、传记和诗歌的评分指南。

在使用任何评分标准前，老师应仔细阅读，以确保它能够有效检测自己所教的内容，级别之间的表述清晰且有区分度，学生能够读懂并理解评分标准的内容。

写作过程进行时

11.4　描述在课堂上实施写作过程的三种方法

老师采用学徒式的写作模式培养写作共同体，学生在写作过程中起草和不断完善他们的写作，就像教学故事中辛格所教的四年级的学生那样。对于低年级的学生，老师使用交互型写作来示范写作的过程，他们在写作中心和写作工作坊中为学生提供机会进行自己的写作。

交互型写作

在交互型写作中，学生和老师一起创造文本；他们"共用一支笔"，在草稿纸上写作（Button, Johnson, & Furgerson, 1996; McCarrier, Pinnell, & Fountas, 2000）。老师指导学生在草稿纸上写出单词和句子，抓住机会示范如何书写字母，并用有声思维的方式向学生展示要记住他们正在写的句子。老师还可以解释如何将名字的首字母大写，在缩写中使用撇号，以及引号的用法。学生对书面语越来越熟悉，老师就可以逐渐放手，学生写的文章也越来越长。

老师用交互型写作来写班级新闻、阅读前的预测、故事复述、感谢信、数学故事问题及许多其他小组合作的写作（Tompkins & Collom, 2004）。图 11-1 是一个幼儿园班级在健康单元中写的交互型写作样本。学生轮流写字母。一些字母被框住了，这是用来表示用修正带纠正的拼写错误或书写不佳的字母。

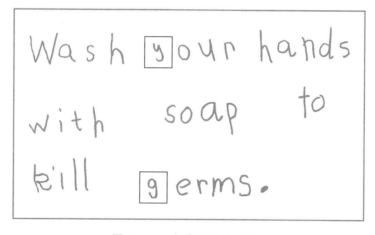

图 11-1　一份交互型写作样本

老师帮助学生按照范式拼写单词。他们教授高频词，帮助学生把非高频词按发音和音节切分，指出不规则的拼写模式，并教授其他写作范式。每当学生拼错了一个单词或字母写得不正确，老师就会用修正带涂掉写错的地方，帮助他们进行修正。老师强调使用规范拼写的重要性，以表示对读者的尊重。与在交互型写作中强调规范拼写不同的是，当学生在写作中心或写作工作坊中自主写作时，老师会鼓励他们创造性地拼写出自己想要用的单词。

写作中心

老师在学前班和幼儿园的教室里设立写作中心，让学生有一个专门练习写作的地方。写作中心里应该有一张桌子、几把椅子，还有一箱文具，包括铅笔、蜡笔、日期印章、不同种类的纸、日记本、订书机、空白本、记事本和信封。老师还应为学生提供一张打印好的字母表，上面有每个字母的大小写，供学生在写作时参考。此外，老师还要准备一个盒子，里面可以放所有学生的作品。学生可以使用教室的邮件传递系统将他们写好的文稿发送给同学们。学生可以把他们要传递的信息放在写作中心提供的盒子或袋子里，每天由一名学生负责分发这些信息。

当学生来到写作中心时，他们可以在日记本上画画和写作，编写图书，并给同学们写信息。起初，他们只写一稿，但写作中心重要的一个活动是同学之间的互动，通过与同学的互动，学生逐渐学会从读者对象的角度考虑问题，对自己的文稿进行修改和编辑。老师应该在写作中心鼓励和帮助学生。他们可以在学生拼写时进行观察，并根据需要提供有关字母、单词和句子写作方面的帮助。如果老师无法在岗，也可以招募助教、家长志愿者，或者高年级学生在写作中心为学生提供帮助。

低年级的学生还可以在写作中心以他们读过的书为蓝本制作图书。例如，图 11-2 显示了本吉（Benji）读完《如果你给老鼠一块饼干》(*If You Give a Mouse a Cookie*，Numeroff，1985）之后的感受。这位小作者说自己写的是："我喜欢巧克力豆曲奇饼干。"毫不奇怪，这个 5 岁的孩子专注于饼干主题，而不是书中的"如果……那么"(if… then）结构。随着读写经验的增加，本吉将学会把他所读的书的结构作为模板应用。

图 11-2　本吉的写作样本

写作工作坊

写作工作坊是教授和让学生体验写作过程的最佳方式（Fletcher & Portalupi，2007）。在写作工作坊中，学生就自己选择的主题进行自主写作。同时，老师的角色也从知识的提供者转变为指导者，课堂成为写作和分享写作作品的社区。

学生需要准备写作文件夹，他们把所有与正在参与的写作项目有关的文件放在里面，包括不同种类的稿纸，有些是已经画好线的，有些是空白的，还有各种书写工具，如铅笔、红笔和蓝笔。学生还可以查阅班级图书角中的图书，因为他们的写作内容往往与他们读过的书相关。例如，他们可以套用一种模式来写故事或从不同的角度复述故事。

学生以小组为单位围坐在桌子旁进行写作。老师在课堂上巡视，与每名学生进行简短的讨论，课堂气氛很自由，学生可以与同学们安静地交谈，也可以四处走动，互相帮助或分享想法。教室里有专门的区域供修订小组进行讨论。教室里有修订小组的报名表，学生可以报名参加。老师可以在这个区域与个别学生或小组讨论，进行面批、修订小组指导、进行校对或提供微课。

写作工作坊每天都有，每次一小时。在这段时间里，学生参与三项内容：微课、写作和分享。如果写作工作坊不能与阅读工作坊连排时，老师会在课堂上增加朗读时间。

微课。老师在微课上教授写作工作坊所涉及的写作策略和技能，如谋篇布局、校对和使用引号、"六要素"及写作体裁（Fletcher & Portalupi，2007）。老师在课堂上一般会给学生读一篇匿名的文章（文章可以选自另一个班级或上一届学生的作品）并进行讲解。老师还会从指导学生读过的书和文章中节选一些内容，以展示作家是如何使用写作策略和技能的。

写作。学生花 30~45 分钟或更长的时间参与写作项目。正如学生在阅读工作坊中选择图书并按自己的节奏阅读一样。在写作工作坊中，他们通常会独立完成自己选择的写作项目。他们在写作中体验了酝酿、起草、修订、编辑并最终发表的全过程。起初，学生的写作过程可能不完整，但当他们学会了修订和编辑时，就会经历写作过程的五个阶段。

仔细研读"教学方法概述：写作工作坊"（见表 11-7）中的内容。在研读过程中，请思考如何将其与阅读工作坊结合起来。

表 11-7 教学方法概述：写作工作坊

主题	描述
目的	为学生提供参与真实写作任务的机会
组成部分	写作工作坊包括写作、分享、教授微课及老师朗读
理论基础	工作坊的理论基础是社会语言学和信息加工理论，学生参与了真实的写作任务，也因此享受了写作的过程
应用	老师经常在教学中加入写作工作坊，使学生有机会在写作过程中不断完善文稿
优点	• 学生能够体验写作过程的各个阶段 • 活动由学生自己主导，学生按自己的节奏写作 • 在与学生面批时老师有机会为他们提供个性化的帮助
缺点	• 由于学生处于写作的不同阶段，老师常会感到无力掌控 • 老师既要为全班学生，也要为各小组的学生讲授有关策略和技能的微课 • 为了获得成功，学生必须学会以任务为导向，并合理利用时间

老师在学生写作时对他们进行面批。许多老师更喜欢走到学生旁边与他们交谈，而不是让

学生到讲台前来单独聊。因为后者时常会造成学生排长队等着和老师面批，这样一来，学生就会失去宝贵的写作时间。有些老师找学生交谈的时候是有自己的计划的，如每天与班上五分之一的学生交谈，这样他们就能保证在一周内对所有学生完成面批。

有些老师则利用学生开始写作前的 15 分钟在教室里走动，在 10 名或更多的学生旁边做短暂停留并与他们交谈。许多老师在走动的时候都有自己的路线，如采用"之"字形在教室里走动，这样可以保证教室的每个角落都会被关照到。在交谈的时候，老师或蹲在学生身边，或坐在学生的椅子边上，或搬来自己的凳子坐在学生的桌子前。老师与学生交谈时每人大概有 1 ~ 2 分钟时间，老师一般会问学生在写什么，听他们读一段或一两页的内容，并问他们接下来打算做什么。然后，老师利用剩余的时间，对正在修订和编辑文稿的学生进行正式的面批。老师会找出学生写作中的优点，提出问题，并在修订会议中探索如何修改。有些老师喜欢自己读学生的文稿，有些老师则喜欢听学生朗读他们的文稿。当老师与学生互动时，他们对学生文稿所做的回应其实也是一种示范，这样学生就知道应该如何对其他同学的文稿做出回应了。

学生与同学们一起修订和编辑他们的文稿。修订小组通常由三四名学生组成，学生在组内分享自己的初稿。有时候，老师也会加入其中，但通常由学生自主管理修订小组。他们轮流向小组成员宣读自己的初稿，并听取同学们的赞美和修改建议。学生还会参加修订和编辑中心的活动。他们知道如何在每个中心工作，也知道与同学合作能使自己的写作变得更好。

在成稿前，学生们会与一名同学一起校对他们的文稿，然后带着稿子与老师一起进行最后的编辑。之后，学生就可以准备定稿了。学生常希望在计算机中把文稿排成 Word 文档，使其看起来很专业。大多数时候，学生会把他们的定稿编成书的样子，但有时候他们也会把自己的作品做成艺术品、制作海报、写信邮寄或改编成剧本。并非每篇文稿都能到发表的环节，有时候学生决定不再继续完善文稿了，他们会将这个半成品归入写作文件夹，然后开始新的创作。

分享。在写作工作坊的最后 10 分钟，学生分享他们的新作品（Mermelstein，2007）。学生轮流坐在作者讲坛上，朗读他们的作品。学生朗读完后，同学们都会鼓掌并给予赞扬；也可以提出其他意见和建议，但重点是庆祝已完成的写作项目，而不是修改它们。

管理写作工作坊。顺利开展工作坊需要一个过程，因为学生必须了解写作的过程，学会如何在这个过程中起草和完善文稿，也需要了解工作坊中的各个程序（Gillet & Beverly，2001）。有些学生并不了解写作是一个过程性的工作，他们认为写作就是一稿完成，因为他们习惯于这样做。有些学生则抱怨自己不知道写什么，因为他们习惯于由老师提供题目。但是，通过老师仔细的引导和显性化教学，即使是低年级的学生，也能学会有效地参与写作工作坊。

如同阅读工作坊一样，在写作工作坊中，老师在指导学生时有很多选择，如示范、分享和引导，以及提供自主写作的时间（见表 11-8）。这类指导可以在微课、自主写作和分享中进行。其挑战是时间管理和了解学生的期待。老师可以预先制定好时间表，把它张贴在教室里，与学生讨论活动的内容并了解他们的期待。老师教给学生写作工作坊的流程并不断示范，直到学生熟悉这些流程。随着学生在写作工作坊中获得的体验越来越多，他们的热情会越来越高，写作工作坊教学也会获得成功。

老师用南希·阿特维尔（Nancie Atwell，1998）称之为"班级情况"的图表来监控学生在写作项目上的进展。"评价示例：班级情况表"（见表 11-9）中显示了一个三年级的班级情况表。在每次写作工作坊开始时，学生会确定他们所参与的写作的阶段并将其填写在表上。如果他们在写作期间转到另一个阶段，他们也要在表上写上这个数字。该表为老师提供了快速评估的方法，以了解学生是否以合理的速度完成写作的过程，确定是否有人被"卡住"，决定谁准备好进行修订或编辑会议，选择哪些学生坐在作者讲坛上分享他们的作品。

表 11-8　老师在写作工作坊中为写作提供支架的方法

层级	微课	自主写作	分享
示范型	老师示范一项策略，进行有声思维教学，并使用指导性文本和学生样本作为范例	学生在自主写作时参考指导性文本以获得灵感	学生在作者讲坛上分享他们自主完成的作品，并反思自己的策略使用情况
共享型	学生和老师使用交互型写作来练习策略，并对使用的策略进行注释	老师与学生小组进行交互型式写作来给学生提供个性化教学指导	学生与同学分享他们的交互型写作活动，并对使用的策略进行注释
指导型	当学生与同学一起写作或以小组形式写作以练习新的策略时，老师进行监督	老师在学生自主写作时提供指导，并与学生进行讨论	学生与同学们分享他们的指导型写作活动，并讨论他们的策略使用情况
独立型	学生思考他们使用过的策略或可以在未来的写作项目中采用的方法	学生在使用写作过程中使用新的写作策略来起草和完善他们的写作	学生分享他们自主写作的作品并反思自己的策略使用情况

表 11-9　评价示例：班级情况表

姓名	日期							
	3 月 17 日	3 月 18 日	3 月 19 日	3 月 20 日	3 月 21 日	3 月 24 日	3 月 25 日	3 月 26 日
安东尼奥（Antonio）	4	5	5	5	1	1	1	2
贝拉（Bella）	2	2	2	3	2	3	3	4
查理（Charlie）	3	3	1	2	2	3	3	1
迪娜（Dina）	5	5	5	1	1	1	1	2
达思廷（Dustin）	3	3	4	4	4	5	5	1
埃迪（Eddie）	2	3	2	4	5	1	1	2

（续表）

姓名	日期							
	3 月 17 日	3 月 18 日	3 月 19 日	3 月 20 日	3 月 21 日	3 月 24 日	3 月 25 日	3 月 26 日
伊丽莎白（Elizabeth）	2	3	3	4	4	4	5	1
艾莎（Elsa）	1	2	2	3	4	5	5	1

注：1 代表酝酿，2 代表起草，3 代表修订，4 代表编辑，5 代表发表。

所有学生都可能觉得写作很困难，并存在共同的问题，这些问题包括形成想法并找到聚焦点，谋篇布局，使用线索使写作条理清晰，进行修订、编辑，使用正确的拼写、句子结构和工整的书写来写作。学生甚至会抱怨他们的手和胳膊因为写作而酸痛，尤其是在写了很长时间之后。对老师来说，最困难的可能是学生不顾老师付出的努力，拒绝写作或只做最低限度的工作。表 11-10 列出了这些问题，并提供了一些解决办法。

表 11-10　如何解决学困生的问题

	问题	解决办法
想法	学生抱怨说："我不知道写什么。"	• 让学生头脑风暴，列出一系列想法，并选出一个最好的 • 邀请学生与同学交谈以获得灵感
	文章缺乏重点	• 完成草稿后，让学生高亮标记反映文章重点的句子，删除其他部分，并对高亮标记部分的内容进行扩展 • 给学生安排非常聚焦的任务 • 分享没有重点的写作样本，让学生对其进行修改
	文章缺乏有趣的细节和词汇	• 让学生头脑风暴与五种感官有关的词汇，并把其中一些应用于文章中 • 参考教室里张贴的单词墙 • 教授生动的动词和形容词 • 示范能让文章中的描写更加形象化的策略
谋篇布局	作文的结构性很差	• 帮助学生在开始写作前决定段落的编排 • 利用多种类型的文章教授大概念/大观念，帮助学生在开始写作前确定每段的大概念/大观念 • 教授表示先后顺序的词 • 让学生在开始写作前创建信息组织图
谋篇布局	作文被分成几段，但有些句子不应被划分在该段	• 让学生重读每一段，检查每个句子是否属于该段落 • 鼓励学生与同学合作，检查每段中的句子 • 让学生检查段落，找出不应安排在该段落的句子
	作文缺乏主线	• 让学生尝试用经历、问题、引语或对比来引出几条线 • 鼓励学生在修订小组中针对主线的有效性得到反馈意见 • 让学生分析故事和科普类图书中的主线安排
写作过程	学生不重读、不修订文章，或未能做出有建设性的修订	• 比较未修改和已修改的文章的质量 • 将修订作为一项要求纳入评分标准 • 组成修订小组 • 在修订阶段对学生进行面批，检查修订的情况

（续表）

问题		解决办法
写作过程	让学生实操	• 让学生制作聚类图、信息组织图或笔记卡 • 让学生体验写作的过程，在课堂上而不是在家里完成探究和写作 • 教会学生如何做笔记和完善文稿
范式	由于拼写错误、大小写及标点符号错误和语法错误，使文章读起来很费劲	• 让学生在写作时参考高频词和主题相关词的单词墙 • 安排学生与同学一起修订 • 在编辑阶段，对学生进行面批并一起纠正剩余的错误 • 教会学生进行校对 • 让学生检查并纠正范例中的错误
	作文的句子结构薄弱	• 在编辑阶段，安排编辑伙伴帮助解决句子结构问题 • 教授句子之间的衔接与连贯，然后让学生练习
	因为书面书写能力差或写得乱七八糟而读不懂	• 让学生使用 Word 进行写作 • 鼓励学生使用规范的手写体而不是草书体 • 如果有必要，由老师记录学生的口述
动机	学生只做最低限度的工作，甚至拒绝写作	• 与学生讨论，确定其犹豫不决的原因 • 在写前阶段与学生一起进行头脑风暴 • 示范如何将一个句子扩展为一个段落，或将一篇简短的文章扩展为更完善的文章 • 尝试语言体验法和交互型写作 • 让学生与小组或同伴合作写一篇作文 • 第一次写作任务要非常简短，以确保学生能顺利完成
	学生过于依赖老师的认可	• 让学生在寻求老师的帮助前先和同学核对 • 要求学生必须通过报名才能让老师进行面批 • 确保学生了解他们应该达到什么标准及如何达到

教师备注

　　我的大多数学生在写作工作坊中都能比较好地利用写作的各个阶段开展自己的写作，但有几名学生却遇到了困难。查理在修订过程中被"卡住"，然后放弃了他的草稿。迪娜的进展非常缓慢。埃迪很快完成了整个写作过程，但从他的文章来看也是相当敷衍。艾莎的写作速度也很快，但她的文章写得很棒。

　　为了让学生建立信心并取得写作成功，老师需要让他们学习更多关于写作的知识，并获得更多机会进行写作练习。老师通过将教学和真实的练习活动相结合来解决学生的具体问题。

　　当你从事写作教学时，可以使用下面"我的教学待办清单：写作教学"来反思你的教学效果。有效的写作教学有助于一些学生避免产生写作问题。

我的教学待办清单

写作教学

我培养了作者发展共同体。

- ☪ 我每天都为学生提供写作的机会。

- ☪ 我指导学生熟悉写作过程，强调修订的重要性。

- ☪ 我示范并教授写作策略和技能。

- ☪ 我教给学生"六要素"，这样学生就能把它们融入自己的写作。

- ☪ 我要求学生定期参加写作工作坊。

- ☪ 我训练学生使用评分标准来评估自己的写作。

- ☪ 我将学生的写作作品收集在档案袋中。

- ☪ 我将州课程标准融入我的教学。

第**12**章

跨学科的阅读和
写作教学

学习完本章后，你将能够：

12.1 描述学生如何将阅读和写作作为学习的手段；

12.2 解释学生如何使用写作来展示学习成果；

12.3 讨论如何让学生学会有效地使用学科内容的教科书和在线资源；

12.4 解释如何设计主题单元。

在本章中，你将了解如何将读写教学与非语言学科内容的学习相结合。老师制定主题单元，让学生阅读非故事类文本和其他学科的教科书，并参与"以写促学"和"通过写作展示学习成果"的组合活动。这些活动对独班制（即学生固定在一个教室，由一名老师负责该班的大部分课程）的老师而言比较容易做到，但如果不同课程的授课老师不同，老师之间可以合作，同年级的教研团队也可以合作。当你阅读这个教学故事时，请注意祖姆沃尔特是如何将阅读和写作作为学习手段使用的，以及她的学生是如何书写多体裁报告来分享他们对海洋动物的了解的。

祖姆沃尔特（Zumwalt）老师的多体裁项目。 祖姆沃尔特所教的三年级学生正在研究海洋动物，她设计的教学重点是生物对环境的适应：海洋动物在进化过程中有哪些适应性的变化，以使自己能在海洋中生存？她的学生在研究海洋动物时，会特别关注动物们为适应周围环境而进化出的特性。阿丽莎（Alyssa）了解到海螺用坚硬的外壳来保护自己，艾丹（Aidan）知道了小鱼会成群结队地游，科迪（Cody）发现蛤蜊觉得钻进沙子里才安全，克里斯托弗（Christopher）从书中了解到海獭身上厚厚的皮毛让它们在寒冷的海水中也能保持温暖。学生们把他们所学到的这些关于海洋动物如何适应环境的知识添加到教室里的挂图上。

一个月前，祖姆沃尔特开始教授这个主题单元，她分发给学生一些非故事类绘本让学生阅读。学生花了大概 30 分钟时间翻阅书，阅读书里的部分内容后，祖姆沃尔特让全班一起开始完成 KWL 表。这个巨大的表占据了教室后墙的一半，三张竖版表并排贴着。左边的那张表写着"K- 关于海洋动物我们已经知道什么"，中间的表写着"W- 关于海洋动物我们想知道什么"，右边的表写着"L- 关于海洋动物我们学到了什么"。祖姆沃尔特问学生关于海洋动物他们已经知道了什么，学生们提供了许多信息，包括"海星可以长出很多手腕""鲨鱼有三排牙齿""水母和河豚是有毒的"。祖姆沃尔特在 K 栏中记录了这些信息。学生还提出了一些问题，包括"水母里面能住动物吗""海马爸爸真的会生孩子吗"和"有些鱼是怎么发光的"，祖姆沃尔特把这些写在 W 栏里。之后的几天，学生继续思考并提出他们想知道的问题，祖姆沃尔特把这些问题都写到了 W 栏里。在本单元结束时，学生将把他们学到的知识添加到 L 栏中。

祖姆沃尔特谈到了六个海洋栖息地，即海岸、开阔海域、深海、海底、珊瑚礁和极地海洋，以及生活在每个栖息地的动物。她从海岸开始讲起，全班同学到蒙特雷湾水族馆（Monterey Bay Aquarium）进行了实地考察，了解生活在海岸的海洋动物。在讲每种栖息地的时候，祖姆沃尔特会选择几种海洋动物重点来讲，带着学生朗读图书，并引导学生特别关注海洋动物是如何进化以适应环境的。对于每种栖息地，全班学生一起制作了表，他们在自己的学习日志中记录信息，把表挂在教室里。在介绍完六种栖息地后，祖姆沃尔特拿出一堆印有海洋动物名称和图片的卡片，让学生根据栖息地将其分类。请查阅海洋栖息地分类表中所列出的动物（见表 12-1）。

表 12-1　海洋栖息地分类及其中的主要动物

海岸	开阔海域	深海	海底	珊瑚礁	极地海洋
虾	河豚	鹦鹉螺	刺鳐	海扇	企鹅
海鸥	剑鱼	抹香鲸	大斑猫鲨	珊瑚	独角鲸
海獭	海龟	—	蛤蜊	梭子鱼	象海豹
螃蟹	魔鬼鱼	—	扇贝	—	海象
龙虾	鼠海豚	—	海绵	—	豹纹海豹
章鱼	海豚	—	蛾螺	—	南极磷虾
鹈鹕	鱿鱼	—	—	—	—

学生的学习日志里有 20 张标好线的纸用于书写，10 张空白纸用于绘画和制图，15 张关于海洋动物的信息卡。还有一页纸是"个人版的单词墙"，纸上打好了横格，格子里按字母表顺序写好了字母；学生将班级单词墙的单词抄写到他们的"个人版单词墙"上。祖姆沃尔特在讲课中或在朗读关于海洋动物的书时如果遇到新的单词，她会将这些单词添加到单词墙上。

祖姆沃尔特的几名三年级的学生来自讲西班牙语的家庭。这些学生在英语口语和书写方面存在一些困难。祖姆沃尔特几乎每天都会给他们进行额外的辅导，与此同时，他们的同学则在进行其他活动。她会带着他们预习下一节课、下一本书，或者复习上一节课、上一本书。学生在这个小组中讨论他们正在学习的内容、提出问题、检查手工艺品和图片并练习词汇。他们经常制作交互型写作图表，与同学们分享他们所讨论的内容。

"school"一词有两个意思。一个是指孩子们上学的地方，他们在那里学知识、变得越来越聪明。另一个指小鱼成群结队地游，当鱼群聚集在一起时，它们会更安全。

当全班同学熟悉了多种海洋动物后，每名学生都要挑选一种自己最喜欢的海洋动物来研究。他们选择了刺魟、海豚、墨鱼、海葵、饼海胆、大白鲨、海豹、企鹅、海龟、水母、章鱼、海马、鹈鹕、虎鲸、梭鱼、金枪鱼、电鳗、龙虾、海牛和鱿鱼等。学生利用教科书和互联网资源研究他们选择的海洋动物。在学生成为小专家后，祖姆沃尔特告诉学生，他们将开展一个关于这些海洋动物的多体裁项目。在该项目中，学生将创造不同体裁的文本，并将它们收集在盒子里。前一段时间，学生已经全班集体合作完成过多体裁项目，所以他们对该项目的流程和形式已经很熟悉了。

学生决定为他们的多体裁项目创造四项内容：一本章节书，包含他们所选海洋动物的身体特征、饮食、栖息地和天敌等信息；其他三项内容可以从以下内容中选：有关海洋动物如何适应环境的海报、生命周期图、诗歌、头韵句、关于海洋动物的图示及关于海洋动物的真假信息卡片。他们计划用从家里带来的麦片盒来包装他们的项目，在盒子上装饰上图片、有趣的信息，再写上一条关于该海洋动物如何适应海洋生活的大概念 / 大观念。

三年级的学生在准备书的时候会体验完整的写作过程。在酝酿阶段，他们查阅课本资源和互联网资源，并用五颜六色的大索引卡来记笔记：绿色的卡片用于记录身体特征，黄色的卡片用于记录饮食，蓝色的卡片用于记录栖息地，紫色的卡片用于记录天敌，粉色的卡片用于记录其他有趣的信息。之后，他们与同学一对一地分享收集到的信息，并针对信息中令自己困惑的事情向对方提出问题，并鼓励对方针对不完整的内容补充更多信息。接下来，学生写出粗略的草稿，并与他们之前合作的伙伴分享。然后，他们与祖姆沃尔特和几名同学组成修订小组，利用他们从小组中得到的反馈信息完善他们的草稿。

现在，学生正在校对和纠正他们的修改稿，并创作出版的书。当他们纠正了大小写和标点符号方面的错误，并与祖姆沃尔特会面进行编辑会议后，他们就会把稿子工工整整地誊抄一遍，添加上插图，并将稿纸装订成一本硬装书。同时，他们还会为他们的多体裁项目准备装材料的盒子和其他物品。

克里斯蒂安（Christian）研究了鹈鹕。他所制作的科普类书如下所示。此外，他还画了生命周期图，图中画有一枚鹈鹕的蛋、巢中刚孵化出来的鸟儿、亚成鸟拍打着翅膀、成鸟潜入大海寻找食物。他还做了白鹈鹕和棕鹈鹕对比的维恩图，并仅用了以"P"开头的单词写了一个关于鹈鹕的头韵句。他的多体裁项目盒上装饰着鹈鹕的图片和有趣的事实性信息，包括"它们的翅膀有 2.7 米"和"鹈鹕可以活 25 岁"。盒子上还写有关于鹈鹕如何适应环境的句子："鹈鹕有蹼，它们可以潜入水下捕捉食物。这就是它们在海边的生存方式。"

今天，三年级的学生完成了 KWL 表，加入了对所学知识的评论。科迪（Cody）提出："章鱼可以通过改变形状和颜色来伪装自己。"赫尔南（Hernan）报告说："海豚的尾巴上下摆动，而鱼类的尾巴则左右摆动。"卡洛斯（Carlos）补充说："水母与海葵有某种联系，因为两者都没有牙齿。"

下周一下午，三年级的学生将与二年级的学生一对一地分享他们完成的多体裁项目盒子里的内容；他们将在家长开放日向父母展示自己的学习成果。为了准备这次分享，学生已经轮流向同班的其他小组介绍了他们的项目。

正如祖姆沃尔特的三年级的学生通过阅读和写作了解了海洋动物一样，所有年级的学生，甚至是幼儿园和一年级的学生，都可以把阅读和写作作为学习和分享他们关于昆虫、水循环、澳大利亚、先驱者、天文学、第二次世界大战和其他学科内容主题的新知识的工具。老师将学科内容的学习组织成主题单元，并为学生确定要深入探究的大概念 / 大观念。每个单元都很耗时，因为学生自主建构学习需要时间。然而，这很有价值，因为它允许学生建构自己的理解和知识，调动批判性思维，成为主动而非被动的学习者。

在一开始，老师要确定学生要研究的大概念 / 大观念，在规划单元教学主题时要慎重，在一学年的时间里，学生只能深入学习研究少数几个主题。在主题单元中，学生需要有机会去质疑、讨论、探索和应用他们所学到的东西（Harvey，1998）。他们通过说、读和写来学习，通过口头报告、制作海报、写书和开发项目来呈现学习成果。主题单元是读写均衡发展课程的重要组成部分，它们让学生在现实生活中尝试应用阅读和写作的知识与技能。

学习手段

12.1　描述学生如何将阅读和写作作为学习的手段

因为阅读和写作相互影响，所以阅读和写作应该结合起来（Harmey & Rodgers，2017）。如果学生在写作前阅读了与主题相关的内容，他们就获取了相关的主题知识，那么他们写出来的作品就会更好。而当他们边读边记笔记，并整理文本中的大概念 / 大观念及它们之间的关系时，他们对文本的理解则会更加深入。在学生学习学科内容知识时，读写结合尤其重要，因为他们会面临不熟悉的主题和专业术语双重挑战。

将读写结合起来也有其他原因，因为阅读和写作都是为了建构意义。学生在阅读和写作时都需要激活背景知识、设定目的及使用许多相似的策略等。此外，阅读和写作的过程也非常相似。

以读促学

共同核心州立英语标准明确了学生阅读非故事类文本及撰写报告和文章的重要性，因为这些能为他们的升学和就业做好准备。语言学科和其他学科的课程标准都越来越强调非故事类文本的阅读。到四年级时，学生既要阅读故事类文本，也要阅读非故事类文本，到八年级时，非故事类文本占的比重应该要大一些。主题单元的学习让学生有机会接触非故事类文本、学习相关主题内容知识、体验探究、尝试使用学习策略，并通过口头和笔头的方式与他人进行交流和分享。

如今，老师可以在主题单元教学中使用各种高质量的科普类绘本和非故事类章节书。例如，下面这两本科学读本写得非常棒：一本是《月之队：阿波罗 11 号登月背后的 40 万人》（*Team Moon: How 400,000 People Landed Apollo 11 on the Moon*，Thimmesh，2006），这本书突出了美国在登月任务中幕后工作人员所做出的贡献；另一本是《哦，老鼠！老鼠和人的故事》（*Oh, Rats！The Story of Rats and People*，Marrin，2006），这是一本引人入胜的关于老鼠的书。下面两本则是社会研究方面的书，同样值得一读：一本是《自由骑士》（*Freedom Riders*，Bausum，2006），该书通过描述两个年轻人的旅程来深刻揭示 20 世纪 60 年代美国黑人和白人不同的境遇；还有一本绘本叫《一千道痕迹》（*One Thousand Tracings*，Judge，2007），它讲述的是一个美国家庭在战争肆虐的欧洲发起了一场惠及 3000 人的救助行动，这个故事温暖而感人。这些书既可以当故事来读，也可以给读者提供很多知识。作者的文笔和构思都很好，让读者读得津津有味，爱不释卷。这些书对师生都很有价值，许多学生在阅读这些书时，会把它们与自己的生活经验联系起来，而老师在主题单元开始时，也可以用它们来帮助学生了解必要的背景知识。

丛书。老师把收集到的关于单元主题的书和其他阅读材料做成丛书，以用于主题单元的教学。丛书里的材料都是精心挑选的，包括不同的体裁、符合不同阅读水平的材料，以满足学生的需要，其中还包括来自多媒体的阅读材料，里面会提出各种观点。需要特别注意的是，丛书里一定要包括大量适合外语学习者和阅读困难者阅读的书及其他材料（Robb，2003）。

老师应尽可能多地收集各种类型的材料，包括：

- 地图册和地图
- 介绍手册和宣传手册
- 电子文章
- 电影和录像
- 杂志
- 模型和图解
- 报刊文章

- 非故事类书
- 照片
- 诗歌和歌曲
- 原始资料
- 参考书目
- 故事
- 网站和网络探究网站（WebQuests）

老师往往不会想到用杂志来教社会研究和科学研究，但有许多优秀的杂志是可以用的，包括适合少儿的《点击》（*Click*）和《国家地理幼儿版》（*National Geographic Little Kids*），以及适合高年级学生的《鹅卵石》（*Cobblestone*）和《时代杂志儿童版》（*Time for Kids*）。有些杂志也有电子版，如《时代杂志儿童版》。表 12-2 列出了适用于从幼儿园至八年级学生的印刷版和电子版杂志。

表 12-2 适用于从幼儿园至八年级学生的杂志

杂志	印刷版	电子版
《苹果核》（*Appleseeds*）（社会科学）MU	·	—
《问》（*Ask*）（科学、历史）P	·	·
《大后院》（*Big Backyard*）（自然）P	·	—
《山雀》（*ChickaDEE*）（科学）PM	·	·
《点击》（*Click*）（科学）P	·	—
《鹅卵石》（*Cobblestone*）（历史）MU	·	·
《挖掘历史》（*Dig Into History*）（历史、考古）MU	·	·
《面容：人物、地点和文化》（*FACES：People，Places，and Cultures*）（多文化）M	·	—
《瓢虫》（*Ladybug*）（故事、诗、歌）P	·	·
《缪斯》（*Muse*）（科学与艺术）MU	·	·
《国家地理儿童版》（*National Geographic Kids*）（地理与文化）MU	·	·
《国家地理幼儿版》（*National Geographic Little Kids*）（科学）P	·	—
《OWL》（*OWL*）（科学）MU	·	·
《游侠瑞克》（*Ranger Rick*）（自然）M	·	—
《儿童体育画报》（*Sports Illustrated for Kids*）（运动）MU	·	·
《时代杂志儿童版》（*Time for Kids*）（时事）U	·	·

注：P 代表低年级（从幼儿园至小学二年级），M 代表中年级（小学三年级至小学五年级），U 代表高年级（小学六年级至初中二年级）。

导读文本。老师使用学生熟悉的故事、非故事类图书和诗歌来示范作家的写作技巧（Dorfman & Cappelli，2009；2017）。绘本是特别有用的导读文本，因为它们非常短，可以快速重读。老师首先带领学生再次阅读导读文本。在这个过程中，他们会指出文本中的某个具体特征，如用强有力的动词来让文字直击心灵，尝试从不同的角度来写这个文本，或者通过将形容词放在名词后面来改变语气。然后，学生和同学合作完成简短的文章，或者自己在独立写作时模仿这一手法。他们有机会在写作中尝试使用文学手法，模仿句子和书的结构，尝试新的体裁，探索不同的排版方式。

非故事类图书经常被用作导读文本，老师用它来帮助学生了解新的体裁、文本的组织结构和页面的排版方式。例如，《濒危动物字母表》（*Gone Wild: An Endangered Animal Alphabet*，McLimans，2006）是一本杰出的绘本，书中的字母被转化为动物出现，每个字母旁边的文本框提供了关于该动物的知识。学生可以在科学研究或社会研究相关单元中使用《濒危动物字母表》的编排方式来编写一本班级字母绘本。另一本优秀的导读文本是《好主人！可爱的女士们！来自中世纪村庄的声音》（*Good Masters! Sweet Ladies! Voices from a Medieval Village*，Schlitz，2007），这本书收集了 23 个以第一人称描写的人物故事，描述了 1255 年英国村庄中年轻人的生活。这本书被设计成戏剧或读者剧场的形式。每个人物都有鲜明的个性和社会角色，书上的空白处还附上了历史说明。例如，在关于古罗马或第二次世界大战的单元教学中，学生可以模仿这篇导读文本完成自己的人物描写，并向其他班级的学生或自己的父母展示。

老师还会在微课上使用导读文本，教学生如何写得更好、更打动人，而学生则通过学习这些书，为主题单元写作打好基础。

将写作作为学习手段

在主题单元中，学生将写作作为一种手段，学习如何做笔记、对想法进行分类、绘制信息组织图和写总结。此时，教学重点是利用写作来帮助学生思考和学习，而不是正确地拼写每个单词。尽管如此，学生还是应该充分利用教室里的资源，如单词墙，来帮助自己尽可能把大多数单词写对、写清楚，这样他们再读自己写的东西的时候就能够知道自己写了什么。阿姆布鲁斯特、麦卡锡和康明斯（Armbruster，McCarthey & Cummins，2005）还指出，"以写促学"还有两个目的：一方面，学生通过写的方式记录自己的所学可以提升他们的写作能力；另一方面，老师则可以通过学生写的东西来评估他们的学习效果。

学习日志。学生使用学习日志来记录他们在社会研究、科学研究或其他学科内容的学习情况并做出回应。劳拉·罗伯（Laura Robb，2003）解释说，学习日志是指人们"在纸上思考"。学生在记日志的过程中发现自己欠缺哪些知识，并将正在学习的内容与自己已有的经验之间建立联系。通过这些活动，学生练习做笔记，写描述和说明，以及制作信息组织图。图 12-1 是一名二年级的学生的关于企鹅的学习日志中的一页。

图 12-1　一名二年级的学生的学习日志

复式记录笔记。正如它的名字一样。学生将日志页面一分为二，每一部分记录的信息类型是不同的（Daniels & Zemelman，2014）。例如，他们在一栏中写下重要的事实性信息，在另一栏中写下他们对这些信息的思考，或者在左栏中写下关于该主题的问题，在右栏中写下答案。表 12-3 展示了一名五年级的学生的关于电的复式记录笔记。在左栏中，他写下了自己所学到的知识，在右栏中，他提出了问题并与个人的经验建立了联系。

表 12-3　复式记录笔记示例

电是怎么产生的	
笔记 （我的读后笔记）	**思考** （我的问题和想法）
1. 煤炭、石油和天然气 发电厂燃烧这些燃料来发电，这是最常见的发电形式，但我们需要更多其他发电形式，因为这些燃料都是不可再生的	我们家的电视机、冰箱、灯和许多其他家电都需要用电。我不知道电是从哪里来的。也许它来自天然气，因为我们有燃气供暖，但我会问我妈妈
2. 水能 水力发电站将高水位落差转化为电能。水力发电站位于大坝上，如大古力大坝（the Grand Coulee Dam），这是可再生能源	我以前从没有听说过这个，但是我奶奶住的地方附近有一个大坝，它能发电吗
3. 太阳能源 太阳能发电机利用太阳的能量来发电。它们在阳光充足的地方最常见	我爸爸说我们可能会在屋顶上安装太阳能板，因为电费太贵了。我需要了解太阳能板的工作原理及它们的成本是多少
4. 风能 用巨大的风车收集风能，然后用涡轮机发电。在风大的地方有许多风车	我在 5 号州际公路边上看到过这样的风车。它们使用可再生能源，这是优点；但它们也杀死了很多鸟，这是缺点
5. 核能 铀原子在核反应堆中被分裂以释放能量。这有点危险，因为有辐射，而且很难处理放射性废物	在日本，一场海啸毁掉了一座核电站，因为致命的核辐射，人们不得不逃离，有些人因此去世了。这个反应堆永远无法再次运转了

模拟日记。有一些故事的作者把自己设定为故事中的一个角色，从这个角色的角度去写日记，如《小鸟凯瑟琳》（*Catherine, Called Birdy*，Cushman，2012），这类书就叫模拟日记。这些书通常会包含丰富的历史细节，书中的语言会使用那个时期的典型词汇和句法结构。在书的结尾处，作者通常会向读者说明自己是如何研究那个特定历史时期的，并解释故事中的人物或事件哪些是自己虚构的，具有"戏说"的成分。低年级的学生可以阅读《蜘蛛日记》（*Diary of a Spider*，Cronin，2011），或者这一系列丛书中其他关于蠕虫和苍蝇的图书，这些书以轻松愉快的日记形式帮助学生学习科学知识。

学生也可以写模拟日记，模拟一个角色，并以这一角色的视角来写日记。例如，学生在阅读人物传记或学习某个社会研究的单元内容时，他们可以把自己想象成某个历史人物；阅读故事时，就把自己想象成故事中的一个人物。如果学生选择一个名人，以他的视角进行写作时，他们首先需要制作这个人物的"生命线"，即他的生命轨迹。然后，从这个人物的生命中选择关键日期节点，写下在这些节点发生的事情。一名五年级的学生以本杰明·富兰克林的视角写了以下日记。

1719 年 12 月 10 日

亲爱的日记：

我哥哥詹姆斯（James）很生我的气。他刚刚发现是我在为他的报纸供稿，并在文章上署名"默默做好事的小姐"。他说我不能再这么干了。我不明白为什么。我的文章很有趣，大家都会读它们。我打赌他的报纸再也不会那么畅销了。现在我只能做印刷工作了。

1735 年 2 月 15 日

亲爱的日记：

我已经印好了第三本"穷理查年鉴"（Poor Richard's Almanack）。它是美国最受欢迎的系列书。现在我出名了。人人都在读它。我让大家以为它是一个叫理查德·桑德斯（Richard Sanders）的人写的，但其实是我写的。我还把我的人生格言放在里面。我最喜欢的人生格言是"早起早睡使人健康、富裕和聪慧"。

1763 年 6 月 22 日

亲爱的日记：

我成为一名发明家已经很多年了。我发明了很多东西，如富兰克林炉子（以我的名字命名）和双焦眼镜，还有避雷针，以及从高高的书架上取书的工作臂。我能发现我们缺少的东西，如果它是人们需要的，我就想办法去发明出来，这就是我的工作方式。我想我就是有发明的本领。

1790 年 4 月 16 日

亲爱的日记：

我快要死了。我只有一两天的时间就要走到生命的尽头了。但这没关系，因为我已经 84 岁了。没有多少人能像我一样活得那么久，也没有多少人在一生中做过那么多事情。我的职业是印刷工，但我也是一名科学家、发明家、作家和州长。我活着看到我非常喜爱的费城成为一个新国家的一部分。再见了，我的家人和所有爱我的人。

这些日记表明，这名五年级的学生选择了一些重要的日期来记日记，并将事实性信息编入日记中。

学生可以用两种方式写模拟日记——日记和精心打磨过的作文——作为学习成果的展示。当学生使用模拟日记作为学习手段时，他们在阅读一本书的时候就可以写这种日记，以便更好地了解书中的人物，或者在学习不同历史时期的主题单元时写这种日记。在这些日记中，学生就某个概念展开探究，并将他们所学到的知识与已知的知识联系起来。与作为最终项目的模拟日记相比，这些日记比较简单，内容没有那么精炼。当学生开展一个项目时，他们需要仔细规划自己要写的日记，确定重要日期，写日记也是一个不断完善的过程：起草、修订和编辑日记。学生在设计封面的时候经常会使用能反应那个历史时期的典型画面。例如，在古希腊主题单元的项目中，学生可能会把模拟日记写在一张长长的粗糙的纸上，并像卷轴一样卷起来，或者把牛皮纸剪得像动物皮作为先驱者日记的封面。

快写。当学生写快写时，他们就某一主题进行 5 ~ 10 分钟的写作，让思绪从他们的头脑流淌至笔头，这一过程并不注重正确性，也不需要修订。低年级的学生常用画图或用绘画和写作相结合的方式来表达不同想法。老师在主题单元开始时使用快写来激活学生的背景知识，在单元中监控他们的进展并澄清错误的概念，在结束时复习大概念 / 大观念（Readence，Moore，& Rickelman，2000）。

例如，在有关太阳系的主题单元结束时，四年级的学生从单词墙上选择一个单词进行快写，然后他们与同学们分享自己的写作。以下是一名学生关于"火星"的快写。

火星被称为红色星球。火星是地球的邻居。火星很像地球。在火星上，一天有 24 小时。它是太阳系中的第四颗行星。火星上可能存在生命。有两辆火星探测车一直在探索火星，其中一辆名为好奇号的探测器发现了令人兴奋的东西。火星上有水！它在灰尘和岩石的表面之下。火星没有星环。

写完快写后，学生通常会在小组中分享他们的写作，然后每组选一名学生与全班分享。分享大约需要 10 分钟，所以整个快写活动可以在 20 分钟内完成。

展示学习成果

12.2　解释学生如何使用写作来展示学习成果

学生对主题展开探究，然后用写作来展示他们的学习情况。这种写作是比较正式的，学生在完成最终版本前，运用他们对过程性写作的知识来修订和编辑他们的写作。学生展示学习的五种方式，包括写报告、写文章、创作诗歌、做口头报告和构建多体裁项目（Tompkins，2019）。

报告

报告是最常见的用于展示学习成果的类型。学生可以写许多类型的报告，从海报到合作图书，再到个人报告。很多时候，学生直到高中阶段面临写学期论文时才会接触到报告的写作，他们要学习很多内容，包括如何在便条卡上做笔记、组织信息、写文章和编写参考书目等，这些会压得他们喘不过气来。事实上，我们不应该让学生到高中才练习报告的写作。早期的、成功的非故事类型写作经验可以让学生了解学科内容的主题，以及如何分享信息和展示学习（Tompkins，2019）。

海报。学生在制作海报时结合了视觉和语言元素（Moline，2012）。与单纯用文字展示相比，外语学习者往往更倾向于通过文字和图片的结合，展示他们对新知识的理解（Guccione，2011）。他们绘制图片和图表，写标签和评论。例如，学生画出太阳系中的行星图和太阳系外行星图，标出革命战争时期士兵穿的衣服和携带的物资，在生命线上确定一个人一生中的重要事件，或者在地图上标出探险家到美洲和世界各地的航程。学生计划他们想在海报中包含的信息，并利用标题、插图、图片说明、方框和线条等设计海报以吸引读者。他们逐个准备海报的每个部分的初稿，对每一部分进行修订和编辑。然后，他们将每部分的内容制作成最终版本，将各部分粘在海报板上，并与同学分享他们的海报，就像他们分享写作成品一样。

"关于……的一切"图书。低年级的学生写的第一份报告是"关于……的一切"的书，他们在书中提供关于熟悉主题的信息，如消防员、播种和企鹅。低年级的学生就一个主题写一整本小册子，通常每页含有一条信息和一幅插图。图 12-2 是一名一年级的学生的《关于企鹅的一切》（*All About Penguins*）一书中的一页。在图中，罗莎（Rosa）在页面的顶部画了一幅画，并在下面写了一句话来解释这幅画。

Penguins lay eggs and keep them worm with ther feets and ther stomechs.

（企鹅下蛋，并用脚和肚皮让蛋保持温暖。）

图 12-2 《关于企鹅的一切》的其中一页

字母绘本。学生以班级为单位共同编写字母绘本，用字母来组织他们想要分享的信息。这些合作的书包含了顺序结构，因为书页是按字母顺序排列的。学生首先进行头脑风暴，收集与他们正在研究的主题有关的信息，并为每个字母确定一个单词或事实。然后，他们单独或与伙伴合作，为这本书编写页面。书页的格式类似于专业作者所写的字母绘本的格式。学生在书页的一角写上字母，画上插图，然后写一句话或一段话来描述一个词或一个事实。文本通常以"_____ is for_____"开始；然后是一个句子或段落描述。例如，四年级学生拉蒙（Ramon）写下了"U is for Unbearable"这一页。

班级合作。学生一起合作写书。有时候，每名学生写一页报告，或者他们可以通过小组合作，共同完成一些章节的内容。学生可以就任何科学研究或社会的主题创作合作报告。例如，他们合作写传记的时候，可以由每名学生单独写或一个小组一起写主人公生活中的一个事件或一项成就，然后按时间顺序将这些页面组合起来。或者学生以小组为单位，撰写关于太阳系中的行星、古埃及或俄勒冈小道的报告中的某个章节。

个人报告。学生在做了真实的研究后也会写个人报告。在研究中，他们探索自己感兴趣的话题，或者寻找他们提出的问题的答案（Harvey，1998；Stead，2002）。他们阅读图书，采访有特定知识的人，并常在互联网上寻找信息。如何明智地使用互联网和寻求可靠的信息来源是需要教师教授的关键技能。在了解了关于主题的知识后，学生利用过程性写作完成报告，以分享他们的新知识。学生经常把从网上找的照片添加到报告里，并以图书的形式发表他们的报告。

文章

学生通过写文章来进行解释、分析和劝说。有时候，写作主题是针对个人的，如父母去世或如何适应新学校；有时候，主题会涉及国家和国际问题。这些文章很短，通常不超过两页。它们属于非故事类，但经常会包括一些故事元素，特别是在描写个人经历的文章中。学生从他们自己的观点出发来写文章，他们的态度应该清晰地展示在文章中（Pryle，2007）。他们学习描写个人经历的文章，在文章中他们叙述一段经历，通过对这段经历的描述来说明某一主题或得出某个结论；还学习写对比类文章，在文章中比较两件及以上的事物以强调重要的差异，或者有时候会提出个人观点；以及学习写说服性文章。在文章中，他们试图说服读者接受某个想法，同意某个观点或采取某个行动方案。

另一种类型是五段式文章。正如其名称，它的结构紧凑，包括引言、正文和结论五段。在第一段中，作者介绍主题，通常做出论题陈述。在接下来的三段中，作者提出三个观点，每段一个观点，并辅以证据和例子。在最后一段中，作者总结这些观点并重申论题。五段式文章是有争议的。支持者认为，它教会了学生如何组织他们的思想；但反对者则认为其僵硬的结构限制了思考。此外，文章不可能总能被组织成预先确定的段落数量；相反，主题和作者的想法会影响文章的结构，并决定了段落的数量（Robb，2004）。鉴于五段式文章的局限性，我们并不推荐使用它。

诗歌

学生经常在阅读图书后写诗，并作为主题单元的一部分来展示学科内容的学习。他们在写公式诗时，每行或每节都用同一个词或同一句话开头，他们也创作自由形式的诗，并在创作自己的诗时遵循样例诗的结构。

"我是……"诗歌。学生扮演某个人物角色，从这个人物的角度写一首诗。他们以"我是＿＿＿＿"开始与结束诗歌（或每一节），然后以"我"作为其他句子的开头。

双声诗。学生扮演两个对比鲜明的角色，创作双声诗。这种诗歌分为两列，诗句并排书写。它由两位读者或两组读者同时朗读。一个人读左边一列，另一个人读右边一列。当诗写在同一行时，无论诗句相同或不同，两位读者都要同时朗读，这样诗听起来就像音乐二重奏。

拼贴诗。学生从他们正在阅读的书中选取单词和短语，并将这些单词和短语排列成一首形式自由的诗歌。一名四年级的学生在阅读了《仙人掌旅馆》（*Cactus Hotel*，Guiberson，2007）后创作了这首关于沙瓜罗仙人掌的诗。

A young cactus sprouts up.

After 10 years only four inches high,

after 25 years two feet tall,

after 50 years 10 feet tall.

A welcoming signal across the desert.

A Gila woodpecker,

a white-winged dove,

an elf owl

decide to stay.

After 60 years an arm grows,

the cactus hotel is 18 feet tall.

After 150 years 7 long branches

and holes of every size

in the cactus hotel.

一颗小仙人掌发芽了。

10 年后只有 0.1 米高，

25 年后，0.7 米高。

50 年后，3 米高。

一个跨越沙漠的欢迎信号。

一只吉拉啄木鸟，

一只白翅鸽，

一只精灵猫头鹰，

决定留下来。

60 年后，一只手臂长了出来。

仙人掌酒店有 5.5 米高。

150 年后，7 根长枝

和各种大小的洞

在仙人掌酒店里。

口头报告

老师经常让学生准备并进行简短的口头报告，以展示他们的学习情况。如果学生是第一次做口头报告，老师就可以选择让学生画一幅画来说明一个重要的事实，并与同学们分享它。当学生谈论这幅画时，老师鼓励他们使用与内容有关的词汇，并阐明重要的事实。例如，在关于太阳系的单元中，学生可以画一张关于行星的图，然后与全班分享他们画的图，指出他们所画的行星的几个特征。

第二种快速而简单的口头报告是问答式报告。老师和学生准备与某一单元有关的问题清单，然后学生编写非常简短的报告来回答这些问题。例如，一名学生可能会预先准备一份报告来回答关于太阳系的众多问题之一：太阳是行星吗？什么是内行星？其他星球上有人类生活吗？真假报告是问答式报告的变体形式。一名学生准备一条可能是真的或假的陈述，与全班分享，告诉大家它是真的还是假的，然后给出几个理由。

另一种形式的初级报告形式是"我知道的三件事"报告。学生选择一个主题，并准备简短的报告，分享他们所知道的三件事。当学生做"三件事报告"时，他们通常会举起三根手指，并在讨论每件事时指向一根手指。

随着经验的积累，学生逐渐具备了做更长、更复杂的口头报告的信心。对于这些报告，学生遵循与过程性写作相似的几个步骤。第一，他们专注于主题的选择。例如，关于太阳系的报告过于宽泛，但关于每个星球上是否有可能存在生命的报告则更为具体和有趣。第二，学生确定几个大概念 / 大观念，收集关于每个大概念 / 大观念的信息，并决定如何组织报告。第三，学生使用视觉支持他们的演讲，如列出他们关于大概念 / 大观念的海报，帮助听众直观地了解一些信息的图表，或者关于主题的插图。有时候，他们也会收集手工艺品或准备一套特别的服装来穿。第四，学生排练他们的演讲，思考他们如何简洁地分享他们收集到的信息，并融入重要的词汇。最后，他们向同学们做报告。

有时候，学生会做个人口头报告，而在其他时候，他们会参与小组活动并分享报告内容。在小组报告中，每名学生负责一个部分。例如，在关于每个星球上是否有可能存在生命的报告中，一名学生可以负责描述生命所必需的要素，其他学生可以解释每个星球是否具有这些要素。通过这种方式，学生可以应对复杂的话题，因为他们共同承担了责任。

在成功的口头报告中，作为听众的同学也发挥着重要作用。学生应该专心致志地听演讲者说话、提出问题，并在报告之后鼓掌。当低年级的学生了解了老师对他们的期望，当演讲简短并有视觉支持，并且当每次仅进行 1～2 个报告时，他们会成为更好的听众。

多体裁项目

在多体裁项目中，学生通过几种体裁来探索一个科学研究或社会研究的主题（Allen，2001）。他们以重要和有意义的方式将学科内容的学习与写作结合起来。罗马诺（Romano，2000）解释说，这种方法的好处是，每一种体裁都提供了其他体裁所不具备的学习和理解方式。例如，学生通过写模拟日记、字母绘本和生命线，往往能获得对文本的不同理解。老师或学生确定项目的主线、隐含的主题、重复的语句等，这有助于学生不再死记硬背，而是进入更高阶的、更具分析性的理解水平。在本章开头的教学故事中，祖姆沃尔特老师确定的重复项是适应环境；在学生的多体裁项目中，学生强调了他们研究的海洋动物是如何适应海洋生活的。

根据学生想要呈现的信息和信息的重复性，学生在他们的项目中使用各种体裁。

离合诗	专栏文章	问答
"关于……的一切"图书	拼贴诗	引用
字母绘本	"我是……"诗歌	报告
手工艺品	书信	谜语
生平简介	生命线	模拟日记
博客	地图	幻灯片展示
书箱	报纸文章	歌曲
卡通	人物想法画像	时间线
集群	照片画廊	维恩图
方块	诗歌	视频短片
数据图表	明信片	网页和维基
复式记录笔记	海报	词云
文章	PPT 报告	单词分类

在一个体裁项目中，学生一般使用三种及以上的体裁，文字和视觉体裁都会使用。最重要的是，这些体裁延伸和扩大了重复的内容。

不是只有学生才创建多体裁项目，一些作者在普通图书的写作中也使用这种方式。"神奇校车"（Magic School Bus）系列图书都是多体裁图书的例子。每本书都是讲了关于费老师（Ms. Frizzle）和她的学生进行奇妙科学探险的故事。书页边的信息栏呈现了各种解释、表格、图解和小短文。故事和信息栏共同构成了一个完整的多体裁演示或项目。

学科教科书

12.3　**讨论如何让学生学会有效地使用学科内容的教科书和在线资源**

教科书历来是社会研究课和科学研究课的核心，但这些书的缺点限制了其有效性。大多数时候，学科教科书的内容并不吸引人，对学生来说太难阅读和理解，而且它们仅浅显地涵盖了众多主题。这就需要老师制订教学计划，使学科内容的教科书更容易被理解，并在主题单元中用其他阅读和写作活动来补充学生的学习。

学科教科书的内容看起来与其他类型的书不同，它们有独特的特点。

- 使用标题和小标题以引导读者注意大概念 / 大观念。
- 使用照片和图画以说明大概念 / 大观念。
- 使用图表和地图以直观地提供详细的信息。
- 使用旁注以提供补充信息或引导读者查阅关于某一主题的补充信息。
- 高亮标记部分单词以识别关键词汇。
- 提供用于查找特定信息的索引。
- 提供词汇表帮助读者确定发音和定义专业词汇。
- 提供章末的学习问题，用于检查读者的理解。

这些特点使学科内容的教科书更容易阅读，所以学生必须学会利用这些特点，使阅读学科教科书更有效，提高他们的理解能力（Harvey & Goudvis，2017）。老师在微课上讲授这些特点，并示范如何利用它们来更有效地阅读。

让教科书更容易理解

老师在过程性阅读的每个阶段使用各种活动，使学科内容的教科书更适合读者，并提高学生对阅读内容的理解能力。表 12-4 列出了老师在过程性阅读的每个阶段使学科教科书更易于理解的活动。老师在每个阶段选择一项或多项活动来支持学生的阅读。

表 12-4　使学科教科书更易于理解的活动

阶段	活动	
读前	KWL 表 丛书集 网站 、视频和 DVD 录像 预测指引卡 排除式头脑风暴	读前造句 预读计划 问答关系 文本漫步 单词墙

（续表）

阶段	活动	
阅读	交互型朗读 同伴阅读 小组阅读与分享	信息组织图 记笔记
回应	讨论 思考 - 配对 - 分享 信息组织图	学习日志 复式记录笔记 快写
探索	单词墙 单词分类 数据图表	语义特征分析 "烫椅子" 茶话会
应用	网络探究 PPT 报告 文章	多体裁项目 口头报告

第一阶段：读前。老师通过以下方式为学生阅读某一章做好准备，培养他们对该主题的兴趣：

- 激活并建立学生对该主题的背景知识；
- 引入大概念 / 大观念和专业词汇；
- 设置阅读目的；
- 预览文本。

老师使用各种活动激活和建立学生的主题背景知识，包括制定 KWL 表、朗读故事和非故事类图书、阅读电子文档及观看视频。他们还使用预测指引卡、排除式头脑风暴等游戏形式来提高学生的兴趣。在预测指引卡活动中，老师就本章的主题做一些陈述，并让学生针对每项陈述提出想法，然后让学生再次阅读文本，看看自己的预测是否正确。在排除式头脑风暴中，学生检查一系列单词，并决定哪些单词与教科书的章节有关；然后他们阅读该章节以检查自己的预测。

老师在制订预读计划时，会介绍一章中的大概念 / 大观念，在计划中介绍该章中讨论的一个概念 / 观念，然后让学生进行头脑风暴，提出与之相关的词汇和想法。他们把关键单词添加到单词墙上。另一项活动是"读前造句"，老师让学生用本章中的两个或两个以上单词组成可能出现在教科书中的句子。之后，当他们阅读该章时，学生会检查他们预测的句子是否包括在内，或者是否足够准确，以便他们可以在该章中使用。

当学生有了阅读目的，他们就会更容易获得成功。老师通过预读活动来设置阅读目的。老师还可以让学生阅读本章末尾的问题，承担起寻找某个具体问题的答案的责任，然后通过阅读找到答案。读完后，学生与全班分享他们的答案。为了预读这一章，老师带领学生在这一章中

逐页进行 "文本漫步"，注意大标题，看插图，并阅读图片和表格。有时候，学生将大标题变成问题，并准备通过阅读来寻找问题的答案，或者在章节结束时检查问题以确定问答关系。

第二阶段：阅读。 在学生阅读教科书时，老师可以使用以下方式支持他们：

- 确保学生能够阅读作业；
- 协助学生确定大概念 / 大观念；
- 帮助学生组织观点和细节。

学生能读懂章节内容是至关重要的。有时候，预读活动提供了足够的支架，使学生能够成功地阅读作业，但有时候他们需要更多的支持。当学生不能阅读该章节时，老师有几种选择。他们可以在学生进行独立型阅读之前为他们朗读这一章，或者让学生与伙伴一起阅读。老师也可以把这一章分成几个部分，指定学生小组阅读每个部分并向全班汇报；这样一来，阅读任务就比较短，学生可以和他们的小组成员一起阅读。当学生听同学们分享各自负责的部分时，他们就能学到整个章节的材料。在这样的经验分享后，学生就可以阅读该章。

老师通过各种方式帮助学生识别和组织大概念 / 大观念。其中两个最好的方法是记下关于大概念 / 大观念的笔记，并在阅读过程中完成以大概念 / 大观念为重点的信息组织图。

课堂干预

学科教科书

阅读有困难的读者需要知道如何阅读学科教科书。通常情况下，他们对待所有阅读任务的方式都是一样的：打开第一页，直接读完，然后抱怨他们什么都没记住。这种方法是行不通的，因为学生没有积极参与阅读体验，也没有利用学科教科书的特殊特点，包括标题、高亮标记的单词、插图、章末问题和词汇表，这些特点使学科教科书更容易阅读。

成功的读者在阅读时往往会边读边对文本内容进行深入思考，而学科教科书这种编排特点也有利于学生与文本内容的互动。在开始阅读前，学生通过预习该章节来激活他们的背景知识。他们阅读引言、标题、结论和章末的问题，并检查照片和插图。他们找到高亮显示的单词，利用上下文线索推测出一些单词的含义，并在字典中检查其他单词的含义。然后他们会思考主题。在阅读过程中，学生试图找出大概念 / 大观念和它们之间的关系。他们在读完每一节后停下来，把信息添加到信息组织图中，用小型便利贴做笔记或与同学讨论这一节。在学生完成整个章节的阅读后，他们要确保自己能够回答章末的问题。

老师需要教学生如何阅读学科教科书，指出其特点，并示范如何利用它们进行阅读。

接下来，学生练习利用这些特点阅读，以吸引他们进行思考并提高他们的理解力。通过指导型练习和与同学合作的机会，学生可以成为更成功的读者。

　　第三阶段：回应。在这一阶段，当学生思考、谈论和书写他们所读的信息时，老师通过以下方式帮助学生发展和提升他们的理解力：

- 澄清学生的误解；
- 帮助学生总结大概念／大观念；
- 将阅读与学生的生活联系起来。

　　学生在参与课堂讨论时，会谈论大概念／大观点，提出问题以澄清困惑，并建立联系。他们还会在小组中讨论本章内容。一种常用的技巧是"思考 - 配对 - 分享"，即学生用几分钟单独思考一个话题；然后他们与一位同学结成两人小组，分享各自的想法并听取其他人的观点；接下来，每组学生与另一组学生聚到一起，形成一个正方形，分享彼此的想法；最后，全班学生一起讨论这个话题。

　　写作是学生回应的另一种方式。他们写快写、写学习日志或用复式记录笔记记录本章的引言或重要信息，并与自己的生活联系起来。学生还会写总结。在总结中，他们会综合大概念／大观念并描述它们之间的关系。在写摘要时，学生要在分析他们所读的内容时进行战略性的思考，以确定哪些观点是重要的。"微课：为科普类文章写摘要"展示了苏拉比安（Surabian）老师如何向四年级的学生传授一种新的写作体裁。

微课

主题：为科普类文章写摘要

年级：四年级

时间：五节 30 分钟的课程

　　苏拉比安计划教学生如何写摘要。似乎只有少数学生熟悉"摘要写作"这个术语，而且没有人知道该如何写摘要。写摘要是四年级的学生的读写标准之一。

　　1. 介绍主题

　　苏拉比安解释说，摘要是一篇文章主要内容的简短陈述。他展示了一张海报，其中列出了摘要的这些特点：

- 讲述大概念／大观念；
- 显示大概念／大观念之间的联系；

- 有一个概括或结论；

- 总结是你用自己的话写的；

- 总结是简短的。

2. 展示示例

苏拉比安分享了一篇文章及其摘要。学生检查该摘要是否符合海报上所列出的所有特征。然后，他又分享了第二篇文章，学生挑选出大概念 / 大观念。接下来，苏拉比安画了一张图来显示各个概念之间的关系，学生形成概括性或结论性陈述。然后，他分享自己所做的摘要，四年级的学生检查它是否包含了大概念 / 大观念，以及摘要是否符合海报上所列出的所有特征。

3. 提供信息

第二天，苏拉比安回顾了摘要的特点，并分享了一篇关于摩托车的文章。学生阅读这篇文章，识别并找出大概念 / 大观念，画图说明概念之间的关系，并进行归纳。做完这些准备工作后，他们为这篇文章写摘要，检查所写摘要是否符合教室海报上所列出的所有特征。第三天，苏拉比安的学生用一篇关于雨林的文章重复这一过程。

4. 指导练习

第四天，苏拉比安分享了一篇关于密西西比河的文章。学生阅读并讨论，确定大概念 / 大观念之间的关系，以及可能的结论。然后，苏拉比安将学生分成几个小组，每个小组写一份摘要。之后，他们分享自己的摘要，并对照海报检查。第五天，全班重复这一活动。这一次他们读的是关于江豚的文章。苏拉比安缩短了讨论文章和确定大概念 / 大观念及结论的时间，因此，学生必须承担更多的责任来起草和撰写摘要。

5. 评价学习

苏拉比安生通过监控学生在小组中的工作情况来评估他们的学习。他确定了几名需要更多练习的学生，并计划向他们提供额外的微课。

第四阶段：探索。在探索阶段，老师要求学生深入文本，关注词汇，检阅文本，并以下方式分析大概念 / 大观念：

- 让学生学习词汇；

- 复习本章中的大概念 / 大观念；

- 帮助学生将大概念 / 大观念和细节联系起来。

在学习本章的专业词汇时，学生将它们贴在单词墙上，通过制作海报来研究它们的含义，并进行单词分类，以强调大概念／大观念之间的关系。为了专注于大概念／大观念，学生根据大概念／大观念制作数据图表来记录信息，或者制作语义特征分析图表来对重要信息进行分类。

第五阶段：应用。当学生通过完成项目来应用他们所学的知识时，老师可以通过以下方式支持他们：

- 拓展学生对该主题的知识；
- 让学生个性化地学习；
- 要求学生能分享他们的知识。

学生参加网络探究活动，阅读文集中的其他图书，在网上进行研究，并采访相关人士以拓展他们的知识。然后，他们通过写报告和文章、制作 PPT 和多体裁项目、发表口头报告和做其他项目来分享他们所学到的知识。

学习如何学习

学生经常为了参加讨论、考试、口头或书面项目等，记住读过的学科内容的资料。传统的学习方法是把知识背下来，但这种方法不如要求学生进行批判性思考和阐述观点有效。在学习过程中，学生要做到以下几点：

- 用自己的话复述大概念／大观念；
- 在大概念／大观念之间建立联系；
- 为每个大概念／大观念添加细节；
- 就概念的重要性提出问题；
- 监督自己是否理解这些概念。

学生在学习如何进行课堂笔记时可以采用以上程序，完成信息组织图以突出大概念／大观念，并通过向自己解释大概念／大观念进行口头演练。

做笔记。当学生做笔记时，他们会找出最重要的内容，然后用自己的语言复述。他们需要选择和组织大概念／大观念，确定组织模式，转述和总结信息，并使用缩写和符号来更快地做笔记。如果老师让学生逐字逐句地抄写信息，就不如让他们用自己的话来复述信息有效，因为学生在抄写的时候，思维并不活跃，无法很好地理解他们所读的内容。

学生用不同的方式做笔记。他们可以列出提纲或清单；画出流程图、关系网和其他信息组织图；或者做复式记录笔记，在一栏里写上笔记，在另一栏里写上解释。如果学生可以直接在他们阅读的文本上做标记，他们就可以在大概念／大观念下划线或加亮标记，并在空白处写下笔记。

老师往往要求学生做笔记，却不教他们如何做。重要的是，老师要与学生分享他们所做的笔记，让学生可以看到不同风格的笔记，并在学生阅读文章或学科教科书摘录时，演示如何做笔记：识别大概念 / 大观念，组织它们，并用自己的语言复述信息。当学生理解了如何识别大概念 / 大观念并用自己的语言陈述时，他们就需要机会练习做笔记。首先，他们在小组中合作做笔记，然后再和同伴一起做笔记。

当学生阅读学科教科书时，老师经常使用学习指南来引导学生了解大概念 / 大观念。老师用图、表格、清单和句子来制作学习指南，学生在阅读过程中利用本章的信息和词汇来完成。之后，学生与同伴、小组或全班一起回顾他们完成的学习指南，检查他们完成的内容是否正确。

同等重要的是，老师要教学生如何复习笔记，为小测验和考试做准备。很多时候，学生认为他们写完笔记就完事了，因为他们没有明白笔记只是一种学习手段而不是目的。

问题 – 答案关系。学生使用塔菲·拉斐尔（Tafi-Raphael）的问题 – 答案关系（Question-Answer-Relationships，QAR）方法来了解如何回答学科教科书章节末尾的问题（Raphael，Highfield，& Au，2006）。该方法让学生意识到他们是否能从字面、在字里行间或超越文本提供的信息以外找到问题的答案。通过了解问题的要求，学生能够更好地回答问题，并将该活动作为一项学习策略。

SQ4R 学习策略。七年级和八年级的学生还会学习如何使用 SQ4R 学习策略，这是一种包含六个步骤的方法，学生在完成学科内容的阅读作业时，要进行调查（survey）、提问（question）、阅读（read）、背诵（recite）、联系（relate）和复习（review）。这项学习策略包括阅读前、阅读中和阅读后三个组成部分，它是在 20 世纪 30 年代被设计出来的，近期被修订，加入了"联系"（relate）步骤。经过研究和全面的记录，它被证实是一项非常有效的策略；然而，如果学生因为着急完成而跳过一些步骤，这项策略就不那么有效了（Topping & McManus，2002）。

使用电子资源。不同的学校有不同的使用学科教科书的方法。有的学校可能会使用旧的学科教科书，去创建社会研究或科学的教学计划，但这并不理想。有的学校使用的学科教科书则可能包含了电子资源、与电子资源互补的纸质文本或额外资源。只用教科书的方法有一个问题，那就是教科书所研究的主题有限，所以可能会失去其他教学材料提供的额外阅读、写作和讨论的机会。网络探究（WebQuests）是用于补充纯纸质教科书的另一个选择。网络探究是以探究为导向的数字化项目，通过为学生的思考提供支架并让他们参与有意义的任务中，从而提高学生的学习。这些项目能培养学生使用互联网搜索和检索信息的能力，以及理解多模态演示的能力（Ikpeze & Boyd，2007）。学生常会在搜索网上资源时浪费很多时间，但在网络探究中，资源被添加了书签以方便使用。网络探究包括以下组成部分。

- 引入：设置引人入胜的场景，包括背景信息和学生将扮演的角色，如时间旅行者、植物学家或超级英雄。

- 任务：学生将完成创造性活动，如制作地图、创作歌曲及设计桌游。

- 过程：学生为完成任务所采取的步骤。

- 资源：提供已加入书签的网站和学生需要的任何其他资源。

- 评价：供学生自我评估其工作的评分标准。

- 总结：让学生有机会分享经验和反思他们的学习。

老师已经创建了数以百计的、内容广泛的网络探究项目，涉及文学、社会研究和科学研究等主题，它们都可以在网上找到。有一些项目是专为低年级的学生设计的，但大多数是为高年级的学生设计的。例如，在一个网络探究项目中，阅读《手斧男孩》的学生开始了"荒野之旅"，并在学习生存技能的同时回答寻宝问题；在另一个网络探究项目中，学习古埃及历史的学生回到公元前 1250 年，寻找图特国王（King Tut）的墓葬面具并解读其中隐藏的信息。其他网络探究项目主题包括巧克力、生物群落、大选投票、第二次世界大战和飓风，以及《追逐金色的少年》（*The Outsiders*，Hinton，2007）和《风偶的约定》等图书。

当老师选择网络探究项目时，他们会检查这些项目，以确保它们包含所描述的全部内容，并且资源链接是有效的；如果失效，老师则需要更换它们。此外，他们还要考虑完成这类探究项目能否提高学生的理解能力，并促进更高水平的思考。最后，老师必须考虑这些材料的准确性，以及网络材料是否考虑到不同的观点。老师还必须考虑他们的教学目标，以及他们是否希望学生只看到兼顾两种观点的中性态度，还是能够了解高度两极化的观点，然后权衡和审议这些观点。

大多数数字资源都是科普类网站，包括多模态的特征，如图像、照片、地图、视频短片、声音和互动活动。最有效的做法是利用过程性阅读，然后用项目来扩展学生的学习深度。将学科教科书作为资源来开发主题单元，这比将学科教科书作为唯一的阅读材料要好得多。

主题单元

12.4 解释如何设计主题单元

主题单元是跨学科的单元，它将阅读和写作与社会研究、科学研究和其他课程相结合。学生经常参与主题单元的规划，确定他们想要探索的问题和他们感兴趣的活动。教科书被用作一种资源，但只是众多资源之一。学生探索他们感兴趣的话题，研究他们提出的、真正有兴趣回答的问题的答案。他们在单元结束时分享他们的学习成果，正如祖姆沃尔特的学生在上述教学故事中所做的那样。老师评估学生所学到的东西及他们在课堂上学习和工作的过程。

如何设计主题单元

在设计主题单元时，老师首先要选择好主题，并根据读写和学科内容的标准确定教学重点。接下来，老师确定本单元的可用资源，并制订教学计划，将学科内容的学习与阅读和写作活动结合起来。老师可以通过以下步骤来设计主题单元。

步骤 1：确定重点。老师确定本单元要强调的三四个大概念／大观念。确定重点的目的不是教授一系列的事实，而是帮助学生建立对大概念／大观念的理解。老师也要选择本单元涉及的年级水平标准。

步骤 2：收集丛书。老师收集与本单元有关的故事、非故事类书和诗歌，并将它们放在教室图书馆的特别区域。老师会给学生朗读一些书，而学生会自主或以小组形式阅读其他书。剩余书则用于微课或作为写作项目的模板或范式。

步骤 3：组织教科书的阅读。老师审阅与本单元有关的教科书章节，并决定如何最有效地使用它们。例如，老师可以用其中一章作为引言，让学生在本单元中阅读其他章节，或者通过阅读这些章节来复习大概念／大观念。老师还要思考如何使课本更容易理解，特别是针对外语学习者和阅读有困难的学生。

步骤 4：寻找数字和多媒体材料。老师为该单元寻找合适的网站、地图、模型、手工艺品和其他材料。他们用一些材料来建立学生的背景知识，用另一些材料来教授大概念／大观念。此外，还可以让学生制作多媒体材料，并在教室里展示。

步骤 5：设计教学活动。老师思考如何利用阅读和写作作为学习手段来教授这个单元，确定适合利用头脑风暴进行教学的活动，然后根据这些活动制作教学计划图。老师还需要思考主题单元的具体学习方式，包括选择一本和主题相关的文学作品进行文学阅读单元的学习，或者选择一套相关图书开展文学圈教学，又或者通过阅读和写作工作坊来完成主题单元的学习。

步骤 6：确定微课的主题。老师根据州课程标准和他们从学生作业中发现的问题，计划微课，教授与非故事类阅读和写作有关的策略和技能，以及与本单元有关的学科内容主题。

步骤 7：设计差异化教学方法。老师利用灵活的分组来调整教学，以满足学生的发展水平和语言能力水平，为所有学生提供适当的书和其他教学材料，并通过分层活动和项目为阅读有困难的学生提供支架，为成绩优异的学生提供挑战。

步骤 8：头脑风暴出合适的项目。老师思考学生在本单元结束时可以完成的项目，以便应用他们在本单元所学的知识并使他们有机会产出个性化的学习成果。老师往往会使用 RAFT［角色（Role）、受众（Audience）、格式（Format）和主题（Topic）］程序来设计分层项目，这样学生就有多种方法来展示他们的学习成果。这种计划使老师能够做好充分的准备，并在学生需要的时候就项目的选择提供建议。学生通常独立或以小组形式完成项目，有时候也会全班同学一起做一个项目。

步骤 9：计划评估。老师要考虑如何监测学生的进展，并在单元结束时评估学生的学习情况。老师需要在单元开始时就告诉学生将如何对他们进行评估，这样老师也可以确保自己的评估始终是针对学生对大概念的学习而非其他方面。

在考虑了单元目标、要教授的标准、可用的资源和合适的活动后，老师就已经准备好制定时间表、编写教案、创建评分标准和其他评价工具了。

外语学习者的教学

将读写能力纳入主题单元。老师在设计主题单元时，应考虑如何适应外语学习者的教学需要，通常有两个目标：老师希望能够最大限度地增加外语学习者学习英语和发展学科内容知识的机会，并且要考虑学生面临的挑战及如何调整教学和评估以满足他们的需求（Peregoy & Boyle，2016）。

学习学科内容信息的挑战。不熟悉的主题、词汇和非故事类书等都对外语学习者的语言构成了更高的挑战。外语学习者在主题单元中的学习往往比在读写课上遇到的困难更多（Rothenberg & Fisher，2007）。以下是外语学习者面临的一些主要挑战。

- **英语语言能力。**外语学习者理解英语和用英语交流的能力对他们的学习有显著的影响。老师可通过将英语和学科内容的信息融合在一起教学来应对这一挑战。老师使用实物和视觉材料来支持外语学习者对单元主题的理解，并在必要时简化语言，以解释大概念 / 大观念。老师会衡量他们对非故事类书和学科教科书的阅读水平，当外语学习者无法读懂这些书时，老师会为他们朗读。如果这些书对外语学习者来说仍然太难，老师会找其他书来代替。老师还经常为外语学习者提供机会，让他们能在平时的聊天中讨论正在学习的话题，从而能够使用新的词汇。

- **背景知识。**外语学习者往往缺乏有关学科内容主题的必要背景知识，特别是有关美国历史的知识。因此，老师需要花时间利用手工艺品、照片、模型、绘本、视频和实地考察来扩大他们的基础知识。老师需要在主题和外语学习者已有的知识经验及先前教授的主题单元之间建立明确的联系，否则教学就没有意义了。老师可能很难有时间来预教这些背景信息，但如果不预教，外语学习者在该单元可能就学不到什么东西。老师还可以让所有的学生，包括外语学习者，参与制作 KWL 表，进行排除式头脑风暴，并标记预测指引卡，以激活他们的背景知识。

- **词汇。**外语学习者往往不熟悉与学科内容有关的词汇，因为这些词不是在日常对话中使用的，它们是专业术语，如"草原篷车"（prairie schooner）、"民主"（democracy）、"食腐动物"（scavenger）和"光合作用"（photosynthesis）。在这些词中，有些是同源词，如"民主"（democracy）这个词，对以西班牙语或其他拉丁语系语言为母语的学生而言是比较熟悉、易于理解的，但还有些词是从其他语言进入英语的，对于这些词，学生就不熟悉了。为了解决这一问题，老师通过预习关键词汇，在单词墙上张贴单词（如有必要，可提供图片），使用实物、照片和绘本等来介绍这些单词。他们还会让学生参与各种词汇活动，包括进行单词分类、语义特征分析，以及绘制关于这些单词的图表和海报。

- **阅读**。非故事类书和学科教科书与故事不同。作者以不同的方式组织信息，融入特殊的功能，并使用更复杂的句子结构。此外，非故事类书的信息量很大，充满了事实和术语。老师通过三种方式来应对这种学生不熟悉的体裁带来的挑战。首先，老师向外语学习者传授非故事类书的体裁知识，包括这种体裁的说明性文本结构和独特的文本特征。其次，老师教授外语学习者理解非故事类书的策略，包括确定大概念／大观念和总结。最后，老师教外语学习者绘制信息组织图，并做笔记，以突出大概念／大观念和它们之间的关系。通过这种教学，外语学习者能掌握必要的工具，可以更有效地阅读非故事类书和教科书。

- **写作**。写作对外语学习者来说是困难的，因为写作反映了他们的英语水平，但写作也帮助他们学习内容知识和英语。所有的学生都应该在主题单元中将写作作为学习的工具。当学生写快写、画信息组织图、制作图表、做笔记和写学习日志时，他们会努力理解正在学习的大概念／大观念和词汇。学生还可以用写作来展示学习。这种更正式的写作类型对外语学习者来说更加困难，因为它对语言的要求更高。老师可通过给外语学习者选择对写作要求较低的项目，或者让外语学习者与伙伴或小组合作完成项目来解决这一难题。

这些挑战主要是由于外语学习者的英语知识有限造成的。当老师合理应对这些挑战时，外语学习者就更有可能成功地学习相关领域的信息，并提高英语的熟练程度。

调整教学。老师在调整教学时要解决外语学习者面临的挑战，以最大限度地提高他们的学习效果。他们还应想方设法地让学生最大限度地参与教学活动，因为许多外语学习者避免与母语学习者交流或害怕在课堂上提问（Peregoy & Boyle，2016；Rothenberg & Fisher，2007）。老师通常以以下方式调整他们的教学。

- 使用视觉材料和可操作物品，包括手工艺品、视频、照片和模型。
- 预先讲授大概念／大观念和关键词汇。
- 向学生讲授说明性文字的结构。
- 与学生一起练习做笔记。
- 使用信息组织图和其他图表来强调大概念／大观念之间的关系。
- 组织学生两人一组或成立多人小组进行小组合作。
- 经常为学生提供非正式地讨论大概念／大观念的机会。
- 为学生提供使用口头语言、阅读和写作的机会。
- 收集丛书，包括绘本和在线资源。
- 将学科教科书视为资源之一而不是全部。

- 复习大概念 / 大观念和关键词汇。

这些建议考虑到了外语学习者的英语水平，他们有限的背景知识和与许多单元主题相关的词汇量，以及他们的阅读和写作水平。

选择替代评估方式。 老师通过观察和提问来监测外语学习者的学习情况。老师会经常问他们是否理解了文本内容，但是这往往是无效的问题，因为即使外语学习者感到困惑，也会做出积极的反应。其实，老师与外语学习者互动，与他们聊聊他们参与的活动或询问他们正在阅读的书，会更有效地了解他们的表现。

当外语学习者在常规评估中遇到困难时，老师也会设计一些替代性的评估方式来了解他们的成绩（Rothenberg & Fisher，2007）。例如，外语学习者可以不写文章，而是画出关于大概念 / 大观念的图画或信息组织图，并从单词墙上添加单词来展示他们的学习情况，或者他们可以在与老师一对一面谈中告诉老师他们所学到的东西。老师可以简化测试问题的措辞，让外语学习者口头回答，而不是进行书面测试。当需要让外语学习者完成笔头项目时，最好安排他们在小组中合作，这样会更容易成功。作品集对记录外语学习者的学习情况特别有用。外语学习者可以在作品集中收入自己完成的作品，以显示他们在学科内容主题方面所学到的知识，以及他们的英语水平的提高。

我的教学待办清单

使用学科教科书

我在主题单元中使用了丛书。

- ❂ 我确保学生使用他们熟悉的导读文本来示范作者的写作技巧。
- ❂ 我要求学生做笔记、图像、总结、报告、海报和诗歌来展示他们的学习情况。
- ❂ 我教授学生关于学科教科书的特点，并展示如何使用它们作为辅助的理解手段。
- ❂ 我利用过程性阅读使学科教科书更容易理解，并在学生阅读前介绍关键术语。
- ❂ 我鼓励学生从阅读中学习，在阅读每一章的每一节前提出问题，然后通过阅读来寻找答案。
- ❂ 我教授学生专注于大概念 / 大观念，而不是试图记住大量的事实。
- ❂ 我调整了我的教学，以满足课堂上所有学生的个性化需求。
- ❂ 我为学生设置了小组活动，让他们合作学习，从而使他们更好地理解教科书的内容。

致　谢

本书第 8 版的出版得到了很多人的宝贵支持和帮助。感谢俄亥俄州立大学线上、线下参与"阅读基础"课程的本科生们。他们的问题与反馈帮助我们明确了本书中哪些内容需要进一步提供解释和分享更多案例。我们还要感谢一起教授"阅读基础"课程的博士生李军民（Jungmin Lee）、特雷西·约翰逊（Tracy Johnson）、克拉拉·米基塔（Clara Mikita）、丽贝卡·唐（Rebecca Tang）和希拉里·利布诺赫（Hillary Libnoch），他们和我们一起学习，共同努力，这份友谊非常特别。

我们要感谢为我们带来启发的研究生们，他们让我们更好地想清楚什么是阅读基础。感谢读写素养专业的研究生弗吉尼亚·霍拉茨（Virginia Hollatz）、特雷西·约翰逊（Tracy Johnson）、哥斯达·詹姆斯（Costa James）、乔安娜·维索斯基斯（Joanna Visoskis）和莫莉·赖特（Mollie Wright），他们本身都是经验丰富的老师，帮助我们深入了解了专家型阅读教师对教学的认识、理解和实践。此外，我们还要感谢西尼德·哈梅（Sinéad Harmey）博士、罗伯特·H·凯利（Robert H. Kelly）博士、凯瑟琳·布朗菲尔德（Katherine Brownfield）博士、克里斯塔·温克勒（Christa Winkler）博士和丽贝卡·贝伦邦（Rebecca Berenbon）博士，他们都是我们指导过的博士生，也是教育领域优秀的、有爱心的研究者的典范。

我们还要感谢俄亥俄州立大学阅读系的同事：凯若琳·克拉克（Caroline Clark）、朱莉亚·赫格（Julia Hagge）、多里安·哈里森（Dorian Harrison）、美智子·引田（Michiko Hikida）、琼达·麦克奈尔（Jonda McNair）、琳达·帕森斯（Linda Parsons）、丽莎·帕特里克（Lisa Patrick）、肖恩·皮斯塔（Shayne Piasta）、克里斯·华纳（Cris Warner）和伊恩·威尔金森（Ian Wilkinson）。我们有幸能定期与这些聪明、善良的同事研讨与阅读相关的问题。我们也非常感激能有机会与杰罗姆·达戈斯蒂诺（Jerome D'Agostino）博士合作，他聪明睿智、富有同理心，他的教学和学术研究都充满了对公平、公正和平等的追求。在合作过程中，我们对阅读发展的了解更进一步，并将一些新的观点融入本书。

我们还要感谢审阅本书并提出建设性意见的教授和教学专家们，包括堪萨斯大学的宋光戈（Kwangok Song）、西肯塔基大学的南茜·胡兰（Nancy Hulan）、得克萨斯A&M大学的山姆·冯·吉勒恩（Sam von Gillern）、鲍尔州立大学的斯科特·波普尔韦尔（Scott Popplewell）和南密西西比大学的斯特西·里夫斯（Stacy Reeves），他们为本书的修订提供了宝贵的意见。

我们想对培生团队完美、专业的工作致以衷心的感谢。感谢培生教育出版集团的产品经理德鲁·班尼特（Drew Bennett）邀请我们合著此书，并在整个过程中给予指导和支持（总是在需要的时刻）。我们还要感谢培生的高级内容分析师瑞丽卡·福克斯-吉格（Rebecca Fox-Gieg）和内容制作人兼媒体分析师亚涅什·亚尼（Yagnesh Jani）及时为我们提供帮助。

任何书的出版都离不开强有力的制作团队。感谢Integra-PDY负责此次项目的高级主管坎达维尔·马达瓦拉马努贾姆（Kandavel MadhavaRamanujam）和他的团队，感谢辛勤工作的文案编辑卡罗·赖茨（Carol Reitz）。正是由于他们的共同努力，本书的细节部分的处理也非常到位。

我们非常感谢才华横溢的执行开发编辑琳达·毕夏普（Linda Bishop）。很幸运能与她一起工作并向她学习。这本书的每一个字和每一句话，她都认真读过并留下了宝贵意见。

最后，我们要感谢本书第一作者盖尔·汤普金斯（Gail Tompkins），她是本书前几版的作者。感谢她一生的贡献，感谢她出版的著作对教育者已经并将持续产生的影响。

艾米丽·罗杰斯

艾德里安·罗杰斯

附　录　教学手册

- 预测指引卡（Anticipation Guides）
- 图书推荐（Book Talks）
- 集体诵读（Choral Reading）
- 完形填空（Cloze Procedure）
- 合作图书（Collaborative Books）
- 复式记录笔记（Double-Entry Journals）
- 排除式头脑风暴（Exclusion Brainstorming）
- 故事讨论会（Grand Conversations）
- "烫椅子"（Hot Seat）
- 交互型朗读（Interactive Read-Alouds）
- 交互型写作（Interactive Writing）
- KWL 表（KWL Charts）
- 语言体验法（Language Experience Approach）
- 学习日志（Learning Logs）
- 组词（Making Words）
- 微课（Minilessons）
- 人物想法画像（Open-Mind Portraits）
- 读前造句（Possible Sentences）

- 预读计划（Prereading Plan）
- 问答关系（Question-Answer-Relationships）
- 快写（Quickwriting）
- 角色、受众、格式、主题（RAFT）
- 读者剧场（Readers Theatre）
- 阅读日志（Reading Logs）
- 修订小组（Revising Groups）
- 评分标准（Rubrics）
- 阅读记录表（Running Records）
- 语义特征分析（Semantic Feature Analysis）
- 共享型阅读（Shared Reading）
- 画出你的理解（Sketch-to-Stretch）
- 故事卡（Story Boards）
- 复述故事（Story Retelling）
- 持续默读（Sustained Silent Reading）
- 茶话会（Tea Party）
- 有声思维（Think-Alouds）
- 单词分类（Word Sorts）
- 单词墙（Word Walls）

预测指引卡

在学生阅读非故事类书籍，特别是学科教科书前，老师可以使用预测指引卡来激活学生的背景知识（Head & Readence，1986）。老师提前准备一些和主题相关的表述供学生讨论，其中有些说法是正确的，有些则是常识性错误。学生针对每个句子展开讨论并决定自己是否同意该句所述内容。接下来，在读完选段后，学生再次讨论这些句子，并决定他们是否同意所述内容。通常他们会改变自己的一些观点，并意识到这项活动使他们提高了对主题的理解。

学生可能会同意其中一些观点，不同意其他观点；也许他们对其中几项表述的正确与否不太确定。学生带着问题阅读会让自己有一个阅读目的，并会把注意力放到大概念／大观念上。当他们阅读时，可能会发现自己最初对其中一两项表述的判断是不正确的。之后，他们会再次做出判断，并做出一些改变。

步骤。老师遵循以下步骤制定和使用预测指引卡。

1. 确定阅读文本的主要概念。老师应对学生对主题的了解及他们可能存在的误解做到心中有数。

2. 撰写叙述。老师撰写 4 ~ 6 句话，这些表述应能够激发讨论并有助于学生澄清误解。老师把这些句子排列在预测指引卡上，确保预留空间以供学生在阅读前和阅读后标记他们是否同意这些说法，并把预测指引卡复印和分发给学生。

3. 讨论。老师介绍预测指引卡上的内容，并让学生对每项内容做出回应。学生以小组、两人或独立完成的方式决定他们是否同意每项内容，然后以全班讨论的形式分享他们的立场。

4. 阅读文本。学生阅读文本，并将他们的回应与阅读材料中的内容进行比较。

5. 再次讨论每项内容。学生从文中找到支持或反驳每项内容的选段，再次讨论这些表述是否正确。也可以让学生再次考虑自己对每项表述的意见，并比较他们在阅读前和阅读后给出的答案。当学生使用预测指引卡时，老师会让他们把最初给出的回应写在每项表述的左边并折叠起来，然后在右边重新作答。

虽然预测指引卡更常用于阅读学科教科书，但它也可以用于探索小说中的复杂话题，如流浪者问题、犯罪与刑罚问题、移民问题等。例如，一个八年级班级的学生研究了帮派问题，为阅读 S. E. 辛顿（S. E. Hinton）的《追逐金色的少年》（*The Outsiders*，2006）来做准备，他们在阅读小说之前和之后完成了这张预测指引卡。想了解蕾妮（Lanie）的想法在读完小说后发生了怎样的变化，请查看下表《追逐金色的少年》预测指引卡"。预测指引卡上关于帮派的叙述触及了小说的主旨思想，引发了热烈的讨论与深入的思考。

《追逐金色的少年》预测指引卡

阅读前		关于"帮派"（Gangs）	阅读后	
同意	不同意		同意	不同意
√		帮派都是坏的	√	
√		帮派让人兴奋	√	
√		当帮派成员是安全的		√
	√	帮派会改变其成员的生活	√	
	√	帮派填补了一种需求	√	
	√	一旦你加入了帮派就很难脱身	√	

图书推荐

　　图书推荐是老师向学生介绍特定图书并引起他们阅读兴趣的简短预告。为了吸引学生的阅读兴趣，老师展示一本书，在不透露结局的情况下介绍故事梗概，并朗读一小段节选。接下来，老师把书交给一名感兴趣的学生读或放在班级图书角供学生阅读。

　　在阅读工作坊中，学生用同样的方法分享他们读过的书。以下是一名三年级的学生做的图书推荐的文字稿，她介绍的是保拉·但泽（Paula Danziger）的《安柏·布朗不是蜡笔》（*Amber Brown Is Not a Crayon*，2006a）。

　　　　这是我要介绍的书：《安柏·布朗不是蜡笔》。它是关于两个孩子的故事——女孩安柏·布朗（Amber Brown）和男孩贾斯汀·丹尼尔斯（Justin Daniels）。看到了吗？这就是他们的照片。他们也上三年级。他们的老师科恩（Cohen）先生正在给他们介绍一些可以去的地方，他假装要带他们坐飞机去这些地方。安柏和贾斯汀总是把椅子放在一起，他们移动椅子，假装自己在飞机上。我要把这本书的开头念给你们听。（她向全班朗读了书的前三页。）这个故事真的很有趣，当你阅读时，你会认为是作者在向你讲述这个故事，而不是你在阅读它。安柏·布朗还有更多故事，我现在正在读的一本是——《你不能吃你的水痘，安柏·布朗》（*You Can't Eat Your Chicken Pox, Amber Brown*，Danziger，2006b）。

　　这名学生和班上的其他同学都成功地推荐了图书，因为老师已经示范了流程，而且学生阅读的是他们自己选择的书——他们真正喜欢的书。此外，这些学生已经有了与同学谈论图书的经验。

　　步骤。老师遵循以下步骤来做图书推荐。

1. 选择要分享的书。老师选择一本新书或者一本暂时还没有学生感兴趣的书介绍给学生。老师先阅读或重读这本书来熟悉它的内容。
2. 准备一个简短的口头报告。老师要思考自己该如何展示这本书以吸引学生阅读。他们通常从介绍书名和作者开始，提及体裁或主题，并简要介绍情节，但不透露结局。老师还要找到自己喜欢这本书的理由，并思考学生为什么可能会对它感兴趣。有时候，老师会选择朗读一段摘录，并配上图片来展示。
3. 做图书推荐。老师做图书推荐并展示这本书。他们对书的评论通常很有趣，以至于学生会想要借这本书来读。

　　老师通过做图书推荐来介绍班级图书馆里的书。在学年开始时，老师会花时间展示许多书，并在学年中介绍添加到图书角的新书。老师还会讨论在文学圈读的书，或者某一主题单元的一套丛书（Gambrell & Almasi，1996）。例如，在七年级的"地下铁路"单元中，老师可能会介绍 5 本关于哈丽特·塔布曼（Harriet Tubman）和"地下铁路"的书，然后让学生组成文学圈来阅读其中的一本。

集体诵读

　　学生通过集体诵读来口头分享诗歌和其他简短文本。这项小组阅读活动为学生，特别是那些阅读有困难的学生提供了有价值的朗读练习，他们能学习如何在朗读的时候更有表现力，并提高阅读流畅度

（Rasinski，Padak，& Fawcett，2010）。此外，集体诵读对外语学习者来说也是一项很好的活动，因为他们在小组中与同学一起练习朗读的时候会觉得比较放松（McCauley & McCauley，1992）。当他们与说英语的同学一起朗读时，他们还能够学习别人是怎么读的，从而练习单词的发音、遣词造句及语调模式。

集体诵读有多种形式。学生可以全班一起读，也可以分成小组朗读部分文本，还可以由单个学生读某一行或某一节，其余学生读余下的部分。以下这些方式可供参考。

回声朗读。小组长读一行，然后组员重复一遍。

领读与齐读。小组长读主要部分，组员一起读文中重复的部分。

小组朗读。全班分成两个或两个以上的小组，每个小组读一部分。

滚雪球式朗读。第一名学生读第一行或第一节，在每一行或一节读完时会加入一名学生进来，以产生累积效果。

学生朗读课文数次，尝试不同的形式，直到他们决定哪一种形式能最有效地传达意义。

步骤。老师遵循以下步骤。

1. 选择诗歌。老师选择一首诗或其他文本，并将其复制下来或保证学生人手一份，开展阅读。
2. 文本编排。老师和学生一起决定如何安排文本的朗读。他们一起在图表上做标记，或者让学生在自己手中的读本上做标记，以方便他们按照各自负责的部分去读。
3. 排练读诗。老师和学生以自然的语速反复朗读这首诗，认真朗读单词。
4. 朗读诗歌。老师强调学生要发音清晰，朗读时要有表情。老师可以给学生录音，以便学生能听清自己的声音。有时候，学生在听完他们集体诵读的录音后，会想要重新编排朗读的形式。

集体诵读使学生能够积极参与诗歌体验，帮助他们学会欣赏诗歌的声音、情感和魔力。许多诗歌都可以用于集体诵读；带有重复、呼应、叠句或问答的诗歌效果更好。

如果诗人在创作诗的时候就是专门为两位朗读者写的，那就非常适合集体诵读了，如唐纳德·霍尔（Donald Hall）的全书长诗《我是狗 / 我是猫》（*I Am the Dog/I Am the Cat*，1994），以及《快乐的噪声：双声诗》。老师也可以用演讲稿、歌曲和较长的诗歌来进行集体诵读。

完形填空

完形填空是一种非正式的诊断性评价，老师用它来收集信息以评价读者处理复杂文本的能力（Taylor，1953）。老师从学生读过的故事、非故事类图书或学科教科书中选择一段，然后每五个单词删除一个单词并以空格代替，以此构建完形填空。接下来，学生阅读文章，利用他们的句法和语义知识来预测文章中缺失的单词并填空。只有完全准确的单词，才是正确的答案。

完形填空可以评估学生在句子层面的理解水平（Tierney & Readence，2005）。它是教学中一个很有用的工具，可以用来确定哪些文本符合学生的阅读水平，并监控学生对他们所读小说的理解。需要注意的是，完形填空并不能全面衡量学生的阅读理解能力，它只能评估学生在单个句子和段落中使用句法及语义的能力。

步骤。老师遵循以下步骤设计并使用完形填空。

1. 选择一个段落。老师从教科书或专业书中选择一段话并在电子文档中输入这段内容。第一句话完全按照原始文本输入，但从第二句话开始，每五个单词删除一个单词并以空格代替。随后，将文章剩余部分都按照每五个单词删除一个单词并以空格代替的方式进行处理，以制作完形填空。

2. 完成完形填空。学生默读一遍全文，然后再读一遍并预测或"猜"每个空格里的单词，并把预测的单词写在空格处。

3. 给学生完成的完形填空打分。学生每填对一处被删除的单词，就得 1 分。正确率是用得分数除以总空格数得出的。如果学生的正确率超过 60%，那么这段文本很可能处于他们的独立阅读水平；如果他们答对了 40%～60%，那么这段文本很可能处于他们的指导阅读水平；如果他们的正确率低于40%，那么这段文本很可能处于他们的挫折阅读水平。

完形填空可以用于判断学生对不熟悉的书的阅读水平，或者用于评估他们对已读图书的掌握情况。当老师使用完形填空来检查学生的理解时，他们会删除特定的单词，如人物名字、与场景相关的事实或关键事件，而不是每隔五个单词删除一个单词。这种评估程序也可以用来判断某本书是否适合用于课堂教学。老师准备一段用于完形填空的文本，并让学生按照上面描述的步骤预测缺失的单词（Jacobson，1990）。然后，老师给学生的预测打分，并使用 1/3 至 1/2 的公式来确定文本是否合适：如果学生正确预测了超过 50% 的被删除单词，那么这段文本容易阅读，但如果他们的正确率小于 30%，那么这段文本对课堂教学来说就太难了。适用于教学水平的正确率范围是 30%～50%（Reutzel & Cooter，2008）。

合作图书

学生以小组形式编写合作图书。学生每人贡献一页，或者和同学一起写一页或一部分，并在他们起草、修改和编辑自己写作的页面时使用过程性写作。老师经常与学生合作第一个图书制作项目，并介绍过程性写作的各个阶段。学生编写合作图书来复述一个他们最喜欢的故事，在每一页上写一行或一节诗并配图，或者写一本非故事类图书或传记。合作图书的优点在于，学生可以分担工作任务，因此，比起单独编写图书，合作图书可以更快、更容易地完成。由于学生只写一页或一节，老师与他们交流、协助他们修订和编辑所需的时间更少。

步骤。老师在与学生一起编写合作图书时应遵循以下步骤。

1. 选择一个话题。老师选择一个与文学阅读单元或主题单元相关的话题，然后让学生选择特定的话题或页面来准备。

2. 介绍页面或版块设计。例如，如果每名学生为一本关于企鹅的课本贡献一页，他们可以选择关于企鹅的一项事实或其他信息来写。他们可以在页面的顶部画一张与事实相关的图，然后在图下面写下事实信息。在学生开始编写他们的书前，老师先示范这个过程并与全班同学一起编写书的一页。

3. 打草稿。学生在修订小组中分享他们编写的页面，并在得到同学的反馈后重新修订他们的图和文字。随后，学生在改正错误后制作自己编写页面的最终版本。

4. 整合图书页面。学生为图书添加标题页和封面。高年级的学生还可以准备目录、引言和结语，并在最后附上参考书目。为了使书更结实耐用，老师通常会把封面（或所有书页）覆一层膜，然后装订起来。

5. 复印图书。老师通常为每名学生复印一份合作图书。装订版的图书会被放在班级图书馆或学校图书馆。

作为文学阅读单元的一部分，学生常在合作图书中复述一个故事或创作一个故事的新编。学生可以通过总结一章来复述一本小说，也可以把一首诗或一首歌拆分在几页上，每页一句或一节，并为每页的诗歌配图。在学生编写合作图书前，可以参考这些歌曲和诗歌的绘本：霍伯曼（Hoberman）的《拿着鳄鱼皮包的女士》（*The Lady with the Alligator Purse*，2003）和塔巴克（Taback）的《有位老太太吞了只苍蝇》（*There Was an Old Lady Who Swallowed a Fly*，1997）。

复式记录笔记

复式记录笔记是一种特殊形式的阅读记录，它的每页都分为两列；学生在每一列中写下不同类型的信息（Berthoff，1981）。在左侧一列，学生写下他们从正在阅读的故事或非故事类图书中摘录的内容；在右侧一列，他们对摘录的内容进行反思。他们可以把摘录内容与自己的生活联系起来，对它做出回应、提出问题或建立其他联系。下表为一名五年级的学生的复式记录笔记节选，它是关于《纳尼亚传奇：狮子、女巫和魔衣柜》（*The Lion, the Witch and the Wardrobe*，Lewis，2005）这本书的。老师使用复式记录笔记帮助学生构建他们对文本的思考（Tovani，2000）。学生摘录的内容可以显示他们认为什么是重要的，他们在右侧一列做出的回应可以显示出他们对所读内容的理解。

五年级学生的复式记录笔记节选

引用	反思
第 1 章 我告诉你，在这种房子里，没有人会介意我们做什么	我想起我去得克萨斯州看望我姑姑那段日子，她的房子很大。她家有一架钢琴，她允许我弹琴。她说我可以做任何我想做的事
第 5 章 "你怎么知道？"他问道，"你妹妹的故事不是真的吗？"	这让我想起了我小时候幻想的一个地方。那时候我经常会在大脑里去那个地方神游。我在这个幻想的地方编造了各种关于我自己的虚构故事。有一次，我告诉我哥哥我幻想的地方。他嘲笑我，说我很傻。但这并没让我感到困扰，因为没人能阻止我去想我想要的东西
第 15 章 它们正在啃电线	这让我想起了狮子放老鼠走，老鼠帮助狮子的故事

步骤。学生通常在阅读小说、非故事类图书和学科教科书的每一章或每两章后独立完成复式记录笔记。他们遵循以下步骤。

1. 设计笔记的页面。学生将阅读笔记分成两列。他们可以在左侧一列标注"摘抄"或"事实"，在右侧一列标注"反思"或"联系"。

2. 在左侧一列摘抄书里的内容或事实性信息。学生在阅读的过程中边读边摘抄，或者在读后马上摘抄。摘抄的内容包括一项或多项重要的或有趣的段落及事实性信息。

3. 完成右侧一列。学生重读这些段落或事实性信息，并在右侧一列中记下他们选择这些段落或事实性信息的原因或它们对自己的意义。学生可以先与同伴或在故事讨论会上分享自己摘抄的内容，再完成右侧一列，这样会容易一些。

有时候，老师会改变这两列的标题。低年级的学生做复式记录笔记时可以把左侧一列标注为"预测"，把右侧一列标注为"实际发生了什么"（Macon，Bewell，& Vogt，1991）。在开始阅读之前，学生先在左侧一列写下或画出他们认为会发生的事情，然后在读完后在右侧一列写下或画出实际发生的事情。

排除式头脑风暴

老师在学生阅读前，使用排除式头脑风暴来激活学生的背景知识并扩展他们对社会研究或科学研究主题的理解（Blachowicz，1986）。老师展示一个单词列表，并让学生找出他们认为与主题无关的单词。在学生阅读后，重新回顾列表，并决定他们之前的选择是否正确。排除式头脑风暴是一项有用的预读活动，因为当学生讨论列表中哪些单词不相关时，他们能够充分调动自己的知识、思考重要词汇并设定阅读目标。

步骤。 老师在开展排除式头脑风暴时应遵循以下步骤。

1. 准备单词列表。老师准备一份与学生将要阅读的非故事类图书或学科教科书章节相关的单词列表，其中包括一些与主题不相符的单词。老师把单词列表投影到交互型白板上或为学生复印。

2. 读单词列表。老师读单词列表，然后学生分成小组或集体讨论哪些词与文本无关，并圈出这些单词。

3. 了解主题。学生阅读文本，注意文本中是否提到了排除式头脑风暴练习中的单词。

4. 检查列表。学生检查排除式头脑风暴单词列表，并根据他们阅读的内容做出更正。无论之前是否圈出单词，把与阅读内容相关的单词打上钩，并把不相关的单词划掉。

在学生阅读非故事类图书、杂志和在线文章前，老师使用排除式头脑风暴作为预读活动，让学生熟悉关键概念和词汇。一名八年级的老师在学生读一篇关于北冰洋的文章前，准备了如下表所示的单词列表。除了"企鹅""南极""降水"之外，所有的单词都与北冰洋有关。学生圈出了 7 个可能不相关的单词，读完之后，他们划掉了 3 个单词，正如老师所预判的那样。

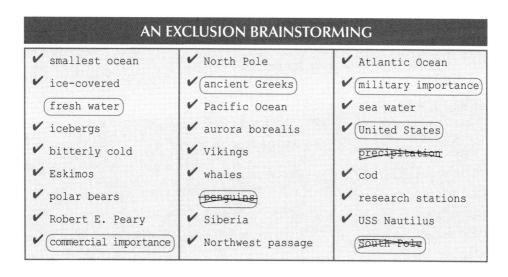

排除式头脑风暴		
✔ 最小的大洋	✔ 北极	✔ 大西洋
✔ 被冰覆盖	✔ 古希腊人	✔ 军事重要性
淡水	✔ 太平洋	✔ 海水
✔ 冰山	✔ 极光	✔ 美国
✔ 寒冷刺骨	✔ 维京人	~~降水~~
✔ 爱斯基摩	✔ 鲸鱼	✔ 鳕鱼
✔ 北极熊	~~企鹅~~	✔ 研究站
✔ 罗伯特·E. 皮里	✔ 西伯利亚	✔ 鹦鹉螺号
✔ 商业重要性	✔ 西北航道	~~南极~~

故事讨论会

故事讨论会是关于故事的讨论会，学生在讨论会上探索文本的大概念 / 大观念并反思自己的理解（Peterson & Eeds，2007）。故事讨论会与传统的讨论不同，因为它是以学生为中心的。在故事讨论会中，大部分发言都是学生完成的，他们表达自己的观点，用故事中的例子来支持自己的观点。他们讨论让他们感到困惑和能激发他们兴趣的内容，他们个人与故事中相似的经历，这个故事与世界的联系，以及这个故事与他们读过的其他故事之间的联系。学生不需要举手并等老师点名。他们会在没有其他人发言的时候轮流发言，就像成年人和朋友交谈一样。学生也会鼓励其他同学参与到对话中。即使有老师参与，故事讨论会也是以学生之间的谈话为主。

故事讨论会分为两部分。第一部分是开放式的，学生讨论他们对这本书的回应，他们的评论决定了对话的方向。老师分享他们的回应，提出问题，并提供信息。在第二部分，老师精读文本，将学生的注意力集中在第一部分对话中没有讨论的一两个话题上。为了让外语学习者也能成功地参与故事讨论会，老师需要让他们在小组中感到舒适和安全（Graves & Fitzgerald，2003）。

步骤。老师在使用故事讨论会时应遵循以下步骤。

1. 读书。学生读整个故事或故事的一部分，或者听老师朗读。

2. 为故事讨论会做准备。学生通过画图或做阅读笔记来思考故事。当学生不发言时，这一步尤为重要，因为通过这样的准备，他们才能有更多的想法可以与同学分享。

3. 小组讨论。在全班学生聚在一起讨论前，他们先组成小组对故事进行讨论。这一步不是必需的，通常在学生不太愿意与全班同学分享或需要更多时间讨论故事时使用。

4. 开始故事讨论会。学生围成一圈进行课堂对话，这样每个人都能看到彼此。老师先问"谁想要第一个发言"或"你在想什么"，一名学生开始发表想法，然后其他学生轮流讨论这名学生分享的想法。

5. 继续对话。由一名学生引入一个新想法，其他同学讨论它并分享自己的想法，提出问题，并读从原文中摘录的话来表明观点。学生只对正在讨论的观点发表意见。在学生讨论完这个想法后，再引入一个新的想法。为了确保每个人都能参与，老师常要求学生发表评论不超过三次，并且每个人都要至少发一次言。

6. 提出问题。老师通过提问引导学生思考故事中他们遗漏的方面。例如，可以专注于故事结构或作者的写作技巧。老师也可以让学生将这本书与它的电影版本，或者同一作者的其他书进行比较。

7. 结束讨论会。在探索了所有的大概念／大观念后，老师对故事或小说的章节做总结和下结论，以结束讨论。

8. 反思讨论内容。学生在阅读笔记上做记录（或再次记录），以反思在故事讨论会中讨论过的观点。

当学生在文学阅读单元中聚在一起全班讨论时，团体感油然而生。低年级的学生通常聚在一起上课。高年级的学生在参加文学阅读单元或听老师朗读书时是全班活动，但在文学圈中，他们会因为阅读不同的书而结成不同的小组。当全班同学在一起讨论时，学生发言的机会就减少了，但他们能吸收各种各样的评论；而当他们以小组形式讨论时，他们有更多的机会分享自己的想法，但能从同学那里听到有趣的回应却比较少。

烫椅子

"烫椅子"是一个角色扮演活动，它可以培养学生的理解能力。学生扮演故事中、自己正在读的传记中的人物角色，或者扮演他们读过的书的作者，并坐在指定的椅子上接受同学们的采访。这项活动之所以被称为"烫椅子"，是因为学生必须快速思考并回答同学的问题和评论。威廉姆（Wilhelm，2002）解释说，通过"烫椅子"活动，学生探索角色、分析故事事件、得出推论并尝试不同的解释。学生不会害怕在同学面前表演。事实上，在大多数课堂中，这项活动很受欢迎。学生通常都希望能轮到自己坐上"烫椅子"。他们通常穿着自己设计的服装去扮演这些角色，并分享自己收集和制作的物品。

步骤。学生应遵循以下步骤进行"烫椅子"访谈。

1. 了解角色。学生通过阅读故事或传记来了解他们将要扮演的角色。

2. 创作服装。学生设计适合自己所扮演角色的服装。此外，他们还常收集物品或制作手工艺品以便用于表演。

3. 准备开场白。学生思考他们最想要分享的关于角色的事情，并计划在活动开始时他们要说些什么。

4. 介绍角色。一名学生坐在被设计成"烫椅子"的椅子上并面向全班同学，用第一人称视角讲述其所扮演的角色（如"我说过，'我的一小步，人类的一大步'"），并分享手工艺品。

5. 提出问题并发表意见。其他学生在深思熟虑后提出问题，以更多地了解人物角色，并提供建议，坐在"烫椅子"上的学生继续扮演角色并做出回应。

6. 总结想法。坐在"烫椅子"上的学生选择另一名学生来总结关于角色的重要观点，澄清误解，并补充其他同学都没有提到的重要观点。

在文学阅读单元中，学生轮流扮演角色并接受采访。代表不同角色的学生也可以聚在一起进行对话——这是一种小组合作式的"烫椅子"活动。例如，在关于《相约星期六》（*The View from Saturday*，Konigsburg，1998）的文学阅读单元中，学生分别扮演了诺亚（Noah）、纳迪亚（Nadia）、伊桑（Ethan）、朱利安（Julian）和他们的老师奥林斯基（Olinski），他们轮流坐在"烫椅子"上，分别从各自的角度讲述六年级学术问答竞赛总冠军的故事。他们也可以一起坐在"烫椅子"上讨论这个故事。同样，在学生参与文学圈时，也可以轮流扮演他们正在阅读的故事中的角色，或者在小组活动中，每名学生扮演不同的角色，同时参加小组"烫椅子"活动。

交互型朗读

老师使用交互型朗读与学生分享图书。该活动的重点是通过让学生在阅读前、阅读中和阅读后参与阅读过程，提高他们的理解能力。在学生开始阅读前，老师先介绍这本书，并激活学生的背景知识。接下来，老师通过对话和其他活动让学生参与阅读。然后，老师让学生对这本书做出回应。最重要的是，老师如何在朗读时吸引学生的注意力（Fisher，Flood，Lapp，& Frey，2004）。

老师时常通过定时停下来并讨论刚刚读过的内容来吸引学生。暂停时机至关重要。当老师阅读故事时，在这些时间节点暂停阅读会更有效：在学生可以做出预测和联系的地方，或者在学生可能会感到困惑的情节后，以及在结局变得清晰前。在读非故事类作品的时候，老师会停下来讨论一些文本呈现的大概念／大观念，简要解释其中的一些术语，并着重解读内容之间的联系。在读诗歌的时候，老师往往会先从头到尾朗读一遍，然后在第二遍朗读时停下来，让学生玩一些文字游戏，注意诗中的技巧，并重复自己喜欢的单词和诗句。老师需要通过不断的实践才能总结经验，知道什么时候该停下来做活动，什么时候该继续阅读，以及根据不同的学生群体的具体情况做出相应的调整。下表为老师提供了更多可借鉴的方法。

互动方式

故事	• 在关键时刻做出预测或修正预测 • 分享故事与个人、世界和文学的联系 • 把角色或事件画出来 • 扮演角色并分享角色的想法 • 重现故事中的一个场景
非故事	• 提出问题或分享信息 • 读到特定信息时举手示意 • 以问句的形式复述标题 • 做笔记 • 完成组织信息图
诗歌	• 添加音效 • 跟着老师默读 • 跟着老师重复诗句 • 当听到押韵的词、头韵或其他诗歌手法时拍手

步骤。老师应遵循以下步骤进行交互型朗读。

1. 选择一本书。老师选择适合学生阅读水平和教学计划的获奖图书或其他高质量图书。

2. 为分享图书做准备。老师练习读这本书，以确保能够流畅地朗读，并决定在哪里暂停，让学生参与文本。老师在这些页面上贴上便利贴做标记，并在上面记下给自己的提示信息。老师也要考虑如何介绍这本书，并突出难懂的词汇。

3. 介绍这本书。老师激活学生的背景知识，明确学生听书的目的并预习文本。

4. 交互型地朗读这本书。老师朗读，并示范流畅的朗读是什么样的。老师按计划暂停并提问，以让学生关注文本中的特定要点，并让他们参与其他阅读活动。

5. 让学生参与读后活动。学生参与讨论和其他给出回应类活动。

无论午饭后的朗读时间，还是在文学阅读单元、阅读工作坊或主题单元中，老师都可以使用这些步骤为学生朗读。在幼儿园和一年级的课堂上，朗读一直是一项重要的活动。有些老师认为他们只应该在学生学会阅读前为他们读书，但朗读能够分享读书的乐趣，尤其是给学生朗读那些他们不能独立阅读的书，仍然是所有年级读写计划的重要组成部分。高年级的学生表示，当听老师朗读时，他们对书更感兴趣，也能更好地理解这本书，这种体验往往会让他们想独立阅读这本书（Ivey，2003）。

交互型写作

老师使用交互型写作与学生一起创作一句话，并将其写在英语书写训练专用纸上（Button，Johnson，& Furgerson，1996）。文本由小组逐字撰写，老师进行指导。学生轮流写下已知的字母和熟悉的单词，添加标点符号，并在单词之间标记空格。学生不仅在英语书写训练专用纸上参与创作和书写，他们也在小白板上书写。随后，学生先读一遍文本，再用共享型阅读法重读一遍，然后再独立阅读。

交互型写作可以用来向学生展示写作的工作原理，以及如何使用他们关于音素与字母的知识和拼写规则来写出单词。对外语学习者来说，无论他们是一年级的学生还是八年级的学生，这都是一种很有用的教学方法（Tompkins & Collom，2004）。它是由著名的英语教育家莫伊拉·麦肯齐（Moira McKenzie）根据唐·霍尔德韦（Don Holdaway）的共享型阅读著作（Fountas & Pinnell，1996）开发的。

步骤。 老师应遵循以下步骤与学生小组或整个班级开展交互型写作。

1. 收集材料。老师准备好英语书写训练专用纸、彩色马克笔、白色修正带、字母表、字母磁贴或字母卡片和教鞭，还要准备好小白板、笔、橡皮等文具供学生写作时使用。

2. 分发写作用品。老师分发小白板、笔和橡皮，供学生在独立写作时使用，因为文本是在英语书写训练专用纸上集体书写的。老师定时要求学生举起他们的小白板，这样就能看到学生写了什么。

3. 设定目标。老师开展一项激发兴趣的活动或设置交互型写作的目的。老师通常会通过阅读或重读一本书来激发学生的兴趣，但学生也会分享每天的新闻摘要或他们在社会研究、科学课学到的内容。

4. 选择要写的句子。老师与学生协商文本（通常是一两个句子），学生口头将句子重复几次，并将它拆分成若干单词，老师边听边帮学生记下句子。

5. 写下第一个句子。老师和学生缓慢地念出第一个单词，拖长音以便学生能够识别发音和代表这些发音的字母，并把字母写在英语书写训练专用纸上。老师根据学生对拼读法与拼写的了解，邀请一些学生写出字母和单词。学生用一种颜色的笔写，老师用另一种颜色的笔写学生不会拼写的单词，以此记录学生能写出多少个单词。老师准备一张字母海报，上面写着大写和小写字母，当学生不知道如何书写某个字母时，他们可以参考这张海报。老师还用白色修正带纠正不规范的字母和拼写错误。写完每个单词后，由一名学生充当"间隔员"，用他或她的手来标记出单词之间的空格。重复这个过程，以写下句子中的每个单词。每当写出一个生词后，学生从头开始阅读句子。在适当的情况下，老师会指出大写字母、标点符号和其他印刷规范。

6. 写更多句子。老师按照步骤 5 所描述的流程，帮助学生写完剩余句子以完成整篇文本。

7. 展示完成的文本。完成整篇文本后，老师将英语书写训练专用纸贴在教室里，让学生以共享型阅读或独立型阅读的方式重新阅读。学生在教室里浏览英语书写训练专用纸上的内容。老师在教授高频词和拼读概念时也会使用它们。

交互型写作可以作为文学阅读单元、社会研究和科学研究主题单元的一部分，也可以用于诸如以下其他许多目的。

- 阅读前做出预测
- 写信件和其他信息
- 制作 KWL 表
- 写班级诗歌

- 写读后回应
- 写信息或事实
- 改编一个熟悉文本的新版本
- 制作海报

当儿童从幼儿园就开始进行交互型写作时，他们可以用字母来代表单词的开头发音，并写出熟悉的单词，如 "the""a""is"。当他们更多地了解音素 - 字母的对应关系和拼写规则时，就能够写出更多内容。当学生能流利地写单词时，他们就可以以小组形式进行交互型写作。每位小组成员用不同颜色的笔，大家轮流写，并在纸上用不图颜色的笔签名，这样老师就可以跟踪查阅每名学生写了哪些词。

KWL 表

在主题单元中，老师使用 KWL 表来激活学生关于主题的背景知识，并在学生提问和组织他们所学的信息时为他们搭建支架（Ogle，1986）。老师在教室的墙上挂三张纸，分别标上 K、W 和 L，以这样的方式制作 KWL 表；这些字母分别代表"我们所知道的"（What We Know）、"我们想知道的"（What We Wonder）和"我们所学到的"（What We Learned）。请参考下面的"一个幼儿园班级制作的 KWL 表"，该表是一个幼儿园班级在孵小鸡时制作的 KWL 表。虽然实际上老师是制作这个表的人，但是学生提出了想法和问题。这项活动通常需要几周的时间来完成，因为老师会在单元开始时介绍 KWL 表，并利用它了解学生关于主题已经了解了什么，以及想要了解什么。在单元的结尾，学生完成表的 L 栏部分，列出他们所学到的知识。

一个幼儿园班级制作的 KWL 表

小鸡宝宝		
K（What We Know） 我们所知道的	W（What We Wonder） 我们想知道的	L（What We Learned） 我们所学到的
它们是从鸡蛋中孵化出来的 它们会睡觉 它们有两条腿 它们有一双翅膀 它们吃食物 它们有一个尾巴 它们在农场生活 它们很小 它们有喙 它们被绒毛包裹着	它们的脚叫作摇晃晃吗 它们在树林中生活吗 它们有几根脚趾 它们有胃吗 它们是怎么叫的 它们喜欢阳光吗	鸡的身体被羽毛覆盖 鸡爪有四个趾 是的，它们有胃 鸡喜欢在阳光下玩耍 它们喜欢待在温暖的地方 它们大多生活在农场 在下蛋时，它们会发出"咕咕咕"的声音

这个过程能够帮助学生激活背景知识，将新信息与现有的知识相结合，并学习与主题单元相关的术语。学生变得更好奇，并更专注于学习过程，老师可以以一种不会引起学生焦虑的方式引入复杂的思想和学术词汇。老师指导、监控 KWL 表的建构过程，但真正使这项教学流程如此有效的其实是学生之间

的互动。学生在创建 K 栏和 W 栏时会用交谈的方式来探索不同想法，并在完成 L 栏时分享新的知识。

步骤。 老师遵循以下步骤。

1. 张贴 KWL 表。老师将三张表并排挂在教室的墙上，分别标上 K、W 和 L。

2. 填写 K 栏。在主题单元开始时，老师要求学生头脑风暴对这个主题的了解，并将这些信息写在 K 栏。有时候，学生给出的信息是不正确的，这些陈述应当被改成问题，并添加到 W 栏中。

3. 填写 W 栏。老师在 W 栏中写下学生提出的问题。在进行单元学习的过程中，老师继续在 W 栏中添加问题。

4. 填写 L 栏。在本单元结束时，学生反思所学到的知识，老师将这些信息记录在表的 L 栏中。有时候，老师会对 KWL 表中的信息进行分类，以突出重点，帮助学生记住更多所学到的知识，这个流程被称为 KWL+（KWL Plus，Carr & Ogle，1987）。老师可以在介绍表时提供 3 ~ 6 类大概念 / 大观念，或者让学生头脑风暴关于 K 栏的主题信息后自主决定类别。然后，学生在完成 L 栏时，关注这些类别，根据类别对每条信息进行分类。使用分类更容易确保学生了解每一条大概念 / 大观念。

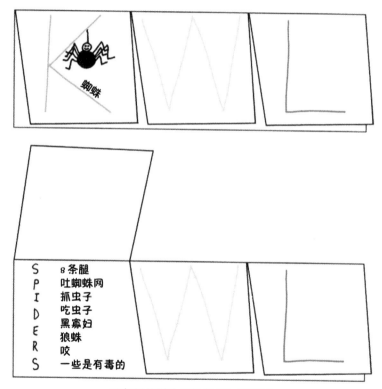

四年级的学生制作的 KWL 翻页图

学生还可以独立制作个人 KWL 表。与班级 KWL 表一样，他们对一个主题进行头脑风暴，确定问题，列出所学内容。他们可以在学习日志中制作 KWL 表，或者制作包含 K、W、L 部分的活页书。学生将一张大白纸纵向对折，将一面剪成三等分，并在上面标记 K、W 和 L，然后掀开，在对应的每栏下面书写，具体如下面"四年级的学生制作的 KWL 翻页图"所示。学生填写完 L 栏后，老师要检查一下，这是评估他们学习情况的一种好方法。

语言经验法

语言经验法是一种基于学生自己的语言和生活经历而开展的阅读和写作方法（Ashton-Warner，1965）。在语言经验法中可以使用的一个步骤是由学生一词一句口述一段经历，并由老师写下来。当老师写出这些单词和句子时，可以用它们来示范书面语言的运用，而这些文本也就成了学生的阅读材料。因为这里面的语言来自学生，而且内容是基于个人经历，所以，学生通常能够读懂文本。这是帮助学生开展阅读的有效方法。即使那些在其他类型的阅读活动中未能取得成功的学生，也可以阅读这些听写下来的内容。

老师使用语言经验法制作可供外语学习者阅读的材料。学生从杂志上剪下图片，用胶水把它们粘贴在书上。然后老师和学生在图片上标出几个重要的单词，并在图片下面造句供学生阅读。语言经验法是有效的，因为学生所创作的文本对他们来说是有意义的（Crawford，2003）。

步骤。根据教学目的，这种灵活的教学方式可以用于整个班级、小组或个别学生。老师在帮助个别学生时可以遵循以下步骤。

1. 为写作提供动力。老师设法给学生找到激发其写作的动力。这些动力可以是学生在学校里分享的体验、读的一本书、一次实地考察，也可以是学生熟悉的课外活动，如养宠物或在雪地里玩耍。

2. 讨论经历。老师和学生讨论他们的生活经历以生成单词，回顾他们的体验以确保学生口述的内容更加有趣和完整。老师通常以开放式的提问开始，如"我们要写什么"。学生讲述自己的经历，以阐明和组织想法，并使用更具体的词汇。

3. 记录学生口述的内容。老师把学生口述的内容记录下来。如果学生思路断了，老师会重读一遍已经写下来的内容，并鼓励学生继续口述。老师规范书写并使用正确拼写，但老师应尽可能地保留学生的语言。对老师来说，无论在词汇选择上还是在语法上，他们可能会不自觉地想把学生的语言变成自己的语言，但老师对学生语言的编辑应该保持在最低限度，这样学生就不会觉得自己的语言不好或表达得不充分。

4. 朗读课文。老师朗读课文，一边读一边指着每个单词，这样读能使学生回顾文本内容，并示范如何用适当的语调朗读课文。然后，学生和老师一起朗读，师生在一起多次朗读后，学生独立阅读文本。

5. 制作句子纸条。老师把句子写在纸条上，这些纸条会被学生放进粘在文本背面的信封里。学生阅读并排列句子纸条。当学生能顺利地阅读时，他们将句子纸条剪切成单个单词。学生将单词排列成熟悉的句子，然后用单词卡创造新的句子。

6. 把单词卡添加进单词库。学习完这篇文本后，学生将单词卡添加到单词库（一个装单词卡的小盒子）中。单词卡可用于各种活动，包括单词分类。

语言体验法常用于创建文本，以便学生可以阅读并使用文本作为写作资料。

学习日志

作为主题单元的一部分，学生会记录学习日志。与其他日志一样，学习日志是一种纸质的小册子，学生在其中记录自己正在学习的信息、写下问题、总结大概念 / 大观念、绘制图表并反思自己的学习。

他们的写作是即兴的，重点是把写作作为一种学习手段，而不是创造精美的作品。尽管如此，老师还是应该鼓励学生认真记录，并正确拼写贴在单词墙上的与内容相关的单词。通过检查学生的学习日志，老师可以快速了解学生对正在学习的大概念／大观念的理解程度。

步骤。学生在主题单元开始时创建学习日志，然后在单元学习过程中进行记录。以下是这个教学流程的步骤。

1. 准备学习日志。在主题单元开始时，学生准备好自己的学习日志，里面既要有横线纸，也要有白纸，他们把这些纸装订成册，封面用硬的纸或塑封纸。
2. 在学习日志上做记录。学生记笔记、绘制图表、列出词汇、写快写和摘要。
3. 老师监控学生的记录。老师阅读学生的学习日志，回答他们提出的问题，为其厘清困惑。
4. 写反思。老师通常会让学生在主题单元结束时回顾他们的记录，并就所学到的内容写下自己的反思。

学生在社会研究单元中使用学习日志来做笔记，并对他们在阅读非故事类图书和学科教科书时所学的信息做出回应。

例如，在一个关于拓荒者的主题单元中，四年级的学生在学习日志中做了以下活动。

- 写出要在单元中调查的问题。
- 绘制大篷马车的图片并进行标记。
- 列出拓荒者带去西部的物品。
- 在美国地图上标出俄勒冈小道。
- 写出一首关于在俄勒冈小道上生活的诗的草稿。
- 在单元结束时给老师写封信，信中列出五件自己学到的事情。
- 学习日志记录。

在科学研究单元中，学习日志也可用于类似目的。例如，在关于岩石和矿物的单元中，七年级的学生在阅读科学教科书中的一个章节后画了信息组织图，在做实验后编写了实验报告，在观看视频后完成了快写，并绘制了有关科学信息的图表。一名学生画了一系列插图来解释沉积岩是如何形成的，如下图所示。

组词

组词是一项由老师指导的拼写活动，学生通过排列字母卡片来拼出单词（Cunningham & Cunningham，1992）。老师从学生阅读的书中选择关键单词，这些单词符合特定的拼读或拼写规则，以供学生练习。然后，他们给学生准备一套字母卡片，学生用这些卡片来拼写单词，学生可以以小组为单位或自己独立完成。老师带领学生用字母拼出各种各样的单词。例如，一年级的学生在阅读完《蜘蛛的日记》（*Diary of a Spider*，Cronin，2011）后，用单词"spider"中的字母组成了"短 i"和"长 i"的单词：is，sip，rip，dip，drip，side，ride，ripe。拼完这些单词后，他们用齐所有的字母拼出了关键单词"spider"。当学生组词时，其实是在练习他们所知道的音素 - 字母的对应关系和拼写规则，老师可以从

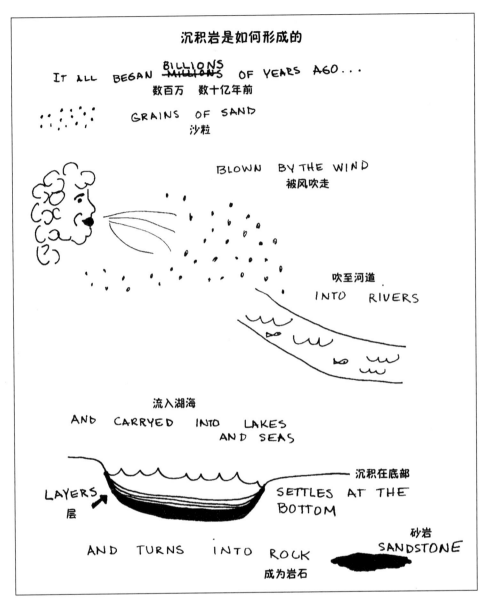

学习日志记录

中了解学生的学习情况，纠正混淆的概念，并在必要时复习拼读和拼写概念。

老师经常让外语学习者组成小组，自己带着他们开展这项活动，帮助他们练习拼写策略和技巧。这么做很有效，因为他们不是自己完成，而是与同学合作完成，这项活动既不会让他们感到有压力，又可以动手操作。有时候，老师在组织全班同学一起开展组词活动前，会先组织一组外语学习者做这项活动，以作为预热活动；有时候，老师是在全班做完后再单独组织他们做，以作为复习活动。有时候，老师会让外语学习者用一个和其他同学不同的单词来强化学习拼写规则。

步骤。老师应遵循以下步骤进行组词活动。

1. 制作字母卡片。老师准备一套小型的字母卡片，把每个字母复印多份，尤其是常见的字母，如 a、

e、i、r、s、t，一面印小写字母，另一面印大写字母。把卡片逐个包装在小塑料袋里或装入有分隔的塑料盒子里。

2. 选择一个单词。老师选择一个在组词活动中使用的单词，不透露是哪个词，并把字母卡片分发给学生。

3. 读出字母卡片上的字母。老师要求学生读出字母卡片上的字母，并将卡片放在课桌上，把辅音归在一组，把元音归在另一组。

4. 组词。学生用字母卡片拼出包含 2 个、3 个、4 个、5 个、6 个或更多字母的单词，并在图表上列出他们能拼出的单词。老师监督学生的组词过程，并鼓励他们修改拼写错误的单词。

5. 分享单词。老师让学生辨认用字母卡片拼出的 2 个字母的单词，然后继续拼出越来越长的单词，直到他们认出了用全部字母卡片拼出的最长的那个单词。在学生分享了所有的单词后，老师会指出他们漏掉的单词，并重申最近教授的拼写规则。

老师从自己和学生一起阅读的书中选择在组词课使用的单词。

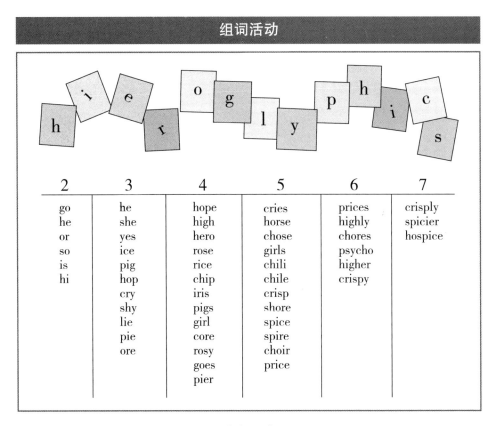

组词活动

微课

老师教授简短的、重点突出的课程，这些课程被称为专注于读写策略与技能的微课（Atwell，1998；Hoyt，2000）。微课的主题包括如何记录阅读日志、正确使用逗号、得出推论，以及使用句子组合。在这些课程中，老师引入一个主题，并将其与学生参与的阅读或写作联系起来，提供相关信息，并在学生练习该主题时进行监督。微课通常持续 10～30 分钟，老师有时候会将课程延长至数日，以便学生在阅读和写作活动中应用主题所授内容。微课的最佳授课时间是学生有机会立刻应用所学知识的时候。

老师不能仅向学生解释策略和技能并提醒他们使用，那样是远远不够的。微课是教授策略和技能的有效方式，这样学生就能真正学会应用它们。老师必须积极引导学生参与学习，在他们学习时给予鼓励和支持，然后逐步减少对他们的帮助与干预（Dorn & Soffos，2001）。

步骤。 老师在向小组和全班教授微课时遵循以下步骤。

1. 介绍主题。老师指出策略或技巧的名称，并建立其与课堂上正在进行的活动之间的联系，以此来介绍策略或技巧。

2. 展示示例。老师通过来自学生自己的写作中或阅读的书中的例子展示如何使用这项策略或技巧。

3. 提供信息。老师提供相关信息，解释和演示策略或技巧。

4. 指导练习。学生在老师的指导下练习这些策略或技巧。

5. 评价学习。老师监督学生的进展，并评估他们对新学习的策略或技巧的使用。

老师在文学阅读单元、阅读和写作工作坊，以及其他教学方法中教授微课。一些微课讨论策略和技巧；另一些侧重于步骤流程，如如何使用字典或以作者的视角分享写作；还有一些微课专门厘清概念，如什么是同音异形异义词或形容词。

人物想法画像

学生绘制人物想法画像以更深入地思考人物角色，从角色的角度反思故事事件并分析主题（McLaughlin & Allen，2001）。画像有两部分：角色的肖像画在第一页，即"肖像"页，下面是几页"思考"页，揭示角色在故事的关键时刻的想法。如下图所示，一名四年级的学生为莎拉（Sarah）这一角色画了两页人物想法画像。莎拉是《又丑又高的莎拉》（*Sarah, Plain and Tall*，MacLachlan，2005）中的邮购新娘。"思考"页上的文字和图片代表了她在故事结尾的想法。

步骤。 学生可以遵循以下步骤，在阅读故事时或读完故事后即刻绘制人物想法画像。

1. 绘制角色肖像。学生为他们正在阅读的故事中的一个角色绘制一幅大的肖像画，包含角色的头部和颈部，并涂上颜色。

2. 剪下"肖像"并制作"思考"页面。学生把画好的角色肖像剪下来，用曲头钉或订书钉把它固定在订好的几张画纸的第一页上。注意要把钉子钉在画像的顶部，这样掀开后，下面的"思考"页面上就有空间进行画画和写字。

3. 设计"思考"页面。学生翻起肖像页，画出和写下角色在故事中关键时刻的想法。

4. 分享完成的人物想法画像。学生与同学们分享他们绘制的画像，并讨论他们选择用在"思考"页面上的单词和图片。

在文学阅读单元和文学圈中，学生会经常创作人物想法画像，以更深入地思考他们所读故事中的角色。他们通常会在画角色肖像前重读故事的部分内容，回忆角色外貌的具体细节，并在提示日志中记录

自己的一些想法，从角色的角度开始思考，然后再开始"思考"页面的制作。除了为所读故事中的角色绘制人物想法画像外，学生还可以在社会研究单元中绘制历史人物画像，或者在阅读传记后绘制知名人物的画像。

读前造句

读前造句是一项预读活动，它可以建立学生对学科内容主题和相关学术词汇的背景知识（Blachowicz & Fisher，2015；Lenski，Wham & Johns，1999）。学生利用他们对话题的了解和对英语句子结构的熟悉程度来预测单词的意思，并写出可能正确的句子。然后，在学习更多内容之后，学生会检查这些句子，如果句子不准确，他们会做出修改。老师通常在阅读非故事类文本，特别是在阅读学科教科书的一些章节前使用这种教学方法。但是，他们也会在讲述社会研究和科学研究主题或观看视频前使用这种教学方法。

步骤。老师在这项预读活动中遵循以下步骤。

1. 选择单词。老师选择 8～10 个与学科内容主题相关的关键词。可以使用一些学生认识的单词，但也要有一些学生不认识的单词或学生认识但用法比较新的单词。

2. 介绍主题。老师介绍主题，并将主题和学生之前学习过的主题联系起来，然后要求学生分享他们的想法。如果学生对这个主题的了解有限，老师通常会朗读一本关于这个主题的绘本。

3. 定义单词。老师让学生定义或解释这些单词。高年级的学生通常把这些词分成相关的两组。

4. 写句子。学生用每个词或每对相关的词造句。即使他们不确定这些词的意思或应该在句子中如何使用这些词，他们还是会努力尝试一下。他们会大胆尝试，因为他们知道这些句子目前只是草稿，他们还有机会对其进行修改。

5. 分享句子。学生与同学们分享他们写下的句子，并讨论每个句子的合理性。

6. 讲课。学生阅读选段或听口头报告，以测试他们预测的准确性。

7. 评估句子。学生评估句子的准确性，并将其分为准确（＋）、不准确（－）或不知道（？）。

8. 修改不准确的句子。学生修改不准确的句子，并与同学们分享。

读前造句是一项要求很高的活动，因为学生必须对主题有一些背景知识，并愿意对学术词汇的含义进行有根据的猜测。然而，它是有效的，因为学生能学会应用他们的背景知识和单词知识来预测单词组句之后的意思。此外，学生会变得更加投入和渴望学习，因为他们想确定自己的预测是否准确。

预读计划

在学生阅读非故事类图书，特别是学科教科书前，老师可以使用预读计划来诊断和建立必要的背景知识（Langer，1981；Vacca，Vacca，& Mraz，2014）。老师介绍阅读任务中讨论过的一个重要概念，并要求学生对相关词汇和想法进行头脑风暴。老师和学生讨论这个概念，然后学生用快写来进行反思。对背景知识、专业词汇有限的外语学习者来说，这项活动能够帮助他们阅读非故事类书和学科教科书。除此以外，学生参与这项活动还能够提升他们对特定话题的兴趣。

步骤。在使用这项教学活动时，老师应遵循以下步骤。

1. 讨论一个关键概念。老师用单词、短语、物体或图片介绍一个关键概念，并引发讨论。

2. 头脑风暴。老师要求学生就主题进行单词头脑风暴，并将他们的想法记录在一张图表上。老师还要帮助学生将头脑风暴提出的想法之间建立联系。

3. 介绍词汇。老师为学生提供更多词汇，让学生在完成阅读作业时做参考，也可以帮助他们厘清误解。

4. 写与主题相关的快写。老师让学生根据头脑风暴想出的单词写与主题相关的快写。

5. 分享快写。学生在课堂上分享他们的快写，老师通过提问帮助学生厘清和阐述他们的思考。

6. 完成阅读作业。学生完成阅读作业，并将他们所阅读的内容与阅读前所学的内容联系起来。

问答关系

泰菲·拉斐尔（Taffy Raphael）的问答关系流程教会学生思考自己是否有可能找到理解性问题的答案，这些答案可能就在文本中，或者是字里行间透露出的信息，又或者是超出文本信息以外的（Raphael，Highfield，& Au，2006）。当学生阅读故事和非故事类作品时，他们使用问答关系流程来帮助自己独立回答阅读理解问题。

这一流程区分了问题的类型和回答问题所需的思维类型：有些问题只需要字面思考，而有些问题则需要更高层次的思考。拉斐尔指出了四种类型的问题。

答案"就在那里"的问题。读者可以在文本中直接找到答案，通常答案就在与问题用词相似的那个句子里。这些问题是指向字面意义的问题。

需要思考并寻找答案的问题。答案就在文本中，但读者必须在文本的不同部分寻找到它，并把这些信息联系在一起。这些问题是推理层面的问题。

关于作者与我的问题。读者可以结合作者的观点和自己的想法来回答问题。这些问题结合了推理和评价两个层面。

关于我自己的问题。读者用自己的想法来回答问题。有时候，他们不需要读文本来回答问题。这些是评估层面的问题。

前两种类型的问题被称为"在书本里"的问题，因为答案可以在书中找到。后两种类型是"在头脑里"的问题，因为书中没有直接给出回答它们需要的信息和想法。一名八年级的学生用"问答关系图"描述了这四种类型的问题，如下图所示。

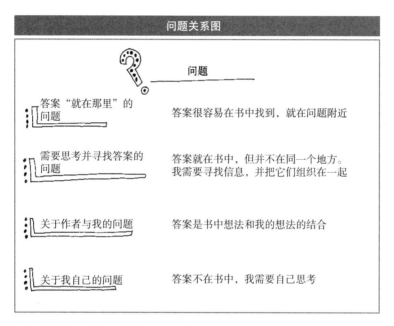

步骤。学生在问答关系流程中应遵循以下步骤。

1. 先读问题。学生在阅读文本前预习问题，以便了解在阅读时需要思考的内容。

2. 预测如何回答这些问题。学生思考每个问题代表四种类型问题中的哪一种，以及回答问题所需要的思考水平。

3. 阅读文本。学生一边读文本，一边思考随后要回答的问题。

4. 回答问题。学生重新阅读问题，确定在哪里可以找到答案，找到答案并写下来。

5. 分享答案。学生朗读自己的答案，并解释自己是如何回答问题的。他们应该再次提及问题的类型，以及答案是"在书里"还是"在头脑里"。

每当学生在阅读故事、非故事类图书或学科教科书后回答问题时，他们都会使用问答关系流程。他们也可以自主编写"在书里"和"在头脑里"的问题。

快写

快写是一种即兴写作活动，学生在这项活动中探索一个主题或回答一个问题（Brozo & Simpson，2007）。他们会写 5 ~ 10 分钟，让自己的思绪自由流动，而不会停下来修改或纠正拼错的单词；重点是激发想法和提高写作的流畅度。学生思考不同的想法，反思自己对一个主题的了解，让思绪在纸上漫步，并在不同的想法之间建立联系。

步骤。 老师在快写流程中遵循以下步骤。

1. 选择一个主题。学生为快写选择一个主题或问题（或老师指定一个），并把它写在页面的顶部。
2. 根据主题写作。学生用 5 ~ 10 分钟围绕主题写出句子和段落。他们会记下有趣的想法，将话题与自己的生活联系起来，并反思自己的阅读或学习。他们几乎不停地在写，不重读自己所写的内容，也不改错。
3. 读快写。学生分组阅读他们的快写，然后每组选出一名学生与全班同学分享。这名学生重读自己的快写以准备与全班同学分享，并补充任何遗漏的单词、补全任何未完成的想法。
4. 选择快写并分享。被选中与全班同学分享快写的学生轮流朗读。
5. 再写一轮。有时候，学生会就同一话题再写一轮快写，或者他们通过写作和分享发现了新话题，然后就这个新话题再写一轮。第二轮快写通常比第一轮更聚焦。另外，学生可以在听完同学分享或对相关话题有更多了解后，扩展他们第一次快写的内容。

老师在文学阅读单元和主题单元中使用快写来促进学生思考。快写常被用作课程开始时的热身活动或在课程结束时促进学生反思。有时由学生来确定快写的主题或问题，有时由老师提供。快写也是一个有效的预写过程（Routman，2004）。在正式开始写作前，学生通常会写几篇快写来探索他们对某个主题的了解。他们先头脑风暴出一些想法和词汇，试着遣词造句，看看自己还需要补充哪方面的知识，然后再进入起草阶段。

角色、受众、格式、主题

老师使用角色、受众、格式和主题（RAFT）来创建项目主题和其他作业，以加深学生对他们所读小说和主题单元内容的理解（Buehl，2001；Holston & Santa，1985）。RAFT 代表角色（Role）、受众（Audience）、格式（Format）和主题（Topic），老师在设计项目时应考虑这四个方面。

角色。 在这个项目中，学生扮演一个人的角色或为一群人发声。有时候，他们会扮演书中角色、历史人物或当代人物；有时候，他们仍然是自己，不用扮演其他角色。

受众。 受众是阅读或观看项目的人。他们可能包括同学、老师、家长或社区成员，以及虚拟观众，如书中的角色或历史人物。

格式。 格式是指学生作品的体裁类型或完成的项目。它可能是信件、小册子、连环画、期刊、海报、文章、报纸文章、演讲和电子剪贴簿等。

话题。 话题是项目的题目。它可能是一个与文本有关的问题、一个核心问题或一些个人感兴趣的事情。

在做项目时，学生首先提出假设，再对与之相关的信息进行加工以完善该想法，最终根据不同受众的特点完成项目。在此期间，他们需要充分调动自己的思维或打开想象的翅膀或需要对自己的观点进行论述和解释。相比之下，当学生做更传统的作业时，如回答问题，他们的理解往往是只浮于表面的。

步骤。老师应遵循以下步骤创建项目。

1. 确立目的。老师会反思他们希望学生通过这项活动学到什么，并考虑这项活动如何能增强学生对他们正在阅读的书、社会研究或科学研究主题的理解。

2. 准备一张 RAFT 表。老师通过 RAFT 表来准备一些可供选择的项目，他们会通过确定角色、选择受众、确定项目体裁和其他格式、列出主题等方式完成 RAFT 表。

3. 阅读图书或研究话题。学生在进行 RAFT 项目前，阅读、讨论一本小说或针对一个话题进行学习。

4. 选择项目。有时候，老师会给学生小组布置相同的项目，但有时候老师会让学生自己从 RAFT 表中选择一个项目。

5. 创建项目。学生准备他们的口头、书面或多媒体项目，并在工作过程中从老师处获得反馈。

6. 共同完成项目。学生与其他小组、全班或其他适当的受众分享他们的项目。

RAFT 是一种通过提供分层项目来实现差异化教学的有效方法，老师可以根据学生的成绩、英语水平和兴趣对基于同一文本或主题的项目进行调整。例如，请查看下表，该表是一名七年级的老师为加里·施密特（Gary Schmidt，2007）的纽伯瑞奖获奖书提出的项目创意。这本成长小说记录了霍林·胡德胡德（Holling Hoodhood）因与英语老师贝克夫人不和而在日常生活中遇到的各种麻烦。

《星期三的战争》（*The Wednesday Wars*）的 RAFT 想法

角色（Role）	受众（Audience）	格式（Format）	主题（Topic）
霍林和莎士比亚	全班	访谈	解释"忠于自己"及其他人生哲理
贝克夫人	她的儿子，一名在越南的美国士兵	信	告诉他为什么自己对霍林感兴趣
你	全班	海报	描述 20 世纪 60 年代的文化和政治骚动
你	纽伯瑞奖委员会	说明文	说明为什么这本书应该赢得纽伯瑞奖
霸凌的人	卡米洛初中的学生	演讲	研究霸凌并讲解如何对待霸凌的人
麦泰（霍林的同学）	全班	电子剪贴簿	分享战争对你和你的祖国的影响的信息
霍林	贝克夫人	霍林 30 岁时写的信	解释你是如何听从贝克夫人的建议的："尽你所能地学习一切，然后用你所学的一切做一个聪明善良的人。"

读者剧场

读者剧场是由一群读者根据剧本进行的戏剧性表演（Black & Stave，2007）。剧本可以是由学生创作的，以供读者朗读。每名学生扮演其中的一个角色，通过反复阅读剧本中的台词进行排练，然后为同学表演。学生可以阅读专业书和教科书中的剧本，也可以自己创作剧本。

读者剧场的可贵之处在于，学生用自己的声音诠释故事，而不需要过多的动作。他们既可以站着，也可以坐着，但他们必须通过自己的声音、手势和面部表情来传达全部情节、角色塑造、情绪和主题。此外，读者剧场避免了戏剧作品中的许多固有问题：学生不需要死记硬背他们的台词；无须精心制作道具、服装和背景；不用花费过长时间乏味地排练。学生有机会阅读优秀的文学作品，通过这一过程，他们与文本互动、解读角色并使文本鲜活起来（Keehn，Martinez，& Roser，2005；Worthy & Prater，2002）。此外，外语学习者和其他不擅长阅读的学生可以在轻松的小组环境中获得宝贵的朗读练习。他们练习读高频词，提升阅读速度，学习如何在句子中使用短语和词块，并更有表达性地朗读。

步骤。 老师在指导小组或全班学生开展读者剧场时遵循以下步骤。

1. 选择剧本或创作剧本。学生选择或创作一个剧本，然后读剧本，并像讨论故事一样对剧本进行讨论。之后，学生自愿扮演其中一个角色。

2. 排练朗读。学生决定如何使用他们的声音、手势和面部表情来表现他们所扮演的角色。他们反复朗读剧本，力求发音准确、声线合适、语调变化恰当。如果是非正式的课堂展示而非正式演出，那么学生需要的排练时间会少很多。尽管如此，学生应尽可能做到全面地对剧本进行诠释。

3. 表演朗读。读者剧场可以设在舞台上，也可以设在教室的一角。学生或站或坐成一排，朗读自己的台词。他们在整个演出过程中都保持原位，或者根据角色的出场情况进出舞台。如果学生是坐着表演，轮到谁谁就站起来读自己的台词；如果学生是站着表演，轮到谁谁就上前一步读自己的台词。读者剧场的重点不在于演出制作是否精良，而在于朗读者对角色的理解及声音和表情是否到位。在演出过程中，服装和道具不是必要的，但是在保证表演质量的前提下，适当添加一些小道具可以提升学生的兴趣。

学生根据他们读过的故事和与主题单元相关的话题创作自己的读者剧场剧本（Flynn，2007）。当学生创作剧本时，要选择一个有大量对话的故事，所有非对话部分都是旁白。根据旁白部分的长短，可以让 1 ~ 4 名学生承担旁白的职责。老师通常会把故事复印数份，供学生在写剧本的时候做标记或高亮标记其中的内容。有时候，学生直接把标记过的副本作为最终的剧本；有时候，他们会删除原文中不必要的部分，把留下的部分重新录入计算机，形成剧本的终稿。

阅读日志

学生在阅读日志中写下他们对读过的书或听老师朗读的书的感想和意见。通过阅读日志，学生厘清误解、探索想法、加深理解（Barone，1990；Hancock，2008）。他们还经常把单词墙上的单词列表、关于故事元素的图表、关于作者和体裁的信息等添加到阅读日志中。学生在读章节书的时候，往往是读完一两个章节后就开始写阅读日志；而在读绘本或短篇小说的时候，往往是在看完后再写阅读日志。如果读了同一作者的一系列书，如埃里克·卡尔或克里斯·范·奥尔斯伯格的系列图书，或者读了民间故事或童话书的不同版本，学生通常会就此写一系列的阅读日志。

有时候，学生会选择自己在阅读日志中要写的内容，有时候他们只需要回答老师准备好的问题或提示。学生自主选择和老师主导的这两类阅读日志都很有用。如果是学生自主选择主题，他们会深入研究自己的想法和问题，分享对他们来说重要的东西；如果是由老师准备提示，他们挑出的问题可能是学生会忽略的内容。如果老师非常了解学生、熟悉学生正在阅读的书，他们就可以找到学生自主选择和老师主导的两类阅读日志的最佳组合方式。

步骤。学生在独立写阅读日志时遵循以下步骤。

1. 准备阅读日志。学生将纸张装订成小册子，制作阅读日志，并在封面上写下书名。
2. 记录阅读日志。学生写下他们对书或章节的感想和反思。有时候，他们自己选择主题；有时候老师提出主题和问题。学生往往会总结书中的情节，并将自己的生活经验与书的内容建立联系。他们还会列出有趣的单词或生词，抄写令人难忘的引言，并记录有关角色、情节或其他故事元素的笔记。
3. 分享阅读日志。学生与老师分享他们的阅读日志，这样老师就可以监控学生的学习情况。老师也会就学生对文本的理解和思考写评论回复给学生。

所有年级的学生都可以写或画出阅读日志，这样可以帮助他们理解在文学阅读单元和文学圈中读到和听到的故事（Daniels，2001）。六年级的一个班级阅读了获得纽伯瑞奖获奖的书《授者》，它讲述了一个不那么完美的社会的故事。学生对每一章都进行讨论，并头脑风暴给几个章节起标题。然后，他们记录阅读日志，并给每章写上他们认为最合适的编号和标题。

修订小组

在写作过程的修订阶段，学生在修订小组中分享他们的草稿，并获得反馈（Tompkins，2012）。修订小组成员对作者做得好的地方给予赞美，也提出改进建议。他们的评论反映了以下主题及作者写作技巧的其他方面。

主角	词汇选择	声音
对话	句子	韵律
结尾	角色发展	顺序
描述	观点	闪回
想法	组织	押头韵

这些话题既可以用来表达赞美，也可以用来表达建议。当学生称赞时，他们可能会说：“我喜欢你的开头，它抓住了我，让我一直听下去。”当学生提出建议时，他们可能会说：“我不知道你是否可以以一个问题开始，让你的开头更有趣。也许你可以说‘你坐过警车吗？这件事刚刚发生在了我身上！’”

教学生如何分享他们的草稿并提供有建设性的反馈并不是一件容易的事。当老师提出修改意见时，他们会演示如何恰当地回应，因为学生可能不知道如何委婉地提出具体而有意义的建议。老师和学生可以进行头脑风暴，列出恰当的赞美和建议，并贴在教室里以供参考。评论通常以“我”开头，而不是“你”。注意这两个句型在语气上的差别：“我想知道是否可以……”（I wonder if…）和“你必须……”（You need to…）。

以下是一些赞美的方式。

"我喜欢……部分"

"我学会了如何……"

"我喜欢你描述……的方式"

"我喜欢你组织信息的方式，因为……"

学生还会为其他同学应该如何修改他们的写作提出建议。如何用对他人有帮助的方式表达建议的内容很重要。学生可以用以下方式表达建议。

"我对……感到困惑"

"我想知道你是否需要一个结语……"

"我希望你可以多补充一些关于……"

"我想知道这些段落的顺序是否正确……"

"我想你是不是可以把这些句子结合起来……"

学生在写作时还会向同学寻求帮助，解决他们发现的具体问题；向同学寻求反馈是学习修订的重要一步。学生会问以下问题。

"你想进一步了解什么？"

"有什么我应该去掉的部分吗？"

"我可以补充什么细节？"

"你认为我写作中最好的部分是什么？有什么我需要改的词吗？"

一旦学生了解如何通过赞美、建议和提问来支持和帮助他们的同学，修订小组就能有效地工作。

修订是写作过程中最困难的部分，因为学生很难从作者的身份跳出来客观地评价自己的写作，但不这么做，他们就难以对文本做出修改或让自己的表达更通顺且有条理。当学生参加修订小组时，他们能够学会如何接受赞美和建议，并向同学提供有用的反馈。

步骤。老师教学生如何使用这项教学流程，这样学生就可以通过小组合作获得有效的修订建议。以下是具体步骤。

1. 朗读草稿。学生轮流向小组成员朗读他们的草稿。每个人都有礼貌地倾听，思考作者读完后自己要提出的赞美和建议。只有作者会看到原稿，因为如果同学看到原稿，他们一下就会注意到一些书写不规范的地方并忙着纠正这些错误，而忘掉了修订的重点应该是内容。听作者朗读他们的作品可以让其他学生把注意力集中在内容上。

2. 提供赞美。听完同学朗读的草稿后，修订小组的学生会告诉作者他们喜欢这篇文章的哪些地方。这些积极的评价应该是具体的，侧重于具体的优点，而不是经常听到的笼统的"我喜欢它"或"它很好"；即使这些都是积极的评论，但它们并不能提供有效的反馈。

3. 提出问题。作者向同学提出问题，就他们之前重读自己的文章时发现的问题点寻求帮助，或者问一些更宽泛的问题，如问同学他的作品传递的信息是否清晰有效。

4. 提供其他修改建议。小组成员对他们不清楚的部分进行提问，并就如何修改草稿提出建议。

5. 重复这个过程。修订小组的成员重复前四个步骤，以便所有学生都能分享他们的草稿。

6. 制订修订计划。每名学生根据小组成员的意见和建议努力修订自己的作品。最终如何修订是由作者自行决定的，但由于他们知道自己的草稿并不完美，因此他们很清楚必须对自己的作品进行一些修订。如果学生能够说出自己计划怎么修订，他们就能更好地完成修订。

学生如果使用过程性写作，他们就会在修订小组中相遇。学生完成初稿后，他们就可以分享自己的作品，并从同学那里获得一些反馈。他们可以在整个学年中参与相同的修订小组，也可以参与不同的修订小组，哪些学生的初稿准备好了就可以组成小组，获得小组同学的反馈。不少老师采用让学生在白板上报名的方式，这样只要有四名学生准备好了，他们就可以组成一个小组。固定的小组和自发形成的小组都可以有效协作。最重要的是，当学生需要时，他们能得到关于他们所写作品的反馈。

评分标准

评分标准是老师用来评估学生成绩的评分指南（Spandel，2005）。这些指南通常有 4 ~ 6 个级别，从高到低，每个级别都描述了具体的评分标准。学生在开始一个项目的时候会收到 1 份评分标准，这样他们就能了解项目的要求和评估方式。根据评分标准的复杂程度，老师可以在阅读或检查项目时进行评分，也可以在读完后立即进行评分，然后确定总分。

评分标准里的各项指标因项目而异。评价口头陈述的评分标准通常会把眼神交流、沉着表现和内容的质量作为指标；而评估博物馆项目的评分标准则会把文物描述、馆长注释的质量、信息的准确性和完整性、书面语中使用的标准英语范式，以及文献参考书目等作为指标。一般性写作的评分标准则把作者的技巧作为重要指标，如内容、组织、用词选择和写作方法。

针对不同类型的体裁的评分标准与这些体裁的特点相关。老师可以用这类评分标准评价故事、报告和自传。无论使用哪种评分标准，在每个成绩等级都要采用相同的评价维度。例如，如果评价标准中有一个维度是关于句子流畅度的，那么在每个等级中都应包含关于句子流畅度的描述。最低等级可能使用这样的描述"包含简短、不连贯的句子"，而最高等级可能是"使用长度和风格不同的句子"。每升一个等级，就代表学生在这一维度上的进步。

评分标准可以由任意数量的层次来构建，层次多一点更容易体现出学生的进步。如果评分标准有 4 个等级而不是 6 个等级，那么学生从一个等级升至另一个等级的进步幅度就比较大。包含 10 个等级的评分标准更能反映学生细微的进步，但是等级多的评分标准建构起来更难，使用起来也更耗时。研究人员通常建议老师使用 4 个等级或 6 个等级的评分标准，这样就不会有处于中间的成绩，因为当有中间等级时（如 5 级制的中间等级就是 3），老师倾向于给出中等的评分，而采用 4 级或 6 级打分，每一级代表学生的水平要么高于中等，要么低于中等。

评分标准通常用于确定学生的英语水平和级别。高于中间值的水平通常被认定为"优秀""良好"或"合格"，在满分为 4 分的评分标准中 3 分为合格线、满分为 5 分或 6 分的评分标准中 4 分为合格线。

满分为 6 分的评分标准可以采用以下描述。

1 = 最低水平	4 = 良好水平
2 = 初始水平 / 有限水平	5 = 优秀水平
3 = 发展水平	6 = 卓越水平

老师还可以把这些数字等级换算成同等的字母等级。

评分标准能帮助学生取得更好的成绩，因为它们列出了构成优秀作品的条件，并阐明了老师的期望，以便学生了解他们的项目会被如何评估。学生也可以参考评分标准来提高他们的项目质量：根据评分标准，他们可以检查自己的工作进展情况，并决定如何改进。此外，维基·施潘德尔（Vicki Spandel，2005）认为，评分标准可以节省时间：她认为评分标准大大减少了阅读和批改学生作业的时间，因为评分标准指导了评估过程，减少了给学生写冗长评语的需要。

步骤。老师使用评分标准来评估学生的表现时遵循以下步骤。

1. 选择评分标准。老师选择或创建一个适合项目的评分标准。

2. 介绍评分标准。老师将这些标准分发给学生，并讨论每个等级的标准，重点关注优秀水平的要求。

3. 自我评估进展。学生用评分标准来评估自己正在进行的工作。他们把评分标准中最符合自己作品的关键用语高亮标记出来，或者打钩标记已做到的条目。然后，决定哪个等级有最多被高亮标记的短语，或者有最多打钩，这一级别便是自己的得分，并且把它圈出来。

4. 评估学生的项目。在评估学生的项目时，老师会把评分标准中最符合学生作品的关键用语高亮标记出来，或者打钩标记最能描述学生作品的条目。然后，决定哪个等级有最多被高亮标记的短语，或者有最多打钩，这一级别便是学生的得分，并且把它圈出来。

5. 与学生面谈讨论。老师与学生讨论评估结果，找出他们的优点和缺点，然后学生为下一个项目设定目标。

可供老师选择的评分标准有很多，这些标准多由一些部门或企业组织人员研发而成。施潘德尔（2005）提供了评估写作 6 种特征的评分标准。还有一些可用的评分标准由基础阅读项目同步推出，或者可以从为老师撰写的专业书中及互联网上获取。

尽管统一研发出来的评分标准很方便，但它们可能不适合某些特定的学生群体或某些类型的项目。这些评分标准可能存在这样或那样的问题，如这些评分标准可能只有 4 个等级，而老师需要 6 个等级；或者这些评分标准不适用于老师所教的年级；又或者它们可能不适用于特定的体裁；再或者它们是为老师编写的，所用语言不利于儿童理解。基于以上这些问题，老师常决定自行开发评分标准或调整市面上已有的评分标准以满足自己的需要。

阅读记录表

在这项针对朗读的形成性评价中，老师使用一套标准的代码来记录学生的朗读情况（Clay，2000）。

步骤。老师使用以下步骤管理每名学生的阅读记录表。

1. 选择一本书。老师让学生朗读一篇已经阅读过的文本，朗读 100 个单词就足够了。

2. 在阅读记录表上做记录。当学生朗读时，老师使用一套标准的代码记录学生的朗读情况。老师用一张白纸，对学生读对的单词打钩标记，并使用下面的"如何标记替换"表中的代码来标记错误。

如何标记替换

学生	说明	标记
错误的单词	如果学生读错了一个单词，老师就把读错的单词记录在正确的单词上方 / 算作一个错误	take taken

（续表）

学生	说明	标记
自我纠正	如果学生自己纠正了一个错误，老师在读错的单词后面标记SC（Self-Correction，自我纠正的首字母缩写）/ 不算作错误	for｜SC from
逐音节试读	如果学生逐音节试读出一个单词，老师就在该单词上方记录学生的每次试读 / 不算作错误	be-｜be-f-｜√ before
漏读	如果学生漏读了一个单词，老师就在单词上面用"—"符号表示漏读的单词 / 算作一个错误	— the
加词	如果学生读出原文中没有的词，老师就在单词下面用"—"符号标记出学生添加的单词 / 算作一个错误	the —
求助	如果学生无法识别一个单词并寻求老师的帮助，老师会告诉学生这个单词的读音，它并在单词上方标记"A"、在单词右侧标记"T" / 算作一个错误	A Which｜T
重复	如果学生重复读了一个正确的单词，这不会被记为错误，但老师会记下"R"来表示重复	√√R√√

3. 计划教学。老师计算学生正确朗读单词的百分比，然后分析出错的原因。老师使用评估的结果来指导教学。

4. 计算错误率。老师通过用错误数除以朗读的总字数来计算错误率。当学生的错误率为5%或更少时，这本书被认为处于学生的独立阅读水平；当错误率为6%～10%时，这本书处于学生的指导阅读水平；当错误率超过10%时，这本书对学生而言就太难了，处于学生的挫折阅读水平。

5. 分析错误。老师从错误中寻找规律，以确定学生作为读者的成长方式，以及接下来应该教授哪些阅读策略和技能。

许多老师在学年开始和结束时为所有学生记录阅读记录表。此外，他们会经常在指导阅读课程中为那些没有取得预期进展的学生做诊断，以判断他们在阅读上出现的问题并做出相应的教学决策。

语义特征分析

老师通过语义特征分析帮助学生检查词汇或学科内容概念的特征（Pittelman，Heimlich，Berglund，& French，1991）。老师需要绘制表格来完成该分析：在一个轴上列出单词或概念，并在另一个轴上列出特征或组成部分。例如，对正在阅读小说的学生，可以通过在一个轴上列出词汇并在另一个轴上列出人物名字进行语义特征分析。他们需要决定哪些单词与哪些人物相关，并使用加号和减号在网格上标记这些关系。老师通常与全班一起做语义特征分析，学生也可以以小组或个人的形式完成该表格，不过对表格中所列内容的分析和探究应作为一个全班活动来进行，这样学生就可以分享他们的见解。

步骤。 老师遵循以下步骤进行语义特征分析。

1. 创建网格。老师创建一个网格，在纵轴列出词汇或概念，并在横轴列出特征或类别。

2. 完成网格。学生通过思考纵轴上的每一项和横轴上的每一项之间的关系，逐个单元格地完成整个网格。然后，他们在单元格内用加号标记有关系、用减号标记没有关系，当他们不确定时用问号标记。

3. 检查网格。学生和老师检查网格中的规律，然后根据这些规律得出结论。

共享型阅读

对一些不能独立阅读原版文学作品（如故事、非故事类图书和诗歌等）的学生，老师可以与他们一起，使用共享型阅读的方式阅读这些文学作品（Holdaway，1979）。老师用放大版图书和低年级的学生一起朗读，让学生看看流畅的阅读是什么样子的。然后，他们连续几天一遍又一遍地读这本书。第一遍阅读的重点是让学生享受阅读。在接下来的几次阅读中，老师将学生的注意力吸引到关于印刷、理解和有趣的单词、句子的概念上。学生在最后一两遍阅读中专注于特定单词的理解。

学生积极参与共享型阅读。老师鼓励他们做出预测，并在读到重复的单词和短语时与老师一起读。当学生开始能够认识单词和短语时，他们以个人或小组的形式轮流朗读一些简短的文本。学生会注意到书里的一些有趣的特征，如标点符号、插图和目录等，他们会去研究这些特征，而老师则会指出其他特征。他们还会在阅读前和阅读后讨论这本书。学生大多有过听父母读睡前故事的体验，而共享型阅读正是建立在此基础上的（Fisher & Medvic，2000）。

步骤。老师遵循以下步骤与全班或以小组为单位的低年级的学生进行共享型阅读。

1. 介绍文本。老师通过激活或建立与本书相关主题的背景知识或朗读书名和作者的名字，来谈论本书或其他文本。

2. 朗读文本。老师朗读故事，在阅读过程中使用教鞭（末端带有橡皮擦的小木棍）指读。如果故事是重复的，老师会通过让学生做预测和参与朗读来使他们积极参与其中。

3. 举办故事讨论会。学生在故事讨论会上谈论这个故事、提出问题，并分享他们的回答。

4. 重读故事。学生轮流使用教鞭来指读和翻页。老师邀请学生一起阅读熟悉和可预测的单词。此外，他们在阅读时抓住机会教给学生阅读策略并在阅读中应用。老师根据学生的阅读技能提供不同程度的支持。

5. 继续这一过程。老师在几天的时间里继续和学生一起重读故事，再次让他们来翻页，在阅读时使用教鞭指读等。他们鼓励能朗读文本的学生一起朗读。

6. 独立阅读。当学生熟悉文本后，老师会给每人发一本书或其他相关文本，让他们独立阅读，并让学生基于所读内容完成各种各样的活动。

老师在文学阅读单元、文学圈和主题单元中使用共享型阅读。在与低年级的学生进行共享型阅读时，老师使用放大版文本，包括放大版图书、写在图表上的诗歌、语言经验法的故事、交互型写作图表，以便低年级的学生可以看到文本并跟读。老师也使用共享型阅读技巧来处理高年级的学生无法独立阅读的书（Allen，2002）。学生人手一本小说、学科教科书或其他书，老师和学生一起阅读。老师或另一位能够流利朗读的读者负责朗读文本，学生跟着课文默读。

画出你的理解

"画出你的理解"是一种工具，它能加深学生对他们所读故事的理解（Short & Harste，1996）。学生用图画或图表来呈现故事对他们的意义，而不是画出他们最喜欢的人物或情节。学生在完成这个活动时，更多的是考虑主题及用来表现主题的符号（Dooley & Maloch，2005）。由此带来的另一个好处是，学生会意识到，对故事的理解可以是多样的，在他们对故事中人物和事件不断进行思考的过程中，他们通常会找到不止一个主题。

学生需要有很多机会来体验这项活动，这样才能超越绘制故事、事件或人物的思维定式，从而思考如何通过符号象征性地表现主题。老师可以通过微课引入此教学流程，先让学生一起画几幅图，然后再让学生自己动手画，这样有助于他们更快、更好地掌握活动要领。通过练习，学生能够了解到，对文本的理解不是仅有一个正确答案；老师还要帮助学生把重点放在对主题意义的诠释上，而不是展示自己的画工有多好。下图是一名四年级的学生在阅读发生在加利福尼亚淘金热时期的故事《露西传奇》（*The Ballad of Lucy Whipple*，Cushman，1996）后，画了一幅"画出你的理解"图。这幅图强调了这本书的两个主题：幸福是自己创造的、家是你所在的地方。

一名四年级的学生画的"画出你的理解"图

步骤。老师在实施此教学流程时遵循以下步骤。

1. 阅读并回应一个故事。学生阅读一个故事或一本原图书的几个章节，他们会在故事讨论会或阅读日志中对故事进行回应。

2. 讨论主题。学生和老师讨论故事中的主题和作者表示象征意义的手法。老师提醒学生，要想表达某次经历对自己的意义有许多方式：他们可以用线条、颜色、形状、符号和文字来直观地表达一个故事对他们的意义。全班一起讨论该故事想表达的意义，以及如何用视觉方式呈现这些意义。

3. 画出图画。学生用图画来反映故事对他们的意义。老师强调，学生应该专注于他们对故事意义的思考，而不是他们最喜欢的部分，并且对故事的诠释没有单一的正确答案。老师还提醒学生，他们画得好坏并不重要，重要的是他们对故事意义的解读。

4. 分享图画。学生以小组形式分享他们的画，并讨论他们使用了什么象征手法。老师鼓励学生认真观察每位同学的画，并说出自己认为这些作品试图表达的意思。

5. 与全班分享图画。每个小组从组内选择一幅图画与全班同学分享。

6. 修改图画并制作最终版本。学生把他们收到的反馈和同学们的想法添加到图画中，然后制作图画的最终版本。

学生在阅读故事的时候可以使用"画出你的理解"。例如，在文学圈中，学生根据他们在小组会议中分享的主题和符号创作"画出你的理解"图（whitin，2002）。通过这次分享，学生了解了同学们的想法，明晰了自己的理解。同样，当学生在文学阅读单元中创作和分享"画出你的理解"图时也是如此。

故事卡

故事卡是一种卡片，上面贴有绘本中的插图和文字。老师剪下两本同样的绘本中的页面，将其粘贴在卡片纸上，然后按照故事中事件发生的顺序，利用白板的笔槽把卡片按顺序立在里面或把卡片按顺序挂在绳子上，这就是故事卡最重要的用途。当绘本的书页被按顺序摆好后，学生就获得了全新的视角来看待故事及其情节组织方式，也会更加仔细地查看插图。例如，学生通过排列《千万别去当海盗》（*How I Became a Pirate*，Long，2003）的故事卡，来复述故事的开头、过程和结尾。他们用故事卡来确定《祖母》（*Abuela*，Dorros，1997）中的梦境顺序；以及比较不同版本的民间故事，如《手套》（*The Mitten*，Brett，2009；Tresselt，1989）和《樵夫的手套》（*The Woodcutter's Mitten*，Koopmans，1995）。

这种教学方法使学生能够控制故事发展和对故事进行排序，并能够更仔细地查阅插图。故事卡对外语学习者来说是特别有用的工具，他们可以在阅读前用故事卡来预览故事，或者在阅读后用故事卡来回顾故事中的事件。外语学习者也可以通过绘制故事卡来进行学习，因为他们往往能更好地通过艺术形式而不是语言分享他们对故事的理解。此外，在只有一本绘本的情况下，故事卡提供了许多能够教授理解能力的机会。

步骤。老师通常与学生小组或整个班级一起使用故事卡，但学生自己也可以重新排列故事卡作为中心活动的一部分，具体步骤如下。

1. 获取两本同样的绘本。老师使用两本同样的绘本来制作故事卡。平装本比较好，因为它们更便宜。在一些绘本中，所有的插图都在右手边或左手边，这种情况准备一本书就够了。

2. 把书剪开。老师取下封面，剪下书页，并把剪下的书页修剪整齐。

3. 把书页贴在卡片纸上。老师将每一页或两页用胶棒粘贴在一张卡片纸上，交替粘贴每本书中的书页，以确保包含书中的所有插图。

4. 过塑卡片。老师将卡片过塑，以便让学生反复使用。

5. 在活动中使用卡片。老师使用故事卡卡片进行一系列活动，包括排序、组织安排故事、重读和单词学习。

学生在文学阅读单元中使用故事卡。对于排序活动，老师给学生随机分发卡片，学生按照故事事件发生的顺序在教室里站成一排。如果绘本数量有限，不够全班学生人手一本，故事卡的使用就可以解决这个问题，学生可以通过故事卡来识别单词墙上的单词、注意故事中文学语言的使用、研究故事结构的元素或插图的使用等。在阅读小说时，学生会创建自己的故事卡。合作伙伴共同创建一个章节的故事卡：他们制作一张海报，详细绘制该章节中的事件，并撰写一小段概要。

复述故事

老师使用复述故事来监控学生的理解（Morrow，1985）。老师与单个学生一对一地坐在教室的一个安静角落，让他们复述刚刚读过或听过的故事。在学生复述时，老师使用自制的评分表来标记学生复述的故事中包含的信息。如果学生有些犹豫或无法完成故事复述，老师会提出问题，如"接下来发生了什么"，学生会把自己得到的信息组织起来，给出自己对这个故事的总结，这就能反映他们的理解水平（Hoyt，1999）。

尽管很多学生可能都知道如何复述故事，但是老师不能预设每名学生都知道。通过对复述流程的解释和演示，让学生明白自己要怎么做。学生还需要不断练习复述故事，只有这样才能熟练掌握该策略。学生可以给同学或父母复述故事。

当老师开始听学生复述故事，他们就会注意到理解故事的学生复述故事的方式与不理解故事的学生不同。如果学生理解了故事，那么他们在复述时的思路是清晰的：复述的内容反映了故事的组织结构并包括了所有重要的事件。相比之下，未能完全理解的学生往往在复述时东一榔头西一棒槌，还会漏掉一些重要事件，尤其发生在故事中间的一些事件。

复述是一项教学工具，也是一项评价工具。麦肯纳与多尔蒂·斯特尔（McKenna & Dougherty Stahl，2015）解释说，通过复述故事，学生可以锻炼他们的口头表达能力，增强他们对理解策略的使用，并加深他们对故事结构的了解。当学生定期参加复述活动时，他们会逐渐学会关注故事中的大概念/大观念，他们的理解力也会随之提高，他们的口语能力也会不断增强，因为他们会将故事中的句型、词汇和短语融入自己的复述。

步骤。老师通常会与全班学生分享一个故事，然后在单个学生复述时遵循以下步骤。

1. 介绍故事。老师通过阅读标题、仔细查看封面或讨论与故事相关的话题来介绍故事。他们还解释说，之后学生将要复述这个故事。

2. 阅读并讨论这个故事。学生自己读故事或听老师给他们朗读故事。如果让学生自主读故事，那故事必须符合他们的阅读水平。之后，他们讨论故事、分享想法和厘清困惑。

3. 创建信息组织图。学生通过创作信息组织图或一系列图画为复述做好准备。（这一步不是必需的，但它对那些复述故事有困难的学生特别有帮助。）

4. 复述故事。老师要求学生用自己的话复述故事，如果有必要，还会提出问题，以引出更多的信息。具体问题如下。

这个故事讲的是谁的故事？

接下来发生了什么？

故事发生在哪里？

这个角色接下来做了什么？

故事的结局是怎么样的？

5. 用评分指南打分。当学生复述故事时，老师通过评分指南为学生的复述打分。评分指南列出了故事中角色和事件的重要信息，通常分为开头、过程和结尾部分。在听学生复述时，老师在学生提到的每条信息上打钩。如果学生遗漏了重要的信息，老师通过提问提示学生，提示后如果学生能够回想起该信息，就在该信息旁边写上字母"P"（P 代表 prompt，提示的意思，表示是在提示之后想起来的）。

老师经常会在文学阅读单元和指导型阅读课中采用这种教学方法来监控学生对所读和所听故事的理解程度。学生也可以复述非故事类图书。在这些复述中，重点是总结大概念 / 大观念及它们之间的关系，而不是故事事件（Flynt & Cooter，2005）。他们的复述应该解决以下问题。

该书所提出的大概念 / 大观念是什么？

大概念 / 大观念是如何构建的？

作者的目的是什么？

你学到了哪些之前所不知道的知识？

为了让学生记住这些大概念 / 大观念，他们必须与之建立个人的、世界的和文本的联系。学生需要有足够多的关于某个主题的背景知识才能建立联系。如果他们不能建立任何联系，他们就不可能理解或记住大概念 / 大观念。

持续默读

持续默读是学生在校期间为他们专门留出一段独立阅读的时间，以供学生默读自己选择的书，可以是在一个班级开展，也可以是在全校开展（Gardiner，2005）。在一些学校，所有人，包括学生、老师、校长、秘书和管理员，都会在这段时间停下手头的工作去阅读，持续时长通常是 15 ~ 30 分钟。持续默读是一项很受欢迎的阅读活动，它有各种各样不同的叫法，包括"放下一切去阅读"（Drop Everything And Read，DEAR）、"持续安静阅读时间"（Sustained Quiet Reading Time，SQUIRT）和"我们享受阅读的时间"（Our Time To Enjoy Reading，OTTER）。

老师使用持续默读来增加学生每天的阅读量，并培养他们不间断的默读能力（Hunt，1967）。进行持续默读时遵循以下准则。

1. 学生自己选择他们要读的书。

2. 学生默读。

3. 老师要成为阅读榜样。

4. 学生在整个阅读时间内只能选择一本书或其他阅读材料来读。

5. 老师用计时器来计时，时间段是预先确定的、不受打扰的，时长通常为 15 ~ 30 分钟。

6. 每个人都参与。

7. 老师不对学生的表现进行记录或评估（Pilgreen，2000）。

虽然持续默读的特点就是读后不设后续活动，但很多老师为了使学生保持阅读兴趣，也会开展一些精心挑选的、简短的后续活动。例如，学生与同伴讨论自己所读的内容，或者自愿给全班讲述他们读的书。当学生互相倾听时，他们就会对自己可能喜欢读什么书有更多的了解。在一些班级里，学生习惯把自己读完的书推荐给其他感兴趣的同学。

大量研究证明，持续默读有助于培养学生的阅读能力，包括流畅度、词汇量和理解力（Krashen，1993；Marshall，2002；Pilgreen，2000）。此外，它促进了积极的阅读态度，并鼓励学生养成日常阅读的习惯。因为学生选择自己要读的书，这样他们有机会发展自己的阅读品味和阅读喜好。

步骤。老师在实施这项教学流程时遵循以下步骤。

1. 为持续默读预留时间。老师每天为学生留出独立的阅读时间，让他们不受任何打扰；对一年级的学生来说，这段时间可能只有 10 分钟，而在高年级持续默读可能持续 20～30 分钟或更长时间。老师通常以 10 分钟为起点，随着学生耐力的提升和想要继续阅读的需求的增长而延长阅读时间。

2. 确保学生有书可读。学生独立阅读他们放在自己书桌里的书。初级读者在持续默读期间经常会重读他们已经读过的三级或四级读物。

3. 预定好时间并设定好计时器。老师设置持续默读的计时器。为了确保学生在持续默读期间不受打扰，一些老师还会在门外挂上"请勿打扰"的牌子。

4. 和学生一起阅读。在学生读书的时候，老师也读书，他们可以很开心地读一些闲书，也可以轻松地翻阅报纸杂志等，他们的读书行为会给学生起到示范作用，并让学生明白阅读是一项令人愉快的活动。

如果学校里所有的老师决定共同推动持续默读，他们需要商量一下，为这项特殊的阅读活动设定每天的活动时间，并为它制定基本规则。许多学校把持续默读时间定在一大早，学生每天上学第一件事就是读书，也有的设在其他方便的时间。最重要的是，持续默读应在每天的同一时间举行，学校里所有的学生和成年人都要停下手头的事情去阅读。如果老师在这段时间批改作业或与个别学生谈话，那么这个计划将会失去效果。校长和其他教职人员也应养成每天去不同教室参加阅读活动的习惯。

茶话会

学生在茶话会上阅读或重读故事、非故事类图书或学科教科书的选段。这是一项积极的、参与性很强的活动，学生在教室里四处走动，与同学进行交流，他们互相朗读选段内容并互相讨论（Beers，2003）。老师从书中选择并复印一些选段，然后把这些选段贴在卡片纸上并塑封好。接下来，老师把制作好的选段分发给学生，提供一些排练时间，再让学生参加茶话会活动。

老师通常会把茶话会用作预读活动来介绍学科教科书的新章节。通常他们选择某一段的目的是介绍大概念/大观念和相关的词汇，使学生熟悉新的文本，并建立背景知识。也有一些时候，老师会邀请学生重新阅读他们最喜欢的选段来庆祝他们读完了一本书。当茶话会被用作读后活动时，学生会回顾书中提到的大概念/大观念，总结故事中的事件或关注故事结构的元素。学生也可以制作单词卡，每张卡片上写着单词墙上的一个单词，上面还写有定义、配有插图。制作完卡片后，学生参加茶话会，分享他们的单词卡，并向同学讲解单词。

这项教学活动对外语学习者尤其有帮助，因为外语学习者有机会在互助性、社交性的课堂环境中，在阅读前建立背景知识及在阅读后复习文本（Rea & Mercuri，2006）。需要注意的是，老师在选择内容的时候一定要选择符合外语学习者阅读水平的选段，或者要对选段内容进行改编，使外语学习者能够流畅地阅读。

步骤。老师在组织茶话会时遵循以下步骤。

1. 制作卡片。老师从学生正在阅读的故事、非故事类图书或学科教科书中选择一部分内容并制作成卡片。他们把卡片塑封后使用。在与低年级的学生进行茶话会时，老师也会使用句子纸条。

2. 练习阅读。学生反复练习朗读选段，直到他们能够流畅地朗读。

3. 分享选段。学生在教室里四处走动，停下来去阅读并与同学讨论他们的选段。当学生两两组队时，他们轮流分享自己所读的选段内容。第一名学生朗读后，两名学生一起讨论文本；然后另一名学生朗读，两名学生再共同讨论第二名学生所读的文本；然后两名学生分开，找其他同学重复上述活动。

4. 与全班同学分享选段。10 ~ 15 分钟后，学生回到自己的座位上，老师邀请几名学生向全班朗读他们的卡片上的内容，或者分享他们在茶话会活动中学到的东西。

茶话会是庆祝文学阅读单元或主题单元结束的好方式。这项活动强化了学生在本单元中所学习的主要内容。有时候，老师还会通过从非故事类图书或学科教科书中选择部分内容来引入主题单元，以介绍学生在单元中将学习的主要内容和关键词汇。下表展示了七年级的老师用来介绍生态学单元的一组卡片。老师从学生要读的非故事类图书和学科教科书的章节中收集了一些句子和段落，她自己也编写了部分内容。学生阅读和讨论这些选段内容，并把关键词写在单词墙上。这两项活动建立了学生的生态学背景知识，并为他们构建了新的概念。

茶话会卡片

回收利用是指反复使用材料或把它们制作成新的东西而不是扔掉	当来自工厂和汽车的有毒气体进入雨云层时，就会形成酸雨。然后，有毒气体会与雨水混合并落回地面。它对我们的环境，以及地球上的人和动物都有害
塑料瓶、塑料叉子和塑料袋非常难降解！塑料的一个大问题是它不能生物降解。它应该被回收利用，而不是被填埋	许多城市的空气中都充满了被称为雾霾的污染物。这种空气污染非常严重，以至于天空看起来是棕色的，而不是蓝色的
地球周围的臭氧层保护我们免受太阳有害射线的伤害。而臭氧层正在被一种叫作氯氟烃或 CFC 的气体破坏。这些气体常用于生产空调、灭火器和塑料泡沫	美国人去年砍伐了 8.5 亿棵树来制造纸制品。听起来是很多树吧？一棵树可以做大约 700 个购物袋，而一个大的杂货店在 1 小时内就要用掉这么多购物袋

有声思维

老师使用有声思维教学生如何在阅读过程中引导和监控自己的思维（Wilhelm，2001）。通过将思考过程变得显性，老师展示了优秀读者的那些他人看不见的隐性思维过程（Keene & Zimmerman，2007）。在观摩老师的有声思维后，学生通过有声思维来练习他们正在学习的读写策略。当学生使用有声思维时，他们对文本做出回应，找出大概念 / 大观念，向自己提问，建立联系，找出解决问题的方法，并反思自己使用的策略。这个过程很有价值，因为学生学会了更积极的阅读。他们学习如何以元认知的方式思考，以及如何调节自己的认知过程（Baker，2002）。

步骤。老师遵循以下步骤教学生使用有声思维。

1. 选择一本书。为了演示如何使用有声思维，教低年级的学生的老师通常会选择一本放大版图书，教高年级学生的老师通常从他们在课堂上朗读给学生听的书中选一段内容并将它复印下来。

2. 计划有声思维。老师决定他们想要展示哪些策略、在哪里暂停，以及他们想要分享的思维方式。

3. 演示有声思维。老师朗读文本，停下来以进行有声思维，解释他们在想什么，以及如何使用策略或如何解决阅读问题。老师经常用以下这些"我"开头的句子来谈论他们的想法。

"我想知道……是否……"

"我不认识这个词，所以……"

"我被……弄糊涂了"

"我不明白为什么……"

"我认为这里的大概念 / 大观念是……"

"我重读这部分是因为……"

4. 注释文本。老师把自己的想法写在便利贴上，并贴在引发自己有声思维的文本旁边。为了快速记录自己的想法，老师常使用一个词或短语，如脑海中的画面、上下文线索或重读文本。

5. 继续有声思维。老师继续读这本书，再次停下来进行有声思维，继续把自己的想法记录在便利贴上并贴在文本上。

6. 反思。老师回顾自己所做的批注，讨论自己使用的策略，并对有声思维作为理解所读内容的工具的实用性进行评估。

7. 重复整个过程。老师读另一本书，让学生轮流进行有声思维并批注文本。当学生熟悉了整个流程后，他们可以在小组中和同伴一起练习有声思维。

当学生知道如何进行有声思维时，老师就可以把它作为评价工具。在师生会议期间，学生反思他们的阅读过程，评估他们使用某个策略的情况，并思考可以采取哪些方法以帮助自己更好地理解所读内容。学生也可以参考他们的批注，并写下关于使用这些策略的反思。

单词分类

学生使用单词分类以根据单词的含义、音素 - 字母对应关系或拼写规律，对单词进行研究和分类（Bear，Invernizzi，Templeton，& Johnston，2016）。单词分类的目的是帮助学生关注单词的概念和语音特征，并识别重复出现的规律。例如，当学生对"stopping"（停止）、"eating"（吃）、"hugging"（拥抱）、"running"（奔跑）和"raining"（下雨）等单词分类时，他们发现对短元音单词来说，在添加屈折词尾"ing"之前，要先双写最后一个辅音字母。

老师根据教学目标或学生的发展水平来决定对哪类单词进行分类。

1. 押韵词，如与"ball""fat""car"和"rake"押韵的词。

2. 辅音，如以"r"或"l"开头的单词的图片。

3. 音素 - 字母的对应关系。例如，在一些单词中，词尾的"y"听起来像长音"i"（如"cry"），而在其他单词中，词尾的"y"听起来像长音"e"（如"baby"）。

4. 拼写规律，如发长音"e"的单词可能有各种不同的拼写（如"sea""greet""be""Pete"）。

5. 音节的数量，如"pig""happy""afternoon""television"。

6. 词根和词缀。

7. 概念关系，如与故事中不同角色相关的单词或与主题单元中的大概念 / 大观念相关的单词。

单词分类的许多单词来自学生正在阅读的书或主题单元。单词分类活动对外语学习者很有效，因为该活动可以培养他们理解英语与自己的母语有哪些不同，并教会他们如何通过拼写预测单词含义（Helman，Bear，Templeton，Invernizzi，& Johnston，2012）。由于单词分类可以以小组形式开展，因此老师可以根据学生的发展水平选择适合的单词。

步骤。老师遵循以下步骤进行单词分类。

1. 选择主题。老师选择一项语言技能或学科内容的主题来进行单词分类，并决定是开放式分类还是封闭式分类。在开放式分类中，学生根据他们要分类的单词来决定具体要分为哪些类别。在封闭式分类中，老师在介绍分类活动时给出固定的类别。

2. 编制单词列表。老师根据年级的不同，编制一份包含 6 ~ 20 个单词的列表，这些单词代表不同类别。老师把单词写在小卡片上或用小型图片卡片。

3. 介绍分类活动。针对封闭式分类，老师展示已确定好的类别，并让学生将单词卡片分类。对于开放式分类，学生要先识别单词，再思考可能的分类。学生不断尝试把卡片分类，直到对分类感到满意。然后，他们为每个类别添加类别标签。

4. 做永久性记录。学生将单词卡片粘贴在一张大的图画纸或海报板上，或者将单词写在一张纸上，以此来记录他们分类的单词。

5. 分享单词分类。学生与同学们分享他们的单词分类，并解释他们使用的类别（开放式分类）。

老师使用单词分类来教拼读法、拼写和词汇。在文学阅读单元中，学生根据故事的开头、过程、结尾或人物来对词汇进行分类。在主题单元中，学生根据大概念 / 大观念对词汇进行分类。

单词墙

单词墙是张贴在教室里的单词的集合，学生可以把这些单词用于单词学习活动，也可以在写作时参考它们（Wagstaff，1999）。老师用一大张纸制作单词墙，将其分成几个部分，每个部分代表一个或几个字母。学生和老师在单词墙上写下他们读过的书中有趣的、令人困惑的或其他重要的单词，以及在主题单元中学到的与大概念 / 大观念相关的单词。通常情况下，由学生选择单词并写在单词墙上，他们甚至可以自己在上面手写，而老师会补充没被学生选中的重要的第二级词汇。

另外一种用于小学教室的高频词单词墙是这样的：老师在教室墙上挂 26 张大的硬纸，每张硬纸代表一个字母，然后当老师教授高频词时，如 "the" "is" "are" "you" "what" "to" 等，就把它们贴在墙上的硬纸上（Cunningham，2013；Lynch，2005）。这样的单词墙会一直留在班里，并且整个学年大家都会往上面添加更多的单词。而在幼儿园里，在新学年开始时，老师可以把写着学生名字的卡片贴在单词墙上，并添加一些在生活中常见的字。到学期中后期，老师又添加了 "I" "love" "the" "you" "Mon" "Dad" "good" 等学生想要能读、能写的单词。

步骤。老师通常会和全班学生一起创作单词墙，他们遵循以下步骤。

1. 准备单词墙。老师用一大张纸准备一个空白的单词墙，把墙分成 12 ~ 24 个框，并在框里标记字母表中的字母。

2. 介绍单词墙。老师在开始阅读前介绍单词墙，并在单词墙上写下几个关键词。

3. 在单词墙上添加单词。学生在阅读图书或参与主题单元活动时，为单词墙推荐"重要"单词。学生和老师把单词写在按字母顺序排列的框里，要确保写得足够大，以便大多数学生都能看清这些单词。如果一个单词拼错了，应该被立刻纠正，因为学生将在各种活动中使用这些单词。有时候，老师也会在一些比较难的单词旁边写上它的同义词，或者为它添加一小幅图片、在词根上用方框标注出来、在单词旁边写上它的复数形式或其他相关的词。

4. 使用单词墙。老师在各项词汇活动中使用单词墙，学生在写作时也会参考单词墙上的单词。

老师在文学阅读单元和主题单元中使用单词墙。小学老师也用单词墙教授高频词。他们让学生参与各种词汇学习活动。例如，学生使用单词墙上的单词写快写，并在写日记和书时参考单词墙上的单词。老师还会用单词墙上的单词进行单词分类和茶话会活动。此外，小学老师还会利用单词墙上的高频词进行拼读和其他单词学习活动。例如，找字游戏是非常受欢迎的活动：由老师分发小白板，让学生根据白板上提供的线索，从单词墙上找出并写下对应的单词。例如，老师可以根据学生正在学的内容，让他们"找出以……开头的单词""找出与……押韵的单词""找到按字母顺序跟在……后面的单词""想一个与……意思相反的词"等。在玩这个游戏时，学生会反复阅读单词，运用拼读规则和单词学习概念练习拼写高频词。

参考文献

为了节省纸张、降低图书定价，本书编辑制作了电子版参考文献，按以下链接即可下载。
https://box.ptpress.com.cn/y/63506